westermann

Autoren: Arndt Brockmann, Reinhold Duczek, Markus Fox, Günter Hellmers,
Dr. Stephan Hennig, Karin Jockel, Marianne Kiepe, Renate Villmow,
Dr. Volker von Creytz, Ralf Wettlaufer, Annika Wiegard

Herausgeber: Reinhold Duczek

Einzelhandel

1. und 2. Ausbildungsjahr im Einzelhandel: Lernfelder 1 bis 10

3. Auflage

Bestellnummer 222330

Die in diesem Produkt gemachten Angaben zu Unternehmen (Namen, Internet- und E-Mail-Adressen, Handelsregistereintragungen, Bankverbindungen, Steuer-, Telefon- und Faxnummern und alle weiteren Angaben) sind i. d. R. fiktiv, d. h., sie stehen in keinem Zusammenhang mit einem real existierenden Unternehmen in der dargestellten oder einer ähnlichen Form. Dies gilt auch für alle Kunden, Lieferanten und sonstigen Geschäftspartner der Unternehmen wie z. B. Kreditinstitute, Versicherungsunternehmen und andere Dienstleistungsunternehmen. Ausschließlich zum Zwecke der Authentizität werden die Namen real existierender Unternehmen und z. B. im Fall von Kreditinstituten auch deren IBANs und BICs verwendet.

Die in diesem Werk aufgeführten Internetadressen sind auf dem Stand zum Zeitpunkt der Drucklegung. Die ständige Aktualität der Adressen kann vonseiten des Verlages nicht gewährleistet werden. Darüber hinaus übernimmt der Verlag keine Verantwortung für die Inhalte dieser Seiten.

service@westermann.de
www.westermann.de

Bildungshaus Schulbuchverlage Westermann Schroedel Diesterweg Schöningh Winklers GmbH, Postfach 33 20, 38023 Braunschweig

ISBN 978-3-14-**222330**-8

westermann GRUPPE

Vorwort

Dieses Buch umfasst die Inhalte des 1. und 2. Ausbildungsjahres der Ausbildung zur Verkäuferin/zum Verkäufer bzw. zur Kauffrau/zum Kaufmann im Einzelhandel (Lernfelder 1 bis 10). Grundlage ist der aktuelle Rahmenlehrplan sowie der Stoffkatalog der zentralen Aufgabenstelle für kaufmännische Abschluss- und Zwischenprüfungen (AKA) in Nürnberg.

Das Lehrbuch enthält:
- eine übersichtliche Darstellung der für die Prüfung wichtigen **Ausbildungsinhalte,** deren Erarbeitung durch viele Übersichten und Abbildungen unterstützt wird,
- jeweils zu Beginn eines jeden Lernfelds einen Überblick über die zu lernenden Inhalte durch Bilder – Begriffe – Botschaften – Beziehungen (**„Advance Organizer“**), der den Schülern auch jederzeit Auskunft darüber erteilen kann, welche Lernfortschritte sie bereits gemacht haben,
- neugierig machende **Einstiegsimpulse** zu jedem Kapitel,
- **Aufgaben** zur Bearbeitung in der Klasse sowie
- **Kompetenzraster,** die den Schülern helfen, zu erkennen, ob sie alle wesentlichen Inhalte bereits gelernt haben. Je nachdem, welchen Wissensstand die Auszubildenden feststellen, werden sie zu den Förder- bzw. Forderaufgaben des Arbeitsbuches geführt, um ihre Kenntnisse zu festigen oder zu vertiefen.

Die Kompetenzraster und Advance Organizer sind unter www.westermann.de, Suche: 222330, auch als Downloads erhältlich.
- Das Lehrbuch wird durch zwei Arbeitsbücher ergänzt:
- Arbeitsbuch für das 1. Ausbildungsjahr, Best.-Nr. 222336, und
- Arbeitsbuch für das 2. Ausbildungsjahr, Best.-Nr. 222339.

Die Arbeitsbücher beinhalten die gleiche Lernfeld- und Kapitelstruktur wie das Lehrbuch. Sie helfen, den Lernstoff zu verfestigen und zu üben. Für das jeweilige Ausbildungsjahr enthalten sie pro Lernfeld
- **Lernsituationen,**
  die sich auf die jeweiligen Kompetenzraster im Schulbuch beziehen und sich an den Gegebenheiten in den Ausbildungsbetrieben ausrichten. Den jeweiligen Lernsituationen schließen sich
- **Erarbeitungsaufgaben**
  zur Erschließung des Lernstoffs an sowie
- **Zusatzaufgaben**
  zur Übung und Festigung des Lernstoffs (Förderaufgaben) und
- **Forderaufgaben**
  zur Vertiefung der Kenntnisse.

In der 3. Auflage wurden zusätzliche und gezieltere Lernsituationen in den Arbeitsbüchern aufgenommen, die der Systematik des Buches folgen und auf die jeweiligen Kompetenzraster bezogen sind. Somit wird die enge Verbindung von Schüler- und Arbeitsbuch noch deutlicher und die erzielte kleinschrittigere Vorgehensweise trägt zu noch größeren Lernerfolgen bei.

Den Inhalten und Aufgaben für das 3. Ausbildungsjahr der Kaufleute im Einzelhandel (Lernfelder 11 bis 14) sind das Lehrbuch „EINZELHANDEL, Kauffrau/Kaufmann im Einzelhandel, 3. Ausbildungsjahr“, Best.-Nr. 222333, und das dazugehörige Arbeitsbuch, Best.-Nr. 222342, gewidmet.

Für Verbesserungsvorschläge und Anregungen sind Verlag und Autoren stets dankbar.

BiBox westermann inkl. E-Book

Dieses Lehrwerk ist auch als BiBox erhältlich. In unserem Webshop unter www.westermann.de finden Sie hierzu unter der Bestellnummer des Ihnen vorliegenden Bandes weiterführende Informationen zum passenden digitalen Schulbuch.

Westermann, Frühjahr 2019

Lernfeld 1
Das Einzelhandelsunternehmen repräsentieren 11

2223304

Lernfeld 7
Waren annehmen, lagern und pflegen

Lernfeld 8
Geschäftsprozesse erfassen und kontrollieren

22233010

Das Einzelhandelsunternehmen repräsentieren

Lernfeld 1

22233011

Advance Organizer | Das Einzelhandelsunternehmen repräsentieren

Es geht los ...

Ausbildung und Ausbildungsvertrag

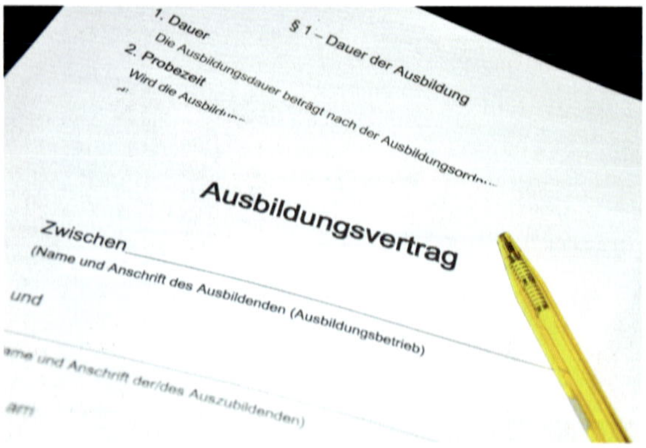

Das Einzelhandelsunternehmen repräsentieren

Verkaufs- und Betriebsformen

Umweltschutz

Markt und Preis

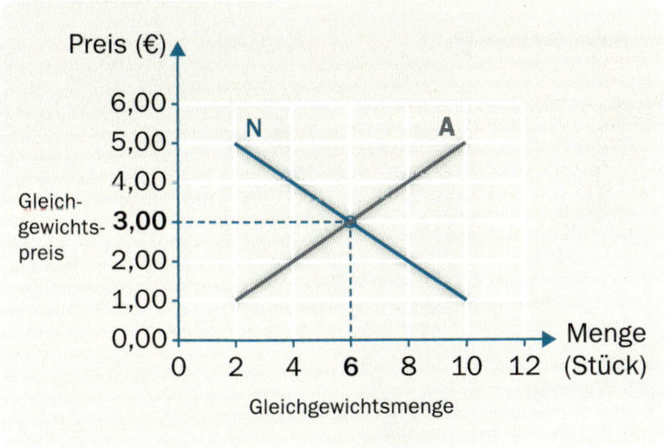

Tarifverträge

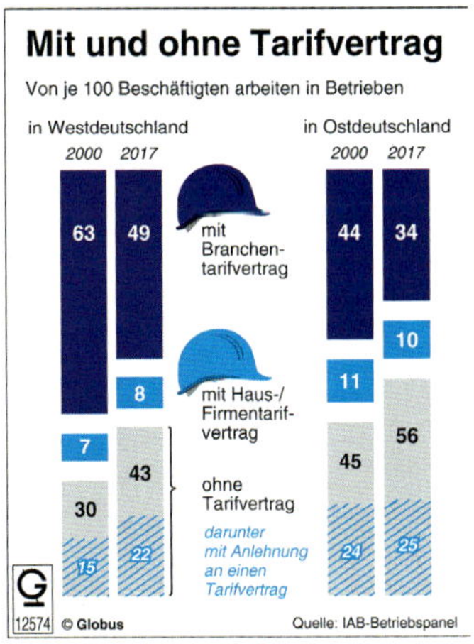

Mitbestimmung

Soziale Sicherung

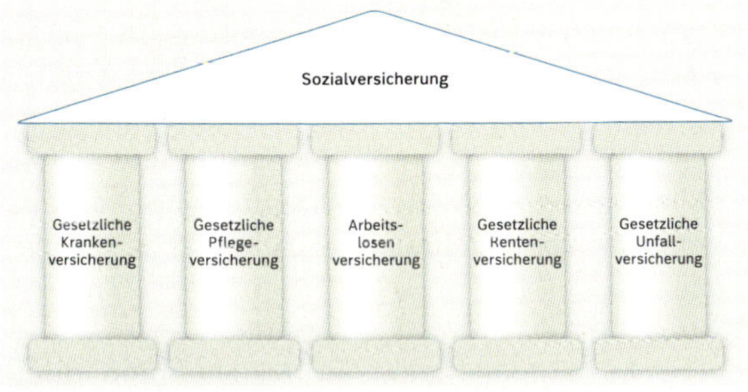

1.1 Ausbildung und Berufstätigkeit im Einzelhandel

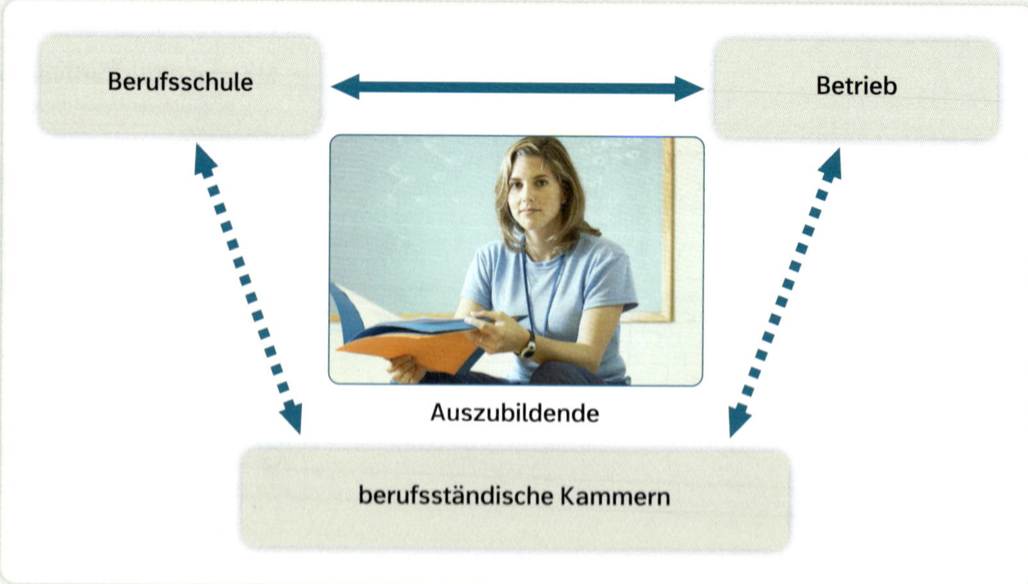

1.1.1 Ausbildung im Einzelhandel: Struktur, Inhalte und Prüfung

Grundlage für eine Karriere im Einzelhandel ist eine gute Ausbildung. Die wichtigsten Ausbildungsberufe des Einzelhandels sind der/die Kaufmann/Kauffrau im Einzelhandel mit ca. 57 366 Auszubildenden und Verkäufer/Verkäuferin mit ca. 39 510 Auszubildenden.

Zahlen entnommen aus: https://www.destatis.de/DE/ZahlenFakten/GesellschaftStaat/BildungForschungKultur/BeruflicheBildung/Tabellen/AzubiRangliste.html [06.01.2019].

Diese Ausbildungsberufe bereiten auf die vielfältigen Fach- und Führungsaufgaben in den vielfältigen Tätigkeitsbereichen des Einzelhandels vor.

Die Ausbildung zur Verkäuferin bzw. zum Verkäufer dauert zwei Jahre, die Ausbildung zur Kauffrau bzw. zum Kaufmann im Einzelhandel drei Jahre. Die Inhalte der Ausbildung sind für beide Ausbildungsberufe in den ersten beiden Jahren gleich. So ist es möglich, erst die Verkäufer-Ausbildung abzuschließen und später die Prüfung zur Kauffrau bzw. zum Kaufmann im Einzelhandel abzulegen.

Die Ausbildung für beide Berufe ist bundeseinheitlich durch eine **Ausbildungsverordnung** geregelt. Diese Ausbildungsverordnung enthält

- die Bezeichnung des Ausbildungsberufs,
- die Ausbildungsdauer,
- das Ausbildungsberufsbild,
- den Ausbildungsrahmenplan und
- die Prüfungsanforderungen.

Der **Ausbildungsrahmenplan** legt die zu vermittelnden Kenntnisse und Fähigkeiten fest und gibt auch eine zeitliche Gliederung der Ausbildung vor. Mit der zeitlichen Gliederung wird festgelegt, in welchem Ausbildungshalbjahr welches Wissen zu vermitteln ist. Am Ende der Ausbildung legt der Auszubildende eine Abschussprüfung vor der Industrie- und Handelskammer ab.

Die Ausbildung findet im sogenannten **dualen System** statt, d.h. sowohl im Betrieb als auch in der Berufsschule, vgl. Abbildung oben. Betrieb

Lernfelder für die Ausbildung im Einzelhandel

1. Ausbildungsjahr:	2. Ausbildungsjahr:	3. Ausbildungsjahr:
1. Das Einzelhandelsunternehmen repräsentieren 2. Verkaufsgespräche kundenorientiert führen 3. Kunden im Servicebereich Kasse betreuen 4. Waren präsentieren 5. Werben und den Verkauf fördern	6. Waren beschaffen 7. Waren annehmen, lagern und pflegen 8. Geschäftsprozesse erfassen und kontrollieren 9. Preispolitische Maßnahmen vorbereiten und durchführen 10. Besondere Verkaufssituationen	11. Geschäftsprozesse erfolgsorientiert steuern 12. Mit Marketingkonzepten Kunden gewinnen und binden 13. Personaleinsatz planen und Mitarbeiter führen 14. Ein Einzelhandelsunternehmen leiten und entwickeln

Verkäuferausbildung (1. und 2. Ausbildungsjahr)

Ausbildung für Kaufleute im Einzelhandel (1. bis 3. Ausbildungsjahr)

Abb. 1: Lernfelder in der Einzelhandelsausbildung

und Berufsschule sind gleichberechtigte Partner. Im Betrieb werden die fachpraktischen Ausbildungsanteile vermittelt. Die Berufsschule unterrichtet die notwendigen theoretischen Inhalte, die im Rahmenlehrplan geregelt sind (vgl. Abb. 1).

Beispiel: Jonas absolviert eine Ausbildung zum Verkäufer. Er besucht zweimal pro Woche die Berufsschule. Die übrige Arbeitszeit verbringt er in seinem Ausbildungsbetrieb.

Zwischenprüfung bei den Verkäufern

Die Zwischenprüfung der Verkäufer findet zu Beginn des zweiten Ausbildungsjahres statt. Sie dauert 90 Minuten. In dieser Zeit müssen 45 Aufgaben in programmierter Form (Multiple-Choice) bearbeitet werden. Geprüft werden die Inhalte des ersten Ausbildungsjahres. Die Teilnahme an der Zwischenprüfung ist Voraussetzung für die Zulassung zur Abschlussprüfung. Das Ergebnis der Zwischenprüfung geht nicht in das Ergebnis der Abschlussprüfung ein.

Bei der Ausbildung der Kaufleute im Einzelhandel wird auf eine Zwischenprüfung verzichtet und stattdessen eine gestreckte Abschlussprüfung durchgeführt. Der erste Teil der gestreckten Abschlussprüfung ist identisch mit der Abschlussprüfung der Verkäufer.

Abschlussprüfung bei den Verkäufern

Die Abschlussprüfung zum Verkäufer besteht aus folgenden Prüfungsbereichen:

- Verkauf und Werbemaßnahmen (Gewichtung 25 %),
- Warenwirtschaft und Kalkulation (Gewichtung 15 %),
- Wirtschafts- und Sozialkunde (Gewichtung 10 %),
- Fallbezogenes Fachgespräch (Gewichtung 50 % – Sperrfach)

Zum Bestehen der Abschlussprüfung der Verkäufer müssen im Gesamtergebnis, in mindestens zwei der schriftlichen Prüfungsbereiche sowie im Prüfungsbereich Fallbezogenes Fachgespräch mindestens ausreichende Prüfungsleistungen erbracht werden. Werden die Prüfungsleistungen in einem Prüfungsbereich mit „ungenügend" bewertet, so ist die Prüfung nicht bestanden.

Abschlussprüfung bei Kaufleuten im Einzelhandel

Die Abschlussprüfung zum Kaufmann im Einzelhandel besteht aus den fünf Prüfungsbereichen:

- Verkauf und Marketing (Gewichtung 15 %, Teil 1),
- Warenwirtschaft und Kalkulation (Gewichtung 10 %, Teil 1),
- Wirtschafts- und Sozialkunde (Gewichtung 10 %, Teil 1),

- Geschäftsprozesse im Einzelhandel (Gewichtung 25 %, Teil 2),
- Fachgespräch in der Wahlqualifikation (Gewichtung 40 %, Teil 2).

Die Prüfungsbereiche Geschäftsprozesse im Einzelhandel und Fallbezogenes Fachgespräch sind „Sperrfächer“, d. h., sie müssen mit mindestens ausreichenden Leistungen bewertet worden sein. Teil 1 und Teil 2 müssen im Gesamtergebnis ebenfalls eine ausreichende Leistung ergeben.

1.1.2 Ausbildungsvertrag

Auszug aus dem Berufsbildungsgesetz:

§ 11 Vertragsniederschrift

(1) Ausbildende haben unverzüglich nach Abschluss des Berufsausbildungsvertrags, spätestens vor Beginn der Berufsausbildung, den wesentlichen Inhalt des Vertrages gemäß Satz 2 schriftlich niederzulegen; die elektronische Form ist ausgeschlossen. In die Niederschrift sind mindestens aufzunehmen

1. Art, sachliche und zeitliche Gliederung sowie Ziel der Berufsausbildung, insbesondere die Berufstätigkeit, für die ausgebildet werden soll,
2. Beginn und Dauer der Berufsausbildung,
3. Ausbildungsmaßnahmen außerhalb der Ausbildungsstätte,
4. Dauer der regelmäßigen täglichen Ausbildungszeit,
5. Dauer der Probezeit,
6. Zahlung und Höhe der Vergütung,
7. Dauer des Urlaubs,
8. Voraussetzungen, unter denen der Berufsausbildungsvertrag gekündigt werden kann,
9. ein in allgemeiner Form gehaltener Hinweis auf die Tarifverträge, Betriebs- oder Dienstvereinbarungen, die auf das Berufsausbildungsverhältnis anzuwenden sind.

Abb. 2: Beispiel eines Ausbildungsvertrags

Gemäß Berufsbildungsgesetz (BBiG) muss ein schriftlicher Ausbildungsvertrag geschlossen werden (vgl. Abb. 2). Vertragspartner sind der ausbildende Betrieb (Ausbildender) und der Auszubildende. Ist der Auszubildende noch minderjährig, muss auch der gesetzliche Vertreter unterschreiben. Beide Vertragspartner erhalten eine Ausfertigung des Vertrags. Außerdem wird jeder Ausbildungsvertrag von der zuständigen IHK in ein spezielles Verzeichnis (Ausbildungsrolle) aufgenommen. Die zu regelnden Inhalte sind ebenfalls im BBiG genannt:

1.1.3 Rechte und Pflichten aus dem Ausbildungsvertrag

Hier gilt: Die Rechte des Auszubildenden sind gleichzeitig die Pflichten des Ausbildenden und umgekehrt.

Auszubildende haben folgende Pflichten:

- Auszubildende sollen die beruflichen Handlungsfähigkeiten erwerben, die zum Erreichen des Ausbildungsziels erforderlich sind.
- Sie haben alle Arbeiten sorgfältig auszuführen, die ihnen im Rahmen der Berufsausbildung aufgetragen werden.
- Sie müssen an Ausbildungsmaßnahmen teilnehmen, für die sie freigestellt werden.
- Sie haben den Anweisungen zu folgen, die im Rahmen der Berufsausbildung von berechtigten Personen erteilt werden.
- Werkzeuge, Maschinen und alle sonstigen Einrichtungen sind sorgfältig zu behandeln.
- Über Betriebs- und Geschäftsgeheimnisse ist Stillschweigen zu wahren, sie dürfen nicht weitererzählt werden.
- Zudem müssen die Auszubildenden regelmäßig schriftliche Ausbildungsnachweise führen. Das Berichtsheft muss vom Ausbilder kontrolliert werden und stellt auch eine Zulassungsvoraussetzung für die Prüfung dar.

Der **Ausbildende** hat folgende Pflichten:

- Er vermittelt die berufliche Handlungsfähigkeit, die zum Erreichen des Ausbildungsziels erforderlich ist.
- Er stellt die Ausbildungsmittel kostenlos zur Verfügung.
- Er achtet darauf, dass die Auszubildenden die Berufsschule besuchen und das Berichtsheft

führen. Er stellt sie für den Besuch der Berufsschule und für die Teilnahme an Prüfungen frei.
- Ausbildende sind dafür verantwortlich, dass Auszubildende charakterlich gefördert sowie sittlich und körperlich nicht gefährdet werden.
- Am Ende der Ausbildung haben die Auszubildenden Anspruch auf ein Zeugnis.

1.1.4 Jugendarbeitsschutzgesetz

Sind Auszubildende noch nicht 18 Jahre alt, muss das Jugendarbeitsschutzgesetz beachtet werden.

Arbeitszeit

- Die Wochenarbeitszeit beträgt maximal 40 Stunden bei einer Fünf-Tage-Woche.
- Wird die Arbeitszeit an einzelnen Werktagen verkürzt, kann die Arbeitszeit an anderen Tagen auf maximal 8,5 Stunden verlängert werden.
- Bei einer Arbeitszeit von 4,5 Stunden bis 6 Stunden stehen dem Jugendlichen 30 Minuten, bei mehr als 6 Stunden täglicher Arbeitszeit 60 Minuten Ruhepause zu.
- Der Jugendliche muss täglich mindestens 12 Stunden Freizeit haben.
- Grundsätzlich gilt: keine Beschäftigung für Jugendliche zwischen 20:00 Uhr und 06:00 Uhr.

Urlaub

- Für 15-Jährige gelten mindestens 30 Werktage, für 16-Jährige mindestens 27 und für 17-Jährige mindestens 25 Werktage.
- Stichtag ist der 1. Januar des Kalenderjahres.

Mehrarbeit und Feiertage

- Mehrarbeit ist nicht zulässig.
- Für Sonn- und Feiertage gilt ein grundsätzliches Beschäftigungsverbot, allerdings gibt es Ausnahmen.
- Akkordarbeit und gefährliche Arbeiten sind verboten.

Berufsschule

- Der Arbeitgeber hat den Jugendlichen für die Teilnahme am Berufsschulunterricht freizustellen.
- Die Berufsschulzeit wird einschließlich Pausen auf die Arbeitszeit angerechnet.
- Falls die Schule vor 09:00 Uhr beginnt, darf der Jugendliche nicht im Betrieb beschäftigt werden.
- Der Jugendliche darf nicht im Betrieb beschäftigt werden, falls der Berufsschulunterricht länger als fünf Unterrichtsstunden dauert, jedoch nur an einem Schultag pro Woche.
- Für die Teilnahme an der Zwischen- und Abschlussprüfung muss eine Freistellung erfolgen. Freistellung erfolgt auch an dem Arbeitstag vor der schriftlichen Abschlussprüfung.

1.1.5 Nach der Ausbildung

Arbeitsvertrag

Auszubildende, die ihre Berufsausbildung gut machen, werden nach bestandener Prüfung häufig in ein dauerhaftes Arbeitsverhältnis übernommen. In diesem Fall muss ein neuer Arbeitsvertrag geschlossen werden. Im Internet, z. B. auf der Homepage der IHK Frankfurt/Main, finden Sie einen Mustervertrag (vgl. Abb. 3).

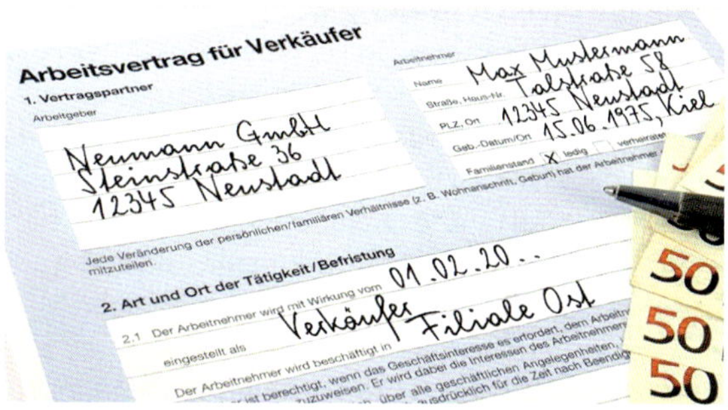

Abb. 3: Beispiel für einen Arbeitsvertrag

Wichtige Inhalte des Arbeitsvertrags sind
- Name und Anschrift beider Vertragspartner,
- Beginn des Arbeitsverhältnisses,
- Angaben zur Probezeit,
- Beschreibung der Tätigkeit,
- Arbeitsvergütung,
- Arbeitszeit,
- Urlaubsanspruch,
- Rechte und Pflichten bei Krankheit,
- Verschwiegenheitspflicht,
- Zulässigkeit und Umfang von Nebentätigkeiten und
- Kündigungsfristen.

In einigen Fällen schreibt das Gesetz Regelungen vor, von denen nicht abgewichen werden darf. So gebietet § 623 BGB, dass eine Kündigung schriftlich erfolgen muss. Das bedeutet, dass sie eigenhändig unterschrieben sein muss.

Ist der Arbeitgeber Mitglied einer Tarifgemeinschaft, so gilt der jeweils gültige Tarifvertrag.

Beispiel: Laut Manteltarifvertrag Einzelhandel NRW, der zwischen der Gewerkschaft ver.di und dem Arbeitgeberverband des Einzelhandels geschlossen wurde, beträgt die regelmäßige wöchentliche Arbeitszeit 37,5 Stunden.

Außerdem können in jedem Betrieb bestimmte Vereinbarungen mit einem eventuell vorhandenen Betriebsrat getroffen werden (sogenannte Betriebsvereinbarungen). Diese Bestimmungen gelten dann ebenfalls automatisch.

Beispiel: Zwischen dem Betriebsrat und dem Einzelhändler „Obsthandel Meier“ wurde eine Vereinbarung zur Gleitzeit verabschiedet. Diese Regelung gilt automatisch für alle Beschäftigten.

Fort- und Weiterbildungsmöglichkeiten

Eine abgeschlossene Berufsausbildung ist ein wichtiger Grundpfeiler für die weitere Karriere. Trotzdem ist sie nur der erste Schritt. Alle Arbeitnehmer müssen sich während des Erwerbslebens regelmäßig fort- und weiterbilden, um sich den ständig ändernden Anforderungen des Berufs anpassen zu können.

Nach Abschluss der Berufsausbildung zum Einzelhandelskaufmann besteht z. B. die Möglichkeit, eine Weiterbildung zum **Handelsfachwirt** zu absolvieren. Diese Weiterbildung schließt mit einer Prüfung vor der IHK ab und vermittelt Fertigkeiten und Kenntnisse, um Aufgaben des mittleren Managements im Bereich Groß- und Einzelhandel zu übernehmen.

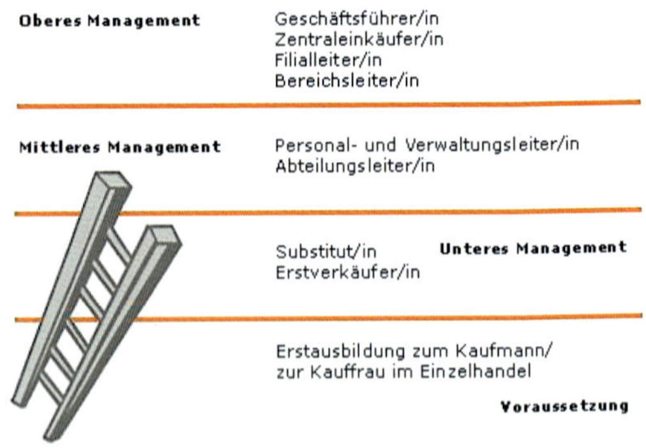

Abb. 4: Die innerbetriebliche Karriereleiter

Wichtige Karrierestationen im Einzelhandel sind z. B.:

- Erstverkäufer/-in
- Substitut/-in (auch stellvertretende/r Abteilungsleiter/-in)
- Teamleiter/-in
- Verkaufsstellenleiter/-in
- Filialleiter/-in
- Marktmanager/-in
- Abteilungsleiter/-in
- Bezirksleiter/-in
- Gebietsverkaufsleiter/-in
- Einkäufer/-in
- Werbeleiter/-in
- Personalleiter/-in
- Geschäftsführer/-in

Engagierte und gut ausgebildete Mitarbeiter haben bessere Aufstiegschancen und ein geringeres Risiko, arbeitslos zu werden. Für den Mitarbeiter ergibt sich durch bessere berufliche Perspektiven und höhere Verantwortungsbereiche eine größere Arbeitszufriedenheit (vgl. Abb. 4).

Aufgaben

1. Ein Azubi zum Verkäufer erzielt in der Abschlussprüfung folgende Ergebnisse:
   - Verkauf und Marketing: ausreichend,
   - Warenwirtschaft und Rechnungswesen: ausreichend,
   - Wirtschafts- und Sozialkunde: mangelhaft.

   Im mündlichen Teil erzielt der Kandidat das Ergebnis „ausreichend“. Hat der Prüfling die Abschlussprüfung bestanden?

2. Entscheiden Sie mithilfe des Berufsbildungsgesetzes, ob folgende Aussagen wahr oder falsch sind:
   a) Die Probezeit darf maximal drei Monate betragen.
   b) Das Ausbildungsverhältnis kann während der Probezeit jederzeit mit einer Frist von einer Woche vom Arbeitgeber gekündigt werden.

c) Der Auszubildende kann das Ausbildungsverhältnis während der gesamten Ausbildungszeit mit einer Frist von vier Wochen ohne Angaben von Gründen beenden.
d) Eine Probezeit muss nicht vereinbart werden.
e) Der Vertrag enthält genaue Angaben zur Arbeitszeit sowie zum vereinbarten Urlaubsanspruch.
f) Die Ausbildungsvergütung wird nur für das erste Ausbildungsjahr angegeben.
g) Ist der Auszubildende noch nicht 18 Jahre alt, müssen die Eltern den Vertrag ebenfalls unterschreiben.

3. Entscheiden Sie, ob oder unter welchen Umständen folgende Beschäftigungen zulässig sind:
a) Demir ist zwölf Jahre alt und möchte Zeitungen austragen.
b) Daniela ist 16 Jahre alt und möchte in den Sommerferien fünfmal pro Woche für sechs Stunden in einem Lokal als Kellnerin jobben.
c) Auf einer Baustelle wird eine befristete Stelle als Abbruchhelfer angeboten. Der 17-jährige Paul bewirbt sich um die Stelle.
d) Marlis ist bereits 18 Jahre alt. Sie soll nach der Berufsschule in den Betrieb kommen und dort noch arbeiten.

1.2 Einzelhandel und Gesamtwirtschaft

Oliver und Antje bummeln durch die Fußgängerzone. Beide sind Auszubildende zum Kaufmann bzw. zur Kauffrau im Einzelhandel. Oliver und Antje sind begeisterte Wintersportler. Sie fahren seit einigen Jahren mit preiswerten Gruppenreisen in die Berge, um dort zu snowboarden. Vor dem Sportfachgeschäft OnBoard bleiben sie stehen und schauen sich die Schaufensterdekoration an. Im Schaufenster ist das neueste Modell eines Freeride-Boards mit passender Bindung ausgestellt. Der Preis für das schöne Board beträgt 999,00 €.

Antje: „Tolles Board! Dieses Snowboard muss ich unbedingt haben!“

Oliver: „Leider viel zu teuer, das kannst du dir nicht leisten.“

Antje: „Warte mal ab. Falls das Modell am Saisonende noch zu haben ist, kostet es bestimmt nur noch 700,00 €. Und dann werde ich es kaufen!“

1.2.1 Bedürfnisse, Bedarf, Nachfrage

Alle Menschen haben unendlich viele Bedürfnisse.

> ! *Ein **Bedürfnis** ist*
> - *das Empfinden eines Mangels und*
> - *der Wunsch, diesen Mangel zu beheben.*

Beispiel: Antje hat Hunger und wünscht sich, etwas zu essen.

Manche Bedürfnisse entstehen von selbst, wie z. B. Hunger oder Durst. Es gibt aber auch Bedürfnisse, die erst durch Anreize der Umwelt entstehen.

Beispiel: Antje sieht ein Snowboard im Schaufenster und wünscht sich, dieses Snowboard zu kaufen.

Bedürfnisse lassen sich in verschiedene Kategorien einteilen (vgl. Abb. 1). Bei der Einteilung nach der Art der Dringlichkeit unterscheidet man:

- **Existenzbedürfnisse** – sind von Natur aus gegeben und sind lebensnotwendige Wünsche. Beispiele sind das Bedürfnis nach Essen, Trinken, Wärme, aber auch nach Schutz vor Gefahren oder nach der Gesellschaft anderer Menschen.
- **Kulturbedürfnisse** – entstehen durch das Zusammenleben von Menschen. Es sind die Bedürfnisse, die der Mensch als geistiges Wesen empfindet, z. B. Zeitungen oder Bücher zu lesen, ins Kino oder zu Konzerten zu gehen.
- **Luxusbedürfnisse** – beziehen sich auf nicht lebensnotwendige Wünsche und müssen nicht unbedingt erfüllt werden. Sie verbessern jedoch die Lebensqualität und erhöhen das soziale Ansehen. Beispiele sind der Wunsch nach exklusiven Autos, teuren Armbanduhren oder neuen Snowboards.

Bedürfnisse lassen sich auch nach der Art ihrer Befriedigung einteilen:

- **Individualbedürfnisse** – können von dem Menschen, der die Bedürfnisse empfindet, selbst erfüllt werden.

  Beispiel: Das Bedürfnis nach einer schönen Wohnung oder nach Kleidung kann jeder selber erfüllen.

- **Kollektivbedürfnisse** – können nur von einer Gemeinschaft, z. B. einer Familie, einer Stadt oder dem Staat, befriedigt werden.

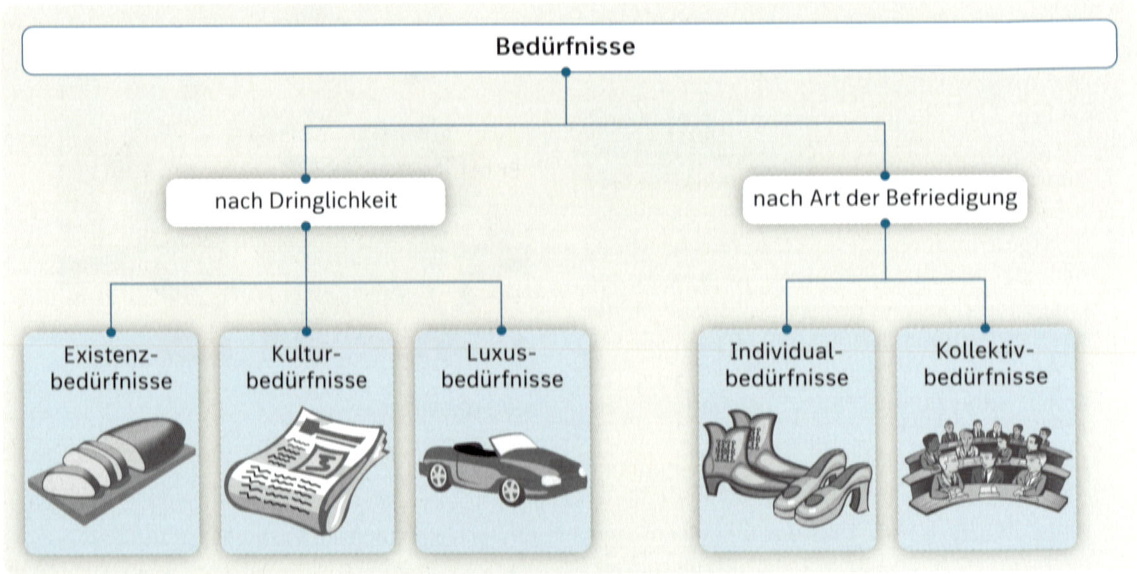

Abb. 1: Einteilung von Bedürfnissen

Beispiel: Der Staat kümmert sich um das Bedürfnis nach Sicherheit, indem er die Polizei bereitstellt.

Jeder Mensch hat unendlich viele Bedürfnisse. Normalerweise haben Menschen aber nie genug Geld, um alle ihre Bedürfnisse zu befriedigen. Die Bedürfnisse, die man mit dem zur Verfügung stehenden Geld befriedigen kann, nennt man **Bedarf.**

Beispiel: Oliver hat Durst. Er nimmt seine Geldbörse und geht zu einem Kiosk.

> ! ***Bedarf** sind die Bedürfnisse, die mit den vorhandenen finanziellen Mitteln befriedigt werden können.*

Sobald man in ein Geschäft geht und Dinge kaufen möchte, wird aus dem Bedarf die sogenannte **Nachfrage** (vgl. Abb. 2).

Beispiel: Oliver hat sich entschieden. Er möchte für 1,00 € eine Flasche Wasser kaufen.

> ! ***Nachfrage** ist der am Markt wirksam werdende Bedarf.*

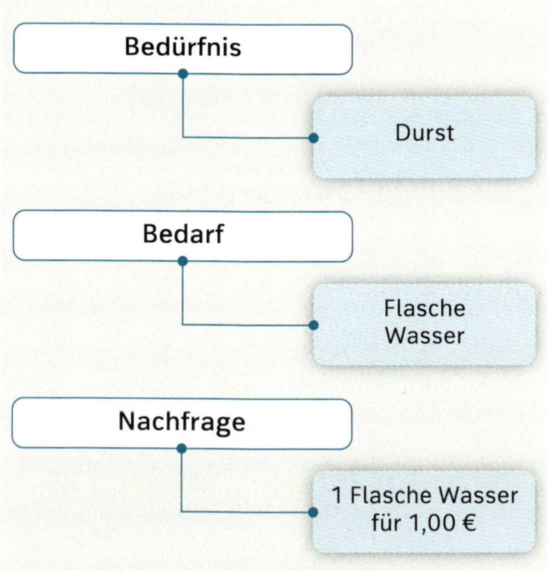

Abb. 2: Vom Bedürfnis zur Nachfrage

1.2.2 Güter

Das Bedürfnis Durst kann befriedigt werden, indem man eine Flasche Wasser trinkt. Die Flasche Wasser nennt man in diesem Zusammenhang ein „Gut".

> ! ***Güter** sind die Mittel, mit denen die Bedürfnisse befriedigt werden können.*

Es gibt Güter, die für alle frei verfügbar sind und für die man nichts bezahlen muss. Sie werden als **freie Güter** bezeichnet, dazu gehören z. B. Wind, Regen und Sonnenlicht. Freie Güter sind oft im Überfluss vorhanden.

Güter, die nicht frei verfügbar sind, heißen **wirtschaftliche Güter.** Wirtschaftliche Güter sind knapp und haben einen Preis. Je knapper ein Gut ist, umso höher ist der verlangte Preis für dieses Gut.

Beispiel: Ein handsigniertes T-Shirt von Rihanna ist ein sehr knappes Gut: Es gibt davon wenige, und sehr viele Menschen möchten es besitzen. Ein solches T-Shirt hat einen hohen Preis.

Wirtschaftliche Güter unterteilt man in Sachgüter, Rechte und Dienstleistungen (vgl. Abb. 3).

Rechte und **Dienstleistungen** sind sogenannte immaterielle Güter. Das heißt, sie sind nicht körperlich, man kann sie nicht anfassen.

Beispiel „Rechte": Ein Autor schreibt einen Roman. Er hat an seinem Roman ein Urheberrecht.

Beispiel „Dienstleistungen": Im Verkaufsgespräch berät der Verkäufer den Kunden. Die Beratung ist eine Dienstleistung.

Sachgüter sind körperliche Dinge, z. B. ein Stuhl oder eine Hose. Sachgüter wiederum können unterteilt werden in:

- **Konsumgüter,** die von privaten Haushalten genutzt werden, und
- **Produktionsgüter,** die von Unternehmen benötigt werden, um andere Güter zu produzieren.

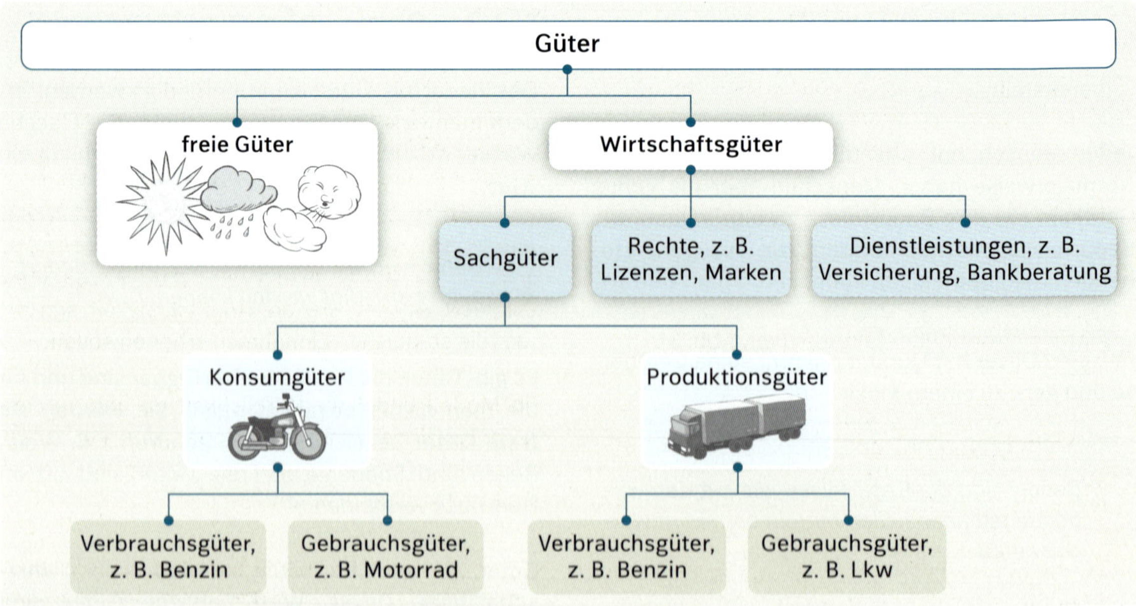

Abb. 3: Einteilung von Gütern

Konsum- und Produktionsgüter können jeweils nach der Nutzungshäufigkeit unterschieden werden in:

- **Gebrauchsgüter,** die dauerhaft oder über einen langen Zeitraum genutzt werden können, und
- **Verbrauchsgüter,** die nur einmal benutzt werden können. Danach sind sie nicht mehr vorhanden, sie sind „verbraucht".

1.2.3 Ökonomische Prinzipien

Die Bedürfnisse der Menschen sind unendlich. Allerdings stehen den Menschen nur begrenzte Mittel zur Verfügung, diese Bedürfnisse zu befriedigen. Deshalb müssen sie sorgfältig überlegen, welche Bedürfnisse sie mit ihren finanziellen Mitteln befriedigen möchten. Sie müssen **wirtschaften.**

Um zu wirtschaften, kann man zwei Strategien anwenden. Diese Strategien nennt man die ökonomischen Prinzipien (vgl. Abb. 4):

- **Maximalprinzip:** Mit gegebenen Mitteln soll der größtmögliche Nutzen erreicht werden.

Beispiel: Oliver möchte einen Ausflug machen. Er hat ein Auto und Geld für 20 l Benzin und fährt damit so weit wie möglich.

- **Minimalprinzip:** Mit möglichst wenigen Mitteln soll ein bestimmter Nutzen erreicht werden.

Beispiel: Oliver möchte von Köln nach Berlin fahren und dafür möglichst wenig Geld ausgeben.

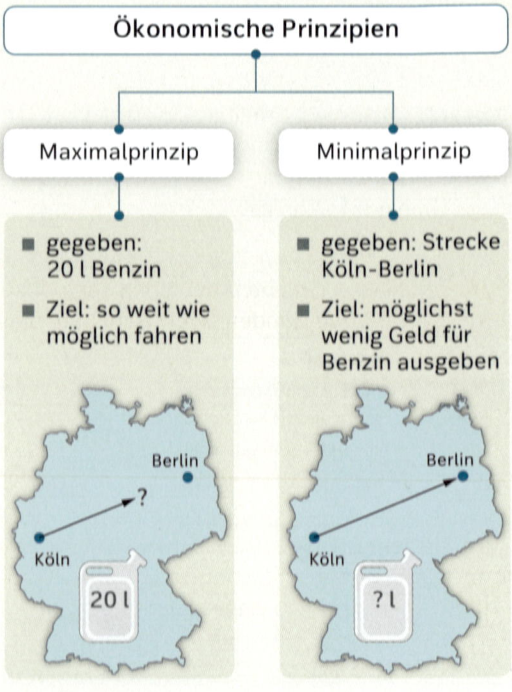

Abb. 4: Maximal- und Minimalprinzip

1.2.4 Produktionsfaktoren

Wirtschaftsgüter müssen produziert werden. Unter Produktion versteht man die Herstellung von Gütern, indem man Produktionsfaktoren zusammenstellt.

> ! ***Produktionsfaktoren** sind Mittel, die zur Herstellung von Gütern genutzt werden.*

Es gibt drei Produktionsfaktoren (vgl. Abb. 5).

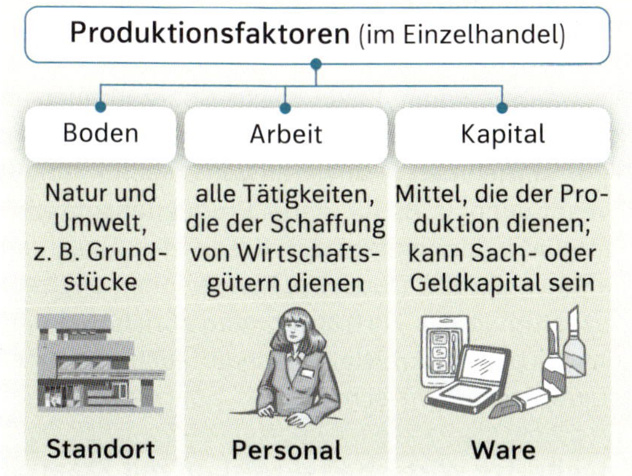

Abb. 5: Produktionsfaktoren und ihre Entsprechung im Einzelhandel

Die Produktionsfaktoren Boden und Arbeit werden ursprüngliche (originäre) Faktoren genannt, das Kapital wird als abgeleiteter (derivativer) Faktor bezeichnet. Während Arbeit und Boden von Natur aus zur Verfügung stehen, muss Kapital erst geschaffen werden. Kapital wird geschaffen, indem man auf Konsum verzichtet.

Beispiel: Robinson Crusoe fängt jeden Tag auf seiner Insel mit bloßen Händen zwei Fische, um diese zu essen.

- Boden: Wasser
- Arbeit: Fisch mit bloßen Händen fangen
- Kapital: kein Kapital (kein Werkzeug)

Eines Tages fängt er nur einen Fisch und verzichtet auf den zweiten Fisch. Die verbleibende Zeit nutzt er, um sich eine Angel zu bauen. Die Angel stellt nun das Kapital dar, mit dem Robinson zukünftig leichter und schneller Fische erbeuten kann.

- Boden: Wasser
- Arbeit: Fisch angeln
- Kapital: Angel

1.2.5 Wirtschaftskreislauf

Um bestimmte Vorgänge und Abhängigkeiten verstehen zu können, versuchen Wissenschaftler, die Wirklichkeit in einem Modell abzubilden. Ziel ist es, das Verhalten derjenigen vorhersagen zu können, die an den wirtschaftlichen Prozessen eines Landes oder einer größeren Wirtschaftszone teilnehmen. Das ist z. B. wichtig, wenn in der Politik Maßnahmen diskutiert werden, die die Arbeitslosigkeit senken oder die staatlichen Einnahmen erhöhen sollen.

Ein Modell bildet die Wirklichkeit ab und vereinfacht sie dabei stark. Im Modell des einfachen Wirtschaftskreislaufs gibt es daher nur zwei Marktteilnehmer (vgl. Abb. 6):

- **Unternehmen:** Damit sind Firmen bzw. Gewerbetreibende verschiedener Größe gemeint. Sie produzieren Waren und Dienstleistungen und stellen diese den privaten Endverbrauchern bzw. Konsumenten zur Verfügung. Für die Erstellung der Waren und Dienstleistungen benötigen sie die Produktionsfaktoren Arbeit, Boden und Kapital.

- **private Haushalte:** Damit sind die Endverbraucher bzw. Konsumenten gemeint. Private Haushalte stellen den Unternehmen die benötigten Produktionsfaktoren zur Verfügung. Für ihre Arbeitskraft erhalten sie Löhne und Gehälter. Für Boden, den sie vermieten, erhalten sie Miete oder Pacht. Für Kapital erhalten sie Zinsen.

Im einfachen Wirtschaftskreislauf gibt es einen Güterstrom und einen Geldstrom:

- Der **Güterstrom** bildet die Waren und Dienstleistungen ab, die von den Unternehmen produziert und an die Haushalte verkauft werden (= **Konsumgüter**). Außerdem bildet er die Produktionsfaktoren ab, die die Haushalte den Unternehmen zur Verfügung stellen (= **Produktionsfaktoren**).

- Der **Geldstrom** bildet die finanziellen Mittel ab, die die Haushalte für den Kauf der Waren und Dienstleistungen ausgeben (= **Konsumausgaben**). Er zeigt außerdem die Löhne, Mieten oder Zinsen, die die Haushalte von den Unternehmen dafür erhalten, dass sie die Produktionsfaktoren zur Verfügung stellen (= **Einkommen**).

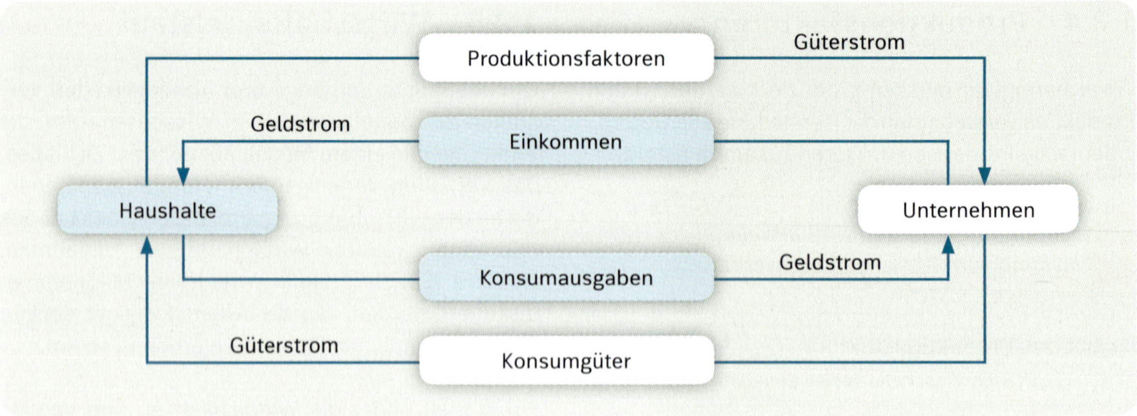

Abb. 6: Einfacher Wirtschaftskreislauf

Güterstrom und Geldstrom fließen unaufhörlich zwischen den Unternehmen und den privaten Haushalten hin und her. Es entsteht ein stabiles, geschlossenes System (Modell des einfachen Wirtschaftskreislaufs).

Der einfache Wirtschaftskreislauf setzt folgendes voraus:

- Die privaten Haushalte geben ihr **gesamtes** Geld für den Kauf von Waren und Dienstleistungen aus.
- Die Unternehmen verkaufen **sämtliche** Waren und Dienstleistungen an die privaten Haushalte.

Waren, Dienstleistungen, Produktionsfaktoren und Geld fließen unaufhörlich zwischen den Unternehmen und den privaten Haushalten hin und her. Aufgrund dieser Voraussetzungen entsteht ein stabiles, geschlossenes System. In diesem Modell des einfachen Wirtschaftskreislaufs ist jedoch kein Wachstum möglich, da stets alles verfügbare Geld für Konsum ausgegeben wird. Man spricht auch von einer stationären Wirtschaft.

Erweiterter Wirtschaftskreislauf

Gestaltet man das Modell des einfachen Wirtschaftskreislaufs etwas realitätsnäher, spricht man vom erweiterten Wirtschaftskreislauf. Zunächst wird die Annahme aufgegeben, dass die privaten Haushalte das gesamte Geld für den Konsum ausgeben. Die Haushalte sparen einen Teil des Einkommens und bilden Sparguthaben bei den Banken. Für die Sparguthaben erhalten die Haushalte Zinserträge.

Die Banken können nun diese Sparguthaben in Form von Krediten an Unternehmen weitergeben. Die Unternehmen finanzieren von diesen Krediten Investitionen (z. B. für neue Produktionsmaschinen) und zahlen später den Kredit inkl. Zinsen an die Bank zurück. Durch die Investitionen entsteht Wachstum in der Wirtschaft, man spricht bei diesem Wirtschaftskreislauf deshalb auch von einer evolutorischen Wirtschaft.

Erweiterter Wirtschaftskreislauf mit Staat

Die nächste Erweiterung des Wirtschaftskreislaufs bezieht auch den Staat in das Modell ein. Der Staat erhält von den privaten Haushalten Steuern (z. B. Einkommensteuer, Umsatzsteuer) und Beiträge zur Sozialversicherung (Kranken-, Pflege-, Renten- und Arbeitslosenversicherung).

Auch die Unternehmen zahlen Steuern an den Staat (z. B. Gewerbesteuer, Körperschaftssteuer).

Die Einnahmen des Staates dienen der Finanzierung der Staatsausgaben. Der Staat gibt das eingenommene Geld für Sicherheit, Verteidigung, Straßenbau, Bildung usw. aus. Außerdem werden bestimmte Haushalte durch sog. Transferleistungen unterstützt (z. B. Kindergeld, Arbeitslosengeld II). Auch die Unternehmen können vom Staat Geld in Form von Subventionen erhalten. Subventionen sind Unterstützungsleistungen, um bestimmte, staatlich gewollte Ziele zu erreichen.

Beispiel: Um den Anteil der Sonnenenergie am Strommarkt zu erhöhen, zahlt der Staat eine Prämie (Subvention) an alle, die sich eine Photovoltaik-Anlage installieren lassen.

22233024

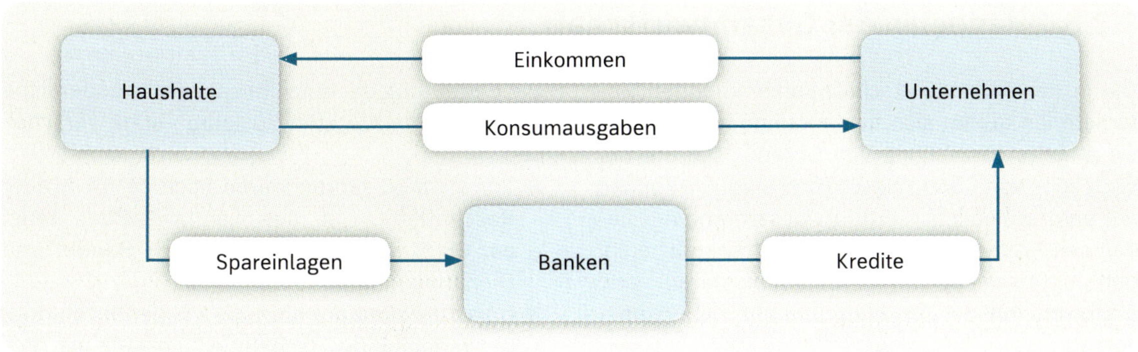

Abb. 7: Erweiterter Wirtschaftskreislauf mit Banken

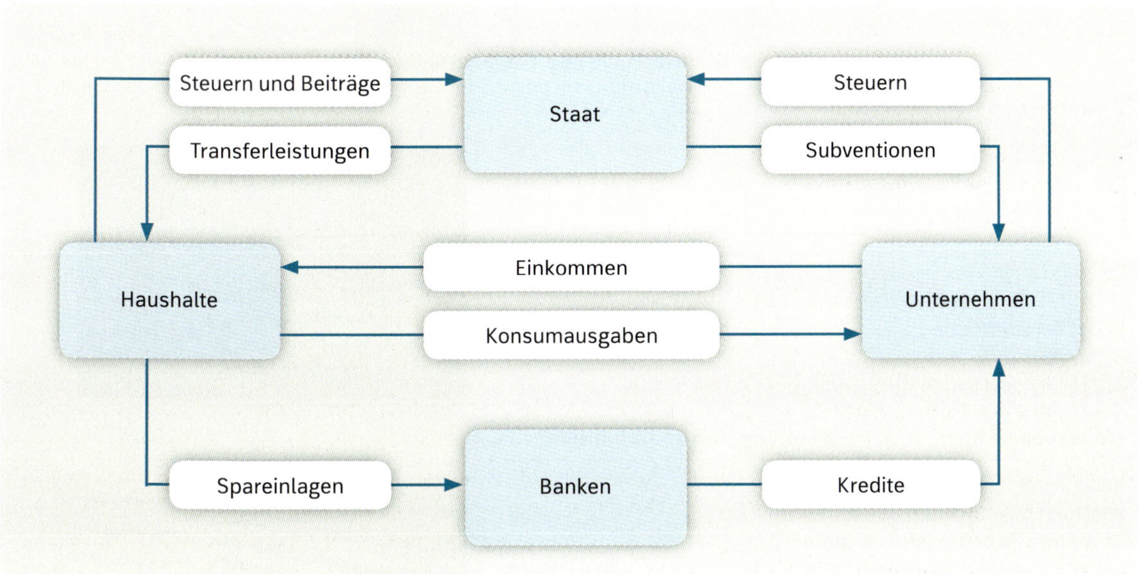

Abb. 8: Erweiterter Wirtschaftskreislauf mit Banken und Staat

Aufgaben

1. Prüfen Sie, ob die folgenden Aussagen richtig oder falsch sind:
   - Im einfachen Wirtschaftskreislauf ist kein Wirtschaftswachstum möglich.
   - Im erweiterten Wirtschaftskreislauf sparen die privaten Haushalte und die Unternehmen.
   - Banken zahlen den privaten Haushalten Zinsen für Spareinlagen.
   - Unternehmen verwenden Kredite für Investitionen.
   - Die Unternehmen zahlen Steuern an den Staat.
   - Wenn die privaten Haushalte nicht sparen, können die Unternehmen auch keine Kredite erhalten.
   - Kindergeld ist eine Transferleistung des Staates.
   - Für Subventionen müssen die Unternehmen Zinsen an den Staat zahlen.

2. Ein privater Haushalt bekommt von einem Unternehmen 2000,00 € Gehalt überwiesen. Davon spart der Haushalt 100,00 €, 400,00 € müssen als Einkommensteuer an den Staat gezahlt werden. Der Haushalt besteht aus einer Familie mit einem Kind. Für das Kind werden 194,00 € Kindergeld vom Staat überwiesen. Berechnen Sie das verfügbare Einkommen der privaten Haushalte, das für Konsumausgaben zur Verfügung steht.

1.2.6 Handel in der Gesamtwirtschaft

Die in der Gesamtwirtschaft vorkommenden Unternehmen lassen sich danach unterscheiden, ob sie mit der Herstellung von Gütern oder mit der Verteilung von Gütern beschäftigt sind. Sie können auf unterschiedlichen Produktionsstufen angesiedelt sein (vgl. Abb. 9). Die Wirtschaftsbereiche auf den unterschiedlichen Produktionsstufen sind stark voneinander abhängig und eng miteinander verzahnt.

Die Bedeutung der einzelnen Wirtschaftsbereiche hat sich in den letzten 50 Jahren stark verschoben:

- Vor etwa 50 Jahren waren noch ca. 14 % aller Beschäftigten in der Landwirtschaft tätig, ca. 38 % arbeiteten im Bereich Handel und Dienstleistungen.
- Heute arbeiten nur noch ca. 2 % der Beschäftigten in der Landwirtschaft, jedoch mehr als 70 % im Bereich Handel und Dienstleistungen.

Bereiche innerhalb der Gesamtwirtschaft

Urproduktion (Primärbereich)

Diese Unternehmen gewinnen ihre Güter aus der Natur und stehen am Beginn der Produktionskette.

Beispiele:
- land- und forstwirtschaftliche Betriebe
- Fischereibetriebe
- Bergbau
- Betriebe der Energieerzeugung

Weiterbearbeitung und -verarbeitung (Sekundärbereich)

In diesen Betrieben werden die in der Natur gewonnenen Rohstoffe so weiterbearbeitet oder so verarbeitet, dass aus ihnen andere Güter werden.

Beispiel Weiterbearbeitung:
Aus gefällten Bäumen werden Holzbretter und aus den Holzbrettern Schränke gefertigt.

Beispiel Weiterverarbeitung:
Aus dem gemähten Getreide wird Mehl gewonnen und aus dem Mehl Brot gebacken.

Handel und Dienstleistungen (Tertiärbereich)

Unternehmen dieses Bereiches sind alle die, die nicht mit der Herstellung von Gütern beschäftigt sind.

Beispiele:
- Speditionen
- Banken
- Versicherungen
- Betriebe des Großhandels
- Betriebe des Einzelhandels

Abb. 9: Produktionsstufen in der Gesamtwirtschaft

1.2.7 Markt und Preisbildung

Um Bedürfnisse zu befriedigen, werden Güter gekauft bzw. nachgefragt. Es gibt Unternehmen bzw. Haushalte, die diese Güter anbieten.

> ! *Der **Markt** ist der Ort, an dem Angebot und Nachfrage zusammentreffen.*

Der Verkäufer als **Anbieter** einer Ware möchte normalerweise einen möglichst hohen Preis erzielen. Der Kunde als **Nachfrager** hingegen möchte für eine bestimmte Leistung möglichst wenig bezahlen, da er möglichst viele Bedürfnisse befriedigen will. Der Kunde wünscht sich ein optimales Preis-Leistungs-Verhältnis.

Beispiel: Auf einem Flohmarkt bietet ein Verkäufer eine alte Lampe für 5,00 € an. Eine Frau zeigt Interesse und bietet 1,00 €.

Nachfrage

Normalerweise gilt: Je höher der Preis eines Gutes, umso geringer ist die Nachfrage. Je niedriger der Preis, umso größer die Nachfrage (vgl. Abb. 10).

Bei einem niedrigen Preis sind mehr Nachfrager bereit, ein Produkt zu kaufen. Das liegt daran, dass auch Nachfrager mit einem geringeren Einkommen in der Lage sind, das Produkt zu erwerben.

Beispiel: Der Verkäufer auf dem Flohmarkt bietet Lampen für jeweils 5,00 € an. Es sind nur zwei Käufer bereit, die Lampen zu diesem Preis zu erwerben. Schließlich senkt er den Preis auf 4,00 €. Nun gibt es vier Käufer, die jeweils eine Lampe kaufen möchten.

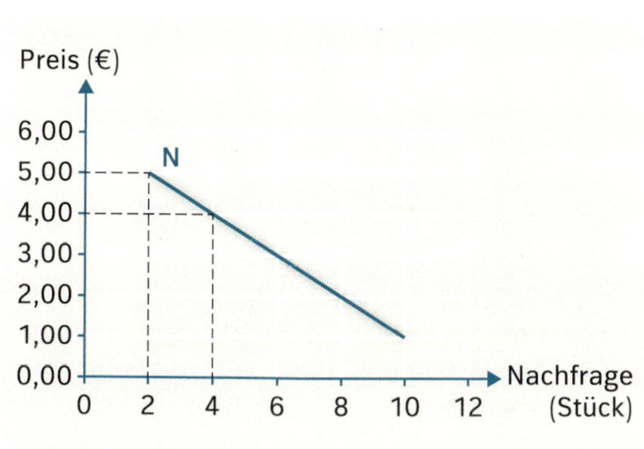

Abb. 10: Nachfragekurve

Eine andere Ursache für eine steigende Nachfrage liegt in den persönlichen Preisvorstellungen der einzelnen Menschen. Je niedriger der Preis ist, umso geringer ist die Hemmschwelle, Geld für das Produkt auszugeben.

Angebot

Je höher der Preis, umso größer ist das Angebot. Je niedriger der Preis, umso geringer ist das Angebot (vgl. Abb. 11).

Ein hoher Preis macht es dem Anbieter eher möglich, seine Kosten zu decken. Kann für ein Produkt ein Preis erzielt werden, der deutlich über den Herstellkosten oder dem Einkaufspreis liegt, drängen viele Anbieter auf den Markt. Das Angebot steigt. Umgekehrt ziehen sich Anbieter zurück, wenn die Preise sinken, da mit den sinkenden Preisen auch die Gewinne schwinden.

Beispiel: Der Verkäufer auf dem Flohmarkt hat Konkurrenz bekommen. Nun werden insgesamt zehn Stück der Lampen zu einem Preis von 5,00 € angeboten. Zu einem Preis von 1,00 € werden nur insgesamt zwei Lampen angeboten.

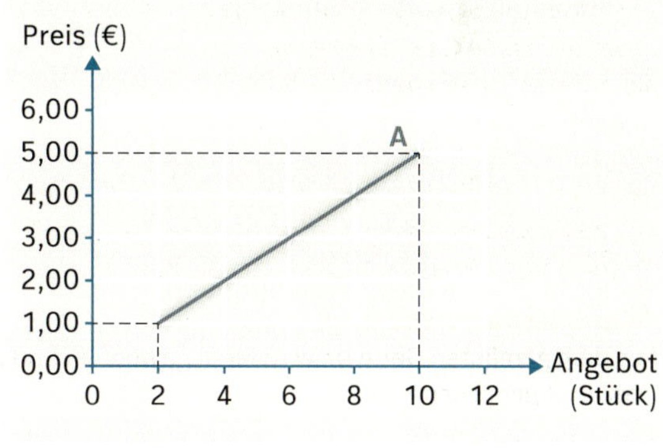

Abb. 11: Angebotskurve

Preisbildung

Der Preis für ein Gut bildet sich dort, wo sowohl Anbieter als auch Nachfrager gleichermaßen zufrieden sind.

Dabei erfüllt der Markt verschiedene **Funktionen:**

- **Koordination:** Märkte führen Anbieter und Nachfrager zusammen.
- **Preisbildung:** Durch das Zusammentreffen von Angebot und Nachfrage bildet sich ein Preis.

- **Verteilung:** Über Märkte werden Güter an viele Menschen verteilt.
- **Versorgung:** Funktionierende Märkte versorgen Menschen bestmöglich mit Gütern.

Gleichgewichtspreis

Werden Nachfrage- und Angebotskurve zusammen in einer Grafik dargestellt, so schneiden sich die beiden Kurven an einem Punkt (vgl. Abb. 12). Dieser Schnittpunkt kennzeichnet den Gleichgewichtspreis.

Am Schnittpunkt gleichen sich Angebot und Nachfrage auf dem Markt aus. Bei einem **Gleichgewichtspreis** sind die Angebotsmengen und Nachfragemengen gleich hoch. Zum Gleichgewichtspreis findet der höchstmögliche Umsatz für ein Produkt statt. Die hierfür verkaufte Menge ist die **Gleichgewichtsmenge.**

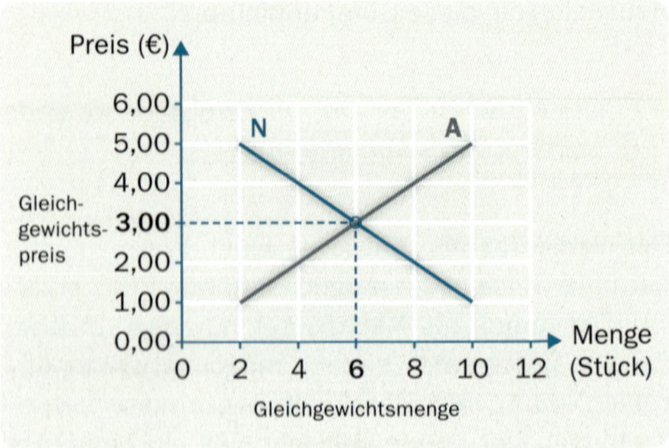

Abb. 12: Bildung des Gleichgewichtspreises

Aufgaben

1. Nennen Sie einige Gründe für die unterschiedlichen Bedürfnisse der Menschen.
2. Nennen Sie je zwei Beispiele für Existenzbedürfnisse und Luxusbedürfnisse.
3. Begründen Sie, warum eine genaue Abgrenzung von Existenz- und Luxusbedürfnissen im Einzelfall schwierig sein kann.
4. Erläutern Sie, warum es so wenig freie Güter gibt.
5. Wirtschaftliche Güter sind knapp, aber nicht selten. Erklären Sie den Unterschied.
6. Erläutern Sie die Begriffe Produktionsfaktoren und Produktion am Beispiel eines Weingutes in Südfrankreich.
7. Entscheiden Sie, ob die Personen in den folgenden Situationen nach dem Minimal- oder dem Maximalprinzip handeln.
   a) Markus Oheim versucht, mit einer Tube Zahnpasta möglichst lange auszukommen.
   b) Eine Malerkolonne versucht, eine Hauswand von 250 m² in einer möglichst geringen Arbeitszeit zu verputzen.
   c) Corinna Kruse versucht, von ihrem Taschengeld möglichst viele Münzen für ihre Sammlung zu erwerben.
   d) Karsten Meyer aus der Einkaufsabteilung möchte die eingegangenen sechs Angebote möglichst schnell vergleichen.
8. Finden Sie weitere Beispiele für das Maximal- und das Minimalprinzip.
9. Beurteilen Sie das Ziel: „Mit möglichst wenig Geld so viel wie möglich kaufen."
10. Für Angebot und Nachfrage von Kartoffeln werden auf einem Markt folgende Preise beobachtet:

Preis	Nachfrage	Angebot
7,00 €	0 kg	80 kg
6,00 €	20 kg	60 kg
5,00 €	40 kg	40 kg
4,00 €	60 kg	20 kg
2,00 €	80 kg	0 kg

    Zu welchem Preis wir der höchste Umsatz erzielt?
11. Erläutern Sie die Funktionen des Marktes anhand der folgenden Beispiele.
    a) Großmarkt für Obst und Gemüse
    b) Portal für Auktionen im Internet
12. Erläutern Sie, welche Auswirkungen auf den Gleichgewichtspreis eine Verschiebung der Nachfragekurve nach rechts hat.

22233028

1.3 Organisation des Einzelhandelsunternehmens

Tim Bruns ist Auszubildender im Möbelhaus Mühlmeyer. Das Möbelhaus hat drei Standorte und insgesamt 480 Mitarbeiter. Die meisten Mitarbeiter sind im Verkauf tätig. Alle drei Möbelhäuser sind nach dem gleichen Prinzip aufgebaut.

Als Tim Bruns eines Morgens in ein anderes Mühlmeyer-Möbelhaus geschickt wird, kann er sich sofort zurechtfinden. Es ist alles genau so aufgeteilt und organisiert, wie in seinem Stammhaus. Tim Bruns findet das sehr hilfreich und praktisch.

1.3.1 Unternehmensleitbild und Unternehmensziele

Das Leitbild eines Unternehmens erklärt dessen Haltung zu Wertvorstellungen und beschreibt sein Selbstverständnis (vgl. Abb. 1).

Ein **Unternehmensleitbild** dient der grundlegenden Orientierung im täglichen Handeln aller Mitarbeiter. Es beschreibt, wie sich die Mitarbeiter gegenüber Kunden, Lieferanten, Wettbewerbern, Behörden und der Gesellschaft zu verhalten haben.

Alle Mitarbeiter – auch Führungskräfte – sollen sich am Leitbild orientieren und gemäß den dort beschriebenen Werten handeln. Dadurch wird:

- eine gemeinsame Grundhaltung geschaffen,
- das Wir-Gefühl gestärkt und
- ein nach innen und außen einheitliches Erscheinungsbild (Corporate Identity) vermittelt.

Dem Unternehmensleitbild liegen die **Unternehmensziele** zugrunde. Unternehmensziele beschreiben, was ein Unternehmen auf verschiedenen Gebieten erreichen möchte. Neben Zahlungsfähigkeit, Wettbewerbsfähigkeit und Wachstum ist das Erzielen von Gewinn ein notwendiges Ziel marktwirtschaftlich geführter Unternehmen. Das Gewinnziel

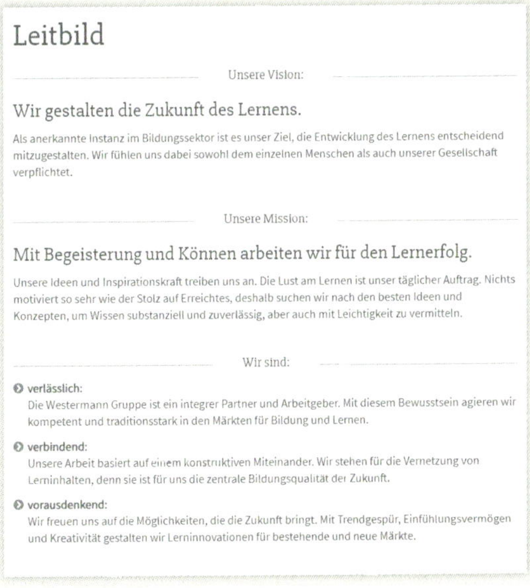

Leitbild

Unsere Vision:

Wir gestalten die Zukunft des Lernens.

Als anerkannte Instanz im Bildungssektor ist es unser Ziel, die Entwicklung des Lernens entscheidend mitzugestalten. Wir fühlen uns dabei sowohl dem einzelnen Menschen als auch unserer Gesellschaft verpflichtet.

Unsere Mission:

Mit Begeisterung und Können arbeiten wir für den Lernerfolg.

Unsere Ideen und Inspirationskraft treiben uns an. Die Lust am Lernen ist unser täglicher Auftrag. Nichts motiviert so sehr wie der Stolz auf Erreichtes, deshalb suchen wir nach den besten Ideen und Konzepten, um Wissen substanziell und zuverlässig, aber auch mit Leichtigkeit zu vermitteln.

Wir sind:

- verlässlich: Die Westermann Gruppe ist ein integrer Partner und Arbeitgeber. Mit diesem Bewusstsein agieren wir kompetent und traditionsstark in den Märkten für Bildung und Lernen.
- verbindend: Unsere Arbeit basiert auf einem konstruktiven Miteinander. Wir stehen für die Vernetzung von Lerninhalten, denn sie ist für uns die zentrale Bildungsqualität der Zukunft.
- vorausdenkend: Wir freuen uns auf die Möglichkeiten, die die Zukunft bringt. Mit Trendgespür, Einfühlungsvermögen und Kreativität gestalten wir Lerninnovationen für bestehende und neue Märkte.

Abb. 1: Auszug aus dem Unternehmensleitbild der Westermann Gruppe wird oft als Verzinsung des eingesetzten Kapitals beschrieben. Diese Verzinsung wird auch als Rendite oder Rentabilität bezeichnet.

Beispiel: Herr Mühlmeyer, einer der Eigentümer des Möbelhauses, in dem Tim Bruns arbeitet, hat für das Geschäft Eigenkapital in Höhe von 100 000,00 € eingesetzt. Er möchte dafür eine Verzinsung von 10 % erwirtschaften. Also muss das Geschäft jährlich einen Gewinn von 10 000,00 € einbringen.

Wirtschaftliche Ziele bzw. ökonomische Ziele sind alle Ziele, die mit dem Erfolg des Unternehmens zusammenhängen. Neben den wirtschaftlichen Zielen existieren noch weitere Zielsetzungen, diese lassen sich sozialen oder ökologischen Zielen zuordnen (vgl. Abb. 2).

Soziale Ziele dienen dem Wohl anderer Menschen. Zumeist geht es hier um die Arbeitnehmer des Unternehmens. Häufig möchte ein Betrieb seinen Mitarbeitern ein guter Arbeitgeber sein, weil dadurch die Leistungsbereitschaft der Beschäftigten steigt und die Anzahl der Kündigungen sinkt.

Beispiel: Das Möbelhaus Mühlmeyer gewährt zusätzliches Urlaubsgeld, zahlt Essenszuschüsse und unterstützt den benachbarten Kindergarten.

Ökologische Ziele sind heute ebenfalls von Bedeutung, da das Umweltbewusstsein in der Bevölkerung gestiegen ist. Unternehmen, die sich umweltschädigend verhalten, könnten von den Kunden boykottiert werden. Viele Unternehmen werben inzwischen damit, dass sie sich der Schonung der Umwelt und der natürlichen Rohstoffe verpflichtet fühlen.

Beispiel: Das Möbelhaus Mühlmeyer setzt sich das ökologische Ziel, nur umweltfreundlich produzierte Produkte zu verkaufen. Es wechselt zu Zulieferern, die Produktionsverfahren für ihre Produkte anwenden, bei denen keine umweltschädlichen Gifte freigesetzt werden.

Unternehmensziele werden für einen gewissen Zeitraum erklärt:
- Für **kurzfristige Ziele** gilt meist ein Zeitraum von bis zu einem Jahr.
- Für **mittelfristige Ziele** gilt ein Zeitraum von einem Jahr bis zu vier Jahren und
- **langfristige Ziele** werden erst in mehr als vier Jahren erreicht.

Ein Unternehmen verfolgt also nicht ein nur Ziel, sondern viele verschiedene Ziele. Manchmal stehen sie in einem Widerspruch zueinander, dann besteht ein **Zielkonflikt.** Können die Ziele im Einklang miteinander erreicht werden, spricht man von **Zielharmonie.**

Beispiel Zielkonflikt: Das wirtschaftliche Ziel „Umsatzsteigerung um 5 %" und das soziale Ziel „günstigster Anbieter im Sortiment Lebensmittel" sind bei einem Lebensmitteleinzelhändler schwierig gleichzeitig zu realisieren.

Beispiel Zielharmonie: Das soziale Ziel „gutes Betriebsklima" kann mit dem wirtschaftlichen Ziel „Steigerung der Mitarbeiterproduktivität um 2 %" durchaus harmonieren.

Unternehmensziele		
wirtschaftliche Ziele	**soziale Ziele**	**ökologische Ziele**

■ Gewinnerzielung ■ Rentabilität/Wirtschaftlichkeit ■ Erhaltung des Betriebs ■ Unternehmenswachstum	■ Arbeitsplatzsicherung ■ gerechte Entlohnung ■ gute Arbeitsbedingungen	■ Umweltverträglichkeit: Abfallvermeidung, Abfallrecycling ...

Abb. 2: Wirtschaftliche, soziale und ökologische Ziele

1.3.2 Aufgaben des Einzelhandels

Handelsbetriebe haben die Aufgabe (Funktion), die in den Bereichen Urproduktion und Weiterverarbeitung und -bearbeitung erzeugten Waren zu verteilen. Sie stellen ein Sortiment zusammen, aus dem der Kunde die von ihm gewünschten Waren zu dem von ihm akzeptierten Preis auswählen kann.

Unterschieden werden
- Großhandel – Verkauf von Waren an den Einzelhandel oder an andere gewerbliche Kunden, und
- Einzelhandel – Verkauf von Waren an den Endverbraucher.

Überbrückung

- **Räumliche Überbrückung (Transport):** Der Einzelhandel bietet Waren aus weit entfernten Regionen an. Der Kunde kann Waren durch den Einzelhandel in seiner Nähe erwerben, auch wenn diese von weit her kommen.

  Beispiel: In einem Lebensmittelgeschäft in Hannover findet der Kunde auch Wein aus Hessen, Spargel aus Peru oder Orangen aus Israel.

- **Zeitliche Überbrückung (Lagerhaltung):** Der Einzelhandel übernimmt für den Kunden die Lagerung von Waren. Der Kunde kann bei Bedarf die Waren dann erwerben, wenn er sie benötigt.

  Beispiel: Saisonprodukte wie Kirschen oder Erdbeeren muss kein Kunde zu Hause einlagern oder einfrieren. Der Einzelhandel bietet diese Waren das ganze Jahr über an.

Warenverteilung

- **Mengenausgleich:** Der Handel kauft große Mengen einer Ware bei den Herstellern und liefert diese Waren an die einzelnen Läden aus. Hier kann der Kunde die Waren dann in kleinen Stückzahlen erwerben.

  Beispiel: Der Einzelhändler kauft im Großmarkt eine Palette Apfelsinen. Der Kunde kann im Laden die Apfelsinen in 2-kg-Portionen erwerben.

- **Sortimentsbildung:** Der Einzelhändler stellt aus vielen verschiedenen Waren ein Sortiment zusammen. Er wählt gezielt bestimmte Produkte und Hersteller aus, um für seine Kundschaft ein möglichst interessantes und ansprechendes Sortiment anzubieten.

  Beispiel: Ein Drogeriemarkt bietet ein breites Sortiment rund um Kosmetik- und Hygieneartikel an. Alle Produkte sind preiswert. Hochpreisige, exklusive Waren werden bewusst nicht in das Sortiment aufgenommen.

- **Markterschließung:** Der Einzelhandel hat engen Kontakt zu den Kunden. Er kennt daher deren Bedürfnisse und Wünsche und kann diese Informationen an die Hersteller weitergeben. Die Hersteller können so neue und bessere Produkte entwickeln.

  Beispiel: Ein Kunde berichtet von seinen Erfahrungen, die er mit der neuen Kaffeepad-Maschine gemacht hat: Der Brühvorgang lässt sich nicht stoppen, wenn die Tasse bereits voll ist. Diesen Verbesserungsvorschlag gibt der Händler an den Hersteller weiter.

Serviceleistungen

- **Kundendienst:** Diese Leistungen können technischer Art, z. B. Reparatur- oder Ersatzteilservice, oder kaufmännischer Art, z. B. Zustelldienst oder Finanzkauf, sein.

  Beispiele:
  - Ein Kunde reklamiert ein kaputtes Gerät. Der Verkäufer schickt das Gerät an den Hersteller und kümmert sich um alle Formalitäten.
  - Das Zusammenbauen der neuen Gartenbank erfolgt durch einen Mitarbeiter des Baumarkts.

- **Kundenberatung:** Die Mitarbeiter im Einzelhandel beraten und unterstützen den Kunden bei der Auswahl und bei der Kaufentscheidung.

  Beispiel: Ein Kunde kauft eine Ledercouch. Der Verkäufer erläutert ihm die Pflegehinweise.

1.3.3 Organisation

In einem Einzelhandelsunternehmen fallen viele verschiedene Aufgaben an. Da diese Aufgabenvielfalt durch unterschiedliche Mitarbeiter bearbeitet wird, ist für einen reibungslosen Ablauf eine gute Organisation notwendig. Deshalb existiert in jedem Unternehmen eine Sammlung von Regelungen, die eine ordnungsgemäße Aufgabenbearbeitung sicherstellen (vgl. Abb. 3).

> ! *Unter **Organisation** versteht man ein System genereller Regelungen.*

Generelle Regelungen sind z. B. Kassieranweisungen, Checklisten zur Warenannahme oder Vorgehensweise bei Reklamationen. Sie

- sind für alle gültig,
- erleichtern eine bessere und effektivere Arbeitsweise,
- lassen sich leicht an neue Mitarbeiter weitergeben und
- ersparen viel Zeit, wenn Mitarbeiter das erste Mal eine neue Aufgabe verrichten sollen, z. B. beim Kassieren in einer neuen Filiale.

Disposition: Um dem Einzelhandelsunternehmen die notwendige Flexibilität zu gewährleisten, gibt es auch Regelungen, die nur von Fall zu Fall anzuwenden sind. Diese Regelungen für Einzelfälle nennt man Disposition.

Beispiele:
- Der Einsatz der Mitarbeiter für das Feiertagsgeschäft wird vom Filialleiter jedes Mal neu geplant. Auf diese Weise kann er aktuelle Gegebenheiten berücksichtigen.
- Der Auszubildende Mehmet bekommt morgens einige Arbeitsaufträge. Die Reihenfolge, wie er diese Aufträge erledigt, wird ihm überlassen.

Improvisation: Darüber hinaus kommt es in einem Unternehmen oft zu Situationen, die zuvor nicht geplant wurden. Die Reaktion auf diese spontanen, neuartigen Fälle nennt man Improvisation. Sie bietet vorläufige Regelungen in unerwarteten oder ungewöhnlichen Fällen, sollte jedoch eine Ausnahme bleiben.

Beispiele:
- An einem Samstag ist das Wetter überraschend gut, sodass viele Kunden Grillfleisch nachfragen. Um die spontane Nachfrage befriedigen zu können, wird beim nahe gelegenen Lieferanten zusätzliche Ware geordert.
- Beim Kinderfest zur Einweihung der neuen Kinderschuhabteilung gehen die Luftballons aus. Eine Mitarbeiterin wird in den Großmarkt geschickt, um Nachschub zu besorgen.

Ein Unternehmen sollte so organisiert sein, dass die betrieblichen Aufgaben reibungslos und mit dem geringsten Aufwand durchgeführt werden können.

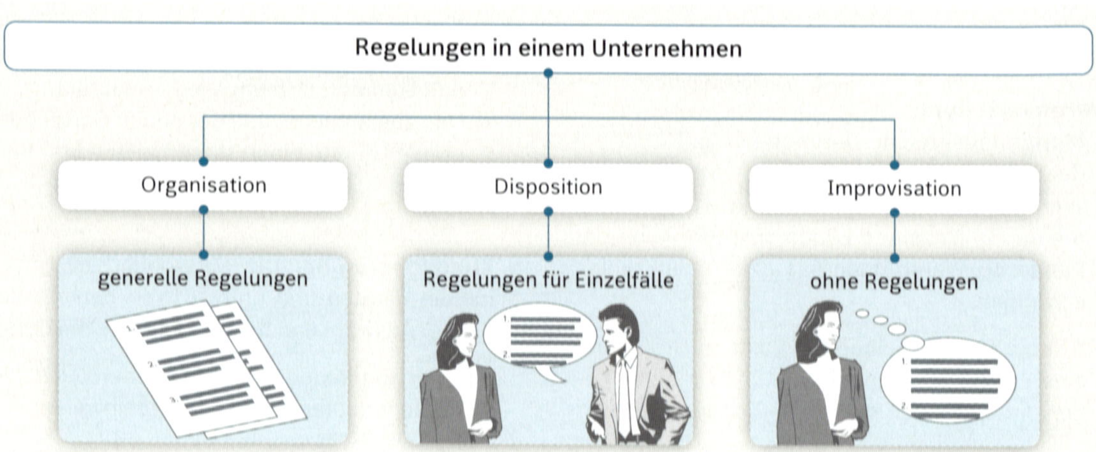

Abb. 3: Organisation, Disposition und Improvisation

Aufbauorganisation

Durch die Aufbauorganisation wird die Struktur des Einzelhandelsunternehmens festgelegt. Es wird der Rahmen geschaffen, in dem die Arbeitsprozesse ablaufen.

Um ein Unternehmen zu strukturieren, werden
- Organisationseinheiten gebildet,
- Aufgaben verteilt und
- Weisungsbefugnisse festgelegt.

Diese Strukturierung wird mithilfe der Aufgabenanalyse und der Aufgabensynthese durchgeführt.

Aufgabenanalyse: Die Gesamtheit der Aufgaben in einem Unternehmen ist sehr umfassend. Es muss genau überlegt und geplant werden, welche Aufgaben einem einzelnen Mitarbeiter zugeordnet werden können. Im Rahmen der Aufgabenanalyse werden die Hauptaufgaben festgelegt und in viele kleine Teilaufgaben bzw. Einzelaufgaben aufgeteilt. Diese sind die Grundlage für die Bildung der organisatorischen Einheiten (vgl. Abb. 4).

Aufgabensynthese: Hierunter ist das Zusammenführen der Einzelaufgaben zu verstehen. Das Ergebnis zusammengeführter Einzelaufgaben zum Arbeitsbereich und damit zu den Zuständigkeiten einer Person ist die **Stelle.** Eine Stelle ist die kleinste organisatorische Einheit in einem Unternehmen. Sie ist der Aufgabenbereich einer Person und entspricht ihrem Arbeitsplatz. Die Zahl der Stellen ist von der Größe des Unternehmens abhängig.

Je nachdem, mit welcher Art von Aufgaben Stellen betraut sind, lassen sich drei Arten von Stellen unterscheiden:
- **Instanz:** Stellen mit Leitungs- und Weisungsbefugnis gegenüber untergeordneten Stellen,
- **ausführende Stelle:** Stelle, die die Weisungen zu erledigen hat,
- **Stabsstelle:** hat lediglich Beratungsfunktion, kann keine Weisung erteilen.

Beispiele:
- Ein Filialleiter (Instanz) gibt der Mitarbeiterin (ausführende Stelle) die Anweisung, das Lager aufzuräumen.
- Die Abteilungsleiterin (Instanz) teilt der Auszubildenden (ausführende Stelle) mit, dass sie heute für die Obst- und Gemüseabteilung zuständig ist.
- Die Rechtsabteilung (Stabsstelle) wird beauftragt, einen Vertrag für einen Grundstückskauf vorzubereiten.

Eine **Stellenbeschreibung** hält schriftlich fest, welche Aufgaben und Befugnisse eine Stelle hat. Sie ist ein wichtiges Organisationsmittel. Sie enthält u. a.:
- Bezeichnung der Stelle,
- Einordnung der Stelle in die Gesamtorganisation (Über- und Unterordnung),
- Regelung zur Stellvertretung,
- Hauptaufgabe/Zielsetzung der Stelle,
- Beschreibung der Einzelaufgaben und Befugnisse sowie
- Anforderungen an den Stelleninhaber.

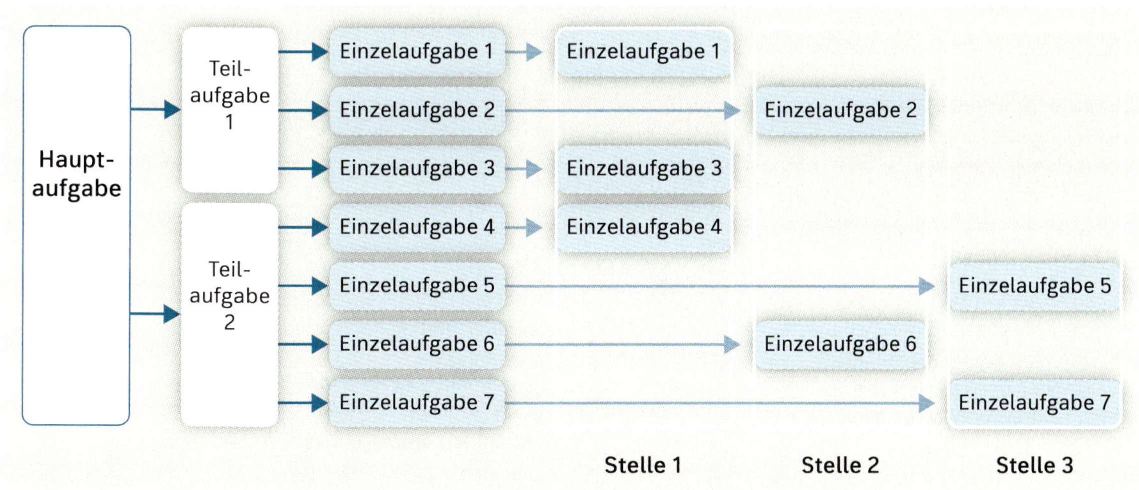

Abb. 4: Von der Aufgabenanalyse zur Aufgabensynthese

Organigramm: Je größer das Unternehmen ist, desto wichtiger ist es, die Organisationsstruktur anschaulich darzustellen. Der organisatorische Aufbau eines Unternehmens lässt sich grafisch mithilfe eines Organigramms abbilden. Aus dieser Darstellung lassen sich die weisungsbefugten Stellen und die Dienstwege leicht ablesen. Es gibt verschiedene Möglichkeiten, ein Unternehmen zu organisieren (= Leitungssysteme, vgl. Abb. 5).

Einliniensystem

In einem Einliniensystem hat jede Stelle bzw. Abteilung einen eindeutigen Vorgesetzten. Jeder Mitarbeiter weiß zweifelsfrei, wem er unterstellt ist (eindeutiger Dienstweg). Die Mitarbeiter müssen den vorgezeichneten Dienstweg streng einhalten, d. h., ein Informationsaustausch mit anderen Abteilungen ist streng genommen nur über den Vorgesetzten erlaubt.

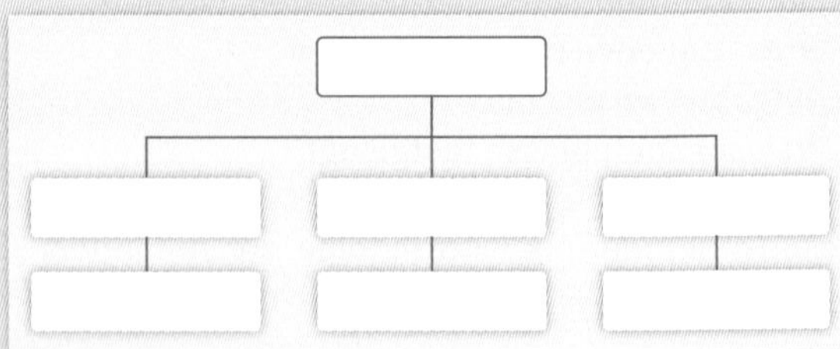

Vorteile:
- eindeutige Abgrenzung der Verantwortung und Zuständigkeit
- übersichtliche Organisation
- gute Kontrollmöglichkeit
- einheitliche Leitung

Nachteile:
- lange Dienstwege
- keine direkte Kommunikation zwischen den Mitarbeitern der Abteilungen
- mangelnde Flexibilität, da die Dienstwege lang und schwerfällig sind
- Überlastung der Instanzen (Chefs)

Stabliniensystem

Das Stabliniensystem ist eine Weiterentwicklung des Einliniensystems. Hinzu kommen Stabsstellen, die spezielle Aufgaben übernehmen, aber keine Weisungsbefugnis gegenüber den Linienstellen haben. Stäbe übernehmen oft Beratungs- und Assistenzfunktionen und entlasten so die Instanzen.

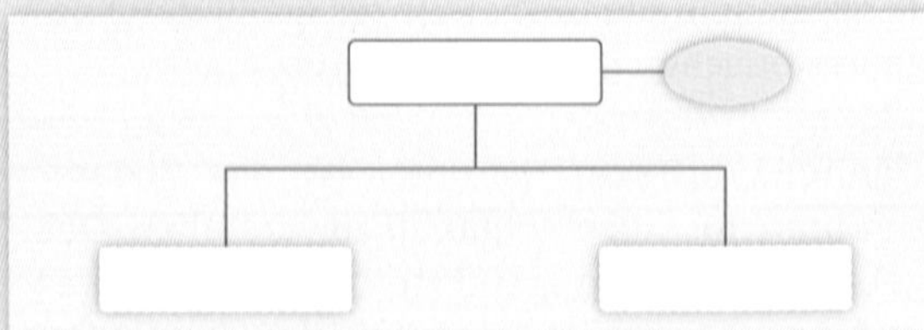

Vorteile:
- eindeutige Abgrenzung der Verantwortung und Zuständigkeit
- übersichtliche Organisation
- gute Kontrollmöglichkeit
- Entlastung der Instanzen
- bessere Entscheidungsqualität durch qualifiziertere Entscheidungsvorbereitung

Nachteile:
- lange Dienstwege
- keine direkte Kommunikation zwischen den Mitarbeitern der Abteilungen
- mangelnde Flexibilität, da die Dienstwege lang und schwerfällig sind
- mögliche Streitpunkte zwischen Stab und Instanz
- höhere Personalkosten, da Stäbe mit Fachspezialisten besetzt werden

Mehrliniensystem

In einem Mehrliniensystem werden Spezialisten für einzelne Aufgaben eingesetzt, sodass Mitarbeiter Weisungen von mehreren Instanzen erhalten können. Die Eindeutigkeit der Zuordnung fällt weg, dafür sind die Vorgesetzten spezialisierter und somit fachkundiger.

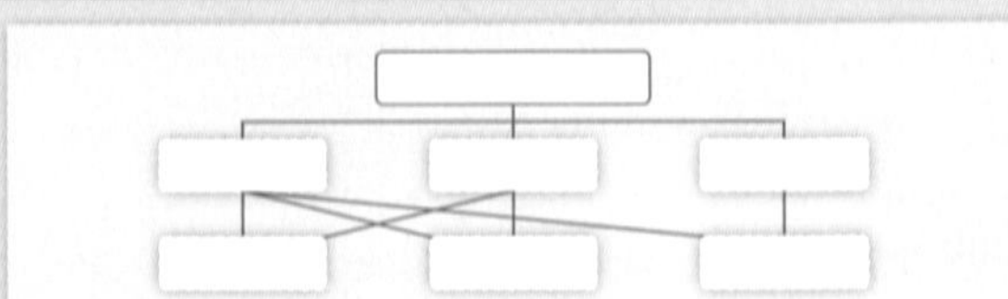

Vorteile:
- kurze Dienstwege
- Qualifizierung in Funktionsbereichen
- hohe Problemlösungsfähigkeit
- Betonung der Fachautorität
- Motivation der Mitarbeiter

Nachteile:
- unübersichtliche Organisation
- Verunsicherung der Mitarbeiter aufgrund vieler Zuständigkeiten
- Reibungen zwischen den Vorgesetzten aufgrund schlechter Absprachen
- Gefahr von Überschneidungen der Zuständigkeit
- einzelne Weisungen müssen abgestimmt werden

Abb. 5: Leitungssysteme

22233034

Ablauforganisation

Bei der Aufbauorganisation steht die Rangfolge innerhalb des Unternehmens im Vordergrund. Bei der Ablauforganisation hingegen werden die voneinander unabhängig zu erledigenden Aufgaben und Tätigkeiten betrachtet. Diese werden dann so zusammengefügt, dass der gesamte Vorgang störungsfrei ablaufen kann (vgl. Abb. 6).

Beispiel: Ein Schmuckgeschäft plant einen Sonderverkauf. Der Geschäftsführer diktiert einen Werbebrief an die Stammkunden. Die Sekretärin schreibt die Briefe und druckt sie aus. Der Geschäftsführer unterschreibt anschließend. Der Auszubildende packt die Briefe in die Umschläge. Die Sekretärin übergibt die Briefe dem Auslieferungsfahrer. Der Fahrer bringt die Briefe zur Post.

Die Ziele der Ablauforganisation sind:

- Minimierung von Durchlaufzeiten (also der Bearbeitungszeiten, die notwendig sind, bis ein bestimmtes Ergebnis vorliegt),
- optimale Auslastung des Personals und der Arbeitsmittel sowie
- Beschreibung der zu erledigenden Aufgaben in Form von Arbeitsanweisungen oder Schaubildern.

Die Ablauforganisation legt auch die erforderlichen Arbeitsmittel, z. B. Formulare, Handscanner, Kassenterminal oder Waage fest.

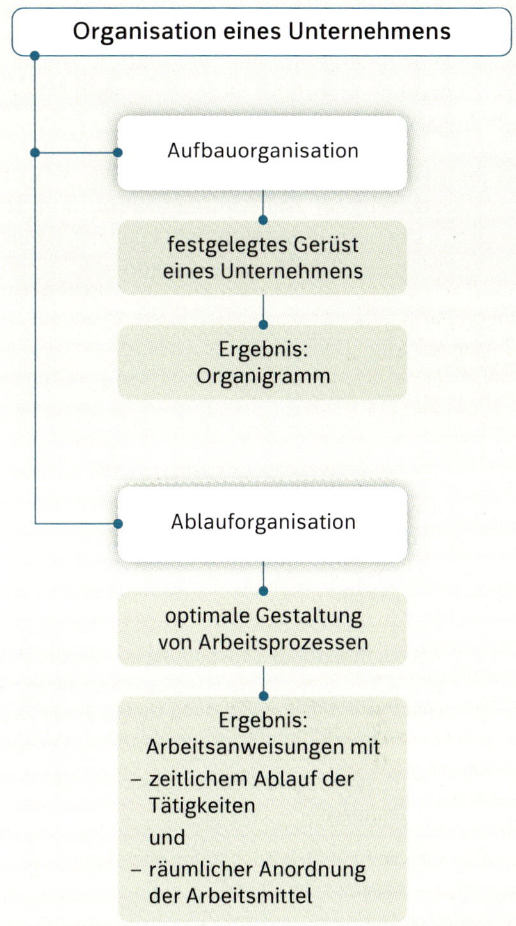

Abb. 6: Aufbau- und Ablauforganisation

Aufgaben

1. Erklären Sie Ihren Mitschülern, was Sie über das Unternehmensleitbild Ihres Ausbildungsbetriebs wissen.
2. Erläutern Sie, welche ökonomischen, sozialen und ökologischen Ziele die Geschäftsführung Ihres Ausbildungsbetriebs verfolgt.
3. Erläutern Sie, aus welchen Regionen und Ländern die Waren, die Ihr Betrieb im Sortiment hat, stammen.
4. Nennen Sie weitere Kundendienstleistungen, die der Einzelhandel erbringt.
5. Erläutern Sie, welche Gesichtspunkte für eine wirksame Zusammenarbeit in einem Einzelhandelsunternehmen wichtig sind.
6. Ordnen Sie die Leitungssysteme Einliniensystem, Stabliniensystem und Mehrliniensystem den folgenden Aussagen zu.
   a) Stelleninhaber haben keine Weisungsbefugnis.
   b) Jede untergeordnete Stelle erhält ihre Weisungen von einer direkt übergeordneten Stelle.
   c) Es kann zu Überschneidungen der Zuständigkeit bei Entscheidungen kommen. →

d) Es kommt häufig zur Überlastung der Instanzen.

e) Eine untergeordnete Stelle kann Weisungen von mehreren übergeordneten Stellen bekommen.

7 Betrachten Sie Abb. 7. Erläutern Sie, was die Darstellung zur Aufbauorganisation und zur Rolle der einzelnen Instanzen in einem Unternehmen aus Ihrer Sicht aussagen soll.

Abb. 7: Ihr erster Tag in einem neuen Betrieb

Kompetenzraster, Kapitel 1.1 bis 1.3

Kapitel	Ich kann ...	nein	un-sicher	recht sicher	ja
1.1	■ die Struktur der Ausbildung im Einzelhandel erläutern.				
	■ die für meine Ausbildung wichtigen rechtlichen Grundlagen nennen und erläutern (Berufsbildungsgesetz, Ausbildungsverordnung).				
	■ die Rechte und Pflichten aus meinem Ausbildungsvertrag nennen und erläutern.				
	■ die für meine Ausbildung wichtigen Inhalte des Jugendarbeitsschutzgesetzes darstellen.				
	■ die Fort- und Weiterbildungsmöglichkeiten nach Abschluss meiner Berufsausbildung aufzeigen.				
1.2	■ unterschiedliche Arten von Bedürfnissen nennen und bestimmen.				
	■ die Unterschiede zwischen Bedürfnissen, Bedarf und Nachfrage erklären.				
	■ Arten von Gütern benennen und unterscheiden.				
	■ die Notwendigkeit ökonomischen Handelns und die ökonomischen Prinzipien erläutern.				
	■ Produktionsfaktoren benennen und unterscheiden.				
	■ den einfachen Wirtschaftskreislauf zwischen Unternehmen und Haushalten darstellen.				
	■ die Produktionsstufen in der Gesamtwirtschaft nennen und erläutern.				
	■ den Zusammenhang von Angebot, Nachfrage und Preis sowie die Marktpreisbildung erklären.				
1.3	■ unterschiedliche Zielsetzungen von Unternehmen erläutern.				
	■ die Aufgaben und Bedeutung des Einzelhandels im Rahmen der Gesamtwirtschaft beschreiben.				
	■ die Aufbau- und Ablauforganisation meines Ausbildungsbetriebs erklären.				

1.4 Verkaufsformen und Betriebsformen

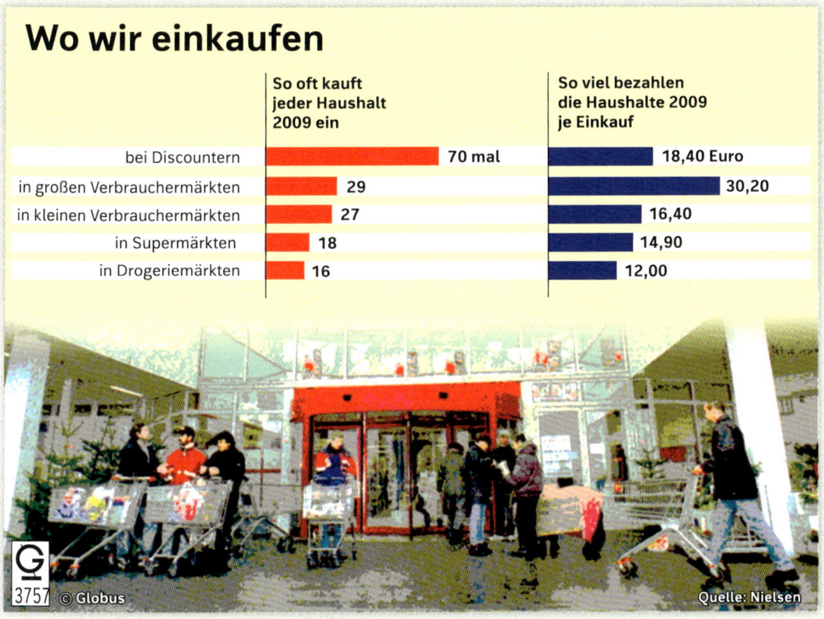

1.4.1 Sortiment

Das Sortiment eines Einzelhandelsbetriebs ist die Gesamtheit aller angebotenen Waren und Dienstleistungen. Die Waren und Dienstleistungen können entweder beschafft oder selbst hergestellt sein.

Das Sortiment eines Einzelhandelsbetriebs kann nach verschiedenen Grundsätzen zusammengestellt werden, u. a. nach

- Bedarfsgruppen, z. B. Bau- und Heimwerkermärkte, Haushaltswaren, Sport oder Freizeit,
- Materialzusammenhang, z. B. Textil, Eisen, Leder und Glas, oder
- Preislagen, z. B. „1-Euro-Shop“.

Der Sortimentsumfang wird durch Sortimentsbreite und Sortimentstiefe beschrieben (vgl. Abb. 1):

- **Sortimentsbreite:** Je breiter ein Sortiment ist, desto größer ist die Anzahl der verschiedenen Warengruppen, die angeboten werden.

Beispiel: Ein Warenhaus hat ein breites Sortiment; es werden von A bis Z fast alle Artikel angeboten.

- **Sortimentstiefe:** Je tiefer ein Sortiment ist, desto größer ist die Auswahl innerhalb einer Warengruppe.

Beispiel: Ein Spezialgeschäft für Tiernahrung hat ein schmales Sortiment. Innerhalb der Warengruppe Hundefutter ist das Sortiment aber sehr tief, es werden viele verschiedene Sorten angeboten.

Das Sortiment eines Einzelhandelsbetriebs kann in verschiedene Warengruppen unterteilt werden. Das Angebot innerhalb dieser Warengruppen kann wiederum nach Warenarten gegliedert werden. Die Warenarten werden zunächst nach Artikeln, die Artikel dann nach Sorten unterschieden. Die

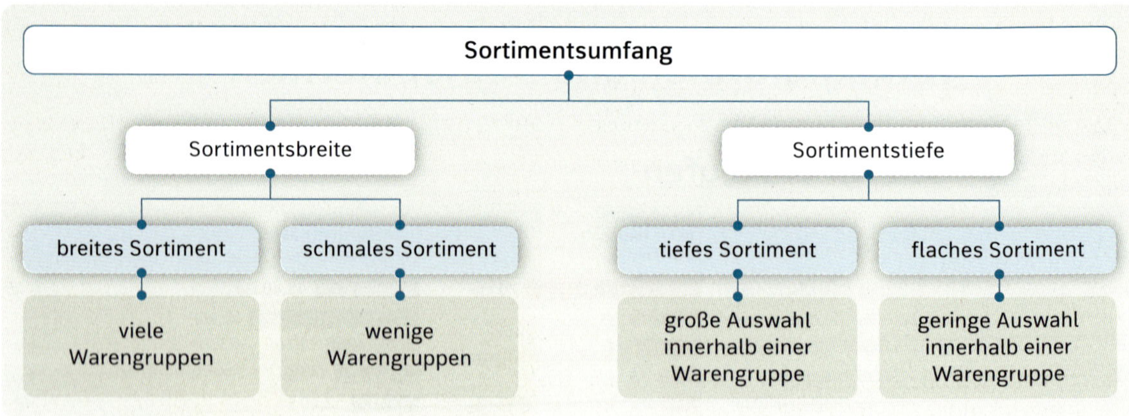

Abb. 1: Breite und Tiefe eines Sortiments

Sorte ist die kleinste Einheit des Sortiments (vgl. Abb. 2).

Bei Artikeln, die nur zu einer bestimmten Jahreszeit geführt werden, z. B. Winterstiefel im Schuhgeschäft oder Erdbeeren im Supermarkt, spricht man vom **Saisonsortiment.**

Das Sortiment kann außerdem in das Kernsortiment und das Randsortiment unterteilt werden:

- Das **Kernsortiment** erbringt den überwiegenden Teil des Umsatzes. Es macht den eigentlichen Charakter des Geschäfts aus.
- Das **Randsortiment** erbringt nur einen geringen Teil vom Umsatz. Es wird eher aus strategischen Gründen geführt, um dem Kunden aus einer Hand alles anzubieten, was er zur Verwendung der Waren aus dem Kernsortiment benötigt.

Beispiel: Das Spezialgeschäft für Tiernahrung bietet im Kernsortiment verschiedene Sorten Hundefutter in Dosen an. Im Randsortiment führt es Dosenöffner.

1.4.2 Verkaufsformen

Die Verkaufsform ist die Methode, mit der dem Kunden die Waren angeboten werden. Je nachdem, ob der Kunde sich die Ware selbst auswählen kann oder er Hilfe des Verkaufspersonals benötigt, unterscheidet man zwischen

- Selbstbedienung,
- Bedienung und
- Vorwahl oder Teilbedienung.

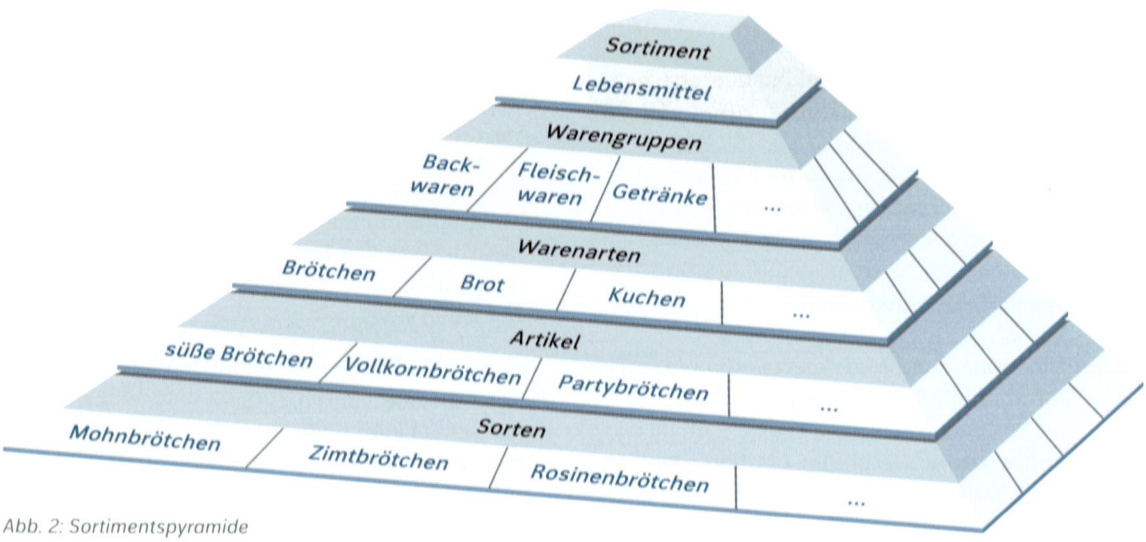

Abb. 2: Sortimentspyramide

Selbstbedienung

Der Kunde wählt selber seine Waren aus und sammelt sie in einem Korb oder Wagen. Er kann die Ware prüfen und anfassen. Bei Obst und Gemüse wählt er selbstständig die Stücke nach Qualität und Menge aus. Beratung zu den einzelnen Produkten findet nur dann statt, wenn der Kunde das Verkaufspersonal anspricht. Die Aufgaben des **Verkaufspersonals** sind vor allem, die Waren anzuordnen, aufzufüllen und auszuzeichnen.

Beispiele sind Supermärkte bzw. Discounter im Lebensmittel- oder Elektronikbereich (vgl. Abb. 3). Eine Sonderform der Selbstbedienung ist der Automatenverkauf.

Inzwischen wird das Selbstbediensystem auch auf die Kassierfunktion ausgedehnt. Der Kunde scannt den Artikelcode an einem Scannerplatz selbstständig ein. Anschließend bezahlt er den Betrag, z. B. bar oder mit Bank- oder Kreditkarte. Ein Mitarbeiter des Geschäfts überwacht alle Aktionen an den verschiedenen Scannerplätzen und hilft bei Problemen.

Abb. 3: Verkaufsform Selbstbedienung

Bedienung

Die klassische Verkaufsform im Einzelhandel ist die Bedienung. Das **Verkaufspersonal** begrüßt den Kunden, fragt nach seinen Wünschen, berät ihn, verkauft ihm die Ware und verabschiedet ihn. Es übernimmt auch das Zusammenstellen der Ware und die Verpackung. Die Bedienung ist notwendig, wenn es sich um beratungsintensive Artikel handelt. Auch exklusive Produkte wie Schmuck oder Designerkleidung werden mit Bedienung angeboten. Im Lebensmittelbereich können besondere Frischeprodukte aus hygienischen Gründen nur über das Bediensystem verkauft werden.

Beispiele sind Käse-, Fisch- oder Fleischtheken im Supermarkt und Fachgeschäften aller Art (vgl. Abb. 4).

Abb. 4: Verkaufsform Bedienung

Vorwahl oder Teilbedienung

Das Vorwahlsystem kombiniert die Vorteile der Selbstbedienung mit denen der Bedienung. Der Kunde hat die Möglichkeit, das Warenangebot zunächst selbstständig zu prüfen. Die Ware ist frei zugänglich und optisch ansprechend präsentiert. Außerdem findet der Kunde meist einige genauere Informationen direkt an der Ware, z. B. Abmessungen, Material oder Funktionen. Das **Verkaufspersonal** kommt auf den Kunden zu und berät ihn, wenn er es wünscht.

Beispiele sind Möbelhäuser, Schuhgeschäfte, Textilabteilung in Kaufhäusern oder Elektrofachmärkte (vgl. Abb. 5).

Abb. 5: Verkaufsform Vorwahl oder Teilbedienung

1.4.3 Betriebsform Ladenhandel

Von Ladenhandel bzw. stationärem Handel spricht man, wenn sich das Geschäft an einem festen Ort befindet. Der Kunde muss das Geschäft aufsuchen, um Ware einzukaufen. Dort kann er die Ware anschauen, anfassen, prüfen und das Verkaufspersonal um Rat fragen. Der Ladenhandel kann in verschiedenen Betriebsformen durchgeführt werden, die im folgenden Text erklärt werden.

Warenhaus

Warenhäuser bieten Artikel aus vielen Branchen an. Das Sortiment umfasst viele tausend Artikel. Meistens haben sie einen Standort im Stadtzentrum oder in belebten Einkaufsstraßen. Mit dem Konzept „Alles unter einem Dach" und einer ansprechenden Präsentation zeigen Warenhäuser breite und tiefe Sortimente zu mittleren bis hohen Preisen. Oft findet man in großen Warenhäusern zusätzlich Serviceangebote wie Gastronomie oder Reisebüros. Der Einkauf soll als angenehmes Ereignis mit hohem Freizeitwert empfunden werden. Auch ohne direkte Kaufabsicht sollen Kunden den Besuch im Warenhaus zur Freizeitgestaltung nutzen (Window-Shopping).
Beispiele sind das Galeria-Konzept bei Kaufhof oder die Karstadt-Warenhäuser (vgl. Abb. 6).

Abb. 6: Ladenhandel: Warenhaus

Kaufhaus

Kaufhäuser ähneln den Warenhäusern, haben aber weniger Warengruppen. Häufig handelt es sich um Kaufhäuser für Bekleidung und Textilien oder Elektronik- und Elektroartikel. Kaufhäuser sind vor allem in den Innenstädten zu finden.
Beispiele sind C&A oder SinnLeffers.

Supermarkt

Supermärkte bieten mit großen Verkaufsflächen meist ein umfangreiches Lebensmittelsortiment sowie viele andere Artikel des täglichen Bedarfs an. Typisch für Supermärkte ist die Selbstbedienung. Allerdings findet man in Supermärkten auch Fleisch-, Fisch- oder Käsetheken, an denen der Kunde bedient wird. Ihren Standort haben Supermärkte oft an viel befahrenen Straßen und in der Nähe von Wohngebieten.
Beispiele sind die Märkte von Edeka oder Rewe (vgl. Abb. 7).

Abb. 7: Ladenhandel: Supermarkt

Discounter

Discountgeschäfte haben ein beschränktes Sortiment und bieten dieses zu möglichst niedrigen Preisen an. Die niedrigen Preise können Discounter anbieten, weil sie große Mengen für alle Geschäfte einkaufen (Zentraleinkauf). Dadurch lassen sich hohe Mengenrabatte erzielen. Die Ausstattung der Verkaufsräume ist vor allem zweckmäßig. Es gibt ausschließlich Selbstbedienung und zentrale Kassen. Auch die Beratung findet nur in eingeschränkter Form statt. Der Einkauf wird vom Kunden eher zweckmäßig abgewickelt.
Beispiele sind die Märkte von Aldi, Lidl oder Penny als Lebensmitteldiscounter oder von Rossmann oder dm als Drogeriemarktdiscounter (vgl. Abb. 8).

Abb. 8: Ladenhandel: Discounter

22233040

Gemischtwarengeschäft

Immer seltener zu finden sind Gemischtwarengeschäfte, die breite und eher flache Sortimente zu mittlerem Preisniveau und mit Bedienung anbieten. Ihren Platz haben sie noch in ländlichen Regionen, werden aber auch dort mehr und mehr von Supermärkten und Discountern verdrängt.

Fachmarkt

Fachmärkte sind großflächige Ladengeschäfte, die ein breites Sortiment einer bestimmten Branche oder Bedarfsgruppe anbieten. Die Waren werden übersichtlich präsentiert und zu eher niedrigen bis mittleren Preisen angeboten. Der Verkauf findet in Selbstbedienung oder Vorwahl statt.

Beispiele sind Sport-, Bau- oder Möbelfachmärkte (vgl. Abb. 9).

Abb. 9: Ladenhandel: Fachmarkt

Fach- und Spezialgeschäft

In Fach- und Spezialgeschäften werden Waren einer bestimmten Branche oder Bedarfsgruppe angeboten. In der Regel handelt es sich um kleine Betriebe mit wenigen Filialen oder nur einem Standort. Fachgeschäfte bieten eine große Auswahl unterschiedlicher Qualitäten und Preislagen an. Spezialgeschäfte beschränken sich auf einen Ausschnitt des branchenspezifischen Sortiments, der aber noch tiefer gegliedert und auf besonders hohe Auswahlansprüche gerichtet ist.

Beispiele sind Geschäfte für Angelbedarf, Feinkost, spezielle Mode (Boutique) oder Zoofachgeschäfte (vgl. Abb. 10).

Abb. 10: Ladenhandel: Spezialgeschäft

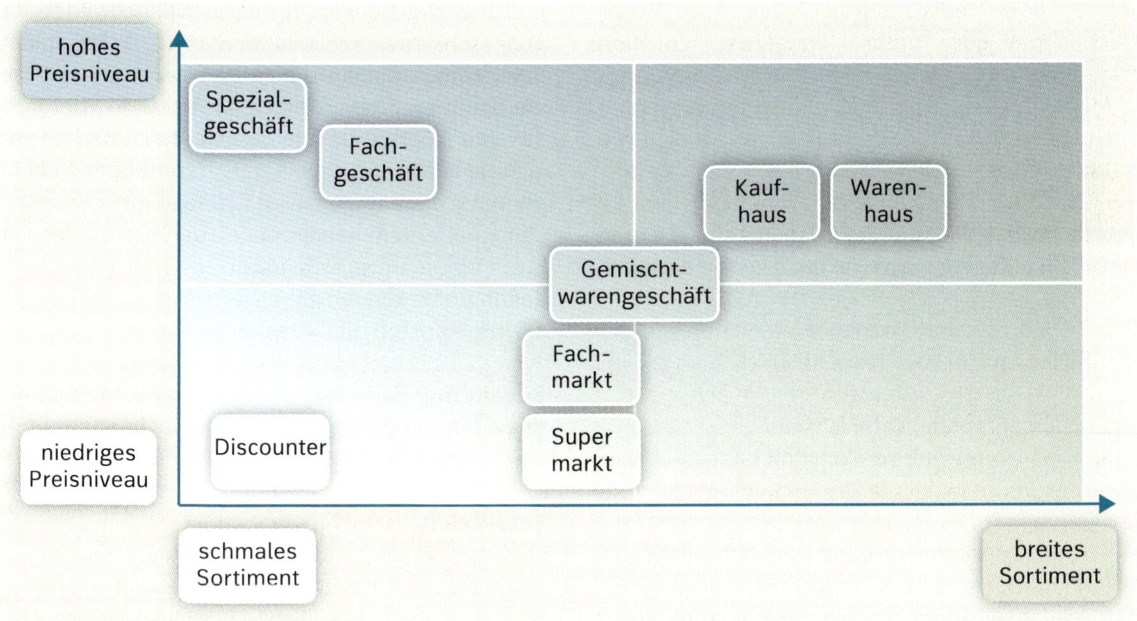

Abb. 11: Betriebsformen des Ladenhandels

1.4.4 Betriebsform Versandhandel

Beim Versandhandel gibt es keine Geschäfte vor Ort. Der Kunde hat somit auch keine persönliche Begegnung mit dem Verkaufspersonal oder der Ware. Er wählt seine Ware zu Hause mittels Internet oder Katalog aus und übermittelt anschließend seine Bestellung per Telefon, Internet oder auf dem Postweg. Die Ware wird einige Tage später über einen Paketdienst zugestellt (vgl. Abb. 14).

E-Commerce
Diese Bezeichnung wird vom englischen Begriff Electronic-Commerce (elektronischer Handel) abgeleitet. E-Commerce bezeichnet den Kauf und Verkauf von Produkten über das Internet. Dabei muss kein Vertragspartner zwingend ein Unternehmer sein. Auch Privatleute können Ware anbieten.

Beim elektronischen Handel wird durch Datenübertragung eine unmittelbare Geschäftsbeziehung zwischen Anbietern (Verkäufer) und Kunde (Käufer) abgewickelt.

Häufig spricht man im Zusammenhang mit E-Commerce auch über sog. Channels (Kanäle). Mit Kanälen bzw. Channels sind die verschiedenen Vertriebs- und Kommunikationswege gemeint.
Hierzu zählen u.a. Online-Angebote wie Online-Shops, Social-Media-Dienste, E-Mails, Apps, Push-Nachrichten über mobile Endgeräte, Location Based Services (lokale Standortdienste) wie Google Maps und Yelp, aber auch stationäre Angebote wie Ladengeschäfte oder traditionelle Medien wie Kataloge oder Fernsehwerbung.

Letztendlich gelten für E-Commerce die gleichen rechtlichen Bedingungen wie beim Versandhandel.

Beim Elektronischen Handel unterscheidet man häufig der nach Art der Teilnehmer:

- Consumer (Kunde, Verbraucher)
  - C2C: Consumer-to-Consumer, Verbraucher an Verbraucher, z.B. Auktionshandel wie eBay o.Ä.
  - C2B: Consumer-to-Business, Verbraucher an Unternehmen, z.B. entgeltliche oder sachwerte Teilnahme an Informationserhebungen zu Marketingzwecken
- Business (Unternehmen, Unternehmer)
  - B2C: Business-to-Consumer, Unternehmen an Verbraucher, z.B. Dienstleistungsangebote der Unternehmen an Verbraucher wie Online-Versandhandel
  - B2B: Business-to-Business, Unternehmen an Unternehmen, z.B. Handel zwischen Unternehmen und seinen Lieferanten

Der Online-Handel, wie E-Commerce auch bezeichnet wird, hat in den vergangenen Jahren stetig an Bedeutung gewonnen. Immer mehr stationäre Einzelhändler binden E-Commerce als Vertriebskanal ein und sind auch im Internet vertreten.

Widerrufsrecht: Beim Einkauf über einen Versandhandel hat der Kunde ein gesetzliches Widerrufsrecht. Er kann innerhalb von 14 Tagen ohne Angabe von Gründen die Bestellung widerrufen. Seit Juni 2014 muss man den Widerruf ausdrücklich erklären, und zwar am besten schriftlich. Ein kommentarloses Zurückschicken der Ware reicht nicht mehr aus. Der Widerruf kann formlos erfolgen, in einem Satz. Angegeben werden sollten auf jeden Fall die Kundennummer, Bestellnummer und das Datum. Eine Begründung ist nicht notwendig. Auch telefonisch kann man widerrufen, mit der Schriftform ist man aber, falls es zum Streit kommt, auf der sichereren Seite. Häufig bieten die Versandhändler darüber hinausgehende und großzügigere Rücktritts- und Rückgabefristen an. Es gibt bestimmte Waren und Dienstleistungen, für deren Kauf ein Widerruf ausgeschlossen ist. Das sind z. B. DVDs, deren Schutzfolie aufgerissen oder Siegel gebrochen wurde, individuell angefertigte Produkte oder Reise- und Flugbuchungen. Der Kunde ist besser geschützt als beim Kauf im stationären Handel, da er die Ware ohne Angabe von Gründen zurücksenden kann. Außerdem hat der Kunde den Vorteil, dass er Zeit spart, er muss nicht in ein Geschäft gehen. Versandhändler können günstigere Preise anbieten, da sie keine Kosten für Ladenlokale haben.

Bezahlung: Beim Versandhandel wird mittels Kreditkarte, Bankeinzug, Vorkasse, Nachnahme oder via Online-Bezahlsystem, z.B. PayPal, bezahlt.

Entwicklung: Der Versandhandel ist seit dem flächendeckenden Ausbau des Internets kräftig gewachsen, noch immer entstehen viele neue **Online-Shops.** Neben den klassischen Versandhändlern wie Otto-Versand, Baur oder Bader haben inzwischen auch fast alle Einzelhändler aus dem stationären Bereich Versandhandelsmöglichkeiten. Darüber hinaus sind neue, große Versandhändler entstanden, wie z. B. Amazon oder Zalando.

Sonderform Teleshopping: Beim Teleshopping werden dem Endverbraucher Produkte über das Fernsehen, z. B. die Sender RTL-Shop, HSE24 oder QVC, präsentiert, die er dann direkt bestellen kann. Der Kunde bestellt per Telefon, Fax oder E-Mail. Das Teleshopping zählt zum Versandhandel, da der Kunde einen sogenannten Distanzkauf vornimmt. Er hat damit die gleichen Widerrufs- und Rückgaberechte wie bei anderen Versandhandelsformen.

1.4.5 Betriebsform ambulanter Handel

Beim ambulanten Handel hat der Einzelhändler keinen festen Standort. Er reist mit seinen Waren direkt in die Nähe des Kunden.

- In Form des sogenannten **Markthandels** werden auf Tages- oder Wochenmärkten überwiegend Lebensmittel angeboten. Auch Floh- oder Trödelmärkte gehören zum ambulanten Handel (vgl. Abb. 12).
- Eine andere Form ist der **mobile Wagenhandel.** Der Einzelhändler fährt mit einem Wagen sein Sortiment in die unmittelbare Wohnnähe der Kunden und macht durch akustische Signale auf sich aufmerksam. Auf diese Weise wird z. B. Speiseeis verkauft oder es werden ländliche Gebiete durch „rollende Supermärkte“ versorgt (vgl. Abb. 13).

Abb. 12: Ambulanter Handel: Markthandel – Wochenmarkt

Abb. 13: Ambulanter Handel: Mobiler Wagenhandel

Abb. 14: Versandhandel

1.4.6 Neuere Betriebsformen

Einkaufszentrum

Einkaufszentren werden auch Shoppingmalls oder Shoppingcenter genannt. Eine Betreibergesellschaft bietet im Rahmen eines Gesamtkonzepts unterschiedlich große Verkaufsflächen an. Das Gesamtbild ist einheitlich bzw. aufeinander abgestimmt. Die gesamte Verkaufsfläche wird in einzelne Teile aufgeteilt, die anschließend vermietet werden. Innerhalb des Einkaufszentrums gibt es Geschäftspassagen, die auch mit zentralen Einrichtungen wie Toiletten, Food Court (= verschiedene Gastronomiebetriebe mit gemeinsamem Sitzbereich und Selbstbedienung) und großen Parkkapazitäten ausgestattet sind. Die Geschäfte werden von rechtlich selbstständigen Unternehmen betrieben. Beispiele sind die Zeil-Galerie in Frankfurt oder die Thier-Galerie in Dortmund (vgl. Abb. 15).

Abb. 15: Neuere Betriebsform: Einkaufszentrum

Factory-Outlet

Factory-Outlets (Fabrikverkauf) sind eine Betriebsform des Einzelhandels, bei der mehrere Hersteller ihre Markenartikel in einer Art „Verkaufsdorf" anbieten. Factory-Outlet-Center werden von einem Betreiber zentral geplant, realisiert und verwaltet. In einem Gesamtkonzept, das aus einer Vielzahl von einzelnen Läden besteht, werden z. B. Textilien, Schuhe oder Sportartikel verbilligt angeboten. Allerdings handelt es sich meist um Ware aus der vergangenen Saison oder um Artikel zweiter Wahl. Factory-Outlets liegen zumeist außerhalb der Städte und sind verkehrstechnisch gut angebunden.

Pop-up-Store

Ein Pop-up-Store (engl.: to pop up: plötzlich auftauchen') ist ein nur temporäres und oft nur provisorisches Einzelhandelsgeschäft, das vorübergehend in zwischenzeitlich leerstehenden Geschäftsräumen betrieben wird. Man kann sie auch als Kurzzeitläden bezeichnen. Auf diese Weise wird knappe Ladenfläche besser genutzt. Mitunter dienen solche Pop-up-Geschäfte nicht nur dem Verkauf, sondern sind auf Produktinszenierung ausgerichtet.

Reise-Shopping

Mit der Neugestaltung von Bahnhöfen und dem Ausbau von Flughäfen entstehen große Einkaufszentren, die direkt in den Bahnhof oder den Flughafen eingefügt sind. Beide Standorte bieten eine hohe Kundendichte. Außerdem haben Kunden eine Wartezeit zu überbrücken, die gerne zum Einkaufen genutzt wird. Die Geschäfte sind oft rund um die Uhr geöffnet.

Aufgaben

1. Betrachten Sie die Grafik im Einstiegskasten zu diesem Kapitel.
   a) Wo kaufen die Verbraucher am häufigsten ein?
   b) Wo geben die Verbraucher das meiste Geld pro Einkauf aus?
   c) Nennen Sie Beispiele für die in der Grafik dargestellten Verkaufsformen.
   d) Stimmen die Aussagen der Grafik mit dem Einkaufsverhalten von Ihnen und Ihrer Familie überein?
2. Erklären Sie den Unterschied zwischen einem breiten und einem schmalen Sortiment mithilfe eines selbst gewählten Beispiels.
3. Geben Sie für die folgenden Sortimente an, ob es sich um breite oder tiefe Sortimente handelt.
   a) Supermarkt für Lebensmittel
   b) Apotheke
   c) Bahnhofskiosk
   d) Fachgeschäft für Kindermoden
   e) Büromöbel-Markt
4. Erläutern Sie, welche Verkaufsform Sie für das Angebot der folgenden Waren empfehlen. Begründen Sie Ihre Meinung.
   a) Wintersportartikel
   b) Möbel
   c) Getränke
   d) Flachbildschirme
   e) Spielwaren
   f) Jeans
   g) Obst
   h) Fisch
   i) Kosmetik
   j) Haushaltswaren
   k) Schuhe
5. Erläutern Sie, welche Betriebs- und welche Verkaufsform in Ihrem Ausbildungsbetrieb eingesetzt werden.
6. Stellen Sie die Vor- und Nachteile der Verkaufsform Bedienung aus Sicht des Kunden dar.

22233044

1.5 Tarifverträge im Einzelhandel

Jonas kann heute nicht mit der Straßenbahn zur Arbeit fahren – im öffentlichen Nahverkehr wird gestreikt. Jonas möchte auch gern streiken. Er würde dann eine höhere Ausbildungsvergütung verlangen.

Geht es um Löhne oder Arbeitsbedingungen, kann der Staat keine Regelungen treffen. In einer sozialen Marktwirtschaft werden Verträge über Löhne und Arbeitsbedingungen von den **Sozialpartnern,** den Interessenverbänden der Arbeitnehmer und Arbeitgeber, ausgehandelt (vgl. Abb. 1).

- Die Interessen der Arbeitnehmer im Einzelhandel werden von verschiedenen **Gewerkschaften** vertreten. Die von der Mitgliederzahl stärkste Gewerkschaft im Einzelhandel ist die Vereinte Dienstleistungsgewerkschaft (ver.di, vgl. Abb. 2).

- Die Interessen der Unternehmer im Einzelhandel vertritt als **Arbeitgeberverband** der Handelsverband Deutschland (HDE).

Durch Tarifverträge werden wichtige Arbeitsbedingungen gestaltet. Nach ihnen richtet sich z. B. der Urlaubs- oder Gehaltsanspruch der Arbeitnehmer. Gäbe es keine Tarifverträge, müsste jeder Arbeitgeber mit jedem Arbeitnehmer einen neuen Arbeitsvertrag verhandeln.

Manchmal ist es nicht leicht, den aktuell geltenden Tarifvertrag einzusehen. In öffentlich zugänglichen Tarifregistern werden alle Tarifverträge aufgenommen. Solche Tarifregister werden beim Bundesministerium für Arbeit und Soziales und regelmäßig auch bei den entsprechenden Landesministerien geführt.

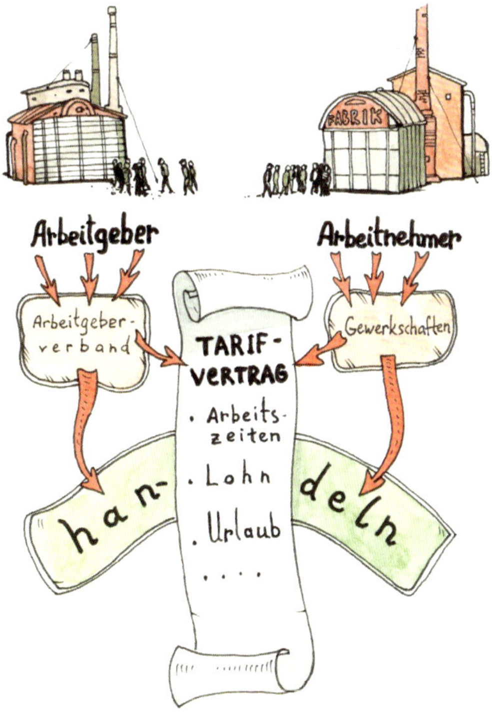

Abb. 1: Sozialpartner im Einzelhandel

1.5.1 Anwendung von Tarifverträgen

Ein Tarifvertrag gilt nicht automatisch für alle Arbeitsverhältnisse bzw. für alle Arbeitnehmer. Er gilt nur dann, wenn

- Arbeitgeber und Arbeitnehmer **tarifgebunden** sind. Der Arbeitgeber ist tarifgebunden, wenn er dem Arbeitgeberverband angehört, der den Tarifvertrag ausgehandelt hat. Der Arbeitnehmer ist tarifgebunden, wenn er Mitglied der Gewerkschaft ist, die den Tarifvertrag unterschrieben hat.

- der Tarifvertrag für **allgemeinverbindlich** erklärt wurde. Eine Allgemeinverbindlichkeitserklärung soll verhindern, dass Arbeitgeber bevorzugt Arbeitnehmer einstellen, die keiner Gewerkschaft angehören und mit ihnen z. B. eine Arbeitszeit vereinbaren, die weit über der tariflichen Arbeitszeit liegt.

  Beispiel: Das Bundesministerium für Arbeit erklärt den Tarifvertrag für Bauhandwerker und Bauhelfer aus sozialpolitischen Gründen für allgemeinverbindlich. Nun sind nicht nur die Mitglieder der am Tarifvertrag beteiligten Gewerkschaften und Arbeitgeberverbände an dessen Rechtsnormen gebunden, sondern alle Arbeitgeber, die Bauhandwerker und Bauhelfer beschäftigen.

Abb. 2: Beteiligte bei Tarifverträgen

Abb. 3: Gewerkschaften streiten um ihre Mitglieder

- im **Arbeitsvertrag** des Arbeitnehmers vereinbart ist, dass die Regelungen des Tarifvertrags angewendet werden sollen. Dies geschieht durch eine Gleichstellungsvereinbarung im Arbeitsvertrag. Grund hierfür ist regelmäßig, dass der Arbeitgeber seine Mitarbeiter nicht motivieren möchte, einer Gewerkschaft beizutreten.

- Mit Wirkung zum 10.07.2015 hat der Gesetzgeber das Gesetz zur Tarifeinheit verabschiedet. Wenn verschiedene Tarifverträge gelten, wird in einem Betrieb nur der Tarifvertrag der Gewerkschaft angewendet, die zum Zeitpunkt des zuletzt vereinbarten Tarifvertrags die meisten Mitglieder im Betrieb hat. Damit soll eine Konkurrenz verschiedener Tarifverträge im Betrieb vermieden werden und auch eine damit verbundene Besserstellung einzelner Berufsgruppen zulasten anderer.

1.5.2 Arten von Tarifverträgen

Je nachdem, über welches Thema und von wem Tarifverträge abgeschlossen wurden, unterscheidet man verschiedene Arten (vgl. Abb. 4).

Tarifverträge lassen sich zum einen nach den Inhalten unterscheiden, die von ihnen geregelt werden. Während Mantel- bzw. Rahmentarifverträge grundsätzliche Regelungen über die Arbeitsbedingungen festlegen, wird in Lohn- oder Gehaltstarifverträgen die Vergütung geregelt. Darüber hinaus gibt es noch weitere Tarifverträge, die sich z. B. mit Fortbildungsmöglichkeiten oder Arbeitssicherheit befassen.

Zum anderen werden Tarifverträge danach unterschieden, ob sie nur für ein Unternehmen (Firmen-

Unterscheidung von Tarifverträgen			
... nach Inhalt		... nach räumlicher Geltung	
Mantel- bzw. Rahmentarifvertrag	Lohn- oder Gehaltstarifvertrag	Flächen- bzw. Verbandstarifvertrag	Firmen- bzw. Haustarifvertrag
▪ regelt Rahmenbedingungen wie Arbeitszeit oder Urlaub ▪ gilt oft länger als zwei Jahre	▪ regelt vor allem die Höhe des Lohnes, eventuell auch die Eingruppierung der Arbeitnehmer in Lohngruppen ▪ gilt oft nur ein Jahr	gilt für alle im Arbeitgeberverband angeschlossenen Betriebe und für alle Mitglieder der Gewerkschaft	▪ gilt nur für einen einzelnen Arbeitgeber ▪ Wenn das Unternehmen des Arbeitgebers aus mehreren Betrieben besteht, ist es auch möglich, einen Tarifvertrag nur für einen einzelnen Betrieb zu vereinbaren.

Abb. 4: Tarifvertragsarten

tarifvertrag) oder für ein regionales Gebiet wie z. B. ein Bundesland (Flächentarifvertrag) gelten.

1.5.3 Funktion von Tarifverträgen

Tarifverträge haben sowohl für Arbeitgeber als auch für Arbeitnehmer Vorteile:

Schutz- und Ordnungsfunktion

- Tarifverträge legen **Mindestbedingungen** für die Gestaltung von Arbeitsverhältnissen fest. Gilt ein Tarifvertrag für einen Arbeitnehmer, darf von diesen Mindestbedingungen nicht nach unten abgewichen werden. Es dürfen jedoch bessere Bedingungen, z. B. eine übertarifliche Gehaltszulage oder eine kürzere Arbeitszeit, vereinbart werden.
- Tarifverträge tragen dazu bei, dass die Arbeitsbedingungen bei verschiedenen Arbeitgebern **einheitlich** sind. Dadurch wird für soziale Gerechtigkeit gesorgt. Ein Konkurrenzkampf um die „günstigsten" Arbeitnehmer oder Arbeitgeber wird weitgehend verhindert.

Friedensfunktion

Während der Laufzeit eines Tarifvertrags herrscht eine **Friedenspflicht:**

- Der Arbeitnehmer ist vor einer Verschlechterung seiner Arbeitsbedingungen geschützt.
- Ebenso ist der Arbeitgeber davor geschützt, dass seine Mitarbeiter plötzlich streiken und er deshalb Umsatzeinbußen oder andere Nachteile in Kauf nehmen muss.

1.5.4 Tarifverhandlungen

Tarifverträge sind **kündbar.** Meistens werden sie von der Gewerkschaftsseite gekündigt, um eine Verbesserung der Arbeitsbedingungen zu erreichen. Nach der Kündigung verhandeln Arbeitgeberverband und Gewerkschaft über den neuen Tarifvertrag.

Gelingt es ihnen nicht, einen neuen Vertrag abzuschließen, können sie vereinbaren, dass ein **Schlichter** hinzugezogen wird. Es kann ebenfalls vereinbart werden, dass während des laufenden Schlichtungsverfahrens noch immer die Friedenspflicht gilt – dann darf nicht gestreikt werden.

Folgen sowohl Arbeitgeberverband als auch Gewerkschaft dem Vorschlag des Schlichters, wird der neue Tarifvertrag abgeschlossen.

Scheitert das Schlichtungsverfahren, beginnen **Arbeitskampfmaßnahmen:**

- Die Gewerkschaft ruft zum Streik auf und führt eine **Urabstimmung** (= Abstimmung aller Gewerkschaftsmitglieder, ob gestreikt werden soll) durch. Mindestens 75 % der Mitglieder müssen für den Streik stimmen. Ein **Streik** ist eine gemeinsame und geplante Arbeitsniederlegung, um ein bestimmtes Ziel zu erreichen. Er darf nicht gegen die tarifvertragliche Friedenspflicht verstoßen.
- Reaktion der Arbeitgeber kann die **Aussperrung** sein. Es ist die geplante Ausschließung aller Mitarbeiter eines Unternehmens.

Weder Streik noch Aussperrung beenden das einzelne Arbeitsverhältnis. Es ruht aber die Pflicht zur Lohnzahlung. Die gewerkschaftlich organisierten Arbeitnehmer erhalten von ihrer Gewerkschaft **Streikgeld,** das den Lohnausfall aber nicht komplett abdecken kann. Nichtorganisierte erhalten keine finanzielle Unterstützung.

Haben sich Gewerkschaft und Arbeitgeber auf einen möglichen Tarifvertrag geeinigt, findet eine **erneute Urabstimmung** statt. Stimmen mehr als 25 % der Gewerkschaftsmitglieder für den neuen Tarifvertrag, gilt dieser als zustande gekommen.

Aufgabe

Ein Demonstrant bringt bei einer Protestkundgebung anlässlich gescheiterter Tarifverhandlungen seine Meinung mit Ironie auf den Punkt (vgl. Abb. 5). Diskutieren Sie über diese Meinung. Entscheiden Sie sich, ob Sie dieser Meinung zustimmen oder sie ablehnen.

Abb. 5: Demonstrant

1.6 Betriebliche Mitbestimmung

Die Auszubildende Lena Sievers ist im Modehaus Müller beschäftigt. Ihr macht die Arbeit zwar Spaß, aber dass sie regelmäßig nach Feierabend noch helfen muss, alle Sachen wegzuräumen, gefällt ihr ganz und gar nicht. Als sie dieses Thema mit ihrer Ausbilderin besprechen will, hat sie keine Chance, auch nur gehört zu werden. Ganz im Gegenteil: Es wird ihr vorgeworfen, dass sie unhöflich zu den Kunden sei und „immer nur auf die Uhr schaue". Wenn das so weiterginge, dann müsse man sich trennen. Anja versteht die Welt nicht mehr und überlegt, was sie tun soll.

Gewerkschaften vertreten die Interessen der Beschäftigten einer ganzen Branche gegenüber den Arbeitgebern dieser Branche. Auf Betriebsebene übernimmt diese Aufgaben der **Betriebsrat.** Er setzt sich für die Belange der Mitarbeiter eines Unternehmens ein.

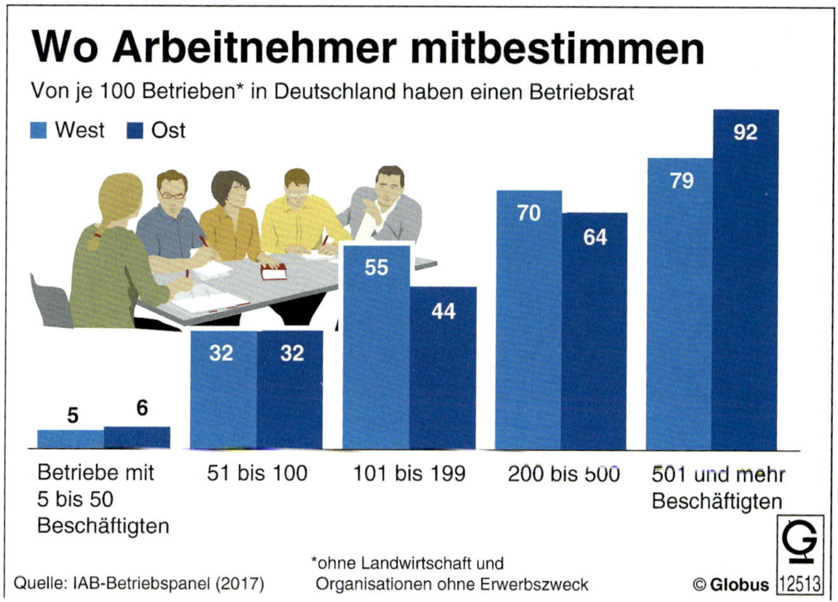

Abb. 1: Nicht in allen Betrieben gibt es Betriebsräte.

Jeder einzelne Mitarbeiter kann sich natürlich auch direkt an den Arbeitgeber wenden. Dennoch ist es sinnvoll, dass bestimmte Angelegenheiten vom Betriebsrat gebündelt und gegenüber dem Arbeitgeber vertreten werden. Auf diese Weise können bei betrieblichen Problemen die Interessen möglichst vieler Mitarbeiter berücksichtigt werden.

Der Betriebsrat wird von den Mitarbeitern eines Unternehmens gewählt. Das Unternehmen muss allerdings mindestens fünf ständig beschäftigte Arbeitnehmer haben. Dabei spielt es keine Rolle, ob diese Arbeitnehmer vollzeit- oder teilzeitbeschäftigt sind. Die Wahl eines Betriebsrats ist ein Recht, jedoch keine Pflicht (vgl. Abb. 1).

1.6.1 Wahl des Betriebsrats

In Unternehmen mit mindestens fünf ständig beschäftigten Arbeitnehmern sind alle volljährigen Mitarbeiter wahlberechtigt. Gewählt werden können alle wahlberechtigten Personen, die dem Unternehmen seit mindestens sechs Monaten angehören. Die Wahlen finden alle vier Jahre zwischen dem 1. März und dem 31. Mai statt.

Der Arbeitgeber darf die Wahl des Betriebsrats weder verbieten noch behindern. Er trägt die durch die Wahl und die Arbeit des Betriebsrats entstehenden Kosten. Der Arbeitgeber darf Mitglieder des Betriebsrats weder bevorzugen noch benachteiligen. Betriebsräte dürfen nur aus außerordentlichen Gründen oder in Zusammenhang mit einer Betriebsschließung gekündigt werden.

1.6.2 Aufgaben und Rechte des Betriebsrats

Die Aufgaben des Betriebsrats richten sich nach dem Betriebsverfassungsgesetz (BetrVG).

- Er überwacht die Einhaltung der geltenden Gesetze, Tarifverträge und sonstigen Regelungen. Außerdem soll der Betriebsrat Maßnahmen zum Arbeitsschutz und zum betrieblichen Umweltschutz fördern.
- Er nimmt die im Betriebsverfassungsgesetz festgelegten Mitwirkungs- und Mitbestimmungsrechte in sozialen, personellen und wirtschaftlichen Angelegenheiten gegenüber dem Arbeitgeber wahr.
- Er nimmt Anregungen von einzelnen Arbeitnehmern und der Jugendvertretung entgegen und vertritt sie, falls sie berechtigt erscheinen, gegenüber dem Arbeitgeber. Die Rechte des Betriebsrats sind abgestuft und reichen von der Information über die Beratung bis hin zur umfassenden Mitbestimmung (vgl. Abb. 2).

Betriebsvereinbarung

In Angelegenheiten, in denen der Betriebsrat Mitbestimmungsrechte hat, kann er mit dem Arbeitgeber Betriebsvereinbarungen treffen. Die Betriebsvereinbarung ist ein Vertrag zwischen Arbeitgeber und Betriebsrat über betriebliche Angelegenheiten. Sie ist schriftlich niederzulegen und von

Betriebsratsrecht auf ...	Beispiel
Information: Der Betriebsrat hat das Recht, alle Informationen einzuholen, die er für seine Arbeit benötigt. Er kann verlangen, über betriebliche Vorgänge rechtzeitig informiert zu werden.	■ Personalplanung ■ Einstellung leitender Angestellter
Anhörung: Plant der Arbeitgeber die Kündigung eines Arbeitnehmers, ist der Betriebsrat vor dieser Kündigung zu informieren und anzuhören.	■ einziger Fall: Kündigung eines Arbeitnehmers
Beratung: Das Beratungsrecht ist ebenfalls ein eher schwaches Recht des Betriebsrats, er kann auf die Entscheidungen des Arbeitgebers keinen direkten Einfluss nehmen. Der Arbeitgeber muss ihn jedoch unterrichten und die geplanten Maßnahmen mit ihm besprechen.	■ Planung von Bauten und technischen Anlagen ■ Planung von Arbeitsplätzen und -abläufen ■ Stilllegung eines Betriebsteils oder des Betriebs ■ Erstellung eines Sozialplans
Mitwirkung: Hier kann der Betriebsrat geplanten Maßnahmen zustimmen oder ihnen aus bestimmten Gründen widersprechen. Stimmt der Betriebsrat nicht zu, wird die endgültige Entscheidung von einer Einigungsstelle oder vom Arbeitsgericht getroffen. Das Mitwirkungsrecht betrifft überwiegend personelle Angelegenheiten.	■ Umgruppierungen oder Versetzungen von Mitarbeitern (bei mehr als 20 wahlberechtigten Mitarbeitern) ■ Einstellungen ■ Personalfragebogen
Mitbestimmung: Maßnahmen, die der Mitbestimmung unterliegen, werden erst nach Zustimmung des Betriebsrats wirksam. Erfolgt zwischen Arbeitgeber und Betriebsrat keine Einigung, kann eine Einigungsstelle einberufen werden. Das Mitbestimmungsrecht betrifft vor allem soziale Angelegenheiten.	■ Beginn und Ende der täglichen Arbeitsstunden sowie Lage der Pausen ■ Ausgestaltung der Arbeitszeiterfassung ■ Urlaubsgrundsätze ■ Datenschutz, vor allem bei der Einführung neuer Software im Betrieb

Abb. 2: Rechte des Betriebsrats

beiden Seiten zu unterschreiben. Betriebsvereinbarungen werden geschlossen über

- Regelungen zur täglichen Arbeitszeit und zu Pausen, z. B. über eine gleitende Arbeitszeit,
- Zeit, Ort und Art der Gehaltsauszahlung,
- Urlaubsgrundsätze oder
- Regelungen zum betrieblichen Vorschlagswesen.

Beispiel: Durch eine Betriebsvereinbarung wird den Mitarbeitern im Modehaus Müller ein rauchfreier Arbeitsplatz garantiert. Auch in den Pausenräumen gibt es ein umfassendes Rauchverbot. Dafür werden zwei Raucherecken auf dem Betriebsgelände vereinbart.

Eine Betriebsvereinbarung kann nicht über die Höhe des Gehalts oder andere Arbeitsbedingungen, die üblicherweise durch Tarifvertrag bestimmt werden, geschlossen werden. Dies gilt nicht, wenn der Tarifvertrag eine Regelung durch Betriebsvereinbarung ausdrücklich zulässt.

Betriebsversammlung

Einmal im Vierteljahr kann eine Versammlung aller Mitarbeiter eines Betriebs einberufen werden (vgl. Abb. 3). Dort berichtet vor allem der Betriebsrat über seine Tätigkeit. Auch der Arbeitgeber hat das Recht, auf den Versammlungen zu sprechen. Mindestens einmal im Jahr muss er dort über soziale, personelle und wirtschaftliche Belange sowie über den betrieblichen Umweltschutz informieren. Die Betriebsversammlungen finden während der Arbeitszeit statt. Die Zeit der Teilnahme daran ist wie Arbeitszeit zu bezahlen.

Abb. 3: Betriebsversammlung

22233050

1.6.3 Jugend- und Auszubildendenvertretung

Jugendliche Arbeitnehmer, die unter 18 Jahre alt sind oder zur Berufsausbildung beschäftigt sind und noch nicht 25 Jahre alt sind, können eine Jugend- und Auszubildendenvertretung (JAV) wählen. Voraussetzungen dafür sind, dass

- mindestens fünf Jugendliche unter 18 Jahren oder Auszubildende unter 25 Jahren im Betrieb tätig sind und
- dass dort ein Betriebsrat besteht.

Normalerweise wird die Jugend- und Auszubildendenvertretung alle zwei Jahre gewählt. Die Wahlen finden in der Zeit vom 1. Oktober bis 30. November statt. Wählbar sind alle Arbeitnehmer des Betriebs, die noch nicht 25 Jahre alt sind. Die Jugend- und Auszubildendenvertretung arbeitet eng mit dem Betriebsrat zusammen. Sie nimmt die Interessen der jugendlichen Arbeitnehmer im Betrieb wahr.

Die JAV

- hält Sprechstunden für jugendliche Arbeitnehmer ab,
- beruft Jugend- und Auszubildendenversammlungen ein oder
- nimmt an den Sitzungen des Betriebsrats teil.

Wenn die Beschlüsse des Betriebsrats überwiegend jugendliche Arbeitnehmer betreffen, haben die Jugend- und Auszubildendenvertreter in den Sitzungen des Betriebsrats ein Stimmrecht.

Aufgaben

1. Nennen und begründen Sie die Vorteile eines Betriebsrats
   a) für die Arbeitnehmer des Betriebs,
   b) für den Arbeitgeber.
2. Betriebsratsmitglieder haben einen hohen Kündigungsschutz.
   a) Wie sieht dieser Schutz konkret aus?
   b) Warum besteht dieser besondere Kündigungsschutz?
3. Erläutern Sie, welche Möglichkeiten Ihnen bekannt sind, Arbeitnehmer noch stärker in das Unternehmen einzubinden.

1.7 Soziale Sicherung

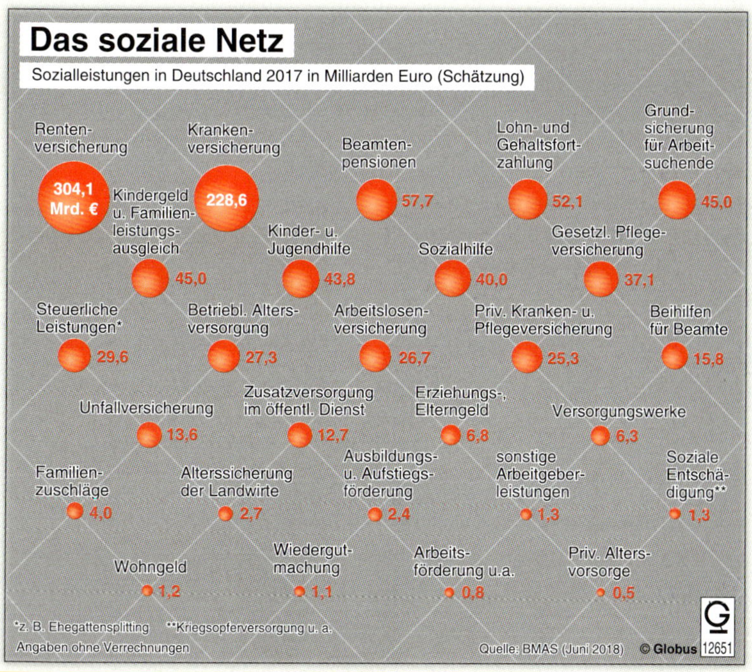

1.7.1 Gesetzliche Sozialversicherung

In der zweiten Hälfte des 19. Jahrhunderts kamen unter deutschen Arbeitern immer mehr Unruhen auf. Gründe waren schlechte Arbeitsbedingungen, unzumutbare Arbeitsbelastungen und fehlende Absicherungen. Reichskanzler Otto von Bismarck führte deshalb 1883 die gesetzliche Krankenversicherung ein. Es folgten 1884 die Unfallversicherung und 1889 die Rentenversicherung. 1927 wurde die Arbeitslosenversicherung eingeführt und 1995 vervollständigte die Pflegeversicherung das Sozialversicherungssystem. Die Abbildung „Das soziale Netz" zeigt eine Übersicht aller Sozialleistungen in Deutschland.

Der Grundgedanke der gesetzlichen Sozialversicherungen ist die **Solidargemeinschaft.** Damit die Sozialversicherung auf sicheren Füßen steht, besteht für Arbeitnehmer, Auszubildende, Rentner, Arbeitslose, Studenten und auch einige selbstständige Unternehmer (z. B. Handwerker), die mehr als 450,00 € pro Monat verdienen, **Versicherungspflicht** in den gesetzlichen Versicherungen. Jeder Versicherte zahlt Beiträge in die einzelnen Versicherungen ein, um sich vor Lebensrisiken finanziell abzusichern. Den Beteiligten soll durch die Solidargemeinschaft finanzieller Schutz vor Lebensrisiken wie Krankheit, Arbeitslosigkeit, Unfall sowie Pflegebedürftigkeit und deren Folgen geboten werden.

Die Beiträge werden automatisch vom Arbeitgeber einbehalten und an die Sozialversicherungen abgeführt. Die Höhe der Beiträge wird gesetzlich festgelegt und vom Arbeitnehmer und Arbeitgeber gemeinsam getragen (Ausnahme: Die gesetzliche Unfallversicherung trägt nur der Arbeitgeber). Es gibt fünf Säulen, die die gesetzliche Sozialversicherung bilden (vgl. Abb. 1). Die gesetzliche Sozialversicherung ist eine **umlagefinanzierte Versicherung.** Die Versicherungen bilden also aus den Beiträgen keine Kapitalrücklagen, sondern bezahlen die Leistungen direkt aus den laufenden Beiträgen der Versicherten sowie aus Steuermitteln.

Gesetzliche Krankenversicherung

Wichtigste **Aufgaben** der gesetzlichen Krankenversicherung sind

- die Sicherstellung und Finanzierung der ärztlichen und zahnärztlichen Behandlung und Vorsorgemaßnahmen, sowohl in Arztpraxen als auch in Krankenhäusern,
- Finanzierung von Arzneimitteln, Verbandmaterial und Heilmitteln,
- häusliche Krankenpflege,
- Rehabilitationsmaßnahmen und
- Leistung von Krankengeld, Mutterschafts-, Familien- und sonstigen Hilfen.

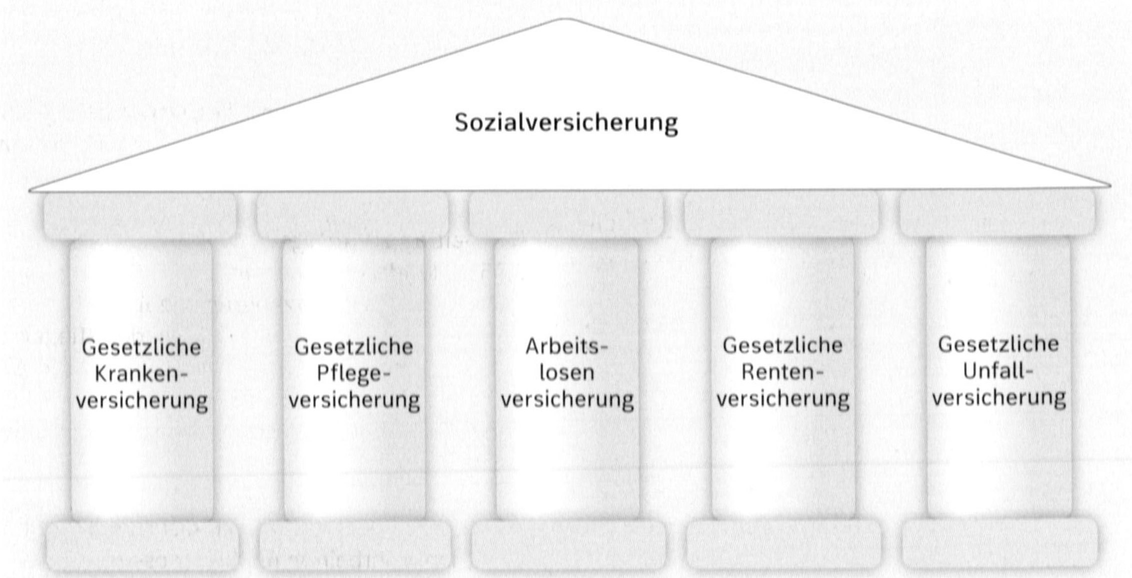

Abb. 1: Die fünf Säulen der Sozialversicherung

22233052

Träger der gesetzlichen Krankenversicherung (vgl. Abb. 2) sind vor allem

- gesetzliche Krankenkassen wie die Allgemeinen Ortskrankenkassen (AOK), Innungskrankenkassen (IKK) und Betriebskrankenkassen (BKK) und
- Ersatzkassen wie z. B DAK oder die Barmer GEK.

Abb. 2: Träger gesetzlicher Krankenversicherungen

Seit dem 1. Januar 2015 wurde der gesetzlich festgelegte Beitragssatz zur gesetzlichen Krankenversicherung von 15,5 % auf 14,6 % abgesenkt. Der Arbeitgeberanteil und der Arbeitnehmeranteil beträgt jeweils 7,3 %. Kommt eine Krankenkasse damit nicht aus, darf sie einen sogenannten „kassenindividuellen Zusatzbeitrag" erheben. Diesen Zusatzbeitrag musste der Arbeitnehmer bis Ende 2018 allein bezahlen. Ab 2019 werden sich die Arbeitgeber auch am Zusatzbeitrag mit 50 % beteiligen.

Beispiel: Stephan Klumm erhält eine Ausbildungsvergütung in Höhe von 600,00 € brutto. Als Auszubildender ist er gesetzlich pflichtversichert. Auf seiner Gehaltsabrechnung sieht er, dass für ihn insgesamt 93,00 € Beitrag an seine gesetzliche Krankenkasse abgeführt werden. Davon werden 49,20 € direkt von seinem Brutto-Gehalt abgezogen, der Anteil seines Arbeitgebers beträgt 43,80 €. Seine Krankenkasse erhebt einen kassenindividuellen Zusatzbeitrag von 0,9 %. Diesen Zusatzbeitrag musste er bis Ende 2018 allein bezahlen, der Arbeitgeber beteiligte sich daran nicht. Ab 2019 muss der Arbeitgeber auch die Hälfte des Zusatzbeitrags bezahlen.

Beiträge sind bis zur **Beitragsbemessungsgrenze** zu entrichten. Einkünfte, die über die Beitragsbemessungsgrenze hinausgehen, sind beitragsfrei. Im Jahr 2019 beträgt die Beitragsbemessungsgrenze in der gesetzlichen Krankenversicherung 4537,50 € monatlich. Die gleichen Werte gelten in der Pflegeversicherung. Die Beitragsbemessungsgrenzen in der Kranken- und Pflegeversicherung gelten bundeseinheitlich.

Ehepartner und Kinder können über die Familienversicherung mitversichert werden. Das heißt, Kinder sind bis zum 18. Lebensjahr bzw. während Studium und Ausbildung bis zum 25. Lebensjahr beitragsfrei mitversichert.

Arbeitnehmer, deren Einkommen über der **Versicherungspflichtgrenze** liegt, können die gesetzliche Krankenversicherung verlassen und stattdessen in eine private Krankenversicherung eintreten. Die Versicherungspflichtgrenze liegt im Jahr 2019 bei 5062,50 € monatlich.

Beispiel: Hans Klumm, der Vater von Stephan, ist Abteilungsleiter und verdient im Monat 5500,00 €. Er kann sich entscheiden, ob er freiwillig gesetzlich krankenversichert bleibt oder ob er in eine private Krankenversicherung wechselt.

Gesetzliche Pflegeversicherung

Die gesetzliche Pflegeversicherung hat folgende **Aufgaben:** Sie gewährt Leistungen zur Verbesserung der häuslichen oder stationären Pflege (Pflegeheim). Bis 2016 wurden die Pflegebedürftigen entsprechend ihres Hilfebedarfs einer sogenannten Pflegestufe zugeordnet. Je nach Pflegeaufwand unterscheidet sich auch die Höhe der Leistungen. Seit 1. Januar 2017 gilt das neue Pflegebedürftigkeitsgesetz. Statt drei Pflegestufen gibt es künftig fünf Pflegegrade.

Träger der gesetzlichen Pflegeversicherung sind die Pflegekassen der jeweiligen gesetzlichen Krankenkassen.

Der Beitrag zur Pflegeversicherung beträgt 2019 3,05 %, Kinderlose, die älter als 23 Jahre sind, müssen 0,25 % Zusatzbeitrag bezahlen. In Sachsen ist der Arbeitnehmeranteil bei der Pflegeversicherung höher als im übrigen Bundesgebiet. Grund dafür ist, dass dort zur Finanzierung der Pflegeversicherung kein Feiertag abgeschafft wurde.

Wer das 23. Lebensjahr noch nicht vollendet hat, muss den Mehrbeitrag für Kinderlose nicht bezahlen. Den Mehrbeitrag muss der Arbeitnehmer allein bezahlen.

Beispiel: Von seiner Ausbildungsvergütung in Höhe von 600,00 € müssen für den 20-jährigen Stephan Klumm 18,30 € Beitrag für die Pflegeversicherung abgeführt werden. Davon trägt Stephan 7,65 € und sein Arbeitgeber trägt 9,15 €. Stephans Freund Alexander bekommt die gleiche Ausbildungsvergütung, ist jedoch schon 23 Jahre alt und hat keine Kinder. Für ihn beträgt der Zuschuss des Arbeitgebers ebenfalls 9,15 €. Alexander muss jedoch einen Mehrbeitrag in Höhe von 1,50 € entrichten und damit insgesamt 10,65 € selbst bezahlen.

In der Pflegeversicherung müssen sich alle versichern, die auch der gesetzlichen Krankenversicherung angehören. Es gelten die gleichen **Beitragsbemessungs- und Versicherungspflichtgrenzen** wie in der gesetzlichen Krankenversicherung.

Beispiel: Entschließt sich Hans Klumm, der Vater von Stephan, in eine private Krankenversicherung zu wechseln, muss er auch Mitglied in der dort angeschlossenen Pflegeversicherung werden.

Arbeitslosenversicherung

Die **Aufgaben** der Arbeitslosenversicherung sind

- im Falle einer unverschuldeten Arbeitslosigkeit Arbeitslosengeld I auszuzahlen,
- durch Zahlung von Kurzarbeitergeld Arbeitsplätze zu erhalten und
- Maßnahmen zur Arbeits- und Berufsförderung durchzuführen, z. B. kostenlose Arbeitsvermittlung, Berufsberatung oder Umschulungen.

Träger der Arbeitslosenversicherung ist die Bundesagentur für Arbeit in Nürnberg mit ihren zahlreichen Agenturen für Arbeit vor Ort.

Der **Beitragssatz** beträgt im Jahr 2019 2,5 % vom Brutto-Entgelt. Arbeitgeber und Arbeitnehmer teilen sich diesen Beitrag jeweils zur Hälfte. Die **Beitragsbemessungsgrenze** ist gleich mit der für die gesetzliche Rentenversicherung und liegt 2019

- in den alten Bundesländern bei 6700,00 € pro Monat,
- in den neuen Bundesländern bei 6 150,00 € pro Monat.

Beispiel: Für die Ausbildungsvergütung in Höhe von 600,00 € müssen für den in Köln lebenden Stephan Klumm 15,00 € Beitrag für die Arbeitslosenversicherung abgeführt werden. Davon trägt Stephan 7,50 € und sein Arbeitgeber ebenfalls 7,50 €.

Der Anspruch auf Leistungen entsteht erst nach einer bestimmten Versicherungszeit. Um Arbeitslosengeld I zu erhalten, müssen innerhalb der letzten 24 Monate mindestens zwölf Monate Beiträge geleistet worden sein und man muss sich bei der Agentur für Arbeit persönlich arbeitslos gemeldet haben. Im Falle einer Arbeitslosigkeit beträgt das Arbeitslosengeld I für Arbeitnehmer mit Kindern 67 % bzw. für Arbeitnehmer ohne Kinder 60 % des letzten Netto-Einkommens. Die Bezugsdauer von Arbeitslosengeld hängt vom Lebensalter und der Dauer der Versicherungspflichtverhältnisse innerhalb der letzten Jahre ab.

Gesetzliche Rentenversicherung

Aufgaben der gesetzlichen Rentenversicherung sind die Zahlung von

- Regelaltersrenten ab dem 67. Lebensjahr,
- Renten bei teilweiser oder voller Erwerbsminderung,
- Witwen- und Waisenrenten sowie
- Kosten für Rehabilitationsmaßnahmen, die die Rückkehr in das Berufsleben fördern.

Träger der gesetzlichen Rentenversicherung sind die Deutsche Rentenversicherung Bund und die Deutsche Rentenversicherung Knappschaft-Bahn-See. Diese werden auf Länderebene von den regionalen Rentenversicherungsanstalten vertreten.

Der **Beitragssatz** beträgt im Jahr 2019 18,6 %, der jeweils zur Hälfte von Arbeitnehmer und Arbeitgeber getragen wird. Die **Beitragsbemessungsgrenze** ist die gleiche wie die für die Arbeitslosenversicherung und liegt damit im Jahr 2019

- in den alten Bundesländern bei 6 700,00 € pro Monat,
- in den neuen Bundesländern bei 6 150,00 € pro Monat.

Beispiel: Für die Ausbildungsvergütung in Höhe von 750,00 € müssen für den in Köln lebenden Stephan Klumm 139,50 € Beitrag für die Rentenversicherung abgeführt werden. Davon trägt Stephan 69,75 € und sein Arbeitgeber ebenfalls 69,75 €.

22233054

Die Finanzierung der gesetzlichen Rentenversicherung funktioniert nach dem sogenannten **Umlageverfahren:** Die Beiträge der Beitragszahler werden direkt zur Zahlung der Renten an die derzeitigen Rentner verwendet. Man spricht deshalb auch von einem **Generationenvertrag.** Die aktive Generation der Beitragszahler spart nicht persönlich für die eigene Rente, sondern erwirbt sich quasi mit der Beitragszahlung das Recht, im Rentenalter eine Rente zu beziehen, die dann wiederum aus aktuellen Beiträgen finanziert wird.

Das Schaubild „Deutsche Lebensbäume“ (vgl. Abb. 3) zeigt deutlich, wie sich die Bevölkerungsstruktur in den letzten Jahren entwickelt hat. War die Altersverteilung bis vor einigen Jahrzehnten noch wie eine Pyramide aufgebaut, besteht heute ein Übergewicht bei den älteren Jahrgängen. Dies bedeutet, dass immer weniger Beitragszahler für immer mehr Rentenempfänger aufkommen. Die spürbare Folge davon sind steigende Beiträge und sinkende Leistungen.

In den letzten Jahren wurden bereits einige Reformen auf den Weg gebracht, die das ursprüngliche Leistungsspektrum der gesetzlichen Rentenversicherung deutlich reduziert haben. Eine private Altersvorsorge wird deshalb immer wichtiger.

Gesetzliche Unfallversicherung

Jeder Arbeitgeber muss seine Arbeitnehmer in der gesetzlichen Unfallversicherung versichern. Die Versicherungspflicht ist unabhängig von Art und Dauer der Beschäftigung oder der Höhe des Einkommens. Neben den Arbeitnehmern sind auch andere Personengruppen wie z.B. Kinder in Kindergärten und Tagesstätten, Schüler und Studenten in der Unfallversicherung pflichtversichert. Diese Beiträge werden jedoch vom Staat aus Steuermitteln aufgebracht.

Die gesetzliche Unfallversicherung hat vor allem die **Aufgabe,** Arbeitnehmern finanzielle Absicherung in Fällen von

- Arbeitsunfällen,
- Wegeunfällen und
- Berufskrankheiten

zu bieten.

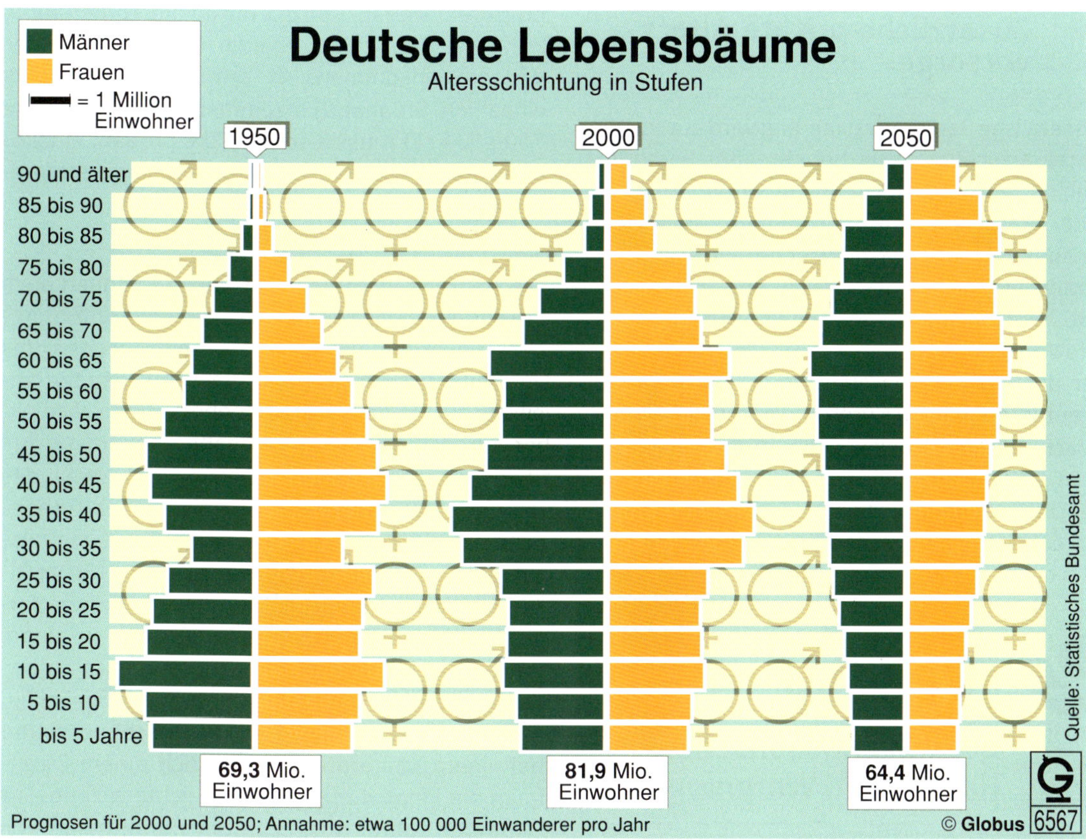

Abb. 3: Entwicklung der Altersstruktur in Deutschland

Ferner ist sie u.a. zuständig für Maßnahmen zur Verhütung von Arbeitsunfällen, z.B. Schulungen oder Broschüren zur Unfallverhütung, Maßnahmen zur Verhütung von Berufskrankheiten und arbeitsbedingten Gesundheitsgefahren. Weitere Aufgaben sind Heilbehandlungen, die die Erwerbsfähigkeit des Verletzten verbessern oder die Verletzungsfolgen erleichtern und Rentenzahlungen (z.B. wegen Minderung der Erwerbsfähigkeit, Renten an Hinterbliebene).

Beispiel: Der Auszubildende Stephan Klumm hat auf dem Weg zur Arbeit einen Verkehrsunfall und wird verletzt. Die gesetzliche Unfallversicherung bezahlt die Kosten der Heilbehandlung.

Träger der gesetzlichen Unfallversicherung sind die Berufsgenossenschaften. Für den Einzelhandel ist die Berufsgenossenschaft Handel und Warenlogistik (BGHW) in Mannheim zuständig (vgl. Abb. 4). Die **Kosten** der gesetzlichen Unfallversicherung trägt allein der Arbeitgeber.

1.7.2 Zusätzliche private Altersvorsorge

Die gesetzliche Rentenversicherung wird auch weiterhin eine wichtige Rolle bei der Altersvorsorge spielen. Sie wird aber mehr und mehr den Charakter einer Grundversorgung bekommen. Gestiegene Lebenshaltungskosten, gestiegene Zuzahlungen im Krankenversicherungsbereich und zahlreiche andere Faktoren machen es heute notwendig, eine private Vorsorge zu treffen.

Bei der Altersversorgung spielt die Zeit eine ganz erhebliche Rolle. Deshalb ist ein frühzeitiger Einstieg in eine zusätzliche Vorsorgeform bereits in jungen Jahren empfehlenswert. Inzwischen empfehlen selbst Regierungsvertreter, mit geeigneten

BGHW
Berufsgenossenschaft
Handel und Warenlogistik

Abb. 4: Zuständige Berufsgenossenschaft für den Einzelhandel ist die BGHW.

Finanzprodukten einer drohenden Altersarmut entgegenzuwirken.

Staatliche Förderung (Riester-Rente)

Im Jahre 2002 wurde diese Form der staatlich geförderten Altersvorsorge eingeführt. Das Prinzip der Riester-Rente ist einfach: Man legt im Rahmen eines speziellen Vertrags einen Teil seines Einkommens für das Alter zurück und erhält dafür einen staatlichen Zuschuss und Steuervorteile.

Um die Zulage zu erhalten, muss man einen Mindestbetrag sparen. Dieser beträgt 4 % des rentenversicherungspflichtigen Einkommens aus dem Vorjahr, der Sparbetrag darf aber nicht höher als 2 100,00 € sein. Die Zulage beträgt 154,00 € pro Jahr. Hat der Arbeitnehmer Kinder, erhält er 185,00 € pro Jahr für jedes kindergeldberechtigte Kind. Für ab 2008 geborene Kinder werden 300,00 € Zulage gezahlt.

Beispiel: Der kinderlose Auszubildende Stephan Klumm verdient im 3. Ausbildungsjahr 650,00 € brutto im Monat. Um die maximale Förderung in Höhe von 154,00 € zu erhalten, muss er 4 % seines Vorjahreseinkommens in seinen Riester-Vertrag einzahlen. Stephans Einkommen betrug im Vorjahr 7 200,00 €. Er muss also 288,00 € pro Jahr einzahlen. Zahlt er weniger ein, wird die Zulage entsprechend gekürzt.

Die Beiträge in den Riester-Vertrag können auch als Sonderausgaben in der Steuererklärung angegeben werden. Ob sich hier ein Steuervorteil ergibt, hängt jedoch von der persönlichen Situation ab.

Vorsorgewillige haben die Qual der Wahl des richtigen Versicherers. Mehr als tausend Angebote hat die Bundesanstalt für Finanzdienstleistungen (BaFin) mittlerweile zertifiziert. Nur zertifizierte Verträge werden staatlich gefördert. Versicherungsbeiträge können z.B. auch in einem Wertpapierfonds oder einem Banksparplan angelegt werden. Es besteht auch die Möglichkeit, einen Wohn-Riester-Vertrag abzuschließen, der bei einem späteren Wunsch nach einem Eigenheim die Finanzierung sehr erleichtern kann. Die Höhe der später ausgezahlten Rente hängt von verschiedenen Faktoren ab und kann erheblich

22233056

variieren. Außerdem wird ein Teil des Versicherungsbeitrags zur Deckung der Verwaltungskosten verwendet.

Auf jeden Fall sollte man vor Abschluss eines Vertrages einen detaillierten Angebotsvergleich durchführen. Im Internet gibt es Portale, die dabei behilflich sind.

Weitere private Altersvorsorge

Es wird empfohlen, spätestens nach Abschluss der Ausbildung weitere Rücklagen für den Ruhestand bilden. Hierfür gibt es ebenfalls eine große Zahl an Angeboten von Versicherungsunternehmen und Banken. Grundsätzliche Möglichkeiten sind u. a.

- Banksparpläne,
- Fondssparpläne,
- Kapitallebensversicherungen oder
- Immobiliensparpläne.

Vor dem Abschluss solcher langfristigen Verträge sollte aber unbedingt eine Beratung durch eine unabhängige Stelle, z. B. einer Verbraucherberatung, erfolgen.

Betriebliche Altersvorsorge

Eine Möglichkeit, die Rentenlücke zu verringern, besteht für einige Arbeitnehmer darin, Leistungen aus einer betrieblichen Altersvorsorge zu erhalten. Manche Arbeitgeber bieten ihren Arbeitnehmern eine Zusatzversorgung im Alter als sogenannte **Betriebsrente.** Vereinbarungen für die private Altersvorsorge sind in vielen Tarifverträgen enthalten (vgl. Abb. 5).

„... Weiterhin wurde für die Arbeitnehmer/-innen in den Verkaufsstellen des Einzelhandels für die Jahre 2009 und 2010 eine Vorsorgeleistung von je 150,00 € vereinbart, die wahlweise in Form eines Beitrags zur Altersvorsorge oder als Guthaben für Langzeitkonten gewährt wird."

Abb. 5: Auszug aus einer Pressemitteilung zum Tarifabschluss 2008 für den Einzelhandel in Nordrhein-Westfalen

Eine andere Form der betrieblichen Vorsorge ist die **Entgeltumwandlung.** Jeder Arbeitnehmer hat das Recht, Teile seines Entgelts in eine betriebliche Altersvorsorge einzubringen. Bei einer Entgeltumwandlung verzichten die Arbeitnehmer auf einen Teil ihrer Entgeltansprüche, die dann als Beiträge für ihre betriebliche Altersvorsorge verwendet werden.

Möglichkeiten der betrieblichen Altersvorsorge sollten unbedingt genutzt werden.

Aufgaben

1. Berechnen Sie den Arbeitgeberanteil zur gesetzlichen Krankenversicherung (ohne Zusatzbeitrag) bei einem Monatsgehalt in Höhe von
   a) 1 800,00 €,
   b) 2 900,00 €,
   c) 5 000,00 €.
2. Ermitteln Sie, wie hoch der Beitrag zur gesetzlichen Krankenversicherung ist, wenn das Monatsgehalt 2 000,00 € beträgt. Die Krankenkasse erhebt einen Zusatzbeitrag von 0,9 %.
   a) für den Arbeitnehmer
   b) für den Arbeitgeber
3. Paul Sorglos ist 23 Jahre alt, hat keine Kinder und arbeitet als Verkäufer im dritten Lehrjahr in einem Möbelhaus in Stuttgart. Er verdient 1 150,00 € brutto.
   Berechnen Sie den Beitrag zur Pflegeversicherung für
   a) den Arbeitnehmer und
   b) den Arbeitgeber.
4. Erläutern Sie, wogegen die gesetzliche Unfallversicherung schützt.
5. Erklären Sie die Begriffe „umlagefinanziert" und „Generationenvertrag".
6. Stellen Sie dar, warum eine private Altersvorsorge notwendig ist.

1.8 Gesetzlicher Arbeitsschutz

Lehr-Vertrag

Zwischen der Firma Poensgen & Pfahler, Dampfkesselfabrik in ....
als Lehrherr einerseits und .... wohnhaft in ....
als gesetzlichem Vertreter des am .... zu ....
Amtsgerichtsbezirk .... geborenen ....
und diesem selbst anderseits ist heute folgender Lehrvertrag abgeschlossen worden.

§ 1

Poensgen & Pfahler nehmen den .... als Lehrling zur Erlernung des Kesselschmiedehandwerks an. Die Lehrzeit beträgt vier Jahre; sie beginnt am 30-sten Mai 1916 und endigt am 29-sten Mai 1920. Bei Unterbrechung der Lehrzeit ist, sofern die Versäumnisse insgesamt mehr als 4 Wochen betragen, die Lehrzeit um die Dauer der Unterbrechung zu verlängern.

Sofern der Lehrling wegen Krankheit mehr als vier Wochen versäumt, hat er die diesen Zeitraum übersteigende Zeit vorbehaltlich der Bestimmung des § 130a Abs. 1 G.O. nachzulernen.

...

Auszug aus einem Vertrag mit einem Lehrling im Jahre 1916

Der Arbeitgeber ist gesetzlich verpflichtet, die Gesundheit seiner Arbeitnehmer bestmöglich zu schützen. Zum einen hat er Berufskrankheiten und Arbeitsunfällen vorzubeugen, zum anderen ist die Gestaltung der Arbeit menschengerecht vorzunehmen. Dies ist nicht nur für Arbeitnehmer und Arbeitgeber von Vorteil, sondern auch für die gesamte Volkswirtschaft: Durch weniger Kranke und Verletzte werden die Arbeitgeber mit weniger Lohnfortzahlungen bei Arbeitsausfall belastet. Auch die Sozialsysteme werden durch den umfassenden Schutz der Arbeitnehmer geschont.

Unter Arbeitsschutz versteht man sowohl den technischen Arbeitsschutz als auch den sozialen Arbeitsschutz. Der **technische Arbeitsschutz** umfasst die Maßnahmen und Vorrichtungen, die unmittelbar zur Betriebssicherheit von Maschinen und Anlagen beitragen. Der **soziale Arbeitsschutz** beinhaltet auch Regelungen, die den Arbeitnehmer vor Überlastung schützen (vgl. Abb. 1).

Arbeitsschutz

technischer Arbeitsschutz, z. B.
- Arbeitssicherheitsgesetz
- Sozialgesetzbuch VII (gesetzliche Unfallversicherung)
- Strahlenschutzverordnung
- Unfallverhütungsvorschriften der Berufsgenossenschaften

sozialer Arbeitsschutz, z. B.
- Arbeitszeitgesetz
- Kündigungsschutzgesetz
- Jugendarbeitsschutzgesetz
- Mutterschutzgesetz
- Sozialgesetzbuch IX (Schwerbehinderte)

Abb. 1: Regelungen zum Arbeitsschutz in Deutschland

22233058

1.8.1 Arbeitszeiten und Urlaub

Durch das Arbeitszeitgesetz (ArbZG) sollen alle Arbeitnehmer vor zu langen Arbeitszeiten geschützt werden. Das Gesetz schreibt Höchstarbeitszeiten und ein Mindestmaß an Pausen und Ruhezeiten vor. Dadurch soll die Konzentrationsfähigkeit der Mitarbeiter und damit auch die Arbeitssicherheit gewährleistet werden.

Häufig wird in gesetzlichen Regelungen von Werktagen gesprochen. Werktage sind alle Kalendertage, die nicht Sonn- oder Feiertage sind. Somit zählt der Samstag zu den Werktagen.

Arbeitszeiten

Die tägliche Arbeitszeit darf nicht mehr als acht Stunden betragen. Sie kann in Ausnahmefällen auf bis zu zehn Stunden ausgedehnt werden. Allerdings muss sie im Durchschnitt von sechs Kalendermonaten oder 24 Wochen wieder maximal acht Stunden pro Tag betragen. Die absolute Obergrenze liegt bei zehn Stunden pro Tag. Länger als zehn Stunden am Tag dürfen Arbeitnehmer nicht arbeiten.

Beispiel: Der 18-jährige Demir arbeitet als Verkäufer in einem großen Supermarkt. In der Woche vor Weihnachten ist so viel zu tun, dass er fünf Tage lang neun Stunden arbeitet. Dafür muss er in der zweiten Januarwoche täglich nur sieben Stunden arbeiten.

Ruhepausen

Das Arbeitszeitgesetz regelt Pausenzeiten, die mindestens einzuhalten sind:

- Wer länger als sechs Stunden arbeitet, hat Anspruch auf mindestens 30 Minuten Pause.
- Wer länger als neun Stunden arbeitet, muss insgesamt mindestens 45 Minuten Pausenzeit haben.

Länger als sechs Stunden hintereinander dürfen Mitarbeiter nicht ohne Pause beschäftigt werden. Die Pausenzeiten müssen im Vorhinein festgelegt werden. Der Arbeitnehmer kann nicht dann zur Pause verpflichtet werden, wenn die Arbeit aus verschiedenen Gründen gerade nicht möglich ist.

Beispiel: Demir hat gerade seine Frühstückspause beendet. Da im Laden gerade eine Sonderreinigung stattfindet, sagt ihm sein Chef, er soll in der nächsten halben Stunde seine Mittagspause vorziehen. Dazu kann er Demir nicht verpflichten.

Ruhezeiten

Nach der täglichen Arbeit muss der Arbeitnehmer eine Ruhezeit von mindestens elf Stunden haben. Abweichende Regelungen sind in bestimmten Branchen möglich (z. B. Gesundheitswesen, Gaststätten, Landwirtschaft).

Beispiel: Silke hat um 22:00 Uhr Feierabend. Ihr frühester Arbeitsbeginn am nächsten Tag darf somit erst um 09:00 Uhr, nämlich elf Stunden später, stattfinden.

Sonntags- und Feiertagsarbeit

An Sonn- und Feiertagen dürfen Arbeitnehmer nicht beschäftigt werden. Hier existieren allerdings gesetzlich geregelte Ausnahmen.

Urlaub

Jeder Arbeitnehmer hat einen gesetzlichen Mindestanspruch auf Urlaub. Dieser beträgt 24 Werktage bzw. vier Wochen pro Kalenderjahr. Während des Urlaubs muss der Arbeitgeber das Arbeitsentgelt weiterzahlen. Die gesetzlichen Regelungen stellen Mindeststandards dar. Häufig sind in den Tarif- oder Arbeitsverträgen höhere Urlaubsansprüche vereinbart. Der volle Urlaubsanspruch entsteht erst nach sechs Monaten Betriebszugehörigkeit.

Der Urlaub dient der Erholung des Arbeitnehmers. Er darf während des Urlaubs keine andere Tätigkeit aufnehmen, die seine Erholung gefährdet.

Beispiel: Demir hat drei Wochen Urlaub. Während des Urlaubs möchte er als Helfer auf einer Großbaustelle jobben. Das ist nicht zulässig.

Abb. 2: Der Urlaub dient der Erholung.

Erkrankt ein Arbeitnehmer während seines Urlaubs, kann er sich diese Tage wieder gutschreiben lassen. Er benötigt dafür ein ärztliches Attest, in dem die Tage der Arbeitsunfähigkeit nachgewiesen werden.

1.8.2 Kündigungsschutzgesetz

Grundsätzlich genießt jeder Arbeitnehmer einen allgemeinen Kündigungsschutz vor einer sozial ungerechtfertigten Kündigung (§ 1 Abs. 1 KSchG). **Voraussetzung für den Kündigungsschutz** ist, dass

- der Betrieb mehr als zehn Beschäftigte hat und
- der Arbeitnehmer länger als sechs Monate ohne Unterbrechung in diesem Betrieb beschäftigt ist.

Sofern diese Voraussetzungen gegeben sind, muss eine Kündigung, um wirksam zu werden, sozial gerechtfertigt sein. Eine **sozial gerechtfertigte Kündigung** liegt vor, wenn die Gründe für die Kündigung (vgl. Abb. 3),

- personenbedingt,
- verhaltensbedingt oder
- betriebsbedingt sind.

Sollten in einem Betrieb **betriebsbedingte Kündigungen** notwendig werden, weil beispielsweise der Umsatz stark zurückgegangen ist und die Mitarbeiter nicht mehr ausgelastet sind, so ist zunächst zu prüfen, ob die betroffenen Mitarbeiter an anderer Stelle weiterbeschäftigt werden können. Sollte dies nicht möglich sein, ist eine Sozialauswahl (nach § 1 Abs. 3 KSchG) zu treffen. Bei dieser Sozialauswahl müssen die persönlichen Lebensumstände der Betroffenen berücksichtigt werden.

Bei der **Sozialauswahl** werden die Kriterien Alter, Betriebszugehörigkeit, Unterhaltspflichten und Schwerbehinderung des betroffenen Arbeitnehmers berücksichtigt (§ 1 Abs. 3 KSchG).

Der Arbeitgeber hat die Möglichkeit, einen oder mehrere Arbeitnehmer unabhängig von der Sozialauswahl weiterzubeschäftigen. Das ist allerdings nur dann möglich, wenn dies durch betriebliche Bedürfnisse wirtschaftlicher, betriebstechnischer oder sonstiger Art gerechtfertigt ist (§ 1 Abs. 3 KSchG).

Beispiel: Frau Müller kann als Einzige im Betrieb eine Spezialsoftware bedienen. Sie wird nicht gekündigt, obwohl sie nach den Kriterien der Sozialauswahl (ledig, keine Kinder, erst seit wenigen Jahren im Betrieb) eigentlich als Erste hätte gekündigt werden müssen. Ihr Arbeitgeber beruft sich auf die dringende betriebstechnische Notwendigkeit ihrer Kenntnisse.

Bestimmte Personengruppen genießen einen **besonderen Kündigungsschutz,** der ihnen durch eine Reihe von Gesetzen gewährt wird. Dazu gehören

- Auszubildende nach Ablauf der Probezeit,
- Mitglieder des Betriebsrats und der Jugend- und Auszubildendenvertretung,
- werdende Mütter und
- Schwerbehinderte.

Dieser Kündigungsschutz hat nur bei Kündigung durch den Arbeitgeber Gültigkeit.

Mögliche Kündigungsgründe bei		
personenbedingter Kündigung	**verhaltensbedingter Kündigung**	**betriebsbedingter Kündigung**
■ mangelnde körperliche oder geistige Eignung ■ alters- oder krankheitsbedingtes Nachlassen von Fähigkeiten, die für die betreffende berufliche Tätigkeit wesentlich sind ■ mangelnde Fähigkeiten im Aneignen neuer Erkenntnisse und Fertigkeiten ■ lang andauernde Erkrankung ohne Aussicht auf Genesung	■ ständig schlechte Arbeitsleistung ■ aufrührerisches Verhalten im Betrieb (nachhaltige Störung des Betriebsklimas) ■ wiederholte Unpünktlichkeit ■ Beleidigung von Vorgesetzten ■ Leistung von Schwarzarbeit während des Urlaubs ■ Verstöße gegen das gesetzliche Wettbewerbsverbot	■ Stilllegung ganzer Abteilungen ■ dauerhafter Auftragsmangel ■ Rationalisierungsmaßnahmen ■ Änderung der Arbeitsmethoden ■ Betriebseinschränkungen (z. B. Auflösung von Zweigstellen bzw. Filialen)

Abb. 3: Mögliche Gründe für eine sozial gerechtfertigte Kündigung

22233060

1.8.3 Werdende Mütter und Elternzeit

Mutterschutzgesetz (MuSchG)

Das Mutterschutzgesetz (MuSchG) schützt berufstätige Frauen vor und nach der Geburt. Die Mutterschutzfrist beginnt sechs Wochen vor der Geburt und endet grundsätzlich acht Wochen, nur bei Mehrlings- bzw. Frühgeburten zwölf Wochen nach der Geburt.

Schwangere dürfen grundsätzlich keine Mehrarbeit und keine Nachtarbeit (zwischen 20:00 Uhr und 06:00 Uhr) leisten. Außerdem dürfen sie z. B. keine schweren körperlichen Arbeiten ausführen und keine schweren Lasten heben (mehr als 5 kg, gelegentlich mehr als 10 kg). Werdende Mütter sind während der Schwangerschaft und vier Monate nach der Entbindung vor Entlassungen geschützt.

Elternzeit und Elterngeld

Für jedes Elternteil besteht ein Anspruch auf Elternzeit zur Betreuung und Erziehung seines Kindes bis zur Vollendung dessen dritten Lebensjahres. Das Arbeitsverhältnis bleibt bestehen. Nach Ablauf der Elternzeit hat die Mutter bzw. der Vater Anspruch auf Rückkehr auf den ursprünglichen Arbeitsplatz bzw. auf einen Arbeitsplatz, der mit dem vorherigen gleichwertig ist.

Während der Elternzeit ist eine Teilzeitbeschäftigung von bis zu 30 Wochenstunden zulässig. Bei gleichzeitiger Elternzeit können die Eltern somit insgesamt 60 Wochenstunden (30 + 30) erwerbstätig sein. Damit besteht die Möglichkeit, auch während der Elternzeit das Familieneinkommen zu sichern.

Eltern oder Alleinerziehende bekommen das Elterngeld zusätzlich zum Kindergeld. Das Elterngeld ist einkommensabhängig und beträgt mindestens 300,00 € bis maximal 1 800,00 €. Elterngeld wird für maximal 14 Monate gewährt.

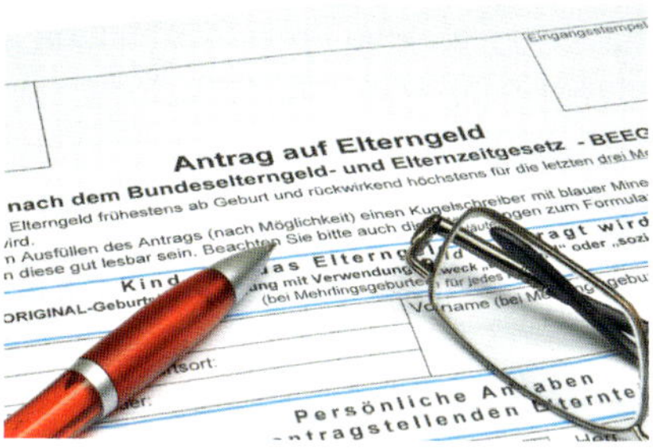

1.8.4 Schutz von Schwerbehinderten

Eine weitere Personengruppe, die besonderen Schutz genießt, sind Schwerbehinderte. Schwerbehindert ist, wer dauerhaft körperliche oder geistige Beeinträchtigungen hat. Ab einem Grad der Behinderung von mindestens 50 % ist eine Person schwerbehindert und hat einen besonderen Kündigungsschutz sowie steuerliche Vorteile und zusätzlichen Urlaub.

1.8.5 Gefahrenschutz (Unfallverhütungsvorschriften)

Wichtige Regeln zur Sicherheit am Arbeitsplatz sind in den Berufsgenossenschaftlichen Vorschriften (BGV), auch **Unfallverhütungsvorschriften (UVV)** genannt, enthalten. Sie beinhalten die Rechte und Pflichten von Arbeitnehmern und Arbeitgebern hinsichtlich des Arbeits- und Unfallschutzes. Außerdem regeln sie die sicherheitstechnischen Anforderungen an Einrichtungen, Arbeitsmittel, Anlagen und Maschinen und legen Verhaltensvorschriften für den Umgang mit diesen Geräten fest.

Die Unfallverhütungsvorschriften sind den Mitarbeitern an einer geeigneten Stelle im Betrieb zugänglich zu machen, z. B. am Schwarzen Brett. Außerdem ist der Arbeitgeber verpflichtet, die Arbeitnehmer über die bei ihrer Tätigkeit auftretenden Gefahren sowie über die Maßnahmen zur Abwendung der Gefahren zu unterweisen. Dies findet zunächst im Rahmen einer **Erstunterweisung** statt, die vor Beginn der Be-

Betriebsorganisation (z. B. Arbeitsschutzorganisation und Gefahrenschwerpunkte im Betrieb)

Allgemeine Betriebsregelungen (z. B. Einlasskontrollen, Arbeitszeit- und Pausenregelungen)

Brandschutz und Erste Hilfe (z. B. allgemeine Verhaltensregeln, Notrufnummern, Standort von Feuerlöscheinrichtungen und Erste-Hilfe-Einrichtungen, Verlauf von Flucht- und Rettungswegen)

Einweisung am Arbeitsplatz (z. B Arbeitsaufgabe, Gefährdungen und Schutzmaßnahmen)

Abb. 4: Wichtige Punkte der Erstunterweisung

schäftigung erfolgen muss und später mindestens einmal jährlich zu wiederholen ist.

Kontrolle der Einhaltung von Schutzvorschriften

In Unternehmen mit mehr als 20 Mitarbeitern ist ein Sicherheitsbeauftragter einzusetzen, der die Einhaltung der Arbeitsschutzmaßnahmen kontrolliert. Mitarbeiter der Berufsgenossenschaften und des Gewerbeaufsichtsamts überprüfen die Einzelhändler durch Betriebsbesichtigungen. Falls Mängel festgestellt werden, müssen die Arbeitgeber diese innerhalb einer Frist abstellen. Ansonsten drohen Geldbußen oder Betriebsschließungen.

Brandschutz

Besonders gefährlich ist Feuer. Gerade über den Brandschutz sollten alle Mitarbeiter stets auf dem Laufenden sein. Dazu gehört z. B.

- Notausgänge und Fluchtwege stets freizuhalten,
- Kenntnis über die Plätze der Feuerlöscher und deren Handhabung sowie
- richtiges Verhalten im Brandfall.

Erste Hilfe

Die Teilnahme an einem Erste-Hilfe-Kurs ist dringend für jedermann zu empfehlen. Gesetzlich vorgeschrieben ist sie nicht. Erste-Hilfe-Schulungen werden von den Berufsgenossenschaften kostenlos angeboten.

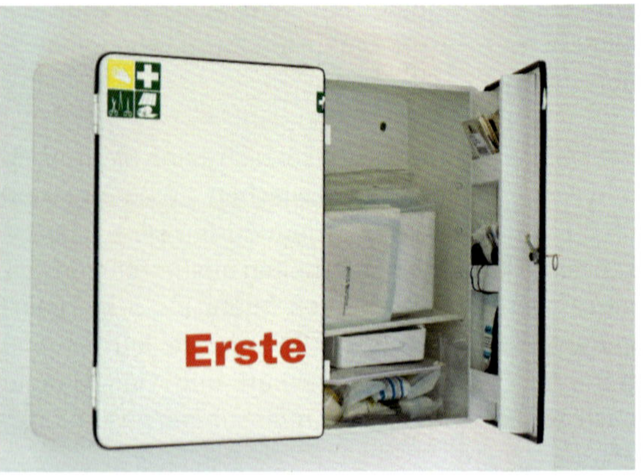

Abb. 5: Erste-Hilfe-Einrichtung

Pflichten des Arbeitgebers	Pflichten des Arbeitnehmers
■ Gefährdungsbeurteilung und Dokumentation erstellen ■ mögliche Gefahrenquellen beseitigen ■ notwendige Unterweisungen und Belehrungen durchführen ■ Gefahrenbereiche kennzeichnen ■ Feuerlöscheinrichtungen und Erste-Hilfe-Einrichtungen bereitstellen und regelmäßig überprüfen	■ Anweisungen des Arbeitgebers einhalten ■ Arbeitsmittel und -einrichtungen nur bestimmungsgemäß verwenden ■ Meldepflicht von Arbeitsunfällen einhalten ■ technische Einrichtungen und gefährliche Arbeitsstoffe nur mit Befugnis nutzen (Einweisung erforderlich) ■ Verbot von Alkohol- und Betäubungsmittelkonsum einhalten

Abb. 6: Sowohl Arbeitgeber als auch Arbeitnehmer müssen Regelungen zum Arbeitsschutz befolgen.

Aufgaben

1. Erläutern Sie, wer für den Arbeitsschutz im Einzelhandelsunternehmen zuständig ist.
2. Erläutern Sie, wer durch Arbeitsschutz-Maßnahmen im Einzelhandelsunternehmen Vorteile erzielt.
3. Das Arbeitszeitgesetz schreibt eine Ruhezeit von mindestens elf Stunden vor.
   a) Erläutern Sie den Begriff Ruhezeit an einem Beispiel.
   b) Erklären Sie, warum die 17-jährige Lisa Anspruch auf zwölf Stunden Ruhezeit hat.
4. Auch Sie haben zu Beginn Ihrer Ausbildung eine Erstunterweisung erhalten. Welche Punkte wurden dabei angesprochen?
5. Erläutern Sie, wo Sie in Ihrem Ausbildungsbetrieb die Unfallverhütungsvorschriften finden.

22233062

1.9 Umweltschutz

Worldwatch Institute

Konsum ist schlimmster Klimakiller

Ein Zusammenbruch unserer Zivilisation lässt sich nach Meinung führender Umweltschützer nur dann verhindern, wenn die westliche Welt ihren exzessiven Konsum aufgibt.

Sueddeutsche.de vom 18.03.2010

1.9.1 Umweltschutz heute

In den letzten Jahrzehnten ist der Umweltschutz für viele Menschen immer wichtiger geworden. Eine immer stärkere Bedeutung erhält der Gedanke der Nachhaltigkeit. Der Begriff **Nachhaltigkeit** stammt ursprünglich aus der Forstwirtschaft. Hier bedeutet er, dass lediglich so viele Bäume gefällt werden dürfen, wie an Jungbäumen nachwachsen.

In den letzten Jahren hat der Begriff der Nachhaltigkeit sich von dieser fachspezifischen Deutung gelöst und hat Eingang in die Politik und in das Planen und Handeln verantwortungsvoller Unternehmen gefunden.

> ! ***Nachhaltigkeit** hat das Ziel,*
> - *die Lebenssituation der heutigen Generationen zu verbessern,*
> - *ohne die Zukunftsperspektiven der kommenden Generationen zu verschlechtern.*

Wir unterteilen den Bereich der Nachhaltigkeit in drei Bereiche:

Ökologische Nachhaltigkeit
Es darf kein Raubbau an der Natur betrieben werden. Ökologisch nachhaltig verhalten sich Menschen und Unternehmen, die die natürlichen Lebensgrundlagen nur in dem Maße verbrauchen, wie diese sich erneuern.

Wirtschaftliche Nachhaltigkeit
Eine Gesellschaft soll wirtschaftlich nicht über ihre Verhältnisse leben. Sie sollte keine Pflichten und Schulden hinterlassen, die zu Lasten der kommenden Generationen gehen. Allgemein gilt eine Wirtschaftsweise dann als nachhaltig, wenn sie dauerhaft betrieben werden kann.

Soziale Nachhaltigkeit
Ein Staat oder eine Gesellschaft soll so organisiert sein, dass sich die Spannungen zwischen den verschiedenen Gruppen der Bevölkerung in Grenzen halten. Konflikte dürfen nicht eskalieren, sondern sollen auf friedlichem Wege ausgetragen werden.

1.9.2 Umweltschutz im Einzelhandelsunternehmen

Umweltbewusste Kunden kaufen lieber bei Einzelhändlern, die sich umweltfreundlich verhalten. Umfragen haben gezeigt, dass sich der Einsatz des Einzelhändlers für die Umwelt positiv auf den Umsatz auswirkt. Der Einzelhandel ist die Schnittstelle zwischen Hersteller und Endverbraucher. Er kann daher den Endverbraucher in seinem Umwelthandeln unterstützen.

Verpackungen sind Wertstoffe, deren weitere Verwendung, Verwertung und Entsorgung gesetzlich geregelt ist. Regelungen dazu enthalten
- das Kreislaufwirtschafts- und Abfallgesetz sowie
- die Verpackungsverordnung.

Ziele dieser Regelungen sind die
- Verringerung der Umweltbelastung durch die Beseitigung von Abfällen und
- Schonung der natürlichen Ressourcen durch die Wiederverwendung von Abfällen bzw. Wertstoffen.

Um Abfall zu vermeiden, sollen Produkte und Verpackungen
- aus recycelten Materialien bestehen,
- mehrfach verwendbar und langlebig sein und
- nach Gebrauch schadlos zu verwerten bzw. zu beseitigen sein.

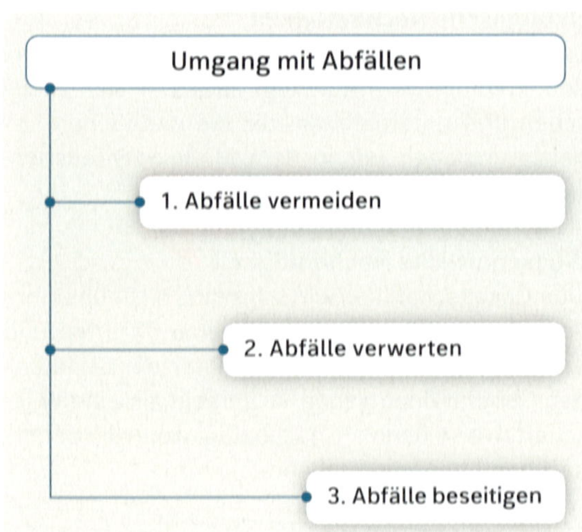

Abb. 1: Grundsätze nach dem Kreislaufwirtschafts- und Abfallgesetz

Im Einzelhandel fallen große Mengen an Verpackungsmüll an, die nach den geltenden Regelungen wiederverwendet oder stofflich verwertet werden müssen. Es können verschiedene Arten von Verpackungen unterschieden werden:

- **Transportverpackungen:** Diese können an den Lieferanten zurückgegeben oder vom Einzelhändler selbst oder einem Zusammenschluss mehrerer Einzelhändler entsorgt werden.

Abb. 2: Transportverpackung

- **Umverpackungen:** Kunden haben das Recht, die Verpackungen für die gekauften Produkte beim Einzelhändler zurückzulassen. Der Handel ist verpflichtet, dafür zu sorgen, dass Umverpackungen in der Verkaufsstelle gesammelt werden können und die Umverpackungen einer Verwertung zuzuführen.

Abb. 3: Umverpackung

- **Verkaufsverpackungen:** Diese sollten weitestgehend reduziert werden. Sind sie nicht vermeidbar, sollte sich der Einzelhändler darum bemühen, Mehrwegverpackungen anzubieten.

Beispiel: Ein Obst- und Gemüsehändler bietet neben seinen täglich frischen Waren auch preiswerte Körbe verschiedener Größen an. Viele Kunden freuen sich, dass sie auf diese Weise umweltfreundliche Mehrweg-Verpackungen erhalten. Zudem hat der Händler festgestellt, dass viele der Korb-Käufer zu Stammkunden werden, da sie sich schnell wieder an sein Geschäft erinnern.

22233064

Das Umweltverhalten der Einzelhändler und ihrer Kunden wird auch durch die deutsche und europäische Rechtsprechung beeinflusst. Beispiele sind:

- das **sogenannte „Glühlampenverbot“:** Aufgrund der Vorgaben einer EU-Verordnung dürfen keine energieintensiven Glühlampen verkauft werden. Grund ist die EU-weite Einführung von Energieeffizienzkriterien für Haushaltsbeleuchtung. Ziel ist es, die energie-ineffizienten Glühlampen verschwinden zu lassen.
- das **sogenannte „Dosenpfand“:** Seit 2006 gibt es ein einheitliches Rücknahmesystem für Einweggetränkeverpackungen. Dieses gilt nicht nur für Metalldosen, sondern auch für PET-Flaschen und Glasflaschen. Jeder Lebensmittel- bzw. Getränkeeinzelhändler ist verpflichtet, diese Einwegverpackungen zurückzunehmen und das Pfand zu erstatten. Eine Ausnahme gilt für Händler, die ein Ladengeschäft haben, dessen Verkaufsfläche kleiner als 200 m² ist: Diese müssen nur die Einwegverpackungen der von ihnen gehandelten Getränkemarken zurücknehmen und für diese das Pfand erstatten.

Abb. 4: Logo der Deutschen Pfandsystem GmbH (DPG)

Energiesparen

Offene Kühltruhen für Tiefkühlkost sind große Energieverschwender. Immer häufiger werden Kühlschränke mit Glastüren eingesetzt. Diese senken den Energieverbrauch deutlich. Außerdem kann der Energieverbrauch durch den Einsatz moderner LED-Leuchtmittel gesenkt werden. Bei gleicher Helligkeit verbraucht eine LED-Lampe ca. 85–90 % weniger als eine Glühlampe und 80–85 % weniger als eine Halogenlampe.

Sondermüll

Abfälle, die besonders schädlich für die Umwelt sind, müssen in geeigneten Behältnissen gesammelt und von spezialisierten Firmen entsorgt werden. Beispiele für diese sogenannten überwachungsbedürftigen Abfälle sind Batterien, Pflanzenschutzmittel, Energiesparlampen, Altöl sowie Farben und Lacke.

Plastikverbrauch reduzieren

Plastikprodukte sind wegen des hohen Rohstoffverbrauchs und ihrer schädlichen und lang anhaltenden Auswirkungen auf die Natur in Verruf geraten. Allein im vergangenen Jahr sind geschätzt viele Millionen Tonnen Plastikmüll in die Weltmeere geschwemmt worden. Vögel und Fische fressen das unverdauliche Material, was häufig zum Tod führt. Im Laufe der Zeit zerfällt Plastik in immer kleinere Teile. Kleinste Plastikteile, sog. Mikroplastik, werden zunehmend zum Problem, da es sich in den Tieren anreichert und über die Nahrungskette auch letztendlich beim Menschen ankommt. Es dauert bis zu 400 Jahre, bis sich das Material nahezu vollständig zersetzt hat.

Am 01.04.2016 führte der Einzelhandel die kostenpflichtige Plastiktüte ein. Die Zahl der Kunststofftüten in Europa soll dadurch deutlich reduziert

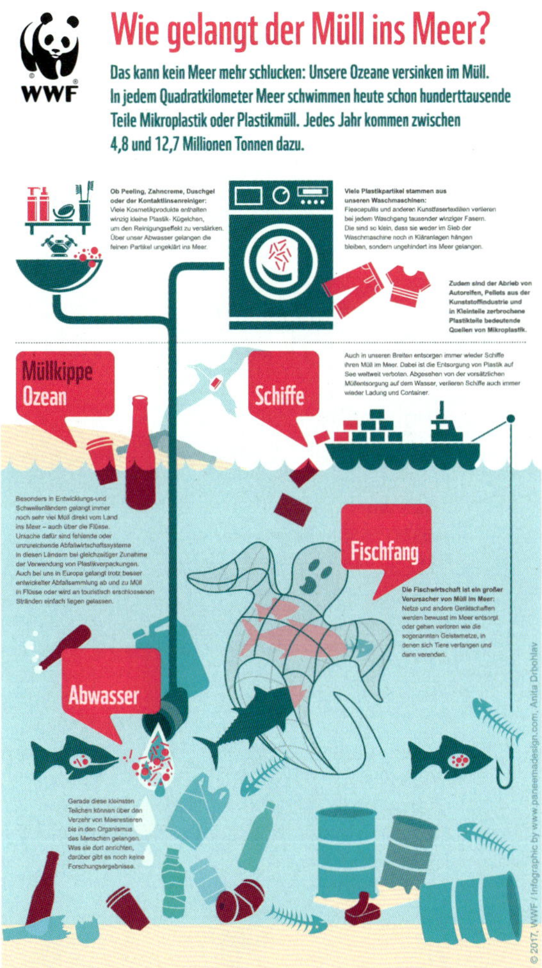

Abb. 5: Infografik Müll im Meer

werden. Nach einer EU-Richtlinie muss der Pro-Kopf-Verbrauch bis 2019 auf 90 Tüten und bis 2025 auf 40 gedrückt werden. Insgesamt sollte der Einsatz von Plastik im Einzelhandel kritisch überprüft werden. In vielen Fällen kann auf den Einsatz von Kunststoffverpackungen verzichtet oder eine umweltfreundliche Alternative genutzt werden.

Lebensmittelentsorgung

Leider werden im Einzelhandel täglich große Mengen von Lebensmitteln entsorgt. Ursachen sind,

- dass bis Ladenschluss volle Regale mit Backwaren, Obst, Gemüse und anderen leicht verderblichen Waren vorgehalten werden müssen,
- dass Lebensmittel mit leichten Beschädigungen (eingedrücktes Obst o. Ä.) aussortiert werden oder
- dass das Mindesthaltbarkeitsdatum der Waren erreicht ist.

Der Einzelhandel bemüht sich, aussortierte Lebensmittel, die qualitativ noch gut sind, kostenlos an mildtätige Organisationen zu spenden.

Beispiel: Die gemeinnützige Organisation „Die Tafel“ holt „überschüssige“, aber qualitativ einwandfreie Lebensmittel vom Einzelhändler ab und gibt sie kostenlos an Bedürftige weiter.

Nicht mehr essbare Lebensmittel können als Biomüll gesammelt und als Futtermittel in der Tiermast eingesetzt werden.

Aufgaben

1. Erläutern Sie den Zusammenhang zwischen Konsum und Klima (siehe auch Einstiegskasten zu Beginn dieses Kapitels).
2. Welche Gefahren sind Ihrer Meinung nach mit dem Treibhauseffekt verbunden?
3. Diskutieren Sie über Maßnahmen, die notwendig sind, um etwas gegen den Treibhauseffekt zu tun. Bewerten Sie die Vorschläge und stellen Sie die heraus, die Sie für besonders wichtig halten.
4. Umweltschutz ist auch Privatsache.
   a) Formulieren Sie zwei Maßnahmen, die Sie zu Hause ergreifen können, um nachhaltig zu leben.
   b) Überlegen Sie, welche Voraussetzungen Sie schaffen müssten, damit Sie diese Maßnahmen regelmäßig befolgen könnten.

1.10 Techniken zum Lernen und Präsentieren

Wir behalten ...

... von dem, was wir lesen 10 %.

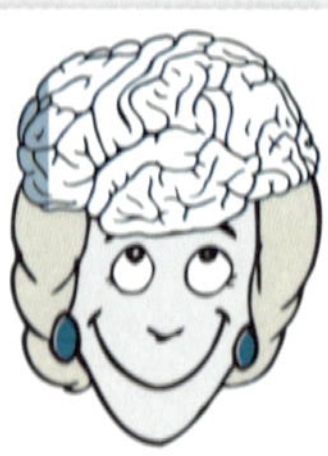

... von dem, was wir hören 20 %.

... von dem, was wir sehen 30 %.

... von dem, was wir hören und sehen 50 %.

... von dem, was wir selber sagen 70 %.

... von dem, was wir selber tun 80 %.

1.10.1 Gruppenarbeit

Voraussetzung für eine erfolgreiche Gruppenarbeit ist ein klares Ziel. Gruppenarbeit ist nur dann sinnvoll, wenn mehrere Personen zu schnelleren oder qualitativ höherwertigen Ergebnissen kommen als eine einzelne Person.

Eine Gruppe sollte aus mindestens drei und nicht mehr als fünf Personen bestehen. Innerhalb der Gruppe sollten bestimmte Rollen verteilt werden:
- Zeitwächter,
- Protokollschreiber,
- Aufgabensammler.

In der Gruppe übernimmt jeder Teilnehmer eine Aufgabe, die für das Gesamtergebnis wichtig ist. Alle Gruppenmitglieder bringen ihr Wissen ein und unterstützen sich gegenseitig. Abgesprochene Regeln werden von allen Teilnehmern eingehalten.

Das Arbeitsergebnis wird zumeist von einem Mitglied der Gruppe präsentiert. Die Gruppe sollte genau festlegen, wer das Ergebnis der Gruppenarbeit präsentiert und wie ihn die anderen Gruppenmitglieder dabei unterstützen können.

Gruppenarbeit trainiert auch die Fähigkeit, sich mit anderen Menschen auseinanderzusetzen. In jeder Gruppenarbeit müssen Schwierigkeiten gelöst und gemeinsame Wege gefunden werden.

Abb. 1: Gruppenarbeit

1.10.2 Brainstorming

Brainstorming ist eine Methode zur Ideenfindung. Eine Gruppe trifft sich, um über eine bestimmte Fragestellung möglichst viele Antworten zu erhalten. Dabei sind folgende Regeln zu beachten:
- Es sollte einen Moderator geben.
- Jeder Teilnehmer darf frei seine Idee äußern und sei sie noch so ausgefallen.
- Die Teilnehmer sollen frei fantasieren.
- Ideen anderer Teilnehmer können aufgegriffen und abgewandelt oder verknüpft werden.
- Die Ideen werden nicht bewertet und nicht kritisiert.
- Es gibt eine Zeitbegrenzung von wenigen Minuten, in der möglichst viele Ideen geäußert werden sollen.
- Später erfolgt eine Sortierung, Überprüfung und Auswertung der Ideen.

Hilfreich ist es, wenn die Ideen an der Tafel oder auf Karten, die an eine Pinnwand geheftet werden, festgehalten werden.

Beispiel: Die Werbeabteilung einer Kaufhauskette veranstaltet ein Brainstorming, um Ideen für den nächsten Werbespot zu finden.

1.10.3 Lerntagebuch

Mit einem Lerntagebuch dokumentiert man seinen eigenen Lernprozess und Lernfortschritt. Das Aufschreiben gibt die Möglichkeit, sich mit dem Gelernten nochmals auseinanderzusetzen. Das Lerntagebuch soll über einen längeren Zeitraum geführt werden. Durch die schriftliche Dokumentation des Lernfortschritts wird die Motivation zum Lernen gesteigert.

Mögliche Leitfragen für die Dokumentation sind:
- Was war das heutige Thema?
- Wie kann ich den Inhalt der Stunde in wenigen Sätzen zusammenfassen?
- Sind Fragen offengeblieben?
- Was hat Spaß gemacht, was hat keinen Spaß gemacht?
- Wozu soll das Gelernte zukünftig hilfreich sein?
- Was steht zu dem Thema im Lehrbuch?
- Welche Informationen finde ich im Internet?

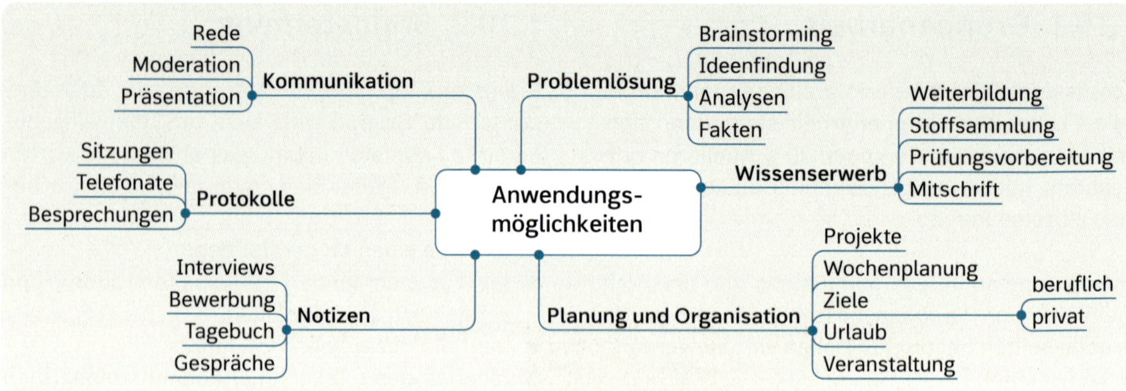

Abb. 2: Anwendungsmöglichkeiten einer Mindmap

1.10.4 Mindmap

Eine gute Präsentation wird durch gute Inhalte getragen. Um sich über mögliche Inhalte einen Überblick zu verschaffen, hilft eine spezielle Technik, die Mindmapping (Mindmap = Gedanken-Landkarte) genannt wird.

Ein Mindmap lässt sich wie folgt erstellen (vgl. Abb. 2):

- In die Mitte eines leeren Blattes wird das Thema notiert.
- Anschließend werden zunächst alle Ideen und Begriffe auf das Blatt geschrieben. Allerdings zieht man Linien, die vom Thema aus wegführen und beschriftet diese Linien.
- Die Linien verzweigen sich immer weiter.
- Später ordnet man alle Ideen und Begriffe.

Durch die bisherigen Begriffe wird man ständig neu inspiriert. Das Mindmap bildet so eine Art Skelett für die spätere Präsentation. Das Mindmap selbst könnte später auch – in aufbereiteter Form – in die Präsentation eingefügt werden.

1.10.5 Planung einer Präsentation

Oft wird von Verkäuferinnen oder Verkäufern erwartet, dass sie über bestimmte Themen Fachvorträge halten. Solche sogenannten Referate können durch Medien wie Folien oder Flipcharts unterstützt werden. Man spricht dann auch von einer Präsentation.

Beispiel: Manuela ist im ersten Ausbildungsjahr und soll in der Berufsschule eine Präsentation über ihren Ausbildungsbetrieb halten.

Eine Präsentation muss sorgfältig vorbereitet werden. Es sind verschiedene Fragen zu bedenken, (vgl. Abb. 3).

1.10.6 Tipps für die Gestaltung von Folien

Ziele und Inhalte einer Präsentation können besser vermittelt werden, wenn die Präsentation ansprechend, interessant und übersichtlich gestaltet ist. Der Vortragende erhält so mehr Aufmerksamkeit von seinen Zuhörern.

Ein häufig eingesetztes Hilfsmittel für eine Präsentation sind **Folien.** Folien können auf verschiedene Weise hergestellt und gezeigt werden:

- Wurden die Folien in elektronischer Form als Datei aufbereitet, werden sie mithilfe eines Beamers wiedergegeben. Die Folien müssen vor der Präsentation nicht ausgedruckt werden – das spart Material und man kann einfach und kurzfristig Änderungen im Vortrag vornehmen.
- Die Folien können in herkömmlicher Form auf transparentem Kunststoff gedruckt werden und später mithilfe eines Overhead-Projektors gezeigt werden. Vorteil hierbei ist, dass man nur einen einfachen Overhead-Projektor benötigt. Außerdem kann man auf den Folien auch handschriftlich während des Vortrags Notizen und Anmerkungen machen.

22233068

Was muss vor einer Präsentation bedacht werden?		
		Beispiel: Manuela plant ihre Präsentation und macht sich folgende Stichworte:
Thema	Worum geht es in meiner Präsentation?	Mein Ausbildungsbetrieb
Ziel	Welches Ergebnis soll mit der Präsentation erreicht werden?	Meine Mitschüler sollen durch die Präsentation einen fachlich gesicherten Überblick über meinen Betrieb bekommen.
Zielgruppe	Wer sind meine Zuhörer? 	Auszubildende zum Verkäufer im ersten Ausbildungsjahr, aber auch der Lehrer
Zeit	Wie lange soll die Präsentation dauern? 	Die Präsentation soll maximal 15 Minuten dauern. Anschließend können noch Fragen gestellt werden. Daher muss auch noch Zeit für die anschließende Diskussion eingeplant werden.
Struktur	Wie soll die Präsentation aufgebaut sein?	■ Zahlen und Fakten (Geschäftsgründung, Entwicklung, Eigentümer, Umsatzzahlen) ■ Sortiment ■ Meine Kollegen und Vorgesetzten
Medienunterstützung	Wie kann ich die bestmögliche visuelle (das Sehen betreffende) und akustische (das Hören betreffende) Unterstützung erreichen? 	■ Folien für Overhead-Projektor ■ Tafel beschreiben ■ Vorstellung der Website mithilfe eines internetfähigen PC und eines Projektors

Abb. 3: Planung einer Präsentation

Für die **Gestaltung** von Folien sollten folgende Regeln beachtet werden:

- Jede Folie hat eine Botschaft und ist von Bedeutung. Deshalb muss jede Folie und ihr Inhalt auch vom Zuschauer wahrgenommen werden können. Als Faustregel gilt: Jede Folie soll ungefähr drei Minuten eingeblendet sein.
- Jede Folie hat eine Überschrift und ist klar gegliedert.
- Schreiben Sie keine langen Sätze und nicht mehr als zehn Zeilen auf jede Folie.
- Die Folien sind fortlaufend nummeriert.
- Benutzen Sie nur gut lesbare Schriften und eine Schriftgröße von mindestens 14 Punkten

(keine Schreibschrift oder zu verspielte Schriftarten).
- Gestalten Sie die Folien abwechslungsreich und vermeiden Sie ständige Farbwechsel, zu viele Grafiken oder unnötige Effekte.
- Geben Sie immer die Fundorte (Quellen) von Aussagen und Daten an. Sammeln Sie alle benutzen Quellen in einem Quellenverzeichnis.

Eine Präsentation sollte unbedingt geprobt werden. Dazu gehört auch, dass technische Voraussetzungen vor Ort getestet werden. Stellt sich erst unmittelbar vor der Präsentation heraus, dass es ein technisches Problem gibt oder dass die räumlichen Bedingungen ungeeignet sind, ist das keine gute Voraussetzung für eine gelungene Präsentation.

1.10.7 Tipps für die Durchführung der Präsentation

Bei der Durchführung einer Präsentation sollten folgende **Empfehlungen** beachtet werden:
- Präsentieren Sie im Stehen, achten Sie dabei auf einen festen Stand.
- Richten Sie Ihren Blick auf die Zuhörer, allerdings ohne einzelne Personen ständig anzuschauen.
- Der Gesichtsausdruck ist freundlich. Lächeln ist erlaubt.
- Die Körperhaltung und Bewegungen sind zurückhaltend und offen.
- Die Sprache ist ruhig, gut verständlich und zielgruppengerecht.
- Lesen Sie nicht einfach die Folien vor, sondern benutzen Sie die Folieninhalte als roten Faden. Verdeutlichen Sie die Kernbotschaften mit Beispielen oder Vergleichen.
- Reagieren Sie flexibel und passen Sie die Präsentation an veränderte Bedingungen an. Wenn Sie z. B. feststellen, dass die Zeit nicht mehr ausreicht, dann kürzen Sie die Präsentation sinnvoll ab.
- Beenden Sie die Präsentation nicht plötzlich, sondern mit einem geplanten Ausklang. Häufig ist das eine Zusammenfassung oder Wiederholung der Ergebnisse.

1.10.8 Rollenspiel

Das Rollenspiel dient dazu, die Wirklichkeit zu erproben und besser zu verstehen. Es wird das Denken, Fühlen und Handeln der übernommenen Rolle ausprobiert. Daraus können sich hilfreiche neue Denkanstöße ergeben.

Ein Rollenspiel sollte in einer vertrauensvollen Atmosphäre durchgeführt und möglichst nicht unterbrochen werden.

Die **Auswertung** eines Rollenspiels sollte direkt im Anschluss erfolgen:
- Zuerst sollten die Rollenspieler zu ihren Empfindungen während des Spiels befragt werden.
- Dann sollten die Beobachter ihre Ergebnisse vorstellen.
- Anschließend findet die gemeinsame Auswertung statt. Die Ergebnisse sollten möglichst schriftlich festgehalten werden.

1.10.9 Feedback geben

Nicht nur Auszubildende befinden sich in einem ständigen Lernprozess. Auch in späteren Lebensphasen ist es immer wieder wichtig, die eigenen Verhaltensweisen und das Auftreten zu hinterfragen und eventuell anzupassen. Hierfür ist es hilfreich, zum eigenen Verhalten und Auftreten Rückmeldung (= Feedback) von anderen Personen zu erhalten. Zu beachten ist, dass die Rückmeldung des Feedbackgebers nicht zu Missverständnissen und Beleidigungen führen darf. Außerdem muss der Feedbacknehmer die Möglichkeit haben, die Hinweise aus der Rückmeldung konkret umsetzen zu können. Hilfreich sind die in Abb. 4 dargestellten Regeln für Feedbackgeber und Feedbacknehmer.

1.10.10 Konflikte erkennen und lösen

Bei der Zusammenarbeit in Gruppen bzw. Teams, egal ob in Berufsschule oder Ausbildungsbetrieb, kann es immer wieder zu Konflikten kommen. Es treffen unterschiedliche Kenntnisse, Werthaltungen und Interessen aufeinander, die sich ergänzen, aber auch widersprechen können.

22233070

Regeln für Feedbackgeber	Regeln für Feedbacknehmer
■ Beginnen Sie mit einem positiven Feedback. ■ Geben Sie Ihr Feedback unmittelbar, direkt im Anschluss an eine Beobachtung. ■ Achten Sie darauf, ob der Feedbacknehmer sich in einer Situation befindet, in der er gut zuhören kann und aufnahmefähig ist. ■ Beziehen Sie sich auf konkrete, wahrnehmbare Verhaltensweisen, die Sie selbst beobachtet haben. ■ Beschreiben Sie die Folgen, die das Verhalten für Sie hat, und die Gefühle, die dadurch bei Ihnen ausgelöst werden. Sprechen Sie in der Ich-Form – verwenden Sie Ich-Botschaften. ■ Gestalten Sie Ihr Feedback konstruktiv und verknüpfen Sie es möglichst mit Verbesserungsvorschlägen.	■ Beziehen Sie Ihr Feedback auf Verhaltensweisen, die lern- oder veränderbar sind. ■ Betrachten Sie das Feedback als Chance für Ihre persönliche Entwicklung. Durch das Feedback lernen Sie Ihre Wirkung auf andere kennen und verstehen. ■ Hören Sie dem Feedbackgeber aufmerksam zu. Es ist nicht einfach, ruhig zu bleiben, wenn der Feedbackgeber Sie anders sieht, als Sie dies gerne hätten. Sie können sich zum Feedback Notizen machen. ■ Fragen Sie nach, wenn Ihnen etwas unklar ist. ■ Rechtfertigen und verteidigen Sie Ihr Verhalten nicht. ■ Verarbeiten Sie das Feedback in Ruhe und beurteilen Sie dann, ob Sie Ihr Verhalten ändern wollen. ■ Bedanken Sie sich für das Feedback.

Abb. 4: Regeln für das Geben und Entgegennehmen von Rückmeldungen

Damit Konflikte nicht zum Ärgernis werden, müssen sie rechtzeitig erkannt und bearbeitet werden. **Signale** für einen Konflikt können sein:

- schlechte Teamstimmung (aggressiver Kommunikationsstil, verhärtete Diskussionen, keine Kompromissbereitschaft),
- Zurückziehen von Teammitgliedern (Weigerung, Aufgaben zu übernehmen, Abwesenheit, Unaufmerksamkeit, Passivität),
- nicht eingehaltene Vereinbarungen (Unpünktlichkeit, Unzuverlässigkeit).

Für die **Bewältigung** von Konflikten sind folgende Hinweise zu beachten:

- Wenn Sie Konflikte konstruktiv lösen wollen, dann müssen Sie aktiv etwas unternehmen – je früher, desto besser.
- Konflikte lösen bedeutet Einstellungen und Verhaltensweisen ändern. Dies ist nur durch einen Lernprozess der Beteiligten möglich.
- Konflikte können nicht von einer Person allein gelöst werden. Versuchen Sie deshalb, die Bereitschaft aller Betroffenen zu wecken, dass sie an der gemeinsamen Konfliktlösung mitarbeiten.

Aufgaben

1. Erläutern Sie, warum bei einer Gruppenarbeit jeder eine andere Aufgabe übernehmen muss.
2. Erstellen Sie ein Formular für ein Lerntagebuch.
3. Entwickeln Sie ein Mindmap zum Thema „Umsatzsteigerung in der Obst- und Gemüseabteilung“.
4. Wählen Sie jeweils zwei Regeln für den Feedbackgeber und den Feedbacknehmer aus. Begründen Sie für jede Regel, warum sie Ihnen wichtig ist.

Kompetenzraster, Kapitel 1.4 bis 1.10					
Kapitel	**Ich kann ...**	**nein**	**unsicher**	**recht sicher**	**ja**
1.4	■ die Sortimentsstruktur eines Einzelhandelsbetriebs bestimmen und erläutern.				
	■ die Verkaufsformen im Einzelhandel nennen und erläutern.				
	■ die Betriebsformen im Einzelhandel nennen und erklären.				
1.5	■ Individualarbeitsrecht und Kollektivarbeitsrecht unterscheiden.				
	■ die Bedeutung von Tarifverträgen darstellen.				
	■ die Arten und Inhalte von Tarifverträgen nennen und erklären.				
	■ die Tarifpartner im Einzelhandel nennen.				
	■ die Mittel tarifvertraglicher Auseinandersetzungen nennen und erläutern.				
1.6	■ die Aufgaben und Rechte des Betriebsrates und der Jugend- und Auszubildendenvertretung nennen und erläutern.				
	■ die Regelungen zur Mitbestimmung in sozialen, personellen und wirtschaftlichen Angelegenheiten nach dem Betriebsverfassungsgesetz darstellen und erläutern.				
1.7	■ die Zweige der Sozialversicherung nach versicherten Personen, Trägern, wesentlichen Leistungen und Finanzierung unterscheiden.				
	■ die Notwendigkeit einer zusätzlichen privaten Altersvorsorge begründen.				
1.8	■ gesetzliche Regelungen zum Arbeitsschutz in Deutschland nennen.				
	■ die wichtigen Inhalte des Arbeitszeitgesetzes erklären.				
	■ die wichtigen Inhalte des Kündigungsschutzgesetzes erklären.				
	■ begründen, warum für bestimmte Arbeitnehmergruppen ein besonderer gesetzlicher Schutz gilt und einzelne Regelungen nennen.				
	■ darstellen, welche Rechte und Pflichten Arbeitnehmer und Arbeitgeber haben, um Arbeitsunfälle zu verhüten.				
1.9	■ mögliche Umweltbelastungen des Einzelhandels nennen und erklären und kenne Maßnahmen, die man zur Verringerung dieser Belastungen ergreifen kann.				
1.10	■ Techniken, die mir beim Lernen und Arbeiten helfen können, nennen und darstellen.				
	■ mögliche Ursachen von Konflikten nennen.				
	■ begründen, warum gegenseitige Wertschätzung und Respekt Grundlage für eine erfolgreiche Zusammenarbeit sind.				

22233072

Verkaufsgespräche kundenorientiert führen

Lernfeld 2

Advance Organizer | Verkaufsgespräche kundenorientiert führen

Service
günstiger Preis
beste Qualität
nettes Personal
verständliche Informationen
gute Beratung

→ Betrieb

- Schulung der Mitarbeiter
- ansprechende Warenpräsentation
- gute Auswahl
- Service

Kommunikation

- nonverbal
  - Blickkontakt aufbauen
  - freundliche, offene Körperhaltung
- verbal
  - Begrüßung

22233074

Begrüßung

spezielle Möglichkeiten der Ansprache: waren- oder personenbezogen

↓

Bedarfsermittlung

direkt – indirekt Fragearten

↓

Warenvorlage →

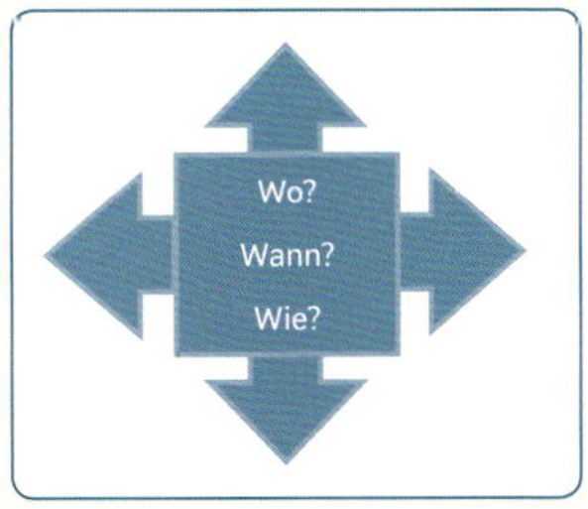

Argumentation

- Warenmerkmale
- Nutzeneigenschaften
- Verkaufsargumente
- Problemlösung

↓

Preisnennung

Sandwich-Methode

↓

Einwandbehandlung

Ja-Aber-Methode

↓

Alternativangebote

Gut formuliert, ist fast verkauft!

↓

Kaufentscheidung herbeiführen

- Kaufsignale
- Alternativfragen
- Vorteile herausstellen
- Kaufempfehlung begründen

↓

Ergänzungs- und Zusatzangebote

- funktionsorientiert und wertsteigernd ergänzen
- Warenauswahl komplettieren

↓

Bekräftigung der Kaufentscheidung und Verabschiedung

- Bestärken und freundlich verabschieden ...

2.1 Der Umgang mit dem Kunden

2.1.1 Kundenorientierung und ihre Bedeutung

Für einen Einzelhändler ist es wichtig, regelmäßig seine unternehmerischen Entscheidungen zu kontrollieren. Nur ein gut besuchtes Geschäft und zahlende Kundschaft sichern ihm seine unternehmerische Selbstständigkeit und seinen Mitarbeitern das monatliche Gehalt.

Im Hinblick auf immer schärfere Wettbewerbssituationen muss er sich von seiner Konkurrenz abgrenzen. Die Artikel größerer Markenhersteller unterscheiden sich in Qualität und Preis kaum noch. Deshalb ist es von großer Bedeutung, sich durch andere Merkmale von der Masse abzusetzen.

Beispiel: Katrin Berg benötigt Laufschuhe. Sie weiß, dass das Sportgeschäft Aslan und das Modehaus Müller in der Sportabteilung Laufschuhe anbieten. Sie entscheidet sich für das Sportgeschäft Aslan, weil ihr die Atmosphäre dort besser gefällt. Es gibt eine Bar, an der die Kunden kostenlos Kaffee und Erfrischungsgetränke erhalten.

Individuelle Kundenwünsche sollten bei der Sortimentsgestaltung berücksichtigt werden. Ein Kunde, der bereit ist, für die Waren und Dienstleistungen des Einzelhändlers den verlangten Preis zu entrichten, unterstützt den Einzelhändler in seinem Umsatzbestreben und sichert dessen Existenz. Deshalb ist es für den Einzelhändler sehr wichtig, die Wünsche oder Anregungen seiner Kunden zu kennen. Kundenkritik sollte als Anregung für Verbesserungen, und nicht als Beleidigung verstanden werden (vgl. Abb. 1).

Beispiel: Im Sportgeschäft Aslan fragt Katrin Berg, ob es im Geschäft auch eine Kinderbetreuung gibt. Der Verkäufer zeigt Frau Berg einen Nebenraum, der mit Kletterwand, Rutschen und einem Tunnelsystem zum Toben für Kinder eingerichtet ist.

! ***Kundenorientierung** bedeutet für den Einzelhändler, sich nach den Wünschen und Bedürfnissen seiner Kunden zu richten.*

Abb. 1: Erwartungen der Kunden an den Einzelhändler

Durch eine gute Kundenorientierung kann ein Einzelhändler die Kunden, die mit seinen angebotenen Waren und Dienstleistungen zufrieden sind, langfristig an sein Geschäft binden. Durch diese Kundenbindung kann sich der Einzelhändler erfolgreich im Wettbewerb behaupten und im günstigsten Fall seine Marktstellung weiter ausbauen.

Beispiel: Frau Berg ist begeistert von der Ausstattung des Sportgeschäfts Aslan. Bei einer Party hat sie ihren Freunden davon erzählt. Mittlerweile kaufen dort viele ein und schätzen den Service ebenfalls sehr.

Handelt der Einzelhändler nicht kundenorientiert, so wird der Kunde seine Waren in anderen Geschäften kaufen.

> ! *Erfolgreiche Kundenorientierung schafft* ***Kundenbindung*** *und sichert den Betriebserfolg.*

Kundenorientierung sollte im persönlichen Denken und Handeln des Mitarbeiters fest verankert sein. Die Mitarbeiter eines Einzelhandelsgeschäfts haben den direkten Kontakt zum Kunden. Sie sind den Kunden bei ihren Einkäufen behilflich und unterstützen sie mit unterschiedlichen Diensten. Die Mitarbeiter sind folglich die Dienstleister des Einzelhändlers. Wenn sich die Zufriedenheit der Kunden steigert, sind die Beschäftigten im Einzelhandel beruflich erfolgreich und arbeiten gern in ihrem Unternehmen.

Folgende Grundsätze der Kundenorientierung sollten Mitarbeiter in ihrem Beruf verinnerlichen:

1. **Der Kunde steht immer im Mittelpunkt.**
   - Der „Kunde ist König“, denn der Kunde sichert den Arbeitsplatz des Mitarbeiters.
   - Auch wenn bei einigen Verkaufsformen der Kundenkontakt weniger intensiv ist (z. B. bei Selbstbedienung), sollte der Kunde im Mittelpunkt des betrieblichen Geschehens stehen.
2. **Vertrauen und Sympathie sind die Grundlage für weitere Käufe.**
   - Durch den guten Kontakt zum Kunden bauen sich Vertrauen und Sympathie auf, die eine erfolgreiche Grundlage für zukünftige Verkaufsgespräche bilden.
3. **Wünsche und Probleme vom Kunden werden ernst genommen.**
4. **Nur ein zufriedener Kunde kommt wieder.**
   - Möglichkeiten, Kundenzufriedenheit herbeizuführen, sollten stets genutzt werden, denn nur ein zufriedener Kunde kommt wieder.

2.1.2 Erwartungen der Kunden an das Verkaufspersonal

Verkäufer, die sich um die in Abb. 2 dargestellten Eigenschaften bemühen, wirken sympathisch.

Abb. 2: Erwartungen der Kunden an das Verkaufspersonal

Mitarbeiter sollten stets saubere Schuhe und Kleidung tragen. Sie sollten außerdem durch einen Kittel oder entsprechende Kleidung als Personal und damit als Ansprechpartner erkennbar sein. Hierzu lassen sich ein paar branchenabhängige Beispiele anführen.

Beispiele:
- Ein Mitarbeiter im Baumarkt sollte eine Sicherheit ausstrahlende Arbeitskleidung und keinen Anzug tragen.
- In einem Lebensmittelmarkt sollte auf saubere Kleidung geachtet werden, da die Kunden vom Erscheinungsbild des Mitarbeiters auf die Hygiene in dem Geschäft schließen.

! *Ein Mitarbeiter sollte stets freundlich, hilfsbereit und zugänglich im Umgang mit Kunden sein. Seine gepflegte Erscheinung unterstützt seinen respektvollen Umgang mit Kunden.*

2.1.3 Erwartungen der Kunden an das Geschäft

Jeder Kunde ist ein Individuum mit eigenen Wünschen und Plänen, sodass sich die Erwartungen des Einzelnen an das Geschäft unterscheiden. Im Allgemeinen lassen sich die Erwartungen der Kunden zusammenfassen, vgl. Abb. 3.

! *Kunden sind zu umsorgen, ihnen ist das Einkaufserlebnis so angenehm wie nur möglich zu gestalten.*

Kundenorientiertes Sortiment

Ein Kunde hat vor seinem Einkauf bestimmte Vorstellungen, die er bei seinen Besorgungen erfüllt sehen möchte. Deshalb erwartet er ein reichhaltiges und umfangreiches Sortiment von einem Einzelhändler.

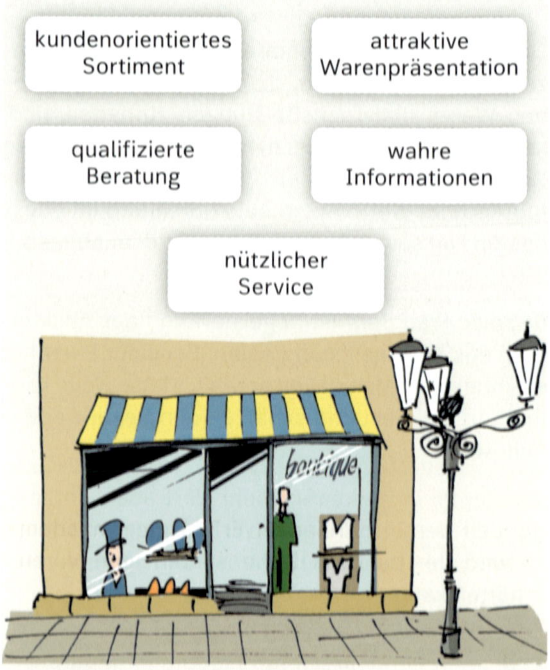

Abb. 3: Erwartungen der Kunden an das Geschäft

Beispiel: Ein Kunde betritt ein Bekleidungsgeschäft und hat den Wunsch, sich eine neue Hose zu kaufen. Er erwartet eine zufriedenstellende Auswahl an unterschiedlichen Schnitten, Qualitäten, Preislagen, Farben, Größen und Materialien von unterschiedlichen Herstellern.

Attraktive Warenpräsentation
Ein Kunde möchte bei seinem Einkauf nicht nur sein Geld gegen Waren tauschen, sondern durch eine positive Kaufatmosphäre mit einem guten Gefühl aus dem Laden treten. Ein Kauf, bei dem der Kunde nur mit einem bestimmten Kaufwunsch einkaufen geht (Besorgungskauf), kann durch interessante und emotional (gefühlsmäßig) anregende Warenpräsentationen zu einem Erlebnis werden. Besonders im Bereich der höherwertigen Gebrauchsgüter (z. B. Festtagskleidung, Schmuck, elegante Schuhe) muss dem Kunden ein Image (allgemeiner Gesamteindruck bzw. ein Stimmungsbild mehrerer Menschen) vermittelt werden, damit er in dem Kauf der Waren zu meist hohen Preisen einen besonderen Nutzen sieht.

Eine emotionale Warenpräsentation sollte
- das Sortiment vorstellen,
- Bedürfnisse beim Kunden wecken,
- Produktinformationen bieten,
- die Kunden auch sachlich ansprechen,
- Kaufentscheidungen auslösen.

Qualifizierte Beratung und hilfreiche Informationen
Die Kunden betreten das Geschäft mit bestimmten, zuvor erlangten Informationen. Sie haben sich vielleicht schon durch Zeitungen, Prospekte, Testberichte, Verbrauchersendungen, das Internet o. Ä. informiert. Dementsprechend kritisch begegnen sie einem Verkäufer im Verkaufsgespräch. Sie beurteilen ihn hinsichtlich seiner Qualifikation, ob er ihnen situationsgerecht und fachlich verständlich die bestmögliche Ware vorführt. Viele Kunden bringen einem Verkäufer mehr Vertrauen entgegen, wenn dieser von eigenen Erfahrungen mit dem Produkt berichten kann. Daher sollten neue Waren zunächst vom Verkaufspersonal ausprobiert werden.

Nützlicher Service
Dem Kunden sollte der Einkauf so bequem wie nur möglich gestaltet werden. Serviceleistungen nehmen deshalb einen wichtigen Platz im Geschäftsleben ein. Gute Rahmenbedingungen für einen entspannten Einkauf bieten z. B. ausreichend Parkplätze, klare und übersichtliche Raumgestaltungen, Rolltreppen und Fahrstühle sowie Klimaanlagen.

Weitere Serviceleistungen können sein:
- telefonische und/oder Online-Bestellannahme,
- Lieferung,
- Reparatur,
- Ware zur Ansicht mitnehmen,
- Kauf auf Kommission,
- Umtausch,
- Ratenzahlung,
- Kartenzahlung akzeptieren,
- Unterstützung bei Heimwerkerarbeiten, z. B. verlegen, ausmessen, montieren, zuschneiden, Farben mischen, anleiten,
- Ausgabe von Kochrezepten.

2.1.4 Erwartungen der Kunden an das Produkt

Unterschiedliche Kunden haben unterschiedliche Wünsche, sie stellen unterschiedliche Ansprüche an ein Produkt (vgl. Abb. 4). Um diese Bedürfnisse zu befriedigen, müssen wir den Wert des Produkts dem Bedürfnis des Kunden gegenüberstellen.

Abb. 4: Erwartungen der Kunden an das Produkt

Gebrauchswert

Alle nützlichen Eigenschaften, die ein Produkt für einen bestimmten Einsatzbereich besitzt, nennt man den Gebrauchs- oder auch Nutzwert.

Beispiel: „Diese Jacke ist sehr atmungsaktiv und Sie können sie den jeweiligen Wetterverhältnissen perfekt anpassen, da Sie sehr schnell die wärmende Innenjacke herauslösen können."

Geltungswert

Einen Geltungswert bzw. einen Geltungsnutzen bekommt ein Produkt durch die Eigenschaften, die beim Kunden Emotionen auslösen. Diese Produkteigenschaften können z. B. Aufmerksamkeit, schönes Aussehen, Beachtung und Ansehen (= Prestige) erzeugen. Ein Geltungswert wird also durch das Umfeld erzeugt, es ist ein emotionaler Wert.

Beispiel: „Die Jacke ist sehr modisch und gerade sehr angesagt. Sie werden mit ihr bestimmt Aufsehen erregen."

Umweltverträglichkeit

Umweltfreundliche Produkte sind aus schadstoffarmen Rohstoffen hergestellt und lassen sich sehr gut wiederverwerten. Sind sie zu entsorgen, fällt nur wenig Abfall an.

Beispiel: „Die wärmende Innenjacke besteht aus recycelten Wertstoffen, die eine gute Wärmeschicht bilden und sehr angenehm zu tragen sind."

Qualität des Produkts

Die Qualität eines Produkts wird durch eine Vielzahl von nützlichen Eigenschaften bestimmt, die bei der Produktverwendung von dem Kunden erwartet werden.

Beispiel: „Die wasserabweisende Oberfläche dieser Jacke wird durch den täglichen Gebrauch kaum in Mitleidenschaft gezogen. Wenn Sie sie alle zwei Jahre mit diesem Versiegelungsmittel waschen, ist sie wie neu."

Preis

Für den Kunden ist es wichtig, dass das Produkt seinen Preis wert ist. Er hat gern das Gefühl, ein Schnäppchen gemacht zu haben, d. h., er erwartet viel Nutzen für wenig Geld. Der Mitarbeiter ist somit angehalten, dem Kunden die besonderen Eigenschaften seiner Ware schmackhaft zu machen.

Beispiel: „Diese Jacke können Sie in der aktuellen Farbe zu einem besonders günstigen Einführungspreis bekommen. Sie würden im Gegensatz zu einer schwarzen Jacke 15 % sparen."

2.1.5 Zufriedene Kunden führen zu Kundenbindung

Kundenzufriedenheit und Kundenbindung sind eng zusammenhängende Begriffe. Kundenzufriedenheit erreicht ein Unternehmen durch ein ansprechendes und bedarfsgerechtes Sortiment sowie durch aufmerksames und hilfsbereites Verkaufspersonal. Der Kunde soll sich mit seinen Wünschen im Geschäft „gut aufgehoben" fühlen. Kundenbindung führt langfristig zu einem profitablen Unternehmenserfolg und sollte bei jedem Kunden angestrebt werden.

Aufbau eines Kundenstamms

Stammkunden sind zufriedene Kunden, die aufgrund ihrer Einkaufserfahrung in einem Unternehmen dieses auch für zukünftige Einkäufe nutzen. Des Weiteren äußern sie sich in Gesprächen mit Freunden und Bekannten positiv zu ihren Einkaufserfahrungen in diesem Unternehmen. Damit machen sie Werbung für das Unternehmen. Da Neukundengewinnung teuer und zeitaufwendig ist, unterstützen die positiven Äußerungen eines Stammkunden das Erfolgsbestreben eines Unternehmens.

Stammkunden sind treue Kunden

Ist ein Stammkunde erst vom Sortiment des Unternehmens überzeugt, so weist er beim Einkauf im Gegensatz zu einem Neukunden eine geringere Preisempfindlichkeit auf, d. h., ein Stammkunde ist eher bereit einen höheren Preis zu zahlen als ein

Neukunde. Hier lässt sich feststellen, dass Kunden häufig treu gegenüber Produkten und Marken sind. Sie probieren kaum etwas „Neues“ aus und pflegen Gewohnheiten. Solange also keine Qualitätsmängel oder Unstimmigkeiten auftreten, wird ein Kunde keinen Grund sehen, das Unternehmen zu wechseln.

An diesem Punkt ist jedoch Vorsicht geboten, da ein unzufriedener Kunde mit mindestens zehn anderen Menschen über seine Unzufriedenheit mit dem Unternehmen spricht. Im Gegenzug führt das Hochgefühl eines zufriedenen Kunden lediglich zu drei Neukunden.

Wege zur Kundenbindung

Ziel eines jeden Unternehmens sollte es sein, seine Kundschaft möglichst dauerhaft an das Unternehmen zu binden.

Diese Kundenbindung kann über verschiedene Wege gelingen:

- Kunden können aufgrund von Verträgen oder Preisgestaltungen an das Unternehmen gebunden werden. Außerdem bietet sich z. B. auch die Einführung einer Kundenkarte oder das Führen einer Kundendatei an.
- Kunden können durch sogenannte weiche Faktoren an das Unternehmen gebunden werden. Dazu gehören
  - emotionale Verbundenheit mit dem Unternehmen,
  - Zufriedenheit mit den Produkten oder
  - Vertrauen in das Verkaufspersonal.

Sicherung der Kundenbindung durch Beschwerdemanagement

Eine Kundenbindung sollte durch ein gutes Beschwerdemanagement gesichert werden. So sind Kunden dem Unternehmen zugeneigter, wenn sie sich auch in problematischen Situationen von dem Unternehmen kompetent beraten fühlen. In jedem Unternehmen können Fehler bzw. fehlerhafte Produkte vorkommen. Eine gute Kundenbindung bedeutet, dass eine problemlösende und stets freundliche Interaktion zwischen dem Kunden und dem Unternehmen stattfindet.

Aufgaben

1. Erläutern Sie, ob man Zufriedenheit beim Kunden messen kann.
2. Erklären Sie, warum Kundenzufriedenheit etwas mit den Erwartungen des Kunden und deren Berücksichtigung zu tun hat.
3. Erläutern Sie, warum Kundenzufriedenheit profitabel ist und viele Vorteile mit sich bringt.
4. Diskutieren Sie, wie sich Kundenbindung messen lässt. Gehen Sie dabei auch auf die Frage ein, wie man Stammkunden erkennt.

2.2 Warenwissen nutzen

Auswahl Digitalkameras

Kompaktkameras für Urlaub und Alltag

Bridgekameras/Systemkameras für Hobbyfotografen

Spiegelreflexkameras für Profis

2.2.1 Das Sortiment des Unternehmens kennen

Verbraucher machen ihre Kaufentscheidung nicht nur am Preis der Ware fest. Sie interessieren sich für die Produktunterschiede und hinterfragen deren Nutzen. Somit können gut informierte Verkäufer – besonders in einem Verkaufsgespräch mit erklärungsbedürftigen Waren – punkten. Um individuell und qualifiziert beraten zu können, müssen Verkäufer ihre Ware kennen. Nur dann können sie auf die Wünsche und Vorstellungen der Kunden eingehen und sie von der Ware und dem angemessenen Preis überzeugen. Es ist sinnvoll, die Ware selbst ausprobiert zu haben, so erkennen die Verkäufer die Vorzüge und eventuellen Schwachstellen der Ware am besten. Wer seine Waren gut kennt, der kann Kundenfragen sachlich richtig beantworten und Alternativen bieten. Dadurch schafft der Verkäufer eine Vertrauensbasis und der Kunde wird seine Empfehlungen berücksichtigen.

2.2.2 Sich Warenkenntnisse aneignen

Kenntnisse bzw. Informationen über Waren kann man auf vielfältige Weise beschaffen. Man unterscheidet außerbetriebliche und innerbetriebliche Informationsquellen (vgl. Abb. 1).

Außerbetriebliche Informationsquellen für Warenkenntnisse sind u. a. die folgenden:

Fachbücher und Fachzeitschriften

Häufig reichen die Gespräche mit den Kollegen und die Beschäftigung mit der Ware nicht aus. In diesen Fällen sollten Verkäufer Fachzeitschriften zu Rate ziehen. Hier werden unterschiedliche Waren näher erläutert und deren Funktionen herausgestellt. Auch Vergleiche von verschiedenen Waren kann man hier finden. Neben den Fachzeitschriften sollten sie zusätzliche Fachliteratur hinzuziehen. Hierzu kann es hilfreich sein, wenn man sich in einer Buchhandlung branchenspezifisch beraten lässt sowie kostenloses Material anfordert. Sogenannte Fachverbände geben regelmäßig Informationsmaterial und Mitteilungen heraus, die zu mehr Informationsklarheit führen können. Dieses Material bekommen Verkäufer über die zuständige Innung oder über die Industrie- und Handelskammer.

Verbraucherverbände

Waren und Dienstleistungen werden von Verbraucherverbänden und der „Stiftung Warentest“ getestet. Durch deren Unabhängigkeit sind diese Berichte gerechter als Prospekte und Informationsmaterial der Hersteller. Durch diverse Tests erhalten Verkäufer zahlreiche Informationen hinsichtlich der Ausstattung, der Nutzungsmöglichkeiten, der Qualität, Haltbarkeit und Bedienung sowie der technischen Sicherheit der getesteten Waren. Somit ist das regelmäßige Lesen dieser Tests eine hilfreiche Methode, sich über die Waren auf dem Laufenden zu halten. Des Weiteren werden die Kunden einem Verkäufer vermehrt vertrauen, der die neuesten Testergebnisse bei seinen Produkten kennt und gute bis herausragende Testergebnisse als Verkaufsargument im Verkaufsgespräch nutzt. Es lässt sich sogar feststellen, dass schlecht beurteilte Waren abgeändert werden oder sogar ganz aus den Sortimenten verschwinden.

Messebesuche

Bei Messen und Verkaufsausstellungen bieten sich Möglichkeiten, mit Herstellern und Lieferanten persönlich zu sprechen. Hier werden Neuerungen anschaulich vorgestellt. Häufig können die Produkte direkt ausprobiert werden. Besuche auf Messen und Verkaufsausstellungen erweitern den Blickwinkel und aktualisieren den Informationsstand des Verkäufers.

Beispiel: Auf der Internationalen Funkausstellung erfährt der Verkäufer, dass in den nächsten Monaten bereits eine neue Version seiner bisherigen Produkte auf den Markt kommt. Diese Information kann er nun nutzen, um beispielsweise durch Sonderaktionen den bisherigen Warenbestand zu verringern, um nicht auf den zukünftig veralteten Versionen sitzen zu bleiben.

Weiterbildungen

Der Besuch von überbetrieblichen Schulungen, Fort- und Weiterbildungen sowie Kursen und Seminaren ist ein sicherer Weg, sich in kurzer Zeit intensiv mit einem Gebiet auseinanderzusetzen. Durch das Fachwissen des Lehrganganbieters hat man die Möglichkeit, Fragen zu diskutieren und Problemlösungen im Austausch mit anderen zu finden. Häufig werden Verkaufssituationen gespielt, wodurch man sicherer in seinem Auftreten und seiner Argumentationsweise wird. Oft werden solche Weiterbildungsmaßnahmen vom Arbeitgeber finanziert.

Internetrecherche

Durch die modernen Kommunikationsmöglichkeiten bietet das Internet rund um die Uhr vielfältige Informationen. Diese Informationen sind oft aktueller als in der einschlägigen gedruckten Fachlite-

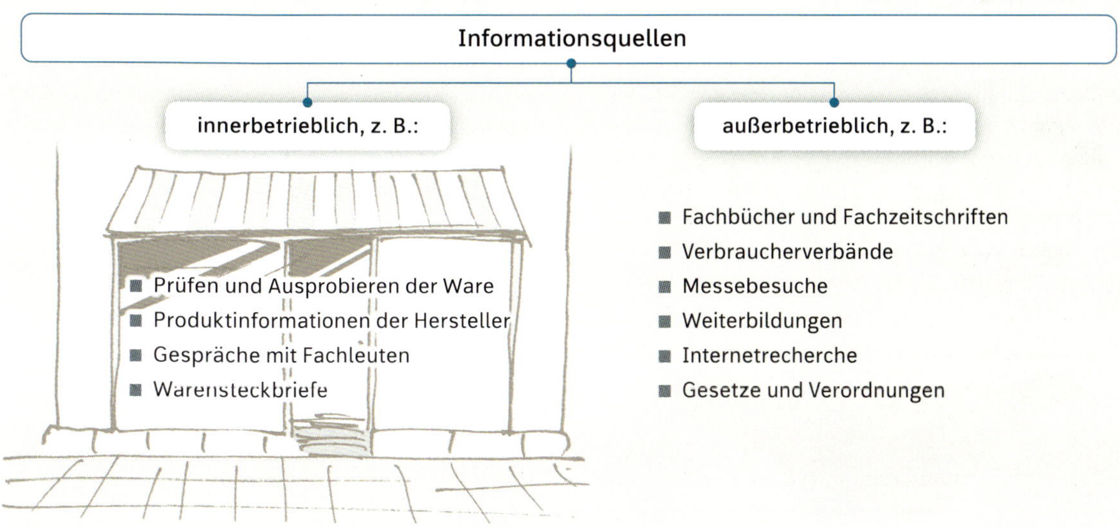

Abb. 1: Informationsquellen für Warenkenntnisse

ratur, jedoch sind die Netzinformationen häufig einseitig und können sogar falsch sein. Deshalb sollten Verkäufer Texte und Informationen im Internet stets aufmerksam und kritisch lesen. Einen wichtigen Hinweis auf die Richtigkeit der Angaben können die Quelladresse und das Erscheinungs- bzw. Einstellungsdatum geben. Sinnvoll ist hier das Lesen von mehreren Artikeln, um eine bessere Vergleichbarkeit der Informationen zu bekommen.

Beispiel: Durch die Eingabe eines Warenbegriffs in eine Suchmaschine werden viele Vorschläge unterbreitet. Nun wird nicht nur der erste Vorschlag angesehen, sondern auch noch zwei bis drei weitere, um einen möglichst breiten Einblick in die Thematik zu bekommen und mögliche Fehler zu entdecken.

Gesetze und Verordnungen

Da wir in einem Rechtsstaat leben und handeln, unterliegen auch die Waren bestimmten Gesetzen und Verordnungen. Um also einen möglichst genauen Einblick in technische Besonderheiten eines Produkts zu bekommen und es besser von den Konkurrenzprodukten unterscheiden zu können, kann man sich die entsprechenden Patente, Lizenzen oder Verordnungen anschauen. Auch bezüglich der Gewährleistungs- und Garantiebestimmungen lohnt ein Blick in die entsprechenden Richtlinien (vgl. Abb. 2).

Abb. 2: Die Internetseiten der Hersteller geben wichtige Informationen.

Innerbetriebliche Informationsquellen für Warenkenntnisse sind u. a. die folgenden:

Prüfen und Ausprobieren der Ware

Bei der Warenlieferung können sich Verkäufer während der Arbeit mit der Ware vertraut machen. Sie können sich einen Überblick über die Beschaffenheit, den Geruch oder das Aussehen der Ware machen. Hinsichtlich neuer Waren oder neuer Verfahren im Unternehmen werden innerbetriebliche Lehrgänge für die Mitarbeiter angeboten. In diesen werden bestimmte Mitarbeitergruppen zu einem Themenbereich geschult.

Beispiele:

- Für die Textilabteilung bekommen Sie eine neue Lieferung Damenblusen. Bei der Entnahme der Blusen aus den Kartons können Sie die Knittereigenschaften des Materials kontrollieren. Während Sie die Blusen auf Bügel hängen, können Sie die Pflegehinweise auf den Etiketten lesen.
- Nach der Anlieferung des neuesten LED-Fernsehers stellen Sie ein Gerät in die Ausstellung der Elektroabteilung und testen mithilfe der Bedienungsanleitung alle Funktionen.
- Durch die Anschaffung einer neuen Registrierkasse und die damit auftretenden Schwierigkeiten werden die Kassiererinnen und Kassierer zu den technischen Neuerungen und Besonderheiten an einem Nachmittag im Betrieb geschult.

Produktinformationen der Hersteller

Eine wichtige Grundlage für Informationen zu den Waren sind die Herstellerinformationen, die Verkäufer in Prospekten, Gebrauchsanweisungen, Katalogen, Betriebsanleitungen und Verpackungsbeschriftungen nachlesen können. Hier finden sich Hinweise auf wichtige Verkaufsargumente, die nicht direkt an der Ware ersichtlich sind.

Beispiel: Im Handbuch eines Elektrogeräts finden Sie die Artikelbeschreibung und den Hersteller sowie das Herkunftsland. Die Beschaffenheit, praktische Eigenschaften sowie Merkmale und Vorzüge des Geräts werden herausgestellt. Es gibt des Weiteren Auskünfte zur Pflege und Behandlung des Gegenstands, den Einsatzmöglichkeiten und der Verwendung. Außerdem steht die Garantiezeit in den Unterlagen und es gibt Hinweise auf den Kundendienst sowie zu einigen Zusatzartikeln.

22233084

Gespräche mit Fachleuten
Nutzen Sie die Fachkenntnisse Ihrer Kollegen und tauschen Sie sich untereinander aus. Schauen Sie sich beispielsweise unterschiedliche Verkaufssituationen (auf Messen, auf Märkten, bei Ihnen im Betrieb und in Konkurrenzbetrieben) an. Aber Vorsicht: Nicht jedes Auftreten, nicht jeder lustige Spruch lässt sich auf Sie übertragen. Sie sollen lediglich ein Gespür dafür bekommen, dass ein Verkaufsgespräch viele unterschiedliche Seiten haben kann und Ihre eigenen Fähigkeiten maßgeblich zum Erfolg beitragen (vgl. Abb. 3).

Warensteckbriefe
Eine gute Möglichkeit, die herausgefundenen Informationen zusammenzutragen, ist ein „Warensteckbrief" (vgl. Abb. 4). Hier werden alle Argumente zu der Ware übersichtlich aufgelistet. Dadurch ergibt sich eine gute Basis für ein erfolgreiches Verkaufsgespräch. Außerdem bietet ein Warensteckbrief die Möglichkeit, Wissen wieder aufzufrischen, wenn man mal etwas vergessen hat und nicht wieder von vorne mit der Informationsbeschaffung anfangen möchte.

Abb. 3: Auch Kollegen sind Fachleute.

Warensteckbrief	Elektronik
Artikelbezeichnung	MacBook Pro
Hersteller, Herkunftsland	Apple, USA
Produktmerkmale	■ 13,3″ Display (33,78 cm Diagonale) mit LED Hintergrund-Beleuchtung und IPS Technologie, native Auflösung von 2560 x 1600 Pixeln bei 227 ppi mit Unterstützung für Millionen Farben ■ **Gewicht** 1,37 kg ■ 2,0 GHz Dual Core Intel Core i5 (Turbo Boost bis zu 3,1 GHz) mit 4 MB gemeinsam genutztem L3 Cache ■ 8 GB 1866 MHz LPDDR3 Arbeitsspeicher (On Board) ■ Grafik: Intel Iris Graphics 540/550 ■ zwei Thunderbolt 3 (USB - C) Anschlüsse ■ 720p FaceTime HD Kamera ■ 802.11ac WLAN Technologie, kompatibel mit IEEE 802.11a/b/g/n ■ Bluetooth 4.2 ■ Stereo-Lautsprecher mit großem Dynamikbereich ■ zwei Mikrofone ■ bis zu 10 Stunden drahtloses Surfen ■ bis zu 10 Stunden Wiedergabe von iTunes Filmen ■ bis zu 30 Tage Standbydauer

Abb. 4: Beispiel eines Warensteckbriefs

2.2.3 Eigenschaften der Waren herausstellen

Ein Einzelhandelsgeschäft verkauft nicht nur die Ware selbst. Eine im Regal ausgestellte Ware weckt Bedürfnisse beim Kunden. Da eine Ware unterschiedliche Bedürfnisse befriedigen kann, spricht man von Grund- und Zusatznutzen einer Ware.

Alle nützlichen Eigenschaften einer Ware, ohne die ihre Einsatzmöglichkeiten nicht gegeben wären, nennt man **Grundnutzen.**

Beispiel: MP3-Player, Grundnutzen:

- tragbarer MP3-Player
- 3,7 cm TFT-Display mit 262 000 Farben
- 16 GB integrierter Speicher (per MicroSD-Karte auf bis zu 64 GB erweiterbar)
- einfache Navigation
- Wiedergabe von Musik und Fotos

Ein **Zusatznutzen** ergibt sich durch die weiteren Verwendungsmöglichkeiten und die Emotionen, die durch die Eigenschaften des Produkts hervorgerufen werden.

Beispiele:
- Ein Gürtel hält nicht nur die Hose an der Hüfte, sondern dient als modisches Accessoire und vervollständigt das Outfit.
- Ein Regenschirm kann nicht nur als Schutz vor Regen und Nässe genutzt werden, sondern auch als Gehhilfe oder modisches Accessoire sowie als Waffe in einer Notsituation.
- Eine heiße Tasse Tee löscht nicht nur den Durst, sondern vermittelt dem Genießer eine wohlige Atmosphäre und wärmt ihn von innen.

Gerade beim Qualitätsbegriff spielen Grund- und Zusatznutzen für den Kunden eine entscheidende Rolle. Qualität kann sowohl objektiv (= sachlich) überprüft als auch subjektiv (= persönlich) empfunden werden.

Objektive Qualität

Die Qualität der Waren lässt sich aufgrund bestimmter objektiver, also sachlicher, Qualitätsmerkmale vergleichen. Diese Merkmale sind anhand von Eigenschaften kontrollierbar. Damit kann eine gleichbleibende Qualität sichergestellt werden. Durch einheitlich festgelegte messbare Eigenschaften lassen sich Waren einordnen, indem sie z. B. in Sorten und Handelsklassen eingeteilt werden. Somit wird Qualität messbar und für die Kunden transparent, da beispielsweise das Erreichen eines bestimmten Schwellwertes dem Kunden eine gute Warenqualität aufzeigt.

> **!** *Die **objektive Qualität** ist der Grad, zu dem die Ware messbare Eigenschaften erfüllt.*

Beispiele:
- Die EU-Gewichtsklassen für Eier (XL, L, M, S) zeigen deren Größe/Gewicht auf.
- Durch die Angabe von Handelsklassen (Klasse „Extra", I, II, III) lassen sich Obstsorten, z. B. Äpfel, qualitativ voneinander unterscheiden.
- Mit dem Gütezeichen von der RAL Deutsches Institut für Gütesicherung und Kennzeichnung e. V. werden Waren aus Leder gegenüber anderen Materialien abgegrenzt.
- Ein Herkunftszeichen gibt Auskunft über die Produktionsgegend und/oder den Herstellernamen der Waren.

Nachhaltigkeit bei der Produktion der gekauften Waren ist den ökologisch interessierten Kunden zunehmend wichtig. Um hier eine gezielte Auswahl zu ermöglichen, nutzen einige Hersteller Gütezeichen, um z. B. die Umwelt- und Sozialverträglichkeit ihrer Waren herauszustellen.

Beispiele:
- Das „Bio-Siegel" ist ein staatliches Zeichen, das Lebensmittel aus biologischer Erzeugung und Produktion kennzeichnet, die entsprechend der EG-Öko-Verordnung produziert und kontrolliert sind.

- Das Umweltzeichen „Blauer Engel" wird seit 1978 für umweltfreundliche Produkte vergeben. Diese zeichnen sich in einer ganzheitlichen Betrachtung durch eine bessere Umweltverträglichkeit gegenüber herkömmlichen Produkten aus.
- Seit 1992 verleiht der gemeinnützige Verein Transfair das Fairtrade-Siegel zur Kennzeichnung von Produkten, die zu festgelegten fairen Bedingungen gehandelt werden und kontrolliert die Einhaltung der Bedingungen regelmäßig.

Subjektive Qualität

Subjektive Qualitätskriterien orientieren sich meist nicht an überprüfbaren Eigenschaften, sondern können von Kunde zu Kunde unterschiedlich wahrgenommen werden.

> ! *Die **subjektive Qualität** ist die durch den Verbraucher wahrgenommene Qualität.*

Beispiel: Ein Bürostuhl ist im letzten Jahr von der Stiftung Warentest mit „sehr gut" getestet worden. Er ist ergonomisch geformt und bietet Verstellmöglichkeiten in Höhe sowie Rückenlehne. Er wird im Jubiläumsjahr in der Farbe „rot" zum Preis von 99,00 € angeboten.

- Kunde A entscheidet sich gegen den Stuhl, da er keine Armlehnen möchte und der rote Bezug nicht zu seinem Sofa passt.
- Kundin B hält nichts von Stiftung Warentest und kauft grundsätzlich nur schwarze Möbel.
- Kundin C zieht gerade in ihre erste Wohnung und kauft den Stuhl mit dem sicheren Gefühl, ein gutes Schnäppchen gemacht zu haben. Rot ist ihre Lieblingsfarbe.

Besonders das Aussehen einer Ware ist in vielen Fällen kaufentscheidend. So muss ein neues Produkt

- zum Kunden passen (z. B. Outfit, Handy),
- sich in vorhandene Gegebenheiten einfügen (z. B. Wohnung, Lebenssituation),
- die Aktualität hervorheben (z. B. Kleidung, Elektronik) und
- die angestrebten Geltungsansprüche repräsentieren (z. B. Auto, Kamera).

Aufgaben

1. Erläutern Sie, wie sich warenkundliche Informationsquellen unterscheiden lassen.
2. Erläutern Sie, welche Informationsquellen Sie in Ihrem Ausbildungsbetrieb nutzen.
3. Erläutern Sie, warum Sie als Kundenberater besonders gut über die Ware informiert sein sollten. Begründen Sie Ihre fünf Argumente.
4. Schauen Sie sich in Ihrem Betrieb um, welche Zeichen finden Sie auf der Ware? Erklären Sie die Zeichen Ihren Mitschülern.
5. Erläutern Sie, warum Güte- und Prüfzeichen wichtig sind, wenn der Kunde dann doch aufgrund des Produktaussehens entscheidet.
6. Inwiefern können Sie in Ihrem Ausbildungsbetrieb feststellen, dass Modetrends Ihr Sortiment beeinflussen?

2.3 Erfolgreich kommunizieren

2.3.1 Grundlagen der Kommunikation

Kommunikation erfolgt immer auf unterschiedlichen Ebenen. Beispielsweise vermittelt ein Verkäufer als Sender seinem Gegenüber, dem Empfänger, Informationen (vgl. Abb. 1). Diese Vermittlung kann sprachlich, körperlich oder über eine Beziehungsebene erfolgen. Dieses Kommunikationsmodell sieht sehr einfach aus, doch in der Wirklichkeit kann es zu unterschiedlichsten Störungen kommen.

Beispiel: Frau Klauke (Sender) verschickt an das Versandhaus Schmidt (Empfänger) ihre Bestellung in einem Brief (Kommunikationsmittel) per Post. Mögliche Störungen können sein:

- Störung durch den Sender: Frau Klauke hat keine korrekte Adresse des Versandhauses Schmidt. Sie kann das Versandhaus nicht erreichen.
- Störung durch das Kommunikationsmittel: Der Brief geht auf dem Postwege verloren. Die Bestellung erreicht das Versandhaus Schmidt nie.
- Störung durch den Empfänger: Der Brief ist nicht ausreichend frankiert, sodass das Versandhaus Schmidt die Annahme des Briefes verweigert.

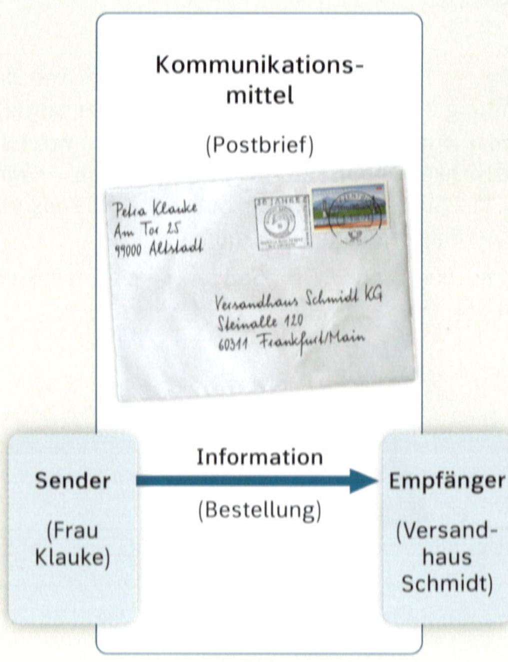

Abb. 1: Kommunikationsmodell

Das Kommunikationsquadrat

Der Professor für Kommunikationspsychologie Friedemann Schulz von Thun hat 1981 ein weiteres Kommunikationsmodell veröffentlicht. Dieses Modell ist bekannt geworden unter dem Namen „Vier-Ohren-Modell" oder auch als „Kommunikationsquadrat".

Schulz von Thun geht davon aus, dass jegliche Nachricht, die ein Mensch von sich gibt, auf viererlei Weise wirkt. Der Sender redet folglich mit „vier Schnäbeln" und der Empfänger hört mit „vier Ohren" (vgl. Abb. 2).

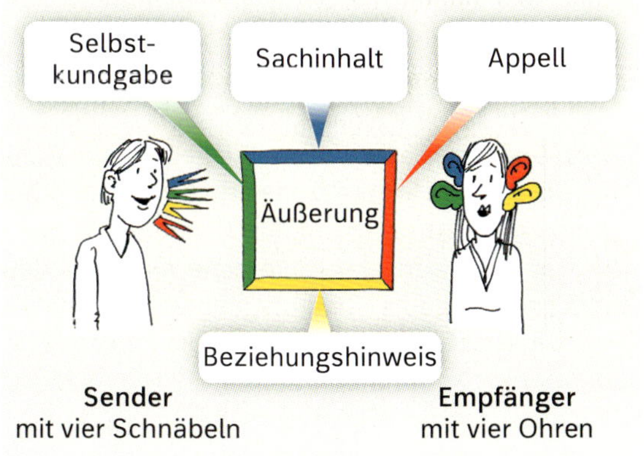

Abb. 2: Kommunikationsquadrat von Schulz von Thun

Die vier Weisen des Sendens und Empfangens werden mithilfe des folgenden Beispiels erläutert:

Beispiel: An einem Herbsttag fragt eine Kundin: „Kann ich bei Ihnen einen Regenschirm kaufen?"

Sachinhalt: Der Sender informiert über Daten und Fakten.
Die Kundin möchte wissen, ob sie in diesem Geschäft einen Regenschirm kaufen kann.

Selbstkundgabe: Der Sender macht Aussagen über sich selbst und seine Haltung zur Ware.
Der Kundin ist es wichtig, an diesem Herbsttag einen Regenschirm bei sich zu haben.

Beziehungshinweis: Der Sender übermittelt durch Gestik, Mimik und Sprache dem Empfänger Empfindungen.
Die Kundin hat Angst, dass sie in diesem Geschäft keinen Regenschirm bekommt.

Appell: Sender fordert den Empfänger auf, etwas zu tun.
Die Kundin möchte, dass ihr die Regenschirme gezeigt werden, die es im Geschäft zu kaufen gibt.

Das Eisbergmodell

Ein anderes Modell aus der Theorie der zwischenmenschlichen Kommunikation ist das Eisbergmodell (vgl. Abb. 3). Das Eisbergmodell geht auf Siegmund Freud und seine Strukturtheorie der Psyche (Über-Ich, Ich, Es) zurück.

Das Modell des Eisbergs ist für den Verkäufer besonders hilfreich, wenn er im Verkaufsgespräch seine Argumentation gegenüber dem Kunden unterstützen möchte (vgl. Kapitel 2.4.4).

Die Spitze des Eisbergs (der sichtbare Teil über dem Wasser) symbolisiert die bewussten Entscheidungen und Wünsche, die geäußert werden. Der Teil des Eisbergs, der sich unter Wasser befindet, steht für die unbewussten Wünsche und Energien, die einen Kunden zu einer Ware führen.

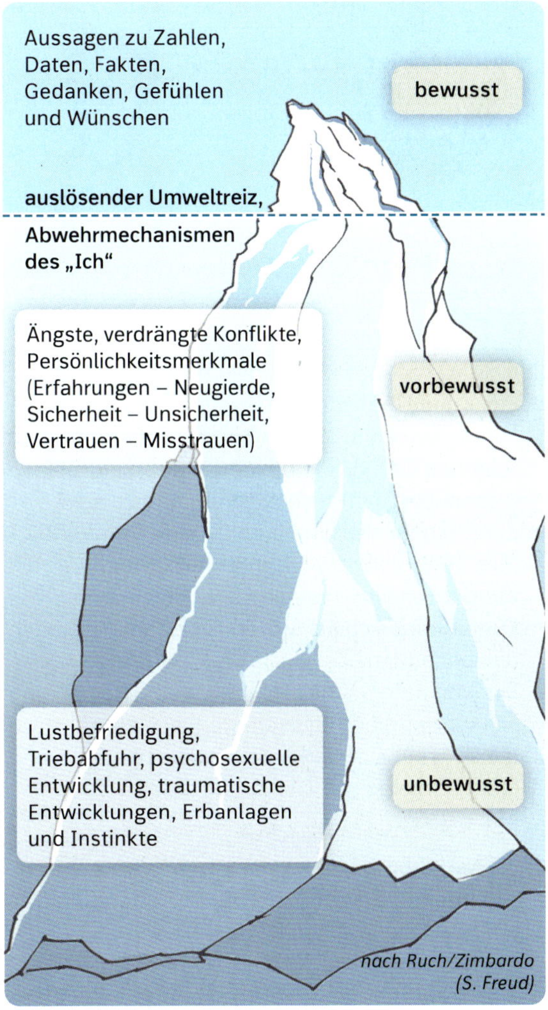

Abb. 3: Eisbergmodell

2.3.2 Nonverbale Kommunikation

Auch ohne dass Verkäufer und Kunde miteinander sprechen, erfolgt bereits eine Kommunikation durch ihr Verhalten, Auftreten oder durch ihre Abwesenheit. Somit treten sie bereits vor dem ersten gesprochenen Wort miteinander in Beziehung (vgl. Abb. 4).

Abb. 4: Möglichkeiten der nonverbalen Kommunikation

Beispiele:
- Ein Kunde betritt ein Geschäft, die Verkäufer verschwinden in andere Räume oder hinter den Regalen. Der Kunde bekommt den Eindruck, in diesem Geschäft nicht willkommen zu sein.
- Eine Kundin tritt zu einer Gruppe von Verkäufern, die sich angeregt unterhalten. Auf die Kundin reagiert niemand aus der Gruppe. Die Kundin wird sich als Störerin verstehen und sich unwohl fühlen.
- Ein Verkäufer sitzt hinter seinem Tresen und schaut auf einen Bildschirm. Ein Kunde tritt an den Tresen. Der Verkäufer reagiert genervt und steht nörgelnd auf. Der Kunde ist verärgert.

In diesen Situationen ist noch kein Wort gewechselt worden und doch sind die Beziehungen zwischen den Akteuren bereits gestört.

Das Verkaufspersonal sollte stets um eine offene und freundliche Körperhaltung bemüht sein, denn diese signalisiert dem Kunden: „Willkommen! Schön, dass Sie da sind. Was kann ich für Sie tun?"

Abstand

Dem Gesprächspartner nicht zu nahe kommen, ist eine allgemein gültige Regel. Man unterscheidet drei Distanzzonen:

1. **Intime Distanzzone:** Diese Zone umschließt in Mitteleuropa einen Radius von bis zu 0,5 m um eine Person. Sie ist der Familie und guten Freunden, z. B. bei der Begrüßung, vorbehalten. Vor dem Eindringen in diese Zone sollte das Verkaufspersonal eine Erlaubnis vom Kunden einholen, z. B. „Darf ich Ihnen beim Binden der Krawatte behilflich sein?"
2. **Persönliche Distanzzone:** Sie beginnt am Rande der intimen Distanzzone und umschließt den Bereich bis zu 1,5 m um den Kunden. Hier werden z. B. persönliche Gespräche mit Freunden geführt. Ein gutes Verkaufsgespräch beginnt in der gesellschaftlichen Distanzzone und endet in der persönlichen Distanzzone.
3. **Gesellschaftliche Distanzzone:** In dieser Zone finden formale Gespräche statt. Sie umschließt einen Radius von bis zu 4,0 m um eine Person. In dieser Zone werden z. B. Geschäftsgespräche geführt.

Hierzulande ist es wichtig, die Distanzzonen zu berücksichtigen, da sich ein Kunde bei Missachtung seiner intimen Distanzzone unwohl und bedrängt fühlen könnte. Der Verkäufer signalisiert seinem Gesprächspartner Respekt, indem er nicht einfach in diese Zone eindringt und schafft so eine angenehme Gesprächsatmosphäre.

Haltung

Die Bewegungen des Körpers und der Beine kennzeichnen die Körperhaltung.

Beispiel: An den in Abb. 5 dargestellten Personen kann man sehr gut beobachten, wie unterschiedlich auf dem Rücken verschränkte Arme wirken können:
- Aus der Körperhaltung des Mädchens liest man eine Trotzhaltung ab. Diese Emotion wird durch ihre Mimik noch verstärkt. Ihre Beinstellung vermittelt Langeweile.

- An der Körperhaltung und Beinstellung des Mannes in Verbindung mit seiner Mimik erkennt man, dass es sich hier um einen freundlichen Menschen handelt, der dem Kunden hilfsbereit zur Verfügung steht.

Abb. 5: Auf dem Rücken verschränkte Arme

Das Verkaufspersonal kann durch die Art und Weise, wie es im Geschäft agiert, den Kunden zu einem Gespräch ermutigen oder ihn abweisen. Aufgrund von Erfahrung und einer guten Beobachtungsgabe sollte ein geschultes Verkaufspersonal körpersprachliche Signale richtig deuten und einsetzen können. Mögliche Fehldeutungen sollten vermieden werden.

Gestik

Die Bewegungen von Kopf, Arm, Hand und Fingern, wodurch Emotionen und Wünsche als Ergänzung zur Sprache oder als Ersatz für die Sprache genutzt werden, nennt man Gestik.

Beispiele für Gestik		
Vor dem Körper verschränkte Arme signalisieren dem Gegenüber, dass man kein Interesse an einem Gespräch hat. 	Bewegen der Finger oder Kauen auf den Nägeln zeigt Unsicherheit und Nervosität. 	Ein erhobener Zeigefinger verlangt nach Beachtung und weckt Aufmerksamkeit auf nachfolgende Hinweise. 
Aneinandergehaltene Fingerspitzen wirken auf den Gesprächspartner meist leicht arrogant. 	Ein leicht seitwärts geneigter Kopf spiegelt dem Gegenüber die eigene Aufmerksamkeit wider. 	Bestätigendes Nicken deutet auf Zustimmung und Interesse an dem Gesprächsthema. 
Erhobene Arme signalisieren Triumph und Freude. 	Ein angespannter Bizeps soll dem Gegner die eigene Kraft demonstrieren und Angst einflößen. 	Kratzen am Kopf signalisiert dem Gegenüber, dass man nachdenkt. Es kann auch zeigen, dass man sich in einer schwierigen Situation befindet. 

Abb. 6: Gestik und mögliche Aussagen

Mimik
Zur Mimik zählen die Bewegungen des Gesichts. Dazu gehören die Stirn, die Nase, die Augen und der Mund, die aufgrund ihrer Dynamik viele Gefühle der Person verdeutlichen bzw. unterstreichen.

Beispiele für Mimik	
Ein lachendes Gesicht vermittelt dem Gesprächspartner Zufriedenheit und Einverständnis sowie Zustimmung. 	Ein angespanntes Gesicht ist meist der Vorbote für eine Beschwerde oder einen Wutausbruch. 
Ein Kunde, der seine Hand Richtung Gesicht führt und dabei nachdenklich schaut, denkt über das eben Gesagte nach und trifft eine Entscheidung. Eventuell überlegt er weitere Fragen, die er dem Verkaufspersonal stellen kann. 	Ein Kunde, der sich während des Gesprächs umsieht und keinen Augenkontakt hält, ist entweder sehr schüchtern oder hat kein Interesse an dem Gespräch. 

Abb. 7: Mimik und mögliche Aussagen

2.3.3 Verbale Kommunikation

Um im Verkauf erfolgreich zu sein, müssen Fehler beim Sprechen vermieden werden und die Einflussfaktoren der Sprache besondere Berücksichtigung finden.

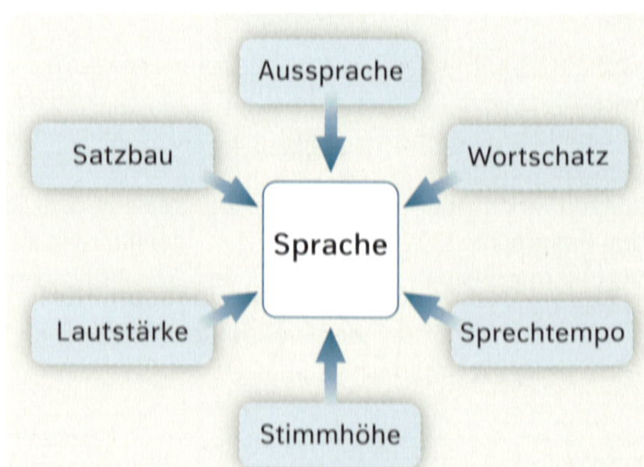

Abb. 8: Einflussfaktoren der Sprache

Aussprache
Durch eine **deutliche Aussprache** zeigt das Verkaufspersonal sein Interesse am Gespräch und ermöglicht es dem Kunden, den Argumenten zu folgen. Ein Verschlucken von Lauten oder undeutliches Sprechen erschwert dem Kunden das Verständnis und führt nicht selten zu Frustration beim Kunden, da er den Verkäufer nicht versteht.

Ein Verkäufer sollte **nicht in Mundart oder Dialekten** sprechen, wenn die Kundschaft diesen nicht folgen kann.

Eine **angemessene** und **fehlerfreie Aussprache** schafft eine angenehme Verkaufsatmosphäre und fördert das Verständnis beim Kunden.

Wortschatz
Das Verkaufspersonal kennt sich hervorragend mit dem Vokabular rund um die Ware aus. Trotzdem sollte es den Kunden nicht unnötig mit dem Wissen über die **Fachwörter, Fachbegriffe oder Abkürzungen** belästigen. Es sollte eine angemessene

Sprache gewählt werden, der der Kunde folgen kann. Seine Fragen sind fachkundig zu beantworten.

Es sollte ein **abwechslungsreicher und sorgfältig ausgewählter Wortschatz** verwendet werden. So schafft das Verkaufspersonal eine Vertrauensbasis, die dem Kunden vermittelt, dass er in dem Geschäft gut aufgehoben ist. Der Kunde fühlt sich verstanden.

Satzbau

Auch der Satzbau sollte sich an das Sprachniveau des Kunden anpassen. Es sollten **kurze und vollständige Sätze** formuliert werden, die sich beim Kunden gut einprägen. Kurze Sätze ermöglichen es dem Verkäufer, sich und seine Gedanken klar zu äußern. Der Kunde kann dem Gespräch besser folgen und hat im Gegensatz zu langatmigen Ausführungen die Möglichkeit, Zwischenfragen direkt zu stellen.

Sprechtempo

Es sollte ein **angemessenes Sprechtempo** genutzt werden. Ein zu schnell redender Verkäufer kann den Eindruck von Unsicherheit vermitteln und verwirrt den Kunden, da er ihm nur sehr schwer folgen kann. Ein zu langsames Tempo deutet auf einen gelangweilten Verkäufer hin. Es wirkt ermüdend und lustlos, sodass der Kunde häufig ungeduldig wird.

In einem Verkaufsgespräch sollten **wirkungsvolle Pausen** genutzt werden, wobei man wichtige Informationen ruhig vortragen sollte und Nebensächliches etwas schneller sprechen kann.

Lautstärke

Die Lautstärke ist **der Situation anzupassen.** Hört der Kunde nur sehr schwer, sollte der Verkäufer entsprechend laut mit ihm reden.

Generell sollte man sich allerdings **ein mittleres Lautstärkeniveau** angewöhnen. So wirkt der Verkäufer nicht unsicher aufgrund seiner leise vorgetragenen Erläuterungen und der Kunde muss sich nicht so stark auf das Gesagte konzentrieren. Allerdings kann eine verminderte Lautstärke dem Gesagten auch eine besondere Eindringlichkeit verleihen. Ein sehr laut agierender Verkäufer wirkt aufdringlich und stört die Gespräche der umstehenden Kollegen und Kunden.

Stimmhöhe

Auch die Stimmhöhe ist **der Situation anzupassen.** Es ist zu beachten, dass eine zu tiefe Stimmlage brummig und träge wirkt, wohingegen eine zu hohe Stimme kindlich und piepsig klingt.

2.3.4 Gesprächsförderer und Gesprächsstörer

Interaktion findet sowohl durch nonverbale als auch durch verbale Kommunikation statt (vgl. Abb. 9).

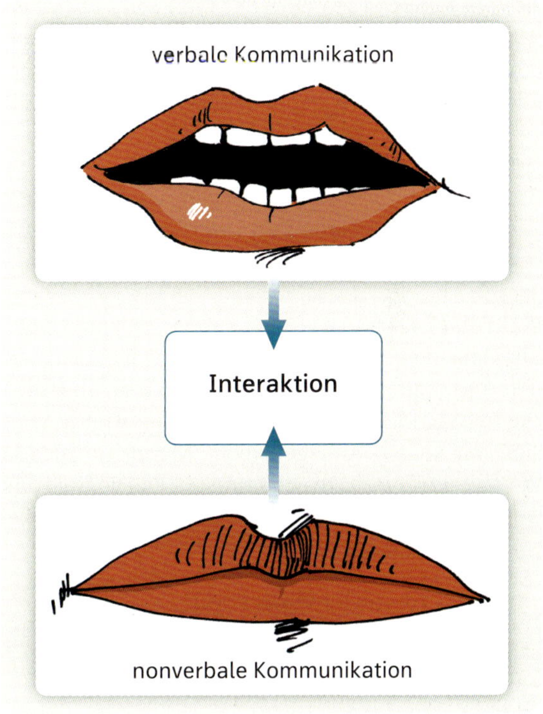

Abb. 9: Interaktion

Neben der Sprache sind also die nonverbalen Kommunikationsmittel in einem Verkaufsgespräch wichtig. Sie bieten dem Verkäufer eine interessante und hilfreiche Möglichkeit, den Kunden besser einschätzen und somit beraten zu können.

Gesprächsförderer

Der Kunde sollte sich willkommen und angesprochen fühlen. Gesprächsfördernd wirken neben einer freundlichen und offenen Körpersprache des Verkaufspersonals vor allem ein kundenorientiertes Sprechen und eine positive Einstellung des Verkaufspersonals (vgl. Abb. 10).

Durch kundenorientiertes Sprechen sollten die Vorteile der Waren formuliert werden. Es sollten aktive Formulierungen zur Beschreibung und Herausstellung der Warenvorteile genutzt werden.

Um das Verkaufsgespräch sowohl auf der Sachebene als auch auf der Beziehungsebene erfolgreich zu bestreiten, sollte das Verkaufspersonal eine positive Einstellung zum Verkaufsgespräch beherzigen. Wie bei einem Telefonat, bei dem man das Lächeln des Teilnehmers hören kann, wirken sich positive Gedanken auch gewinnbringend auf das Verkaufsgespräch aus. Durch die kompetente und freundliche Art des Verkaufspersonals fühlt sich der Kunde in seinen Wünschen und Bedürfnissen wahrgenommen, sodass er freudig eher eine Kaufentscheidung trifft. Aktives Zuhören unterstützt das Verkaufsgespräch ebenfalls.

Gesprächsstörer

Gesprächsstörend wirkt dagegen, wenn das Verkaufspersonal gelangweilt und mit einem unfreundlichen Gesichtsausdruck im Laden steht.

Verkaufshemmend wirkt auf Kunden ein abweisender Gesichtsausdruck. Dieser macht nicht nur einen unfreundlichen, sondern auch einen abschreckenden Eindruck. Ein so behandelter Kunde wird sich mit seinen Anliegen nicht wieder an diesen Verkäufer wenden, im schlimmsten Fall verliert das Geschäft dauerhaft einen Kunden.

Überredungsversuche
Überredungsversuche oder gar Befehle an den Kunden sind zu vermeiden.
■ „An Ihrer Stelle würde ich nicht zögern, sondern sofort zugreifen!“ ■ „Mit einer Beschwerde müssen Sie sich woanders hin wenden!“ ■ „Entscheiden Sie sich endlich!“
Reizworte und Killerphrasen
Benutzt der Verkäufer während des Gesprächs Reizworte oder sogenannte Killerphrasen, so provoziert er den Unmut des Kunden und wird diesen wahrscheinlich verlieren.
■ „Damit kennen Sie sich doch bestimmt nicht aus!“ ■ „Das sehen Sie aber völlig falsch!“ ■ „Sie wollen doch wohl mir als Fachmann nicht erklären, wie man dieses Gerät bedient!“
Vorwürfe
Gegen den Kunden gerichtete Vorwürfe sind im Verkaufsgespräch kontraproduktiv und dämpfen die Kundenerwartungen.
■ „Ich habe Sie doch gerade ausführlich darauf hingewiesen, dass Sie das so nicht machen können!“ ■ „Wären Sie sofort damit zu mir gekommen, dann wäre Ihnen einiger Ärger erspart geblieben!“ ■ „Das können Sie sich doch gar nicht leisten!“

Abb. 11: Gesprächsstörer in Verkaufsgesprächen

Kundenorientiertes Sprechen	
Vorteile der Ware gezielt herausstellen	■ „Das garantiert Ihnen einen glamourösen Abend.“ ■ „Dadurch sparen Sie sich den Besuch beim Optiker.“ ■ „Dieser Stuhl verbessert Ihre Sitzposition und kann so Ihr Rückenleiden vermindern.“
Aktive Formulierungen ■ Sie-Stil nutzen, um den Kunden zur Handlung zu aktivieren ■ Ausdruck „man“ wirkt unpersönlich und veranlasst den Kunden nicht zum Kauf	■ Ein ungeschulter Verkäufer würde der Kundin wie folgt einen Regenmantel präsentieren: „Das trägt man heute so!“ ■ Eine sprachlich versierte Verkäuferin offeriert der Kundin den Regenmantel wie folgt: „Dieser Mantel umschmeichelt Ihre Figur und lässt Ihre Augen strahlen!“
Positive Einstellung	
Positive Gedanken	
Aktives Zuhören ■ Belange des Kunden anhören und ihm zustimmen, sodass sich der Kunde durch Nachfragen des Verkäufers ernst genommen fühlt ■ Lösungsmöglichkeiten für die Anliegen des Kunden anbieten und ihm während des Gesprächs Denkanstöße zu Lösungsansätzen geben	

Abb. 10: Möglichkeiten, Verkaufsgespräche zu fördern

Aufgaben

1. Erläutern und begründen Sie, wie wichtig körpersprachliche Kommunikationsmittel im Umgang mit den Kunden sind.
2. Unterschiedliche Ansichten zwischen Verkaufspersonal und Kunden bleiben während eines Verkaufsgesprächs nicht aus. Begründen Sie Ihre Bewertung folgender Verhaltensweisen:
   a) teilweise zustimmen,
   b) alles verharmlosen oder nicht berücksichtigen,
   c) sich streitbar verteidigen,
   d) scheinbar endlose Diskussionen zu einem Thema führen, bis sich der Kunde geschlagen gibt.
3. Formulieren Sie folgende Aussage in positiver Weise: „Sie müssen laut Brandschutzregel einen Feuermelder anbringen."
4. Entscheiden Sie sich für eine Ware, die Sie einem Ihrer Mitschüler vorteilsformuliert präsentieren.
5. Erläutern Sie den Begriff „Kommunikation". Wie kann Kommunikation stattfinden? Geben Sie Beispiele.

Kompetenzraster, Kapitel 2.1 bis 2.3

Kapitel	Ich kann ...	nein	unsicher	recht sicher	ja
2.1	■ die Ansprüche an eine Verkäuferin bzw. einen Verkäufer in Bezug auf das Erscheinungsbild, das Verhalten, die Körpersprache, die Sprache und das Fachwissen nennen und erläutern.				
	■ Kundenerwartungen in Bezug auf Waren, Beratung und Service bestimmen und auf unterschiedliche Kunden eingehen.				
	■ erläutern, was Kundenorientierung ausmacht.				
	■ Möglichkeiten zur Kundenbindung nennen und begründen.				
	■ durch mein eigenes Verhalten zur Zufriedenheit und Bindung der Kunden meines Ausbildungsbetriebs beitragen.				
	■ waren- und kundenbezogene Serviceleistungen anbieten.				
2.2	■ warenkundliche Informationsquellen nennen und sie für meine Tätigkeit im Ausbildungsbetrieb nutzen.				
	■ die Eigenschaften von Waren darstellen.				
	■ den Grund- und Zusatznutzen von Waren meines Ausbildungsbetriebs nennen.				
	■ objektive und subjektive Qualität unterscheiden und entsprechende Aussagen für Waren meines Ausbildungsbetriebs treffen.				
2.3	■ drei Kommunikationsmodelle erläutern und sie auf meinen beruflichen Alltag übertragen.				
	■ verbale und nonverbale Kommunikation an Beispielen erklären.				
	■ Gesprächsförderer und Gesprächsstörer bestimmen.				
	■ die Merkmale für kundenorientiertes Sprechen nennen.				

2.4 Das Verkaufsgespräch in Phasen

2.4.1 Verkaufsgespräch – Begrüßung

Ein Verkaufsgespräch unterteilt sich in mehrere Phasen (vgl. Abb. 1). Allerdings sind diese Phasen in der Wirklichkeit nicht immer eindeutig abgrenzbar. Unterschiedliche Faktoren wie z. B. Kaufmotive, Kundentypen, Verkaufsform oder Warenart beeinflussen ein Verkaufsgespräch. Es lassen sich keine allgemeingültigen Regeln für den Erfolg eines Verkaufsgesprächs aufstellen. Ziel des Verkaufspersonals sollte sein, dem Kunden den Wert der Ware zu verdeutlichen und Problemlösungen für ihn zu bieten.

Um erfolgreiche Verkaufsgespräche führen zu können, sollten die Phasen des Gesprächs bekannt sein und in verschiedenen Rollenspielen eingeübt werden. Ein guter Verkäufer übernimmt die Rolle eines Verkaufsberaters und Problemlösers, um dem Kunden fachkundig zu Rate zu stehen.

> **!** *Für den ersten Eindruck gibt es keine zweite Chance.*

Das Verkaufspersonal sollte freundlich und aufgeschlossen auf den Kunden zugehen. Schon in der Kontaktphase entscheidet sich der weitere Verlauf

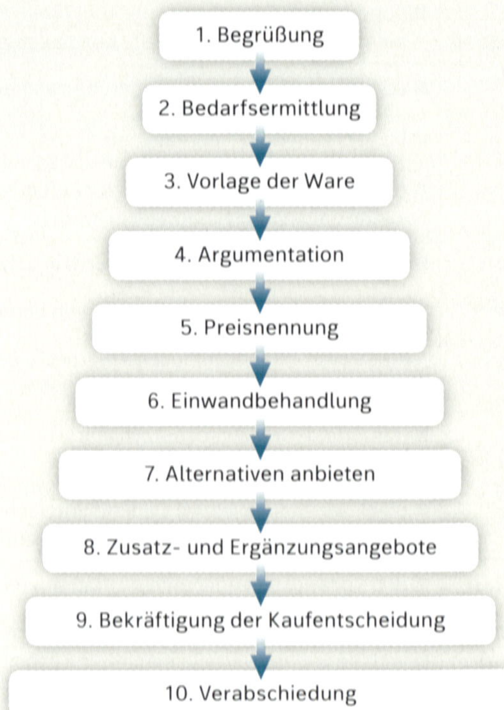

Abb. 1: Phasen eines Verkaufsgesprächs

des Verkaufsgesprächs. Es ist zu beachten, dass die Kontaktphase stark situationsabhängig ist, womit das „Auf-den-Kunden-zugehen“ nicht immer wörtlich zu verstehen ist.

Möglichkeiten für eine **positive Kontaktaufnahme** sind:

- unmittelbare Zuwendung zum Kunden
- freundliche Begrüßung
- aktives Zuhören
- Interessen und Wünsche erfragen
- Meinungen diskutieren
- Engagement zeigen

Negative Kontaktaufnahme kann so aussehen:

- Kunden nicht beachten
- Abwenden vom Kunden
- aus Sichtweite entfernen
- Privatgespräche weiterführen
- Kunden nicht ausreden lassen
- Wünsche und Vorstellungen der Kunden ignorieren
- Desinteresse am Gespräch zeigen
- unhöfliches Verhalten
- Kunden vehement widersprechen

Einkaufs- und Verkaufsformen

Wie das Verkaufspersonal auf einen Kunden reagiert, hängt nicht zuletzt von der Verkaufsform des Geschäfts ab. Jedoch sollte jeder Verkäufer, der Sichtkontakt mit einem Kunden bekommt, ihn freundlich anschauen und begrüßen. Ob sich aus dieser Höflichkeit ein Gespräch entwickelt, hängt nicht zuletzt von der Anspruchshaltung des Kunden ab, mit der dieser das Geschäft betritt.

Das in Abb. 2 dargestellte Beispiel zeigt die Unterschiede des möglichen Kundenkontakts abhängig von der Erwartungshaltung des Kunden.

Beispiel: Herr Kaiser wird geschäftlich zur Betreuung eines neuen Kunden in der nächsten Woche in die Karibik geschickt. Da seine letzte Geschäftsreise schon etwas zurückliegt, nutzt er den Einkaufsbummel mit seiner Frau, um noch einige Dinge zu besorgen:

In der Drogerie kaufen die beiden – ohne dass sie eine Verkäuferin zu Rate ziehen – einige Hygieneartikel in Reisegröße. 	In diesem Fall nutzt das Ehepaar Kaiser die anonyme Atmosphäre der Selbstbedienung um sich ungezwungen mit einigen Artikeln einzudecken – diese Form des Einkaufs nennt man auch **Beschaffungskauf.** Die Kunden wünschen meist keine Beratung und erwarten somit keinen Kontakt zum Personal.
Den vorgeschriebenen, verschließbaren Beutel für den Flüssigkeitstransport im Handgepäck finden sie allerdings nicht sofort und bitten eine Angestellte um Hilfe.	Nun nutzt das Ehepaar die Möglichkeit, sich auch bei Selbstbedienung im Bedarfsfall an eine Verkäuferin wenden zu können. Sie erwarten keine Beratung, lediglich eine zielführende Auskunft – diese Situation nennt man auch **Versorgungskauf.**
Im Warenhaus finden sie in der Herrenabteilung noch eine schöne Krawatte und werden von einem Verkäufer auf die neue Mode aufmerksam gemacht. Aufgrund der exzellenten Beratung kauft Herr Kaiser einen neuen Anzug für die Reise.	Diese Situation beschreibt einen **Beratungskauf,** der aufgrund einer warenbezogenen Ansprache (hier die Krawatte und der Hinweis auf die neue Kollektion) durch den Verkäufer eingeleitet werden könnte. In diesem Fall erwarten die Kunden eine fachkompetente, umfassende Beratung.
Des Weiteren werden ihm auf seinen Wunsch zwei weiße Hemden und schwarze Socken von seinen Lieblingsmarken auf Nachfrage in seiner Größe ausgehändigt.	Der **Aushändigungskauf** besteht im Heraussuchen der gewünschten Ware durch den Verkäufer ohne zusätzliche Beratungsaktivität.
Auf dem Weg zur Kasse kommen die beiden noch an der Sportabteilung vorbei und lassen sich von der karibischen Dekoration zu einem Kauf von modischen Badeutensilien animieren.	Die beschriebene Situation stellt einen **Erlebniskauf (Animationskauf)** dar. Die Kunden finden Interesse an der Warenpräsentation und lassen sich durch das Verkaufspersonal zum Kauf verleiten. Hier muss das Personal das erste Interesse an der Ware schüren, um einen erfolgreichen Abschluss zu erreichen.

Abb. 2: Beispiel für unterschiedliche Einkaufsformen

Mögliche **Einkaufsformen** sind also:
- Versorgungs- und Beschaffungskauf (rationaler Kauf im eher nüchternen Kaufumfeld),
- Aushändigungskauf (rationaler Kauf, bei dem Verkaufspersonal behilflich ist; häufig werden Wurst-, Fisch- und Käsesorten, aber auch Obst und Gemüse in dieser Form angeboten),
- Beratungskauf (Kunde hat bestimmten Wunsch, benötigt aber Beratung zu den verschiedenen Möglichkeiten) und
- Erlebniskauf (emotional beeinflusster Kauf).

Mögliche **Verkaufsformen** sind:
- Bedienung (Verkaufspersonal ist bei Auswahl und Aushändigung der Ware behilflich),
- Vorwahl (Kunde informiert sich selbst über das Warenangebot, Verkaufspersonal kann beraten und Kaufvorgang abschließen) und
- Selbstbedienung (Ware liegt griffbereit, Kunde kann ohne Hilfe des Verkaufspersonals zur Kasse gehen und bezahlen).

Kontaktaufnahme bei Bedienung

Der Kunde ist Gast, daher sollte die Kontaktaufnahme vom Verkaufspersonal aus beginnen. Ein Kunde sollte beim Betreten des Geschäfts angemessen begrüßt werden. Zunächst ist Blickkontakt mit dem Kunden herzustellen.

Freundlicher Blickkontakt: Damit zeigen wir dem Kunden, dass er uns willkommen ist. Der Kunde gewinnt aufgrund körpersprachlicher Signale das Vertrauen zum Verkaufspersonal. Diese Signale können Blickkontakt, offene, zugewandte Körperhaltung und ein freundliches, interessiertes Lächeln sein. Der Kunde fühlt sich willkommen und verspricht sich eine Problemlösung durch fachliche und persönliche Beratung.

Abb. 3: Durch ein Lächeln fühlt sich der Kunde willkommen.

Kundenansprache: Das Verkaufspersonal ergreift als erstes das Wort und sollte bei der Kundenansprache
- das Alter,
- das Geschlecht,
- die berufliche Position,

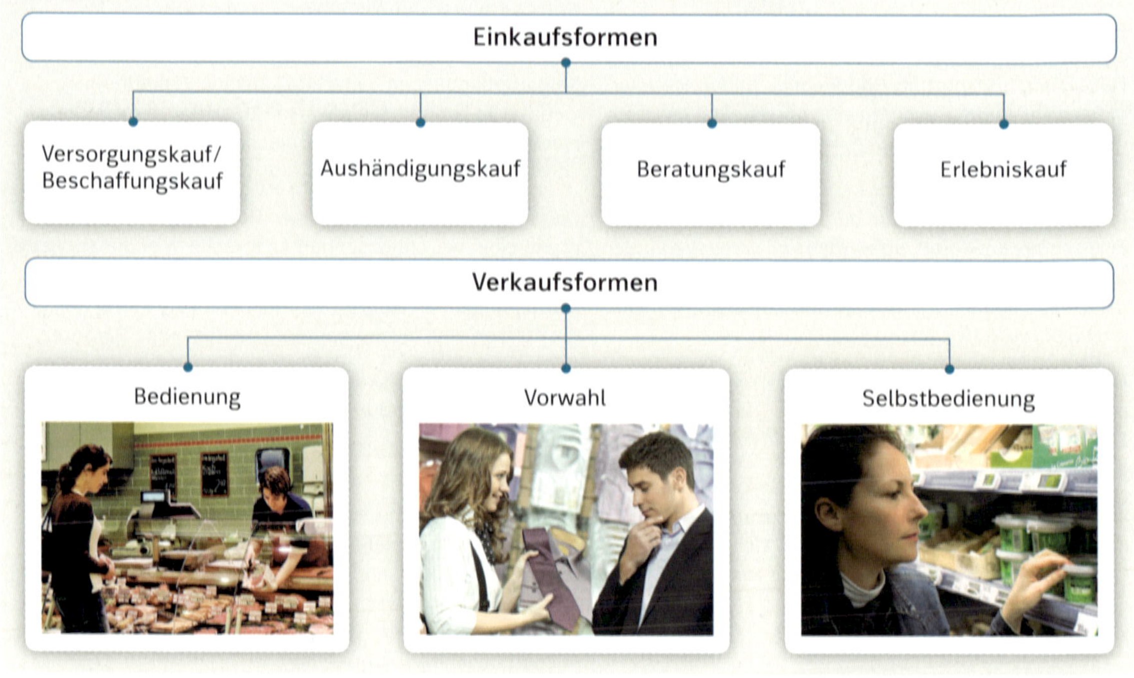

Abb. 4: Unterschiedliche Einkaufsformen und Verkaufsformen

- den Bekanntheitsgrad des Kunden und
- die regionalen Gepflogenheiten

situationsgerecht berücksichtigen.

Hierbei sollte auf Umgangssprache oder Dialekte verzichtet und eine deutliche Aussprache genutzt werden. Es ist zu beachten, dass Titel wie Doktor oder Professor, soweit sie dem Verkaufspersonal bekannt sind, zur Anrede gehören.

Beispiele:

- Der Kunde ist so zu begrüßen, wie er das vom Personal erwartet. Landes- oder ortsübliche Grußformeln sind z.B. „Moin, moin.“, „Guten Morgen, Frau Dr. Schmidt!“, „Grüß Gott!“, „Guten Tag, Herr Professor Meier.“, „Schönen guten Abend, Frau Müller.“
- Ältere Kunden erwarten einen „klassischen“ Gruß, wenn sie ein Geschäft betreten, wohingegen bei jüngeren Kunden oder Bekannten meist ein kurzes „Hallo“ als Willkommensgruß vom Personal ausreicht.

Handelt es sich um einen Stammkunden, der dem Verkaufspersonal namentlich bekannt ist, so ist der Kunde mit Namen anzusprechen, da dies eine vertraute, persönliche Atmosphäre schafft. Sollte der Kunde dem Verkaufspersonal bisher noch nicht namentlich bekannt sein, bieten sich verschiedene Möglichkeiten, den Namen des Kunden in Erfahrung zu bringen:

- Kollegen befragen,
- sich den Namen aufgrund von Aufträgen wie Änderungen, Reparaturen, Lieferungen oder Reklamationen merken,
- den Namen höflich vom Kunden erfragen,
- beim Kassiervorgang den Namen von der Bankkarte ablesen.

Abb. 5: Stammkunden sollten mit dem Namen angesprochen werden.

Verkaufspersonal ist beschäftigt: Doch wie reagiert das Verkaufspersonal richtig auf einen Kunden, wenn es sich bereits in einem Gespräch befindet? Hier ist besondere Achtsamkeit geboten, da sich sowohl der Kunde im Gespräch als auch der neu hinzukommende Kunde nicht abgewiesen fühlen sollen. Die Verkäuferin sollte Blickkontakt mit dem zusätzlichen Kunden aufnehmen und eventuell, wenn es das Gespräch ermöglicht, den Kunden einladen, sich schon einmal mit dem Sortiment vertraut zu machen.

Positive Beispiele:

- „Schauen Sie sich doch bitte schon einmal um, ich bin gleich bei Ihnen!“
- „Sobald ich frei bin, werden Sie sofort bedient.“
- „Gestatten Sie kurz, dass ich dem Kunden die gewünschte Ware reiche, damit er sich schon mal mit der Ware vertraut machen kann?“

Das Verkaufspersonal sollte allerdings nicht den Fehler begehen und den neuen Kunden ignorieren bzw. grob abwimmeln, als sei die Situation lästig.

Negative Beispiele:

- „Sehen Sie denn nicht, dass ich mich bereits in einem Gespräch befinde?“
- „Ich habe auch nur zwei Hände.“
- „Für Sie habe ich jetzt gerade keine Zeit.“
- „Schön nach der Reihe. Einer nach dem anderen.“
- „Sie sehen doch, dass ich gerade bediene.“

Nachdem nun der erste Kontakt zwischen Verkaufspersonal und Kunden hergestellt ist, sollte eine gemeinsame Gesprächsebene aufgebaut werden. Diese kann über eine Sachebene oder emotionale Ebene eingeleitet werden, indem der Kunde zu seinen Plänen, Interessen oder Wünschen befragt wird. Hilfreich könnten in diesem Zusammenhang gemeinsame Kontaktbereiche sein, sodass das Gespräch aufgrund gemeinsamer Interessen intensiviert wird. Hierbei sollte der Verkäufer dem Kunden aktiv zuhören und die Kundenwünsche erkennen.

Kurzum lässt sich zusammenfassen, dass das Verkaufspersonal bei der Kontaktaufnahme im Rahmen der Bedienung einen Dreischritt im Umgang mit Kunden befolgen sollte (vgl. Abb. 6).

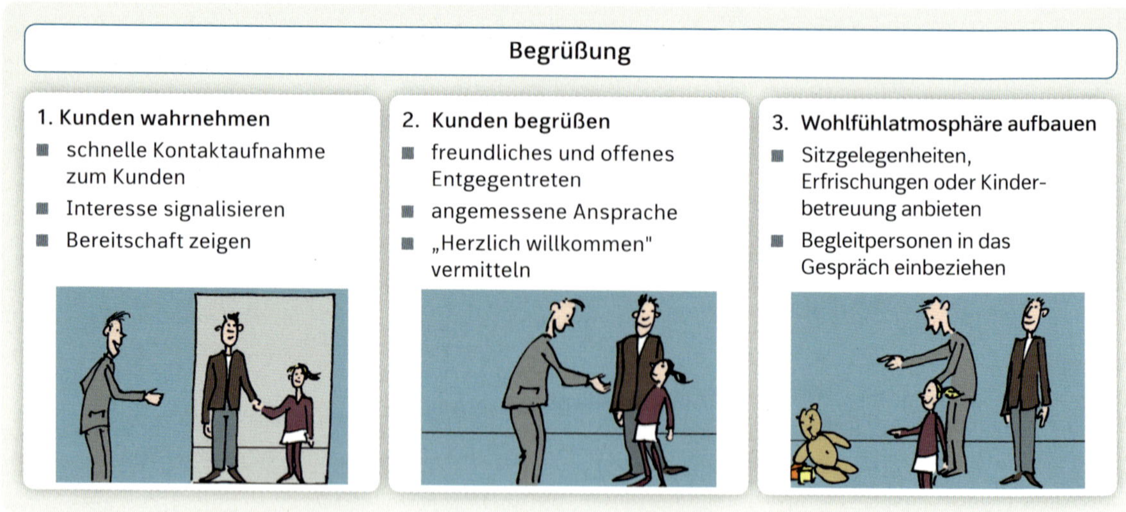

Abb. 6: In drei Schritten Kunden optimal begrüßen

Kontaktaufnahme bei Vorwahl

Bei Vorwahl handelt es sich seitens des Kunden zumeist um einen Beschaffungs- und Versorgungskauf oder einen Aushändigungskauf (vgl. Abb. 4). Das Verkaufspersonal erfüllt vornehmlich gezielte Wünsche. Die Kontaktaufnahme geht in den meisten Fällen von den Kunden aus, da diese an die Theke oder direkt an das Verkaufspersonal herantreten. Die Kunden stellen gezielte Fragen. Sie wünschen umfassende Informationen zu den Waren.

In vielen Fällen möchten die Kunden sich jedoch zunächst alleine und ungestört mit der Ware auseinandersetzen. Meist erproben sie die Ware, indem sie sie aus dem Regal nehmen und gezielter untersuchen.

Beispiel: Herr Meuner sucht für seine abendlichen Joggingrunden eine Trainingsjacke, die ihn auch bei kälteren Witterungen optimal in seinem Training unterstützt. Er steht bereits an einem Rundständer und hat eine Jacke herausgezogen. „Kann mich diese Jacke denn auch bei Regen schützen?" „Sollte ich sie in schwarz nehmen oder sollte ich auf Sicherheit achten und eine Signalfarbe wählen?" „Steht mir denn so eine taillierte Jacke überhaupt?"

Um diese und ähnliche Fragen werden vermutlich Herr Meuners Gedanken kreisen. Das Verkaufspersonal sollte diese Gedanken nicht unterbrechen, sondern sich in der Nähe des Kunden bereithalten und aufgrund von Blickkontakt ein Gespräch mit dem Kunden suchen.

Da die Kontaktaufnahme meist warenbezogen erfolgt, ist es sehr zielführend, wenn das Verkaufspersonal besondere Kenntnisse hat hinsichtlich

- der genauen Warenbezeichnung,
- der besonderen Zusammensetzung bzw. anderer wichtiger Verkaufsargumente und
- der Qualität, des Geschmacks oder der Verwendungsmöglichkeiten.

Der Kunde sollte aktiv in die Auswahl mit einbezogen werden. Mit Fragen wie „Wie gefällt Ihnen dies ...?" oder „Was meinen Sie zu ...?" wird der Wunsch des Käufers eingegrenzt. Der Einstieg ermöglicht es, aus jedem Aushändigungskauf einen Beratungsverkauf zu machen.

Richtiger Zeitpunkt der Ansprache

Letztlich kommt es nicht darauf an, ob das Verkaufspersonal den Kunden direkt oder über die Ware anspricht – vielmehr ist der Moment der Kontaktaufnahme entscheidend. Folgende Signale von Kunden sollte das Verkaufspersonal deuten:

Die Kunden

- schauen sich suchend um,
- prüfen oder probieren die Ware,

222330100

- drehen die Ware hin und her,
- vergleichen die Ware,
- machen ein ratloses Gesicht,
- stehen vor geschlossenen Vitrinen,
- unterstreichen ihre Grübeleien durch Gesten, z. B. Finger an Nase und Kinn oder Schulterzucken.

Warenbezogene Ansprache

Das Verkaufspersonal nutzt die Chance, den Kunden über die Ware anzusprechen. Sein Interesse für die Ware wird verstärkt, indem er über Eigenschaften der Ware informiert wird, die er ohne Ansprache nicht erfahren hätte. Das Verkaufspersonal hat die Möglichkeit, den Kunden für die Ware zu gewinnen und ihm somit eine passende Problemlösung anzubieten. Das Personal kann Vorzüge der Ware herausstellen, die dem Kunden alleine verborgen geblieben wären.

Beispiel Herr Meuner:	**Ansprache des Verkäufers:**
■ *greift nach der Jacke und befühlt den Stoff,*	„Diese Trainingsjacke ist atmungsaktiv und sorgt für eine optimale Klimakontrolle."
■ *hält sich die Jacke an,*	„Diese modern geschnittene Funktionsjacke passt sich optimal Ihrem Körper an. Probieren Sie sie doch gleich einmal unverbindlich an."
■ *liest das Preisetikett,*	„Markenqualität mit neuester Technologie, besonders preiswert."
■ *schaut sich noch andere Jacken in anderen Farben an,*	„Im zweiten Stock führen wir weitere Modelle dieser Funktionsjacken."
■ *liest das Pflegeetikett.*	„Diese Jacke können Sie zigmal waschen. Sie ist farbecht und besonders pflegeleicht."

Abb. 7: Beispiele für warenbezogene Ansprache

Diese Möglichkeiten der Kundenansprache sind situationsbezogener als allgemeine Fragen wie „Was darf es sein?" oder „Was kann ich für Sie tun?" oder „Wie kann ich helfen?" und leiten ein Gespräch mit dem Kunden direkter ein.

Personenbezogene Ansprache

Gerade im Umgang mit Stammkunden fällt dem Verkaufspersonal eine personenbezogene Ansprache leichter. Sie sind aufgrund vorheriger Begegnungen mit den Ansprüchen der Kunden vertraut und können direkte Vorschläge unterbreiten.

Beispiel: Frau Kosel schiebt mit ihrer Tochter im Kinderwagen in die Boutique. Die Verkäuferin kommt erfreut auf sie zu und bemerkt: „Guten Tag, Frau Kosel. Schön, Sie so schnell nach der Geburt ihrer Tochter wiederzusehen. Ist denn alles gut gegangen?" „Ach, wie süß die Kleine schläft. Na, da haben wir ja Zeit, uns die neueste Kollektion anzusehen." „Schauen Sie doch einmal hier ..."

Jedoch ist zu beachten, dass Verlegenheitsformulierungen, wie z. B. „junge Frau", „alter Herr" oder „meine Dame" negativ aufgefasst werden können. Kunden, die sich falsch angesprochen fühlen, reagieren distanziert und mit Widerwillen. Unangemessene Ansprachen sind zu vermeiden.

Spezielle Kundenansprache

Viele Kunden betreten ein Geschäft ohne direkte Kaufabsicht. Sie möchten sich „nur mal umschauen" und sich einen Überblick über das Warensortiment verschaffen. Sie möchten sich orientieren, z. B. hinsichtlich des Warenangebots und informieren, z. B. über die neueste Mode oder aktuelle Preise. Vielleicht suchen sie auch nur eine Anregung und möchten sich von der Warenpräsentation inspirieren lassen. Daher ist es wichtig, dass die Waren attraktiv und erlebnisorientiert präsentiert und durch diese verlockende Warenpräsentation beim Kunden Kaufimpulse ausgelöst werden.

Das Verkaufspersonal sollte nicht aufdringlich oder fordernd auftreten. Die Kunden werden bei Bedarf einen Verkäufer ansprechen, wenn sie gezielte Fragen zu der Ware haben bzw. schon ein größeres Kaufinteresse verspüren.

Begegnet das Verkaufspersonal diesen Kunden zu früh, fühlen sie sich bedrängt und nicht selten durch die Ansprache zu einem Kauf gedrängt. Diese Kunden werden bei einer unangenehmen Einkaufserfahrung zukünftig das Geschäft meiden. Häufig sehen schüchterne Kunden lediglich eine überstürzte Flucht aus dem Geschäft als möglichen Ausweg vor einem drohenden Verkaufsgespräch mit einem allzu dominanten Verkäufer.

Den sich umschauenden Kunden sollte man distanziert, aber freundlich begegnen. Sie sollten vom Personal im Auge behalten werden, sodass der Moment der Kontaktaufnahme nicht verpasst wird. Andererseits sollte man ihnen nicht zu nah kommen, da sie dann womöglich das Geschäft ohne Kauf verlassen.

Der Umgang mit diesen Kunden erfordert Respekt und geduldiges Auftreten des Verkaufspersonals, denn es sollte nie vergessen werden, dass ein Kunde auch „Nein“ sagen darf. In diesem Fall darf die Enttäuschung über den Nichtkauf nicht auf die Person übertragen werden.

Beispiele: Sinnvoll im Umgang mit „sich umschauenden“ Kunden sind nützliche, verkaufsfördernde Tipps, die dem Kunden ohne drängendes Verhalten mitgeteilt werden können, z. B.:

- „An dieser Regalseite finden Sie günstige Restposten.“
- „Die aktuelle Bademode haben wir dort drüben für Sie aufgebaut.“
- „Weitere Farben finden Sie auf der gegenüberliegenden Seite.“
- „Die aktuellen Schnitte befinden sich im Obergeschoss.“

Kontaktaufnahme bei Selbstbedienung

Ein Kunde, der in Selbstbedienung seine Besorgungseinkäufe erledigen möchte, erwartet nicht an jedem Regal einen Verkäufer, der ihm die Vorzüge der Ware erklärt. Er nimmt das Verkaufspersonal als **Bestücker und Nachfüller** der Verkaufsregale wahr und erwartet nur auf Nachfrage gezielte Informationen.

Damit sich die Kunden bei ihrem Einkauf, der meistens die Waren des täglichen Bedarfs wie z. B. Lebensmittel und Hygieneartikel umfasst, nicht unbeachtet fühlen; sollte das Verkaufspersonal **Präsenz und Aufmerksamkeit** zeigen. Denn neben der Warenpflege, Warenplatzierung oder Warenpräsentation kann der Kunde eine freundliche Geste, z. B. ein Nicken oder ein kurzes „Hallo“ bei Sichtkontakt, erwarten. Diese Präsenz kann Kundenbindung fördern und auch Diebstähle verhindern.

Wenn ein Geschäft in Selbstbedienung organisiert ist, fällt dem **Kassenpersonal** eine besondere Bedeutung zu. Sie sind häufig der einzige Kontakt zum Kunden, wenn dieser seinen Einkauf ohne jeglichen Verkaufskontakt durchgeführt hat. Daher ist es besonders wichtig, dass im Kassenbereich eine angenehme Atmosphäre vorherrscht. Auch eine kurze Frage zur allgemeinen Zufriedenheit mit dem Einkauf fördert die Kundenzufriedenheit und somit die Kundenbindung.

Beispiele:

- Rentner Huber kommt an die Kasse und fragt nach einem Sahnejoghurt. Die Kassiererin schaut den Mann freundlich an und gibt ihm zu verstehen, dass sie einen Kollegen ruft, der ihm anschließend den Joghurt und seinen Regalplatz zeigt.
- Familie Schwartz packt ihren Wocheneinkauf auf das Kassenband. Auch die Kleinen helfen eifrig mit. Der Kassierer spricht die Kunden an: „Einen schönen guten Tag. Na, haben Sie sich heute tatkräftige Unterstützung mitgebracht?“ „War denn alles zu Ihrer Zufriedenheit?“ Er scannt die Ware ein und nennt den Betrag: „Möchten Sie bar oder mit Karte zahlen?“ Der Kassierer bedient das Kartengerät und verabschiedet die Kunden: „Ich wünsche Ihnen noch einen schönen Abend, Familie Schwartz.“

Abb. 8: Bei Selbstbedienung hat oft nur das Kassenpersonal Kontakt zum Kunden.

Aufgaben

1. Erläutern Sie die Aussage: „Die Kontaktaufnahme mit Kunden hängt von der Situation ab“.
2. Erläutern Sie, wie eine gute Kontaktaufnahme in folgenden Situationen erfolgen sollte.
   - Bedienung
   - Vorwahl
   - Aushändigungskauf
   - Kunden, die sich nur umschauen
   - Selbstbedienung
3. Erläutern Sie, durch welche Signale der Kunde bei Vorwahl zu erkennen gibt, dass er angesprochen werden möchte. Spielen Sie einige Situationen in Kleingruppen vor und üben Sie sich in der Kundenansprache. Erstellen Sie anschließend eine Übersicht zu den Signalen und Ihren Ansprachen.
4. Erläutern Sie, welche Unterschiede sich in der Kundenansprache zwischen einem Stammkunden und Laufkundschaft ergeben.
5. Erläutern Sie, worin sich waren- und personenbezogene Kontaktaufnahmen unterscheiden.
6. Nehmen Sie Stellung zu folgenden Äußerungen:
   - „Ein Verkäufer muss immer lächeln!“
   - „Beim Zuhören ist man passiv!“
   - „Stammkunden sind einfache Kunden!“

2.4.2 Verkaufsgespräch – Bedarfsermittlung

Nachdem das Verkaufspersonal den Kunden erfolgreich begrüßt hat, möchte es die Kundenwünsche erfahren. Hierbei ist zu bedenken, dass derjenige, der die Fragen stellt, auch den Gesprächsverlauf lenkt.

Dem Verkaufspersonal dienen die Fragen
- zur **Information** (es erfährt die Wünsche des Kunden) und
- zum **Vertrauensaufbau.**

Ein Verkäufer, der auf den geäußerten Wunsch eines Kunden eingeht, weckt in dem Kunden das Vertrauen auf eine Problemlösung: „Da sind Sie hier genau richtig!".

Ein Verkäufer, der dem Kunden dann sagt, dass die gewünschte Ware in seinem Geschäft fehlt, dämpft die Kundenerwartung und vergrault den Kunden. Sogenannte Vertrauensauslöser hingegen unterstützen die Wohlfühlatmosphäre, der Kunde fühlt sich verstanden und gut aufgehoben (vgl. Abb. 1).

Vertrauensauslöser
- „Da schauen wir nun gemeinsam. Wir finden bestimmt das Richtige für Sie!"
- „In dieser Warengruppe führen wir eine besonders große Auswahl."
- „Auf solche Wünsche haben wir uns spezialisiert."

Vertrauensdämpfer
- „Oh je, das wird nicht einfach."
- „Diesen Artikel kenne ich nicht, den führen wir nicht."
- „Da sollten Sie sich lieber etwas anderes überlegen, das wird schwer zu machen sein."

Abb. 1: Vertrauen schaffen und Vertrauen dämpfen

Das Verkaufspersonal sollte den Kunden nicht mit Fragen überhäufen. Es bieten sich zwei Möglichkeiten der Bedarfsermittlung an: die direkte und die indirekte Methode.

Direkte Bedarfsermittlung

Das Verkaufspersonal nutzt unterschiedliche Fragetechniken, um die Wünsche des Kunden zu erfahren (vgl. Abb. 2). Fragen, die vom Kunden missverstanden oder als beleidigend aufgefasst werden könnten, sollten vermieden werden.

Indirekte Bedarfsermittlung

Anders als bei der direkten Vorgehensweise nutzt das Verkaufspersonal erste Kundenäußerungen, um dem Kunden eine Auswahl an Waren zu präsentieren. Dann wird eine Eingrenzung der Kundenwünsche vorgenommen. Die Auswahl sollte

Geschlossene Fragen

Geschlossene Fragen lassen dem Kunden nur zwei Antwortmöglichkeiten: die Frage zu bejahen oder zu verneinen. So wird zu einem sehr frühen Zeitpunkt in dem Verkaufsgespräch bereits eine Entscheidung vom Kunden verlangt – meist ohne dass dieser bereits die Ware kennt, über die er entscheiden soll.

- „Sie möchten die schwarze Strickjacke?“
- „Haben Sie bereits diesen Wein probiert?“
- „Interessieren Sie sich für einen Kriminalroman?“
- „Hätten Sie die Ware gerne als Geschenk verpackt?“

Offene Fragen

Um von den Kunden die begehrten Informationen zum Warenwunsch zu erhalten, eignen sich besonders offene Fragen. Zielführend auf der Suche nach Angaben zum Anlass, Zweck, Einsatzbereich oder zur Gelegenheit sowie nach den Anforderungen und Erwartungen, die der Kunde an die Ware stellt, sind die sogenannten **W-Fragen** (vgl. Abb. 3).

Da die Kunden nicht mit „Ja“ oder „Nein“ antworten können, eignen sich diese Fragen besonders gut, um den speziellen Bedarf des Kunden zu ermitteln. Sie können auch bei der Warenvorlage unterstützend eingesetzt werden.

- „Wozu möchten Sie dieses Kleid denn tragen?“
- „Weshalb suchen Sie nach einer schnell trocknenden Bluse?“
- „Was darf ich Ihnen aus unserem Sortiment zeigen?“
- „Wozu haben Sie noch genauere Fragen?“
- „Wie alt wird das Geburtstagskind?“
- „Was gefällt Ihnen an diesem Kostüm nicht?“
- „Wozu soll die Handtasche denn passen?“

Suggestivfragen

Suggestivfragen eignen sich, Gemeinsamkeiten hervorzuheben und die eigene Meinung bestätigen zu lassen. Somit kann das Verkaufspersonal die Entscheidung des Kunden beeinflussen, indem es der Ware durch die Frage eine Wertung verleiht. Suggestivfragen können positiv auf den Verkaufsabschluss hinwirken, können diesen aber auch schmälern.

- Verkaufsfördernde Suggestivfragen enthalten Schlüsselbegriffe, wie „sicherlich“, „lieber gleich“, „bestimmt auch“, „doch“.
- Verkaufshemmend wirken dagegen falsch formulierte Suggestivfragen, die häufig zu einer negativen Antwort führen, sodass der Verkäufer dem Kunden eine nicht beabsichtigte Entscheidung bietet. Durch die Verneinung ist das Verkaufsgespräch meist schnell beendet.

verkaufsfördernd:

- „Sie benötigen zu Ihren Backutensilien bestimmt auch noch ein Nudelholz.“
- „Sicherlich sollte die Tapete lieber abwaschbar sein.“
- „Bevorzugen Sie nicht doch lieber die Eier aus Freilandhaltung?“

verkaufshemmend:

- „Heute benötigen Sie doch keine Kartoffeln?“
- „War's das jetzt?“
- „Gefällt Ihnen dieses Kostüm nicht?“
- „Benötigen Sie sonst nichts mehr?“

Abb. 2: Fragetechniken

→

Alternativfragen	
Bei der Auseinandersetzung mit unterschiedlichen Waren wird durch die Alternativfrage eine Entscheidung beim Kunden herausgefordert. Diese Frageform bietet sich besonders nach der Verkaufsargumentation zur Hinführung des Kaufabschlusses an. Der Kunde hat keine Möglichkeit, die Frage mit „Nein" zu beantworten und es kann nicht zu Stockungen im Verkaufsgespräch kommen.	■ „Gefällt Ihnen das Schlagzeug oder die E-Gitarre besser?" ■ „Trinken Sie lieber schwarzen Tee oder Früchtetee?" ■ „Sagt Ihnen das Zelt mit abgetrenntem Schlafbereich oder das Igluzelt für Kurzurlaube mehr zu?" ■ „Möchten Sie den Pullover lieber in schwarz oder in beige anprobieren?"
Rhetorische Fragen	
Rhetorische Fragen dienen dem Verkaufspersonal als Stilmittel, um Vorteile oder eigene Einschätzungen vorteilhaft zur Geltung zu bringen. Rhetorische Fragen fordern vom Kunden eine besondere Aufmerksamkeit und regen ihn zum Nachdenken an. Der Verkäufer erwartet keine Antwort auf seine Frage, er nutzt lediglich die Neugier und den Spannungsbogen, um den Kunden auf weitere Vorzüge der Ware aufmerksam zu machen.	■ „Sie bevorzugen doch auch den Geruch von frisch aufgebrühtem Kaffee am Morgen?" ■ „Würden Sie diesen Wagen etwa ohne besondere Sicherheitsmaßnahmen, wie diesen Seiten-Airbag, kaufen?" ■ „Sie legen doch sicher nicht nur bei Ihrem Motorrad einen besonderen Wert auf erstklassige Qualität?" ■ „Sind Sie nicht auch von der Vielseitigkeit dieses Kinderwagens überrascht?"

Abb. 2: Fragetechniken

sich auf zwei bis drei Produkte begrenzen, da der Kunde ansonsten mit der Mannigfaltigkeit überfordert ist.

Beispiele:

- Der Kunde erzählt von seinem Enkelsohn und betont, dass dieser momentan sehr interessiert an den Bauarbeiten beim Nachbarn ist. – Der Verkäufer legt dem Kunden diverse Baufahrzeuge oder Bauzubehör aus dem Spielzeugregal vor.
- Während der ersten Sätze erfährt die Verkäuferin, dass die Kundin aus einem längeren Urlaub zurück ist. Sie beklagt ihre stark sonnenverbrannte Haut und bemängelt ihre verblasste Haarfarbe. – Die Verkäuferin führt die Kundin zu den Sonnenpflegeprodukten und stellt ihr einige Après-Lotions vor.

Das Verkaufspersonal stellt nach der Begrüßung eine eröffnende Frage und arbeitet sich dann aufgrund der Reaktionen des Kunden auf seine Testangebote an den Kundenwunsch heran (vgl. Abb. 4). Aufmerksame Verkäufer können aufgrund der Reaktionen Rückschlüsse auf die gewünschten

Abb. 3: W-Fragen

222330106

Eigenschaften, das Aussehen, die Verwendung oder den Einsatz sowie die Pflege des vom Kunden gewünschten Artikels ziehen.

Obwohl die Situation schwierig sein kann, da beide nicht wissen, was der andere bezweckt, ist diese Form der Bedarfsermittlung für den Verkäufer sowie den Kunden vorteilhaft. Das Interesse des Kunden wird direkt auf die vorhandene Ware gelenkt und der Verkäufer muss kaum Fragen stellen. Die Kunden werden an die Artikel herangeführt, indem sie die Waren ausprobieren oder prüfen. So muss sich der Kunde nicht nur auf einen Sinn verlassen, sondern kann die Ware sehen, greifen und riechen.

Abb. 4: Dreischritt der indirekten Bedarfsermittlung

Aufgaben

1. Erklären Sie den Unterschied zwischen offenen und geschlossenen Fragen anhand eines selbst gewählten Beispiels.

2. Formulieren Sie je drei eröffnende Fragen für folgende Kundenwünsche:
   a) „Wir schauen nach einem Dreirad."
   b) „Zum Geburtstag wünscht sich meine Nichte ein Springseil."
   c) „Haben Sie eine Auswahl an guten Füllfederhaltern da?"
   d) „Ich brauche eine Schachtel Konfekt."

3. Erläutern Sie, warum falsch formulierte oder unpassende Fragen für ein Verkaufsgespräch „tödlich" sind.

4. Geben Sie an, welche der folgenden Kundenerwartungen für einen Aushändigungs- bzw. Beratungskauf typisch sind.
   a) „Reichen Sie mir bitte ein Päckchen Zigaretten der Marke ..., ohne Filter."
   b) „Ich interessiere mich für eine gefütterte Trainingshose."
   c) „Bei der Installation der Software ist ein Problem aufgetreten, könnten Sie ...?"
   d) „Wo bitte befinden sich die Sonderangebote aus Ihrem Getränkeinserat?"
   e) „Ich möchte ein kindgerechtes Buch zum Geburtstag meines Nachbarkindes verschenken."

   Auf welche Weise kann aus einem Aushändigungskauf ein Beratungskauf werden?

5. Eine Kundin: „Ich suche einen Sport-BH in Größe 42!" Der Verkäufer:
   a) „Für welche Sportart möchten Sie ihn denn nutzen?"
   b) „Haben Sie an etwas Bestimmtes gedacht?"
   c) „Welche Farbe soll's denn sein?"
   d) „Aus welchem Material soll er denn sein?"

   Begründen Sie, welche Frage Sie am besten finden.

   Erläutern Sie, welche Fragen die Auswahl einengen oder den Verkäufer bzw. die Kundin zu sehr festlegen.

2.4.3 Verkaufsgespräch – Vorlage der Ware

Der Übergang aus der Phase der Bedarfsermittlung hin zur Warenvorlage ist fließend. Bevor jedoch das Verkaufspersonal die Möglichkeit nutzt, das Interesse und die Aufmerksamkeit des Kunden aufgrund der Warenvorlage zu aktivieren, sollten noch einige Fragen geklärt werden (vgl. Abb. 1).

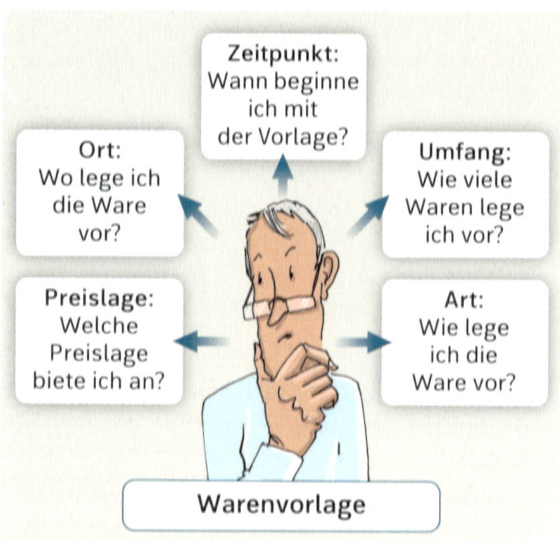

Abb. 1: Fragen zur Warenvorlage

Zeitpunkt der Warenvorlage

Einen ganz falschen Zeitpunkt gibt es nicht. Nachdem das Verkaufspersonal weiß, welche Wünsche und Erwartungen der Kunde an das Produkt hat, sollte Ware vorgelegt werden.

Das Verkaufspersonal sollte den Leitspruch „Gut gezeigt ist halb verkauft!" befolgen und nach einigen eröffnenden Fragen mit der Warenvorlage beginnen. Durch das praktische Vorführen der Ware können Misstrauen und Argwohn beim Kunden ausgeräumt werden. Der Kunde hat die Möglichkeit, die Ware und ihre Vorzüge zu „begreifen". So kann eine gekonnte Warendarbietung das Verkaufsgespräch erheblich verkürzen, da das Auge schnell viele Informationen aufnehmen kann. Das Interesse beim Kunden wird gefördert und es wird ein Besitzwunsch erzeugt.

Ort der Warenvorlage

Bestenfalls sind kurze bis keine Wege einzuhalten, sodass die Ware direkt gezeigt werden kann. Der Ort der Warenvorlage ist verkaufsformabhängig und orientiert sich an den Gegebenheiten der Geschäftsräume. Er sollte ruhig bzw. störungsfrei sein und gute Lichtverhältnisse bieten. Nicht jede Ware kann immer und überall platziert werden. So lassen sich z. B. Großgeräte oder Zierfische nicht in einen Selbstbedienungsbetrieb integrieren. In diesen Fällen finden die Verkaufsgespräche vor Ort statt, in den genannten Beispielen also in der Lagerhalle mit Lieferservice oder vor dem Aquarium. Das Angebot von Sitzgelegenheiten kann Beeinträchtigungen bei Kunden (z. B. ältere oder verletzte Kundschaft) sowie die Unannehmlichkeit einer langen Gesprächsdauer mildern.

Abb. 2: Klassische Warenvorlage

Vorteilhaft ist eine Warenvorführung dort, wo die Ware aufgebaut ist und sich Vergleichsmöglichkeiten zwischen den Waren aus dem vorhandenen Sortiment anbieten (vgl. Abb. 2).

Beispiele:
- Ein Händler für Bodenbeläge hat in einem Ausstellungsraum verschiedene Beläge auf je einem Quadratmeter verlegt. So können die Kunden Unterschiede der Beläge sehen, sie „betreten" und sich ein Urteil über deren Qualität bilden.
- Ein Gartenarchitekt führt Neukunden durch seinen privaten Garten. Er hat unterschiedliche „Wohlfühloasen" auf seinem Grundstück verwirklicht. So können sich die Kunden Anregungen holen und eigene Gestaltungswünsche besser formulieren.
- Eine Verkäuferin in einem Jeansgeschäft legt einem jungen Mann einige Jeanshosen aus dem Sortiment vor.

Umfang der Vorlage

Kunden erwarten eine gewisse Auswahl an Waren. Sie möchten mehrere Artikel vergleichen und später das Gefühl haben, das Beste ausgewählt zu haben.

Legt das Verkaufspersonal zu wenig Ware vor,
- könnte der Kunde den Eindruck bekommen, dass der Verkäufer kein Interesse an einem Kaufabschluss hat,
- könnte der Kunde auf ein minderwertiges Geschäft schließen oder hinter der geringen Auswahl das Aufdrängen eines „Ladenhüters" vermuten,
- hat der Kunde keine Vergleichsmöglichkeiten, sodass er vorhandene Unsicherheiten nur schlecht ablegen und sich nur schwer für diesen Artikel begeistern kann.

Eine zu große Auswahl an Waren
- lässt den Kunden schnell den Überblick verlieren. Er ist verwirrt und befürchtet, wichtige Details zu übersehen, sodass er sich nur schlecht entscheiden kann.
- provoziert Diebstahl, da auch der Verkäufer leicht den Überblick verlieren kann.

Beispiel: In einem Juweliergeschäft legt die Verkäuferin der Kundin lediglich ein oder zwei Paar Ohrringe in einer dunklen Schale vor. So verschafft sie sich und der Kundin einen besseren Blick auf die feingliedrige Ware und der Schmuck kommt auf dunklem Untergrund besser zur Geltung. Wählt die Kundin noch eine Kette, so wird zunächst das ausgewählte Paar beiseitegelegt und das aussortierte Paar wieder weggepackt, damit z. B. die vielen Kleinteile nicht durcheinander geraten.

Optimal wird eine Warenvorlage im Umfang von drei bis zu fünf Artikeln angesehen. Während des Gesprächs kann der Umfang durch hinzukommende und verworfene Artikel variieren, jedoch sollte der Verkäufer letztendlich für eine übersichtliche Entscheidungssituation sorgen.

Preislage vorwählen

Solange der Kunde keine Preisangaben macht, kann das Verkaufspersonal das Preisniveau der Warenvorlage auswählen. Hier sollte man sich nicht vom Erscheinungsbild oder der Kleidung des Kunden beeindrucken lassen, denn diese Merkmale sagen nur sehr wenig über seine Kaufkraft aus.

Beispiele:

- Ein Mann im ölverschmierten Blaumann kommt spät nachmittags in einen Autosalon und möchte sich über das neueste Modell der Luxusklasse informieren. Während des Gesprächs stellt sich heraus, dass der Mann ein begeisterter Autoliebhaber ist, der einen großen Fuhrpark – mit einigen Oldtimern – unterhält und gerade eben aus der Garage von der Aufbereitung eines Wagens kommt.
- Ein junger Mann, von Beruf Förster, hat den ganzen Tag Bäume gefällt und zerlegt. Auf dem Heimweg schaut er bei einem Juwelier vorbei, um seine Freundin mit einem luxuriösen Schmuckstück zum Jahrestag zu überraschen.

Im Allgemeinen lässt sich festhalten, dass die Kunden beim Einkauf von Grundnahrungsmitteln eher auf den Preis achten als beim Einkauf von Waren für ihre Freizeitgestaltung. Gerade Luxusartikel lassen sich die Kunden gerne etwas kosten.

Steigt das Verkaufspersonal mit einer hohen Preislage in die Verhandlung ein,

- kann dies den Kunden überfordern und
- in seinem Kaufentschluss hemmen.

Legt das Verkaufspersonal einen zu niedrigen Preis an,

- schränkt dies die Auswahl meist sehr ein und
- der Kunde könnte sich beleidigt fühlen, da er sich anscheinend nicht mehr leisten kann.

Optimal ist daher ein Einstieg mit einem mittleren Preissegment, da der Verkäufer anhand der Kundenreaktionen sowohl noch nach oben als auch nach unten flexibel bleibt.

Beispiele:

- Verkäuferin: „Hier sehen Sie einige unserer Wintermäntel in dezenten Farben." – Kundin: „Na, da hatte ich mir aber schon etwas Ausgefalleneres vorgestellt." – Die Verkäuferin setzt den Hinweis um und zeigt der Kundin höherwertigere Ware.
- Ein Elfjähriger ist auf der Suche nach einem Geburtstagsgeschenk für seinen Klassenkameraden. Verkäuferin: „Dieses Spielzeugauto hat zwei Achsen, sodass es besonders wendig ist und auch auf unebenem Untergrund schnell fährt." – Elfjähriger: „Nein, so viel wollte ich nicht ausgeben. Es reicht, wenn Sie mir zeigen, wo ich die Autoquartette finde."

Im Gespräch lassen sich aufgrund der Äußerungen des Kunden Rückschlüsse auf seine Zahlungsbereitschaft schließen (vgl. Abb. 3).

Hinweise auf einen höheren Preis

- „Ich suche nach hochwertiger Ware."
- „Meine Freundin liebt exklusive Stücke."
- „Qualität lasse ich mir gerne etwas kosten."
- „Für meine Freunde nur das Beste!"

Hinweise auf einen niedrigeren Preis

- „Wo finde ich denn Ihre Sonderangebote?"
- „Ich benötige nur einen Wein zum Kochen."
- „Das Geschenk soll nicht mehr als 20,00 € kosten."
- „Haben Sie da auch ein Vorgängermodell?"

Abb. 3: Indirekte Aussagen zur Zahlungsbereitschaft

Vorführung der Ware

Die Präsentation der Ware sollte durch markante Aussagen und Verkaufsargumente unterstützt werden. Der besonders behutsame und sorgsame Umgang des Verkaufspersonals mit der Ware suggeriert dem Kunden eine gute Qualität.

222330110

Der Mensch sieht nicht nur mit den Augen
Bei der Warenvorlage sollten möglichst alle Sinne angesprochen werden (vgl. Abb. 4).

	Laptop 	**Obst** 
sehen	Design, Ausstattung	Schale, Farbe
hören	Musiksound, Lüfter	Hohlkörperklang beim Klopfen
fühlen	Tasten, Mousepad	Weichheit, Reife
riechen	–	Aroma, Gären
schmecken	–	Süße, Säure

Abb. 4: Alle Sinne ansprechen

Beispiele:
- Eine neue Käsesorte wird in kleinen Häppchen zum Probieren neben der Thekenauslage als Kostprobe angeboten.
- In der Parfümabteilung können sich die Kundinnen ihren Lieblingsduft in kleine Probefläschchen abfüllen lassen, um ihn in Ruhe über ein paar Tage ausprobieren zu können.
- In einem Spielwarenfachgeschäft können die Kleinen die neuen Fingerfarben direkt auf großen Leinwänden ausprobieren.

Bei einer gelungenen Warenvorlage stellt das Verkaufspersonal fachmännisch die Vorzüge der Waren heraus, indem es den Kunden „probieren" lässt und auf seine Wünsche reagiert. Auf diese Weise wird ein schneller Kaufabschluss begünstigt. Eine anschauliche Präsentation und eine sorgfältige Behandlung der Waren werten diese im Auge des Kunden auf – er wird mit seiner Wahl sehr zufrieden sein.

Aufgaben

1. Diskutieren Sie folgende Aussagen:
   a) Der Kunde muss schnell mit der Ware in Kontakt kommen.
   b) Einem Kunden ist immer eine ausreichende Auswahl vorzulegen, dies kann auch gut zehn Artikel bedeuten.
   c) Bei der Warenauswahl achtet man auf eine gehobene Preisklasse.
   d) Während des Verkaufsgesprächs behandelt der Verkäufer die Ware besonders behutsam, dadurch wird dem Kunden der Wert der Ware verdeutlicht.
   e) Die Ansprache aller Sinne ist verkaufsfördernd.
2. Susanne Meier sucht für ihre Freundin ein Geschenk.
   a) Wie viele Waren legen Sie ihr vor?
   b) Weshalb beschränken Sie sich zunächst auf eine kleine Auswahl?
   c) In welchen Preislagen legen Sie vor?
3. Planen Sie einen Verkostungsstand für Ihre neue Fisch-Frischetheke. Wie präsentieren Sie „sinnvoll"?
4. Üben Sie anhand vorhandener Artikel, Waren vorzulegen. Geben Sie sich innerhalb Ihrer Kleingruppen Feedback und verbessern Sie Ihre Warenvorlage.

2.4.4 Verkaufsgespräch – Argumentation

Verkaufsargumente sind Entscheidungshilfen für die Kunden. Die Warenvorteile sollen den Kunden von seinem persönlichen Nutzen überzeugen.

Der Kunde darf sich durch die Argumente des Verkaufspersonals nicht bedrängt fühlen. Eine gute Argumentationsweise stützt sich auf ein erlernbares Vorgehen und auf regelmäßiges Einüben. Bei der ausgewählten Warenvorlage und -vorführung zielt das Verkaufspersonal auf das Herausstellen der als Nutzeneigenschaften formulierten Warenmerkmale. So erkennt der Kunde, dass das Verkaufspersonal sein Bedürfnis ernst nimmt und ihm Lösungsmöglichkeiten anbietet (vgl. Abb. 1).

Verkaufsargumente lassen sich aus allen möglichen Bereichen ableiten, z. B.:
- aus dem Produkt: Aussehen, Gebrauchseigenschaften, Pflege, Materialien,
- aus dem Einsatz: Hobby, Beruf, Reise,
- aus dem angebotenen Service: Änderung, Lieferung, Umtausch.

Warenmerkmale
- als Nutzeneigenschaften zu formulieren
- Grundlage: gute Warenkenntnisse und verständliche Sprache

↓

Nutzeneigenschaften
- durch Zeigen bzw. Vorführen der Ware herausstellen
- anregende und gezielte Beschreibung

↓

Verkaufsargumente
- Fragetechniken beherrschen
- auf Signale des Kunden achten
- dem Kunden Lösungsargumente für sein Problem bzw. seinen Wunsch anbieten

↓

Problemlösung

Abb. 1: Umsetzungsprozess der Warenmerkmale in Problemlösungen für den Kunden

Warenbezogen argumentieren

Bei der warenbezogenen Argumentation werden dem Kunden Sachinformationen über das Produkt, seine Eigenschaften und Merkmale sowie seine Einsatzmöglichkeiten mitgeteilt.

Die warenbezogene Kundenansprache bietet sich insbesondere an:

- als **Einstieg** in die Verkaufsargumentation,
- bei **Kunden mit Fachwissen** bzw. Fachleuten: Diesen Kunden geht es vor allem um die Gebrauchseigenschaften des Produkts, am Nutzen des Produkts sind sie kaum interessiert.
- bei **beratungsintensiver Ware.** Warenbezogene Argumentation ermöglicht das verständliche Erklären beratungsintensiver Waren. Hierzu wird auf die Vorteile des Produkts hingewiesen. Vorteils- und Sie-Formulierungen fördern die Identifikation mit den Kundenwünschen und ermöglichen eine direkte Kundenansprache.

Argumentation bedeutet logische Beweisführung. Warenbezogen argumentieren heißt, die Waren sachbezogen anhand ihrer Eigenschaften und Merkmale zu beschreiben, dabei aber die Kundenbedürfnisse nicht außer Acht zu lassen:

- Es ist treffend zu beschreiben.
- Verkaufsphrasen sind zu vermeiden.
- Positive Eigenschaften sind herauszustellen.
- Viele Fachausdrücke sind zu vermeiden.

Beispiele:

- Ein Geschäftsmann sucht ein Handy, das er auch als Organizer nutzen kann. Der Verkäufer präsentiert ihm ein neues Modell.
- Eine Hobbyfotografin erkundigt sich nach einer digitalen Spiegelreflexkamera und lässt sich von der Verkäuferin die Vorteile des bevorzugten Herstellers erläutern.

Kundenbezogen argumentieren

Bei der kundenbezogenen Argumentation steht der Kundenwunsch im Mittelpunkt.

Besonders beim Besorgungs- und Geschenkekauf ist dem Kunden die Ware nicht als Handelsgegenstand, sondern als Wunscherfüllung anzubieten. Trotz unterschiedlicher Bedürfnislagen muss der Kunde im Gespräch seinen persönlichen Vorteil und eine Freude am Besitz der Ware empfinden.

Beispiele:

Ein Motorroller ist

- für den 16-jährigen Kunden ein Symbol für Freiheit und Unabhängigkeit,
- für den Studenten eine günstige Möglichkeit, seine Ziele selbstbestimmt zu erreichen,
- für den Italienliebhaber ein Ausdruck von italienischer Lebensfreude.

Ein Trainingsanzug ist

- für den Sportler eine wärmende Schutzschicht gegen Auskühlung,
- für den Vielflieger ein bequemes Kleidungsstück, das ihn nicht einengt,
- für den Urlauber eine schnelle Möglichkeit, „angezogen“ zu sein.

Gerade in dieser Phase der Argumentation lernt das Verkaufspersonal unterschiedliche Kaufmotive der Kunden kennen. Hier sollte darauf geachtet werden, dass der Kunde selbst nur selten alle Argumente, die ihn zum Kauf motivieren, im Gespräch anführt. An dieser Stelle ist die zuvor schon beschriebene Eisbergtheorie zu wiederholen (vgl. Kapitel 2.3.1).

Kaufmotive

Kaufmotive beim Kunden können rational und emotional bestimmt sein:

- **Rationale Kaufmotive** nennen die Kunden häufig zur Spezifizierung ihrer Bedürfnisse, diese sprechen sie gegenüber dem Verkaufspersonal deutlich aus (sozusagen die Spitze des Eisbergs, siehe Modell, Kapitel 2.3.1).

Abb. 2: Rationales Kaufmotiv

- **Emotionale Kaufmotive** sind einigen Kunden unangenehm oder vielleicht gar nicht bewusst, sodass sie selten im Verkaufsgespräch geäußert werden (der unter Wasser liegende Teil des Eisbergs, siehe Modell, Kapitel 2.3.1).

Abb. 3: Emotionales Kaufmotiv

Bei rationalen Kaufmotiven lassen sich Problemlösungen durch die Ware herbeiführen. Das Verkaufspersonal verweist beispielsweise auf die Haltbarkeit, Bequemlichkeit, Sicherheit, Pflege, den Geschmack sowie das Ansehen oder die Wirkung der Ware. Auch das Angebot von Serviceleistungen sollte erwähnt werden. Emotionale Kaufmotive können oft dadurch unterstützt werden, indem alle Sinne der Kunden bei der Warenvorführung und -argumentation aktiviert werden.

Umweltbewusstsein

Oft ist es hilfreich, die umweltschützenden Eigenschaften eines Produkts in den Vordergrund zu stellen. Die Kunden werden damit

- sowohl rational (energiesparende Eigenschaften und lange Nutzungsdauer)
- als auch emotional („etwas Gutes für die Umwelt tun")

angesprochen. Eine Aktivierung des Umweltbewusstseins beim Kunden fördert den Absatz umweltverträglicher Produkte und Dienstleistungen und schützt somit die Umwelt.

Beispiele:

- „Sie suchen eine energiesparende Energiequelle für Ihre Digitalkamera? Da kann ich Ihnen diesen Akku empfehlen. Er weist eine deutlich längere Nutzungsdauer als herkömmliche Akkus auf. Und er ist vollständig biologisch abbaubar und muss nicht im Sondermüll entsorgt werden."
- „Wenn Ihnen dieses T-Shirt aus biologisch angebauter Baumwolle nicht mehr gefällt, lässt es sich hervorragend als Poliertuch für besondere Oberflächen verwenden."

Aufgaben

1. Unterscheiden Sie warenbezogene und kundenbezogene Argumente. Erläutern Sie Ihre Abgrenzung mithilfe von Beispielen.
2. Diskutieren Sie die Aussage: „Wenn ich mit einem Fachmann ein Verkaufsgespräch führe, dann kann ich endlich meine Fachausdrücke nutzen!"
3. Finden Sie sich in Kleingruppen zusammen und entwickeln Sie eine Verkaufsargumentation für ein Produkt Ihrer Wahl. Erstellen Sie einen Gesprächsleitfaden und führen Sie Ihr Ergebnis im Rollenspiel vor.

222330114

2.4.5 Verkaufsgespräch – Preisnennung

Trotz sorgfältiger Argumentation des Verkaufspersonals ist der Preis für den Kunden ein entscheidender Faktor. Im Zusammenhang mit dem Preis ist daher immer der Nutzen der Ware zu nennen. Von dieser Regel wird nur abgewichen, wenn der Kunde das Verkaufspersonal direkt nach dem Preis fragt, z. B. bei Sonderangeboten. Ansonsten sollte der Kunde zunächst mit den Vorzügen der Ware vertraut sein, bevor er den Warenpreis erfährt.

Preis niemals isoliert nennen

Der Preis einer Ware ist in Nutzeneigenschaften zu verpacken, so bekommt der Preis im Ohr des Kunden nicht so viel Gewicht. Wird der Preis im Verkaufsgespräch zu früh genannt, treten die Nutzeneigenschaften der Ware in den Hintergrund und die Kunden sind geneigt, anhand des Preises die Qualität der Ware zu bestimmen. Kunden fragen sich, ob die Ware ihr Geld wert ist. Beurteilen die Kunden die Ware positiv, so sind sie bereit – im Rahmen ihrer finanziellen Mittel – einen höheren Betrag zu zahlen, erwarten dafür aber auch höchste Qualität.

Preis-Leistungs-Verhältnis verdeutlichen

Vorzugsweise ist die Warenvorlage in einer mittleren Preiskategorie zu beginnen, so bleibt Spielraum sowohl in die eine als auch in die andere Richtung (vgl. Kapitel 2.4.3). Vorausschauend sollte sich das Verkaufspersonal auf unterschiedliche Preisvorstellungen der Kunden einstellen. So handeln Kunden bei Versorgungskäufen deutlich preisbewusster als beispielsweise bei einem Erlebniseinkauf. Das Geltungsbedürfnis des Kunden wird angesprochen, sodass der Preis meistens keine Rolle mehr spielt.

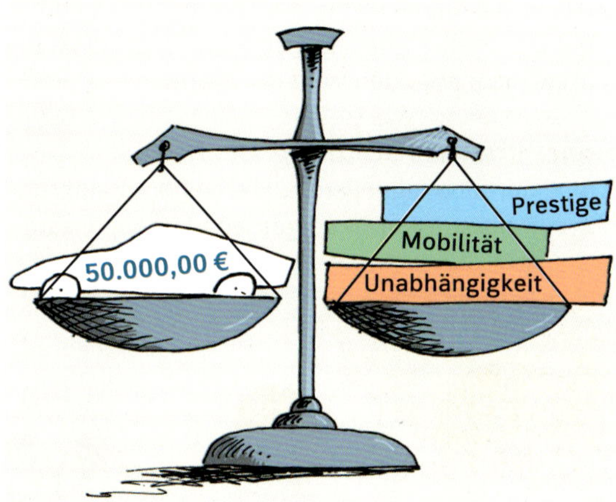

Abb. 1: Preis-Nutzen-Waage

Ein Preis wird durch unterschiedliche Faktoren beeinflusst. In die Waagschale der Kundenwahrnehmung (vgl. Abb. 1) gehören deshalb auch Informationen über:

- Material,
- Verarbeitung,
- Gebrauchswert der Ware,
- Nutzen der Ware,
- Geltungswert der Ware,
- Ausführung und Größe des Modells,
- Details der Ware,
- Service rund um die Ware und
- Einsatzmöglichkeiten.

Preis nicht bewerten

Der Preis sollte neutral, ohne persönliche Gewichtung des Verkaufspersonals genannt werden. Formulierungen wie „teuer" oder „billig" sind zu vermeiden, da die Kunden aus diesen Begriffen häufig Rückschlüsse auf die Qualität der Ware ziehen (vgl. Abb. 2).

Preis als Qualitätsmaßstab?

Ein Preis ist lediglich ein unzuverlässiger Maßstab für die Qualität der Ware. Ein entsprechendes Markenimage erfordert einen höheren Preis, ansonsten wird die Marke nicht vom Kunden wahrgenommen. Der Preis signalisiert somit nur den Wert der Marke, nicht aber den Wert der Ware.

Hoher Preis als Statussignal

Bei all den Überlegungen zu Preisschocks aufgrund hoher Preise darf nicht vergessen werden, dass ein hoher Preis beim Kunden auch die Erwartung einer besonders guten Qualität hervorruft. Mit zunehmendem Wohlstand ist der hohe Preis für den Kunden das entscheidende Argument. Er erhofft sich durch die Anschaffung dieser hochpreisigen Ware einen Zusatznutzen, der ihm soziale Anerkennung und entsprechendes Ansehen verschafft. Die Hersteller reagieren auf diesen Wunsch nach Aufwertung der eigenen Person durch Exklusiv- oder Luxusartikel mit einem reichhaltigen Angebot, dessen Zusatznutzen einen gehobenen Lebensstil vermittelt.

Gute Formulierung

- „Mit dieser hochwertigen Kamera investieren Sie langfristig in sehr gute Bilder, da sie eine ausgesprochen hohe Bildqualität garantiert."
- „Aufgrund zahlreicher Faktoren in der Entwicklung der Sportkleidung konnte für diese aufwendig verarbeitete Regenjacke ein besonders günstiger Preis realisiert werden."

Schlechte Formulierung

- „Diese Kamera ist vielleicht etwas teuer, aber ihre Bildschärfe ist unangefochten."
- „Trotz aufwendiger Verarbeitung dieser Regenjacke konnte ein billiger Preis realisiert werden."

Abb. 2: Preisformulierungen

Doch wie kann der Preis mit den Vorzügen der Ware in Beziehung gesetzt werden? Es werden folgende Preisnennungsmethoden unterschieden (vgl. Abb. 3).

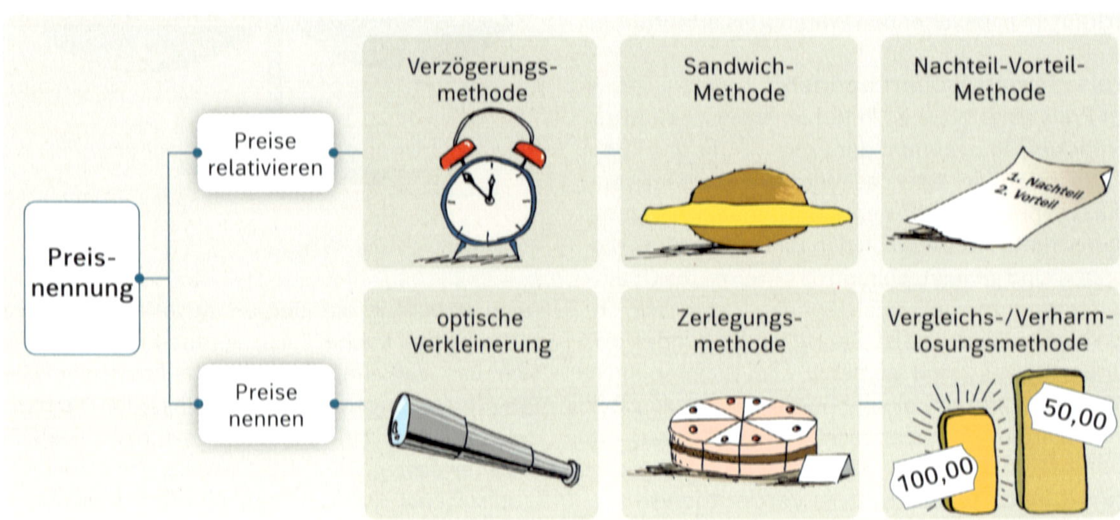

Abb. 3: Methoden der Preisnennung

222330116

Soll im Verkaufsgespräch das erste Mal ein Preis genannt werden, sind die in Abb. 4 dargestellten Methoden anwendbar.

Verzögerungsmethode		
	Der Preis wird nicht sofort genannt. Zunächst werden die Vorzüge der Ware umfangreich herausgestellt. Der Kunde soll bereits einen persönlichen Nutzen mit der Ware verbinden, bevor er den Preis erfährt. Selbst wenn der Kunde direkt nach dem Preis fragt, kann ein starkes Argument werterhöhend wirken. Kunden können jedoch auch sehr ungehalten reagieren, wenn das Verkaufspersonal der Frage nach dem Preis jedes Mal durch weitere Argumentation ausweicht. Hier ist das Fingerspitzengefühl des Verkaufspersonals gefragt. Ist der Kunde an preisgünstiger Ware interessiert, so ist der Preis bei der Warenvorlage Argument des Verkaufspersonals. Es sollte darauf hingewiesen werden, dass die Ware zwar preisgünstig ist, sie aber eine vollwertige Qualität besitzt.	Ein Verkäufer erläutert dem Kunden die speziellen Eigenschaften der Küchenmaschine, dieser fragt allerdings nach dem Preis. Der Verkäufer reagiert: „Mit dieser Maschine können Sie die von Ihnen genannten Teigmengen problemlos kneten und während des Knetvorgangs weitere Zutaten hinzufügen. Dadurch sind Sie mit dieser Maschine flexibler in der Rezeptauswahl, wodurch sich der Preis von 129,00 € kaum bemerkbar macht.“
Sandwich-Methode		
	Wie bei einem guten Sandwich wird der Belag (Preis der Ware) von je einer Toastscheibe (Vorzüge der Ware) umschlossen. Der Preis steht nie allein, er wird stets in Kundennutzen verpackt.	■ „Dieser Gardinenstoff ist sehr stabil gewebt, bei 13,95 € je Meter können Sie Ihren Kellervorhang bequem zuschneiden und individuell anpassen.“ ■ „Dieser Kunstpelz ist hervorragend verarbeitet. Sie erhalten ihn für 159,90 €. Der Tragekomfort entspricht genau Ihren Vorstellungen und dieser moderne Schnitt unterstreicht Ihr Modebewusstsein.“
Nachteil-Vorteil-Methode		
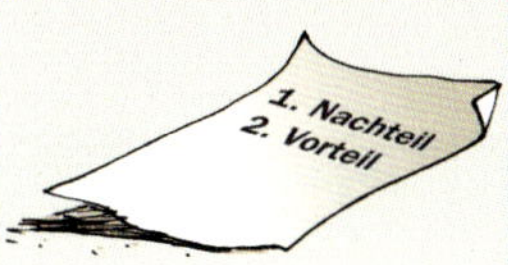	Häufige Kundeneinwände richten sich gegen den Preis. Beispielsweise verbinden einige Kunden einen geringen Preis mit einer minderwertigen Qualität bzw. einem geringeren Nutzen der Ware. Diese Vorurteile sind durch gute Argumente zu entkräften. Da die letzte Aussage immer im Gedächtnis bleibt, sollte das Verkaufspersonal die Vorteile der Ware am Ende äußern.	■ „Sie haben recht, 79,95 € für das Bügeleisen sind ein stolzer Preis, aber Sie dürfen nicht außer Acht lassen, dass Sie mit diesem Bügeleisen sehr leicht und effizient über die Wäsche gleiten. Sie werden weniger Zeit und Kraft benötigen, um die Wäsche ohne große Anstrengungen faltenfrei zu haben.“ ■ „Die Pixelauflösung dieser Kamera ist nicht ganz so gut, aber dafür verfügt Sie über einen großen Speicher, sodass Sie ca. 100 Fotos mehr abspeichern können.“

Abb. 4: Preise nennen

Um die Gewichtung des Preises aus dem Verkaufsgespräch etwas zu entzerren, lassen sich die in Abb. 5 gezeigten Techniken anwenden.

Optische Verkleinerung		
	Der Gesamtpreis wird auf eine kleinere Anzahl zurückgeführt oder auf die Nutzungsdauer der Ware verteilt.	■ „Bei den fünf Jahren Garantie kostet Sie diese Maschine gerade noch 0,56 € pro Waschgang.“ ■ „Hier haben Sie eine hervorragende Auswahl aus unseren Pralinen getroffen und bei einem Einzelpreis von 1,50 € werden Sie viel Freude beim Verschenken haben.“
Zerlegungsmethode		
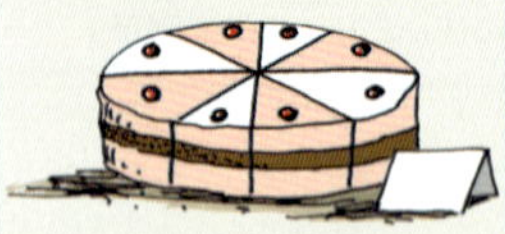	Die Gesamtleistung wird in Teilleistungen zerlegt.	■ „Für Ihr PC-System haben wir nun zusammengestellt: Funkmaus für 39,99 €, Tastatur für 49,95 €, 29“ Monitor für 599,00 €, Midi-Tower für 34,95 €, 8 GB Arbeitsspeicher für 129,00 €, Grafikkarte GG für 249,00 €.“ ■ „Sehr schön, dann haben wir doch ein Geschenk für Ihren Mann gefunden: Diesen Tennisschläger für 379,00 €, den Trainingsanzug für 146,99 € sowie die Tennissocken für 15,99 € und das Ballset für 14,97 €. Da wird er aber viel Freude haben.“
Vergleichs-/Verharmlosungsmethode		
	Das Verkaufspersonal stellt dem Kunden einen Vergleichsartikel zu einem höheren Preis vor, dadurch erscheint der Preis des gewünschten Artikels nicht mehr so hoch.	■ „Wenn wir nun die Bluse für 79,99 €, die Ihren Ansprüchen entspricht, mit der Bluse für 139,00 € vergleichen, dann werden Sie feststellen, dass Sie zu einem günstigeren Preis genau Ihren Stil gefunden haben.“ ■ „Schauen Sie sich den Trockner noch einmal in Ruhe an. Dieses Modell entspricht genau Ihren Vorstellungen, kostet 399,00 € und benötigt keinen separaten Abfluss. Das nächste baugleiche Modell liegt bereits bei 499,00 €, somit würden Sie 100,00 € sparen.“

Abb. 5: Preise relativieren

Aufgaben

1. Erläutern Sie kurz in eigenen Worten, welche Methoden der Preisnennung Sie nun kennen.
2. Ein Kunde kommt auf Sie zu und erkundigt sich nach einem Sonderangebot aus Ihrem aktuellen Prospekt. Wie könnte sich dieses Gespräch anhören? Zeigen Sie einen Gesprächsverlauf auf.
3. In der Elektronikabteilung haben Sie gerade einem jungen Pärchen ein Dolby-Surround-System der mittleren Preisklasse vorgestellt. Wie nennen Sie dem Pärchen nun den Preis?
4. Eine preisbewusste Kundin ist von Ihrer Warenvorstellung der neuesten Waschmaschinengeneration noch nicht überzeugt. Wie überzeugen Sie die Kundin von diesem Modell?

222330118

2.4.6 Verkaufsgespräch – Einwandbehandlung

Da jeder Kauf für den Kunden auch eine finanzielle Ausgabe nach sich zieht, sind Kunden selbst bei einer perfekten Warenvorlage häufig verunsichert. Ihnen kommen Zweifel bezüglich der zu treffenden Endscheidung und sie erhoffen sich Hilfe vom Verkaufspersonal.

Diese Widerstände äußern die Kunden
- fragend oder zweifelnd,
- sachlich und ruhig, aber auch
- aufbrausend, erregt, abfällig und verletzend.

Um allen – auch den kritischen – Kunden, die ihre Bedenken vortragen, kompetent zu begegnen, sollte sich das Verkaufspersonal an einige Grundregeln halten (vgl. Abb. 1)

Das Verkaufspersonal sollte Einwände vom Kunden als Chance erkennen, weitere Informationen über die Beweggründe des Kunden zu erfahren (vgl. Abb. 2).

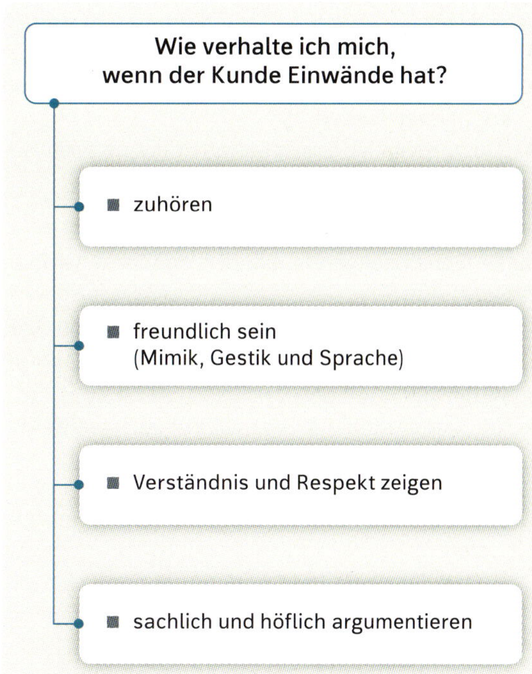

Abb. 1: Grundregeln im Umgang mit Kundeneinwänden

Verhalten, das die Verkaufsatmosphäre verbessert
Kunden aktiv zuhören, sie ausreden lassen, ruhig und verständnisvoll zuhören, freundlich bleiben: ■ Der Kunde fühlt sich wahrgenommen/verstanden. ■ Kunden mit seiner Meinung respektieren, ihn unterstützen, indem man eine andere Ware vorlegt. ■ Jeder Kunde strebt nach Anerkennung.
Verhalten, das die Verkaufsatmosphäre verschlechtert
Einwände überhören, unhöflich und unsachlich reagieren, provozierende Redensarten verwenden: ■ Der Kunde fühlt sich missverstanden/wird zum Gegner. Dem Kunden direkt widersprechen, ihn belehren und rechthaberisch argumentieren: ■ Der Kunde fühlt sich herabgesetzt.

Abb. 2: Verhalten und Verkaufsatmosphäre

Scheineinwände

Sogenannte Scheineinwände können kaum entkräftet werden. Sie dienen den Kunden meist als Ausrede, um möglichst schnell das Geschäft ohne Gesichtsverlust verlassen zu können.

Beispiele:
- „Ich habe gerade nicht so viel Geld dabei."
- „Das muss ich mir erst noch einmal durch den Kopf gehen lassen."
- „Dazu muss ich zunächst noch meine Frau befragen."

Diese Scheineinwände können mehrere Gründe haben:
- Der Kunde möchte in unterschiedlichen Geschäften die Qualität und die Preise der Waren vergleichen.
- Der Kunde möchte sich eigentlich nur die Zeit vertreiben, z. B.:
  - Der Kunde schlendert nur und hat sich ohne bestimmten Kaufwunsch Ware vorlegen lassen.
  - Das Geschäft liegt günstig, sodass sich die Kunden hier gern zur Wartezeitüberbrückung (Bus, Bahn, Verabredungen) aufhalten.
  - Ein überraschender Wolkenbruch lässt die Kunden Schutz im Geschäft suchen.

Gegen diese Einwände hilft auch die beste Argumentation nicht. Der Kunde sollte freundlich verabschiedet werden, damit er das Geschäft in guter Erinnerung behält und zu einem späteren Einkauf wiederkommt.

Vorurteile

Gegenargumente können auch bei Vorurteilen oder festen Meinungen oft nicht helfen, da diese häufig gefühlsmäßig auf die Entscheidungsfindung einwirken.

Beispiele:
- Kundin: „Diese Bluse gefällt mir schon sehr gut, aber dieses Rot – ich weiß nicht."
- Kunde: „Dieser blaue Anzug sieht sehr schick aus, aber eigentlich wollte ich einen Anzug, den ich auch zu Beerdigungen tragen kann."

Wenn Waren das Wohlbefinden des Kunden stören, z. B. zu unbequem oder einengend sind, dann sollte das Verkaufspersonal nicht argumentieren, sondern Alternativangebote vorstellen.

Beispiel:
Kunde: „Diese Hose ist zu eng!"
Verkäufer:
- **Nicht:** „Aber das ist genau Ihre Größe!"
- **Besser:** „Keine Sorge, dann probieren Sie doch diese hier."

Einwände, die sich entkräften lassen

Bestimmte Einwände sind somit nicht zu entkräften, aber es gibt auch Kundeneinwände, die sich durch eine gute Argumentation entkräften lassen. Diese Einwände richten sich zumeist gegen
- die Ware,
- den Preis,
- das Verkaufspersonal oder
- das Geschäft.

Den genannten Einwänden kann das Verkaufspersonal mit entsprechenden Methoden begegnen (vgl. Abb. 3). Diese Methoden können im Gespräch sehr hilfreich sein, sollten aber nicht schematisch angewandt werden, sondern situations- und kundenbezogen.

Kundeneinwand ...	... richtet sich gegen
■ „Die Farbe sagt mir nicht zu!“ ■ „Der Stoff kratzt auf der Haut!“ ■ „Das Objektiv hat nicht die gewünschte Reichweite.“ ■ „Dieses Sofa ist viel zu groß.“ ■ „Dieses Obst sieht aber nicht frisch aus!“	**WARE** 
■ „Bei der Konkurrenz habe ich den Artikel deutlich günstiger gesehen!“ ■ „Bei dem Preis kann die Ware ja nichts wert sein.“ ■ „Das ist aber teuer!“	**PREIS** 
■ „Kennen Sie sich überhaupt aus?“ ■ „Sie sind aber neu hier!“ ■ „Sonst bedient mich immer Herr Günther.“ ■ „Das glaube ich Ihnen nicht!“	**VERKAUFS-PERSONAL** 
■ „Service ist in diesem Haus wohl ein Fremdwort!“ ■ „Schon wieder habe ich keinen Parkplatz vor der Tür gefunden!“ ■ „Die Regale sind sehr unordentlich.“ ■ „Ist das alles, was Sie an Auswahl zu bieten haben?“	**GESCHÄFT** 

Abb. 3: Kundeneinwände und mögliche Gründe

Einwandbehandlung

- Ja-Aber
- Bumerang
- Nachteil-Vorteil
- Rückfrage – Bestätigung
- Rückfrage – Umwandlung
- Vergleich

Abb. 4: Methoden der Einwandbehandlung

„Ja-Aber“-Methode

Das Verkaufspersonal bestätigt den Kunden, auf diese Zustimmung folgt jedoch ein Gegenargument, das das Problem aus einer anderen Position betrachtet (vgl. Abb. 5).

Beispiel::
Kunde: „Dieser PC ist aber teuer!“
Verkäufer: „Da haben Sie recht, im ersten Moment erscheint der Preis etwas hoch. Jedoch müssen Sie beachten, dass auf diesem PC die Bildbearbeitungssoftware, die Ihnen so wichtig ist, bereits vorinstalliert und somit sofort nutzbar ist.“

Das Wörtchen „aber“ sollte möglichst selten genutzt werden.

Bumerang-Methode

Bei der Bumerang- bzw. der Umkehr-Methode verwandelt das Verkaufspersonal den vermeintlichen Nachteil in einen Vorteil für den Kunden. Das geschieht, indem eine andere Betrachtungsweise

Zustimmung: „Ja, ...	Gegenargument: ..., aber ...“
„Da haben Sie recht, diese Mikrowelle kostet etwas mehr, ...	... (aber) Sie können mit diesem Modell auch grillen.“
„Das sehen Sie ganz richtig, dieses Beige ist vermutlich schnell verschmutzt, ...	... (aber) dieses Material ist sehr pflegeleicht und lässt sich bequem bei 30° C waschen.“
„Da muss ich Ihnen zustimmen, ...	... (aber) berücksichtigen Sie ebenfalls die hervorragende Qualität, die genau Ihren Wünschen entspricht.“
„Ich stimme Ihnen zu, ...	... (aber) Sie müssen auch die besondere Verarbeitung und das Material dieses Teppichs berücksichtigen. Kein anderer ist so weich und trotzdem so pflegeleicht.“
„Im Allgemeinen ist das richtig, ...	... (aber) bei diesem Modell wurde besonderen Wert auf die Verarbeitung gelegt, sodass Sie mindestens zehn Jahre Freude daran haben werden.“
„Sicher ist das wichtig, ...	... (aber) heutzutage vertrauen Sie beim Fahren Ihrem Navigationsgerät, sodass eine Straßenkarte nicht mehr vorhanden ist.“
„Ja, bestimmt finden Sie günstigere Akkus in unserem Sortiment, ...	... (aber) diese Akkus zeichnen sich durch eine besonders lange Nutzungsdauer aus, sodass Sie sie nur sehr selten aufladen müssen.“

Abb. 5: Formulierungshilfen bei der Ja-Aber-Methode

gewählt wird und so auch die andere Seite in den Vordergrund rückt.

Beispiel:
Kunde: „Dieser PC ist ja mit LEDs ausgestattet! So einen Schnick-Schnack brauche ich nicht!“
Verkäufer: „Gerade deshalb ist er so vorteilhaft für Sie, da er aufgrund seiner geräuscharmen Funktionsbereitschaft unter Ihrem Schreibtisch kaum auffallen würde. Durch die LEDs können Sie auf einen Blick überprüfen, ob der PC im Standby-Modus oder bereits ausgeschaltet ist.“

Das Verkaufspersonal stimmt dem Einwand des Kunden zu, wandelt ihn aber anschließend in ein Argument für das Produkt um.

Abb. 6: Formulierungshilfen bei der Bumerang-Methode

Nachteil-Vorteil-Methode

Entgegengesetzt zur Bumerang-Methode stimmt das Verkaufspersonal dem Kunden zu, dass der Nachteil besteht, jedoch wird aufgezeigt, dass die Vorteile der Ware überwiegen.

Beispiel:
Kunde: „Diese hellen Stuhlhussen werden doch bestimmt sehr schnell schmutzig.“
Verkäufer: „Das ist nicht von der Hand zu weisen. Andererseits werten sie Ihre alten Stühle auf, bringen Helligkeit in den Raum und lassen sich aufgrund der Reißverschlüsse sehr leicht abziehen und nach dem Waschen in der Maschine bei 40° C bequem wieder aufziehen.

Rückfragemethode

Häufig sind die Einwände der Kunden nicht genau zu erkennen. In diesen Fällen kann das Verkaufspersonal mit einer Gegenfrage auf den Kundeneinwand reagieren. Dadurch fühlt sich der Kunde in seinen Bedenken wahrgenommen und das Verkaufspersonal erhält durch eine offene Fragestellung die Gelegenheit zur Informationsgewinnung.

222330122

Es werden zwei Varianten unterschieden:

a) Rückfrage und Bestätigung
Zunächst wird der Kunde in seinen Bedenken bestätigt, um dann zum Gegenargument überzuleiten.

Beispiele:
- *Kunde:* „Der Preis erscheint mir doch sehr hoch!" – *Verkäufer:* „Da Sie diesen Punkt ansprechen. Womit vergleichen Sie den Preis?"
- *Kunde:* „Das ist noch nicht das, was ich gesucht habe." – *Verkäufer:* „Wenn ich Ihren Geschmack noch nicht getroffen habe, dann sagen Sie mir doch bitte, wonach Sie genau suchen."

b) Rückfrage und Umwandlung
Der Einwand des Kunden wird in eine Frage umgewandelt und anschließend wird diese Frage vom Verkäufer beantwortet.

Beispiele:
Kunde: „Der Preis ist aber sehr hoch!"
Verkäufer: „Wenn ich Sie richtig verstehe, dann zweifeln Sie an der Angemessenheit des Preises? Wir bieten Ihnen eine 5-jährige Garantie auf das Metallgehäuse und durch die Übertragungswelle erreicht dieses Gerät einen hervorragenden Klang."

Kunde: „Diese Jacke gefällt mir nicht."
Verkäufer: „Diese Jacke entspricht also noch nicht Ihren Vorstellungen? Aufgrund ihres regenabweisenden Materials wäre sie perfekt für Ihren anstehenden Wanderurlaub. Sie ist sehr leicht und lässt sich minimal verstauen."

Vergleichsmethode
Der Einwand des Kunden wird im Vergleich mit anderen Produkten abgeschwächt. So wird herausgestellt, dass die vorgelegte Ware die meisten Vorteile besitzt.

Beispiel:
Kunde: „Diesen PC mit der großen Festplatte und dem großen Arbeitsspeicher, den brauche ich nicht für meine Arbeiten."
Verkäufer: „Wenn Sie dieses Modell mit dem nächst günstigeren vergleichen, so werden sie feststellen, dass der größere Arbeitsspeicher Ihnen mehr Spielraum bei der Bearbeitung Ihrer Daten lässt. Sie können problemlos Ihre Fotos bearbeiten, während Sie Musik hören und ein Inhaltsverzeichnis mit einem Textverarbeitungsprogramm erstellen."

Bei all diesen Methoden muss berücksichtigt werden, dass der Kunde durch seinen Einwand nur seine Unsicherheit preisgibt. Er erwartet vom Verkaufspersonal Hilfe bei der Entscheidungsfindung. Das Verkaufspersonal sollte sich für eine Methode entscheiden, die dem eigenen Sprachgebrauch und der Situation angemessen ist.

Aufgaben

1. „Kundeneinwände sind positiv zu bewerten und sollten gefördert werden!" Nehmen Sie begründet zu dieser Aussage Stellung.
2. Unerfahrene Verkäufer fürchten sich häufig vor Kundeneinwänden. Warum?
3. Nennen Sie wichtige Gründe für Kundeneinwände.
4. Wie reagieren Sie angemessen auf Kundeneinwände? Warum sollten Sie nicht verärgert reagieren?
5. Geben Sie drei Beispiele für Kundeneinwände aus Ihrem Geschäft, die auf folgende „Einwände gegen" schließen lassen: Preis, Ware, Verkaufspersonal, Geschäft, Argumentation.
6. „Dieser Fernseher passt nicht auf unseren Fernsehtisch." Wie gehen Sie mit diesem Einwand um?
7. „Die Farben dieses Gemäldes passen nicht zu unserer Einrichtung." Wie argumentieren Sie?

2.4.7 Verkaufsgespräch – Alternativen anbieten

Ein einzelnes Geschäft kann nicht alle verfügbaren Waren anbieten. Ein Einzelhändler stellt sein Sortiment unter bestimmten Voraussetzungen zusammen. Daher könnte es zu Situationen wie dieser kommen:

Beispiel:
Kunde: „Ich finde die iPads nicht."
Verkäufer: „Tut mir leid, iPads haben wir nicht."
Kunde: „Dann Tschüss."
Verkäufer: „Auf Wiedersehen."

In diesem Fall wird der Kunde das Geschäft auf direktem Wege verlassen. Eine Sortimentslücke muss aber nicht automatisch zu Fehlverkäufen führen. Ein Verkaufspersonal, das seine Waren kennt und mit Engagement und Fantasie an die Problemlösung des Kunden herantritt, kann dem Kunden ein gleichwertiges oder sogar besseres Alternativangebot unterbreiten.

Beispiel:
Kunde: „Ich finde die iPads nicht."
Verkäufer: „Laut neuesten Tests haben im Segment der Tablets diejenigen besser abgeschnitten, die auch über eine USB-Schnittstelle verfügen. Daher führen wir diese drei Modelle. Bitte überzeugen Sie sich selbst."
Kunde: „Hm, das ist interessant. Und mit welchen Schnittstellen kann dieses Modell noch aufwarten?"

Das Verkaufspersonal sollte aufgrund seiner Waren- und Fachkenntnisse die eigentlichen Bedürfnisse eines Kunden erfragen, um so adäquate Alternativangebote vorstellen zu können. Denn manchmal verlangen Kunden nach einem bestimmten Markenprodukt, da sie die Marke als Produktbezeichnung verwenden (vgl. Abb. 1).

Wichtig ist die Reaktion des Verkaufspersonals. Das Verkaufspersonal sollte dem Kunden gegen-

222330124

über nicht betonen, dass es die von ihm gewünschte Ware nicht führt.

Der Kunde wünscht ...	... als Alternative kann angeboten werden:
iPad	Tablet-PC
Uhu	Alleskleber
Fleischwolf	Universalzerkleinerer
Maggi	Suppenwürze
Nadeldrucker	Laserdrucker
Tempo	Taschentücher
Nutella	Nuss-Nougat-Creme
Duden	Wörterbuch
Video-Recorder	DVD-Recorder
DVD-Player	Blu-Ray-Player

Abb. 1: Kundenwünsche und mögliche Alternativen

Direkt vorgeschlagene Alternativen bedeuten für den Kunden eine Zeitersparnis und das gute Gefühl, doch noch den scheinbar unerfüllbaren Wunsch erfüllt zu haben. Für das Verkaufspersonal führt ein erfolgreiches Alternativangebot zu mehr Anerkennung beim Kunden und beim Chef, da der Kunde nicht enttäuscht wurde. Es entsteht weder ein Umsatz- noch ein Imageverlust.

Entscheidend bei der Vorlage eines Alternativangebots ist die richtige Formulierung (vgl. Abb. 2).

Weicht der Preis des Alternativangebots wesentlich ab, so ist dies zu begründen. In der Argumentation sind die Vorzüge und der spezielle Nutzen noch einmal hervorzuheben.

Beispiel: „Dieser Laserdrucker verbraucht deutlich weniger Toner als ein vergleichbares Tintenmodell. Durch seine geräuscharme Druckweise können Sie sich vollkommen auf Ihre Arbeit konzentrieren und in den Ausdrucken direkt Markierungen vornehmen, ohne langwierige Trockenzeiten abwarten zu müssen."

Fragt ein Kunde direkt nach einer bestimmten Marke, sollte das Verkaufspersonal diese Marke nicht abwerten, denn häufig hat dies unterschiedliche Gründe: Freunde haben ihm diese Marke empfohlen, er hat selbst gute Erfahrungen mit dieser Marke gemacht oder der Kunde hat Tests bezüglich dieser Warenart gelesen und nun beschlossen, dass es diese Marke sein soll.

Dem Kunden wird die Marke nicht ausgeredet, aber es werden ihm gleichwertige oder sogar höherwertige Alternativen aus dem eigenen Sortiment angeboten.

Sollte der Kunde trotzdem „seiner Marke" treu bleiben wollen, sollte ihm der Artikel, falls möglich, bestellt werden.

unbedachte Formulierung	geschicktere Formulierung
„Diesen Artikel haben wir zurzeit nicht vorrätig."	„Ich kann Ihnen einen vergleichbaren Artikel vorstellen, der ..."
„Das Angebot bekommen wir leider nicht mehr herein."	„Wenn ich Ihnen unsere XY vorstellen darf. Sie verfügt über eine zusätzliche Düse, die in dem Angebot nicht vorhanden war."
„Den Staubsauger YX führen wir nicht, ich kann Ihnen höchstens den Staubsauger ZQ zeigen."	„Der Staubsauger ZQ verfügt gegenüber dem YX über eine Sofabürste, die auch hartnäckige Tierhaare entfernt."
„Ich kann Ihnen leider nur ... anbieten."	„Dieses Produkt hat bei den Tests deutlich besser abgeschnitten, sodass wir uns in diesem Hause für ZQ anstatt YX entschieden haben."

Abb. 2: Alternativen anbieten

Aufgaben

1. Erläutern Sie, warum Sie Alternativen unterbreiten sollten, wenn das Geschäft die gewünschte Ware nicht führt.
2. Erläutern Sie, welche Voraussetzungen ein Produkt erfüllen muss, um als echte Alternative akzeptiert zu werden. Unterbreiten Sie im Rollenspiel ein Alternativangebot.

2.4.8 Verkaufsgespräch – Kaufentscheidung herbeiführen

Das Verkaufsgespräch nähert sich dem Ende. Nun gibt es drei Möglichkeiten (vgl. Abb. 1).

Der Kunde ...	Das Personal ...
... will nicht kaufen Der Kunde ist nicht überzeugt von der Warenvorlage. Er sagt oder signalisiert durch abwehrende Gesten, dass er kein Interesse an der Ware hat.	**... verabschiedet den Kunden freundlich** Der Kunde wird freundlich verabschiedet, denn er hat bereits entschieden, dass er in diesem Geschäft keine Ware kaufen möchte. Er sollte das Geschäft jedoch mit einem positiven Eindruck verlassen, sodass er bei einem anderen Kaufinteresse wieder in dieses Geschäft kommt.
... will kaufen Der Kunde ist begeistert und drückt seine eindeutige Zustimmung meist auch verbal aus.	**... begleitet den Kunden zur Kasse und verabschiedet diesen dann freundlich** Dieser Kunde ist von den fachkundigen Argumenten überzeugt. Ihn gilt es zur Kasse zu begleiten und freundlich zu verabschieden.
... ist unsicher Der Kunde signalisiert zwar Interesse und körpersprachliche Kaufbereitschaft, ist sich aber noch unsicher, ob die ausgewählte Ware tatsächlich die richtige Entscheidung ist.	**... schenkt dem Kunden Aufmerksamkeit** Der unschlüssige Kunde bedarf der Aufmerksamkeit des Verkaufspersonals, da er noch Informationen oder Zuspruch benötigt.

Abb. 1: Drei Möglichkeiten am Ende eines Verkaufsgesprächs

Der unsichere Kunde hat unterschiedliche Gedanken, die ihn beschäftigen.

Beispiel:
- „Ist das auch die richtige Ware für mich?"
- „Kann ich mir diesen Preis wirklich leisten?"
- „Was wird die Familie dazu sagen?"
- „Steht mir dieser Schnitt auch wirklich?"
- „Erfüllt es tatsächlich seinen Zweck?"
- „Wer hilft mir, wenn ich nach dem Kauf Probleme mit der Ware habe?"

Ein Kunde, der sich diese Gedanken macht, ist kaufbereit. Er benötigt lediglich noch etwas Hilfe bei der Entscheidungsfindung. Es kann helfen, wenn die während der Warenvorlage ausgeschlossenen Waren bereits weggeräumt werden. Nun befindet sich im Blickfeld des Kunden lediglich noch die Ware mit den gewünschten Eigenschaften.

Kaufsignale

Während der Kunde über die Warenauswahl nachdenkt, können folgende Kaufsignale wahrgenommen werden:

sprachliche Kaufsignale

- Kunde sagt: „Das gefällt mir sehr gut!", „Danach habe ich schon so lange gesucht!", „Das ist genau das Richtige!", „Das passt genau ..."
- Kunde erkundigt sich nach Einzelheiten wie z. B. Zahlungs- und Lieferbedingungen.
- Kunde bekräftigt seine Entscheidung, indem er die Argumente des Verkaufspersonals wiederholt.

körpersprachliche Kaufsignale

- Kunde strahlt, seine Augen leuchten und seine Mundwinkel sind nach oben gezogen.
- Kunde reibt seine Hände aneinander und ergreift Besitz von der Ware.
- Kunde nickt zustimmend.
- Kunde greift zur Geldbörse, zieht seine Bankkarte/Kreditkarte.

Abb. 2: Kaufsignale des Kunden

Um nun einen Abschluss zu erreichen, kann das Verkaufspersonal verschiedene Abschlusstechniken nutzen (vgl. Abb. 3).

Abschlusstechniken
- Alternativfragen stellen
- wichtige Vorteile zusammenfassen
- Kontrollfragen oder Suggestivfragen stellen
- Empfehlung mit Begründung
- direkte Kaufaufforderung

Abb. 3: Abschlusstechniken

Alternativfragen stellen

Das Verkaufspersonal bietet dem Kunden zwei positive Alternativen zur Wahl und engt somit seine Auswahl ein.

Beispiele:
- „Möchten Sie lieber den blauen oder den schwarzen Rock?"
- „Ist für Ihre Zwecke die 20er-Packung ausreichend oder entscheiden Sie sich direkt für die preisgünstige 50er-Packung?"
- „Gefällt Ihnen die Leuchte mit den schwarzen Applikationen besser als die mit den chromfarbenen Akzenten?"
- „Möchten Sie die Ware gleich mitnehmen oder sollen wir Ihnen die Ware bequem nach Hause liefern?"

Durch die eingrenzende Darstellung der vorteilhaften Alternativen soll dem Kunden die Entscheidung für einen dieser Artikel erleichtert werden.

Wichtige Vorteile zusammenfassen
Alle wichtigen Nutzenvorteile, die die Ware bietet, werden nochmals zusammengefasst.

Beispiele:

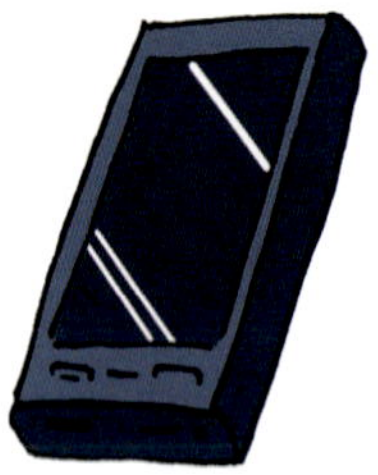

- „Sie haben doch erwähnt, dass Ihnen ein schlichtes Design, eine lange Akkulaufzeit und eine selbsterklärende Bedienung besonders wichtig sind. In diesem Gerät finden Sie genau diese Vorteile."
- „Dieser Reiseführer ist besonders handlich, hat eine herausnehmbare Straßenkarte und viele aktuelle Tipps, wie Sie Ihren Urlaub erlebnisreich gestalten können. Besondere Erlebnisse können Sie direkt auf den Notizseiten vermerken. Wenn ich mich recht erinnere, war Ihnen das doch besonders wichtig."
- „Neben aufwendig gestickten Applikationen ist diese Tischwäsche auch besonders strapazierfähig und lässt sich selbst bei 60° C waschen. Diese besondere Pflegemöglichkeit war Ihnen doch so wichtig."

Der Kunde realisiert durch die wiederholte Aufzählung der Warenvorzüge, dass dies genau die richtige Ware für ihn ist. Beim Kunden wird eine „Ja"-Stimmung erzeugt, die ihm die Kaufentscheidung erleichtert.

Kontroll- bzw. Suggestivfragen stellen
Diese Fragetechnik sollte das Verkaufspersonal nur anwenden, wenn es sich sicher ist, dass die Ware der Bedürfnislage des Kunden entspricht.

Beispiele:

- „Sie möchten doch sicher noch heute Nachmittag mit Ihren neuen Inlinern fahren."
- „Das Wetter lädt Sie doch geradezu ein, diese Gartenmöbel noch heute einzuweihen."
- „Sicherlich wünschen Sie sich eine fachmännische Montage Ihrer neuen Sattelitenanlage. Gerne kommen wir bei Ihnen vorbei."

Im Laufe des Verkaufsgesprächs hat das Verkaufspersonal die Vorstellungen und Meinungen des Kunden kennengelernt, sodass die genau formulierten Fragen, die meist nur mit einem „Ja" beantwortet werden können, dem Kunden eine Entscheidung in den Mund legen werden.

Empfehlung nur mit Begründung
Die Empfehlung des Verkaufspersonals kann dem Kunden seine Entscheidung erleichtern. Sie sollte allerdings immer gut begründet sein, damit der Kunde gegenüber anderen die Möglichkeit hat, seine Entscheidung zu bekräftigen.

Beispiele:

- „Ich empfehle Ihnen diese kompakte Digitalkamera, da Sie auf Ihren Reisen aufgrund der sehr guten Auflösung exzellente Bilder machen können und gleichzeitig auf Ihr zulässiges Handgepäck Rücksicht nehmen."
- „Ich empfehle Ihnen dieses Topfset, da es in Verbindung mit Ihrem Induktionsherd die besten Kochergebnisse erzielen wird."
- „Müsste ich entscheiden, würde ich die schwarze Krawatte zu dem Hemd wählen, da sie gut kombinierbar und sehr modisch ist."

Eine selbst getroffene Entscheidung führt beim Kunden zu einem besseren Gefühl als eine aufgezwungene Entscheidung, sodass eine Kaufempfehlung stets mit wichtigen, vorteilhaften Eigenschaften und dem hohen Kundennutzen begründet werden sollte.

Direkte Kaufaufforderung
Es wurden alle wichtigen Fragen besprochen und der Kunde signalisiert seine Kaufbereitschaft. Das Verkaufspersonal kann den Kunden direkt zum Kauf auffordern.

Beispiele

- „Darf ich Ihnen das Buch als Geschenk einpacken?"
- „Möchten Sie direkt beide Krawatten mitnehmen?"
- „Greifen Sie zu, so ein Angebot bekommt man nicht alle Tage."
- „Bei dem Preis sollten Sie direkt zuschlagen, denn das Angebot gilt nur, solange der Vorrat reicht."

Wichtig ist, dass der Kunde sich nicht genötigt fühlt, die Ware nun zu kaufen. Lediglich die Entscheidung soll ihm erleichtert werden.

222330128

Kein Drängen

Bei all den Hilfestellungen sollte nicht vergessen werden, dass unter Druck getroffene Kaufentscheidungen häufig zu Umtausch sowie langfristig zu Kundenverlust führen.

Abschlussverstärker

Ist das Verkaufsgespräch weit fortgeschritten, sorgen sogenannte Abschlussverstärker sowie eine gekonnte Verabschiedung für einen positiven Eindruck beim Kunden. Diese Abschlussverstärker sollten die Vorteile der Ware noch einmal kurz erwähnen.

Beispiele:

- „Da haben Sie eine gute Wahl getroffen, denn ... Vielen Dank für Ihren Einkauf."
- „Ihre Entscheidung ist deshalb richtig, weil ... Wir bedanken uns für Ihren Einkauf und wünschen Ihnen noch einen schönen Tag."
- „Mit diesem Kauf sind Sie am Ziel Ihrer Wünsche, da ... und mit unserer Anschlussgarantie kann ja gar nichts mehr schief gehen."
- „Sie werden diesen Kauf bestimmt nicht bereuen. Sollten Sie wider Erwarten Probleme mit dem Artikel bekommen, so lassen Sie es uns wissen, damit wir Ihnen weiterhelfen können."

Sind keine zusätzlichen Empfehlungen möglich, begleitet das Verkaufspersonal den Kunden zur Kasse bzw. beendet das Verkaufsgespräch.

Aufgaben

1. Erstellen Sie eine Liste zu Gründen, die eine Bekräftigung der Kaufentscheidung rechtfertigen.
2. Erläutern Sie, was man unter „Abschlusstechniken" und „Kaufsignalen" versteht. Geben Sie jeweils drei Beispiele.
3. Erläutern Sie, warum man Kunden nicht zu einem Kauf drängen sollte.
4. Erläutern Sie, durch welche Signale ein Kunde zu erkennen gibt, dass er kaufbereit bzw. nicht kaufbereit ist.
5. Beschreiben Sie, welches Verhalten eines Verkäufers angebracht ist, wenn sich der Kunde wie folgt äußert:
   a) Eine Kundin dreht eine Bluse auf dem Bügel hin und her und streicht liebevoll über den Stoff.
   b) Kunde: „Kann meine Tochter die Puppe auch baden?"
   c) Kunde: „Sind die Systeme auch miteinander kompatibel?"
   d) Kundin: „Schließen Sie die Satellitenschüssel auch an?"
   e) Kunde: „Wenn dieser Kugelgrill nicht in meinen Wagen passt, könnten Sie ihn dann auch liefern?"
6. Welche Abschlusstechnik ist hier verwendet worden?
   a) „Ich empfehle Ihnen diese Dreiphasenreinigungspads, da sie besonders gute Spülergebnisse liefern."
   b) „Legen Sie mehr Wert auf natürliche Zutaten bei Ihren Materialien oder sind Ihnen synthetische Fabrikate lieber?"
   c) „Wenn ich Sie richtig verstanden habe, sind Ihnen Beinfreiheit und adaptives Kurvenlicht besonders wichtig. Dann ist dies genau Ihr Fahrzeug, da bereits in der Serienausstattung Ihre Wünsche voll befriedigt werden."
   d) „Sie möchten also lieber eine wattierte Übergangsjacke als eine speziell konzipierte Daunenjacke?"

2.4.9 Verkaufsgespräch – Ergänzungs- und Zusatzangebote

Viele Waren werden erst durch bestimmte Ergänzungen funktionsfähig.

Die Bedenken, dass ein Verkäufer sehr aufdringlich wirkt, wenn er zur Taschenlampe auch die passenden Batterien anbietet, sind unbegründet, da man den Kunden vor einer unerfreulichen Situation bewahrt. In den meisten Fällen sorgen sinnvolle Ergänzungen für mehr Kundenzufriedenheit. Nichts ärgert einen Kunden mehr, als wenn er zu Hause feststellen muss, dass noch etwas fehlt, um den neu gekauften Gegenstand nutzen zu können.

Beispiele:

- Zu einem Gas-Grill sollten immer eine zusätzliche Gasflasche sowie ein Grillbesteck angeboten werden.
- Beim Kauf einer Kamera sollte der Kunde auf eine gepolsterte Kameratasche aufmerksam gemacht werden sowie auf ein Stativ oder ein Blitzlicht. Nicht zu vergessen sind ein Akku und eine Speicherkarte. Auch ein Fotodrucker mit entsprechendem Fotopapier kann eine sinnvolle Ergänzung für den Kunden sein.
- Neben einem Hemd lassen sich entsprechende Krawatten oder Fliegen anbieten.
- Für eine Salz- und Pfeffermühle sollten entsprechende Päckchen mit grobem Salz und Pfefferkörnern angeboten werden.

Kunden schenken dem Verkaufspersonal Vertrauen, wenn es für sie mitdenkt und sie vor Ärger, Verlegenheit oder zusätzlichen Wegen bewahrt.
Gut dargebotene Ergänzungs- und Zusatzartikel wirken positiv auf

- **den Kunden:** Ihm werden Zeit und Ärger erspart. Auch entfallen zusätzliche Kosten, wenn der Hauptartikel nur durch die Ergänzung funktionsfähig gemacht werden kann.
- **das Verkaufspersonal:** Es genießt das Ansehen und Vertrauen des Kunden. Außerdem bekommt es Anerkennung durch den Chef und steigert damit das Selbstbewusstsein.
- **das Geschäft:** Es bekommt bzw. erhält einen guten Ruf. Umsatz und Gewinn werden gesteigert.

222330130

Was ist ein Ergänzungsangebot?

Ergänzungsangebote werden unterschieden in:

- **funktionsnotwendige Ergänzungsartikel:** Sie sind unerlässlich für den Einsatz bzw. die Verwendbarkeit eines Hauptartikels, z. B.
  - Leuchtmittel zur Lampe,
  - Software zum PC,
  - Kopfhörer zum MP3-Player,
  - Akku zum Handy.

  Auf die Erwähnung notwendigen Zubehörs sollte das Verkaufspersonal nie verzichten, selbst dann nicht, wenn viele Kunden im Geschäft sind oder der Kunde in Eile ist. Letztendlich erspart es dem Kunden einen Zusatzweg, wenn er den Hauptartikel nutzen möchte, dies aber ohne den Ergänzungsartikel nicht kann.

- **wertsteigernde bzw. werterhaltende Ergänzungsartikel:** Sie nutzen dem Kunden, da sie den Hauptartikel sinnvoll ergänzen und seine Verwendungsmöglichkeiten erweitern, z. B.
  - Hängemappen, Laufschienen oder Aufsteckreiter zum Hängeregistraturschrank,
  - Pflegemittel oder Ersatzschnürsenkel zum Lederschuh,
  - Wäscheklammern, Wäschekorb oder Regenabdeckung zur Wäschespinne,
  - Auflagen, regenfeste Tischdecke, Fackeln oder Insektenlicht zur Gartengarnitur.

Was ist ein Zusatzangebot?

Zusatzartikel sollen den Hauptartikel ergänzen. Somit ist ein Paar Handschuhe zu einem neuen Wintermantel eine nützliche Ergänzung, während der Mantel als Ergänzungsangebot zu den Handschuhen den Kunden doch eher irritiert. Zusatzartikel sollten kleiner und preisgünstiger als der Hauptartikel sein.

Hauptartikel	Ergänzungsartikel	Zusatzartikel
elektrischer Milchaufschäumerstab	Batterien	Aufhängevorrichtung, Ablage
Fertigbackmischung	Eier, Wasser	Kuchenbordüre
Handy	Akku	Schutzfolie
Füllfederhalter	Tintenpatronen, Tintenfass	Löschstift, Etui

Abb. 1: Beispiele für Hauptartikel, Ergänzungsartikel und Zusatzartikel

Geschäfte nutzen Verbundplatzierungen, um Kunden die entsprechenden Waren in ihrem Verwendungszusammenhang zu präsentieren und sie auf notwendige und sinnvolle Zusatzartikel aufmerksam zu machen. Damit wird den Kunden ein Gesamtangebot unterbreitet (vgl. Abb. 1).

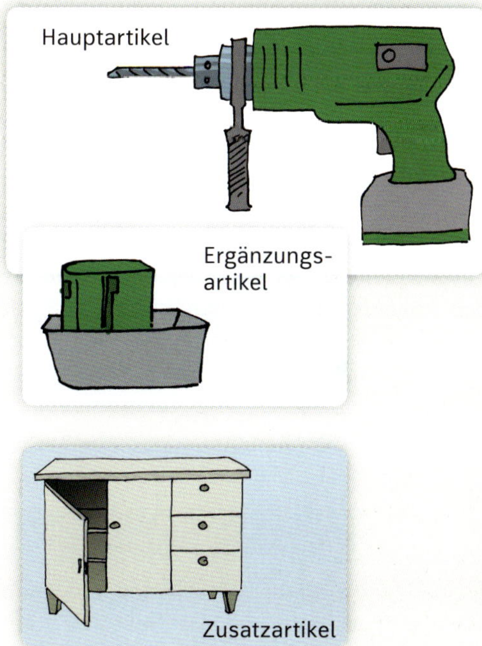

Abb. 2: Abgrenzung der Begriffe Hauptartikel, Ergänzungsartikel und Zusatzartikel

Auch Hersteller nehmen den Gedanken des Zusatzartikels zunehmend in ihr Angebot mit auf.

Beispiele:

- Ein Wellness-Set ist bereits mit einer Duschcreme, einer Bodylotion und einem Badeschwamm versehen.
- Das Etui ist bereits mit Stiften, einem Anspitzer sowie Radiergummi und Lineal bestückt.
- Im Herbst können Schal, Handschuhe und Mütze aufeinander abgestimmt werden. Sie sind einzeln zu kaufen, ergänzen sich aber zu einem hübschen Set.
- Das Garn für ein Paar Socken wird bereits mit Nadeln und Strickanleitung angeboten.

Wann sollte das Zusatzangebot gemacht werden?

Das Verkaufspersonal muss bei der Auswahl der Ergänzungsartikel Kreativität beweisen und den richtigen Zeitpunkt zur Vorstellung abpassen:

- Ist der Kunde noch nicht vom Hauptartikel überzeugt, so erhöht ein zu früh vorgestellter Zusatzartikel die Gesamtrechnung, wodurch der Kunde meist abgeschreckt wird.
- Hat der Kunde bereits gezahlt, wird er nicht mehr bereit sein, Ergänzungsartikel zu kaufen.

Wie sollte das Zusatzangebot gemacht werden?

Bei der Art und Weise des Angebots ist zu beachten:

- Keine negativ formulierten Suggestivfragen: Fragen im Sinne von „Sie möchten doch nicht etwa ..." sollten nicht genutzt werden, da sie – besonders wenn sie in gleichgültigem Tonfall gestellt werden – dem Kunden ein Desinteresse des Verkaufspersonals signalisieren. Außerdem bieten negative Formulierungen dem Kunden eine bequeme Möglichkeit, mit „Nein" zu antworten.
- Konkrete Vorschläge machen: Es sollten keine allgemeinen Formulierungen verwendet werden. Stattdessen sind die Kunden mit konkreten Vorschlägen zu überzeugen (vgl. Abb. 3).

Allgemeine Formulierung

- „Haben Sie sonst noch einen Wunsch?"
- „Wir haben hier auch noch ein paar Sonderangebote!"
- „Darf es sonst noch etwas sein?"

Konkreter Vorschlag

- „Eine perfekte Ergänzung zu den von Ihnen ausgewählten Matratzen würden diese ergonomisch flexiblen Lattenroste bieten."
- „Sehen Sie hier, diese perfekt zu Ihrem neuen Pullover passenden Tücher haben wir gerade erst heruntergesetzt. Eine wunderbare Ergänzung Ihres Outfits!"
- „Zu diesem Kaffeeautomaten benötigen Sie auch noch die passenden Kapseln. Darf ich Sie Ihnen einpacken?"

Abb. 3: Zusatzangebote sollten konkret formuliert werden.

Aufgaben

1. Überlegen Sie, warum es für den Kunden, das Verkaufspersonal und das Geschäft Vorteile bringt, wenn Zusatzangebote wohlüberlegt und zweckmäßig sind.
2. Erläutern Sie, wann ein Artikel als Zubehör gilt.
3. Erläutern Sie, welche Waren es in Ihrem Ausbildungsbetrieb gibt, die sich als Zusatzartikel zu entsprechenden Hauptartikeln anbieten. Erstellen Sie eine Liste und denken Sie über entsprechende Vorstellungsmöglichkeiten nach.
4. Erläutern Sie, wie Sie Ihre Kunden auf Zusatzartikel aufmerksam machen.

222330132

2.4.10 Verkaufsgespräch – Bekräftigung der Kaufentscheidung und Verabschiedung

Einen Gast bringen wir zur Verabschiedung zur Tür und wünschen ihm einen schönen Tag. Genauso sollte es das Verkaufspersonal mit einem Kunden handhaben, denn auch der ist Gast in diesem Geschäft. Wird der Kunde unmittelbar nach der Kaufentscheidung allein gelassen, fühlt er sich nun unerwünscht. Es sollte bedacht werden:

> **!** *Der erste Eindruck ist der entscheidende, aber der letzte Eindruck der bleibende.*

Das Verkaufspersonal sollte den Gang zur Kasse für weitere Gespräche bzw. Informationen nutzen, z. B.

- Bekräftigung der Kaufentscheidung,
- Hinweise zur Pflege der Produkte,
- Hinweise auf spezielle Serviceangebote des Hauses oder
- es werden weitere Informationen über den Kunden gesammelt.

Auf diese Weise fühlen sich die Kunden vom Geschäft wahrgenommen und es entsteht eine stärkere Kundenbindung.

Auch die Ansprache des Kunden mit seinem Namen führt zu einer positiven Haltung gegenüber dem Geschäft, denn jeder wird gern mit Namen angesprochen bzw. mit seinen Anliegen ernst genommen.

Bekräftigung der Kaufentscheidung

Auf dem gemeinsamen Weg zur Kasse kann auch die Kaufentscheidung des Kunden bestärkt werden. Das Verkaufspersonal sollte ihn in seiner guten Wahl bestätigen. Individuelle Bestätigungen wirken hier intensiver als allgemeine Formulierungen, die zwar auch genügen, aber von geringer Wirkung sind (vgl. Abb. 1).

Beispiele:
„Da haben Sie eine sehr gute Wahl getroffen." oder „Sie haben gut gewählt!"

Besser:
- „Ihre Entscheidung werden Sie nicht bereuen, weil ..."
- „Da haben Sie eine gute Wahl getroffen. Die Espressomaschine lässt sich sehr leicht reinigen und verleiht jeder Tasse ein hervorragendes Aroma."

Was das Verkaufspersonal vermeiden sollte
■ Durch Weglaufen Richtung Kasse verliert das Verkaufspersonal den Kontakt zum Kunden. ■ Der Kunde bewegt sich Richtung Kasse, das Verkaufspersonal trottet in einigem Abstand hinter ihm her. ■ Der Kunde hat sich zum Kauf entschieden, das Verkaufspersonal eilt zur Kasse voraus. ■ Dem Kunden die Ware aus der Hand nehmen, macht diesen meist unglücklich, da er seinen Kauf gerne selbst zur Kasse bringen möchte.
Wie diese Situation besser genutzt werden kann
■ Auf körpersprachliche Signale des Kunden achten und ihn zur Kasse begleiten. ■ Auf dem Weg zur Kasse dem Kunden noch wertvolle Zusatzinformationen zu seiner Ware mitteilen. ■ Den Kunden zur Kasse zu begleiten, ermöglicht das Anbieten von Zusatzartikeln. ■ Den Kunden in seiner Entscheidung bestätigen und weitere Angebote unterbreiten.

Abb. 1: Verhalten auf dem Weg zur Kasse

Hinweise auf Serviceangebote

Des Weiteren bietet sich auf dem Weg die Gelegenheit, die Serviceleistungen des Geschäfts zu erwähnen und dem Kunden bei etwaigen Problemen Rat und Hilfe anzubieten.

Serviceleistungen können z. B. sein:
- Einpackhilfen,
- Geschenkverpackungen,
- Transporthilfen,
- Kundendienst.

Beispiele:
- „Ihren neuen Seidenschal sollten Sie nicht in der Maschine waschen."
- „Um lange Freude an Ihrem neuen Bügeleisen zu haben, sollten Sie nur destilliertes Wasser verwenden."
- „Wolle sollte nach dem Waschen im Liegen getrocknet werden."

Freundliche Verabschiedung

Da der Kunde das Geschäft in einer angenehmen Erinnerung behalten soll, sind alle Kunden mit einem freundlichen

> **!** *„Auf Wiedersehen und vielen Dank für Ihren Besuch."*

zu verabschieden – egal, ob sie etwas gekauft haben oder nicht. Denn jeder freundlich verabschiedete Kunde kommt mit neuen Wünschen zurück.

Grundsätzlich sollte bei der Verabschiedung durch das Verkaufspersonal beachtet werden:
- Das Interesse am Kunden bleibt bis zuletzt bestehen.
- Allen Kunden ist für ihren Besuch freundlich zu danken.
- Das Verkaufspersonal ist stets höflich und hilfsbereit.
- Für jüngere Kunden sind kleine Aufmerksamkeiten bereitzuhalten, z. B. Luftballons, Süßigkeiten, Proben, Tipps usw.
- Kunden werden auf Sonderaktionen, Neuigkeiten oder Ähnliches hingewiesen.

Aufgaben

1. Ein Kunde hat sich für das Piratenschiff von Lego entschieden. Formulieren Sie drei Fragen, die Sie ihm auf dem Weg zur Kasse stellen können.
2. Nehmen Sie Stellung zu den drei Verabschiedungsformeln. „Also Tschüss ...", „Bitte beehren Sie uns bald wieder." und „Auf Wiedersehen und vielen Dank, dass Sie die Ware gekauft haben."

222330134

Kompetenzraster, Kapitel 2.4.1 bis 2.4.10					
Kapitel	**Ich kann ...**	**nein**	**un-sicher**	**recht sicher**	**ja**
2.4.1	■ die Phasen eines Verkaufsgesprächs nennen.				
	■ Möglichkeiten nennen, die Ansprache von Kunden situationsabhängig zu variieren.				
	■ Möglichkeiten nennen, die Ansprache von Kunden abhängig von der Verkaufsform zu variieren.				
2.4.2	■ den Gesprächsverlauf von Kundengesprächen lenken.				
	■ durch Fragen Vertrauen aufbauen und Informationen erhalten.				
	■ fünf Fragetechniken nennen, erläutern und anwenden.				
2.4.3	■ Grundsätze der Warenvorlage in Bezug auf Zeitpunkt, Ort, Umfang sowie Art und Weise formulieren.				
	■ begründen, welche Preislage von Waren in welchen Situationen vorgelegt werden sollte.				
2.4.4	■ mögliche Kaufmotive von Kunden nennen und erkennen.				
	■ Merkmale einer warenbezogenen und einer kundenbezogenen Argumentation nennen und in meinen beruflichen Alltag übertragen.				
	■ die Bedeutung von Verkaufsargumenten erklären und für Waren meines Ausbildungsbetriebs Verkaufsargumente formulieren.				
2.4.5	■ sechs Methoden, im Kundengespräch über Verkaufspreise zu sprechen, nennen und anwenden.				
2.4.6	■ begründen, warum Einwände von Kunden positiv zu sehen sind.				
	■ Kundeneinwände nach ihren möglichen Ursachen unterscheiden.				
	■ fünf Methoden für die Reaktion auf Kundeneinwände nennen und anwenden.				
2.4.7	■ die Bedeutung von alternativen Angeboten erklären.				
2.4.8	■ Merkmale von sprachlichen und körpersprachlichen Kaufsignalen nennen.				
	■ Techniken nennen und anwenden, die zum Verkaufsabschluss führen.				
2.4.9	■ die Bedeutung von Ergänzungs- und Zusatzangeboten erklären.				
2.4.10	■ erklären und begründen, welche Verhaltensweisen auf dem Weg zur Kasse und bei der Verabschiedung des Kunden zu empfehlen sind.				

Kunden im Servicebereich Kasse betreuen

Lernfeld 3

Advance Organizer | Kaufvertragsrecht und Kasse

Natürliche Personen – Mit der Geburt → **Rechtsfähigkeit** (Man hat Rechte und Pflichten) ← durch Eintragung ins Vereins- oder Handelsregister – **Juristische Personen**

Geschäftsfähigkeit (Man darf Rechtsgeschäfte abschließen)

Natürliche Personen:

0- 6 Jahre – keine

7 - 17 Jahre – beschränkte

ab 18 Jahren – volle

Juristische Personen:

volle – z.B. Volkswagen-AG – Aktiengesellschaften (AG)

volle – z. B. Rossmann GmbH – Gesellschaft mit beschränkter Haftung (GmbH)

volle – z. B. VR-Bank eG – eingetragene Genossenschaft (eG)

volle – z. B. ADAC e.V. – eingetragene Vereine (e.V.)

...

Rechtsgeschäfte

einseitige Rechtsgeschäfte

Voraussetzung:
Willenserklärung einer Person

Beispiele:
Kündigung
Anfechtung
Mahnung
Testament

zweiseitige Rechtsgeschäfte = Verträge

Voraussetzung:
Übereinstimmende Willenserklärung (mindestens) zweier Personen.
Man nennt die beiden Willenserklärungen:
Antrag und Annahme

Beispiele:
Versicherungsvertrag
Schenkung
Arbeitsvertrag
Dienstleistungsvertrag
Werkvertrag
Kaufvertrag
Verkäufer ... Käufer

Verkäufer – Pflichten:
- Lieferung mangelfreier Ware, zur richtigen Zeit, zum richtigen Ort
- Übereignung der Ware
- Annahme des Kaufpreises

Käufer – Pflichten:
- Annahme der Ware
- Zahlen des Kaufpreises

222330138

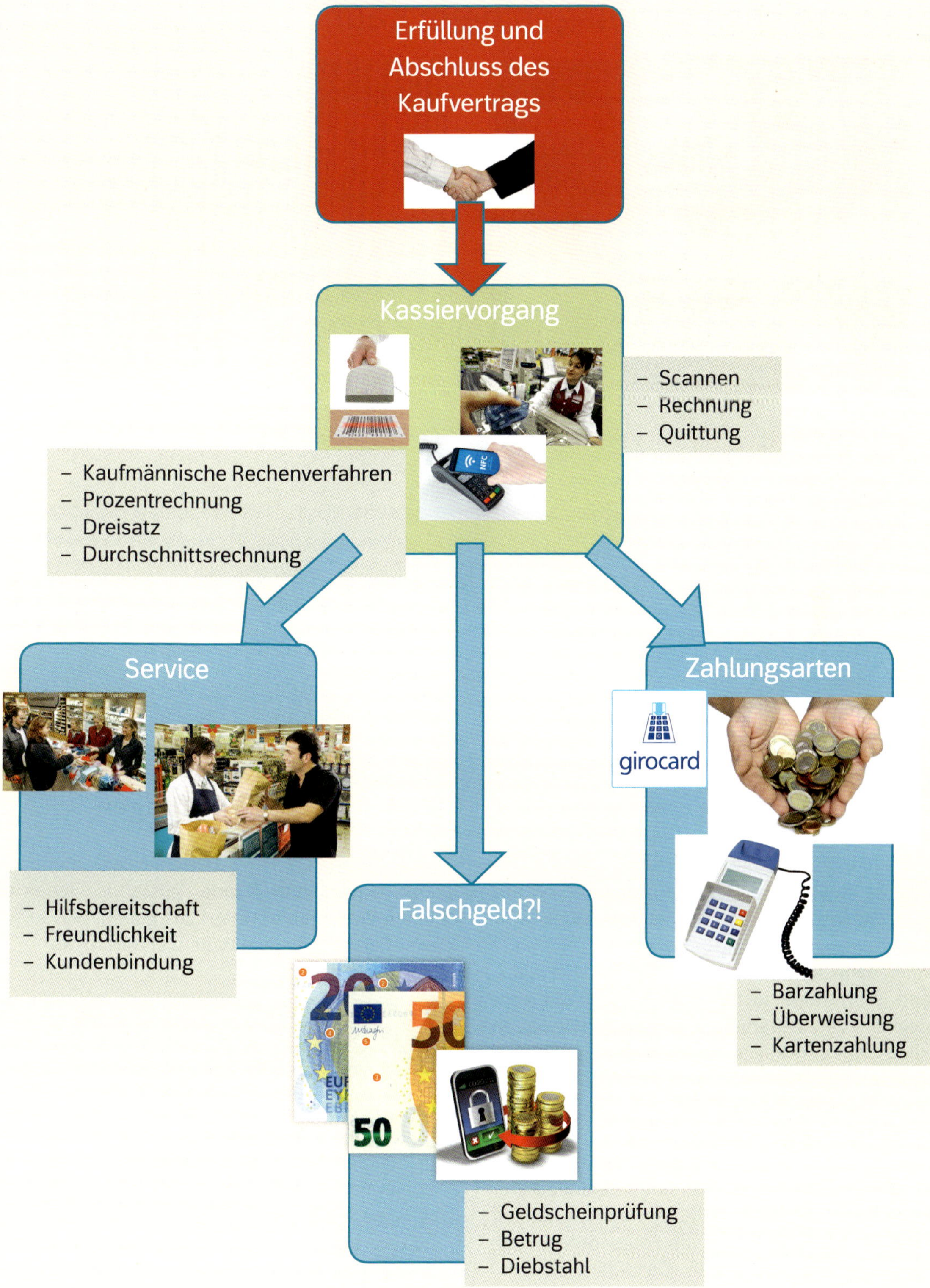
Erfüllung und Abschluss des Kaufvertrags
Kassiervorgang
– Scannen
– Rechnung
– Quittung
– Kaufmännische Rechenverfahren
– Prozentrechnung
– Dreisatz
– Durchschnittsrechnung
Service
– Hilfsbereitschaft
– Freundlichkeit
– Kundenbindung
Falschgeld?!
– Geldscheinprüfung
– Betrug
– Diebstahl
Zahlungsarten
girocard
– Barzahlung
– Überweisung
– Kartenzahlung

3.1 Rechtliche Grundlagen beim Kauf

„Ich bin vielleicht aufgeregt. Morgen soll ich doch an die Kasse gehen." Anna Helms, die junge Auszubildende, ist ganz nervös, wenn sie daran denkt, dass sie morgen zum ersten Mal kassieren soll. Nurai Öztürk, die schon im zweiten Jahr der Ausbildung ist, beruhigt sie: „Keine Angst, das ist gar nicht so schwer. Du schaffst das schon. Und außerdem ist Frau Neuenfels die ersten Male dabei und passt auf, dass du keine Fehler machst. Wichtig bei der Arbeit an der Kasse ist, dass du dich konzentrierst."

Die Arbeiten an der Kasse bilden das Kernstück kaufmännischen Handelns. Hier wird die Ware übergeben und bezahlt. Das, worauf sich das gesamte kaufmännische Handeln ausrichtet, erfährt an der Kasse seinen erfolgreichen Abschluss.

Immer dann, wenn etwas wichtig für den Kaufmann ist, muss er sicher sein, dass er sich entsprechend den bestehenden Regeln und Gesetzen verhält. An der Kasse gelten viele gesetzliche Vorgaben, die man als Verkäufer wissen muss. Zunächst einmal ist es wichtig zu wissen, dass hier ein **Kaufvertrag** geschlossen wird.

Die gesetzlichen Grundlagen und Regelungen für das Vertragsrecht sind vielfältig. Ihre Kenntnis ist für jeden Kaufmann Pflicht. Im Folgenden werden diese Grundlagen dargestellt. Sie bilden gewissermaßen das Handwerkszeug für alle wirtschaftlich tätigen Menschen.

3.1.1 Willenserklärungen

Oft kommt ein Vertrag zwischen zwei Personen, Einzelhändler und Kunde, zustande. Jeder der beiden Vertragspartner erklärt genau, was er will. Jeder Partner gibt eine Willenserklärung ab.

> **!** *Eine **Willenserklärung** ist eine Äußerung oder Handlung, die darauf abzielt, ein Rechtsgeschäft herbeizuführen oder zu ändern.*

Willenserklärungen sind verbindlich. Jeder der Vertragspartner kann also sicher sein, dass der andere sich auch an den Vertrag hält. Der Charakter eines Vertrags ist der eines Versprechens – auch das muss man halten. Dieser Grundsatz ist so wichtig, dass er auch Eingang in das wichtigste Gesetz gefunden hat, das das Verhältnis der Bürger untereinander regelt: das Bürgerliche Gesetzbuch (BGB):

222330140

§ 145 BGB

Bindung an den Antrag
Wer einem anderen die Schließung eines Vertrags anträgt, ist an den Antrag gebunden, es sei denn, dass er die Gebundenheit ausgeschlossen hat.

Die Willenserklärungen, die zu einem Vertrag führen, nennt man auch Antrag und Annahme (vgl. Abb. 1).

! *Ein **Vertrag** kommt durch zwei übereinstimmenden Willenserklärungen (= Antrag und Annahme) zustande.*

Beispiel: Die Bäckermeisterin Schulze bietet Anna Helms ein Schinkenbrötchen für 1,50 € an (= Antrag). Anna sagt, dass sie das Brötchen gern kaufen würde (= Annahme). Zwischen Frau Schulze und Anna ist ein Kaufvertrag über das Brötchen zustande gekommen.

Willenserklärungen können auf verschiedene Weise abgegeben werden:
- mündlich,
- schriftlich oder
- in sonstiger geeigneter Form, z. B. das Handheben bei einer Auktion. In diesem Fall spricht man von schlüssigem oder konkludentem Verhalten.

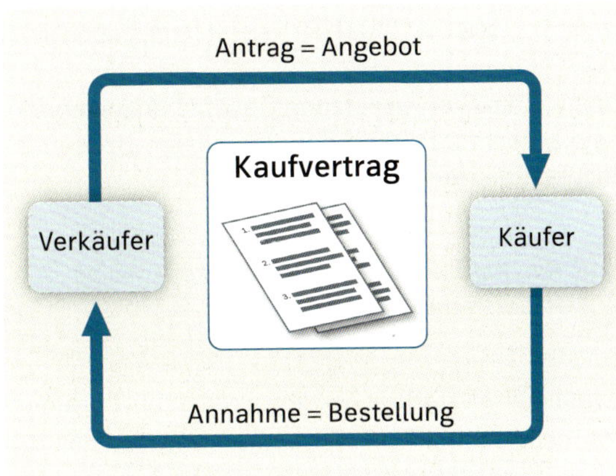

Abb. 1: Antrag und Annahme führen zum Vertrag.

3.1.2 Personen

Nur Personen können miteinander Verträge abschließen. Nur auf Personen kann Recht angewandt werden.

Jeder Mensch ist eine **natürliche Person.** Weil das dazu führen könnte, dass man Unternehmen nicht verklagen kann, hat der Gesetzgeber bestimmte Unternehmen und Einrichtungen einfach zu Personen erklärt. Einige dieser Unternehmen und Einrichtungen werden in Abb. 2 genannt. Damit man sie nicht mit den natürlichen Personen verwechselt, hat man ihnen die Bezeichnung **juristische Personen** gegeben.

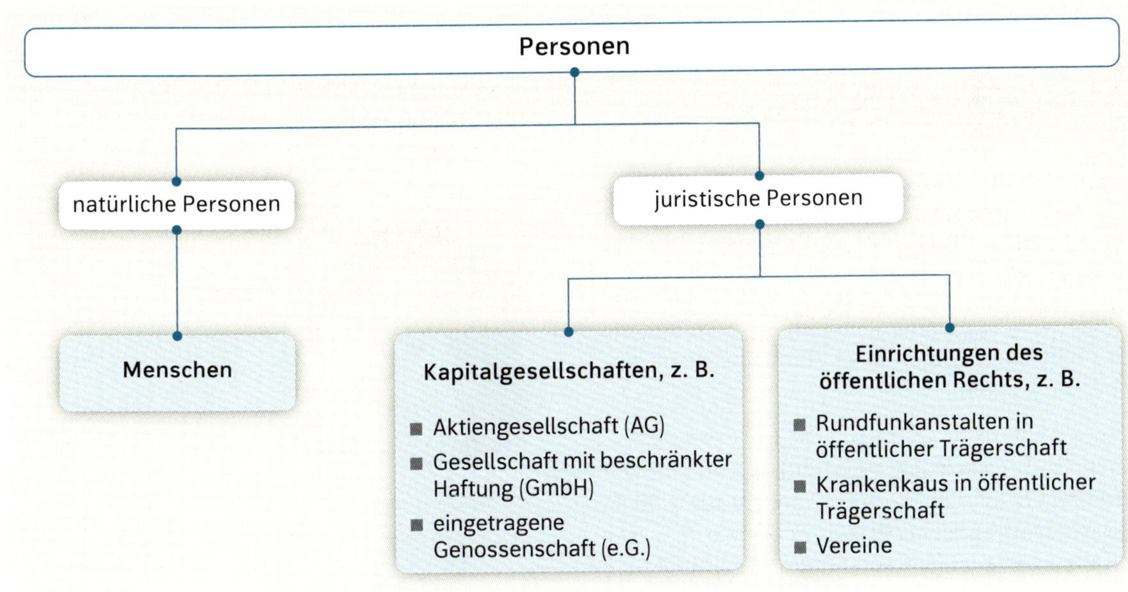

Abb. 2: Natürliche und juristische Personen

3.1.3 Rechtsfähigkeit und Geschäftsfähigkeit

Eine weitere Voraussetzung Gesetze anzuwenden, ist die Rechtsfähigkeit der natürlichen bzw. juristischen Personen.

> ! ***Rechtsfähigkeit** ist die Fähigkeit, Träger von Rechten und Pflichten zu sein.*

Damit haben natürliche und juristische Personen Rechte und Pflichten, wie sie sich aus den Rechtsvorschriften in Deutschland ergeben, z. B.
- das Recht auf Eigentum oder
- die Pflicht, Steuern zu zahlen.

Natürliche Personen werden mit der Geburt rechtsfähig.

Beispiel: Die wohlhabenden Großeltern schenken dem lange ersehnten Enkelkind ein Vermögen von 300 000,00 €. Das Geld gehört dem Kind aufgrund der Tatsache, dass es rechtsfähig ist. Damit hat das Kind allerdings auch schon die Verpflichtung zur Zahlung von Schenkungssteuer. Diese Verpflichtung übernehmen die Eltern des Kindes.

Juristische Personen werden mit der Eintragung in ein entsprechendes, gesetzlich vorgeschriebenes Register, z. B. Handelsregister oder Vereinsregister, rechtsfähig.

Wann dürfen Personen Verträge abschließen?
Personen dürfen nur dann gültige Verträge abschließen, wenn sie geschäftsfähig sind.

> ! ***Geschäftsfähigkeit** ist die Fähigkeit, Rechtsgeschäfte selbstständig abschließen zu kön-*

Mit dieser Voraussetzung für den Abschluss voll gültiger Verträge werden Menschen geschützt, die die rechtlichen Folgen ihres Handelns nicht einschätzen können.

Beispiel: Der sechsjährige Matthias verkauft der 18-jährigen Julia seine Spielekonsole für 2,00 €. Der Kaufvertrag ist nicht gültig, da Matthias geschäftsunfähig ist. Er kann aufgrund seines Alters den Wert von Geld nicht einschätzen.

Juristische Personen sind mit der Eintragung ins jeweilige Register auch geschäftsfähig.

Bei **natürlichen Personen** unterscheidet man – je nachdem wie alt der Mensch ist – verschiedene Arten der Geschäftsfähigkeit:

Geschäftsunfähigkeit: 0–6 Jahre
- Kinder, die noch nicht sieben Jahre alt sind, sind geschäftsunfähig.
  Sie dürfen nicht selbstständig einkaufen. Kaufverträge, die mit diesen Kindern geschlossen werden, sind nicht gültig (**nichtig**).

Beispiel: Die fünfjährige Anna kauft gegen den ausdrücklichen Wunsch der Mutter von ihrem Taschengeld im Supermarkt eine Flasche Cola. Dieser Kaufvertrag ist nichtig. Die Mutter kann das Geld zurückfordern, selbst wenn das Kind die Flasche schon ausgetrunken hat.

- Kinder, die noch nicht sieben Jahre alt sind, dürfen im Auftrag des gesetzlichen Vertreters Willenserklärungen übermitteln. Sie sind dann als Bote tätig.

Beispiel: Ein sechsjähriger Junge wird samstagmorgens zum Brötchenholen geschickt. Er hat das Geld abgezählt und einen entsprechenden Bestellzettel für den Bäcker dabei. Der Junge handelt in diesem Fall als Bote für den Vater. Der Kaufvertrag kommt zwischen dem Vater des Jungen und dem Bäcker zustande.

Abb. 3: Kinder zwischen 0 und 6 Jahren sind geschäftsunfähig.

222330142

Beschränkte Geschäftsfähigkeit: 7–17 Jahre

- Kinder und Jugendliche, die noch nicht 18 Jahre alt sind, sind beschränkt geschäftsfähig.
  Sie dürfen Kaufverträge abschließen, benötigen jedoch die Zustimmung des gesetzlichen Vertreters dazu. Solange diese Zustimmung nicht erfolgt ist, bleibt das Rechtsgeschäft schwebend unwirksam. Wird die Zustimmung nachträglich ausdrücklich erteilt, ist der Kaufvertrag dann gültig.

Beispiel: Der siebenjährige Michael hat seinen ersten Schultag. Er erhält von seinem Lehrer eine Liste der benötigten Schulbücher. Auf dem Heimweg von der Schule gibt er die Liste bei dem Buchhändler Meier ab. Dieser bestellt die Bücher sofort beim Verlag. Michaels Vater erfährt erst zwei Tage später davon und verlangt von Herrn Meier, die Liste wieder herauszugeben, weil er nicht Kunde bei ihm ist. Der Kaufvertrag zwischen Michael und dem Buchhändler war bislang schwebend unwirksam und ist nun nichtig.

Beispiel: Freudestrahlend teilt der 17-jährige Robert seinen Eltern mit, dass er sich für 800,00 € einen Motorroller von einem Bekannten gekauft hat. Seine Eltern erklären sich damit im Nachhinein einverstanden und geben ihre Zustimmung. Der Kaufvertrag zwischen Robert und dem Verkäufer war bislang schwebend unwirksam und ist nun gültig.

Abb. 4: Kinder und Jugendliche zwischen 7 und 17 Jahren sind beschränkt geschäftsfähig.

§ 108 BGB

Vertragsschluss ohne Einwilligung

(1) Schließt der Minderjährige einen Vertrag ohne die erforderliche Einwilligung des gesetzlichen Vertreters, so hängt die Wirksamkeit des Vertrags von der Genehmigung des Vertreters ab.

Volle Geschäftsfähigkeit: ab 18 Jahren

- Volljährige dürfen ohne Einschränkungen Rechtsgeschäfte abschließen. Ausnahmen gibt es jedoch für dauerhaft geisteskranke Erwachsene und Personen, die vom Gericht unter Vormundschaft gestellt wurden.

Besonderheiten für beschränkt Geschäftsfähige

Folgende Verträge dürfen grundsätzlich nicht mit Kindern und Jugendlichen im Alter von sieben bis 17 Jahren geschlossen werden:

- Ratenverträge und
- Mobilfunkverträge mit vertraglicher Laufzeit.

Folgende Verträge mit Kindern und Jugendlichen sind ohne Zustimmung der Erziehungsberechtigten gültig:

- Rechtsgeschäfte, deren Wert sich im Rahmen des altersgemäßen **Taschengeldes** oder der Ausbildungsvergütung bewegt,

- Rechtsgeschäfte, bei denen sie **nur Vorteile** haben und keine weitergehenden Verpflichtungen eingehen (z. B. Geschenke annehmen; Erbe antreten).

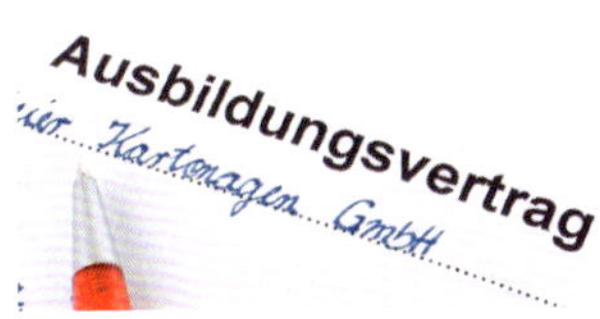

- Rechtsgeschäfte, die **im Rahmen der Ausbildung** abgeschlossen werden: Der Ausbildungsvertrag kommt nur mit Zustimmung der Erziehungsberechtigten zustande. Werden jedoch im Rahmen dieser Ausbildung Verträge abgeschlossen, z. B. beim Kassiervorgang, sind diese Verträge auch ohne Zustimmung der Erziehungsberechtigten gültig.

3.1.4 Verpflichtungs- und Erfüllungsgeschäft

Viele Kaufverträge werden geschlossen, leider werden längst nicht alle auch gehalten. Es besteht ein großer Unterschied zwischen

- dem Zustandekommen des Kaufvertrags (**Verpflichtungsgeschäft**) und
- der Erfüllung des Kaufvertrags (**Erfüllungsgeschäft**).

Nachdem der Kaufvertrag zustande gekommen ist, hat der **Verkäufer** folgende Pflichten:

- er muss dem Käufer die Ware übergeben,
- er muss dem Käufer das Eigentum an der Ware übertragen,
- er muss den Kaufpreis annehmen.

Der **Käufer** hingegen hat die folgenden Pflichten:

- er muss die Ware annehmen,
- er muss den vereinbarten Kaufpreis bezahlen.

3.1.5 Vertragsfreiheit

Bei den Verträgen, die der Einzelhändler mit seinen Kunden schließt, herrscht grundsätzlich Vertragsfreiheit.

Das bedeutet, dass

- niemand gezwungen werden kann, einen Vertrag mit jemandem abzuschließen (**Abschlussfreiheit**),
- zwischen den Vertragspartnern die Inhalte frei vereinbart werden können (**Inhaltsfreiheit**),
- das Zustandekommen von Kaufverträgen an keine bestimmte Form gebunden ist. Die meisten Verträge können mündlich, schriftlich, telefonisch, elektronisch oder durch anderes schlüssiges Handeln (Handheben bei einer Auktion; Handschlag, Kopfnicken) abgeschlossen werden (**Formfreiheit**).

Die Vertragsfreiheit gilt jedoch nicht uneingeschränkt. So darf man z. B. nicht gegen bestehende Gesetze verstoßen oder seinen Geschäftspartner betrügen oder benachteiligen. In manchen Fällen ist die schriftliche Form vorgeschrieben (vgl. Abb. 5).

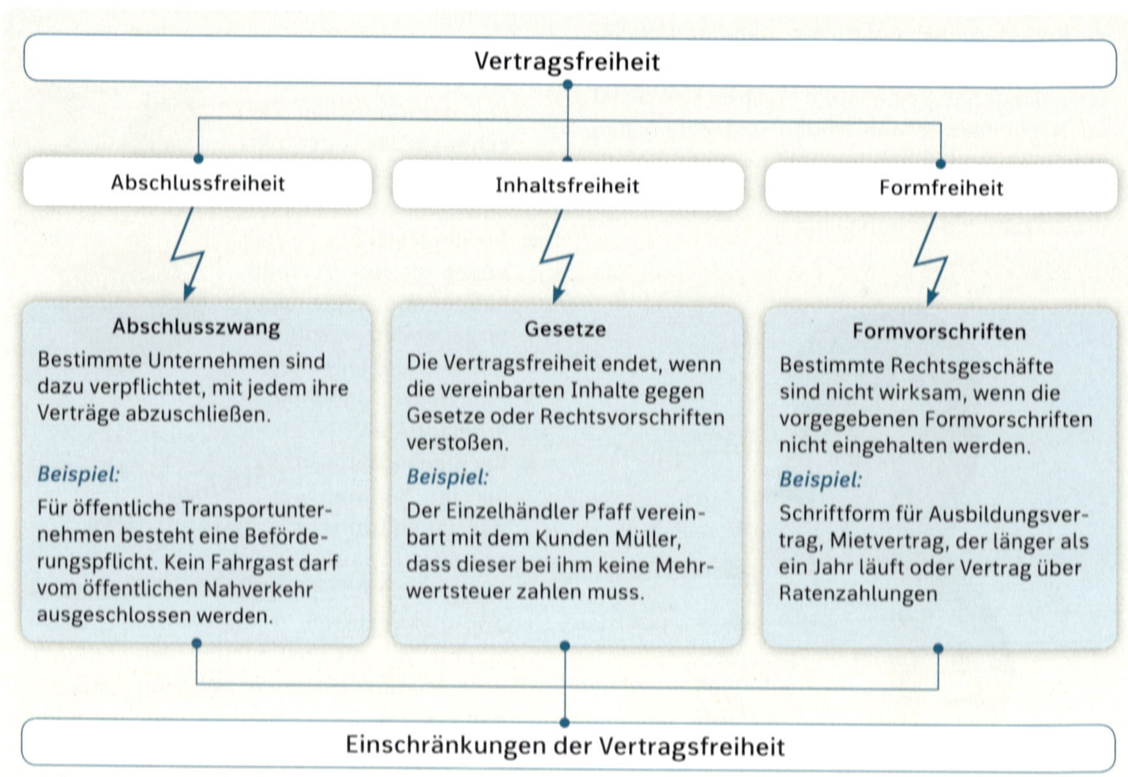

Abb. 5: Vertragsfreiheit und ihre Einschränkungen

222330144

3.1.6 Rechtsgeschäfte

Mit dem Kaufvertrag hat der Einzelhändler sehr häufig zu tun. Es gibt aber noch eine Vielzahl anderer Verträge, die im Alltag von großer Bedeutung sind: z. B. Ausbildungsvertrag, Arbeitsvertrag, Versicherungsvertrag, Ehevertrag oder Mietvertrag.

Beispiel: Anna Helms sucht eine eigene Wohnung. Sie meldet sich bei einer Vermieterin, die eine kleine Dachzimmerwohnung anbietet. Sie soll monatlich 350,00 € Miete kosten. Die Wohnung ist modern und sauber, die Lage ist sehr ruhig und doch zentral. Anna überlegt nicht lange und sagt der Vermieterin zu. In diesem Fall kommt es zu einem Mietvertrag.

Die Verträge, die als Beispiele aufgeführt sind, nennt man auch **zweiseitige Rechtsgeschäfte.** Sie kommen nur zustande, wenn zwei Willenserklärungen abgegeben werden, die übereinstimmen.

Beispiel: Die Auszubildende Martina (18) will ein gebrauchtes Auto kaufen, um damit schneller zur Arbeit zu kommen. Der Rechtsanwalt Betke will den gebrauchten Golf seiner Frau für 3000,00 € verkaufen und hat ihn deshalb im Internet inseriert. Bei einem Besichtigungstermin werden sich beide schnell einig. Martina will den Wagen zu diesem Preis kaufen. Der Kaufvertrag kommt zustande.

Neben diesen zweiseitigen Rechtsgeschäften gibt es auch **einseitige Rechtsgeschäfte.** Hier genügt der erklärte Wille einer Person, um das Rechtsgeschäft rechtskräftig zu machen. Einseitige Rechtsgeschäfte werden unterschieden in empfangsbedürftige und nicht empfangsbedürftige Rechtsgeschäfte (vgl. Abb. 6).

Beispiel: Martina hat mithilfe eines Sachverständigen herausgefunden, dass der Wagen, den sie von dem Anwalt gekauft hatte, schon einen schweren Unfallschaden hatte. Dies hatte der Verkäufer nicht angegeben. Martina möchte daher den Kaufvertrag anfechten. Davon muss der Verkäufer natürlich in Kenntnis gesetzt werden. Es handelt sich um eine Anfechtung, eine empfangsbedürftige Willenserklärung.

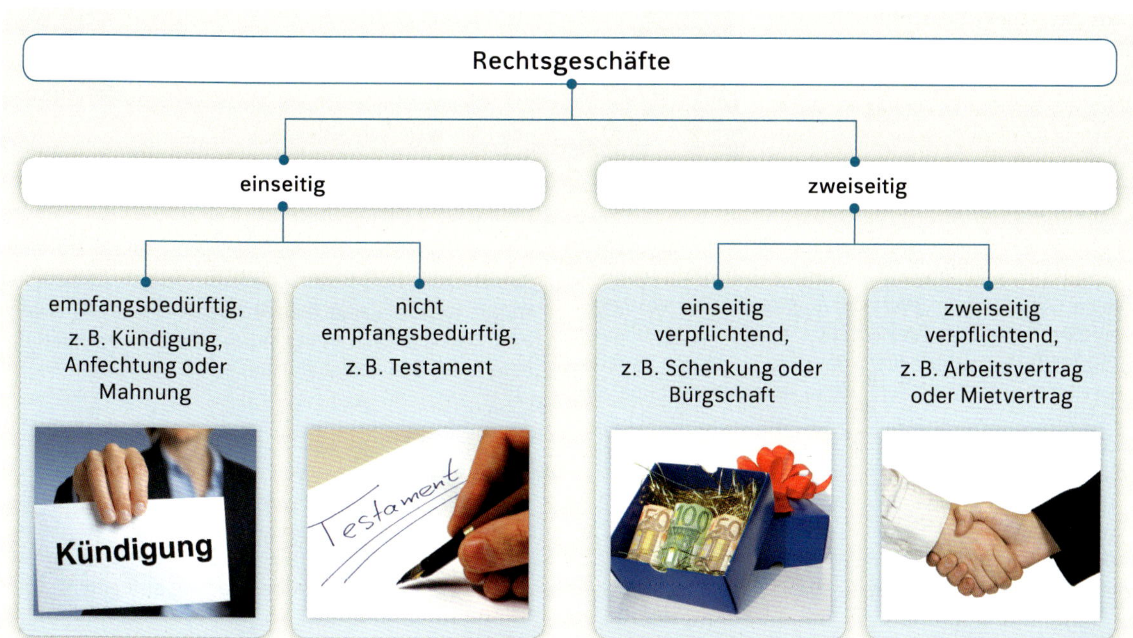

Abb. 6: Unterteilung von Rechtsgeschäften

3.1.7 Nichtigkeit und Anfechtbarkeit

Im Zusammenhang mit den Rechtsgeschäften wurde bereits darauf hingewiesen, dass nicht alle Rechtsgeschäfte, die abgeschlossen werden, auch gültig sind. Die deutsche Rechtsordnung erkennt nur solche Verträge an, die nicht im Widerspruch zu Gesetzen und Rechtsvorschriften stehen. Ist diese Bedingung nicht erfüllt, können die Verträge

- **nichtig** sein, d. h., sie sind von Anfang an ungültig – das Rechtsgeschäft ist nie zustande gekommen, oder
- **anfechtbar** sein. In diesem Fall sind sie nur so lange gültig, bis sie angefochten und für nichtig erklärt werden.

Ursachen und Beispiele für nichtige und anfechtbare Rechtsgeschäfte sind in Abb. 7 zusammengefasst.

Achtung: Ein sogenannter **Motivirrtum** hat keine rechtliche Bedeutung. Er führt nicht zur Anfechtbarkeit.

Beispiel: Ein Anleger kauft Aktien in der Hoffnung, dass der Kurs der Aktien steigt. Tatsächlich sinkt er allerdings um 50 %. Eine Anfechtung der Willenserklärung ist nicht möglich. Der Kaufvertrag bleibt gültig.

Gründe für	
... die Nichtigkeit	**... die Anfechtbarkeit**
Vertrag mit Geschäftsunfähigen *Beispiel:* Die 6-jährige Nina kauft im Supermarkt eine Flasche Cola. Der Vertrag ist nichtig. 	**Geschäfte, denen ein Irrtum zugrunde liegt:** ■ **Erklärungsirrtum** *Beispiel:* Ein Einzelhändler bestellt irrtümlich 100 Kisten Apfelsinen statt 10. Hier liegt ein Fehler bei der Abgabe der Willenserklärung vor. Die Willenserklärung kann angefochten werden, wenn davon auszugehen ist, dass der Vertragspartner sie unter normalen Umständen nicht abgegeben hätte.
Vertrag mit beschränkt Geschäftsfähigen ohne Zustimmung des gesetzlichen Vertreters *Beispiel:* Der 12-jährige Nils schließt gegen den Willen seiner Eltern einen Handy-Vertrag ab. Der Vertrag ist nichtig, wenn die Eltern die Zustimmung verweigern. 	■ **Übermittlungsirrtum** *Beispiel:* Die Bestellung per Fax ist nur undeutlich zu lesen. Der Verkäufer entziffert auf der Bestellung eine Stückzahl von 211 statt 21. Die Willenserklärung kann ebenfalls angefochten werden. 
Scheingeschäfte *Beispiel:* Ein Kaufvertrag über Grundstücke und Gebäude muss notariell beglaubigt werden. Der Notar bemisst seine Gebühren am Wert der Immobilie. Die Vertragspartner haben sich geeinigt, dass Haus und Grundstück 350000,00 € kosten sollen. Um Geld zu sparen, vereinbaren Verkäufer und Käufer, beim Notar eine Summe von 250000,00 € anzugeben. Diese Vereinbarung ist nichtig.	■ **Irrtum über die Eigenschaft einer Sache oder Person** *Beispiel:* Der Einzelhändler stellt eine Kassiererin ein. Später stellt sich heraus, dass sie wegen Diebstahls vorbestraft ist. Hier liegt ein Irrtum über die Eigenschaft einer Sache oder einer Person vor. Die Willenserklärung des Einzelhändlers ist von ihm selbst anfechtbar.
Scherzgeschäft *Beispiel:* Der Auszubildende Mick schenkt seinem Freund Arne sein Auto, weil der ihm sein nächstes Bier gebracht hat. Achtung: Scherzgeschäfte müssen als solche für jedermann erkennbar sein.	**Arglistige Täuschung** *Beispiel:* Der Gebrauchtwagenhändler verkauft ein Auto als unfallfrei, obwohl er genau weiß, dass der Wagen einen Unfall gehabt hatte. Der Käufer wird in diesem Fall arglistig getäuscht. Er kann den Vertrag anfechten.

Abb. 7: Nichtige und anfechtbare Rechtsgeschäfte

→

222330146

Gründe für	
... die Nichtigkeit	**... die Anfechtbarkeit**
Verstoß gegen die guten Sitten *Beispiel:* Josef Bierbichler, ein privater Geldverleiher, gewährt einem Bekannten, dem das Geld beim Poker ausgegangen ist, einen Kredit über 1000,00 €. Er verlangt Zinsen in Höhe von 30 % pro Jahr. Das ist ungefähr sechsmal so viel, wie der Bekannte bei der Bank zahlen müsste. Josef Bierbichler nutzt hier die Notlage und Unerfahrenheit des Bekannten aus, um einen erhöhten Kreditzins zu verlangen. Das verstößt gegen die guten Sitten, der Darlehensvertrag ist nichtig.	**Widerrechtliche Drohung** *Beispiel:* Ein Zeitschriftenverkäufer verschafft sich gewaltsam und unter lauter Beschimpfungen gegen den Willen eines älteren Wohnungsinhabers Eingang in die Wohnung, um ein Zeitschriftenabonnement zu verkaufen. Der unterschreibt, um den furchterregenden Besucher wieder loszuwerden. Der ältere Herr hat nur unter Druck und widerrechtlicher Drohung die Willenserklärung abgegeben. Der Vertrag ist anfechtbar. 
Verstoß gegen ein gesetzliches Verbot *Beispiel:* Raffaelo Gambini schließt mit Alfred Meier einen Kaufvertrag über die Lieferung von 4 kg Haschisch ab. Der Vertrag ist nichtig, da er gegen ein gesetzliches Verbot verstößt.	
Verstoß gegen Formvorschriften *Beispiel:* Die 18-jährige Auszubildende Sabrina Schlüter hat aus Versehen vergessen, den unbefristeten Mietvertrag zu unterschreiben, den sie mit der Hauswirtin Emma Thomas ausgehandelt hat. Dieser Mietvertrag ist schriftlich abzuschließen, er verstößt damit gegen die Formvorschrift und ist nichtig.	

Abb. 7: Nichtige und anfechtbare Rechtsgeschäfte

3.1.8 Allgemeine Geschäftsbedingungen (AGB)

Grundsätzlich sollte jeder Kaufvertrag neu ausgehandelt werden. Bei der Vielzahl der Kaufverträge, die der Einzelhändler jeden Tag abschließt, würde das aber viel zu lange dauern und möglicherweise auch das Verkaufspersonal überfordern. Aus diesem Grund sind die wichtigsten Vertragsbedingungen bereits im Sinne des Einzelhändlers vorformuliert.

> **!** *In* ***Allgemeinen Geschäftsbedingungen*** *werden vertragliche Bedingungen formuliert, die für eine Vielzahl von Verträgen gelten.*

Diese Vertragsinhalte werden häufig auf die Rückseite des Kaufvertrags gedruckt. Wegen der vielen Bedingungen und Klauseln, die sie enthalten, werden sie häufig klein gedruckt. Man spricht daher auch vom **„Kleingedruckten“.** Es enthält wesentliche Vertragsinhalte, z. B.

- Lieferbedingungen,
- Zahlungsbedingungen,
- Eigentumsvorbehalt,
- Erfüllungsort oder
- Gerichtsstand.

Die AGB müssen entweder deutlich lesbar auf dem Kaufvertragsformular oder durch einen deutlichen Aushang im Ladenlokal bekannt gemacht werden.

Es besteht die Möglichkeit, dass der Kaufmann die Vorformulierung der Vertragsinhalte dazu nutzt, sich Vorteile gegenüber dem Kunden zu verschaffen. Um dies zu verhindern, enthält das BGB in den Paragrafen 305 bis 310 weitgehende **Schutzbestimmungen** für den Verbraucher:

- AGB müssen ausdrücklich zum **Vertragsinhalt** gemacht werden. Der Einzelhändler muss deutlich auf der Vorderseite des Vertrags darauf hinweisen und der Kunde muss durch seine Unterschrift bestätigen, dass er Kenntnis von den AGB hat. Ein Abdruck der AGB erst auf der Rechnung wäre ein entscheidender Fehler.
- Der Kunde muss die Möglichkeit haben, die AGB **mühelos zu lesen** und eindeutig zu verstehen.

- Bedingungen, mit denen der Käufer nicht rechnen musste, sogenannte **überraschende Klauseln,** sind unwirksam.

  Beispiel: Beim Kauf eines Autos bei einem Gebrauchtwagenhändler wird der Kunde von der Verpflichtung überrascht, den Wagen regelmäßig bei diesem Händler warten und reparieren zu lassen. Selbst wenn der Kunde diese Klausel unterschrieben hat, erlangt sie keine Wirksamkeit.

- **Persönliche Absprachen** haben grundsätzlich Vorrang vor den AGB. Man kann also Absätze, die dem Käufer nicht zusagen, streichen lassen. Wenn der Verkäufer damit einverstanden ist, gilt der Vertrag nach wie vor.

- **Gesetzliche Gewährleistungsansprüche** des Kunden, z. B. Schadenersatzansprüche, dürfen nicht eingeschränkt werden.

Die Rechtsvorschriften des BGB schützen den wirtschaftlich Schwächeren, hier also den Verbraucher, vor undurchsichtigen Tricksereien in den AGB. Der Verbraucher soll jede Unklarheit mit dem Vertragspartner klären. Ist dies nicht möglich, sollte er das den Verbraucherberatungsstellen melden, damit diese mit dem notwendigen Druck und Sachverstand dagegen vorgehen können. Erst durch eine solche Vorgehensweise wird den gesetzlichen Bestimmungen des BGB der nötige Nachdruck und Wirksamkeit verliehen.

Da die AGB sehr große Bedeutung haben, sollte sich der Einzelhändler bei deren Formulierung den Rat der IHK oder von Fachanwälten einholen. Auf diese Weise bleibt der Einzelhändler von nachteiligen Überraschungen verschont.

Ein stark vereinfachtes Beispiel soll die inhaltlichen Bestandteile der AGB verdeutlichen (vgl. Abb. 8).

Auszug aus den Allgemeinen Geschäftsbedingungen der Trendino Computer-Shop GmbH

§ 1 Geltungsbereich
Für die Geschäftsbeziehungen der Trendino Computer-Shop GmbH und dem Käufer gelten ausschließlich die folgenden Vertragsbedingungen.

§ 2 Vertragsabschluss und Rückgaberecht
Der Vertrag ist für Verkäufer und Käufer bindend. Der Käufer hat das Recht, die Ware bei Nichtgefallen binnen zwei Wochen zurückzugeben. Ausgenommen davon sind Artikel, die aus hygienischen Gründen nicht zurückgenommen werden dürfen. Vom Umtausch ausgeschlossen sind Artikel mit Gebrauchsspuren. Eine Rücknahme erfolgt grundsätzlich nur gegen Vorlage des gültigen Kassenbons. Die Rechte aus der Sachmängelhaftung bleiben hiervon grundsätzlich ausgenommen.

§ 3 Preise und Zahlung
Sofern nicht Gegenteiliges schriftlich vereinbart wird, gelten unsere Preise ab Werk ausschließlich Verpackung und zuzüglich Umsatzsteuer in jeweils gültiger Höhe. Die Kosten der Verpackung werden gesondert in Rechnung gestellt. Die Zahlung des Kaufpreises hat ausschließlich auf das umseitig genannte Konto zu erfolgen. Der Abzug von Skonto ist nur bei schriftlicher besonderer Vereinbarung zulässig.

§ 4 Warenzustellung
Wird die Ware zugestellt, gelten die folgenden Bedingungen: Die Lieferung erfolgt ab Werk an die vom Käufer angegebene Adresse. Teillieferungen sind zulässig. Angaben bezüglich der Lieferzeiten sind unverbindlich, es sei denn, der Liefertermin wurde verbindlich zugesagt.

§ 5 Gefahrenübergang bei Versendung
Wird die Ware auf Wunsch des Bestellers an diesen versandt, so geht mit der Absendung an den Besteller, spätestens mit Verlassen des Werkes/Lagers die Gefahr des zufälligen Untergangs oder der zufälligen Verschlechterung der Ware auf den Besteller über.

§ 6 Mängelgewährleistung
Soweit ein von uns zu vertretender Mangel der Kaufsache vorliegt, sind wir nach Absprache wahlweise zur Nachbesserung, Ersatzlieferung oder Minderung berechtigt. Im Falle der Nachbesserung sind wir verpflichtet, alle zu diesem Zwecke erforderlichen Aufwendungen zu tragen, soweit diese sich nicht dadurch erhöhen, dass die Kaufsache an einen anderen Ort als den Erfüllungsort gebracht wurde.

§ 7 Gewährleistungsfrist
Die Gewährleistungsfrist beträgt 24 Monate und gilt ab Gefahrenübergang, sofern keine anderen gesetzlichen Gewährleistungsfristen vorgesehen sind.

§ 8 Eigentumsvorbehalt
Die Sache bleibt bis zur vollständigen Bezahlung Eigentum des Verkäufers.

§ 9 Anwendbares Recht und Gerichtsstand
Es gilt das Recht der Bundesrepublik Deutschland. Gerichtsstand ist Altstadt.

Abb. 8: Auszug aus den AGB der Trendino

222330148

3.1.9 Besitz und Eigentum

Zu den Pflichten des Verkäufers gehört, dass dem Käufer die Ware übereignet wird. Mit der Übergabe wird der Käufer der Eigentümer der Ware.

Im normalen Sprachgebrauch gehen die Begriffe Besitz und Eigentum häufig durcheinander. Als Kaufmann muss man ihren Inhalt aber genau unterscheiden können:

- **Besitz** ist die tatsächliche Herrschaft über eine Sache.
- **Eigentum** ist die rechtliche Herrschaft über eine Sache.

Beispiel: Nurai leiht sich Annas Fahrrad, um damit schnell eine Besorgung zu machen. Nurai ist nun die Besitzerin, Anna ist weiterhin Eigentümerin des Fahrrads. Nurai darf dieses Fahrrad benutzen, aber sie darf es z. B. nicht verkaufen.

Übertragung von Eigentum

Eigentum wird durch Einigung und Übergabe übertragen:

- Die **Einigung** wird durch das Zustandekommen des Kaufvertrags erzielt,
- die **Übergabe** geschieht durch die Lieferung.

Es kann jedoch nicht alles so einfach übergeben oder geliefert werden. Die folgende Übersicht zeigt die Möglichkeiten für Einigung und Übergabe (vgl. Abb. 9).

Eigentum erwirbt man ...

- bei beweglichen Sachen durch
  - **Einigung und Übergabe**
    Beispiel: Anna verkauft ihr Fahrrad an Nurai für 100,00 €. Nurai gibt Anna den Kaufpreis von 100,00 €. Anna übergibt Nurai das Fahrrad.

- bei großen Mengen, die sich im Lager oder auf einem Schiff befinden durch
  - **Einigung und Abtretung des Herausgabeanspruchs**
    Beispiel: Eine Großbäckerei erwirbt 1 000 t Weizen, die mit einem Schiff in zwei Wochen im Hamburger Hafen ankommen werden. Der Kaufvertrag ist bereits zustande gekommen. Die Übergabe erfolgt, indem das Inhaberpapier (Ladeschein), mit dem die Ware am Hamburger Hafen in Empfang genommen werden kann, übergeben wird.

- bei Grundstücken und Gebäuden durch
  - **Einigung (Auflassung) und Eintragung ins Grundbuch (Buch mit den Aufzeichnungen aller Grundstücke und Gebäude einer Gemeinde oder Stadt)**
    Beispiel: Ein großer Discounter erwirbt die neben seinem Geschäft befindliche Halle als zusätzlichen Lagerraum. Die Halle bleibt, wo sie ist, sie ist unbeweglich (immobil). Sie wird durch eine entsprechende Eintragung in das Grundbuch an den neuen Eigentümer übergeben.

Abb. 9: Möglichkeiten der Übergabe von Sachen

Gestohlene und verlorene Sachen

Eigentum an gestohlenen Sachen oder verloren gegangenen Sachen kann man nicht erwerben. Diese Ware kann vom rechtmäßigen Eigentümer zurückverlangt werden.

Beispiel: Annas Fahrrad wird gestohlen. Der Dieb ist nun Besitzer und verkauft das Fahrrad an die nichts ahnende Auszubildende Jessica Nadler. Jessica ist im guten Glauben, dass der Verkäufer der rechtmäßige Eigentümer ist. Sie schließen einen Kaufvertrag ab. Der Dieb übergibt das Fahrrad, Jessica zahlt den vereinbarten Preis. Sie wird allerdings nicht Eigentümerin, weil es kein Eigentum an gestohlenen Sachen geben kann.

Eigentumsvorbehalt

Bei der Lieferung von Waren steht häufig auf der beiliegenden Rechnung, dass „die Ware bis zur vollständigen Bezahlung im Eigentum des Verkäufers verbleibt". Diese Formulierung bewirkt, dass der Käufer erst nach der Bezahlung Eigentümer der Ware wird.

Normalerweise wird zuerst geliefert und dann bezahlt. Die Leistungen erfolgen Zug um Zug. Ohne Eigentumsvorbehalt hat der Käufer sofort alle Rechte an der Ware und kann die Ware direkt weiterverkaufen. Mit Eigentumsvorbehalt sichert sich der Verkäufer die Rechte an der Ware, bis die Ware komplett bezahlt ist.

Ein Eigentumsvorbehalt muss bereits Gegenstand des Kaufvertrags sein, der zuvor von den beiden Vertragspartnern ausgehandelt wurde. Er ist häufig in den Allgemeinen Geschäftsbedingungen enthalten (vgl. Abb. 8, dort § 8).

Aufgaben

1. Erklären Sie in einem Kurzvortrag – möglichst mithilfe von selbst gewählten Beispielen –, wann und unter welchen Voraussetzungen ein Kaufvertrag zustande kommt.
2. Erläutern Sie, welche Geschäfte beschränkt geschäftsfähige Personen abschließen dürfen. Bilden Sie drei Beispiele.
3. Prüfen Sie, ob in den nachfolgenden Fällen ein Kaufvertag zustande gekommen ist, und begründen Sie Ihr Ergebnis:
   a) Wir bestellen schriftlich am 7. Mai aufgrund eines Angebots per Brief vom 4. Mai.
   b) Unsere Bestellung aufgrund eines freibleibenden Angebots per Fax geht noch am gleichen Tag per Computerfax beim Verkäufer ein.
   c) Wir bestellen aufgrund eines Angebots noch am gleichen Tag, ändern aber die Lieferbedingung in „frei Haus", da wir von diesem Lieferanten bisher immer „frei Haus" beliefert wurden.
4. Ein Käufer bestellt rechtzeitig, ändert aber die Zahlungsbedingung ab. Erläutern Sie, wie in diesem Fall ein Kaufvertrag zustande kommt.
5. Sie und Ihre Mitschüler arbeiten in verschiedenen Ausbildungsbetrieben. Hier werden neben Kaufverträgen sicherlich noch andere Verträge geschlossen. Schreiben Sie die verschiedenen Verträge an die Tafel und erklären Sie als jeweiliger „Fachmann" Ihren Mitschülern jeweils einen dieser Verträge: Wer sind die Vertragspartner? Warum und wie wird der Vertrag geschlossen?
6. Bilden Sie jeweils ein Beispiel:
   a) für ein anfechtbares Rechtsgeschäft,
   b) für ein schwebend unwirksames Rechtsgeschäft,
   c) für ein nichtiges Rechtsgeschäft.
7. Suchen Sie im Internet den Gesetzestext des AGB-Gesetzes, z. B. bei www.dejure.org. Lesen Sie das Gesetz und halten Sie einen kleinen Fachvortrag darüber, wie die Verbraucher hier geschützt werden.

222330150

3.2 Zahlungsarten

„Also einverstanden, dann nehme ich die Klangschale und auch noch die beiden Holzspielzeuge für meine Enkelkinder“, sagt die Kundin zufrieden. Jutta Fröhlich dankt der Kundin für die Entscheidung und erfasst die Artikeldaten mit dem Scanner. Sie kontrolliert, ob das Kassensystem auch die korrekten Artikeldaten erfasst hat und den Preis richtig ausweist. Sie nennt der Kundin den Gesamtbetrag:
„So, das macht dann zusammen 69,35 €.“
Die Kundin schaut in ihren Geldbeutel. „Ach, wie dumm“, sagt sie. „Vorhin habe ich an der Tankstelle mit Bargeld bezahlt und nun habe ich nicht mehr genug, um Ihnen die Sachen bezahlen zu können. Kann ich bei Ihnen mit meiner Bankkarte bezahlen?“ – „Das tut mir leid“, sagt Jutta, „aber im Moment wird bei uns am Telefonnetz gearbeitet und es ist nicht möglich, mit Karte zu bezahlen. Da drüben ist eine Bankfiliale. Vielleicht können Sie dort Bargeld abheben.“ – „Könnte ich nicht vielleicht mit Schweizer Franken zahlen? Die habe ich noch von meiner letzten Urlaubsreise in der Tasche und brauche sie eigentlich nicht mehr.“

Im Einzelhandel werden täglich unzählige Kaufverträge abgeschlossen: zum einen zwischen Unternehmen und ihren Kunden, zum anderen zwischen Unternehmen und ihren Lieferanten. Verkauft der Einzelhändler seine Waren an die Kunden, ist er der Zahlungsempfänger, kauft er hingegen Waren bei einem Lieferanten, ist er der Zahlungspflichtige.

Je nachdem, auf welcher Seite ein Bankkonto für die Zahlung benötigt wird, unterscheidet man zwischen (vgl. Abb. 1):

- **Barzahlung:** weder Zahlungsempfänger noch Zahlungspflichtiger benötigen ein Konto,
- **halbbarer Zahlung:** entweder der Zahlungsempfänger oder der Zahlungspflichtige benötigt ein Konto, und
- **bargeldloser Zahlung:** sowohl Zahlungsempfänger als auch Zahlungspflichtiger benötigen ein Konto.

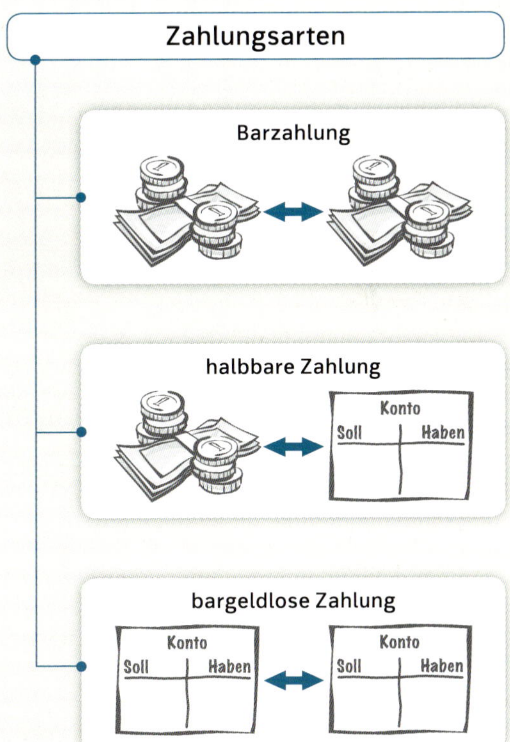

Abb. 1: Zahlungsarten

3.2.1 Die Rechnung als Dokument des Kaufvertrags

Üblicherweise wird im Einzelhandel der zu zahlende Kaufpreis dem Kunden mündlich mitgeteilt. Es ist jedoch auch möglich, dass der Einzelhändler eine Rechnung ausstellt (= Ausgangsrechnung). Dies z. B. dann, wenn der Kunde selbst Kaufmann ist oder es sich um eine öffentliche Institution wie z. B. eine Schule oder eine Behörde handelt. Der Einzelhändler selbst erhält von seinen Lieferanten eine Rechnung, die als Nachweis über die gelieferte Ware und die daraus entstehende Forderung des Verkäufers dient (= Eingangsrechnung).

Die Rechnung hat die Form eines Briefes. Weitere Informationen zur Rechnung im Einzelhandel und zu ihren Inhalten enthält » Lernfeld 8, Kapitel 8.4.3.

Beispiel: Jutta Fröhlich einigt sich mit der Kundin, ihr eine Rechnung auszustellen, damit die Kundin das Geld später überweisen kann (vgl. Abb. 2).

Welt-Laden

Jutta Fröhlich e. Kfr.

Welt-Laden J. Fröhlich e. Kfr. • E.-Monzel-Str. 68 • 99000 Altstadt

Frau
Sonja Mertens
Wiesenweg 34
99000 Altstadt

Elisabeth-Monzel-Straße 68
99000 Altstadt

Telefon: 02290 9987
Telefax: 02290 9988

E-Mail: welt-laden@froehlich-wvd.de
Internet: www.welt-laden-wvd.de

Ihr Zeichen, Ihre Nachricht vom	Unser Zeichen, unsere Nachricht vom	Datum
	jf	12.05.20..

Rechnung Nr. 0115

2	Stk.	T-Shirt, FairWorld, 100 % Cotton, blau, Größe 38 Einzelpreis: 16,75 €	33,50 €
4	Stk.	Schreibblock natur, Nepal Einzelpreis: 10,88 €	43,52 €
		Gesamt	77,02 €
		zzgl. 19 % USt	14,63 €
		Rechnungsbetrag	**91,65 €**

Der Rechnungsbetrag ist binnen einer Woche zahlbar auf mein unten genanntes Konto.

Das Rechnungsdatum entspricht dem Lieferdatum.

Bankverbindung:
Sparkasse Altstadt
Konto: 2455 899 899 • BLZ: 223 520 06
BIC: NOSPAA33 • IBAN DE55 2235 2006 2455 8998 99

Inhaberin: Jutta Fröhlich e. Kfr.
Steuer-Nr. 85 997 35124
Sitz und Reg.-Gericht Altstadt
HRA 52691

Abb. 2: Ausgangsrechnung

3.2.2 Barzahlung

Getreu dem Motto „Nur Bares ist Wahres“ ist die Barzahlung noch immer die häufigste Zahlungsart im Einzelhandel.

> **!** *Bei der **Barzahlung** wird der Kaufpreis in Form von Münzgeld oder Banknoten übergeben, es wird kein Konto benötigt.*

Voraussetzung der Barzahlung ist, dass der Kunde als Zahlungspflichtiger über Bargeld verfügt und der Zahlungsempfänger bereit ist, Bargeld anzunehmen.

Der Einzelhandel ist durch Gesetz dazu verpflichtet, für die Bezahlung der verkauften Ware „Euro“ als Zahlungsmittel anzunehmen. Wenn ein Einzelhändler Informationen darüber hat, dass gefälschte Geldscheine im Umlauf sind, kann er für sich beschließen, z. B. keine 200- oder 500-Euro-Scheine als Zahlungsmittel anzunehmen. Er muss aber die Kunden vor dem Kauf darauf aufmerksam machen.

Seit der Einführung des Euro als gesetzliches Zahlungsmittel in Deutschland und anderen europäischen Ländern werden die meisten Bareinkäufe damit bezahlt. Der Einzelhändler kann aber auch ausländische Währungen, wie z. B. Schweizer Franken oder US-Dollar, als Zahlungsmittel akzeptieren. Werden fremde Währungen beim Bezahlen angenommen, muss der aktuell geltende Umtauschkurs benutzt werden, um die in Euro festgestellte Forderung in eine andere Währung umzurechnen. Damit kann auch berechnet werden, welchem Wert die angebotenen Zahlungsmittel in Euro entsprechen.

Beispiel: Die Kundin im Welt-Laden möchte den Kaufpreis in Höhe von 69,35 € mit Schweizer Franken bezahlen. Der Kurswert des Schweizer Franken steht an diesem Tag bei 1,2201 CHF. 100 Schweizer Franken entsprechen also 81,96 €. Die Kundin übergibt Jutta einen Schein im Wert von 100,00 CHF. Im Gegenzug erhält sie die Klangschale und als Restgeld den Betrag von 12,61 € ausgezahlt.

Quittung als Zahlungsnachweis

Der Einzelhändler als Zahlungsempfänger muss dem Kunden auf Verlangen mit einer Quittung bestätigen, dass dieser seine Zahlungsverpflichtung aus dem Kaufvertrag erfüllt hat. Für den Kunden ist die Quittung ein Nachweis für den bezahlten Betrag.

> **!** *Eine **Quittung** ist die schriftliche Bestätigung des Empfängers einer Leistung über den tatsächlichen Empfang der Leistung.*

Beispiel: Die Kundin aus der Schweiz bittet Jutta Fröhlich um eine Quittung über die Bezahlung der Klangschale. Jutta Fröhlich fragt nach ihrem Namen und der Adresse und füllt das Formular aus (vgl. Abb. 3).

Der Zahlungspflichtige

- kann die Quittung im Falle einer Reklamation oder eines Umtauschs als Beleg dafür verwenden, dass er die Ware zuvor bei diesem Händler erworben hat.
- kann die Quittung wie eine Rechnung verwenden, wenn die Quittung auch den verwendeten Umsatzsteuersatz und die Berechnung des Umsatzsteueranteils im Gesamtbetrag ausweist.

Bei Quittungen mit einem Gesamtbetrag von weniger als 250,00 € muss der Wert der gezahlten Umsatzsteuer nicht ausgewiesen werden. Es genügt ein Vermerk, welcher Umsatzsteuersatz (ermäßigter oder voller Umsatzsteuersatz, angegeben als Prozentwert) in dem Gesamtbetrag enthalten ist.

» LF 8, Kapitel 8.4.2, Bestandteile des Kassenbons

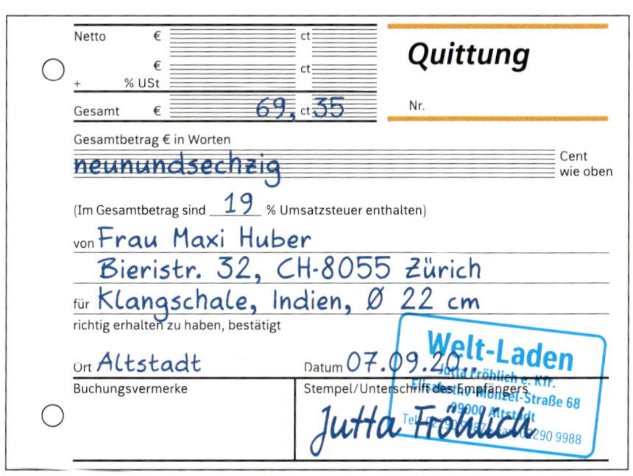
Quittung
Nr.
Netto € ct
+ % USt € ct
Gesamt € 69, ct 35
Gesamtbetrag € in Worten
neunundsechzig Cent wie oben
(Im Gesamtbetrag sind 19 % Umsatzsteuer enthalten)
von Frau Maxi Huber
Bieristr. 32, CH-8055 Zürich
für Klangschale, Indien, Ø 22 cm
richtig erhalten zu haben, bestätigt
Ort Altstadt Datum 07.09.20..
Buchungsvermerke
Stempel/Unterschrift des Empfängers
Welt-Laden
Jutta Fröhlich
Jutta Fröhlich e. Kfr.

Abb. 3: Quittung

Risiken der Barzahlung

Barzahlung bedeutet für den Zahlungsempfänger ein Risiko, weil er unter Umständen **Falschgeld** annimmt. Wenn er erkennt, dass er Falschgeld als Zahlungsmittel angenommen hat, muss er es der Polizei übergeben, bekommt es aber nicht in echtes Geld umgetauscht. Ein weiteres Risiko besteht im möglichen **Verlust** des Bargelds. Es kann gestohlen werden oder auf andere Weise verloren gehen. Schließlich können beim Kassiervorgang durch **Herausgabe eines falschen Wechselgeldbetrags** Kassendifferenzen entstehen.

Barzahlung per Boten

Kann der Zahlungspflichtige das Bargeld nicht selbst dem Empfänger übergeben, muss er einen Boten mit der Überbringung beauftragen. Innerhalb von Deutschland kann dafür der sogenannte Wertbrief der Deutsche Post AG oder des Paketzustellers DHL benutzt werden. Dieser Service ist begrenzt auf einen Höchstbetrag von 100,00 €. Auf Wunsch wird der Brief beim Absender abgeholt und dem Empfänger nur gegen Unterschrift ausgehändigt. Zuvor wird die Identität des Empfängers geprüft. Die Überbringung wird so gestaltet, als würde sie vom Zahlungspflichtigen persönlich durchgeführt.

Der Service ist verhältnismäßig teuer, bietet aber zusätzliche Funktionen gegenüber sonstigen Briefsendungen:

- Der Zahlungspflichtige kann durch den Vermerk **„eigenhändige Auslieferung"** sicher sein, dass der „Geldbrief" nur dem Zahlungsempfänger gegeben wird.
- Beim Vermerk **„Rückschein"** erhält der Zahlungspflichtige eine vom Zahlungsempfänger unterschriebene Bestätigung über die Aushändigung des Briefes.

Für höhere Beträge und Fälle, in denen die Barzahlung an einen Empfänger im Ausland gerichtet ist, gibt es ein entsprechendes Serviceangebot der Deutsche Postbank AG bzw. der Western-Union-Agentur. Dabei wird vom Zahlungspflichtigen der fällige Betrag bei der Postbankfiliale eingezahlt. Er erhält eine Referenznummer, die er wiederum an den Zahlungsempfänger weitergibt. Der Zahlungsempfänger kann innerhalb kürzester Zeit weltweit den Betrag ausgezahlt bekommen: Er muss durch ein gültiges Ausweisdokument und die Angabe der Referenznummer nachweisen, dass er der Empfangsberechtigte für den Geldbetrag ist.

3.2.3 Halbbare Zahlung

Während bei der Barzahlung Bargeld vom Zahlungspflichtigen zum Zahlungsempfänger weitergereicht wird, benutzt bei der halbbaren Zahlung einer der beiden Beteiligten ein Konto:

- Entweder zahlt der Zahlungspflichtige Geld auf das Konto des Zahlungsempfängers ein oder
- der Zahlungspflichtige beauftragt seine Bank, Geld von seinem Konto an den Zahlungsempfänger auszuzahlen.

> **!** *Bei der **halbbaren Zahlung** benötigt entweder der Zahlungsempfänger oder der Zahlungspflichtige ein Konto.*

Es gibt verschiedene Möglichkeiten der halbbaren Zahlung. Je nachdem, ob der Zahlungspflichtige oder der Zahlungsempfänger ein Konto benötigt, können diese unterschieden werden (vgl. Abb. 4).

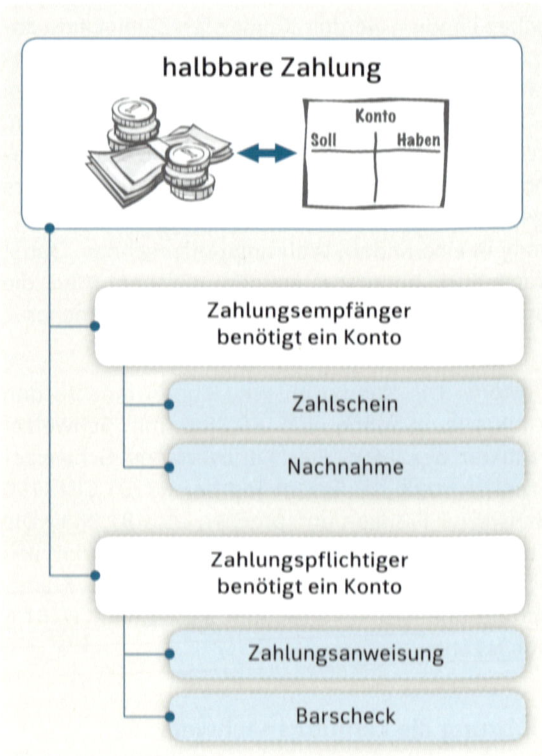

Abb. 4: Möglichkeiten der halbbaren Zahlung

Zahlschein

Zur Zahlung eines Bargeldbetrags auf das Konto des Zahlungsempfängers kann der Zahlungspflichtige einen Zahlschein der Post oder einer Bank benutzen (vgl. Abb. 5). Der Zahlungspflichtige zahlt bei der Post oder einer Bank den Betrag bar ein. Der Betrag wird dann dem Konto des Zahlungsempfängers gutgeschrieben.

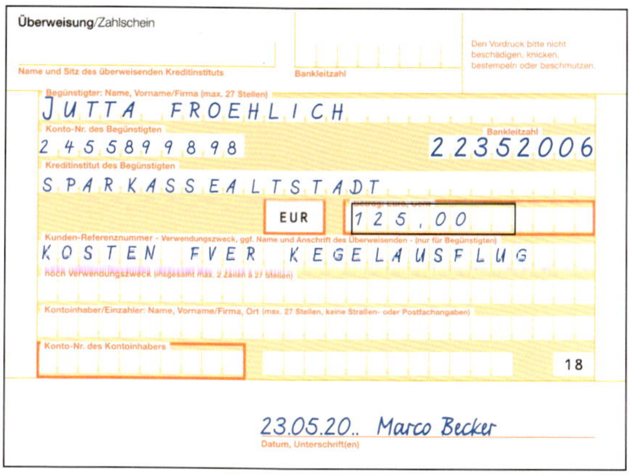
Überweisung/Zahlschein
Name und Sitz des überweisenden Kreditinstituts
Bankleitzahl
Den Vordruck bitte nicht beschädigen, knicken, bestempeln oder beschmutzen.
Begünstigter: Name, Vorname/Firma (max. 27 Stellen)
JUTTA FROEHLICH
Konto-Nr. des Begünstigten
2455899898
Bankleitzahl
22352006
Kreditinstitut des Begünstigten
SPARKASSE ALTSTADT
EUR
Betrag: Euro, Cent
125,00
Kunden-Referenznummer - Verwendungszweck, ggf. Name und Anschrift des Überweisenden - (nur für Begünstigten)
KOSTEN FVER KEGELAUSFLUG
noch Verwendungszweck (insgesamt max. 2 Zeilen à 27 Stellen)
Kontoinhaber/Einzahler: Name, Vorname/Firma, Ort (max. 27 Stellen, keine Straßen- oder Postfachangaben)
Konto-Nr. des Kontoinhabers
18
23.05.20.. Marco Becker
Datum, Unterschrift(en)

Abb. 5: Zahlschein

Nachnahme

Warenlieferungen werden oft per Nachnahme bezahlt. Bei der Nachnahme wird die Ware erst ausgehändigt, wenn der Kunde bezahlt. Diese Zahlungsform kann dann gewählt werden, wenn der Kunde kaum bekannt ist und Ungewissheit über seine Zahlungsfähigkeit besteht. Der Nachnahme-Service der Deutsche Post AG gilt bis zu einem Inkassobetrag von 1 600,00 €.

Der Zahlungsempfänger trägt hierzu auf einen Inkasso-Beleg seinen Namen und seine Anschrift sowie seine Kontonummer ein (vgl. Abb. 6).

Inkasso-Beleg
Name, Vorname des Begünstigten
Musik-Großh. Weber GmbH
Straße, Hausnummer des Begünstigten
Zur Rothell 37
PLZ, Ort des Begünstigten
99386 Neustadt
Konto-Nr. des Begünstigten
9357165842
Bankleitzahl des Begünstigten
77752036
Kreditinstitut des Begünstigten
Sparkasse Neustadt
Sendungsnummer – Verwendungszweck (nur für Begünstigten)
NT17440025 5
Noch Verwendungszweck
Musikinstrumente lt. Rchg.
NT 17 440 025 5DE 300

Abb. 6: Inkasso-Beleg für Zahlung per Nachnahme

Diesen Inkasso-Beleg schickt der Zahlungsempfänger an die Bearbeitungsstelle der Deutsche Post AG. Die Warensendung an seinen Kunden erfolgt gleichzeitig. Dafür beschriftet er das Paket wie üblich und klebt eine Nachnahmemarke neben die Empfängeradresse. Der Postzusteller erkennt aufgrund der Nachnahmemarke, dass er die Sendung nur ausliefern darf, wenn er vom Empfänger den Inkassobetrag bar erhält. Die Deutsche Post AG überweist den Betrag, abzüglich des von ihr selbst geforderten Entgelts, auf das vom Zahlungsempfänger angegebene Konto.

Beispiel: Jutta Fröhlich erhält von einem Lieferanten eine Lieferung mit Musikinstrumenten, die sie für den Kindergarten in einer Nachbargemeinde bestellt hat. Sie hat mit dem Lieferanten vereinbart, dass sie die Lieferung per Nachnahme bezahlen wird. Sie zahlt dem Postboten den Rechnungsbetrag, er händigt ihr daraufhin die Ware aus.

Auf dem Inkassobeleg werden weder der geforderte Zahlungsbetrag noch der Zahlungspflichtige genannt. Beide Angaben sind jedoch dem Umschlag des Nachnahmebriefes zu entnehmen (vgl. Abb. 7).

Abb. 7: Umschlag eines Nachnahmebriefes

Geldversand

Will der Zahlungspflichtige für eine Zahlung Geld von seinem Konto benutzen, soll der Zahlungsempfänger aber Bargeld erhalten, bietet sich der Geldtransferdienst von Western Union Ltd. bzw. Deutscher Post AG an.

Gibt der Zahlungspflichtige den Auftrag zum Geldversand, erhält er eine Transaktionsnummer, die er dem Zahlungsempfänger mitteilt. Dieser erhält den Zahlungsbetrag bar ausgezahlt, wenn er sich ausweisen und die Transaktionsnummer nennen kann. Die Auszahlung ist, auch international, an jedem Vertriebsstandort der Unternehmen möglich. Diese Art der Zahlung wird bei Zahlungsempfängern benutzt,

- die kein Konto besitzen oder
- deren Kontodaten nicht bekannt sind.

Barscheck

Vergleichbar mit der Zahlungsanweisung ist der Scheck: Ursprünglich wurde diese Auszahlungsanweisung in Form eines Scheckbriefes des Zahlungspflichtigen an seine Bank geschrieben. Der Zahlungsempfänger, der seine Leistung erbracht hatte, erhielt diesen Scheckbrief und legte ihn bei der Bank des Zahlungspflichtigen vor. Der im Scheckbrief genannte Betrag wurde ihm ausbezahlt.

Heute ist der Barscheck eine Urkunde, in der der Zahlungspflichtige, der ein Konto besitzt, seine Bank anweist, den im Scheck genannten Geldbetrag aus seinem Vermögen an den Überbringer des Schecks auszuzahlen (vgl. Abb. 8).

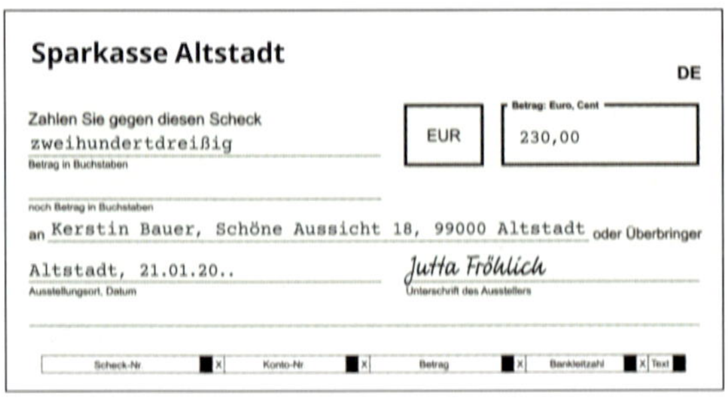

Abb. 8: Barscheck

Beispiel: Für die Weihnachtszeit hat der Welt-Laden Kerstin Bauer als Aushilfe im Verkauf beschäftigt. Sie erhält von Jutta Fröhlich einen Scheck über den vereinbarten Lohn in Höhe von 230,00 €. Kerstin Bauer legt den Scheck ihrer Bank vor, die ihr das Geld auszahlt. Der Betrag wird vom Konto des Welt-Ladens abgebucht.

Die Banken geben Scheckformulare aus, die den Zahlungsverkehr erleichtern und beschleunigen sollen. Durch die **Überbringerklausel** („an ... oder Überbringer") auf den Formularen ist es der Bank erlaubt, den Scheckbetrag an denjenigen auszuzahlen, der den Scheck bei der Bank des Scheckausstellers vorlegt. Der Scheck kann daher auch vom Zahlungsempfänger selbst wiederum als Zahlungsmittel weitergereicht werden. Er wird dann so zu einem „Geldersatzmittel". Soll die Weitergabe des Schecks vom Zahlungsempfänger an einen Dritten verhindert werden, kann die Überbringerklausel vom Scheckaussteller durchgestrichen werden.

3.2.4 Bargeldlose Zahlung

Bei bargeldlosen Zahlungen muss

- der Zahlungspflichtige kein Bargeld von seinem Konto bei der Bank abheben und
- der Zahlungsempfänger erhält den Zahlungsbetrag direkt auf seinem Konto gutgeschrieben.

Der Geldbetrag wird bei der bargeldlosen Zahlung direkt vom Konto des Zahlungspflichtigen zum Konto des Zahlungsempfängers übertragen (überwiesen).

Unbare Zahlung bedeutet auch, dass die Risiken der Barzahlung entfallen:

- Der Zahlungsempfänger kann kein Falschgeld entgegennehmen,
- weder Zahlungsempfänger noch Zahlungspflichtiger können das Geld verlieren.

! *Bei **bargeldloser Zahlung** benötigt keiner der Beteiligten ein Konto und es entstehen keine weitere Kosten. Die Zahlung (Wertübertragung) erfolgt sofort.*

Bargeldlose Zahlung stellt also eine sichere und bequeme Zahlungsmöglichkeit dar.

Um ihren Kunden die Möglichkeit zu geben, den Umgang mit Bargeld auf ein geringes Maß zu reduzieren, bieten Banken verschiedene Möglichkeiten an, Geld von einem Konto auf ein anderes zu übertragen (vgl. Abb. 9). Der Zahlungspflichtige muss dabei natürlich über ausreichend finanzielle Mittel auf seinem Konto verfügen, um seiner Zahlungsverpflichtung nachkommen zu können.

222330156

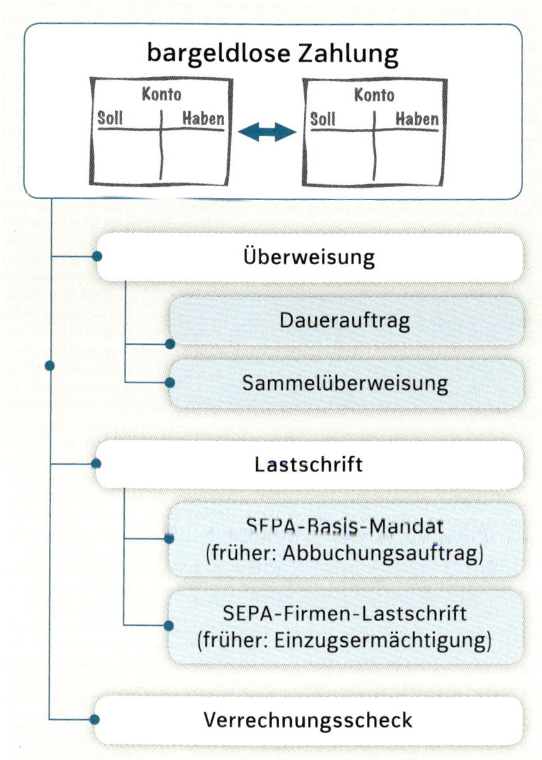

Abb. 9: Möglichkeiten der bargeldlosen Zahlung

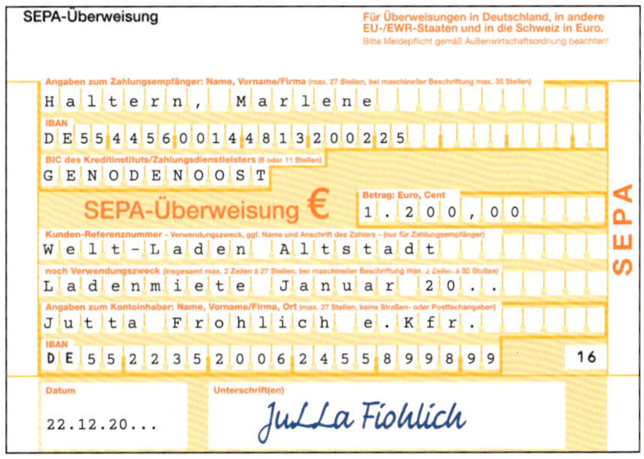
SEPA-Überweisung

Für Überweisungen in Deutschland, in andere EU-/EWR-Staaten und in die Schweiz in Euro.

Angaben zum Zahlungsempfänger: Name, Vorname/Firma

Halter n, Marlene

IBAN

DE55445600144813200225

BIC des Kreditinstituts/Zahlungsdienstleisters

GENODENOOST

SEPA-Überweisung €

Betrag: Euro, Cent

1.200,00

Kunden-Referenznummer - Verwendungszweck

Welt-Laden Altstadt

noch Verwendungszweck

Ladenmiete Januar 20..

Angaben zum Kontoinhaber: Name, Vorname/Firma, Ort

Jutta Frohlich e.Kfr.

IBAN

DE55223520062455899899 16

Datum

22.12.20...

Unterschrift(en)

Jutta Fröhlich

SEPA

Abb. 10: Überweisung

Überweisung

Eine Überweisung ist ein Auftrag des Zahlungspflichtigen an seine Bank, einen bestimmten Geldbetrag auf das Konto des Zahlungsempfängers bei dessen Bank zu übertragen (vgl. Abb. 10). Es ist gleichgültig, bei welcher Bank das Empfängerkonto geführt wird: Sind Zahlungspflichtiger und Zahlungsempfänger Kunden bei verschiedenen Banken, dauert die Überweisung in der Regel etwas länger, weil bei diesem Vorgang mehrere Banken beteiligt sind.

Der Zahlungspflichtige muss die Buchung des Geldbetrags veranlassen und für alle entstehenden Kosten aufkommen. Die Überweisung wird von der beauftragten Bank durchgeführt, sofern das Konto über die entsprechende Deckung verfügt. Eine weitere Prüfung seitens der Bank findet nicht statt. Seit 2009 prüft die Bank auch nicht mehr, ob die Kontonummer tatsächlich zu dem im Textfeld angegebenen Empfänger gehört.

Unterläuft dem Zahlungspflichtigen ein Fehler bei der Angabe von Kontodaten oder Zahlungsbetrag, kann er den Vorgang nicht mehr stoppen: Die Überweisung eines falschen Geldbetrags zum falschen Zeitpunkt an das falsche Empfängerkonto wird von der Bank ausgeführt, sobald sie den Auftrag dazu erhalten hat. Bei einer fehlerhaften Überweisung muss sich der Kontoinhaber mit dem (falschen!) Zahlungsempfänger in Verbindung setzen, um den Fehler berichtigen zu können.

Der Überweisungsauftrag kann in verschiedenen Formen erteilt werden:

- Ausfüllen eines Überweisungsformulars,
- Eingabe am Serviceterminal der Bank,
- Online-Eingabe im Rahmen des Homebanking oder
- Telefonanruf bei der Bank.

Das Formular enthält die Angabe des Kontos des Auftraggebers, der Bankleitzahl und der Kontonummer des Zahlungsempfängers. Die Unterschrift des Kunden auf dem Formular reicht als Nachweis aus, dass man über das Konto verfügen darf. Am Serviceterminal in der Bankfiliale genügt als Berechtigungsnachweis die Bankkarte in Verbindung mit einer persönlichen Identifikationsnummer (PIN). Bei einer Online-Überweisung muss zusätzlich eine Transaktionsnummer (TAN) angegeben werden.

Besondere Formen der Überweisung

Für Kunden, die sehr viele Zahlungen per Überweisungen von ihren Konten durchführen wollen, bieten Banken besondere Formen der Überweisung an (vgl. Abb. 11 auf der folgenden Seite).

Dauerauftrag	
■ eignet sich für regelmäßig wiederkehrende Zahlungen in gleicher Höhe an gleichen Empfänger ■ Vorteil für den Zahlungspflichtigen: Es entfällt der immer gleiche Aufwand, den Überweisungsauftrag mit den gleichen Daten ausfüllen zu müssen, er muss nicht mehr an die fristgerechte Erteilung des Zahlungsauftrags denken.	*Beispiele:* ■ Mietzahlungen ■ Abschlagszahlungen Energieversorger, Flatrate für Telefon und Internet
Sammelüberweisung	
■ eignet sich für eine Vielzahl von Zahlungen, die zum gleichen Zeitpunkt in unterschiedlicher Höhe an verschiedene Empfänger zu entrichten sind ■ Zahlungspflichtiger braucht nur einmal seine eigenen Kontodaten zu nennen.	*Beispiel:* ■ Lohn- und Gehaltszahlungen an Mitarbeiter eines Unternehmens

Abb. 11: Besondere Formen der Überweisung

Lastschrift

Die Lastschrift kann als das Gegenstück zur Überweisung betrachtet werden: Nicht der Zahlungspflichtige löst die Überweisung aus, sondern der Zahlungsempfänger.

Voraussetzung ist dabei, dass der Kontoinhaber, also der Zahlungspflichtige, sein Einverständnis (Lastschriftmandat) gegeben hat, dass der Betrag von seinem Konto abgebucht werden darf.

Wird die Zustimmung von einer Privatperson (Verbraucher) abgeben, handelt es sich um eine sogenannte **SEPA-Basis-Lastschrift**. Die Zustimmung von Kaufleuten wird als **SEPA-Firmen-Lastschrift** bezeichnet.

Lastschriftverfahren eignen sich für regelmäßig wiederkehrende Zahlungsvorgänge an den gleichen Zahlungsempfänger, an deren Berechtigung kein Zweifel besteht. Beispiele hierfür sind Zahlungen für Miet- oder Handyverträge. Hierbei sind auch die Zahlungsbeträge über einen längeren Zeitraum konstant. Versicherungsbeiträge z. B. ändern sich nach einiger Zeit. Der Zahlungspflichtige hat aber ein Interesse, dass die Zahlung pünktlich erfolgt, um seinen Versicherungsschutz nicht zu verlieren. Beim Lastschriftverfahren muss er sich darum nicht kümmern, weil der Zahlungsempfänger die Zahlung selbst auslösen kann.

In jedem Fall übernimmt der Zahlungsempfänger auch die Kosten der Zahlung.

Für den Zahlungspflichtigen bietet das Lastschriftverfahren den Vorteil, dass er nach Ausführung der Zahlung noch relativ lange Zeit hat, die Zahlung rückgängig zu machen:

Einzugsermächtigung	
■ einmalige Lastschrift über einen bekannten Betrag ■ Der Zahlungspflichtige bevollmächtigt den Zahlungsempfänger, einen Geldbetrag von seinem Konto einzuziehen. ■ Der Zahlungspflichtige kann der Abbuchung binnen sechs Wochen widersprechen und den Betrag zurückbuchen lassen.	*Beispiel:* ■ Einzelhändler erhält von vielen Kunden relativ kleine Beträge.
Abbuchungsauftrag	
■ mehrmalige Lastschriften über vorerst unbekannte Beträge ■ Der Zahlungspflichtige beauftragt seine Bank, die vom Zahlungsempfänger eingereichten Lastschriften von seinem Konto einzuziehen. ■ Der Zahlungspflichtige kann der Abbuchung nachträglich nicht widersprechen.	*Beispiel:* ■ Kaufvertrag zwischen Lieferanten und Einzelhändler, die eine ständige Geschäftsbeziehung unterhalten: Sobald der Lieferant dem Unternehmen Ware liefert, kann er den fälligen Betrag bei der Bank abbuchen lassen.

Abb. 12: Formen der Lastschrift

- Bei einer autorisierten (berechtigten) Abbuchung aufgrund einer Lastschrift kann er die Überweisung im Zeitraum von acht Wochen rückgängig machen. Eine Abbuchung gilt als durch ihn autorisiert, wenn er sie selbst bei der Bank in schriftlicher Form durch seine Unterschrift veranlasst bzw. ihr zustimmt. Dies gilt zum Beispiel für die Einzugsermächtigung.

- Bei einer nicht autorisierten Abbuchung beträgt die Frist 13 Monate. Dies gilt für das Abbuchungsverfahren, weil der Zahlungspflichtige zwar den generellen Auftrag gibt, die Forderungsbeträge zu überweisen, er deren Höhe bei Auftragserteilung aber noch nicht kennen kann.

Verrechnungsscheck
Auch ein Scheck kann für eine bargeldlose Zahlung benutzt werden, wenn verhindert wird, dass der Scheckeinreicher den Betrag bar ausgezahlt bekommt. Hierzu genügt es, auf dem Scheckformular einen entsprechenden Vermerk anzubringen, z. B.

- „Nur zur Verrechnung“ oder
- „Nur zur Gutschrift“.

Bei einem Verrechnungsscheck wird der Zahlungsbetrag auf das Konto des Scheckeinreichers, also des Zahlungsempfängers, eingezahlt.

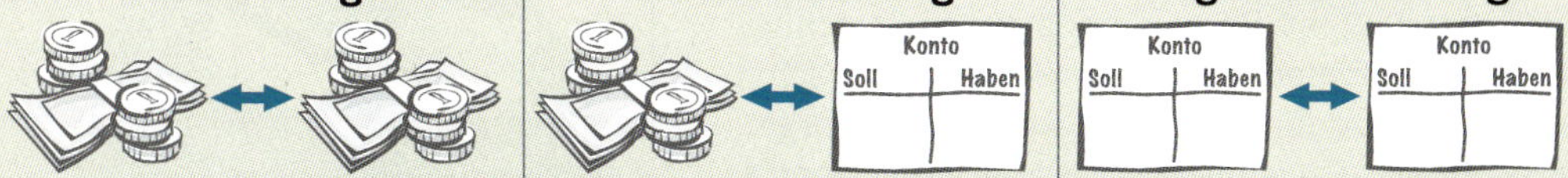

	Barzahlung		**halbbare Zahlung**		**bargeldlose Zahlung**	
	Zahlungs-pflichtiger	**Zahlungs-empfänger**	**Zahlungs-pflichtiger**	**Zahlungs-empfänger**	**Zahlungs-pflichtiger**	**Zahlungs-empfänger**
Voraus-setzung	Bargeld-bestand	Bereitschaft zur Annahme von Bargeld	Einer der Beteiligten hat ein Konto, der andere verfügt über Bargeld oder die Möglichkeit, damit umzugehen.		Konto muss ausreichende Deckung aufweisen.	muss über ein Konto verfügen
Vorteil	schnelle, persönliche Zahlungsabwicklung		Für einen der Beteiligten entfällt die Notwendigkeit, mit Bargeld umzugehen.		keine Bargeldbesorgung oder -verwaltung notwendig	keine Annahme von Falschgeld möglich
Nachteil	Bargeldbesorgung und -transport	■ Bereithaltung von Bargeld und Wechselgeld ■ Aufbewahrung und Verwaltung des Bargeldbestands	Zahlung kann unter Beteiligung einer kontoführenden Bank erfolgen.		Zeit- und Kostenaufwand für die Durchführung der Überweisung	Kontrolle des Zahlungseingangs auf Betrag und Frist
Risiken	■ Verlust des Zahlungsmittels durch Diebstahl, Raub oder sonstige Umstände ■ Annahme von Falschgeld ■ fehlerhafte Wechselgeldrückgabe		■ Fristversäumnis wegen verspäteter Auftragserteilung ■ Nichtausführung wegen fehlender Kontodeckung		Ausfall des Banksystems	Nichtausführung wegen fehlender Kontodeckung
Beispiele	■ Kassiervorgang im Einzelhandel ■ Automatenzahlung		■ Zahlungsanweisung zur Verrechnung ■ Barscheck		■ Überweisung ■ Lastschriftverfahren ■ Abbuchungsverfahren	

Abb. 13: Zahlungsarten im Vergleich

3.2.5 Zahlungsverfahren im Einzelhandel

Der Kassiervorgang hat im Einzelhandel eine besondere Bedeutung: Zum einen ist er Bestandteil des Kaufvertrags, zum anderen ist er die im Einzelhandel übliche Möglichkeit des Bezahlens für den Kunden. Es wird deshalb versucht, das Bezahlen möglichst schnell und einfach zu gestalten. Damit sollen den Kunden lange Wartezeiten erspart und gleichzeitig Risiken und Probleme bei der Zahlungsabwicklung vermieden werden (vgl. Abb. 14).

Kartenzahlung

Zwar ist nach wie vor die Bezahlung mit Bargeld das häufigste Bezahlverfahren im Einzelhandel, aber zunehmend spielen Karten eine größere Rolle im Rahmen des Kassiervorgangs (vgl. Abb. 14, 15).

Die Bezahlung mit Bargeld bedeutet für den Kunden einen erhöhten Aufwand, weil er sich zunächst bei einem Kreditinstitut mit Bargeld versorgen muss. Für den Einzelhändler bedeutet sie ebenfalls einen Mehraufwand, weil er Vorkehrungen treffen muss, um Risiken des Verlustes, der Annahme von Falschgeld oder fehlerhafter Wechselgeldberechnung und -herausgabe zu vermeiden.

Kartenzahlung kann, je nach Art des gewählten Verfahrens, hierbei größere Sicherheit bieten und einen schnelleren Kassendurchlauf ermöglichen. Das Verfahren (PIN, Unterschrift, kontaktlos usw.) unterscheidet sich durch die Handhabung und den damit verbundenen Zeit- und Kostenaufwand. Eine Debitkarte kann zur Legitimation am Bankautomaten und zum Bezahlen an der Kasse per PIN-Eingabe benutzt werden, sofern das zugehörige Konto ein Guthaben ausweist oder dem Kontoinhaber ein Rahmen eingeräumt wurde, in dem er das Konto „überziehen“, das heißt einen Kredit bei der Bank in Anspruch nehmen kann.

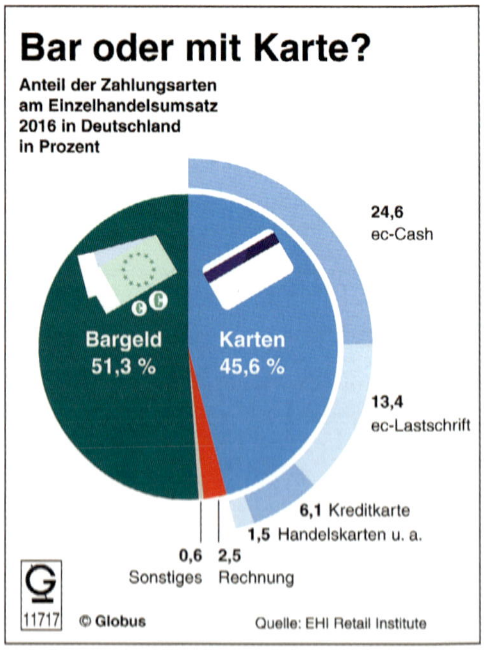

Abb. 14: Zahlungsarten im Einzelhandel

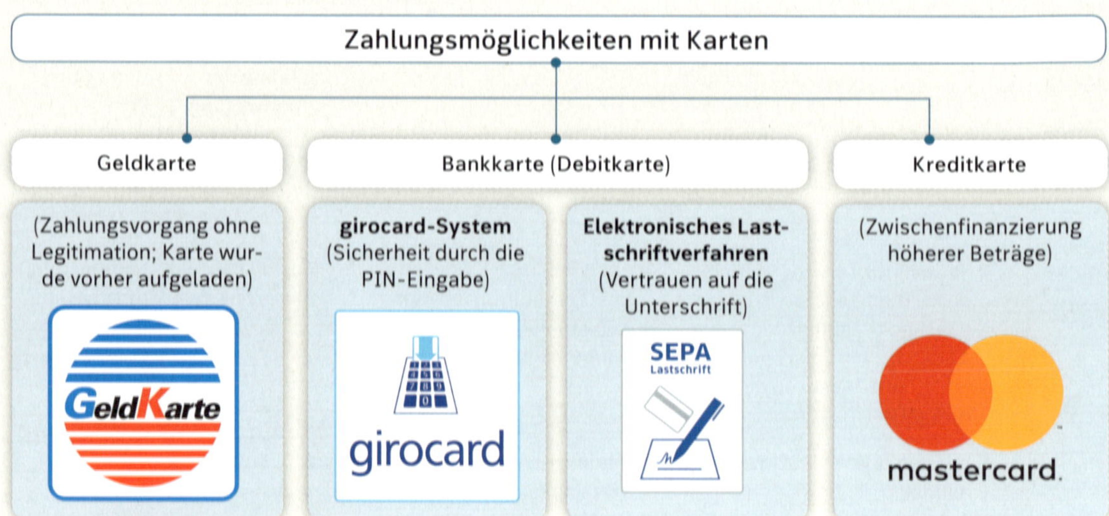

Abb. 15: Arten der Kartenzahlung

Geldkarte

Geldkarten bieten die Möglichkeit, vom Girokonto des Karteninhabers einen Betrag von maximal 200,00 € auf die Karte zu laden. Das Konto des Karteninhabers wird in diesem Fall mit einer Lastschrift in Höhe der Aufladesumme belastet ("prepaid"). Die girocard wird somit zur elektronischen Geldbörse, mit der man an vielen Automaten, aber auch im Einzelhandel bar bezahlen kann, ohne Bargeld zu benutzen. Das Einzelhandelsunternehmen kann seine Kunden mit dem in Abb. 16 gezeigten Symbol auf diese Zahlungsmöglichkeit hinweisen.

Abb. 16: Die elektronische Geldbörse befindet sich in einem Chip.

Der Einsatz der Bankkarte erfordert eine entsprechende Ausstattung des Kassensystems mit der passenden Leseeinrichtung. Die Prüfung auf Falschgeld und die Kontrolle des ausgezahlten Wechselgeldes entfallen. Der Einzelhändler als Zahlungsempfänger braucht die Identität und Verfügungsberechtigung des Kunden in Bezug auf die Bankkarte nicht zu prüfen. Allerdings verhält sich die girocard auch im Falle des Kartenverlustes wie eine Geldbörse: Weil die Auszahlung des gespeicherten Betrags ohne Ausweis der Berechtigung möglich ist, kann jeder, der die Karte findet, den darauf gespeicherten Betrag zum Bezahlen benutzen.

Girocard für Bezahlen und Bargeldversorgung

Die EC-Karte wird durch das girocard-System abgelöst, das die Basis für alle kartengestützten Zahlungsvorgänge bietet: die Bargeldversorgung am Bankautomaten und das Bezahlen im Einzelhandel mit PIN-Eingabe.

Abb. 17: Das girocard-Logo ersetzt die Electronic-Cash-Symbole.

Dazu wird nach dem Einlesen der Kontendaten von der Karte eine Onlineverbindung zur Kundenbank aufgebaut. Der Kunde gibt sich durch seine **PIN** (**p**ersönliche **I**dentifikations**n**ummer) zu erkennen und bestätigt den Zahlungsbetrag. Von der Bank wird die PIN geprüft. Wenn das Bankkonto des Kunden die entsprechende Deckung aufweist, kann der Kunde den Vorgang am Terminal bestätigen. Damit löst er eine Überweisung über den entsprechenden Betrag von seinem Bankkonto auf das Konto des Einzelhandelsunternehmens aus. Die Höchstgrenze für die an einem Tag mögliche Verfügungssumme liegt bei 2000,00 €.

Girocard ist als Zahlungssystem nur für Kunden bei Banken und Sparkassen innerhalb von Deutschland nutzbar. Auf die mögliche Nutzung im europäischen Ausland weisen die Symbole „V-Pay“ oder „Maestro“ hin (vgl. Abb. 18).

Abb. 18: Maestro und V-Pay weisen auf Nutzungsmöglichkeiten der Bankkarte im Ausland hin.

Das Einzelhandelsunternehmen hat durch diese Art der Bezahlung die Garantie, dass ihm der entsprechende Betrag gutgeschrieben wird, d.h. es entsteht kein Ausfallrisiko. Der Zahlungseingang auf dem Konto des Unternehmens erfolgt unmittelbar nach der Bestätigung durch den Kunden. Für das Einzelhandelsunternehmen entstehen jedoch relativ hohe Kosten für den Aufbau der Online-Verbindung (vgl. Abb. 19).

Für den Einzelhändler bietet das Verfahren die Chance auf zusätzliche Umsatzerlöse: Der Kunde kann nicht nur über den Geldbetrag verfügen, den er aktuell bei sich trägt oder den er zuvor auf die Bankkarte geladen hat. Er kann auch auf seinen Guthabenbestand auf dem Bankkonto zugreifen.

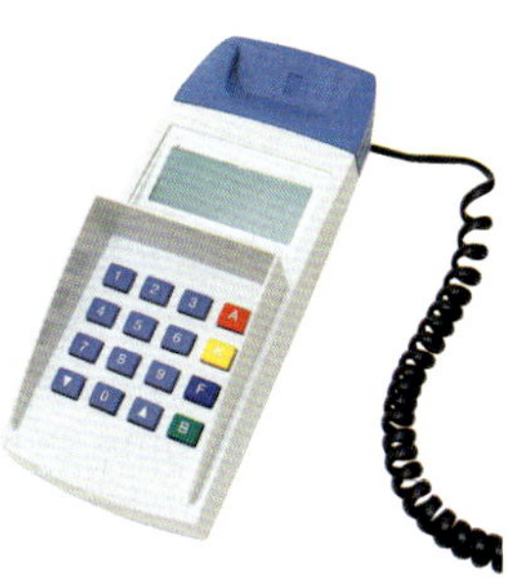

Abb. 19: Zahlungsgerät für EC-Verfahren

Elektronisches Lastschriftverfahren (ELV) mit Bankkarte

Statt einer kostenpflichtigen Überweisung mit Eingabe der PIN kann auch das Lastschriftverfahren gewählt werden.

Abb. 20: SEPA-Logo

Auf diese Möglichkeit werden Kunden durch das nebenstehende Zeichen hingewiesen. Dem Kunden wird ein Lastschriftbeleg zur Unterschrift vorgelegt, die mit der **Unterschrift** auf der Bankkarte verglichen werden kann. Zu einem späteren Zeitpunkt wird ein Lastschriftverfahren auf dem Konto des Kunden durchgeführt.

Da der Einzelhändler nicht alle seine Kunden persönlich kennen kann, wird die Bankkarte zur Identifizierung des Kunden benutzt. Die Bankkarte wird in ein Lesegerät eingeführt, um die Kontendaten des Kunden auszulesen, die für das spätere Abbuchen des Rechnungsbetrages gebraucht werden.

Durch die Unterschrift erklärt der Kunde sein Einverständnis mit der Abbuchung des Betrages von seinem Konto. Er erteilt dem Einzelhandelsunternehmen damit ein sog. SEPA-Basis-Mandat.

Sollte er im Nachhinein mit der Abbuchung nicht einverstanden sein, hat er acht Wochen Zeit, das Geld noch einmal zurückbuchen zu lassen.

Dem Kunden entstehen durch die Zahlungsweise keine zusätzlichen Kosten. Es gibt keine Begrenzung im Verfügungsbetrag, es sei denn, vom Bankkonto des Kunden darf nur ein festgelegter Maximalbetrag abgebucht werden.

Das elektronische Lastschriftverfahren ist somit ein freiwilliges Angebot des Einzelhändlers an seine Kunden. Seine **Nachteile** bzw. Risiken:

- **Kosten des Zahlungsverfahrens:** Der Einzelhändler muss die Kosten der späteren Geldüberweisung vom Kundenkonto auf sein Geschäftskonto tragen.
- **Risiko des Zahlungsausfalls:** Der Einzelhändler geht ein relativ hohes Risiko ein, weil nicht gewährleistet ist, dass das Konto über die entsprechende Deckung verfügt. Zudem kann der Kunde noch eine relativ lange Widerspruchsfrist gegen die Abbuchung nutzen.

Kreditkarte

Kreditkarten werden von den Geschäftsbanken an ihre Kunde ausgegeben. Die Kreditkartenunternehmen (s. Abb. 21) vermitteln den Zahlungsverkehr zwischen der Bank des Einzelhändlers und des Kunden über eigene Netze.

Abb. 21: Anbieter von Kreditkarten

Der Verkäufer kann seine Ware bzw. Dienstleistung gegen bargeldlose Zahlung an einen Kunden verkaufen, ohne diesen oder seine Bankdaten zu kennen: Weder braucht er eine Onlineverbindung zur Kundenbank noch muss er sich auf ein Lastschriftverfahren mit einem ihm unbekannten Geschäftspartner einlassen. Statt des Käufers überweist zunächst das Kreditkartenunternehmen dem Verkäufer seine Forderung. Allerdings muss der Verkäufer dem Kreditkartenunternehmen eine Gebühr für diese sofortige Zahlung zahlen. Diese wird vom Zahlbetrag sofort abgezogen.

Der **Vorteil für den Einzelhändler** besteht einerseits in der sofortigen Bezahlung des Einkaufs. Andererseits handelt es sich bei den gekauften Waren in der Regel um Konsumgüter des höheren Preissegments, die der Kunde dank seiner Kreditkarte kaufen kann, ohne sich vorher bei seiner Bank mit Bargeld versorgen zu müssen.

Der Kunde kann seine Einkäufe mit Kreditkarte bezahlen und erhält, wie bei anderen Zahlungsarten, einen Beleg über die Zahlung. Zahlungsgeber ist dabei zunächst das Kreditkartenunternehmen. Der **Vorteil für den Kunden** im Einzelhandel besteht darin, dass der Zahlungsbetrag nicht sofort von seinem Bankkonto abgebucht wird. Das Kreditkartenunternehmen bucht die für einen Kunden vorausbezahlten Beträge von dessen Bankkonto per Lastschriftverfahren ab. Das geschieht zumeist einmal im Monat. In der Zeit zwischen dem

Bezahlen mit der Kreditkarte und der Lastschrift erhält der Kunde so einen kurzfristigen Kredit von dem Kreditkartenunternehmen (vgl. Abb. 22).

Die Kreditkartenunternehmen prüfen bei der Ausgabe einer Kreditkarte an einen neuen Kunden zunächst dessen Möglichkeiten, einen so kurzfristig gegebenen Kredit zurückzuzahlen. Zumeist orientieren sie sich dabei an dessen monatlichem Einkommen.

	Vorteile	**Nachteile**
Einzelhändler	■ Mehrumsatz möglich durch zusätzliche Geldausgaben der Kunden ■ kurzfristiger Geldeingang nach dem Kauf ■ sicherer Zahlungseingang	■ zusätzliche Kosten für Miete oder Anschaffung der Kartenlesegeräte ■ relativ hohe Provisionen an die Kreditkartenunternehmen
Kunde	■ weltweite Zahlungsmöglichkeit ■ weltweite Bargeldbeschaffung ■ kurzfristige formlose Kreditgewährung ■ Vielzahl von Zusatzfunktionen in Form unterschiedlicher Versicherungsleistungen	■ Bargeldbeschaffung ist relativ teuer. ■ Übersicht über die getätigten Ausgaben geht verloren (Verschuldungsgefahr).

Abb. 22: Vor- und Nachteile der Kreditkarte

Neue Zahlungsarten im Einzelhandel

Um den Kassendurchlauf noch weiter zu beschleunigen, werden im Einzelhandel immer wieder neue Techniken entwickelt und eingesetzt. Dabei richtet sich das Hauptaugenmerk auf die Art und Weise, wie die Datenerfassung geschieht. Für die eigentliche Zahlung wird entweder die Überweisung oder das Lastschriftverfahren benutzt.

- **Bezahlen mit Fingerabdruck**
  Bei diesem Bezahlsystem kann ein registrierter Kunde seinen Einkauf bei einem Händler durch Auflegen seines Fingers auf einen Scanner bezahlen (vgl. Abb. 23). Der Scanner vergleicht den Fingerabdruck mit dem der Kundenkartei, erkennt ihn als registrierten Kunden und teilt das Ergebnis dem Kassierer mit. Der Kunde erhält seine Ware und der Einzelhändler bucht den Zahlungsbetrag vom Bankkonto des Kunden ab. Das Verfahren ist umstritten, weil es bedeutet, dass der Einzelhändler biometrische Daten seiner Kunden erfassen und verwalten muss. Der Einzelhändler kann das Verfahren für regelmäßige Kunden einsetzen, mit denen Abbuchungs- oder Einzugsermächtigungsverfahren vereinbart sind.

Abb. 23: Bezahlen mit Fingerabdruck

- **kontaktlose Zahlungsverfahren – girogo**
  Die Geschwindigkeit der Kartenzahlung kann gesteigert werden, wenn die Zahlung erfolgt, ohne dass die Karte in ein Lesegerät eingeführt werden muss. Dazu kann auf den Chip der Geldkarte ein Betrag bis 200,00 € aufgeladen werden, von dem kleine Geldbeträge kontaktlos abgebucht werden können.

NFC (Near-Field-Communication)

Zwei Geräte sind mit einem entsprechenden Chip ausgestattet und in der Lage, miteinander Daten auszutauschen. In Zukunft werden Smartphones standardmäßig mit einem solchen Chip ausgestattet sein. Dies ermöglicht es, dass die Kassen im Einzelhandel die Daten an das Handy übertragen. Der Kunde kann den Zahlungsvorgang entweder durch entsprechende Eingabe auf dem Handy auslösen oder er führt das Handy in die Nähe eines Chips, der die Funksignale empfangen und weiterverarbeiten kann. Bei dieser Art der Barzahlung kann dem Kunden auch die Quittung elektronisch auf das Handy gesendet werden, sodass der Ausdruck in Papierform entfällt. Das Bezahlen mit NFC-Technik soll im Einzelhandel für Kleinbeträge bis 20,00 € und an Automaten einsetzbar sein.

RFID (Radio-Frequency Identification)

Bei dieser Technik wird mittels Radiowellenenergie und Daten übertragen. Diese Energie wird von einem Empfängerteil aufgenommen und in einen Chip an der Ware eingespeist. Dieser ist in der Lage, die dabei übertragenen Informationen auszuwerten und entsprechend weiterzuverarbeiten. Wird diese Technik im Kassenbereich angewendet, geht der Kunde nach Beendigung seines Einkaufs durch eine RFID-Schleuse, in der alle in seinem Einkaufswagen liegenden Waren erkannt werden und die Rechnung erstellt wird. Nachdem das Kassenpersonal den Betrag bestätigt hat, kann der Kunde bargeldlos bezahlen. Bezahlt werden kann mittels Geldkarte oder elektronischem Lastschriftverfahren.

Abb. 24: Kontaktlose Zahlungsverfahren

Aufgaben

1. Erkundigen Sie sich, wie Zahlungen in Ihrem Ausbildungsbetrieb abgewickelt werden, und berichten Sie in der nächsten Unterrichtsstunde darüber. Fertigen Sie eine Übersicht über die Zahlungsvarianten in Ihren Ausbildungsbetrieben an.

2. Erläutern Sie, welche Nachteile der Zahlungspflichtige bei der Barzahlung hat.

3. Beschreiben Sie zwei Vorteile und zwei Nachteile für das Einzelhandelsunternehmen bei Barzahlung.

4. Beschreiben Sie die Gefahr, die das Bezahlen mit Karten für die Kunden birgt.

5. Im Welt-Laden Altstadt fällt während der Geschäftszeit der Strom aus. Ein Kunde hat drei Päckchen Kaffee zu je 3,21 € (brutto) zu bezahlen.
   a) Erstellen Sie für den Kunden eine Quittung unter dem heutigen Datum. Der Umsatzsteuersatz für Kaffee beträgt 7 %.
   b) Kann der Kunde auf die Ausstellung einer Rechnung bestehen, wenn er den Kaffee für sein Unternehmen kauft?

6. Sie haben folgende Möglichkeiten zur Bezahlung von fälligen Beträgen:
   (1) Barzahlung,
   (2) Lastschriftverfahren,
   (3) Überweisung.
   Erläutern Sie, welche Möglichkeit Sie wählen für die Zahlung von
   a) monatlicher Miete,
   b) Vereinsbeiträgen,
   c) erhaltenen Lieferungen im Versandhandel,
   d) Einkäufen in der Bäckerei,
   e) Karten an der Kinokasse,
   f) Benzin an der Tankstelle,
   g) Versicherungsprämien,
   h) Eintrittsgeld bei einer Karnevalsveranstaltung,
   i) einer Rechnung im Restaurant,

j) eines Zeitschriften-Abonnements,
k) eines Einkaufs im Internet.

7 Jutta Fröhlich bietet ihren Stammkunden für das kommende Weihnachtsfest Präsentkörbe in drei unterschiedlichen Preisgruppen an. Sie denkt dabei vor allem an Geschäftskunden, die ihren Kunden ein Geschenk zukommen lassen wollen. Die Kunden können die Körbe per Fax oder telefonisch bestellen. Um den Kunden des Welt-Ladens einen zusätzlichen Service zu bieten, werden sie auf Wunsch auch den Empfängern zugestellt, sofern die Adressen im Stadtgebiet von Altstadt liegen. Welche Zahlungsmöglichkeiten sollte der Welt-Laden seinen Kunden hierfür eröffnen?

Kompetenzraster, Kapitel 3.1 und 3.2

Kapitel	Ich kann ...	nein	un sicher	recht sicher	ja
3.1	■ die Bedeutung von Willenserklärungen erläutern und erklären, auf welche Art Willenserklärungen abgegeben werden können.				
	■ das Zustandekommen eines Vertrags erläutern.				
	■ die Begriffe „natürliche Person“ und „juristische Person“ unterscheiden und jeweils Beispiele nennen.				
	■ die Begriffe Rechtsfähigkeit und Geschäftsfähigkeit unterscheiden.				
	■ die Begriffe Geschäftsunfähigkeit und beschränkte Geschäftsfähigkeit erläutern.				
	■ die Möglichkeiten und Ausnahmen für Geschäfte mit beschränkt geschäftsfähigen Personen darlegen.				
	■ Verpflichtungs- und Erfüllungsgeschäft unterscheiden.				
	■ den Begriff Vertragsfreiheit erläutern und Einschränkungen der Vertragsfreiheit an Beispielen beschreiben.				
	■ einseitige und zweiseitige Rechtsgeschäfte unterscheiden und jeweils Beispiele nennen.				
	■ die Begriffe Nichtigkeit und Anfechtbarkeit erläutern und mögliche Gründe für nichtige und anfechtbare Rechtsgeschäfte nennen.				
	■ die Bedeutung allgemeiner Geschäftsbedingungen erläutern.				
	■ zwischen Besitz und Eigentum unterscheiden.				
	■ den Begriff Eigentumsvorbehalt erläutern.				
3.2	■ die im Einzelhandel üblichen Zahlungsarten nennen und ihre Voraussetzungen beschreiben.				
	■ die Bedeutung und notwendigen Inhalte einer Rechnung erläutern.				
	■ die Vor- und Nachteile der einzelnen Zahlungsarten nennen.				
	■ die Bedeutung einer Quittung erläutern.				
	■ wichtige Formen der halbbaren Zahlung nennen und erläutern und ihre Vor- und Nachteile gegeneinander abwägen.				
	■ wichtige Formen der bargeldlosen Zahlung nennen und erläutern und ihre Vor- und Nachteile gegeneinander abwägen.				

3.3 Kassensysteme und Serviceleistungen an der Kasse

Endlich Feierabend. Jutta Fröhlich will gerade die Ladentür zum Welt-Laden abschließen, als ein Herr im grauen Anzug sich vor dem Laden bemerkbar macht: „Ach, entschuldigen Sie bitte! Können Sie mir diesen 50-Euro-Schein schnell wechseln, ich muss die Parkgebühr bezahlen und habe kein Kleingeld dabei." Der Kunde legt ihr einen mehrmals geknickten und zerknitterten Geldschein auf den Ladentisch. Jutta wundert sich etwas, weil sie im Geldbeutel des Mannes gesehen hat, dass er sehr viele Scheine dabei hat, die einen Wert von weniger als 50,00 € haben und alle relativ neu aussahen.

3.3.1 Kassiervorgang als zentraler Punkt im Einzelhandel

Der Kassiervorgang stellt im Einzelhandel für gewöhnlich den letzten, manchmal auch den einzigen Kontakt zwischen Verkaufspersonal und Kunden dar: Jeder Kunde, ob er etwas kauft oder nicht, kommt für gewöhnlich an der Kasse vorbei. Das Rechtsgeschäft des Warenverkaufs wird hier durch Zahlung des Kaufpreises abgeschlossen. Der Kassiervorgang stellt an Kunden und Personal besondere Anforderungen:

- Die Kunden müssen sich bei großem Kundenandrang gedulden, bis sie an der Reihe sind.
- Da alle Kunden auf dem Weg zum Geschäftsausgang durch die Kassenzone gehen, ist hier besondere Aufmerksamkeit gefordert, um Diebstähle zu verhindern.
- Das Personal muss darauf achten, dass ihm beim Erfassen der Warendaten und beim Umgang mit Geld keine Fehler unterlaufen.

Der Kassiervorgang kann in drei Schritte unterteilt werden (vgl. Abb. 1).

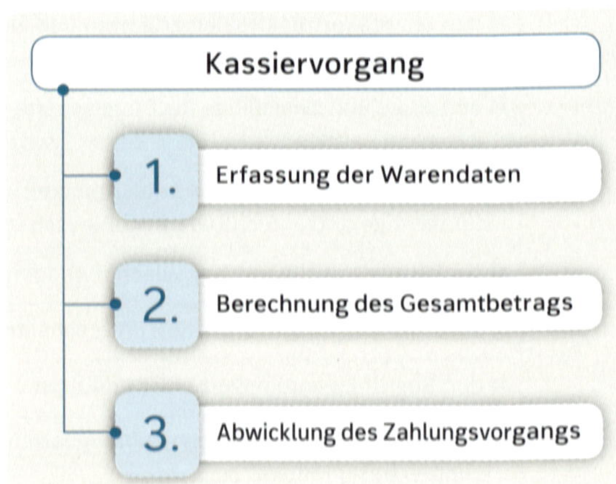

Abb. 1: Drei Schritte des Kassiervorgangs

Der Kassiervorgang wird durch Kassensysteme unterstützt. Sie verfügen über technische Einrichtungen zur

- Datenerfassung aller Waren,
- Berechnung des Gesamtpreises und
- Abwicklung des Zahlungsvorgangs.

222330166

Oft sind sie zusätzlich ausgestattet mit
- Einrichtungen zur Geldscheinprüfung und
- Einrichtungen zur Warensicherung.

Der Kassiervorgang unterscheidet sich je nach Art des Einzelhandelsunternehmens und der Bedienform. Entweder sind extra dafür angestellte Mitarbeiter zuständig oder er ist Abschluss des Beratungs- und Verkaufsgesprächs und wird vom Berater bzw. Verkäufer durchgeführt. In jedem Fall wird der Kunde zu Beginn höflich begrüßt und am Ende ebenso verabschiedet.

3.3.2 Datenerfassung beim Kassiervorgang

Grundlage des Kassiervorgangs ist die Erfassung der Daten aller Waren, die der Kunde kaufen will. Dabei sind vor allem die eindeutige Warenerkennung, der Einzelpreis der Ware und die Anzahl der gekauften Teile wichtig. Die für den Kassiervorgang notwendigen Daten stehen auf Etiketten, die fest an der Ware oder der Verpackung angebracht sind. Etiketten sind Hinweisschilder, die, je nach Einsatzbereich, unterschiedliche Informationen über die Ware enthalten.

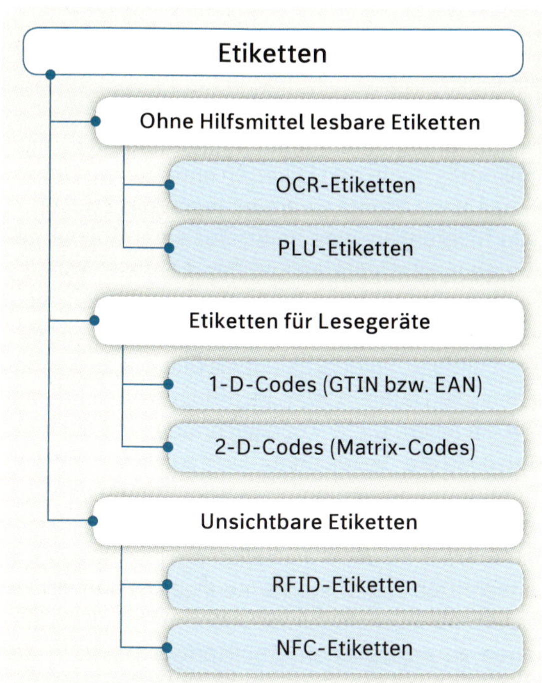

Abb. 2: Einteilung von Etiketten nach Lesbarkeit

> ***Etiketten** dienen als Informationsträger bei Warentransport, Lagerung, Warenpräsentation und Kassiervorgang.*

Etiketten können danach unterschieden werden, ob sie mit technischen Hilfsmitteln oder ohne technische Hilfsmittel zu erkennen bzw. zu lesen sind (vgl. Abb. 2).

Je nach Art der verwendeten Etiketten müssen Kassensysteme auch über die entsprechende technische Ausstattung verfügen.

Ohne Hilfsmittel lesbare Etiketten

OCR-Etiketten: Sollen die auf dem Etikett enthaltenen Informationen sowohl für Menschen als auch für optische Lesegeräte erfassbar sein, können OCR-Etiketten benutzt werden (vgl. Abb. 3). OCR bedeutet „Optical Recognition Charakter“ (optisch erkennbares Zeichen). Verwendung finden sie vor allem im Buch- und Textilhandel. Damit sie für das Personal lesbar sind, müssen die Etiketten eine Mindestgröße haben.

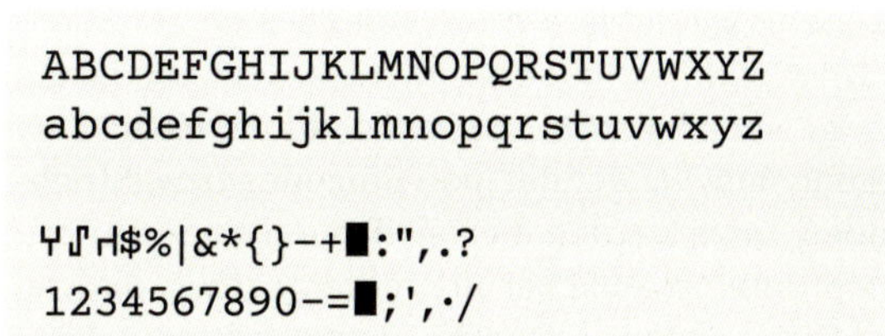

Abb. 3: Maschinenlesbare OCR-Schrift

PLU-Etiketten: Die Auszeichnung aller einzelnen Artikel mit Preisetiketten ist sehr aufwendig. Außerdem bedeutet eine Preisänderung eine Neuetikettierung aller betroffenen Artikel. Beim Kassiervorgang wird dadurch zwar die direkte Eingabe des Preises möglich, es wird aber auch, selbst bei kleinen Beträgen, immer die Eingabe von vier bis fünf Zeichen über die Tastatur notwendig. Um diesen Aufwand zu reduzieren, werden die Artikel mit einer – meist dreistelligen – Nummer ausgezeichnet. Anhand dieser Nummer kann der Preis des Artikels aus einer Liste abgelesen werden. Dieses Ablesen des Preises („**P**rice **L**ook **U**p“: PLU) übernimmt der Computer, der die Warendaten aus einer elektronischen Datei ausliest. Ändert sich der Artikelpreis, genügt es, die Änderung in der zugrunde liegenden Liste durchzuführen; die Artikelauszeichnung mit der PLU-Nummer bleibt unverändert. Das PLU-Verfahren wird zum Beispiel bei Obst und Gemüse und bei Aktionswaren der Discounter eingesetzt, deren Preise sich kurzfristige ändern können (vgl. Abb. 4).

Abb. 4: PLU-Etiketten werden bei Waren eingesetzt, deren Preise sich oft ändern.

Etiketten für Lesegeräte

Optische Erfassungsgeräte sind in der Lage, kleinere Strukturen zu erkennen, als es das menschliche Auge kann. Daher können Etiketten, deren Daten nur durch Lesegeräte erfasst werden, möglichst klein gestaltet werden, ohne dass ihre Informationsmenge verringert werden muss. Außerdem können auch andere Arten von Zeichen als Buchstaben und Zahlen verwendet werden. Um Daten so zu verschlüsseln, dass sie durch Maschinen lesbar sind, verwendet man Barcodes bzw. Strichcodes. Dazu werden die Zeichen in Form von Strichen unterschiedlicher Breite dargestellt, die von entsprechenden optischen Lesegeräten erfasst bzw. erkannt werden können.

> **!** *Ein **Barcode** ist eine maschinenlesbare Schrift, die aus verschieden breiten, parallelen Strichen und Lücken besteht.*

Unterschieden werden Barcodes danach, ob sie
- nur in eine Richtung lesbar sind (eindimensionale Barcodes bzw. 1-D-Codes) oder
- in zwei Richtungen lesbar sind (zweidimensionale Barcodes bzw. 2-D-Codes).

Eindimensionale Barcodes (1-D-Codes): Seit 1977 werden in Deutschland hergestellte Artikel mit der EAN (**E**uropean **A**rticle **N**umber: Europäische Artikelnummer) gekennzeichnet, die als Barcode aufgedruckt wird. Seit 2009 wurde die EAN durch die weltweit gültige GTIN (**G**lobal **T**rade **I**tem **N**umber: Globale Artiktelidentifikationsnummer) ersetzt. Diese erlaubt es, einen Artikel weltweit nach Herkunftsland und Herstellunternehmen zu erkennen. Bei kleinen Artikeln wird die Artikelnummer mit einer achtstelligen, ansonsten mit einer 13-stelligen Nummer verschlüsselt. Der 13-stellige Code setzt sich aus verschiedenen Abschnitten zusammen (vgl. Abb. 5, 6).

Abb. 5: Zusammensetzung der GTIN

Abb. 6: Anwendungsbeispiele für 1-D-Codes: Buchhandel, Lebensmittelhandel

Zweidimensionale Barcodes (2-D-Codes): Eine Steigerung der in den Etiketten enthaltenen Datenmenge kann erreicht werden, wenn die Zeichen in zwei Richtungen, das heißt, auf einer Fläche geschrieben und gelesen werden können. Anfangs wurden dazu mehrere Strichcodes zeilenweise übereinander angeordnet. Inzwischen wurden verschiedene Standards entwickelt, die es ermöglichen, die Daten in zwei Richtungen zu schreiben bzw. zu lesen. Diese Kennzeichnung wird auch als **Matrix-Code** bezeichnet. Flächencodes werden zunehmend auch von Herstellerfirmen benutzt, um Informationen über die Ware in möglichst kompakter Form an der Ware selbst anzubringen. Auch Zeitschriften fügen solche Kennzeichen in Artikel ein, um die Suche nach weiterführenden Informationen zu ermöglichen. Smartphones sind in der Lage, die Codes zu scannen und zum Beispiel Warendaten auf dem Display anzuzeigen (vgl. Abb. 7).

222330168

Abb. 7: Anwendungsbeispiele für 2-D-Codes: Paketversender UPS, Deutsche Post (siehe hierzu auch "Post und Schule", Themenheft Postbearbeitung herausgegeben von der Deutschen Post)

Lesegeräte an der Kasse

Um die Daten auf den Etiketten direkt per Computer erfassen zu können, werden an den Kassensystemen Scanner unterschiedlicher Bauart eingesetzt (vgl. Abb. 8).

Scannerfenster	Mobile Scanner	Hand-Scanner
Ist ein Scannerfenster fest in den Kassenplatz eingebaut, müssen die Waren daran vorbeigeführt werden, damit die Daten von den Etiketten abgelesen werden können.	Mobile Scanner erlauben es, Artikeldaten unabhängig von einem Kassenplatz zu erfassen. Die Geräte können für die Bestandserfassung durch das Einzelhandelspersonal eingesetzt werden. Immer öfter erfassen die Kunden damit ihre gekauften Artikel selbst.	Handscanner erlauben es, Daten von Waren zu erfassen, die zu schwer oder zu groß sind, um sie durch den Tunnelscanner oder am Scannerfenster vorbeiführen zu können.

Abb. 8: Lesegeräte an der Kasse

Unsichtbare Etiketten

Die Warenkennzeichnung mit sichtbaren und lesbaren Etiketten macht es erforderlich, die Ware an einem Lesegerät vorbeizuführen, das die auf dem Etikett aufgedruckten Zeichen lesen kann. Die auf dem Etikett enthaltenen Informationen können nicht mehr ergänzt oder verändert werden. Neue Techniken ermöglichen es, Artikeldaten per Funk vom Etikett abzurufen, aber auch neue Informationen hinzuzufügen.

RFID-Etiketten (**R**adio **F**requency **I**dentification: Identifizierung mithilfe elektromagnetischer Wellen): Werden RFID-Etiketten mit Funkwellen bestimmter Frequenzen bestrahlt, sendet das Etikett selbstständig seine Daten zur Artikelkennzeichnung zurück. Das Etikett besteht aus einem kleinen Chip als Funktions- und Informationsträger und einer verhältnismäßig großen Sende- und Empfangsantenne (vgl. Abb. 9). Technisch ist es möglich, das Etikett so klein zu machen, dass es zwischen die Rillen des Fingerabdrucks passt. Der Chip ist in der Lage, seine gespeicherten Daten zu senden und neue Daten zu speichern. Vom Produktionszeitpunkt an kann so zum Beispiel lückenlos festgehalten werden, um welche Sorte Joghurt es sich handelt, wann er produziert wurde, wann er wohin transportiert wurde und welchen Temperaturen er ausgesetzt war. RFID-Etiketten können so das gesamte Artikelleben aufnehmen bzw. wiedergeben. Da die Technik noch relativ teuer ist, eignet sie sich vor allem für hochwertige Artikel.

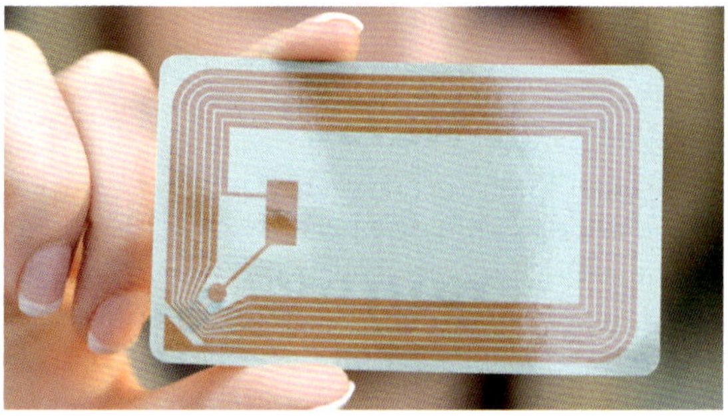

Abb. 9: RFID-Chip

NFC-Etiketten (**N**ear **F**ield **C**ommunicaion: Kommunikation im Nahbereich): Basierend auf der RFID-Technik arbeiten NFC-Systeme. Die Funktionsweise ist der der RFID-Technik vergleichbar, allerdings müssen hier Sender und Empfänger sich in einem Abstand von höchstens ca. 10 cm zueinander befinden, damit ein Datenaustausch stattfinden kann. Smartphones verfügen über die Technik zur Kommunikation mit NFC-Chips (vgl. Abb. 10).

Eine Gegenüberstellung von RFID-Technik und klassischem Barcode ist in Abb. 11 dargestellt.

Abb. 10: Zahlung mit Smartphone per NFC

Vergleich RFID – Barcode

Vorteile RFID

- Erfassung sehr großer Warenmengen ist möglich, da Datenübermittlung ohne Sichtkontakt erfolgt.
- RFID-Chips sind nicht nur lesbar, sondern auch beschreibbar und haben eine höhere Speicherkapazität.

Vorteile Barcode

- Barcode-Aufkleber sind preiswerter als RFID-Chips und können je nach Bedarf nachgedruckt werden.
- Datenübertragung kann nicht durch bestimmte Materialien, z. B. Metall, gestört werden.
- Barcode-Aufkleber sind recyclebar.

Abb. 11: Vergleich von RFID-Technik zu Barcode-Technik

3.3.3 Ergänzende Ausstattung der Kassen

Je nach Sortiment des Einzelhandelsgeschäfts müssen die Kassenarbeitsplätze noch über weitere Einrichtungen verfügen.

Waagen

Obst und Gemüse werden oft unverpackt als lose Ware angeboten. Die Kunden können selbst entscheiden, wie viel sie von einer Sorte kaufen wollen. Soll die Ware nach Gewicht und nicht nach Stückzahlen verkauft werden, wird der Kilopreis angegeben. Der Rechnungsbetrag kann erst aufgrund des Gewichts der gekauften Ware berechnet werden. Die Kunden können die Ware entweder selbst wiegen und ein für sie gedrucktes Etikett auf die Verpackung kleben oder die Ware wird am Kassenplatz gewogen (vgl. Abb. 12).

Abb. 12: Obst- und Gemüsewaage

Geräte für bargeldlose Zahlung

Als Serviceleistung wird den Kunden im Einzelhandel die Möglichkeit geboten, ihre Einkäufe bargeldlos zu bezahlen. Kartenlesegeräte erfassen dafür die auf der Karte gespeicherten Daten und bieten folgende Zahlungsmöglichkeiten (vgl. Abb. 13):

- die Eingabe einer PIN, um einen direkten Zahlungsvorgang auszulösen,
- den Ausdruck eines Lastschriftbelegs zur späteren Einziehung des geforderten Betrags vom Kundenkonto oder
- die direkte Übertragung des Betrags von dem auf der Kundenkarte gespeicherten Guthaben in der elektronischen Geldbörse.

In Zukunft wird das kundeneigene Handy eine zunehmend größere Rolle spielen, indem es teilweise die Aufgaben des Kassenterminals übernimmt bzw. mit ihm kommuniziert.

Abb. 13: Kartenlesegeräte an der Kasse

Warensicherungssysteme

Da der Kunde nach dem Kassendurchlauf in der Regel das Geschäft verlässt, werden im Ausgangsbereich besondere Anstrengungen unternommen, um Ladendiebstahl zu verhindern. Von besonders gesicherten Waren müssen die Sicherheitsetiketten abgelöst werden, damit nicht beim Verlassen des Geschäfts Fehlalarm ausgelöst wird (vgl. Abb. 14). Für das Entfernen der Etiketten müssen besondere Werkzeuge an der Kasse verfügbar sein. Bei Waren, die mit RFID-Etiketten gekennzeichnet sind, kann die Diebstahlsicherung elektronisch auf dem Etikett gelöscht werden.

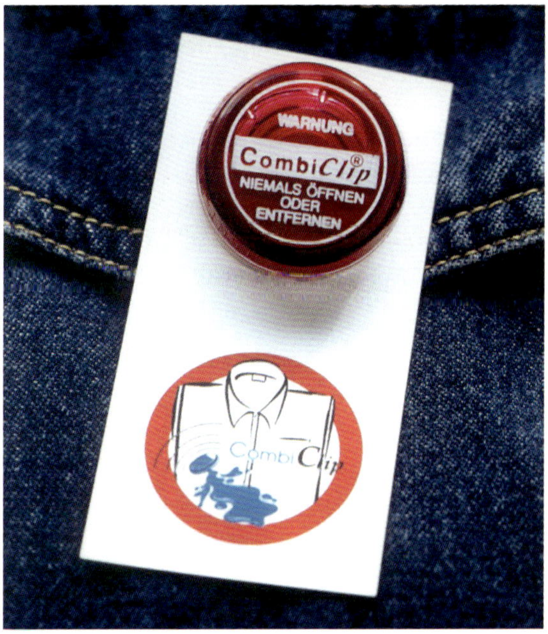

Abb. 14: Sicherheitsetiketten müssen an der Kasse entfernt werden.

Geräte zur Falschgeldprüfung

Für den Einzelhändler ist die Annahme von Bargeld beim Zahlungsvorgang mit besonderem Aufwand und Risiko verbunden:

- Bargeldbestände müssen gegen Raub und Diebstahl versichert werden.
- Nimmt der Einzelhändler Falschgeld an, muss er es der Polizei aushändigen. Einen entsprechenden Ersatz bekommt er nicht.

Um die Annahme von Falschgeld zu verhindern, können Geldscheine anhand von verschiedenen Sicherheitsmerkmalen auf Echtheit geprüft werden.

Je höher der Wert eines Gescheins ist, desto mehr Sicherheitsmerkmale trägt er. Merkmale zur Echtheitsprüfung sind auf der Vorder- und Rückseite angebracht (vgl. Abb. 15 auf der folgenden Seite). Die Überprüfung einiger Merkmale kann ohne technische Hilfsmittel durchgeführt werden: Durch Fühlen, Sehen und Kippen lassen sich Papierqualität, Wasserzeichen und Hologramme prüfen.

Weitere Kennzeichen sind durch Beleuchtung mit UV- und Infrarotlicht oder durch Vergrößerung zu erkennen (vgl. Abb. 16).

Welche der Methoden an der Kasse des Einzelhandelsgeschäfts angewendet werden kann, ist von der technischen Ausstattung des Kassierplatzes abhängig. In der Regel weisen die Unternehmen ihre Mitarbeiter an, Geldscheine ab einem bestimmten Wert in jedem Fall auf ihre Echtheit zu prüfen. Wenn das Unternehmen Kenntnis erhält, dass Falschgeld im Umlauf ist, werden die Mitarbeiter auch angewiesen, bestimmte Geldscheine beim Bezahlen nicht anzunehmen.

Abb. 15: Sicherheitsmerkmale von Banknoten

Prüfung durch Fühlen, Sehen, Kippen
Geldscheine werden nicht auf einfachem Papier, sondern auf Baumwolle gedruckt. Daher kann die erste Prüfung durch Befühlen erfolgen. Am linken und rechten Rand hat der Schein eine Prägung, die mit den Fingern zu erfühlen ist 1 a), 1 b). Auf der Vorderseite haben alle Scheine der "Europa-Serie" einen Glanzstreifen 2, in dem das Hologrammbild einer Europa-Abbildung zu sehen ist, wenn der Schein gegen eine Lichtquelle gehalten wird (ab 20 Euro-Schein). Fällt Licht auf den Streifen, sind das Europa-Portrait, silberglänzende Abbilder des Wertes des Scheine und seines Bildsymbols zu erkennen.
Prüfung durch Beleuchtung
Als weiteres Sicherheitsmerkmal haben Geldscheine verschiedene Muster aufgedruckt, die nur durch Beleuchtung mit bestimmten Lichtquellen sichtbar werden. ■ **beliebige Lichtquelle:** In der linken Hälfte ist ein Wasserzeichen mit dem Europa-Portrait zu erkennen, wenn man den Schein gegen eine Lichtquelle hält 3 a). Darunter wird der Wert als Smaragd-Zahl angezeigt, die beim Kippen vor Licht ihre Farbe streifenartig ändert 3 b). Daneben ist ein unsichtbarer Sicherheitsfaden eingearbeitet 3 c). ■ **UV-Licht:** Unter UV-Licht wirkt der Geldschein insgesamt dunkel, nur die Europafahne und der Euro-Schriftzug erscheinen hell. Dann wird auch das Bildmotiv 4 sichtbar. ■ **Infrarot-Licht:** Bei Bestrahlen mit Infrarot-Licht erscheint die Banknote insgesamt dunkel, nur ein Teil des Banknotenmotivs mit der Wertangabe ist zu erkennen.
Prüfung durch Vergrößerung
Nur unter einer starken Lupe oder einem Mikroskop ist die an verschiedenen Stellen der Banknote aufgedruckte Mikroschrift 5 zu erkennen. Mikroschrift ist an mehreren Stellen im Bildsymbol enthalten.

Abb. 16: Methoden zur Falschgeldprüfung

3.3.4 Serviceangebote im Kassenbereich

Um die Wartezeiten für die Kunden an der Kasse zu verkürzen und um Personalkosten einzusparen, gehen Einzelhandelsunternehmen verstärkt dazu über, die Waren durch den Kunden selbst scannen zu lassen und bieten dabei den Kunden Hilfe beim Kassiervorgang an.

Selbstscanner-Kassen

Kunden wird im Kassenbereich die Möglichkeit geboten, ihre Waren selbst an einer Scannerstation zu erfassen (vgl. Abb. 17). Die Aufgabe des Personals beschränkt sich darauf, Kunden bei Problemen behilflich zu sein. Sofern die Kunden nicht mit Karte zahlen, muss das Personal für den Zahlungsvorgang bereitstehen.

Abb. 17: Selbstscanner-Kasse

Mobiles Scannen

Die Kunden erhalten einen mobilen Einkaufsassistenten, um den Wareneinkauf zu erleichtern. Das Gerät kann zum Erfassen der Waren benutzt werden, die in den Einkaufswagen gelegt werden. Darüber hinaus kann der Kunde aber auch Auskünfte über bestimmte Artikel erhalten. Das Gerät wird am Kassenterminal abgegeben und die Daten der gekauften Artikel werden automatisch übernommen.

Um bei Selbstscan-Systemen sicherstellen zu können, dass alle von den Kunden gewünschten Waren erfasst werden, kann z. B. das Gewicht der Einkaufswagen mit dem Soll-Gewicht verglichen werden. Ist der Einkaufswagen schwerer als aufgrund der Einkaufliste erwartet werden kann, ist nicht der gesamte Inhalt beim Scannen erfasst worden.

Einpack- und Trageservice

An Einkaufstagen, an denen ein besonders starker Kundenandrang im Einzelhandel erwartet wird, bieten viele Unternehmen den Kunden einen Einpackservice an den Kassen an (vgl. Abb. 18). Die Kunden nehmen dieses Angebot gerne an, weil das Scannen der Ware durch das Personal oft schneller erfolgt, als es ihnen möglich ist, die Ware in ihren Einkaufswagen zu legen. Der Kundendurchlauf an der Kasse kann dadurch gesteigert werden. Für besonders große, sperrige Güter kann angeboten werden, die Ware zum Auto zu bringen und sie darin zu verstauen.

Abb. 18: Einpackservice an der Kasse

Geschenkverpackung

Vor allem vor den Feiertagen an Weihnachten und Ostern wird in vielen Geschäften oder Abteilungen der Warenhäuser ein Service angeboten, die gekauften Artikel als Geschenk zu verpacken (vgl. Abb. 19).

Abb. 19: Geschenkverpackungsservice

Aufgaben

1. Merle steht an der Kasse, als eine Kundin mit einem vollen Einkaufskorb zu ihr kommt, um die Ware zu bezahlen. Finden Sie kundenorientierte Sätze und Redewendungen, mit denen Merle die Kundin
   a) begrüßen,
   b) den Zahlungsvorgang abwickeln und sie
   c) verabschieden sollte.

2. Nennen Sie zwei Vor- und zwei Nachteile der folgenden Arten von Etiketten:
   ■ PLU ■ OCR ■ RFID

3. Erläutern Sie, welche der folgenden Artikel mit Etiketten der folgenden Art gekennzeichnet werden:

(1) PLU	(a) frischer Spargel
(2) OCR	(b) Campingstühle
(3) RFID	(c) Musik-CDs
	(d) Bücher
	(e) Tablet-PCs

4. Nennen Sie fünf Möglichkeiten, um Geldscheine auf ihre Echtheit zu prüfen.

5. Nennen Sie Möglichkeiten, wie das Diebstahlrisiko im Kassenbereich reduziert werden kann. Unterscheiden Sie zwischen
   a) technischen Möglichkeiten und
   b) organisatorischen Möglichkeiten.

6. Erläutern Sie, warum Einzelhandelsunternehmen ihren Kunden gerne die Möglichkeit zum bargeldlosen Bezahlen anbieten.

7. Ordnen Sie die Auswirkungen den Gestaltungsmöglichkeiten für den Kassiervorgang zu.
   Auswirkungen:
   (1) geringeres Diebstahlrisiko
   (2) schnellerer Kundendurchlauf
   (3) weniger Personaleinsatz
   Gestaltungsmöglichkeiten:
   (a) mobiles Scannen am Einkaufswagen
   (b) Einpackservice an der Kasse
   (c) bargeldlose Zahlung

8. Datenschützer drängen darauf, dass Ladenketten, die die RFID-Technik nutzen möchten, ihre Kunden über den Einsatz und die möglichen Folgen informieren müssen. Welche Nachteile für die Kunden befürchten die Datenschützer?

9. Erläutern Sie, welche Serviceleistungen im Kassenbereich es in Ihrem Ausbildungsbetrieb gibt.

10. Erläutern Sie, welche Ziele ein Unternehmen verfolgt, wenn es Serviceleistungen im Kassenbereich anbietet.

11. Überlegen Sie, wie der Kassenbereich Ihres Ausbildungsunternehmens in 20 Jahren aussehen mag.
    a) Welche technischen Geräte gibt es?
    b) Welche Aufgaben hat das Verkaufs- bzw. Kassenpersonal?

Kompetenzraster, Kapitel 3.3

Kapitel	Ich kann ...	nein	unsicher	recht sicher	ja
3.3	■ die wesentlichen Schritte des Kassiervorgangs nennen.				
	■ die Bedeutung des Kassiervorgangs für den Abschluss des Kaufvertrags erläutern.				
	■ die im Einzelhandel verwendeten Etikettenarten nennen und erläutern.				
	■ die Vor- und Nachteile von PLU- und OCR-Code nennen und erläutern.				
	■ unterschiedliche Arten von Scannern für Einzelhandelskassen nennen.				
	■ die Bedeutung unsichtbarer Etiketten erläutern und Beispiele nennen.				
	■ sinnvolle Ausstattungserweiterungen für Kassen nennen und erläutern.				
	■ Möglichkeiten, Euro-Scheine auf ihre Echtheit zu prüfen, beschreiben.				
	■ Serviceangebote im Kassenbereich beschreiben.				

3.4 Kaufmännische Rechenverfahren

Im Welt-Laden herrscht hektisches Treiben: Von einem Autohaus wurden 15 Präsentkörbe bestellt, die morgen fertig sein müssen. Jutta überlegt, welche Artikel in die Körbe kommen sollen, damit sie gut aussehen. Sie will in jeden Korb Schokolade, Wein und Gebäck legen. Allerdings hat sie nicht genügend Artikel von jeder Ware, um in jeden Korb die gleiche Artikelauswahl legen zu können. Außerdem muss sie dann auch für jeden Korb einen anderen Preis verlangen, was dem Kunden aber nicht recht sein wird.

3.4.1 Durchschnittsrechnung

Mithilfe der Durchschnittsrechnung errechnet man aus mehreren gegebenen Werten einen Mittelwert.

Beispiel: Jutta liest in einer Branchen-Zeitschrift, dass 200 Kunden von Weltläden nach ihrem Alter befragt wurden. Aus den Angaben der 200 Kunden wurde der Mittelwert gebildet: Der durchschnittliche Kunde von Weltläden ist 29 Jahre alt.

Der errechnete Mittelwert lässt sich dann mit anderen Werten vergleichen, die auf die gleiche Weise errechnet wurden. Auf diese Weise können z. B.

- der durchschnittliche Umsatz im Monat mit dem Umsatz des Vormonats oder
- der durchschnittliche Umsatz pro Kunde mit dem Branchendurchschnitt

verglichen werden.

Je nachdem, in welchem Maße alle gegebenen Größen in den Durchschnittswert eingehen, spricht man von der Berechnung des einfachen Durchschnitts oder des gewogenen bzw. gewichteten Durchschnitts.

Beispiel: Im Welt-Laden werden drei Sorten Schokolade mit unterschiedlichen Einkaufspreisen verkauft. Um die Preisauszeichnung zu vereinfachen und den Kunden einen besseren Überblick zu ermöglichen, sollen alle Sorten zu einem einheitlichen Preis verkauft werden. Die Einkaufspreise je Tafel sind:

Sorte	Einkaufspreis in €
Mocca	0,88
Mandel	1,13
Marzipan	0,99

Beim Verkauf einer Tafel Schokolade soll im Durchschnitt ein Gewinn von 0,25 € erzielt werden.

Einfacher Durchschnitt

Um einen einheitlichen Verkaufspreis für eine Tafel Schokolade festlegen zu können, wird zunächst der durchschnittliche Einkaufspreis ermittelt. Dazu werden die drei Einkaufspreise jeder Sorte addiert und durch die Anzahl der Sorten dividiert:

$$\frac{0{,}88\,€ + 1{,}13\,€ + 0{,}99\,€}{3} = \frac{3{,}00\,€}{3} = 1{,}00\,€$$

> **!** *Der **einfache Durchschnitt** mehrerer Zahlenwerte wird errechnet, indem*
> - *sie addiert werden und*
> - *die Summe anschließend durch die Anzahl der Zahlenwerte dividiert wird.*

Wenn beim Verkauf jeder Tafel Schokolade ein Gewinn von 0,25 € erzielt werden soll, muss der Preis also auf
1,00 € + 0,25 € = 1,25 €
festgelegt werden.

Der Gewinn, der bei den einzelnen Sorten erzielt wird, ist unterschiedlich, wie die folgende Übersicht zeigt:

Sorte	Einkaufspreis in €	Verkaufspreis in €	Überschuss in €
Mocca	0,88	1,25	0,37
Mandel	1,13	1,25	0,12
Marzipan	0,99	1,25	0,26

Bildet man den Durchschnitt aller erzielbaren Überschüsse, erhält man den gewünschten Wert:

$$\frac{0{,}37\,€ + 0{,}12\,€ + 0{,}26\,€}{3} = \frac{0{,}75\,€}{3} = 0{,}25\,€$$

Allerdings ergibt sich der durchschnittliche Wert von 0,25 € nur, wenn von allen Sorten gleich viel verkauft wird.

Gewogener Durchschnitt

Beispiel: Die Abrechnung der letzten drei Monate zeigt, dass die Verkaufszahlen der drei Sorten unterschiedlich waren:

Sorte	Einkaufspreis in €	verkaufte Menge in Stück
Mocca	0,88	13
Mandel	1,13	33
Marzipan	0,99	25

Als Gewinn aus dem Schokoladenverkauf ergeben sich folgende Werte:

Sorte	verkaufte Menge in Stück	Überschuss in €	Erzielter Gewinn in €
Mocca	13	0,37	4,81
Mandel	33	0,12	3,96
Marzipan	25	0,26	6,50
Summe	71		15,27

Mit dem Verkauf der insgesamt 71 Tafeln Schokolade hat Jutta einen Überschuss von 15,27 € erzielt. Hätte jede Tafel tatsächlich einen Überschuss in Höhe von 0,25 € erbracht, hätte sie einen gesamten Überschuss in Höhe von
71 Stück · 0,25 €/Stück = 17,75 €
erzielen müssen. Der festgelegte Verkaufspreis war für dieses Gewinnziel offenbar zu niedrig.

Die Abweichung entsteht, weil nicht von jeder Sorte die gleiche Menge an Tafeln verkauft wurde: Bei der Sorte Mandel ist der Überschuss pro Tafel am geringsten, weil ihr Einkaufspreis am höchsten ist. Von dieser Sorte wurden aber die meisten Tafeln verkauft.

Die jeweils verkaufte Menge soll daher bei der Kalkulation des Verkaufspreises berücksichtigt werden. Das erfolgt, indem der gewogene Durchschnitt berechnet wird: Auch hier wird ein Durchschnitt der drei Preise 0,88 €, 1,13 € und 0,99 € gebildet. Jeder der drei Preise erhält aber bei der Berechnung ein anderes Gewicht, weil die drei Sorten unterschiedlich oft verkauft worden sind. Die gleichen

Einkaufspreise werden mit der Häufigkeit berücksichtigt, in der sie vorkommen (vgl. Abb. 1). Durch die Berücksichtigung der Menge findet das Gewicht in die Berechnung Eingang:

Sorte	Einkaufspreis in €	verkaufte Menge in Stück	„Gewicht“
Mocca	0,88	13	11,44
Mandel	1,13	33	37,29
Marzipan	0,99	25	24,75
Summe		71	73,48

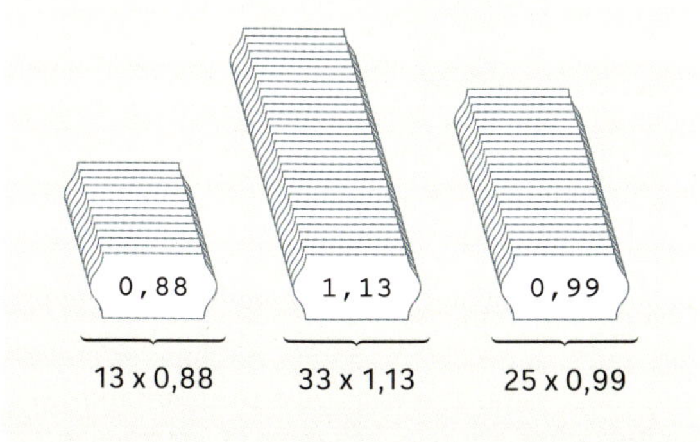

Abb. 1: Unterschiedliche Gewichtung der Werte

Der gewogene Durchschnitt der Einkaufskosten pro Tafel wird wie folgt errechnet:

$$\frac{0{,}88\,€ \cdot 13 + 1{,}13\,€ \cdot 33 + 0{,}99\,€ \cdot 25}{13 + 33 + 25}$$

$$= \frac{73{,}48\,€}{71} = 1{,}04\,€$$

Der gewogene Durchschnitt der Einkaufspreise beträgt 1,04 €. Zuzüglich der 0,25 € Gewinn, den Jutta pro verkaufter Tafel anstrebt, ergibt sich damit ein einheitlicher Verkaufspreis von 1,29 € pro Schokoladentafel.

> **!** *Der **gewogene Durchschnitt** mehrerer Zahlenwerte wird errechnet, indem*
> - *die einzelnen Werte mit ihren Gewichten multipliziert werden und*
> - *die Summe der so gebildeten gewichteten Werte durch die Summe der Gewichte dividiert wird.*

3.4.2 Verteilungsrechnung

Mithilfe der Verteilungsrechnung soll ein Wert nach einem bestimmten Schlüssel auf verschiedene Teilmengen aufgeteilt werden.

Beispiel: Die Lieferkosten für die letzte Bestellung betragen 12,48 €. In der Rechnung sind folgende Einzelpositionen aufgeführt:

Sorte	Anzahl in Stück	Gewicht in Gramm	Einkaufspreis in €
Mocca	6	175	0,88
Mandel	24	145	1,13
Marzipan	66	120	0,99

Jutta überlegt, wie sie die Lieferkosten sinnvoll auf die einzelnen Sorten Schokolade aufteilen soll.

Um die Lieferkosten auf die einzelnen Schokoladesorten zu verteilen, wäre es am einfachsten, sie durch die Anzahl der Sorten (hier: drei) zu dividieren. Der Verteilungsschlüssel ist damit „3“:

$$\frac{12{,}48\,€}{3} = 4{,}16\,€.$$

Jeder Schokoladensorte würden 4,16 € als Kostenanteil zugerechnet.

Aber: Die jeweils gelieferte Anzahl der Schokoladentafeln ist bei den einzelnen Sorten sehr unterschiedlich. Bei der Kostenverteilung soll dieser Unterschied berücksichtigt werden. Dies ist möglich, indem man z. B. die Summe aller Schokoladentafeln (= 96) als Verteilungsschlüssel benutzt:

$$\frac{12{,}48\,€}{96} = 0{,}13\,€.$$

Sorte	Anzahl in Stück	Verteilungsschlüssel (VS)	Anzahl in Stück · VS in €
Mocca	6	0,13	0,78
Mandel	24	0,13	3,12
Marzipan	66	0,13	8,58
Summe	96		12,48

Der Sorte Mocca werden 0,78 €, der Sorte Mandel 3,12 € und der Sorte Marzipan 8,58 € als Kostenanteil an den Versandkosten zugerechnet. Mögliche andere Verteilungsschlüssel sind das Gewicht oder der Einkaufswert der Schokoladentafeln.

3.4.3 Dreisatzrechnung

Mithilfe der Dreisatzrechnung errechnet man aus zwei gegebenen Größen eine unbekannte Größe.

Beispiel: Im Welt-Laden werden die neu eintreffenden Tafeln Schokolade genau auf ihr Aussehen kontrolliert. Kunden hatten Tafeln reklamiert, die gebrochen waren oder deren Verpackung geknickt oder eingerissen war. Seit einigen Monaten wird in einer Liste vermerkt, wie viele Tafeln einer Lieferung wegen Mängeln an den Lieferanten zurückgegeben wurden.

Sorte	geliefert am	Liefer-menge	reklamierte Menge
Mandel	20.01.	100	16
Mandel	15.03.	150	24
Mandel	08.06.	75	12

Um weitere Kundenreklamationen möglichst zu vermeiden, werden Tafeln auch bei geringfügigen Mängeln zurückgegeben. Jutta ist über die hohe Reklamationszahl verärgert, weil sie nicht weiß, wie viele der bestellten Tafeln tatsächlich auch verkauft werden können. Sie überlegt, wie viele Tafeln sie bestellen muss, damit sie sicher sein kann, über eine ausreichende Anzahl für den Verkauf zu verfügen.

Direkter Dreisatz

Ordnet man die Liefermengen und die zugehörige Anzahl der Reklamationsfälle der Höhe nach, fällt auf, dass mit steigender Liefermenge auch die Anzahl der reklamierten Tafeln steigt (vgl. Abb. 2).

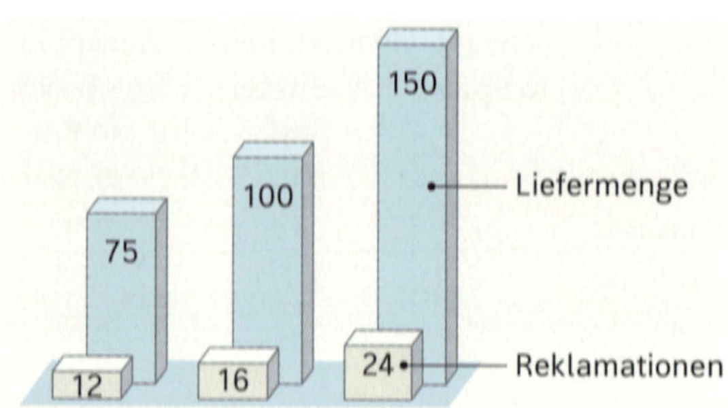

Abb. 2: Verhältnis von reklamierter Menge und Liefermenge

Je **mehr** Schokoladetafeln geliefert werden, desto **mehr** Anlässe gibt es auch zu Reklamationen. Das Verhältnis zwischen Reklamationsfällen und Liefermenge kann als Bruch ausgedrückt werden:

$$\frac{\text{Reklamationsfälle}}{\text{Liefermenge}}; \frac{12}{75}; \frac{16}{100}; \frac{24}{150}$$

Alle drei Brüche lassen sich auf den Bruch $\frac{4}{25}$ kürzen, indem man sie durch 3 bzw. 4 und 8 teilt. Sie stellen also alle den gleichen Zahlenwert ($\frac{4}{25} = 0{,}16$) dar. Die Werte für die Liefermenge und die Anzahl der Reklamationen stehen damit in einem direkten bzw. geraden oder proportionalen Verhältnis zueinander.

> **!** *Stehen zwei Werte in einem **direkten Verhältnis** zueinander, nimmt ein Wert zu, wenn auch der andere Wert zunimmt. Das gleiche gilt umgekehrt.*

Umgekehrt gilt also: Stehen zwei Werte in einem direkten Verhältnis zueinander, nimmt ein Wert ab, wenn auch der andere Wert abnimmt. Das Verhältnis der beiden Werte, ausgedrückt durch einen Bruch, bleibt immer gleich.

Das direkte Verhältnis, in dem die Werte von Liefermenge und Reklamationen zueinander stehen, kann dazu benutzt werden, die zu erwartende Zahl an Reklamationen bei beliebigen Liefermengen zu berechnen.

Dazu wird der Dreisatz mit folgenden Schritten angewendet:

1. **Bedingungssatz:**
   75 gelieferte Tafeln = 12 Reklamationen

2. **Fragesatz:**
   125 gelieferte Tafeln = x Reklamationen

3. **Bruchsatz:**
   $$x = \frac{\text{12 Reklamationen} \cdot \text{125 gelieferte Tafeln}}{\text{75 gelieferte Tafeln}}$$
   x = 20 Reklamationen

Bei einer Liefermenge von 125 Tafeln Schokolade ist also eine Anzahl von 20 Reklamationen zu erwarten.

Indirekter Dreisatz

Es gibt jedoch auch Werte, die sich nicht immer in die gleiche Richtung entwickeln. Z. B. entwickeln sich in der Regel verkaufte Menge und Preis einer Ware so, dass

- die verkaufte Menge abnimmt, wenn der Preis zunimmt, bzw.
- die verkaufte Menge zunimmt, wenn der Preis abnimmt.

Beispiel: Der Welt-Laden erhält in jedem zweiten Monat eine Lieferung von 120 Tafeln Schokolade. Die Menge reicht jeweils für zwei Monate: Jeden Tag werden durchschnittlich 2,5 Tafeln Schokolade verkauft, wobei im Monat mit 24 verkaufsoffenen Tagen gerechnet wird. Der Lieferant kündigt für die nächste Zeit eine Preiserhöhung an. Da die Schokolade knapp kalkuliert ist, wird der Verkaufspreis steigen müssen. Jutta überlegt, ob sie den Bestellrhythmus beibehalten soll. Sie rechnet damit, dass pro Tag nur noch 2 Tafeln verkauft werden können.

Kaufen die Kunden jeden Tag weniger Schokolade, wird sich die Zeitspanne verlängern, in der die gleiche Menge Schokolade verkauft werden kann: Die beiden Größen „Anzahl verkaufte Tafeln pro Tag" und „Verkaufstage der Liefermenge" verhalten sich also gegenläufig zueinander:

- je geringer die „Zahl der verkauften Tafeln pro Tag" ist, desto höher ist die notwendige „Anzahl der Verkaufstage",
- je höher die „Zahl der verkauften Tafeln pro Tag" ist, desto geringer ist die notwendige „Anzahl der Verkaufstage".

In diesem Fall spricht man von einem indirekten bzw. ungeraden oder antiproportionalen Verhältnis der beiden Größen zueinander. Je höher der Wert der einen Größe wird, desto geringer wird der Wert der anderen.

> **!** *Stehen zwei Werte in einem **indirekten Verhältnis** zueinander, nimmt ein Wert zu, wenn der andere Wert abnimmt. Das gleiche gilt umgekehrt.*

Um die Auswirkung eines Absatzrückgangs auf 2 Tafeln am Tag berechnen zu können, kann ebenfalls der Dreisatz benutzt werden, allerdings in einer etwas anderen Form:

1. **Bedingungssatz:**
   2,5 Tafeln pro Tag = 48 Verkaufstage
2. **Fragesatz:**
   2 Tafeln pro Tag = x Verkaufstage
3. **Bruchsatz:**
   $$x = \frac{2{,}5 \text{ Tafeln pro Tag} \cdot 48 \text{ Verkaufstage}}{2 \text{ Tafeln pro Tag}}$$
   $$x = 60 \text{ Verkaufstage}$$

Werden nur noch 2 Tafeln pro Tag verkauft, benötigt man zum Verkauf der gleichen Menge 60 Verkaufstage. Es genügt, wenn Jutta alle 60 Verkaufstage, also jeweils nach 2,5 Monaten

$$\left(\frac{60 \text{ Verkaufstage}}{24 \text{ Verkaufstage pro Monat}} = 2{,}5 \text{ Monate}\right)$$

eine neue Bestellung veranlasst.

Bildung des Bruchsatzes

Sowohl beim direkten als auch beim indirekten Dreisatz wird der Bruchsatz immer nach dem jeweils gleichen Schema gebildet (vgl. Abb. 3 und 4).

1. **Bedingungssatz:**
   75 gelieferte Tafeln = 12 Reklamationen
2. **Fragesatz:**
   125 gelieferte Tafeln = x Reklamationen
3. **Bruchsatz:**
   $$x = \frac{12 \text{ Reklamationen} \cdot 125 \text{ gelieferte Tafeln}}{75 \text{ gelieferte Tafeln}}$$
   $$x = 20 \text{ Reklamationen}$$

Abb. 3: Bildung des Bruchs beim direkten Dreisatz

1. **Bedingungssatz:**
   2,5 Tafeln pro Tag = 48 Verkaufstage
2. **Fragesatz:**
   2 Tafeln pro Tag = x Verkaufstage
3. **Bruchsatz:**
   $$x = \frac{2{,}5 \text{ Tafeln pro Tag} \cdot 48 \text{ Verkaufstage}}{2 \text{ Tafeln pro Tag}}$$
   $$x = 60 \text{ Verkaufstage}$$

Abb. 4: Bildung des Bruchs beim indirekten Dreisatz

3.4.4 Prozentrechnung

Mithilfe der Prozentrechnung werden verschiedene Größen vergleichbar gemacht, wobei man 100 als Basiswert benutzt.

Beispiel: Für die beiden Sorten Mocca und Mandel sind in den letzten Monaten folgende Werte für Liefermenge und Reklamationen festgehalten worden:

Sorte	geliefert am	Liefer-menge	reklamier-te Menge
Mocca	24.03.	80	10
Mandel	24.03.	140	21
Mandel	16.06.	20	3
Mocca	16.06.	120	15
Mandel	21.07.	60	9
Mocca	21.07.	40	5

Jutta will feststellen, bei welcher der beiden Sorten sie mit einer höheren Zahl von Reklamationen zu rechnen hat, wenn sie die Liefermenge für beide Sorten auf 160 festlegt.

Das Verhältnis von Reklamationsfällen zu Bestellmenge ist für jede der beiden Sorten ein jeweils gleichbleibender Wert. Dieser Wert hängt nicht von der Bestellmenge ab:

Mocca	$\frac{10}{80}$	$\frac{15}{120}$	$\frac{5}{40}$
Mandel	$\frac{21}{140}$	$\frac{3}{20}$	$\frac{9}{60}$

Bei der Sorte Mocca lassen sich die angegebenen Brüche auf den Bruch $\frac{1}{8}$ (= 0,125), bei der Sorte Mandel auf $\frac{3}{20}$ (=0,15) kürzen.

Mit dem Dreisatz lässt sich berechnen, wie viele Reklamationen für Mocca zu erwarten sind:

1. **Bedingungssatz:**
   80 gelieferte Tafeln = 10 Reklamationen
2. **Fragesatz:**
   160 gelieferte Tafeln = x Reklamationen
3. **Bruchsatz:**
   $$x = \frac{10 \text{ Reklamationen} \cdot 160 \text{ gelieferte Tafeln}}{80 \text{ gelieferte Tafeln}}$$
   x = 20 Reklamationen

Bei einer Liefermenge von 160 Tafeln Schokolade ist eine Anzahl von 20 Reklamationen zu erwarten. Der Bruchsatz zeigt, dass die betrachtete Liefermenge mit dem Bruch $\frac{1}{8}$ multipliziert werden muss, um die Zahl der Reklamationen zu berechnen:

$$160 \cdot \frac{1}{8} = 20$$

Mit den Brüchen $\frac{1}{8}$ für Mocca bzw. $\frac{3}{20}$ für Mandel lässt sich für jede beliebige Liefermenge die Zahl der Reklamationen berechnen. Für die Sorte Mandel ergibt sich die Rechnung

$$160 \cdot \frac{3}{20} = 24.$$

Der Vergleich der Zahl der Reklamationen bei zwei Sorten ist nur möglich, wenn man von einer einheitlichen Grundmenge ausgeht, für die die Reklamationen berechnet werden. Um eine einheitliche Berechnungsgrundlage zu haben, geht man in der Prozentrechnung immer von der Grundmenge „100“ aus.

! *In der Prozentrechnung wird als **Grundmenge** immer ein Wert von 100 angenommen, für den die abhängige Größe berechnet wird.*

Mit dem Dreisatz kann ausgerechnet werden, wie viele Tafeln Schokolade der Sorte Mandel bei einer Bestellung von 100 Stück reklamiert werden.

1. **Bedingungssatz:**
   80 gelieferte Tafeln = 10 Reklamationen
2. **Fragesatz:**
   100 gelieferte Tafeln = x Reklamationen
3. **Bruchsatz:**
   $$x = \frac{10 \text{ Reklamationen} \cdot 100 \text{ gelieferte Tafeln}}{80 \text{ gelieferte Tafeln}}$$
   x = 12,5 Reklamationen

Bei einer Liefermenge von 100 Tafeln Schokolade sind 12,5 Reklamationen zu erwarten.

Das wird als Reklamationsanteil von 12,5 % der Bestellmenge ausgedrückt. Größenverhältnisse, die in Prozent angegeben werden, beziehen sich immer auf den Grundwert „100“. „Prozent“ bedeutet wörtlich „statt“ bzw. „von 100“. Das Prozentzeichen kann als Ausdruck für den Bruch verstanden und benutzt werden.

222330180

Mit dem angegebenen Prozentwert kann für beliebige Bestellmengen die Zahl der zu erwartenden Reklamationsfälle ausgerechnet werden, indem er als Faktor verwendet wird. Sind z. B. insgesamt 160 Tafeln bestellt, kann mit einer Reklamationszahl von 160 · 12,5 % gerechnet werden:

$$160 \cdot \frac{12{,}5}{100} = 20$$

Bei einer Liefermenge von 160 Tafeln Schokolade sind 20 Reklamationen zu erwarten.

Berechnung des Prozentsatzes	
Bei einer Schokoladelieferung von 65 Stück wurden 13 zurückgesendet. Wie hoch war der prozentuale Anteil der Reklamationen?	Der Prozentsatz kann mit dem folgenden Dreisatz berechnet werden: 65 Stück = 100 % 13 Stück = x % $x = \frac{100\,\% \cdot 13}{65}$ x = 20 %
Berechnung des vermehrten Grundwertes	
Der durchschnittliche Umsatz pro Woche lag in den vergangenen 2 Monaten bei 1 075,00 €. Er soll um 15 % gesteigert werden. Welcher Umsatzwert wird angestrebt?	Hier kann zunächst der Wert der Steigerung, d. h. der 15 %, berechnet werden: 100 % = 1 075,00 € 15 % = x € $x = \frac{1\,075{,}00\,€ \cdot 15\,\%}{100\,\%}$ x = 161,25 € Der Umsatz soll also in Zukunft bei 1 236,25 € liegen.
	Zum selben Ergebnis gelangt man, wenn man die prozentuale Steigerung gleich als 115 % (100 % + 15 %) ausdrückt: 100 % = 1 075,00 € 115 % = x € $x = \frac{1\,075{,}00\,€ \cdot 115\,\%}{100\,\%}$ x = 1 236,25 €
Berechnung des verminderten Grundwertes	
Für eine Aktionswoche werden die Preise für Schokolade um 15 % herabgesetzt. Die Sorte Nuss-Nougat kostet sonst 1,20 €. Wie hoch ist der neue Preis für die Sorte Nuss-Nougat?	Auch hier kann zunächst der Wert der Preisreduzierung berechnet werden: 100 % = 1,20 € 15 % = x € $x = \frac{1{,}20\,€ \cdot 15\,\%}{100\,\%}$ x = 0,18 € Der Preis in der Aktionswoche liegt bei 1,02 €.
	Wird die Preissenkung um 15 % gleich berücksichtigt (100 % – 15 %), ergibt sich folgende Rechnung: 100 % = 1,20 € 85 % = x € $x = \frac{1{,}20\,€ \cdot 85\,\%}{100\,\%}$ x = 1,02 €

Abb. 5: Berechnung verschiedener Werte aus der Prozentrechnung

→

Berechnung des Grundwertes	
Eine Schokolade wird nach einer Preissenkung um 20 % für 1,00 € verkauft. Wie hoch war der Preis vorher?	Hier muss beachtet werden, dass Grundlage für die die Preissenkung der vorher geltende Preis war. Die 20 % wurden also von diesem Preis als Grundwert berechnet. Der danach geltende Preis, 1,00 €, beträgt also nur noch 80 % (100 % – 20 %) des ehemaligen Preises. Daher muss der Dreisatz lauten: 80 % = 1,00 € 100 % = x € $x = \frac{1{,}00\ € \cdot 100\ \%}{80\ \%}$ x = 1,25 €
Nach einer Preissteigerung um 12,5 % wird eine Ware für 1,35 € verkauft. Wie hoch war der ursprüngliche Preis?	Hier stellen die 1,35 € den Preis nach der Erhöhung dar. Der Preis entspricht also 112,5 % (100 % + 12,5 %). 112,5 % = 1,35 € 100,0 % = x € $x = \frac{1{,}35\ € \cdot 100\ \%}{112{,}5\ \%}$ x = 1,20 €

Abb. 5: Berechnung verschiedener Werte aus der Prozentrechnung

Anwendung der Prozentrechnung

Prozentangaben werden in vielen Bereichen des Wirtschaftslebens benutzt.

Zinsen: Banken geben die jährliche Verzinsung der Sparguthaben ihrer Kunden in Prozent an. Ein Zinssatz von 4 % bedeutet zum Beispiel, dass einem Guthaben von 100,00 € nach einem Jahr 4,00 € Zinsen gutgeschrieben werden. 4 % können dabei als Faktor verwendet und mit jedem beliebigen Wert eines Guthabens multipliziert werden, um die Zinsen nach einem Jahr berechnen zu können.

Beispiel: Wird ein Sparguthaben von 4 200,00 € mit 4 % verzinst, wird der Zinsbetrag wie folgt berechnet:

$$4\,200{,}00\ € \cdot \frac{4\ \%}{100\ \%} = 168{,}00\ €.$$

Die Berechnung von Kreditzinsen erfolgt nach dem gleichen Schema.

Umsatzsteuer: Beim Warenverkauf muss der Einzelhändler auf seinen kalkulierten Verkaufspreis einen Aufschlag von 7 % bzw. 19 % Umsatzsteuer berechnen. Die von ihm vereinnahmte Umsatzsteuer muss er an das Finanzamt abführen. Die Verkaufspreise der Ware werden immer einschließlich der Umsatzsteuer (**„brutto"**) angegeben. Die Preisangabe ohne Umsatzsteuer (**„netto"**) entspricht dem berechneten Wert der Kosten und des Gewinns des Einzelhändlers.

Beispiel: Beträgt die Summe aus Kosten und Gewinnanteil 18,00 € (= Netto-Verkaufspreis), muss darauf noch der Wert der Umsatzsteuer berechnet und hinzugerechnet werden. Das Ergebnis ist der Brutto-Verkaufspreis. Beträgt der Umsatzsteuersatz 19 %, wird der Brutto-Verkaufspreis wie folgt berechnet:

$$\frac{18{,}00\ €}{100\ \%} \cdot 119\ \% = 21{,}42\ €$$

Rabatte: Lieferanten vereinbaren mit ihren Kunden oft Rabattstaffeln für größere Bestellmengen. D.h., je mehr der Einzelhändler von einer Ware beim Lieferanten bestellt, desto günstiger wird der Einkaufspreis.

222330182

Beispiel: Für die Sorte Nougat beträgt der Listenpreis 1,40 €. Es sollen 44 Stück bestellt werden. Der Lieferant bietet folgende Rabattstaffel an:

Menge		Rabattsatz in %
von	bis	
0	44	0,0
45	79	5,0
80	109	7,0
100	...	10,0

Bei einer Bestellmenge von 44 Stück beträgt der Bezugswert 61,60 €. Bei einer Bestellmenge von 45 Stück steigt dieser Wert zwar auf 63,00 €. Hier dürfte aber ein Rabatt von 5 % abgezogen werden. Der Wert des Rabattes beträgt

$$63{,}00\,€ \cdot \frac{5\,\%}{100\,\%} = 3{,}15\,€.$$

Für den Käufer ist es in diesem Fall tatsächlich günstiger, 45 statt 44 Tafeln zu kaufen. Die gesamten Kosten betragen dann nur 59,85 € und der Preis je Tafel sinkt auf 1,33 €.

Aufgaben

1. Ermitteln Sie für die Auszubildenden in Ihrer Berufsschulklasse
   a) das durchschnittliche Alter,
   b) die durchschnittliche Dauer des täglichen Anfahrtsweges zum Ausbildungsbetrieb,
   c) die durchschnittliche Dauer des täglichen Anfahrtsweges zur Berufsschule.

2. Herr Lange gibt von seinem monatlichen Nettogehalt $\frac{1}{4}$ für Miete, $\frac{1}{6}$ für Verpflegung und $\frac{2}{6}$ für sonstige Dinge aus, 300,00 € pro Monat spart er. Wie hoch ist sein monatliches Nettogehalt?

3. Während einer Freistunde trinken 15 Auszubildende in der Cafeteria 7,5 l Kaffee. Wie viel Liter Kaffee trinken Merle und ihre Freundin, wenn alle Azubis die gleiche Menge Kaffee trinken?

4. Bei einem Arbeitseinsatz zur Verschönerung der Berufsschule arbeiten 15 Auszubildende 7,5 Stunden. Wie viele Stunden würden Merle und ihre Freundin benötigen, wenn sie die Arbeit allein machen müssten?

5. Frau Groß erhält ein Bruttogehalt in Höhe von 1 600,00 €. Ab dem kommenden Jahr erhält sie eine Gehaltserhöhung von 6 %.
   a) Wie hoch ist die Gehaltserhöhung?
   b) Wie hoch ist das neue Bruttogehalt?

6. Das Bundesurlaubsgesetz sah früher einen Mindesturlaub von 18 Werktagen vor. Heute beträgt der Mindesturlaub für Volljährige 24 Werktage. Um wie viel Prozent stieg die Zahl der Urlaubstage?

7. Ein Auszubildender erhält beim Kauf eines Fotoapparats 12 % Rabatt. Der Rabatt bringt ihm eine Ersparnis von 42,00 €. Wie hoch war der ursprüngliche Verkaufspreis des Fotoapparats?

8. Die Miete der Wohnung von Merle ist um 2,5 % gestiegen. Die Miete beträgt jetzt 184,50 €. Wie viel Euro musste Merle vor der Mieterhöhung bezahlen?

Kompetenzraster, Kapitel 3.4

Kapitel	Ich kann ...	nein	un-sicher	recht sicher	ja
3.4	■ den einfachen Durchschnitt berechnen.				
	■ den gewogenen Durchschnitt berechnen.				
	■ einen Wert nach unterschiedlichen Verteilungsschlüsseln zurechnen.				
	■ den Dreisatz erklären und anwenden.				
	■ die Prozentrechnung anwenden.				

Waren präsentieren

Lernfeld 4

222330185

Advance Organizer | Waren präsentieren

Warenkennzeichnung

- Lebensmittelkennzeichnung
- Handelsklassen
- Preisauszeichnung
- Textilkennzeichen
- Freiwillige Kennzeichnung
- Schutz-/Prüfkennzeichen

Verkaufsräume

Kundenführung/Warenplatzierung

- Warenplatzierung im Regal
- Layout
- Kundenlauf
- Anordnung der Warenträger

Visual Merchandising

- Musik
- Warenträger
- Wände und Decken
- Raumklima
- Fußböden
- Dekoration
- Beleuchtung
- Farben

222330186

Erlebnisstrategie

Discountstrategie

Grundüberlegungen

Warenpräsentationen

Fassade

Eingangsbereich

Außengestaltung

Ein-Artikel-Fenster

Übersichtsfenster

Schaufenster

Plakatfenster

Themenfenster

Stapelfenster

4.1 Grundüberlegungen für die Warenpräsentation

Kein Einzelhandelsgeschäft gleicht dem anderen: Die Gestaltung der Ladenfront sowie die Ladeneinrichtung sehen immer anders aus. Dennoch gibt es allgemeine **Entwicklungen,** die der Einzelhändler berücksichtigen sollte:

- Kunden neigen zunehmend zu **Impulskäufen:** Sie entscheiden sich erst vor Ort für einen Kauf. Die Umgebung der Kaufentscheidung ist daher wichtig.

- Einkaufen wird zunehmend als **Teil der Freizeitgestaltung** aufgefasst. Kunden erwarten interessante Unterhaltung und eine angenehme Atmosphäre.

- Auf Kunden wirken **vielfältige Informationen** ein, die sie bei ihrer Kaufentscheidung verunsichern können. Prägnante und wiedererkennbare Erscheinungsbilder, wie z. B. die Fassaden- oder Verkaufsraumgestaltung, können solche Verunsicherungen überwinden.

Ziele der Außen- und Innengestaltung des Einzelhandelsgeschäfts sind:

- Gewinnung von Neukunden,
- Beibehaltung des Kundenstamms,
- Erhöhung der Verweildauer der Kunden im Geschäft.

Bei der Gestaltung sind die **Kosten,** die dem Einzelhändler dadurch entstehen, zu berücksichtigen. Es entstehen:

- einmalige Kosten, z. B. Investition in neue Fassadengestaltung oder Ladeneinrichtung,
- laufende Kosten, z. B. für Beleuchtung, Belüftung oder Reinigung.

Viele Kaufentscheidungen des Kunden werden erst im Laden getroffen. Daher muss der Einzelhändler bemüht sein, den Kunden durch eine positive Ladengestaltung zum Kaufen zu beeinflussen. Zu unterscheiden sind zwei Strategien: Erlebnisstrategie und Discount- bzw. Versorgungsstrategie.

Erlebnisstrategie

Die Erlebnisstrategie zielt darauf ab, dass der Kunde Spaß und Freude beim Einkauf hat. Der Einzelhändler möchte erreichen, dass der Einkauf ein angenehmes Empfinden beim Kunden auslöst. Hochwertige

Produkte werden dem Kunden für alle fünf Sinne angeboten.

Beispiel: Der Kunde kann die angebotenen Wanderschuhe anprobieren, auf einem Hindernispfad ihre Bequemlichkeit testen und in einer Regenkammer ihre Wasserdichte prüfen.

Im Allgemeinen werden alle Sinne des Menschen angesprochen: sehen, hören, schmecken, riechen und fühlen. Für den Kunden geht es nicht allein darum, ein bestimmtes Produkt zu kaufen, sondern das Einkaufen selbst soll zum Erlebnis werden.

Die vorherrschenden **Betriebsformen** für die Erlebnisstrategie sind
- Warenhaus,
- Fachgeschäft,
- Spezialgeschäft,
- Fachmarkt und
- City-Einkaufszentrum.

Bei den **Verkaufsformen** finden sich bevorzugt Vorwahl und Bedienung.

Discountstrategie

Dient der Einkauf der Bedarfsdeckung mit preisgünstigen Produkten des täglichen Bedarfs, spricht der Einzelhändler von der Discountstrategie bzw. der **Versorgungsstrategie.** Die Produkte sind dem Kunden allgemein bekannt und daher wenig erklärungsbedürftig. Der Kunde möchte schnell und einfach an diese Produkte gelangen, deshalb spielen die Warenpräsentation und die Ladengestaltung nur eine untergeordnete Rolle.

Am häufigsten findet sich diese Strategie bei den **Betriebsformen**
- Super- und Verbrauchermärkte,
- Discounter und
- bei Händler in ländlichen Gebieten, die nur wenig Konkurrenz haben.

Die übliche **Verkaufsform** ist hier die Selbstbedienung.

In der Praxis vermischen sich beide Grundstrategien. Die Erlebnisstrategie kann durchaus Elemente der Discountstrategie aufnehmen – und umgekehrt. Für die Verkaufsraumgestaltung müssen immer beide Strategien berücksichtigt werden.

Für welche Strategie sich der Einzelhändler entscheidet, sollte er von der Breite und Preisgestaltung seines Sortiments sowie von seinen Kunden abhängig machen.

Produkte	Erlebnisstrategie	Discountstrategie
Nahrungs- und Genussmittel	„Schlemmerparadies“ mit edler Feinkost aus ausgesuchten Ländern, exotischen Früchten und hochwertigen Bioprodukten	preiswerte Basisprodukte, Markenprodukte und/oder eigene Handelsmarken
Textilien und Schuhe	Trend- und Modewaren, hochwertige und exklusive Waren in stimmiger Atmosphäre, Designer-Kollektionen, Luxusmarken	preiswerte Standardware für die ganze Familie
Drogerie und Kosmetik	hochwertige und teure Schönheitsprodukte mit Typberatung und Kosmetikecke, Luxusparfums	Standardware für Familienhaushalte, No-Name-Produkte und/oder Eigenmarken

Abb. 1: Ausgestaltung von Erlebnis- und Discountstrategie am Beispiel verschiedener Warengruppen

Aufgabe

1. Erläutern Sie, ob Ihr Ausbildungsbetrieb eher die Erlebnis- oder eher die Discountstrategie verfolgt und geben Sie Beispiele aus Ihrem Ausbildungsbetrieb..

4.2 Außengestaltung des Geschäfts

Die Gestaltung von Fassade, Eingangsbereich und Schaufenstern entscheidet über den ersten Eindruck eines Geschäfts. Sie sorgen dafür, dass das Geschäft auch auf größere Entfernung gut wahrnehmbar und wiedererkennbar ist. Die „Visitenkarten" des Geschäfts sind:

- eine attraktive, interessante und freundliche Fassadengestaltung,
- ein hell beleuchteter und offen einsehbarer Eingangsbereich mit zumeist großen Glastüren und
- große und für den Betrachter ansprechende Schaufenster.

Durch eine attraktive Außengestaltung des Geschäfts können Laufkunden angelockt werden, das Geschäft zu betreten.

Fassade

Mit der Fassade ist zumeist die Vorderseite eines Gebäudes gemeint. Es kann aber auch das gesamte Gebäude selbst gemeint sein. Beispielsweise werden Discounter wie Penny oder Aldi bereits von Weitem erkannt: Typisch sind die Form des Gebäudes, die Farben, die Schriftzüge oder die jeweiligen Logos.

Abb. 4: Fassadengestaltung des Lebensmittel-Discounters Lidl

Abb. 5: Fassadengestaltung des Parfümerie-Fachgeschäfts Douglas

Während Discounter eher eine nüchterne und zweckmäßige Fassadengestaltung bevorzugen, finden die Kunden bei Warenhäusern oder Fachgeschäften in den Fußgängerzonen oder in Einkaufszentren häufig sehr aufwendig gestaltete Fassaden. Moderne Baumaterialien, riesige Glasfronten oder markante und effektvolle Fassadenbeleuchtungen vermitteln ein positives Erscheinungsbild und laden jeden Kunden ein, das Geschäft zu betreten. Auch hier dienen Farben, Schriftzüge sowie Logos des Unternehmens der Wiedererkennung.

Bei Schriftzug und Logo muss beachtet werden, dass sie nicht zu klein sind und nicht zu niedrig angebracht werden. Sie sollten auch aus 50 m Entfernung für die Kunden noch gut erkennbar sein.

Eingangsbereich

Der Eingangsbereich ist eine Willkommenszone. Der Kunde soll sich eingeladen fühlen und keine Schwellenängste aufbauen. Dies erreicht der Einzelhändler zum Beispiel dadurch, dass der Eingang hell beleuchtet ist – teilweise heller als das Tageslicht. Dunkle Zonen schrecken den Kunden ab. Ebenso wie die Schaufenster sollte der Eingang freundlich und attraktiv gestaltet sein. Der Eingang sollte breit genug sein, damit der Kunde beim Betreten des Geschäfts nicht im Stau steht. Eine Überdachung schützt vor Regen, der Übergang vom Fußgängerweg in das Geschäft sollte fließend sein.

Abb. 6: Heller Eingangsbereich eines Drogeriemarktes

Es gibt jedoch auch eine andere Strategie: Einige teure Edelboutiquen und Juweliergeschäfte erzeugen bewusst Schwellenängste. Mithilfe von verschlossenen (der Kunde muss klingeln) und nicht einsehbaren Eingangsbereichen sollen viele Kunden abgeschreckt werden. Diese Einzelhändler wenden sich nur an einen sehr kleinen und ausgesuchten Kundenkreis.

Schaufenster

Ein attraktiv gestaltetes Schaufenster soll die Blicke des vorbeigehenden Kunden auf sich ziehen und ihn zum Stehenbleiben veranlassen. Damit ist der erste Zweck erreicht: Die Aufmerksamkeit des Kunden ist geweckt. Beim Betrachten der ausgestellten Waren kann die Fantasie des Kunden angeregt werden, ebenso seine Sehnsüchte, seine Neugier oder sein Verlangen nach weiteren Informationen zu den ausgestellten Waren.

Schaufenster erfüllen zwei Funktionen:

- **emotionale Funktion:** Sie sprechen den Kunden gefühlsmäßig an und verlocken ihn, das Geschäft zu betreten.
- **kognitive Funktion:** Sie sprechen den Kunden verstandsmäßig an, indem sie ihn sachlich informieren.

Das Schaufenster ist somit eine wichtige Werbefläche für das Einzelhandelsgeschäft. Der Einzelhändler muss sorgfältig darüber nachdenken, welche Waren eine repräsentative, typische Auswahl für das gesamte Sortiment darstellen.

Er muss entscheiden,

- welche Artikel er dort präsentieren möchte, z. B. aktuelle, neu eingetroffene Artikel oder Saisonartikel, und
- welche der aktuell beworbenen Artikel er für das Schaufenster auswählen sollte.

Für die optische Gestaltung des Schaufensters sollten einige grundsätzliche Überlegungen berücksichtigt werden (vgl. Abb. 7 auf der folgenden Seite). In der Praxis werden häufig Checklisten verwendet, um die Qualität der Schaufenster zu garantieren (vgl. Abb. 8 auf der folgenden Seite).

Gestaltungsgrundsätze	
1. Blickfang	Vom Schaufenster geht auf den Kunden eine anregende Wirkung aus. Blickfänge, sogenannte Eyecatcher, ziehen die Aufmerksamkeit auf sich und sprechen den Kunden emotional an. Im Allgemeinen wird ein solcher Eyecatcher nicht in der Mitte des Schaufensters positioniert.
2. Regelmäßige Neugestaltung	Der Kunde erhält durch die Auswahl der Artikel aktuelle Informationen über das Sortiment des Geschäfts. In der Regel werden Schaufenster nach drei bis vier Wochen neu gestaltet, damit das Interesse des Kunden langfristig bestehen bleibt.
3. Spannung	Ähnlich wie im Theater ist das Schaufenster eine Bühne. Farben, Licht und Schatten können Spannung und Dynamik erzeugen. Bei Dekoration und Waren gilt: Weniger ist mehr!
4. Nah- und Fernwirkung	Artikel und Ausstellungsstücke im oberen Teil des Schaufensters erzielen eine Fernwirkung, der Kunde nimmt diese Gegenstände bereits von fern wahr. Gegenstände im unteren Bereich des Schaufensters entfalten eine Nahwirkung, auf die sich der Betrachter unmittelbar vor dem Schaufenster konzentriert.
5. Anordnung der Waren	Die Warenanordnung im Schaufenster selbst wird oft in Pyramidenform gestaltet: In der Mitte stehen große Artikel, zum Rand hin werden diese Artikel kleiner. Hocker, Podeste, Regale u. Ä. werden als Gestaltungselemente eingesetzt.
6. Sauberkeit	Alle Schaufenster müssen in einwandfreiem Zustand und sauber sein.

Abb. 7: Gestaltungsgrundsätze für Schaufenster

Checkliste: Schaufenster	mein Handlungsbedarf	OK
1. Der Boden vor dem Schaufenster ist gereinigt.		
2. Die Flächen vor den Schaufenster sind nicht abschüssig.		
3. Der Bodenbelag vor den Fenstern ist eher stumpf (nicht poliert), damit keine Rutschgefahr besteht (Senioren).		
...		
53. Die Leuchtröhren sind sauber und ohne Gilb.		
54. Der ordnungsgemäße Zustand der Schaufenster wird auch an Wochenenden überprüft.		
...		

Abb. 8: Checkliste Schaufenster (www.handelswissen.de)

Abhängig davon, wie das Schaufenster gestaltet ist und welche Waren dort präsentiert werden, unterscheidet der Einzelhändler verschiedene **Schaufenstertypen** (vgl. Abb. 9). Die hier vorgestellte Typisierung von Schaufenstern dient nur als grobe Orientierung. In der Praxis werden zumeist Mischformen verwendet. Einzelne Elemente aus unterschiedlichen Schaufenstertypen werden dabei kreativ gemischt. Ein gelungenes Schaufenster ist immer ein kleines Kunstwerk.

Nach der Bauweise lassen sich folgende Schaufenstertypen unterscheiden:

- **Durchsichtfenster** haben eine vom Boden bis zur Decke reichende Glasfront, meist entspiegelt und blendfrei. Somit kann der Passant die Auslage im Schaufenster sowie den Verkaufsraum selbst betrachten. Damit die Kunden im Inneren sich nicht beobachtet fühlen, werden flexible Stellwände, Vorhänge oder Sichtblenden eingesetzt, um die Blicke des Passanten von außen gezielt auf einzelne Artikel im Inneren zu lenken. Abhängig davon, wie viel der außenstehende Passant sehen kann, werden offene und halboffene Schaufenster unterschieden.

- **Geschlossene Fenster** bieten dem Passanten keinen Blick in das Innere des Geschäfts. Hier versperrt eine Rückwand den Blick.

222330192

Schaufenstertyp (Gestaltung)		Beispiel
1	Ein **Übersichtsfenster** gibt einen Überblick über das gesamte Sortiment, also über die Sortimentsbreite des Einzelhändlers. Im Einzelfall kann es auch einen Überblick über das Angebot eines bestimmten Markenherstellers bieten.	
2	**Themenfenster** konzentrieren sich auf ein bestimmtes Thema, z. B. eine für die Öffentlichkeit bedeutende Hochzeit oder die Fußballweltmeisterschaft, oder wiederkehrende Termine, z. B. Weihnachten oder Schulanfang. Einzelne Waren werden hier in ihrem Verwendungszusammenhang dargestellt. Themenfenster entsprechen dem Konzept der Erlebnisorientierung.	
3	Im **Stapelfenster** wird dem Betrachter eine große Anzahl von Waren einer bestimmten Warengruppe vorgestellt. In Stapeln, Reihen oder Blöcken aufgestellt sollen sie dem Kunden eine vielfältige und umfangreiche Auswahl vermitteln. Stapelfenster können schnell unübersichtlich wirken.	
4	Das **Plakatfenster** ist entweder vollständig mit einem Plakat zugeklebt oder eine kleine Warengruppe wird zusammen mit einem großen Werbeplakat präsentiert.	
5	In einem **Spezial- oder Qualitätsfenster (Ein-Artikel-Schaufenster)** stellt der Einzelhändler meist nur einen Artikel aus, der besonders wertvoll oder einmalig ist. Solche Schaufenster werden häufig für Kunstgegenstände, Schmuck oder wertvolle Möbelstücke verwendet.	

Abb. 9: Arten von Schaufenstern nach Gestaltung des Inhalts

Aufgaben

1. Beschreiben Sie die Laden- und Schaufenstergestaltung eines Elektrofachgeschäfts, das
   a) die Erlebnisstrategie,
   b) die Discountstrategie
   verwirklichen möchte.

2. Nennen und erläutern Sie die Grundsätze der Schaufenstergestaltung, die Sie aus Ihrem Ausbildungsbetrieb kennen.

3. Sie sollen für die folgenden Geschäfte ein Schaufenster gestalten. Wählen Sie jeweils einen Schaufenstertyp und begründen Sie Ihre Auswahl.
   a) Schmuck-Geschäft,
   b) Spargel-Aktion im Lebensmittelgeschäft,
   c) Saison-Schlussverkauf in einer Edel-Boutique für Damen.

4.3 Gestaltung der Verkaufsräume

Tom Bischoff, Auszubildender im 1. Ausbildungsjahr beim Lebensmittelhändler brutto = netto OHG, hat die Aufgabe, ein Regal mit Ware zu befüllen. Es handelt sich um Pasta-Sorten eines Herstellers, den der Lebensmittelhändler erst seit Kurzem im Angebot hat. Das Regal ist einen Meter breit und hat vier Regalböden.

Die Ware:
- 3-kg-Packungen Nudeln, „Big Star",
- 1-kg-Packungen Nudeln, „Best Taste",
- 500-g-Packungen Nudeln, „Best Price", und,
- völlig neu im Sortiment: 1-kg-Packungen Nudeln, „Kunterbunt mit Ei"

Tom überlegt, wie er die Ware am besten anordnet.

Die Gestaltung der Verkaufsräume ist – ähnlich wie die Außengestaltung – abhängig von der Betriebsform. Beim Discounter wird die Innengestaltung bisher noch in erster Linie nach wirtschaftlichen Gesichtspunkten vorgenommen. Die Optimierung der Arbeitsabläufe beim Nachfüllen der Ware oder an der Kasse steht hier im Vordergrund. Die Minimierung der Kosten war oberstes Gebot. Am Beispiel „Aldi" ist aktuell zu erkennen, dass auch Discounter ihren Kunden mehr Erlebnisatmosphäre anbieten möchten: mit neuen Dienstleistungen und Markenprodukten und einer höherwertigen Geschäftsausstattung.

Wenn sich der Kunde im Geschäft wohlfühlen soll, muss die Gestaltung der Verkaufsräume zwei Funktionen erfüllen:
- Ähnlich wie beim Discounter muss die Verkaufsfläche so gestaltet sein, dass das Einräumen bzw. Nachfüllen der Ware bis hin zum Verkauf vor Ort ohne große Störungen oder Behinderungen der Kunden erfolgen kann.
- Zugleich müssen die Verkaufsräume in Hinblick auf die Kunden so gestaltet sein, dass sie sich wohlfühlen und bereit sind, die angebotenen Waren zu kaufen.

Zu den Verkaufsräumen gehören:
- die Verkaufsfläche selbst (die beiden Begriffe Verkaufsräume und Verkaufsfläche werden häufig gleichbedeutend verwendet),
- die Umkleidekabinen,
- die Treppenhäuser, Aufzüge und Rolltreppen,
- die Toiletten und
- weitere Servicestellen.

Abb. 1: Auch die Umkleidekabinen gehören zu den Verkaufsräumen.

Es werden drei grundsätzliche Möglichkeiten der Warenpräsentation unterschieden:

- **Kundengerechte Präsentation:** Grundsatz hierbei ist die Frage des Kunden: „Wo finde ich was?" Dies gilt sowohl für den raschen Sortimentsüberblick als auch für die ausreichenden Informationen über die angebotenen Waren. Zugleich soll der Einkauf für den Kunden zum Erlebnis werden.

- **Warengerechte Präsentation:** Damit der Kunde einen umfassenden Eindruck über die praktische Funktion der Waren erhalten kann, werden die Waren in ihrem Verwendungszusammenhang gezeigt. So werden z. B. Bekleidungsstücke an Puppen vorgestellt oder ein Tafelservice auf einem gedeckten Tisch präsentiert.

- **Verkaufsgerechte Präsentation:** Verkaufsfördernde Darbietungen wie Erlebniszonen, Sonderverkäufe oder Aktionsplatzierungen helfen dem Kunden, schnell und unkompliziert die gewünschten Artikel zu erlangen.

4.3.1 Visual Merchandising

Damit der Kunde sich wohlfühlt und gern im Laden verweilt, ist es für den Einzelhändler wichtig, eine wirkungsvolle Ladengestaltung mit einer effektvollen Warenpräsentation zu kombinieren. Diese Kombination von Ladengestaltung und Warenpräsentation wird als Visual Merchandising bezeichnet:

- „visual" bedeutet hier: Ware auf eine optisch ansprechende Weise darstellen,
- „merchandising" bedeutet Verkaufsförderung.

> ! *Visual Merchandising ist die Kombination von Ladengestaltung und Warenpräsentation.*

Ziele des Visual Merchandising sind:

- ein positives Einkaufsklima zu erzeugen, um damit beim Kunden die Bereitschaft zu bewirken, die angebotenen Waren zu kaufen,
- alle Sinne des Kunden anzusprechen,
- verschiedene Gestaltungselemente zu kombinieren und optimal einzusetzen.

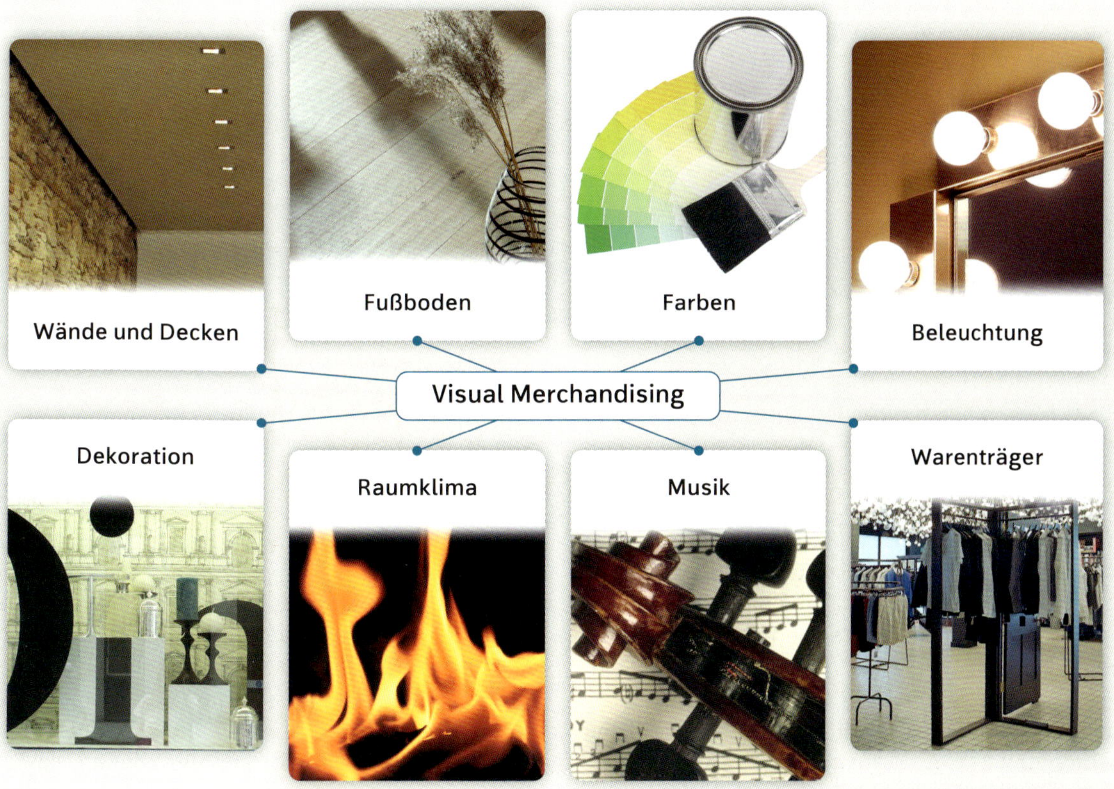

Abb. 2: Gestaltungselemente des Visual Merchandising

Wände und Decken

Die Gestaltung der Wände und Decken kann durch unterschiedliche Farben und abwechselnde Materialien die Atmosphäre des Raumes entscheidend bestimmen. Helle Farben haben beispielsweise den Vorzug, einen Raum optisch zu vergrößern. Dunkle oder kräftige Farben werden vorzugsweise eingesetzt, um bestimmte Warengruppen hervorzuheben.

Die Auswahl der Materialien für Wand und Decken hängt vorwiegend von der Branche ab:

- In Selbstbedienungsläden wird meist weiße Farbe genommen, um Sauberkeit zu signalisieren.
- Bei offenen Lebensmitteln wie Wurst und Käse werden die Wände aus hygienischen Gründen gefliest.
- In Bedienungsgeschäften werden zumeist höherwertige Materialien gewählt.

Die Qualität der Oberfläche kann durch den Bezug bestimmt werden, den der Kunde mit dem Material verbindet: Polierter Marmor, edle Hölzer, glänzende Glasflächen signalisieren beim Kunden Luxus und Qualität (vgl. Abb. 3).

Abb. 3: Eine Gestaltung mit Holz wirkt warm und einladend.

Fußböden

Für Fußböden gelten ähnliche Überlegungen wie für Wände und Decken. Die Atmosphäre des Raumes wird zum großen Teil durch die Wahl der Farben und den Einsatz unterschiedlicher Materialien bestimmt.

Darüber hinaus sind zwei weitere Überlegungen wichtig:

- Der Fußboden muss leicht gesäubert und gepflegt werden können. Hier gibt es z. B. große Unterschiede zwischen Marmorböden und Holzdielen.
- Der Fußboden muss allen Sicherheitsanforderungen genügen. So muss er z. B. rutschfest sein und darf keine Stolperkanten aufweisen.

Als Material empfiehlt sich PVC, Linoleum oder Stein. Diese Fußböden sind einfach zu säubern, leicht zu pflegen, hygienisch, rutschfest und langlebig. Höherwertige Materialien wie Marmor und Granit sorgen für ein edles Ambiente. Teppichböden schaffen eine „wärmere“ Atmosphäre, eine Schalldämpfung und einen angenehmen weichen Tritt. Bei den Farben dominieren helle Farben (grau, beige) und zurückhaltende und ruhige Muster.

Durch farbliche und/oder materielle Akzente können in großen Einzelhandelsgeschäften Hauptwege hervorgehoben werden. Diese Hauptwege dienen dem Kunden zur Orientierung und führen ihn durch das Geschäft (vgl. Abb. 4).

Abb. 4: Fußbodenbeläge dienen dem Kunden zur Orientierung.

Farben

Farben sprechen Menschen emotional an und beeinflussen die Stimmung. Farben sind warm, lebhaft, ruhig, klar, kalt. Warme Farben haben einen großen Rot-Anteil, kalte Farben eine hohen Blau-Anteil. Für die Innenraumgestaltung bedeutet das: Farblich geordnete Sortimente können sowohl Ruhe ausstrahlen als auch ruhige Hintergründe beleben.

222330196

Farben werden bestimmte Gefühle und Wirkungen zugeschrieben, die für die Verkaufsraumgestaltung und Warenpräsentation genutzt werden (vgl. Abb. 5). Auch wenn diese Wirkungen bei jedem Menschen unterschiedlich sind, werden in der Farbenlehre mit einzelnen Farben bestimmte positive oder negative Gefühle verbunden. Die in Abb. 6 dargestellte Übersicht kann hierbei eine erste Hilfestellung geben (vgl. Abb. 6).

Abb. 5: Die Farbe Rot erregt Aufmerksamkeit.

Beleuchtung

Um die Kaufbereitschaft und Stimmung der Kunden positiv zu beeinflussen, setzt der Einzelhändler die Beleuchtung als wesentliches Gestaltungselement für die Verkaufsförderung ein. Durch eine gute Beleuchtung und eine interessante Kombination von Licht und Schatten lässt sich ein Erlebniseinkauf besonders effektvoll realisieren.

Licht hat in Verkaufsräumen zwei unterschiedliche Funktionen bzw. Aufgaben:

- **Grundbeleuchtung:** Sie sorgt für ausreichendes Licht und eine gleichmäßige Helligkeit im Verkaufsraum. Zumeist werden Leuchtstoffröhren, Wand- oder Deckenfluter eingesetzt, um dem Kunden einen Gesamtüberblick über den Verkaufsraum und das Warenangebot zu ermöglichen. Hierbei ist zu beachten, dass ältere Kunden meist mehr Licht benötigen als jüngere Kunden (vgl. Abb. 7).

Abb. 7: Licht sorgt für einen guten Überblick.

- **Akzent- bzw. Warenbeleuchtung:** Sie lenkt den Blick des Kunden auf bestimmte Waren im Wandbereich oder auf Dekorationsbilder und

	positiv	**negativ**
Weiß	klar, frisch, sauber, strahlend, rein, festlich, neutral	nüchtern, kalt
Rot	anregend, erregend, kraftvoll, wärmend, dynamisch	warnend, aggressiv
Orange	sonnig, warm, entspannend, freundlich	übersteigert, aggressiv
Gelb	heiter, fröhlich, frisch, lebhaft, hell, warm, aufregend	übersteigert, aggressiv
Blau	beruhigend, harmonisch, rational, beständig, stabil, ruhig	kalt, undurchschaubar
Grün	frisch, natürlich, zufrieden, beruhigend, konzentrationsfördernd	unerfahren
Grau	dezent, zurückhaltend, neutral, unauffällig, seriös	trostlos, unbestimmt, unverbindlich
Schwarz	feierlich, elegant, sinnlich, dramatisch, geheimnisvoll, neutral	traurig, depressiv, düster

Abb. 6: Farben und ihre Wirkungen

Präsentationsflächen. Durch Lichteffekte können besondere Wareneigenschaften wie Farbe, Form und markante Details in Szene gesetzt werden und somit die Aufmerksamkeit des Kunden ansprechen. Dies kann durch Lauflichter, wechselnde Farben oder besondere Lichtformen ergänzt werden. In der Praxis hat sich gezeigt, dass der Effekt umso wirkungsvoller ausfällt, je stärker die Kontraste sind (vgl. Abb. 8).

Abb. 8: Licht kann Stimmungen erzeugen.

Licht macht nicht nur sichtbar, sondern erzeugt auch Stimmungen. Während die Grundbeleuchtung dem Kunden zur Orientierung im Verkaufsraum dient, versucht die Akzentbeleuchtung die Blicke des Kunden zu leiten, ihn durch das Geschäft zu führen.

Im Lebensmitteleinzelhandel wird künstliches Licht eingesetzt, um Waren und Produkte frischer aussehen zu lassen, so z. B. bei Obst, Gemüse oder Fleisch. Dieses künstliche Licht verändert natürliche Farben und lässt Waren attraktiver erscheinen (vgl. Abb. 9).

Abb. 9: Licht kann Obst und Gemüse frischer erscheinen lassen.

Dekoration

Um die Atmosphäre in den Geschäftsräumen für den Kunden angenehm und attraktiv zu gestalten, dekoriert der Einzelhändler die Schaufenster, den Verkaufsraum oder einzelne Bereiche des Sortiments. Hierbei steht ihm eine Vielzahl von Dekorationsmaterialien zur Verfügung: Wand- und Deckenschmuck, Bilder und Puppen, attraktive Einzelstücke wie ein Formel-1-Rennwagen oder ein Fußballtor mit einem bekannten Fußballspieler als Pappfigur. Der Kreativität des Einzelhändlers sind hier keine Grenzen gesetzt (vgl. Abb. 10).

Gruppiert der Einzelhändler Waren im Schaufenster oder an anderen auffallenden Standorten im Verkaufsraum in einem typischen Gebrauchsumfeld, so nennt man diese erlebnisorientierte Präsentation **Fascination-Points.**

Ziel dieser Dekorationen ist es, eine einzigartige und angenehme Ladenatmosphäre zu schaffen, in der der Kunde mehr Zeit verbringt und dadurch eher bereit ist, Geld auszugeben. Die positive Atmosphäre erlaubt es dem Einzelhändler zudem, sich von seinen Wettbewerbern abzusetzen. Dazu zählt auch die Präsentation von Warengruppen zu einem bestimmten Thema.

Abb. 10: Dekorierter Ladenbereich

Raumklima und Musik

Ein Erlebniskonzept, das die Kunden ansprechen und positiv beeinflussen soll, kann neben der optischen (visuellen) Verkaufsförderung auch Gerüche, Düfte, Temperatur oder Musik mit einbeziehen.

Wissenschaftliche Untersuchungen haben bestätigt, dass der Geruchssinn für das Wohlbefinden des Menschen von besonderer Bedeutung ist. Ob ein Kunde sich im Verkaufsraum wohlfühlt oder

222330198

nicht, liegt auch an den teilweise unbewusst wahrgenommenen Gerüchen (olfaktorische Reize). Angenehme Düfte können den Kunden stimulieren und erhöhen seine Verweildauer im Geschäft. Zudem haben Wissenschaftler herausgefunden, dass diese Reize dem Menschen am längsten in Erinnerung bleiben. Sie bleiben im Gedächtnis, auch wenn er das Geschäft schon verlassen hat.

Abb. 11: Der Geruch von Kaffee und frischen Backwaren wirkt einladend und bleibt in Erinnerung.

Zum Raumklima zählt auch die Raumtemperatur. In der Frischeabteilung eines Lebensmittelgeschäfts erwartet der Kunde kühle, in Bekleidungsgeschäften oder Boutiquen eher warme Temperaturen.

Das Erlebniskonzept muss für den Kunden zugleich mit Entspannung einhergehen. Dazu dient in erster Linie die Musik im Verkaufsraum. Sie muss durch den Einzelhändler so ausgewählt sein, dass sie seiner Zielgruppe, also seinen Hauptkunden, entspricht. Diese Hintergrundmusik muss den Kunden gefallen und sollte nicht zu aufdringlich wirken. Es können auch Klänge wie Meeresrauschen oder Vogelgezwitscher eingesetzt werden.

Beispiele:
- Jeansläden möchten zumeist vor allem junge Kunden ansprechen. In diesen Läden wird Musik aus den aktuellen Charts gespielt, oft werden auch die entsprechenden Video-Clips gezeigt.
- In Outdoor-Geschäften können Geräusche von Regenfällen aus dem Urwald hörbar gemacht werden, damit der Kunde ein Vorgefühl für den Urlaub bekommt.

Arten von Warenträgern

Warenträger übernehmen die wichtige Aufgabe, die unterschiedlichen Waren zu lagern und sie gleichzeitig verkaufsfördernd zu präsentieren (vgl. Abb. 12). Zudem sollen die Warenträger auch mit zu der Atmosphäre beitragen, die sich der Einzelhändler für sein Geschäft wünscht. Um diese Wünsche zu erfüllen, müssen Warenträger grundsätzlich folgende Anforderungen erfüllen:

- **Sicherheit:** Warenträger dürfen keine scharfen Kanten oder spitzen Ecken haben oder aus leicht zerbrechlichen oder splitternden Materialien bestehen. Kunden und Mitarbeiter müssen vor solchen Gefahren geschützt werden.
- **Transparenz:** Damit die angebotene Ware begutachtet werden kann, muss der Warenträger so beschaffen sein, dass der Kunde an die Waren herankommt und sie anfassen kann. Sollte dies nicht erwünscht sein, z.B. bei Schmuck oder Uhren, werden gläserne Vitrinen oder Theken eingesetzt.
- **Eignung:** Um die gewünschte Verkaufsatmosphäre zu erzielen, müssen die Warenträger an das Sortiment, die Branche oder an die Bedürfnisse der Zielgruppe angepasst werden. Wühltische vermitteln eher preisgünstige Waren und verleiten zum Impulskauf. In glänzenden und lichtdurchfluteten Glasvitrinen erwartet der Kunde hochpreisige und kostbare Produkte.
- **Flexibilität:** Im Einzelhandel ändern sich die Trends häufig. Warenträger sollten sich diesen Änderungen ohne großen Sach-, Kosten- und Zeitaufwand anpassen können. Wenn zudem Einzelteile der Warenträger immer wieder neu kombinierbar sind, trägt dies zur Anpassungsfähigkeit und Flexibilität auf der gesamten Kauffläche bei.

Abb. 12: Mithilfe von Warenträgern können die Ware oder der Preis in den Vordergrund gestellt werden.

Je nach Branche und Betriebsform setzt der Einzelhändler unterschiedliche Warenträger ein. Abb. 14 zeigt eine kleine Auswahl (vgl. Abb. 14).

Bei erklärungsbedürftigen Produkten eignen sich auch Info-Terminals. Der Kunde kann sich hier Informationen über Produkteigenschaften, Preise oder Testergebnisse einholen. Solche Info-Terminals signalisieren Modernität, befriedigen den Spieltrieb und können die Kaufentscheidung erleichtern (vgl. Abb. 13).

Abb. 13: Mithilfe von Touchscreens erhalten Kunden Rezeptvorschläge.

Wand- und Trägersysteme

präsentieren die Waren frontal und geben damit Orientierung. In Kombination mit der Dekoration vermitteln sie die erwünschte Atmosphäre.

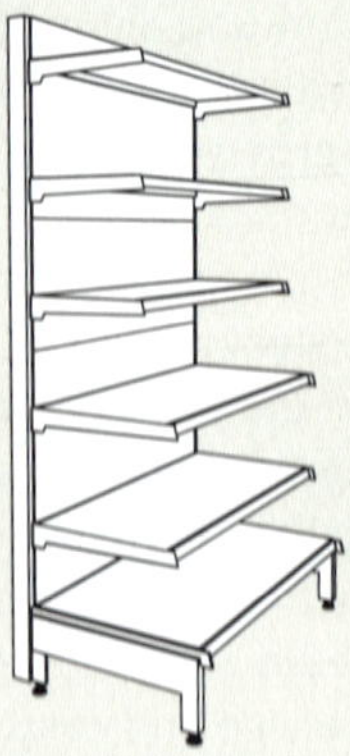

Mittelregale/Gondeln

präsentieren die Waren auf unterschiedlichen Ebenen in Fächern, Kästen, Böden oder hängend. Mittelregale gibt es in verschiedenen Ausführungen, sie sind in erster Linie praktisch und lassen sich zumeist kostengünstig und schnell verwandeln.

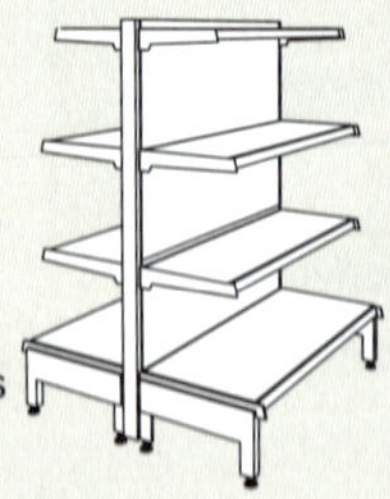

Tische

dienen hauptsächlich zur Vorlage der Waren und als Ablage für Dekoration. Im Lebensmittelbereich werden häufig Schrägtische verwendet, damit Obst und Gemüse besonders zur Geltung kommen.

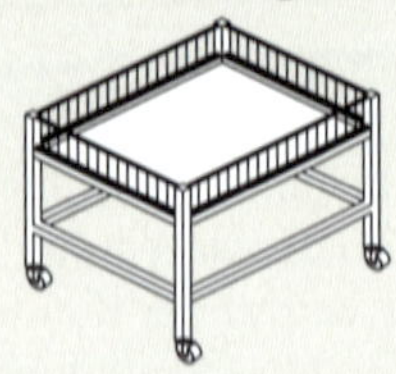

Podeste

sind beispielsweise niedrige Kastenwürfel aus Holz oder mit Stoff überzogen oder von innen beleuchtet.

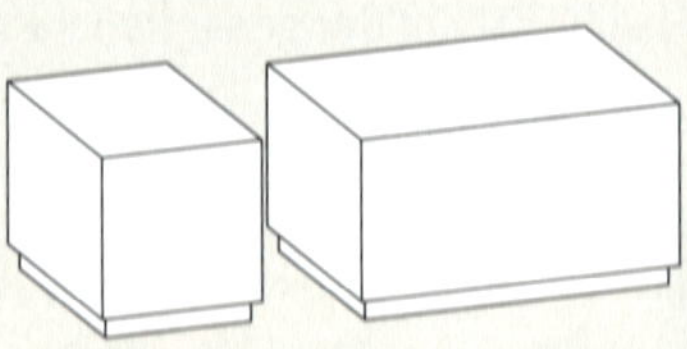

Vitrinen

werden häufig für Waren eingesetzt, die als besonders wertvoll und edel dargestellt werden sollen. Sie sind verschließbar und schützen die Ware damit vor Staub, Beschädigung und Diebstahl.

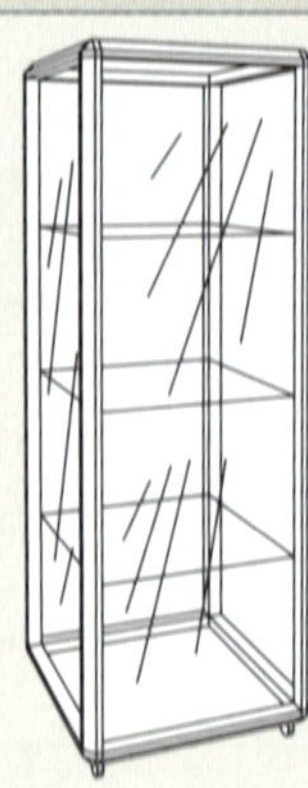

Ständer

eignen sich für hängende und kompakte Präsentationen. Der Kunde findet diese Warenträger z. B. im Vorwahlsystem bei Textilien.

Displays und Stopper

sollen den Schritt des Kunden verlangsamen und seine Aufmerksamkeit auf die verkaufsfördernde Zweitplatzierung oder auf Aktionsware lenken. Um diese Wirkung zu erzielen, verwendet der Einzelhändler z. B. Ständer, Figuren, Tische, Regale, Schilder oder Plakate

Abb. 14: Warenträger im Einzelhandel

4.3.2 Kundenführung und Warenplatzierung

Neben der effektvollen Warenpräsentation müssen die Platzierung der Warenträger im Verkaufsraum sowie die Platzierung der Produkte im Regal berücksichtigt werden. Ziel dieser umfassenden Präsentationspolitik ist es, die Waren kundengerecht und verkaufswirksam zu präsentieren.

Damit der Kunde möglichst viele Angebote wahrnehmen kann, versucht der Einzelhändler, den Kunden durch den Laden zu führen. Das gelingt ihm durch:

- Gestaltung von Laufwegen/Laufzonen,
- Aufstellung der Warenträger,
- Fascination-Points und
- Beschilderung und Wegweisersysteme.

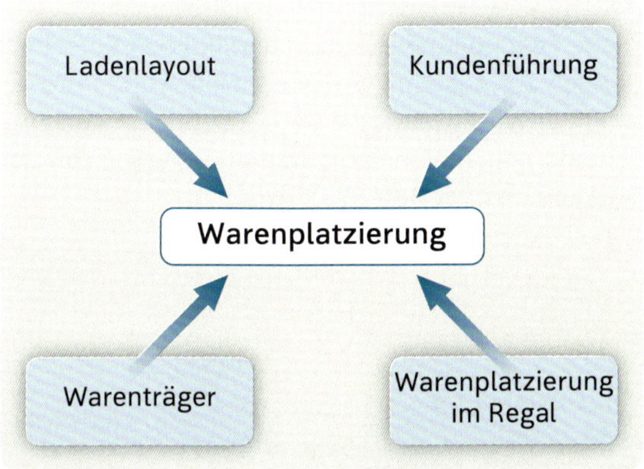

Abb. 15: Einflussfaktoren der Warenplatzierung

Ladenlayout

Die Fläche des Verkaufsraums wird in drei Funktionszonen unterteilt:

- **Warenfläche:** Damit ist die Grundfläche für die Warenträger gemeint, z. B. Regale, Truhen oder Gondeln. Darüber hinaus wird entschieden, wie die einzelnen Warengruppen angeordnet werden (qualitative Raumanordnung) und wie viel Verkaufsfläche sie jeweils erhalten (quantitative Raumanordnung).
  Der Einzelhändler steht hier vor einem Dilemma: Aus Erfahrung weiß er, dass der Umsatz eines Artikels steigt, je mehr Präsentations- und Verkaufsfläche diesem Artikel zugestanden wird. Aus Kostengründen kann er aber nicht allen Artikeln diesen Platz zugestehen. Er muss somit eine Auswahl treffen. Auswahlkriterien können sein: hohe Gewinnspanne, Bekanntheitsgrad des Artikels, Impulsartikel, Artikel aus Werbeaktionen.
- **Kundenfläche:** Damit ist die Grundfläche für die Verkehrswege der Kunden gemeint, z. B. die Breite der Gänge und ihre Anordnung. Der Einzelhändler legt fest, wie er den Kunden durch die Verkaufsfläche lotsen kann, damit er an allen Sortimentsbereichen entlanggeführt wird.
- **Übrige Verkaufsfläche:** Damit ist die Grundfläche und Anordnung z. B. für Kassenanlagen oder Toiletten gemeint.

Bei der Anordnung der Funktionszonen muss berücksichtigt werden: Diese Raumanordnung muss dem Einzelhändler jederzeit ermöglichen, die Regale schnell und ohne Behinderung der Kunden nachzufüllen. Zum anderen muss der Kundenstrom, z. B. bei hoher Kundenfrequenz, fließend und ohne Staus durch den Verkaufsraum geführt werden.

Die richtige Warenplatzierung überlässt der Einzelhändler somit nicht dem Zufall. Wissenschaftliche Untersuchungen über das Einkaufsverhalten von Kunden haben gezeigt, dass die richtige Warenplatzierung unmittelbar Einfluss auf die Umsatz- und Gewinnhöhe des Einzelhändlers hat.

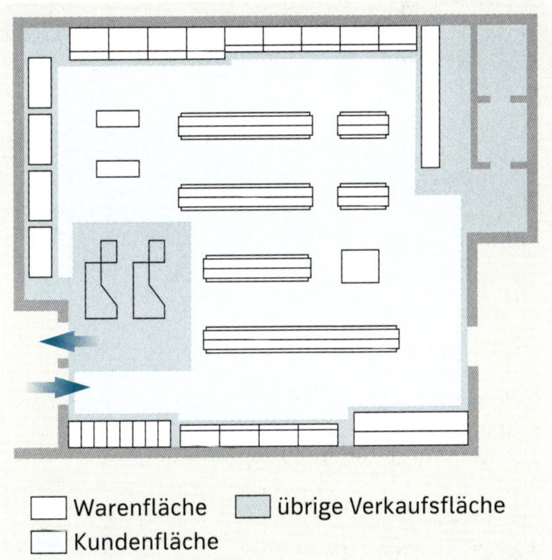

Abb. 16: Funktionszonen in Ladengeschäften

Kundenführung

Den Weg, den der Kunde tatsächlich im Verkaufsraum zurücklegt, nennt man **Kundenlauf.** Eine Vielzahl von Untersuchungen beschäftigt sich mit dem Kundenlaufverhalten. Ergebnisse sind (vgl. Abb. 17):

- Der Kunde betritt das Geschäft meist mit einer hohen Geschwindigkeit, wenn er von der Straße oder dem Parkplatz hereinkommt. Der Einzelhändler spricht daher von der **Rennstrecke.** Im Eingangsbereich nehmen sich die Kunden wenig Zeit, um sich mit der dort platzierten Ware zu beschäftigen. Hier versucht der Einzelhändler daher, den Kundenlauf zu verlangsamen. Durch attraktive Angebote oder interessante Warenpräsentationen soll der Kunde in seinem Lauftempo gedrosselt werden.
- Der Kunde neigt beim Betreten des Geschäfts zu einem **Linkslauf,** er bevorzugt eine Laufrichtung gegen den Uhrzeigersinn. Seine Aufmerksamkeit richtet sich daher zumeist entlang der Außenwände. Folglich werden Mittelgänge bzw. Mittelzonen weniger aufgesucht.
- Der Kunde orientiert sich in Hinblick auf Blick- und Greifrichtung nach rechts, hat also einen sogenannten **Rechtsdrall.** Artikel auf der rechten Seite haben somit seine ganze Aufmerksamkeit, Artikel auf der linken Seite werden häufiger übersehen.
- Der Kunde bevorzugt beim Gehen durch das Geschäft einen **Rundlauf,** einen Loop. Ihm missfallen Kehrtwendungen, z.B. durch eine Sackgasse. Ebenso werden Ecken gemieden, da der Kunde zumeist den kürzesten Weg durch das Geschäft anstrebt.
- Die **Begehungsgeschwindigkeit** des Kunden wird durch lange und breite Gänge erhöht. Gangkreuzungen wiederum bremsen den Kunden.
- Hell und freundlich **ausgeleuchtete Bereiche** findet der Kunde anziehend, dunkle Bereiche werden gemieden.
- Im **Kassenbereich** wird der Kunde zumeist gebremst; hier platziert der Einzelhändler Impulsartikel, auf die die Aufmerksamkeit des Kunden fällt, während er warten muss („Quengelzone").

Diese Feststellungen sollte man bei den Entscheidungen zur Auswahl der Warenträger und Platzierung der Waren im Regal berücksichtigen. Alle Entscheidungen bleiben aber immer abhängig von der Branche und der Betriebsform.

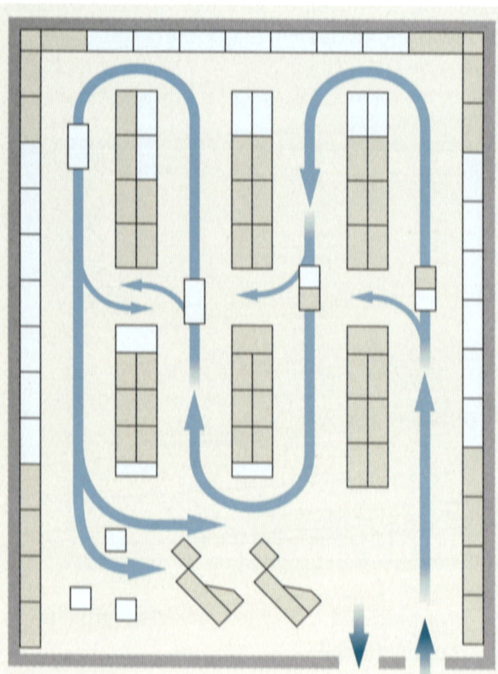

verkaufstarke Zonen:

- Platzierung in Laufrichtung rechts
- Präsentationsflächen rechts vom Kundenlauf
- Hauptgänge
- Gangkreuzungen
- Kopfseiten von Regalen
- Kassenzonen

verkaufsschwache Zonen:

- Platzierung in Laufrichtung links
- Eingangszonen
- Mittelgänge, Mittelzonen
- dunkle Ladenbereiche, dunkle Ecken, lange und breite Gänge
- in Kauf- und Warenhäusern die unterste und die oberste Etage

Abb. 17: Verkaufsstarke und -schwache Zonen

Anordnung der Warenträger

Bei der Anordnung der Warenträger kann der Einzelhändler grundsätzlich zwischen drei Möglichkeiten wählen (vgl. Abb. 18).

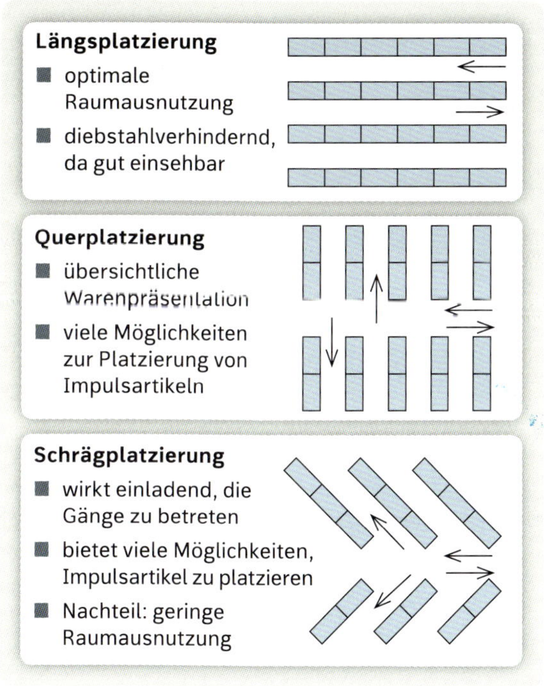

Abb. 18: Möglichkeiten, die Warenträger anzuordnen

In Ergänzung zu diesen Grundtypen kann der Einzelhändler auch entscheiden, ob er beim Prinzip der Regalanordnung nach dem Individualablauf oder dem Zwangsablauf verfährt.

- Beim **Individualablauf** kann der Kunde verschiedene Wege innerhalb des Geschäfts frei wählen. Immer mehr Einzelhändler ermöglichen den Individualablauf.
- Beim **Zwangsablauf** hat der Kunde nur einen Einkaufsweg, um durch den Verkaufsraum bis zur Kasse zu kommen. Möchte er also nur einen Artikel einer bestimmten Warengruppe kaufen, muss er an allen anderen zwangsläufig vorbei. Eine Abkürzung gibt es nicht.

Weitere Möglichkeiten der Regalanordnung sind in Abb. 19 dargestellt. Für alle Grundprinzipien und Grundanordnungen gilt: In der Praxis finden sich immer Mischformen und Abänderungen bzw. Weiterentwicklungen der Grundformen.

Unabhängig von der Regalanordnung kann der Kunde mithilfe weiterer Elemente durch den Verkaufsraum geleitet werden. Ziel einer solchen Kundenführung ist es, den Kunden an möglichst vielen Sortimentsbereichen entlangzuführen. Instrumente der Kundenführung sind:

- Laufwege/Laufzonen
- Warenträger im Mittelraum
- Fascination-Points
- Beschilderung
- Wegweisersysteme

Warenplatzierung im Regal

Im Einzelhandel ist das Regal der meistverwendete Warenträger. Kundenbeobachtungen und Studien

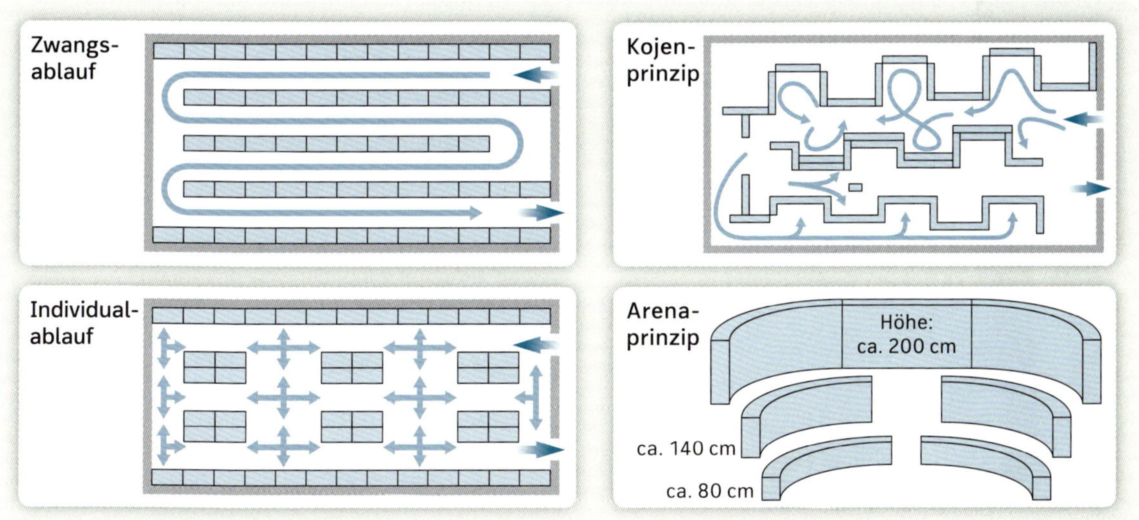

Abb. 19: Möglichkeiten der Regalanordnung

haben dabei ergeben, dass nicht jeder Regalplatz die gleiche Verkaufsattraktivität besitzt. Es gibt Regalplätze, die zu einem guten Umsatzerfolg führen, weil der Kunde die Ware dort besonders intensiv wahrnimmt. Umgekehrt gibt es Regalzonen, die der Kunde weniger bis gar nicht wahrnimmt.

Das führt dazu, dass ein Einzelhändler mit dem gleichen Artikel, z. B. einer Pralinenschachtel, ganz unterschiedliche Umsätze erzielen kann, je nachdem, ob er diese Pralinenschachtel im Regal unten, in der Mitte oder oben platziert. Somit sind die Höhe im Regal und die Anordnung rechts oder links von der Mitte wichtige Entscheidungskriterien für die Regalplatzierung und deren Wertigkeit. Die Regalwertigkeit und deren Rangfolge sind in einer Übersicht zusammengefasst (vgl. Abb. 21).

Der Einzelhändler hat zudem die Möglichkeit, die Artikel in Warenblöcken zu präsentieren. Dies kommt den Sehgewohnheiten der Kunden entgegen. Die Waren werden übersichtlich und aus Sicht der Kunden in einem sinnvollen Zusammenhang angeordnet.

- Werden die Artikel nebeneinander angeordnet, spricht der Einzelhändler von Regalzonenplatzierung, **horizontaler Blockplatzierung** oder Bandplatzierung (vgl. Abb. 20).

Abb. 20: Horizontale Blockplatzierung

- Bei der **vertikalen Blockplatzierung** ordnet der Einzelhändler die zusammengehörigen Artikel senkrecht an. Der Kunde kann alle angebotenen

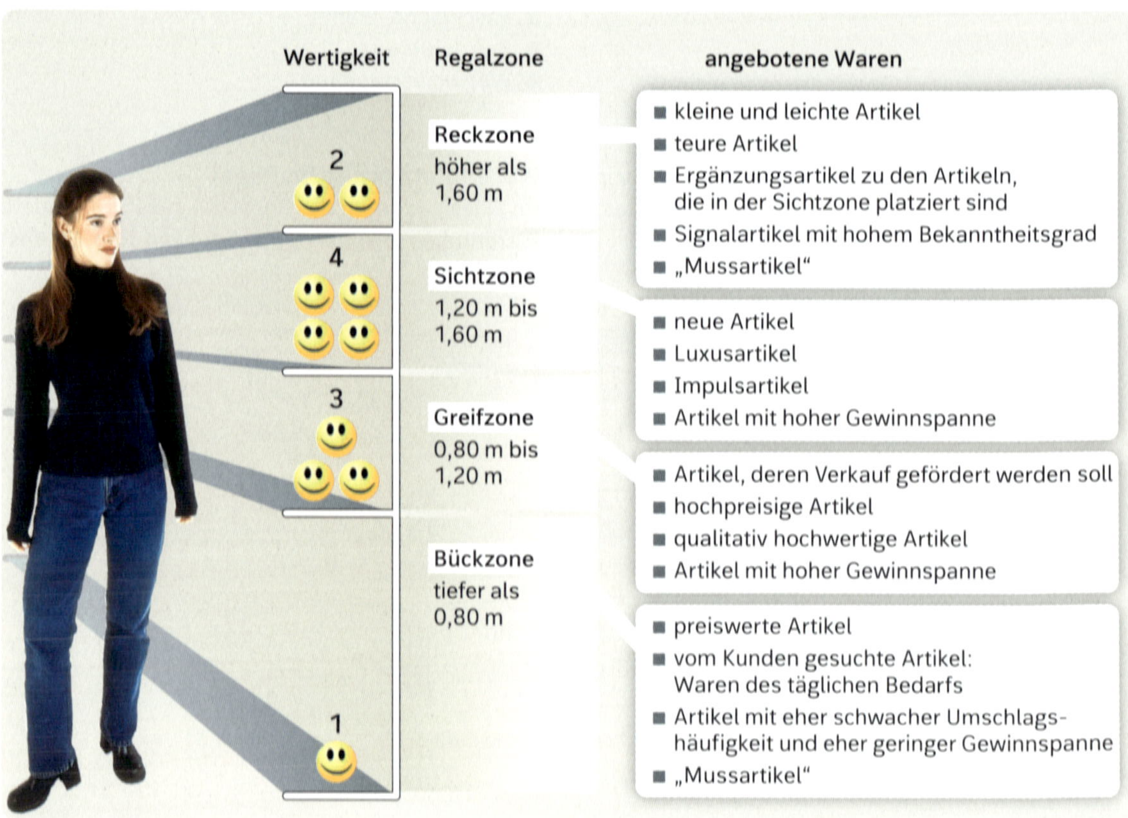

Abb. 21: Regalzonen

Artikel einer bestimmten Artikelgruppe sofort überblicken (vgl. Abb. 22).

Abb. 22: Vertikale Blockplatzierung

In der Praxis haben sich folgende Regalanordnungen bewährt:

- Alle Blockplatzierungen sollten einen Meter Breite nicht überschreiten.
- Bei Mischformen, z. B. **Kreuzblockplatzierung,** werden Artikel mit gleicher Verwendung horizontal angeordnet. In der vertikalen Ebene sind Artikel vom gleichen Hersteller, der gleichen Marke oder der gleichen Farbe zu finden.
- Die vertikale Platzierung gilt als die verkaufsstärkere Ebene.

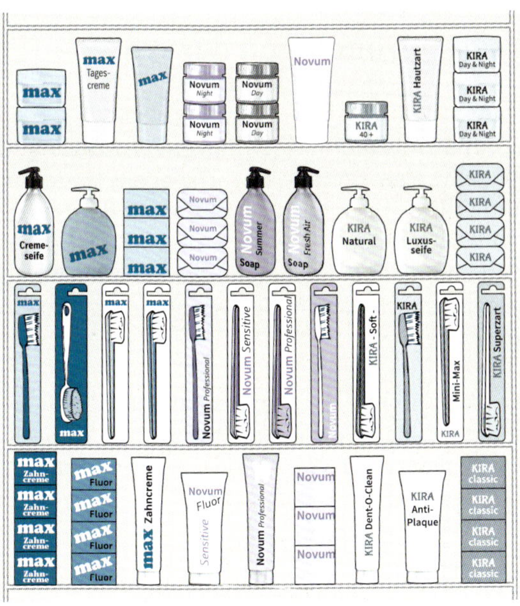

Abb. 23: Kreuzblockplatzierung

Werden Artikel zusammen platziert, die vom Kunden in einem Bedarfszusammenhang gesehen werden, spricht der Einzelhändler von **Verbundplatzierung.** Z. B. findet der Kunde häufig beim Kaffee Ergänzungsartikel wie Filtertüten oder Kaffeesahne. Diese Verbundplatzierung dient dem Kunden als Gedächtnisstütze beim Einkauf oder als Kaufanreiz.

Abb. 24: Verbundplatzierung

Eine **Aktionsplatzierung** oder **Zweitplatzierung** wird der Einzelhändler dann durchführen, wenn er Saisonartikel, z. B. Spargel im Frühjahr, oder größere Warenmengen besonders verkaufsfördernd präsentieren möchte. Den Spargel würde er z. B. als Aktionsplatzierung zusammen mit Kartoffeln, Wein oder Spargeltopf und Spargelschäler anbieten. Bei der Zweitplatzierung wird eine Artikelgruppe an zwei unterschiedlichen Stellen im Verkaufsraum angeboten.

Aufgaben

1. Entscheiden und begründen Sie, ob Sie eher eine kundengerechte, eine warengerechte oder eine verkaufsgerechte Präsentation wählen würden.
   a) Elektronikfachmarkt
   b) Lebensmittelmarkt
   c) Schuhgeschäft für den gehobenen Bedarf
2. Der Geschäftsführer des Lebensmittelmarktes brutto=netto OHG möchte seinen Verkaufsraum neu gestalten. Erstellen Sie eine Checkliste, die alle Elemente enthält, über die er dazu entscheiden muss.
3. Erläutern Sie, wie der Erfolg der Umgestaltung eines Verkaufsraumes gemessen werden kann.
   a) Nennen Sie mögliche Kennzahlen.
   b) Erläutern Sie, wie diese festgestellt und verglichen werden können.

4.4 Warenkennzeichnung und Preisauszeichnung

Kontrollen 2012 zeigen: Viele Preise im Einzelhandel sind falsch ausgezeichnet

Viele Preise im Einzelhandel sind falsch ausgezeichnet, sodass Verbraucherinnen und Verbraucher sie oft nicht vergleichen können. Das ist das Ergebnis von Kontrollen der kommunalen Ordnungsbehörden im Auftrag des NRW-Verbraucherschutzministeriums von Februar bis Juni 2012. Insgesamt wurden 107 653 Preisangaben in 4 467 Geschäften des Lebensmitteleinzelhandels überprüft. Dabei wurden 18 797 Verstöße festgestellt, im Durchschnitt vier Verstöße pro Filiale. Die kommunalen Behörden haben 377 Bußgeldverfahren eingeleitet.

Zahlen entnommen aus: https://www.umwelt.nrw.de/pressearchiv/presse2012/presse120820.php [04.02.2019].

Wie kann der Kunde sicher sein, ob die Produkte, die er gekauft hat,

- qualitativ hochwertig sind,
- unter akzeptablen sozialen Bedingungen (z. B. ohne Kinderarbeit) produziert worden sind und
- weder die Natur noch
- den Menschen, also ihn selbst, gesundheitlich beeinträchtigen oder ihm sogar schaden?

Um die Verbraucher vor gesundheitlichen Risiken und wirtschaftlichen Nachteilen zu schützen, hat der Gesetzgeber eine Reihe von Gesetzen und Verordnungen erlassen. Bei der Kaufentscheidung ist für den Verbraucher die Kennzeichnung der Waren als Informationsquelle von großer Bedeutung.

Die wichtigsten rechtlichen Regeln betreffen Lebensmittel, Textilien und Gefahrstoffe.

4.4.1 Grundlagen der Warenkennzeichnung

Lebensmittelkennzeichnungsverordnung

Mit dem Lebensmittel-, Bedarfsgegenstände- und Futtermittelgesetzbuch (LMBG) stellt der Gesetzgeber allgemeine Rechtsgrundlagen für Lebensmittel auf. Damit möchte er den Verbraucher vor gesundheitlichen Schäden sowie vor Täuschung schützen.

Die Vorschriften der Lebensmittelkennzeichnung gelten für alle verpackten Lebensmittel. Verpackte Waren sind solche Waren, die von allen Seiten umschlossen sind, z. B. durch

- Flaschen,
- Dosen,
- Beutel und Folien oder
- Netze.

In der Europäischen Union müssen die Lebensmittel einheitlich wie folgt gekennzeichnet sein (vgl. Abb. 1):

- Warenname bzw. handelsübliche Bezeichnung des Lebensmittels ①,
- Name oder Firma und Anschrift des Herstellers, des Verpackers oder des Verkaufsgeschäfts ②,
- Verzeichnis der Zutaten: Besteht ein Lebensmittel aus mehr als einer Zutat, ist ein Zutatenverzeichnis erforderlich. Die Zutaten werden dann in absteigender Reihenfolge ihres Mengenanteils aufgeführt ③,
- Mindesthaltbarkeitsdatum (MHD) bei ordnungsgemäßer Lagerung oder Verbrauchsdatum ④,
- Füllmengen (nach Gewicht oder Stück, flüssige Lebensmittel mit Volumenangabe in Liter oder Milliliter) und Preisangaben ⑤,
- Los- bzw. Chargennummer oder Kontrollnummer ⑥.

Zusätzlich zu diesen grundsätzlichen Kennzeichnungselementen gibt es produktspezifische Kennzeichnungen. So muss z.B. jeweils angegeben werden

- bei Schokolade der Kakaoanteil in Prozent,
- bei Marmelade der Gesamtzuckeranteil pro 100 g,
- bei Käse die Fettstufe,
- bei Milch die Kennzeichnung der je nach Erzeugnis erfolgten Wärmebehandlung.

Alle diese Kennzeichnungen werden von Seiten des Staates kontrolliert.

Der Hersteller selbst darf aber auch zusätzliche Angaben auf der Verpackung machen, z. B.
- Kalorienangaben oder
- Umweltzeichen.

Handelsklassen

Handelsklassen bzw. Güteklassen geben zusätzliche Auskunft zu landwirtschaftlichen Erzeugnissen und Fischwaren. Durch sie werden die Waren in Klassen eingeteilt, die die gleiche Qualität aufweisen.

Abb. 1: Notwendige Angaben nach Lebensmittelkennzeichnungsverordnung

Beispiel: Güteklassen bei Eiern:

- Klasse A oder „frisch“: Eier dürfen weder gewaschen noch anderweitig gereinigt, nicht haltbar gemacht oder gekühlt werden (normale Konsumeier für private Haushalte).
- Klasse B oder „Eier zweiter Qualität oder deklassiert“ sind für Unternehmen der Nahrungsmittelindustrie und Unternehmen der Nicht-Nahrungsmittelindustrie bestimmt.

Kriterien für die Einteilung in die Güteklassen sind z. B. der Zustand der Schale, des Eiklars, des Dotters, des Keims sowie der Geruch des Eies.

Verpackte Eier erhalten weitere Angaben. Diese Angaben findet der Verbraucher in Form eines Stempels direkt auf der Eierschale (vgl. Abb. 2).

Beispiel eines deutschen Erzeugercodes:
1-DE-0212341

- 1 = Haltungsform: Freilandhaltung
- DE = Herkunft: Deutschland
- 0212341 = Betriebsnummer, wobei die beiden ersten Stellen das Bundesland, die dritte bis sechste Stelle den Betrieb und die siebte Stelle den jeweiligen Stall kenntlich macht.

Abb. 2: Bedeutung des Codes auf verpackten Eiern

Weitere Verordnungen gibt es z. B. für Obst, Gemüse und Speisekartoffeln, für Konsummilch oder für Fleisch.

Textilkennzeichnungsverordnung

Diese Verordnung verpflichtet die Hersteller von Textilien zur Angabe der verwendeten Rohstoffe, z. B. Baumwolle, Polyester oder Alcantara. Die Angaben müssen deutlich sichtbar und lesbar am oder im Textilerzeugnis angebracht sein. Bei Textilerzeugnissen in Verpackungen, z. B. Herrenhemden oder Unterwäsche, reichen die Angaben auf der Verpackung (vgl. Abb. 3).

Die Verordnung regelt Bezeichnungen und Mindestanforderungen, die für bestimmte Qualitäten gelten. Ein Beispiel ist die Liste der Bezeichnung von Textilfasern (vgl. Abb. 4).

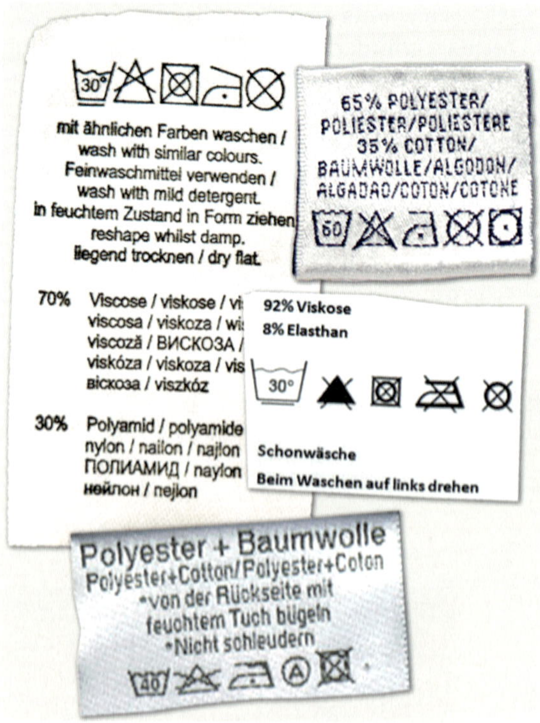

Abb. 3: Beispiele für Kennzeichnung an Textilen

Nr.	Bezeichnung	Beschreibung der Fasern
1	Wolle	Faser vom Fell des Schafs (Ovis aries) oder ein Gemisch aus Fasern von der Schafschur und aus Haaren der unter Nummer 2 genannten Tiere
2	Alpaka, Lama, Kamel, Kaschmir, Mohair, ...	Haare nachstehender Tiere: Alpaka, Lama, Kamel, Kaschmirziege, Angoraziege, ...
...	...	...

Abb. 4: Auszug aus der Liste der Bezeichnung von Textilfasern, Tabelle 1 im Anhang der TextilkennzeichnungsVO

Warenkennzeichnung durch Schutz- und Prüfzeichen

Diese Kennzeichnung soll dem Verbraucher den von Richtlinien, Normen und Gesetzen geforderten Sicherheitsstandard der Produkte garantieren. Die mit den Schutz- und Prüfzeichen bestätigten Standards entsprechen den anerkannten Regeln der Technik sowie den Arbeitsschutz- und Unfallverhütungsvorschriften. Die damit gekennzeichneten Produkte werden u. a. vom Technischen Überwachungsverein (TÜV), dem Verband der Elektrotechnik (VDE) oder vom Deutschen Institut für Normung (DIN) überprüft (vgl. Abb. 5).

DVE GS geprüfte Sicherheit

VDE-GS-Kennzeichen für die Kennzeichnung von Produkten sowie technischen Anlagen, die auf sicherheitstechnische Anforderungen überprüft wurden. Das GS-Zeichen ist ein nationales Prüfzeichen über welches autorisierte Prüfstellen die Übereinstimmung von Produkten mit dem Produktsicherheitsgesetz attestieren und darf nur im Zusammenhang mit dem Kennzeichen des überprüfenden Instituts verwendet werden. Dieses VDE-GS-Kennzeichen sagt somit aus, dass das GS-Zeichen vom VDE (Verband Deutscher Elektrotechnik) vergeben wurde.

CE

Kennzeichnung des Herstellers, dass sein Produkt den Anforderungen der entsprechenden EU-Richtlinien entspricht.

Abb. 5: Warenkennzeichen für Sicherheitsstandards

Mithilfe von Warnzeichen auf Verpackungen und Waren soll der Verbraucher vor Gefahren oder gefährlichen Stoffen gewarnt und damit vor Unfällen und Gesundheitsgefährdungen geschützt werden (vgl. Abb. 6).

hochentzündlich giftig

Abb. 6: Warenkennzeichen zur Warnung vor gefährlichen Stoffen

4.4.2 Freiwillige Warenkennzeichnungen

Hersteller und Einzelhandel können das Produkt auf freiwilliger Basis mit weiteren Produkt- und Warenkennzeichnungen versehen. Sie bieten dadurch zusätzliche Produktinformationen an und erleichtern die Kaufentscheidung des Käufers.

Markenzeichen

Markenzeichnen kennzeichnen die Waren bestimmter Hersteller und erleichtern die Wiedererkennung (vgl. Abb. 7).

EDEKA

Abb. 7: Markenzeichen für Hersteller

Gütezeichen

Gütezeichen werden für gleichartige Erzeugnisse, Waren oder Dienstleistungen verwendet. Grundlage hierfür sind freiwillige Vereinbarungen von Herstellern. Die Zeichen genießen Rechtsschutz gegenüber Nachahmung oder Verwendung durch Hersteller, die nicht der Gütegemeinschaft angehören.

Gütezeichen liegt ein umfassender Qualitätsbegriff zugrunde, der immer über Normen und gesetzliche Bestimmungen hinaus geht. RAL Deutsches Institut für Gütesicherung und Kennzeichnung e. V. ist für die Anerkennung von Gütezeichen, und auch für die Überwachung der jeweiligen Güte- und Prüfbestimmungen, zuständig (RAL, vgl. Abb. 8).

Abb. 8: RAL-Logo

Neben den Gütezeichen gibt es die Umweltzeichen, wie z. B. der „Blaue Engel" oder das europäische Umweltzeichen „EU Ecolabel". Umweltfreundliche Produkte erzeugen weniger Müll und verringern Lärm sowie Boden-, Wasser- und Luftverschmutzung. Sie helfen Rohstoffe und Energie zu sparen und schonen die Gesundheit der Menschen. Umweltfreundliche Waren und Verpackungen erhalten ein Umweltzeichen, wenn sie

- aus schadstoffarmen Rohstoffen hergestellt wurden,
- mittels energie- und rohstoffsparenden Produktionsverfahrens produziert worden sind und
- umweltschonend eingesetzt werden können.

» vgl. auch Lernfeld 6, Kapitel 6.1.4, Umweltzeichen und andere Qualitätszeichen

Abb. 9: Blauer Engel

Typenschilder oder Produktinformationen bieten dem Verbraucher wichtige Informationen zum Kauf und ermöglichen den Vergleich mit ähnlichen Produkten.

Auch Bedienungszeichen, die Pflegehinweise für Produkte oder die Handhabung von bestimmten Bedienungselementen enthalten, erleichtern die Kaufentscheidung (vgl. Abb. 10).

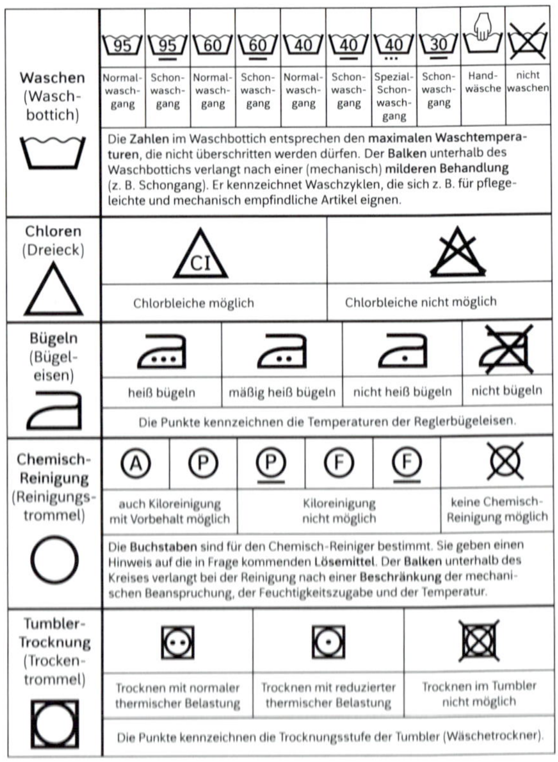

Abb. 10: Bedienungszeichen

4.4.3 Preisauszeichnung

Die Preisangabenverordnung (PAngV) verpflichtet den Einzelhändler, alle Waren und Dienstleistungen mit einem Preis auszuzeichnen.
» Lernfeld 9, Kapitel 9.1.3

Das Preisschild, auf dem der Kunde den Preis ablesen kann, muss folgende Angaben enthalten:

- den Preis und sonstige Preisbestandteile (z. B. Pfand) als **Bruttoverkaufspreis,** also einschließlich Umsatzsteuer,
- den **Grundpreis** für Artikel, die lose oder in Verpackungen (z. B. Dose, Flaschen, Beutel) verkauft

werden. Der Grundpreis wird je nach Artikel z. B. in Liter, Meter oder Kilogramm angegeben.
Hierzu gibt es zahlreiche Ausnahmen, z. B. für kleine Einzelhandelsgeschäfte, in denen die Warenabgabe überwiegend in Bedienung erfolgt, Artikel mit Nenngewicht unter 10 g oder besondere kosmetische Produkte.
- die **Gütebezeichnung bzw. Handelsklasse,** sofern diese bei dem Produkt erforderlich ist, wie z. B. bei landwirtschaftlichen Erzeugnissen.

Alle Preisschilder müssen dem Angebot eindeutig zuzuordnen sein. Sie müssen leicht erkennbar und deutlich zu lesen sein. Die Preisangaben sind daher an der Ware selbst bzw. auf deren Abbildungen anzubringen. Die Beschriftung an den Regalen, in denen die Ware angeboten wird, ist aber ebenso zulässig.

Die **Auszeichnungspflicht** besteht für Waren, die
- im Geschäft zum Verkauf angeboten,
- in Schaufenstern, Schaukästen oder Verkaufsständen ausgestellt oder
- in Musterbüchern, Katalogen, Warenlisten oder im Internet angeboten werden.

Von der Auszeichnungspflicht **befreit** sind
- Antiquitäten und Kunstgegenstände,
- Pflanzen und Blumen, die direkt vom Freiland oder aus dem Treibhaus verkauft werden, und
- Waren, die in Werbeveranstaltungen vorgestellt werden und deren Preis ausdrücklich genannt wird.

Aus innerbetrieblichen Gründen wird die gesetzlich vorgeschriebene Warenauszeichnung zumeist mit weiteren – teilweise verschlüsselten – Informationen ergänzt. Diese Verschlüsselung von Informationen nennt man Codierung. Diese Codes können von unterschiedlichen Endgeräten gelesen werden und ermöglichen so eine artikelgenaue Erfassung für das Warenwirtschaftssystem (vgl. Abb. 11).

Einen Überblick über Etiketten und die verschiedenen Arten der Codierung gibt:
» Lernfeld 3, Kapitel 3.3.2, Etiketten

auszeichnungspflichtig	Preisangabe	**für den Kunden erkennbare Angaben**
	Grundpreis	
	Gütebezeichnung/Handelsklasse	
zusätzliche Funktionen	Produktinformationen bzw. Werbung	
	Informationen für das Warenwirtschaftssystem	**für den Kunden nicht (direkt) erkennbare Angaben**
	Informationen für das Verkaufspersonal	
	Diebstahlschutz	

Abb. 11: Angaben zu Waren

Aufgaben

1. Nennen Sie Produkte, die mit den in Abb. 5 und Abb. 6 dargestellten Warenkennzeichen gekennzeichnet sind.
2. Nennen Sie zwei Waren Ihres Ausbildungsbetriebs und geben Sie an, welche Kennzeichnungs- und Auszeichnungspflichten für diese bestehen.

Kompetenzraster, Kapitel 4.1 bis 4.4

Kapitel	Ich kann ...	nein	un-sicher	recht sicher	ja
4.1	■ die Grundsätze und Ziele der Warenpräsentation für unterschiedliche Verkaufsformen nennen und erläutern.				
	■ zwischen Erlebnisstrategie und Discountstrategie unterscheiden und jeweils Beispiele nennen.				
4.2	■ die Grundsätze der Gestaltung für Fassade, Eingangsbereich und Schaufenster eines Geschäfts erläutern.				
	■ Schaufenstertypen nach Gestaltung des Inhalts und nach Bauweise nennen und erläutern.				
4.3	■ zwischen kundengerechter, warengerechter und verkaufsgerechter Präsentation der Waren unterscheiden.				
	■ die Ziele und Gestaltungselemente des Visual Merchandising erläutern.				
	■ Warenträger nennen und ihren zweckmäßigen Einsatz erläutern.				
	■ die Funktionszonen von Verkaufsräumen nennen und erläutern.				
	■ wichtige Aspekte der Kundenführung bzw. wichtige Ergebnisse von Kundenlaufstudien erklären.				
	■ Vorschläge machen, die Kundenführung zu beeinflussen.				
	■ vier Regalzonen unterscheiden und Waren im Regal optimal platzieren.				
	■ vertikale und horizontale sowie Kreuzblockplatzierung unterscheiden.				
	■ Verbundplatzierung und Aktions- bzw. Zweitplatzierung unterscheiden.				
4.4	■ gesetzlich notwendige und freiwillige Warenkennzeichnung unterscheiden.				
	■ die Begriffe Handelsklassen, Markenzeichen, Gütezeichen, Prüfzeichen und Umweltzeichen an Beispielen erläutern.				
	■ die Bedeutung und wichtige Inhalte der Preisangabenverordnung erläutern.				

222330212

Lernfeld
5

Werben und den Verkauf fördern

222330213

Advance Organizer | Werben und den Verkauf fördern

Verbraucherschutz

Werbeformen

- Sponsoring
- Direktmarketing
- Verkaufsförderung/ Sales Promotion
- PR/ Öffentlichkeitsarbeit

Werbeplan

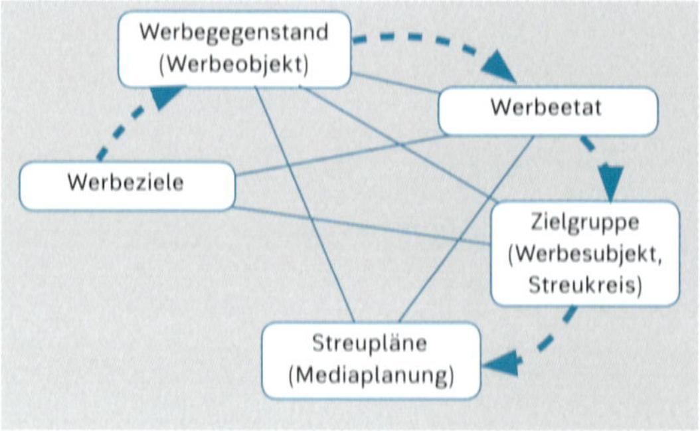

- Werbeerfolgskontrolle
- Zielgruppe
- Medienplanung
- Werbeziel
- Werbeobjekt
- Werbeetat

222330214

Werben/ Verkaufsförderung

Werbung

- Ziele
- Werbegegenstand
- Werbegrundsätze
- Werbearten

Werbung gestalten

- Werbeträger
- Werbegestaltung
- Werbemittel
- Werbebotschaft

Verpackungsverordnung

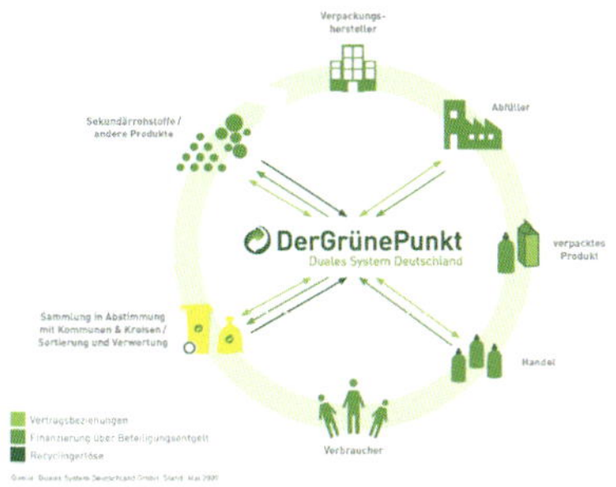

5.1 Werbung im Einzelhandel

Tom Bischoff, Auszubildender im Supermarkt brutto=netto OHG, hört in seiner Pause zufällig seinen Chef telefonieren: „Unsere Umsatzentwicklung gefällt mir im Moment gar nicht. Wenn das so weitergeht, müssen wir überlegen, wo wir Kosten einsparen können. Angebot und Service möchte ich nicht ändern, da würden uns Kunden wegbleiben. Ich werde mir unsere Werbekosten noch einmal genau anschauen! Ich glaube, da können wir erst einmal etwas einsparen. Die Kunden kennen uns doch alle!"

5.1.1 Ziele und Aufgaben der Werbung

Werbung ist allgegenwärtig. Sie begleitet den Menschen von Geburt an. Werbung befindet sich z. B. in Zeitungen und Zeitschriften, im Fernsehen, im Radio, an Häuserwänden, in Bussen, im Internet und auf dem Smartphone. Werbung ist offen erkennbar, manchmal aber auch versteckt. Sie kann angenehm und stimulierend oder aber störend und aggressiv wirken. Für Werbezwecke geben die Unternehmen der deutschen Wirtschaft jährlich ca. 26 Milliarden Euro aus (vgl. Abb. 1).

Welche Ziele verfolgen die Unternehmen, wenn sie so viel Geld für Werbung ausgeben? Hierzu unterscheidet man zwischen ökonomischen und nicht-ökonomischen Zielen (vgl. Abb. 2). Ökonomische Ziele können in Euro oder Stückzahlen ausgedrückt werden. Nicht-ökonomische Ziele betreffen die Beziehungen zwischen Unternehmen und Kunden und deren Verbesserung.

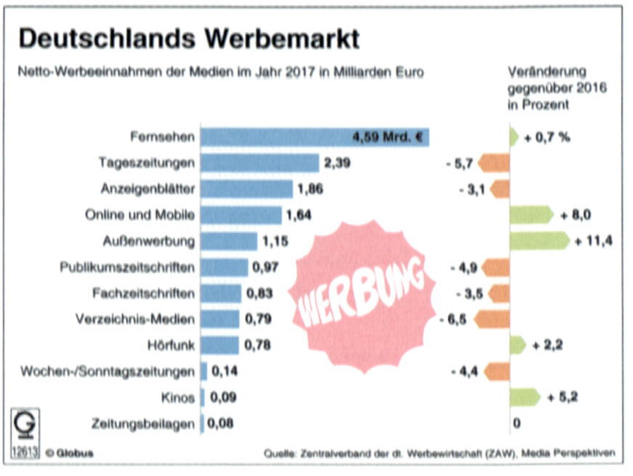

Abb. 1: Werbeeinnahmen in Deutschland

ökonomische Ziele	nicht-ökonomische Ziele
■ Umsatz erhöhen ■ Gewinn erhöhen ■ Marktanteil erhöhen	■ Image des Unternehmens verbessern ■ Bekanntheitsgrad erhöhen ■ Bedürfnisse wecken bzw. Vorlieben entwickeln

Abb. 2: Ziele der Werbung

Diesen Zielen des Unternehmens können die Aufgaben einzelner Werbeaktionen untergeordnet werden (vgl. Abb. 3).

Um die genannten Ziele zu erreichen, sollte Werbung verschiedene kommunikative Ziele erfüllen.

Sie sollte
- informieren
  - wie ein Produkt funktioniert,
  - wie ein Produkt verwendet werden kann,
  - über neue Produkte oder Dienstleistungen,
- überzeugen
  - vom Nutzen des Produkts,
  - von der Qualität des Produkts,
  - um zum Markenwechsel anzuregen,
  - ein Produkt zu kaufen,
- unterhalten, z. B. mit
  - witzigen Werbespots,
  - kreativen Anzeigen,
  - bekannten Persönlichkeiten.

Mit Werbung bzw. Absatzwerbung wird versucht, das Kaufverhalten der Kunden durch den Einsatz von Kommunikationsmitteln zu beeinflussen. Ziel dabei ist, den Absatz einzelner Produkte oder ganzer Sortimente zu fördern.

> ! **Werbung** *ist der Einsatz von Kommunikationsmitteln, um den Absatz von Produkten zu steigern.*

Die Werbung bzw. Absatzwerbung ist Teil der Kommunikationspolitik eines Unternehmens. Mithilfe der Kommunikationspolitik versucht das Unternehmen, den Markt und die Marktteilnehmer in seinem Sinne zu beeinflussen. Es soll eine positive

Aufgabe	Erläuterung	Beispiele
Einführungswerbung	Neue Produkte, Dienstleistungen oder Verkaufsstellen werden bekannt gemacht.	■ Tag der offenen Tür ■ Modenschau ■ Familientag
Aktionswerbung	Produkte werden zeitlich begrenzt und/oder zu bestimmten Anlässen beworben.	■ Spargelwerbung zur Spargelzeit ■ 100-jähriges Jubiläum ■ Eröffnung der zehnten Filiale
Erinnerungswerbung	Der Absatz soll belebt werden. Die Marktposition gegenüber den Wettbewerbern soll erhalten werden.	■ wöchentliche Werbebeilagen in Zeitungen ■ regelmäßige Fernsehspots in verschiedenen Programmen
Expansionswerbung	Stammkunden sollen weiterhin an das Unternehmen gebunden werden, Neukunden sollen gewonnen werden.	■ Werbebeilagen in überregionalen Zeitungen ■ Radiospots in lokalen Radioprogrammen
Imagewerbung	Das Erscheinungsbild des gesamten Unternehmens oder einer Marke soll aufgebaut oder verändert werden.	■ Spendenaktion an die Tafel ■ Rettung des Regenwalds bei Kauf eines Produkts ■ Sponsoring für den örtlichen Handballverein

Abb. 3: Aufgaben von Werbeaktionen

Beziehung zwischen Unternehmen und Kunden geschaffen werden, die sowohl vor und nach einem Verkauf, als auch während eines Verkaufs wirkt.

Man unterscheidet Absatzwerbung, Verkaufsförderung, auch Sales Promotion genannt, und Öffentlichkeitsarbeit (vgl. Abb. 4).

Absatzwerbung

Steigerung des Verkaufs durch den Einsatz von Kommunikationsmitteln

Beispiele:
- Anzeigen in der Zeitung
- Werbespots im TV
- Plakate an Bussen
- Prospekte in Zeitungen

Verkaufsförderung (Sales Promotion)

Förderung des Verkaufs am Verkaufsort (Point of Sale)

Beispiele:
- Lautsprecherdurchsagen
- Warenvorführungen
- Gewinnspiele
- Autogrammstunden mit Prominenten
- Aufsteller/Displays im oder vor dem Verkaufsraum

Öffentlichkeitsarbeit

Maßnahmen, die der Imagepflege des Unternehmens dienen

Beispiele:
- Sponsoring
- Tag der offenen Tür
- Product Placement
- Pressekonferenzen

Abb. 4: Formen der Kommunikationspolitik

5.1.2 Werbegegenstand

Im Einzelhandel übernimmt zumeist der Hersteller die Werbung für einzelne Produkte. Sein Interesse ist es, im Handel überhaupt gelistet zu werden, d. h. seine Produkte in Konkurrenz zu anderen Herstellern in den Regalen anbieten zu können. Der Hersteller eines Produkts wendet sich direkt über die Massenmedien, wie Anzeigen in Zeitschriften oder Werbespots im Fernsehen, an die Verbraucher. Die Verbraucher sollen mittels der Werbung von dem Produkt überzeugt werden und im Einzelhandelsgeschäft vor Ort dieses Produkt nachfragen. Durch die Nachfrage der Kunden wird der Einzelhändler veranlasst, dieses Produkt in sein Sortiment aufzunehmen (Pull-Strategie).

Je nachdem, an wen sich eine Werbung richtet, unterscheidet man zwischen (vgl. Abb. 5):

- **Händlerwerbung bzw. Push-Strategie:** Werbung, die der Hersteller an den Einzelhändler richtet, damit dieser die Produkte des Herstellers gut platziert.
- **Verbraucherwerbung:** Werbung, die sich direkt an den Kunden bzw. den Endverbraucher richtet. Die Verbraucherwerbung kann
  - vom Einzelhändler veranlasst sein, z. B. eine Zeitungsbeilage, in der er über seine aktuellen Angebote informiert, oder

- vom Hersteller initiiert sein, z. B. Werbespots, die er im Fernsehen platziert. Da bei dieser Art von Werbung der Einzelhandel übergangen bzw. übersprungen wird, spricht man von **Sprungwerbung bzw. Pull-Strategie.**

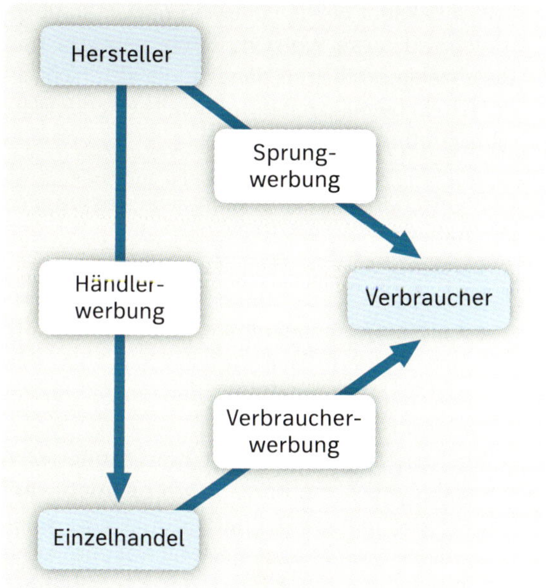

Abb. 5: Werbung spricht unterschiedliche Personenkreise an.

Je nachdem, was Hersteller oder Einzelhändler in den Vordergrund einer Werbemaßnahme stellen, kann der **Werbegegenstand**
- ein Produkt,
- eine Warengruppe,
- das gesamte Sortiment oder
- das Unternehmen selbst

sein.

Abb. 6: Werbegegenstand Produkt (Bananen)

Abb. 7: Werbegegenstand Warengruppe (Obst und Gemüse)

Abb. 8: Werbegegenstand Sortiment (Lebensmittel)

Abb. 9: Werbegegenstand Unternehmen

5.1.3 Werbearten

Mit der Absatzwerbung verfolgt der Einzelhändler unterschiedliche Ziele. Diese Ziele kann er allein oder zusammen in Kooperation mit anderen verfolgen. Der Einzelhändler hat außerdem die Wahl, wie groß der Personenkreis ist, an den er sich wendet. Wie sich der Einzelhändler in diesen Fragen jeweils entscheidet, hängt auch davon ab, über welche finanziellen Mittel er verfügt.

Wer wird umworben? – Werbesubjekt

Einzelumwerbung (auch: Direktwerbung)

Einzelne Kunden werden direkt und persönlich angesprochen.

Massenumwerbung

Über die Massenmedien wird ein sehr großer Personenkreis angesprochen.

Wer wirbt? – Werbetreibender

Alleinwerbung

Ein Einzelhändler wirbt allein. Hierbei kann er die Werbeaktion genau auf seinen Betrieb und sein Sortiment abstimmen und sich gegenüber der Konkurrenz abgrenzen. Bei der Gestaltung der Werbeaktion hat der Alleinwerbende alle Freiheiten. Allerdings muss er auch sämtliche Werbekosten allein tragen.

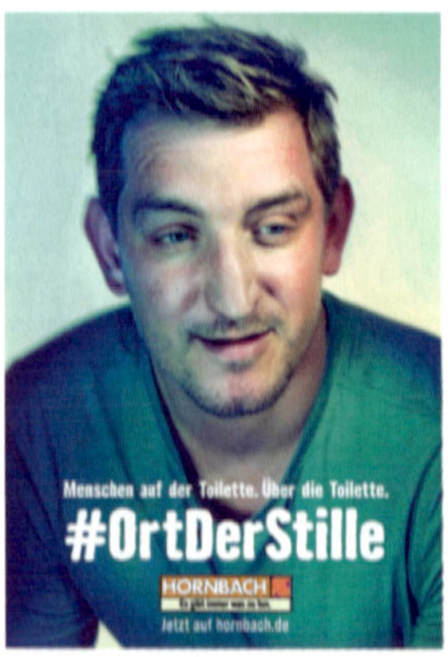

Abb. 10: Alleinwerbung der Baumarktkette Hornbach

Kollektivwerbung

Mehrere Einzelhändler werben gemeinsam. Sie müssen sich über die Inhalte der Werbeaktion abstimmen. Sie teilen sich die Kosten. Es gibt folgende Möglichkeiten der Kollektivwerbung:

- **Gemeinschaftswerbung:** Eine Branche wirbt gemeinsam für ihr Produkt, ohne einzelne Unternehmen oder deren Produktnamen zu nennen.

Beispiel: Mehrere Fahrradhändler einer Stadt werben für ein neues Messeprodukt. Der einzelne Händler beteiligt sich anteilig an den Kosten. Da das spezielle Angebot des einzelnen Händlers unbekannt bleibt, ist für ihn schwer zu überprüfen, ob diese Werbung Erfolg gebracht hat. Gleichzeitig profitieren Händler, die sich nicht an der Aktion beteiligt haben, ebenfalls von der Werbung (Trittbrettfahrer).

Gemeinschaftswerbung kann zwei Ausprägungen haben:

- **vertikal (senkrecht):** Es schließen sich Werbetreibende aus unterschiedlichen Wirtschaftsstufen zusammen; z. B. „Woolmark Warenzeichen" als Gütezeichen für den Hersteller wie auch für den Einzelhändler (vgl. Abb. 11).
- **horizontal (waagrecht):** Hier kooperieren zwei oder mehrere Unternehmen auf der gleichen Wirtschaftsstufe, z. B. ehemaliges CMA-Siegel der Milchbauern oder gemeinsame Werbung der Apfelbauern (vgl. Abb. 12).

Abb. 11: Vertikale Gemeinschaftswerbung

Abb. 12: Horizontale Gemeinschaftswerbung

- **Sammelwerbung:** Unternehmen unterschiedlicher Branchen werben gemeinsam, z. B. auf Werbetafeln an Bahnhöfen oder an Einfahrten zu Industriegebieten. Auf dieser Werbung nennen sie entweder ihren Namen oder die Marke

222330220

(vgl. Abb. 13). Eine andere Möglichkeit ist die Sammelwerbung ortansässiger Händler für einen verkaufsoffenen Sonntag.

Abb. 13: Sammelwerbung von Einzelhändlern

- **Verbundwerbung:** Es wird für Produkte geworben, die aus unterschiedlichen Branchen kommen, jedoch in einen Verwendungszusammenhang gehören. Werbetreibende können Hersteller und Hersteller oder Hersteller und Einzelhändler sein.

  Beispiel: Ein Waschmaschinenhersteller und ein Wachmittelproduzent werben gemeinsam für ihre Produkte (vgl. Abb. 14).

Abb. 14: Verbundwerbung

5.1.4 Werbegrundsätze

Ziel jeder Werbung ist es, beim Kunden Aufmerksamkeit zu wecken. Ist diese Aufmerksamkeit geweckt, soll der Kunde den Wunsch verspüren, das umworbene Produkt zu kaufen. Der Kunde sollte über das Produkt nicht falsch informiert oder mit unzutreffenden Aussagen zum Kauf überredet werden. Ist der Kunde nach einem Kauf enttäuscht, wird er kaum ein zweites Produkt dieses Herstellers oder Händlers kaufen. Damit der Einsatz von Werbung langfristig eine große Wirkung erzielt, sollten sich die Unternehmen an bestimmte Werbegrundsätze halten.

- **Werbewahrheit:** Werbung muss sachlich richtig informieren. Sie darf keine übertriebenen Versprechungen oder falschen Behauptungen aufstellen, sie darf nicht täuschen oder irreführen.

  Beispiel: Ein Textilfachgeschäft wirbt damit, dass es bei einer Umfrage der örtlichen Zeitung als der Laden mit dem besten Kundenservice ausgezeichnet wurde. In Wirklichkeit hat es diese Auszeichnung nie erhalten.

- **Werbeklarheit:** Werbeziel und Werbezweck sind unmissverständlich herauszustellen. Der Kunde soll eindeutig über die Vorteile des Produkts oder der Dienstleistung informiert werden.

  Beispiel: Ein Textilfachgeschäft wirbt: „Bei uns können Sie alles kaufen!"

- **Werbewirksamkeit:** Die Werbeaussage und das Werbemittel sollten so gewählt sein, dass der Verbraucher zu der beabsichtigten Kaufentscheidung motiviert wird. Eine solche Wirkung erreicht der Werbetreibende mithilfe unterschiedlicher Instrumente (vgl. Kap. 5.2).

  Beispiel: Das Modehaus Müller, dessen Angebot sich vor allem an elegante und gut situierte Damen und Herren richtet, überlegt, ob es sich an der Sammelwerbung auf den Tischunterlagen eines nahe gelegenen Fast-Food-Restaurants beteiligen soll.

- **Werbewirtschaftlichkeit:** Die Kosten der Werbung müssen in einem angemessenen Verhältnis zum Erfolg, also dem zusätzlichen Umsatz, stehen. Die Werbewirtschaftlichkeit wird mit folgender Formel ermittelt:

$$\textbf{Werbewirtschaftlichkeit} = \frac{\text{Umsatzzuwachs}}{\text{Werbeaufwand}}$$

Der Einzelhändler sollte dabei jedoch bedenken, dass der Umsatzzuwachs auch auf andere Ursachen zurückzuführen sein kann.

Beispiel: Das Modehaus Müller überlegt, einen Werbespot im Fernsehen zu platzieren. Der Inhaber erwartet einen Umsatzzuwachs von ca. 30 000,00 €. Die Kosten für Produktion und Senden des Spots belaufen sich nach Aussage einer Werbeagentur auf ca. 100 000,00 €.

- **Soziale Verantwortung:** Um Aufmerksamkeit zu erregen, kann Werbung provokativ sein. Dabei sollte jedoch stets darauf geachtet werden, dass gesellschaftliche Wertvorstellungen und ästhetische, moralische oder religiöse Empfindungen nicht verletzt werden. Minderheiten dürfen nicht diskriminiert werden (vgl. Kap. 5.5).

Aufgaben

1. Welche Werbeaktivitäten unternimmt Ihr Ausbildungsbetrieb? Erstellen Sie eine Liste und bestimmen Sie dann für jede Werbeaktivität:
   a) Wer ist Werbesubjekt?
   b) Wer ist Werbetreibender?
   c) Welche Aufgaben (vgl. Abb. 4) haben diese Werbeaktionen?
2. Diskutieren Sie die Aussage des Inhabers einer bekannten Werbeagentur: „Werbung manipuliert nicht, Werbung informiert“.
3. Betrachten Sie Abb. 1, Werbeeinnahmen in Deutschland.
   a) Für welche fünf Werbeträger geben Werbetreibende in Deutschland das meiste Geld aus?
   b) Welche drei Werbeträger (z. B. Fernsehen, Zeitung) haben gegenüber dem Vorjahr die höchsten Zuwächse?
   c) Wie hoch sind die unter b) gefragten Zuwächse in Euro?
   d) Geben Sie Erklärungen für den Rückgang der Werbeeinnahmen bei Zeitungen.
4. Betrachten Sie Abb. 15, Werbetreibende in Deutschland.
   a) Nennen Sie drei Herstellerfirmen und drei Handelsfirmen, die in der Grafik genannt sind.
   b) Nennen Sie die Formen der Kommunikationspolitik, die die unter a) genannten Firmen einsetzen.

Abb. 15: Werbetreibende in Deutschland

222330222

5.2 Werbung gestalten

5.2.1 Werbeträger

Wenn der Einzelhändler seine Entscheidungen über die Ziele, den Gegenstand und die Art seiner Werbung getroffen hat, muss er darüber nachdenken, welche Medien er einsetzt, damit die Werbung bei der umworbenen Zielgruppe ankommt. Solche Medien werden Werbeträger (auch: Streumedien) genannt.

Werbeträger lassen sich in drei Gruppen einteilen (vgl. Abb. 1).

Außenwerbung	Printmedien	elektronische Medien
■ Hauswände ■ Schaufenster ■ Plakatwand ■ Sportstättenwerbung ■ Verkehrsmittelwerbung ■ Werbung an Personen	■ Zeitungen ■ Zeitschriften ■ Werbebriefe ■ Supplements (Anzeigenblätter, Kataloge)	■ Fernsehen ■ Radio ■ Kino ■ Internet ■ Mobile Telefone

Abb. 1: Arten von Werbeträgern

> ! ***Werbeträger*** *sind Medien, die die Werbebotschaft zum Kunden bringen.*

Der Einzelhändler sollte nicht vergessen, dass auch die Ware selbst oder der Kunde, der die Ware gekauft hat, ein Werbeträger ist.

Beispiel: Der Schuhladen Graziano hält aufwendige Einkaufstüten für seine Kunden bereit. Diese Papiertüten sind sehr groß, damit auch Stiefel oder mehrere Paar Schuhe Platz finden, und sehr stabil, damit sie öfter verwendet werden können. Sie tragen das Logo des Ladens und sind farbenfroh, aber dennoch elegant gestaltet. Sie werden gern von den Kunden verwendet. In der Fußgängerzone sieht man diese Einkaufstüten häufig.

Außenwerbung

Die Bedeutung der Außenwerbung hat in den letzten Jahren zugenommen. Neben den klassischen Werbeträgern (Plakat, Verkehrsmittel usw.) wird versucht, den Kunden in seiner Arbeits- und Freizeitumgebung gezielt zu umwerben. Sogenannte Ambient-Medien befinden sich in unmittelbarer Umgebung

Abb. 2: Werbeträger Verkehrsmittel

Abb. 3: Werbeträger Zeitschrift

Abb. 4: Werbeträger Fernseher

der Verbraucher („Ambiente"). Der Kunde kommt mit ihnen in Berührung, ob er will oder nicht. Beispiele sind: Einkaufstüten, Rückseiten von Kinokarten oder Parkscheinen, Zuckertütchen im Café, Zapfpistolen und Einkaufswagen (vgl. Abb. 5 und 6).

Abb. 5: Außenwerbung: Einkaufswagen

Abb. 6: Außenwerbung auf Einkaufstüten

Printmedien

Tageszeitungen wie die *BILD*, die *Frankfurter Allgemeine Zeitung*, die *Süddeutsche Zeitung* oder die *Berliner Morgenpost* sind klassische Print-Werbeträger. Sie richten sich an unterschiedliche Leser und erscheinen regional, national oder international. Je nach Zielgruppe der Zeitungen (wer liest die BILD, wer liest die Frankfurter Allgemeine Zeitung?) und Verbreitungsgebiet entscheiden sich die Unternehmen. Für den örtlichen Handel werden meist Lokalzeitungen benutzt, um auf die aktuellen Angebote hinzuweisen.

Wochen- und Sonntagszeitungen wie *Die Zeit*, *Frankfurter Allgemeine Sonntagszeitung* oder *BILD am Sonntag* bieten den Lesern ausführliche Informationen und Hintergrundberichte. Neben Anzeigenwerbung enthalten diese Zeitungen sogenannte **Supplements** (= Beilagen) zu Spezialthemen wie Reisen, Auto, Essen und Trinken oder Literatur. Die größte Bedeutung für Anzeigen haben Publikumszeitschriften wie *Der Spiegel*, *Focus*, *Die Bunte*, *Brigitte*, *TV-Movie*. Sie eignen sich besonders bei Neueinführung eines Produkts oder zur Erinnerungswerbung. Sie erscheinen bundesweit und werden häufig mehrfach genutzt, d.h., eine Zeitschrift wird oft von mehreren Personen gelesen.

Fachzeitschriften richten sich an bestimmte Berufsgruppen und haben für den Einzelhandel nur geringe Bedeutung. Special-Interest-Zeitungen zu Themen wie Urlaub, Sport, Wohnen, Autos oder Computer sind dadurch gekennzeichnet, dass ihre Zielgruppe genau identifiziert werden kann und somit Streuverluste vermieden werden können. Streuverluste treten dann auf, wenn Kunden erreicht werden, die nicht zur Zielgruppe

222330224

gehören und damit kein Interesse an dieser Werbung haben.

Kundenzeitschriften dienen in erster Linie der Kundenbindung. Sie ermöglichen es dem Einzelhändler, das Image seines Unternehmens bei seinen Kunden zu stärken. Gleichzeitig bietet die Kundenzeitschrift eine vergleichsweise preiswerte Möglichkeit, wichtige Botschaften des Einzelhändlers zielgruppengenau an seine Kundschaft zu kommunizieren.

Elektronische Medien

Fernseh- und Rundfunkwerbung spielen für werbetreibende Unternehmen eine herausragende Rolle. Sie sind für Hersteller von Markenartikeln von besonderer Bedeutung. Dieses Werbemedium bedient den Massenmarkt und eignet sich für alle Produkte und Dienstleistungen. Obwohl sich z. B. das Fernsehen an ein breites Publikum wendet, kann Werbung dort sehr zielgruppenspezifisch platziert werden. Aufgrund sogenannter Mediadaten, die von den Fernsehsendern veröffentlicht werden, erhalten Werbeunternehmen präzise Angaben zu den Sehgewohnheiten der unterschiedlichen Fernsehzuschauer.

Internet: In den vergangenen Jahren hat die Online-Werbung an Bedeutung gewonnen. Sie hat ganz neue technische Möglichkeiten und kann schneller und gezielter die Werbebotschaft beim Kunden platzieren. Für die Werbetreibenden kann Online-Werbung deutlich preiswerter sein als eine Werbung mittels herkömmlicher Werbeträger.

5.2.2 Werbemittel

Werbung muss gestaltet werden. Werbemittel sind Gestaltungsformen, mit denen der Werbetreibende dem Umworbenen seine Botschaft mitteilen will. Beispiele sind eine Anzeige in der Zeitung oder ein Plakat auf einer Plakatwand. Die Vielfalt der Werbemittel lässt sich nur schwer systematisch darstellen. In der Praxis verwendet der Einzelhändler oft eine Mischung unterschiedlicher Werbemittel.

> ! *Das **Werbemittel** ist die gestaltete Form der Werbebotschaft.*

Je nachdem, welche menschlichen Sinne Werbemittel ansprechen, können sie in verschiedene Gruppen unterteilt werden (vgl. Abb. 8).

Abb. 7: Werbemittel Anzeige

Werbemittel	Erklärung	Beispiele
visuell (sehen)	■ wirken hauptsächlich auf das Sehen ■ dominieren die Werbung und sind mit Text und Bild die häufigsten Instrumente	■ Plakat ■ Anzeige, Prospekt ■ E-Mail
akustisch (hören)	■ sprechen das Gehör des Menschen an	■ Ladenfunk ■ Verkaufsgespräch ■ Radiospot
audiovisuell (sehen und hören)	■ sprechen Sehen und Hören an	■ Fernsehspot ■ Kinowerbung ■ Internet
sonstige	■ können gerochen, geschmeckt oder z. B. mit den Händen wahrgenommen werden	■ Verkostung im Laden ■ Geruchsproben in Zeitschriften ■ Geschmacksproben mit beiliegendem Prospekt

Abb. 8: Arten von Werbemitteln

5.2.3 Werbebotschaft

Damit die eigene Werbung nicht in der Flut der anderen Werbung untergeht, muss sie wirkungsvoll gestaltet werden: Sie muss von der gewünschten Zielgruppe aufmerksam wahrgenommen werden. Um eine Werbung effektvoll gestalten zu können, muss der Werbende den Vorteil seiner Produkte oder seines Unternehmens genau kennen. Nur dann kann er sich von Angeboten der Mitbewerber abgrenzen. Hierbei geht es um die **Alleinstellung** eines Produkts gegenüber den Konkurrenzprodukten. Der Experte spricht hier vom **USP** (Unique Selling Proposition).

Beispiel: Ein Waschmittelhersteller plant eine Werbung für seine neuen Produkte. Seine Waschmittel sind besonders umweltverträglich und dabei sehr sparsam. Dieses Alleinstellungsmerkmal betont er in seiner Werbung.

Auf den Märkten gibt es viele vergleichbare und damit austauschbare Produkte. Da es hier eine tatsächliche Alleinstellung nicht gibt, bemühen sich die Werbenden um eine werbliche Alleinstellung (UAP – Unique Advertising Proposition). So werden Massenprodukte als sogenannte Premiumprodukte dargestellt, z. B. bei Bier, Schokolade oder Toilettenpapier.

Beispiel: Das Alleinstellungsmerkmal von Mon Chéri war die Herstellung der Pralinen mit der Piemont-Kirsche. Diese Piemont-Kirsche gibt es aber nicht. Sie wurde alleine zu Werbezwecken erfunden und stellte somit im Wettbewerb mit anderen Pralinenherstellern ein UAP dar. Aus Sicht der Kunden war dieses Unterscheidungsmerkmal für den Kauf wichtig (vgl. Abb. 9).

Abb. 9: Werbung mit der „Piemont-Kirsche"

> **!** *Die **Werbebotschaft** ist die Aussage, die in der Werbung über den Werbegegenstand vermittelt wird.*

Eine Werbebotschaft kann folgende Elemente haben:
- Bild (Foto, Grafik, Farben),
- Wort (Schrift, Sprache),
- Musik,
- räumliche Größe (z. B. bei Plakat oder Anzeige),
- zeitliche Länge (z. B. bei Radiospot).

Werbebotschaften können auf verschiedene Art ansprechen:
- auf rationale Art: Der Kunde wird verstandesmäßig angesprochen und zumeist sachlich informiert (vgl. Abb. 10).
- auf emotionale Weise: Der Kunde wird hauptsächlich gefühlsmäßig angesprochen (vgl. Abb. 11).

In der Praxis werden häufig beide Arten kombiniert.

Beispiel: Für eine Margarine wird in einer Anzeige über deren Fettgehalt informiert und es werden Vorschläge für ein gesundes Frühstück gemacht (rationale Ansprache). In einer anderen Werbung werden Bilder mit schlanken, lachenden, glücklichen Menschen in sonniger Umgebung gezeigt (emotionale Ansprache).

Abb. 10: Beispiel für rationale Ansprache

Abb. 11: Beispiel für emotionale Ansprache

Es kann ein bestimmtes Kaufmotiv angesprochen werden (vgl. Abb. 12).

Kaufmotiv	Beispiel
Sicherheit, Vertrauen	■ „Auf diese Steine können Sie bauen." ■ „Persil, da weiß man, was man hat." ■ „Hexal, Arzneimittel Ihres Vertrauens"
Tradition	■ „Radeberger Pilsner aus der Brauerei, die als erste in Deutschland Bier nach Pilsner Brauart braute und noch bis heute braut..."
Innovation	■ „Vorsprung durch Technik" ■ „Créateur d'automobiles"
Sparsamkeit	■ „Topmodische Brillen zum Nulltarif" ■ „Kaum zu glauben, Markenschuhe so günstig"
Wohlfühlen	■ „Freude am Fahren" ■ „Ich will so bleiben wie ich bin."

Abb. 12: Werbebotschaften können spezielle Kaufmotive ansprechen.

Es kann eine positive Stimmung geschaffen werden. Es werden Bilder oder Szenen um das Produkt gezeigt, die sich die Umworbenen ebenfalls wünschen. Die Werbung soll den Eindruck erwecken, dass man sich diese Wünsche mit dem Kauf des Produkts erfüllen kann (vgl. Abb. 13).

Stimmung/Lebenszusammenhang	Beispiel
Alltägliches Leben „Slice-of-Life-Technik"	■ Familie beim Frühstück oder beim Radausflug ■ glückliche, zufriedene Nutzer beim Verwenden des angepriesenen Produkts
Stimmungsbild	■ bayerisches Bier vor Bergkulisse ■ lila Kuh auf einer Almweide
Musik	■ Paul Potts in der Telekom-Werbung ■ „Sail away" bei Beck's Bier
Lifestyle	■ junge, schlanke Partygäste trinkend am Strand
Symbolfiguren	■ David Beckham für Mode bei H&M ■ Michael „Bully" Herbig für Haribo

Abb. 13: Werbebotschaften können Stimmungen vermitteln.

Werden Werbebotschaften mithilfe von Leitideen oder Symbolfiguren präsentiert, bleiben diese trotz unterschiedlicher konkreter Werbeinhalte über einen längeren Zeitraum Bestandteil der Werbung (vgl. Abb. 14).

Abb. 14: Beispiele für Leitideen und Symbolfiguren

Damit eine Werbebotschaft ihr Ziel erreicht, der Kunde also tatsächlich kaufen möchte, muss die Werbeaussage drei Voraussetzungen erfüllen:

- Die Aussage muss verständlich, überzeugend und glaubhaft sein.
- Es muss ein Wunsch geweckt werden.
- Das umworbene Produkt muss von anderen Angeboten abgrenzbar sein.

Um eine wirkungsvolle Werbebotschaft zu gestalten, wenden Werbetreibende häufig die AIDA-Regel an (vgl. Abb. 15).

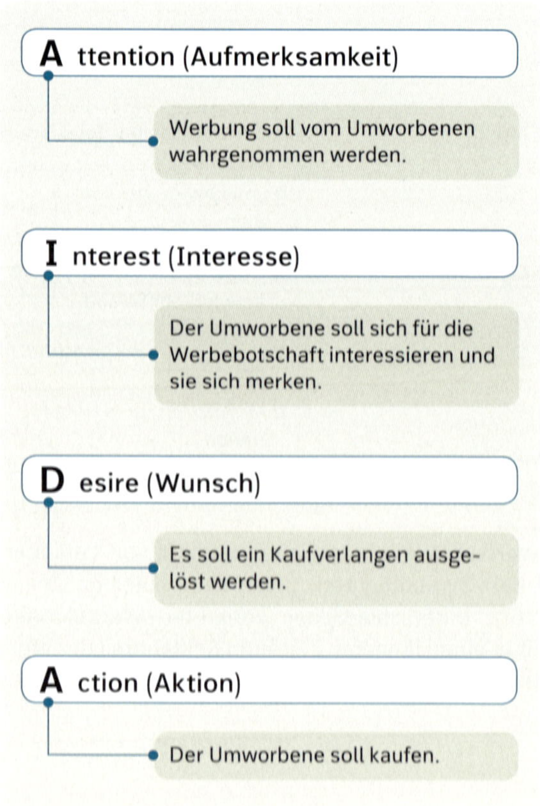

Abb. 15: AIDA-Regel

5.2.4 Werbesprache

Die Sprache ist ein wichtiges Element der Werbebotschaft. Sprache zielt direkt auf das Denken, das Fühlen und das Handeln des Umworbenen. Es ist wichtig zu wissen, was bei dem Kunden als Werbebotschaft ankommt. Es ist daher sinnvoll, eine Werbebotschaft aus Einzelbotschaften zusammenzusetzen:

- **Grundaussage:** Die Produktinformation, die Qualität und das Image sollten klar kommuniziert und für den Kunden ansprechend gestaltet werden.
- **Kundennutzen:** Der Umworbene muss vom Vorteil dieses Produkts überzeugt werden. Es muss überzeugend und glaubwürdig dargelegt werden, warum man gerade dieses Produkt kaufen soll.

Werbesprache sollte

- sich an der Zielgruppe orientieren (z. B. Lebensalter oder Lebenseinstellung),
- verständlich sein und auf Fachbegriffe möglichst verzichten,
- anschaulich und bildhaft und
- kurz und einprägsam sein.

Es gibt typische Merkmale, die sich in der Sprache der Werbung immer wiederfinden (vgl. Abb. 16).

Merkmale von Werbesprache	Beispiel
Wortspiele	■ „O2 can do." ■ „Come in and find out."
Slogans (eingängig, verständlich, einmalig und originell)	■ „Geiz ist geil." ■ „So muss Technik." ■ „Haribo macht Kinder froh …" ■ „Quadratisch, praktisch, gut"
Fragesätze	■ „Wohnst du noch, oder lebst du schon?"
positive Aussagen	■ „Nichts ist unmöglich …" ■ „Douglas macht das Leben schöner."
Markennamen, Warenzeichen	■ Abercrombie & Fitch ■ Jack & Jones ■ Coca-Cola ■ Red Bull ■ Apple ■ Sony ■ ProSieben
Neuschöpfung von Wörtern	■ frühlingsfrisch ■ kuschelweich

Abb. 16: Merkmale von Werbesprache

5.2.5 Werbegestaltung

Die Gestaltung des Werbemittels ist ein kreativer Prozess. Zuvor müssen wichtige Fragen geklärt sein:

- Welche Werbeziele sollen erreicht werden?
- Welche Zielgruppe soll angesprochen werden?
- Welche Werbeträger sollen zum Einsatz kommen?
- Welche Werbebotschaft soll vermittelt werden?
- Wofür soll geworben werden?

Der erste skizzenhafte Entwurf – Scribble genannt – wird heute zumeist am PC erstellt. Das Layout dieses Entwurfs versucht die Elemente Schrifttyp, Text, Bilder und Figuren, Farbe und Form in eine überzeugende und für die Zielgruppe ansprechende Gestaltung zu bringen.

Am Beispiel einer Werbeanzeige (vgl. Abb. 17) soll dies verdeutlicht werden:

Blickfang (Eyecatcher)

Für die Gestaltung einer Anzeige sind die Bildelemente am wichtigsten. Mithilfe einer Augenkamera kann genau untersucht werden, wohin das Auge blickt, wenn es zum ersten Mal eine Anzeige sieht. Schon in der ersten Sekunde wandert der Blick über die gesamte Anzeige und bleibt mehrfach an den Bildern hängen. Erst später werden auch die Texte wahrgenommen. Der Spruch „Ein Bild sagt mehr als tausend Worte“ ist hier mehr als zutreffend. Der Blickfang (Eyecatcher) erzeugt eine starke Aufmerksamkeit beim Kunden und soll dazu führen, dass der Umworbene dieser Anzeige mehr Interesse und Zeit zuwendet. Der „Eyecatcher“ kann ein interessantes Objekt, zumeist das Produkt selbst, oder eine bekannte und sympathische Person sein. Diese Person ist zumeist in einem emotionalen Bild eingebunden (vgl. Abb. 17: Baby) und steht für bestimmte Werte, z. B. Vertrauen oder Sicherheit, und soll diese Werte auf das Produkt übertragen.

Headline

Die Headline bringt mit wenigen Worten die Werbebotschaft „auf den Punkt“. Sie formuliert in kurzen, einprägsamen Sätzen den Kundennutzen. Im Falle unseres Beispiels ist die Headline „Zeit für Zärtlichkeit“. Die Headline weckt neben dem Blickfang die Neugier des Betrachters und hat für den nachfolgenden Werbetext bzw. die Werbeinformation die Funktion eines „Tür-Öffners“.

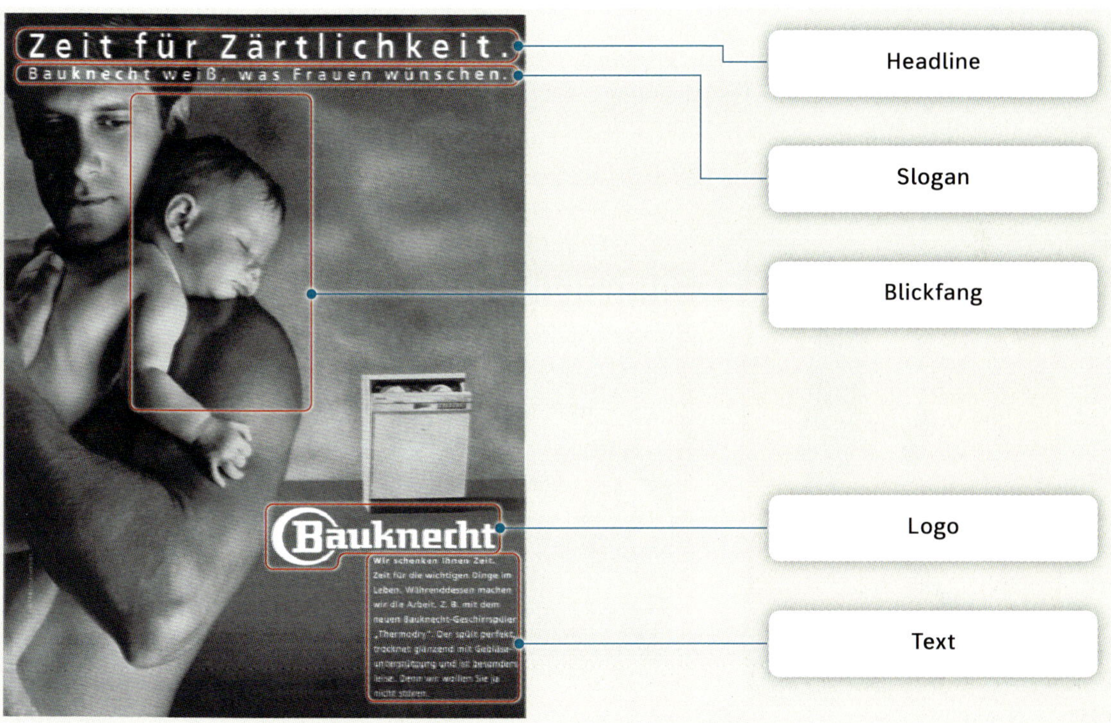

Abb. 17: Gestaltungselemente eines Werbemittels

Werbetext

Der Werbetext sollte den Nutzen für den Verbraucher näher erläutern und begründen. Ist der Nutzen eindeutig oder aus anderen Formen der Werbung, z. B. TV-Spot, bereits bekannt, kann er entfallen oder sehr wenig Raum einnehmen. Der Betrachter sollte nicht mit zu vielen Informationen überfrachtet werden: Je umfangreicher und überfüllter eine Anzeige ist, umso unordentlicher und abweisender wirkt die Werbung.

Slogan

Der Slogan lautet „Bauknecht weiß, was Frauen wünschen". Diese Aussage soll die Betrachter der Anzeige davon überzeugen, dass sich hier jemand darüber Gedanken gemacht hat, wie das Wäschewaschen so leicht wie möglich gemacht werden kann. Das Wäschewaschen wird damit – in recht traditioneller Art und Weise – als eine Arbeit dargestellt, von der vor allem Frauen wissen, wie sie „richtig" gemacht wird.

Firmenlogo

Das Firmenlogo und der Firmenname dienen der Wiedererkennung. Sie sind herausgehoben zu platzieren, sodass auch der flüchtige Betrachter die Werbeanzeige sofort dem richtigen Unternehmen zuordnet. Das Logo selbst kann aus einem Schriftzug oder aus einer Zusammensetzung aus Text, Bild und Grafik bestehen.

Aufgaben

1. Erinnern Sie sich an Werbespots, die Sie in der vergangenen Woche gesehen haben und notieren Sie diese an der Tafel.
   a) Nennen Sie jeweils Werbeziel, Werbegegenstand, Zielgruppe sowie Inhalt und Werbebotschaft.
   b) In welchen Werbemedien laufen die von Ihnen analysierten Werbespots?
2. Für welche Zielgruppen würden Sie in den in Abb. 18 gezeigten Zeitschriften Anzeigen schalten? Begründen Sie Ihre Entscheidung.
3. Ordnen Sie die folgenden Begriffe einer der drei Kategorien Werbeziele, Werbemittel, Werbeträger zu:
   - Banner
   - Fernsehen
   - Internet
   - Radiospot
   - Rundfunk
   - Steigerung des Bekanntheitsgrades
   - Steigerung des Marktanteils
   - Supplement
   - TV-Spot
   - Umsatzsteigerung
   - Wochenzeitung
   - Zeitungsinserat

Abb. 18: Verschiedene deutsche Zeitschriften (vgl. Aufgabe 2)

222330230

5.3 Werbeplan erstellen

Die Trendino Computer-Shop GmbH hatte im vergangenen Jahr drei Werbeaktionen durchgeführt:

1. Im Frühjahr hatte das Unternehmen einen Werbespot für das örtliche Kino herstellen lassen und dort gezeigt. Es ging um einen neuen Flachbildschirm-Fernseher. Zielgruppe waren Familien.

2. Im Sommer schaltete das Unternehmen eine Anzeige in der regionalen Tageszeitung. Diesmal ging es um das neue Mobil-Telefon „Big Comfort“, angesprochen werden sollten vor allem Senioren.

3. Dennoch liefen die Geschäfte im Sommer schlecht. So war im Herbst kaum Geld übrig, um in der schwierigen Zeit bis zum Weihnachtsgeschäft den Umsatz mithilfe von Werbung etwas anzukurbeln. Aus diesem Grunde inserierte Trendino nur in der Schülerzeitung der örtlichen Berufsschule. Ziel der Anzeige war, den Bekanntheitsgrad seines Geschäfts zu erhöhen.

5.3.1 Werbung planen

Absatzwerbung muss systematisch geplant werden, damit sie erfolgreich ist. In der Praxis hat es sich als sinnvoll erwiesen, diese Planung in einzelne Schritte zu unterteilen (vgl. Abb. 1). Der Werbeplan umfasst alle werbepolitischen Maßnahmen, die der Einzelhändler auswählt, um Kunden neu zu gewinnen oder Stammkunden zu binden.

Ziel der Werbeplanung soll es sein, alle relevanten Fragen aufeinander abzustimmen. Im Idealfall werden alle Schritte hintereinander abgearbeitet, in der Praxis können einzelne Schritte übersprungen werden, wenn sie für die jeweilige Werbeplanung nicht relevant sind.

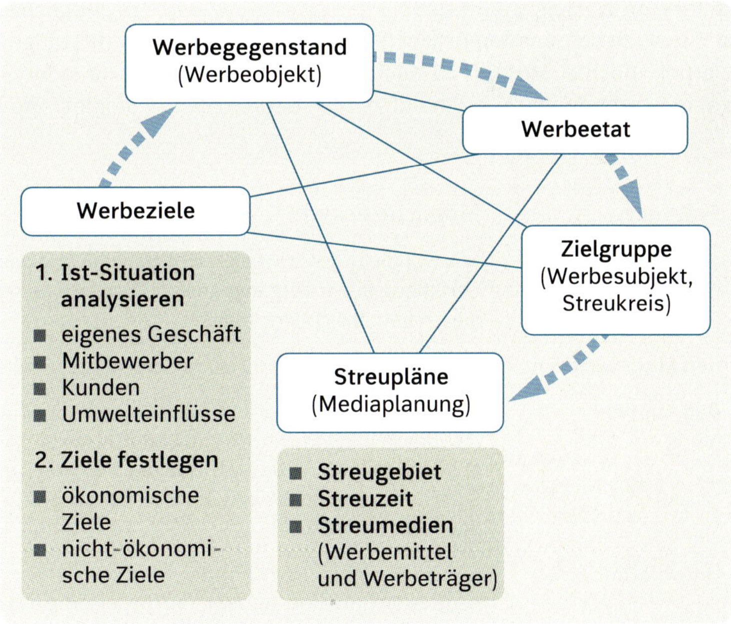

Abb. 1: Schritte der Werbeplanung

Schritt 1: Werbeziele festlegen

Zuerst muss man überlegen, was durch die Werbemaßnahmen erreicht werden soll. Dafür ist es hilfreich, sich mit der momentanen Situation, der Ist-Situation, zu beschäftigen. Fragen zur **Ist-Situation** können sich auf vier Bereiche beziehen: das eigene Geschäft, die Mitbewerber, die Kunden und allgemeine Umwelteinflüsse (vgl. Abb. 2). Für den Einzelhändler kann es schwierig sein, alle diese Fragen selbst zu beantworten. Dann muss er sich Hilfe von Marktforschungsinstituten holen. Wichtig ist, dass der Einzelhändler sich alle Fragen ehrlich beantwortet. Nur so erhält er eine wahrheitsgemäße Beschreibung der Ist-Situation und nur so kann er einen wirkungsvollen Werbeplan erstellen.

Nachdem er genügend Informationen über sein Geschäft und den Markt, auf dem er sich bewegt, gesammelt hat, sollte sich der Einzelhändler überlegen: Warum will ich werben? Welche konkreten Ziele verfolge ich damit? Als Ergebnis sollte er die **ökonomischen Ziele** und die **nicht-ökonomischen Ziele** seiner Werbeaktivitäten festlegen (vgl. Kap. 5.1.1).

Schritt 2: Werbegegenstand festlegen

Im Regelfall besitzt der Einzelhändler ein großes Sortiment. Er muss entscheiden, ob er

- für das gesamte Geschäft (Imagewerbung, Firmenwerbung),
- für das komplette Sortiment (Sortimentswerbung),
- für eine Warengruppe oder
- für einen bestimmten Artikel (Produktwerbung)

werben möchte. Möglich ist auch eine Sonderangebotswerbung, die Kunden auf zeitlich begrenzte Aktionen aufmerksam machen soll. (Weitere Erklärungen zu Werbegegenstand bzw. Werbeobjekt: vgl. Kap. 5.1.2).

Schritt 3: Werbeetat festlegen

Der Werbeetat (auch: Werbebudget, Werbefinanzplan) bestimmt die **Höhe der Kosten,** die der Einzelhändler für die Werbung ausgeben kann (vgl. Abb. 3). In der Praxis wird diese Höhe jeweils für einen bestimmten Zeitraum festgelegt, z. B. für ein Jahr, ein Quartal oder einen Monat. Auf die Höhe des Werbeetats haben Einfluss:

- der Umsatz des Einzelhändlers,
- Größe und Art seines Unternehmens,
- Finanzlage des Unternehmens,
- Kosten für Werbeträger und Werbemittel,
- Zusammensetzung der Zielgruppe,
- Aktivitäten der Mitbewerber.

Für die Festsetzung des Werbeetats gibt es unterschiedliche Methoden:

- Der Einzelhändler kann die Höhe nach seinem Umsatz ausrichten **(umsatzbezogene Budgetierung)** oder
- er richtet sich nach dem Verhalten seiner Konkurrenz **(konkurrenzorientierte Budgetierung).**

Schritt 4: Zielgruppe bestimmen

Der Einzelhändler muss überlegen, welchen Personenkreis (Zielgruppe, auch: **Streukreis** oder **Werbesubjekt**) er mit der Werbung ansprechen möchte. Mögliche Personenkreise sind Hausfrauen oder berufstätige Mütter, jugendliche Technik-Begeisterte oder sportbegeisterte Biker, Familien oder Singles. Die genaue Benennung der Zielgruppe ist

Fragen zu ...	Mögliche Fragen
dem eigenen Geschäft	Wie war die Umsatzentwicklung, bezogen auf bestimmte Warengruppen und das gesamte Sortiment, in der Vergangenheit? Gibt es Besonderheiten für mein Einzelhandelsgeschäft, die ich berücksichtigen muss?
den Mitbewerbern	Welche Leistungen, Preise und Sortimente bieten meine Mittbewerber an?
den Kunden	Wer sind meine Kunden? Wie alt? Mehr Männer oder mehr Frauen? Eher hohes oder eher niedriges Einkommen? Welche Bedürfnisse und Gewohnheiten haben sie? Was denken die Kunden über mein Geschäft? Weshalb kommen sie zu mir? Sind sie zufrieden mit meinem Sortiment, meinen Preisen, meinen Leistungen? Wie groß sind der Kundenstamm und mein Einzugsgebiet?
Umwelteinflüssen	Gibt es Trends im Einzelhandel, die mich als Einzelhändler betreffen (z. B. neue Produkte, neue Gewohnheiten der Kunden)? Wie ist die allgemeine Einkommensentwicklung?

Abb. 2: Ist-Situation analysieren

222330232

Voraussetzung dafür, dass der Einzelhändler mit seiner Werbung auch Erfolg hat.

Abb. 3: Werbeausgaben in Deutschland, nach Branchen

Beispiel: Möchte die Trendino Computer-Shop GmbH den jugendlichen Handy-Nutzer als Zielgruppe erreichen, sollte folglich nicht in einer Seniorenzeitschrift geworben werden. Vielmehr sollten sich die Trendino-Mitarbeiter überlegen, mit welcher Art von Werbung sie Jugendliche erreichen können.

Schritt 5: Streupläne festlegen

Hat der Einzelhändler den Streukreis festgelegt, muss er entscheiden, wo (Streugebiet) und wann und wie lange (Streuzeit) er die Werbemaßnahmen durchführen möchte.

Streugebiet: Es muss entschieden werden, in welchem Gebiet die Werbemaßnahme durchgeführt werden soll.

Beispiele:
- Ein örtlicher Supermarkt hat ein begrenztes Streugebiet. Mit einer Anzeige in einem lokalen Anzeigenblatt könnte der Einzelhändler sehr gut seine Kunden erreichen.
- Ein Autohersteller möchte sein neues Auto gern in der gesamten Bundesrepublik bekannt machen. Sein Streugebiet ist daher sehr groß und er wird wahrscheinlich im Fernsehen dafür werben.

Streuzeit (Werbetiming): Der Einzelhändler hat zu entscheiden,
- zu welchem Zeitpunkt,
- wie lange (einmalig oder zeitlich begrenzt) und
- in welchen zeitlichen Abständen (regelmäßig oder unregelmäßig, in kürzeren oder längeren Zeitabständen)

geworben werden soll. Die Streuzeit ist abhängig von den Werbezielen und dem Werbeetat.

Beispiel: Ein Sportfachgeschäft möchte eine neue Sorte Snowboards bewerben. Wann sollte das Geschäft mit der Werbung beginnen: im Sommer, zu Beginn oder am Ende des Herbstes, zu Beginn des Weihnachtsgeschäfts? Wie häufig sollte das Geschäft für diese Winterartikel werben: einmal oder fünfmal? Und in welchen zeitlichen Abständen sollte geworben werden: wöchentlich, einmal oder zweimal im Monat?

Streumedien: Es ist sowohl über **Werbemittel** (z. B. Anzeigen, Prospekte, Plakate, Schaufenster oder Newsletter), die der Gestaltung der Werbebotschaft dienen, als auch über **Werbeträger** zu entscheiden. Die Werbeträger, z. B. Zeitung, Zeitschrift, Hauswand oder Litfaßsäule, bringen die Werbung direkt zum Kunden (vgl. Kapitel 5.2.1).

Bei der Auswahl der Streumedien sind wiederum die Streuzeit und das Streugebiet zu berücksichtigen. Außerdem ist auf folgende Faktoren zu achten:

Reichweite
- ... sagt aus, welcher Teil der Zielgruppe erreicht werden kann und mit den ausgewählten Werbemedien in Kontakt kommt.
- Jeder Kontakt zwischen Werbeträger und Kunde heißt Werbeträgerkontakt. Diese Kontakthäufigkeit ist Grundlage für die Anzeigenpreise.

Frequenz
- ... misst die Anzahl der Werbekontakte, die eine Person der Zielgruppe in einem bestimmten Zeitraum mit den Werbemedien hat.

Akzeptanz
- ... drückt aus, ob die Werbemedien von der Zielgruppe überhaupt beachtet werden.
- Während Reichweite und Frequenz mengenmäßige Größen sind, ist die Akzeptanz ein Qualitätsmerkmal.

Wirtschaftlichkeit
- Um den Einsatz unterschiedlicher Streumedien unter Kostengesichtspunkten vergleichen zu können, bedient man sich als Kennzahl des Tausend-Kontakt-Preises (TKP).
- Berechnung:

$$\text{TKP} = \frac{\text{Anzeigenpreis} \cdot 1000}{\text{Zahl der Leser}}$$

Beispiel: Der Preis für eine ganzseitige Anzeige in einer Zeitschrift beträgt 60 000.00 €. Die Auflagenhöhe der Zeitschrift liegt bei 200 000 Exemplaren, in der Regel wird die Zeitschrift von vier Personen gelesen.

$$\text{TKP} = \frac{60\,000{,}00\,€ \cdot 1000}{800\,000\ \text{Leser}} = 75{,}00\,€$$

Um 1 000 Kontakte bzw. Leser zu erreichen, muss der Werbetreibende 75,00 € aufbringen.

Streuverlust: Werden Streugebiet, Streuzeit und Streumedien nicht genau bestimmt und ausgewählt, wird zwar Werbung „gestreut“, jedoch für die falsche Zielgruppe, zur falschen Zeit und im falschen Gebiet. Es entstehen Streuverluste. Um die Kosten gering zu halten bzw. den Werbeetat effektiv zu nutzen, müssen Streuverluste vermieden werden.

5.3.2 Werbeerfolg kontrollieren

Im Werbeplan sollten alle Ziele so formuliert sein, dass sie nach Durchführung der Werbung überprüft werden können. Dazu dient die Werbeerfolgskontrolle.

> ! *Durch die **Werbeerfolgskontrolle** wird festgestellt, ob und in welchem Umfang die durchgeführten Werbemaßnahmen den geplanten Werbeerfolg erzielt haben.*

Wie schon bei den Werbezielen wird auch bei der Werbeerfolgskontrolle unterschieden in den ökonomischen Werbeerfolg und den nicht-ökonomischen bzw. außerökonomischen Werbeerfolg (vgl. Abb. 4).

ökonomischer Werbeerfolg	nicht-ökonomischer Werbeerfolg
... kann gemessen werden an: ■ Umsatzzuwachs ■ Gewinnsteigerung ■ Erhöhung des Marktanteils	... kann gemessen werden an: ■ Zunahme des Bekanntheitsgrades ■ Imagesteigerung ■ Steigerung der Wiedererkennung
... kann gemessen werden durch: ■ Umsatzvergleich ■ Kundenfrequenzvergleich ■ Kassenbonanalyse ■ Abverkaufskontrolle	... kann gemessen werden durch: ■ Befragung

Abb. 4: Messung des Werbeerfolgs

Möchte man den Werbeerfolg rechnerisch erkennen, müssen folgende Größen bekannt sein: Umsatz vor der Werbung, Umsatz nach der Werbung und Werbekosten. Nun lassen sich Werbeerfolg und Werbegewinn bestimmen:

Werbeerfolg
= Umsatz nach der Werbung – Umsatz vor der Werbung

Werbegewinn
= Werbeerfolg – Kosten der Werbung

Beispiel: Die Trendino Computer-Shop GmbH hatte im Monat April einen Umsatz von 40000,00 €. Anfang Mai lässt sie 2000 Werbeprospekte drucken und in ihrem Einzugsgebiet verteilen. Das kostet sie 1500,00 €. Der Umsatz im Monat Mai beträgt 50000,00 €.

Werbeerfolg
= 50000,00 € – 40000,00 € = 10000,00 €

Werbegewinn
= 10000,00 € – 1500,00 € = 8500,00 €

Bei diesen Berechnungen ist zu bedenken, dass der ökonomische Erfolg nicht immer auf die eigenen Werbemaßnahmen zurückgeführt werden kann. Manchmal sind es auch außerbetriebliche Einflüsse, z.B. konjunkturelle Entwicklungen oder besondere Ereignisse, die den Gewinn steigen oder sinken lassen.

Beispiel: Der unmittelbare Konkurrent der Trendino Computer-Shop GmbH, der Händler Techni-Supermarkt, hatte von Anfang Mai bis etwa Mitte Mai vor seinem Geschäft umfangreiche Straßenbaumaßnahmen. Das Geschäft war daher für Kunden schlecht zugänglich und konnte keine Parkplätze bereithalten. Techni-Supermarkt verzeichnete im Mai einen Umsatzrückgang von etwa 10000,00 €.

Aufgaben

1 Betrachten Sie die Abb. 3, Werbeausgaben in Deutschland, nach Branchen (Kap. 5.3.1).
a) Welche sieben Branchen haben die höchsten Werbeausgaben in Deutschland? Nennen Sie jeweils zwei Beispiele für Werbegegenstände dieser Branchen.
b) In der Aufstellung liegt Unternehmenswerbung mit 660 Millionen € auf dem 10. Platz. Was ist damit gemeint? Nennen Sie zwei Beispiele.

2 Nennen Sie jeweils einen Vorteil und einen Nachteil einer umsatzbezogenen bzw. konkurrenzorientierten Werbe-Budgetierung.

Kompetenzraster, Kapitel 5.1 bis 5.3

Kapitel	Ich kann ...	nein	un-sicher	recht sicher	ja
5.1	■ die Ziele der Werbung erläutern.				
	■ die Aufgaben von Werbung allgemein und die Aufgaben bestimmter Werbeaktionen erläutern.				
	■ mögliche Werbegegenstände nennen.				
	■ die Begriffe Werbesubjekt und Werbetreibender erläutern und zur Unterscheidung von Werbearten nutzen.				
	■ Zielgruppen der Werbung unterscheiden.				
	■ Werbegrundsätze nennen und erläutern.				
5.2	■ Werbeträger und Werbemittel definieren und jeweils Beispiele nennen.				
	■ Ziele und Regeln (AIDA) der Gestaltung einer Werbebotschaft erläutern.				
	■ Anforderungen an Werbesprache an Beispielen erläutern.				
	■ die Gestaltung von Werbemitteln an Beispielen erläutern.				
5.3	■ die Schritte einer Werbeplanung nennen und erläutern.				
	■ die Begriffe Streugebiet, Streuzeit, Streumedien und Streuverlust unterscheiden.				
	■ Möglichkeiten nennen, den Werbeerfolg zu kontrollieren.				

5.4 Werbeformen

Die Trendino Computer-Shop GmbH erhält eine schriftliche Anfrage der Berufsschule:

> Sehr geehrte Damen und Herren,
>
> demnächst möchten wir wieder unseren alljährlichen Berufe-Tag durchführen. Ziel ist es, die Jugendlichen von Altstadt zu überzeugen, dass unsere Stadt ihnen auch nach dem Schulabschluss viele Perspektiven bietet. Dazu möchten wir das Angebot unserer Schule, aber auch die örtlichen Unternehmen ausführlich und positiv darstellen. Der Tag soll von einem bunten kulturellen und kulinarischen Programm umrahmt werden.
>
> Seien Sie mit dabei! Wir würden uns sehr freuen, wenn Sie den Altstädter Berufe-Tag mit einer Zuwendung von 2000,00 € unterstützen.
>
> ...

Dem Einzelhändler stehen viele Formen der Kommunikationspolitik zur Verfügung, um den Absatz zu steigern. Dazu gehören die Verkaufsförderung (Sales Promotion), die Öffentlichkeitsarbeit (Public Relations), das Sponsoring sowie das Direktmarketing (vgl. Abb. 1).

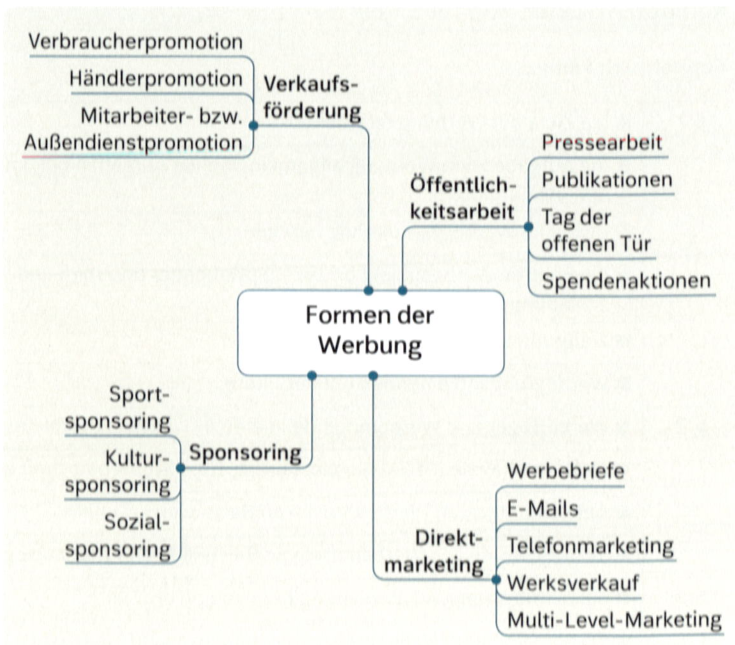

Abb. 1: Werbeformen

Verkaufsförderung

Unter Verkaufsförderung sind alle Maßnahmen am Verkaufsort zu verstehen, die den Absatz der Waren steigern. Für den Verkaufsort werden auch die Begriffe Point of Sale (POS) bzw. Point of Purchase (POP) gebraucht. Im Unterschied zur Absatzwerbung, die hauptsächlich außerhalb der Verkaufsräume des Einzelhändlers durchgeführt wird, zielt die

Verkaufsförderung auf Aktionen innerhalb der Verkaufsräume ab. Alle Personen, die am Absatzprozess beteiligt sind, der Händler, der Verkäufer und der Kunde, sollen durch die Verkaufsförderung motiviert werden, den Absatz am POS zu steigern. Ein weiterer Unterschied zwischen Absatzwerbung und Verkaufsförderung besteht in der zeitlichen Dauer der Werbemaßnahmen. Die Verkaufsförderung ist zumeist kurzfristig angelegt, ist zeitlich befristet und hat häufig den Charakter einer „Promotion-Aktion". Das heißt, dass der Einzelhändler in einer ganz konkreten Situation beabsichtigt, den Kunden zu Impulskäufen anzuregen.

Beispiel: Ein Lebensmittel-Einzelhändler gestaltet im Juni in seiner Obst- und Gemüseabteilung eine Ecke, in der er frische Erdbeeren anbietet. Die Ecke ist sommerlich und rustikal dekoriert. Die Kunden fühlen sich an einen Aufenthalt auf dem Land erinnert und bekommen Appetit auf frische Erdbeeren.

Die Ausgaben für Verkaufsförderungen haben in den letzten Jahren stark zugenommen. Im Vergleich zu den Gesamtausgaben für Werbung stiegen sie in einzelnen Branchen zum Teil bis auf 50 %

Abb. 2: Make-up-Aktion als Verkaufsförderung für Kosmetik-Produkte

der gesamten Aufwendungen für Werbung. Diese Ausgaben kann der Einzelhändler zumeist nicht allein aufbringen. Deshalb ist der Hersteller eines Produkts häufig bei der Verkaufsförderung beteiligt. Je nachdem, wer durch die Verkaufsförderung hauptsächlich angesprochen wird, unterscheidet man im Einzelhandel drei Arten von Verkaufsförderung (vgl. Abb. 3).

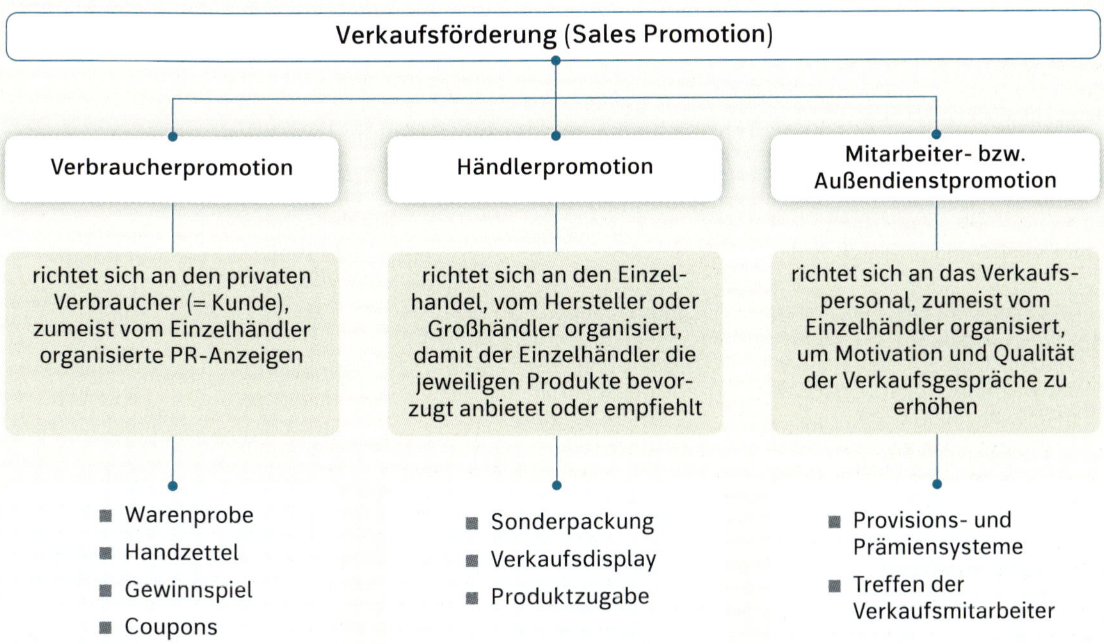

Abb. 3: Formen der Verkaufsförderung im Einzelhandel

Öffentlichkeitsarbeit

Im Mittelpunkt der Öffentlichkeitsarbeit (Public Relations) stehen nicht einzelne Produkte oder Serviceleistungen. Vielmehr soll das Unternehmen als Ganzes der Öffentlichkeit präsentiert werden. Oft könnte das Motto lauten: „Tue Gutes und sprich darüber".

Öffentlichkeitsarbeit erzeugt ein positives Image. Sie erhöht das Ansehen und Vertrauen in das gesamte Unternehmen und fördert damit indirekt den Absatz der Produkte.

Wichtig für den Einzelhändler ist hierbei, die Erwartungen seiner Zielgruppe, also seiner Kunden, zu erfüllen. Wendet sich der Einzelhändler mit seinem Angebot z. B. an umweltbewusste, ökologisch orientierte Zielgruppen, muss er bemüht sein, die Umweltorientierung seines Unternehmens besonders herauszustellen. Diese Selbstdarstellung muss, wenn sie überzeugend sein soll, langfristig mit dem betrieblichen Alltag übereinstimmen. Sie muss auch „gelebt" werden. Der umweltbewusste, ökologisch orientierte Kunde kauft nur beim Händler seines Vertrauens. Dieses Vertrauen darf nicht enttäuscht werden.

Public Relations kann somit langfristig das Vertrauen des Kunden gewinnen und erhalten. Gleichzeitig erhöht sich das Ansehen des Unternehmens in der Öffentlichkeit.

Beispiel: Seit 2005 findet jährlich im November in Schneiders Backstube der Backmarathon in Dreis-Tiefenbach statt. Die Veranstaltung zu Gunsten der Aktion Lichtblicke begann vor einigen Jahren noch mit 24-Stunden-Backen und ist mittlerweile zu einem tollen Programm für Jung und Alt geworden. Viele Aktionen für Kinder, ein buntes Bühnenprogramm und die Back'n'Roll-Night sorgten stets für Spaß und stimmten auf die Weihnachtszeit ein. Mittlerweile konnten über 90 000,00 € für die Aktion Lichtblicke gesammelt werden (vgl. Abb. 4).

Abb. 4: Backmarathon

Der Einzelhändler kann seine Öffentlichkeitsarbeit verschieden gestalten (vgl. Abb. 5).

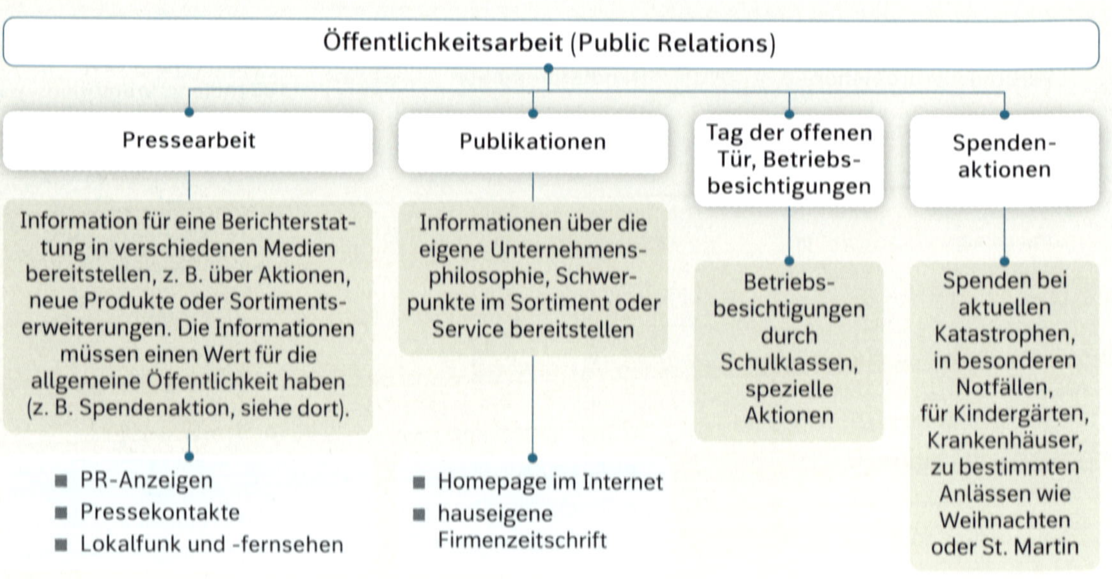

Abb. 5: Formen der Öffentlichkeitsarbeit im Einzelhandel

Sponsoring

Eine besondere Form der Öffentlichkeitsarbeit ist das Sponsoring. Der Einzelhändler als Sponsor stellt dem Gesponserten, z. B. einem Handballverein, Geld oder Sachmittel zur Verfügung. Im Gegenzug erhält der Sponsor dafür die Möglichkeit, in irgendeiner Form Werbung für sein Geschäft zu machen. Mit den Mitteln des Sponsorings versucht der Werbende (Sponsor), das positive Image des Gesponserten auf sich und sein Unternehmen zu übertragen (Stichwort: Imagetransfer). Das hauptsächliche Ziel für den Sponsor liegt darin, seine Bekanntheit zu erhöhen.

Abb. 7: Kultursponsoring

Je nachdem, wer bzw. welcher Zweck gesponsert wird, unterscheidet man verschiedene Arten des Sponsorings:

- Sportsponsoring (vgl. Abb. 6),

Abb. 6: Sportsponsoring

Abb. 8: Sozialsponsoring

- Kultursponsoring (vgl. Abb. 7),
- Sozialsponsoring (vgl. Abb. 8).

Zu nennen ist außerdem das Mediensponsoring, das sich z. B. im abendlichen Fernsehprogramm zeigt: „Das Wetter wird Ihnen präsentiert von …“.

Auch das Sponsoring hat in den letzten Jahren an Bedeutung zugenommen. Die Ausgaben sind bundesweit auf fast 4 Mrd. € gewachsen. Welche Unternehmen dabei am erfolgreichsten sind, zeigt Abb. 9.

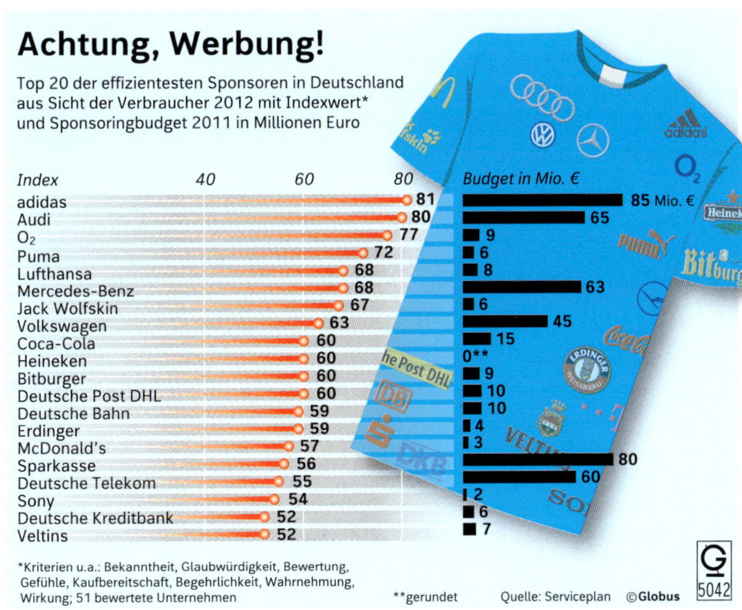

Abb. 9: Erfolgreichste Sponsoren in Deutschland

Direktmarketing

Beim Direktmarketing wird der Kunde vom Einzelhändler individuell „angesprochen". Diese Ansprache erfolgt durch Werbebriefe, E-Mails oder – weniger häufig – durch Telefonmarketing. Besitzt der Kunde beispielsweise eine Kundenkarte, können diese Daten für persönliche Anschreiben verwendet werden. Der Kunde muss dieser persönlichen Werbung vorher zugestimmt haben (vgl. Kapitel 5.5).

Durch die elektronischen Medien bieten sich weitere Möglichkeiten des Direktmarketing. Grundlage einer zielgenauen Direktwerbung ist hierbei eine umfangreiche Datenbank mit den persönlichen Daten des Kunden und seiner Kaufgewohnheiten. Die Bedeutung dieser Möglichkeiten hat in den letzten Jahren auch durch das Online-Shopping enorm zugenommen und wird auch weiterhin steigen. Besonders jugendliche Kunden werden mittels Facebook, Twitter und ähnlicher Dienste als Zielgruppe in den Blick genommen. Fast alle wichtigen Hersteller bedienen sich dieses Instruments.

Zu den klassischen Instrumenten der Direktwerbung zählen Briefe (Direct Mailings), Wurfsendungen, Warensendungen, Prospekte und Kataloge.

Zu den Multimedialinstrumenten zählen E-Mails, Websites, Bannerwerbung, Pop-Ups sowie Mobile Marketing.

Die Online-Kommunikation als Teil der Direktwerbung gewinnt zunehmend an Bedeutung. Viele Einzelhändler haben bereits eine eigene Website, auf der sie dem Nutzer weiterführende Informationen anbieten oder häufig gestellt Fragen (FAQ) beantworten. Zudem gibt es häufig die Möglichkeit zur Kontaktaufnahme oder zur Abonnierung von Newslettern und RSS-Feeds.

Aufgaben

1. Ordnen Sie den folgenden kommunikationspolitischen Maßnahmen die jeweiligen Fachbegriffe zu.
   a) Ein Betrieb stattet den ortsansässigen Fußballclub mit Trainingsanzügen aus, die das Logo des Unternehmens tragen.
   b) Ein neues Modell wird von den Autohändlern einer Region in einer gemeinsamen Zeitungsanzeige vorgestellt.
   c) Jägermeister veranstaltet ein Open-Air-Konzert im „Frankfurter Wäldchen".
   d) Ein Autohersteller schult Monteure von Vertragshändlern in der Elektronik und gibt jedem Teilnehmer ein Zertifikat über die erfolgreiche Teilnahme für seinen Betrieb mit.
   e) Ein Parfümhersteller verteilt in einer Disco kostenlose Produktproben an die Besucherinnen.
   f) Ein Lotterieunternehmen versendet landesweit persönlich adressierte Werbebriefe, in denen es auf erhebliche Gewinnchancen hinweist.
   g) Ihre Schule veranstaltet einen „Tag der offenen Tür".
   h) Ferrero stellt den Supermärkten farbige Displays für ein neues Produkt zur Verfügung, damit es so aussieht, als stände in den Läden eine ganze Tonne voller Produkte.
2. Welche besondere Funktion hat das Sponsoring? Nennen Sie verschiedene Möglichkeiten, die im Rahmen dieser Maßnahmen liegen, und erklären Sie, welche Nutzen diese für andere Kommunikationsinstrumente haben.
3. Nennen Sie bekannte PR-Maßnahmen und versuchen Sie, ihre Zielsetzungen herauszufinden.

222330240

5.5 Verbraucherschutz

Bei der Planung von Werbemaßnahmen sollte der Einzelhändler sicherstellen, dass es bei der Konzeption und der Durchführung nicht zu Konflikten mit den geltenden Rechtsvorschriften kommt. Zu beachten ist ein Gesetz, das alle Beteiligten vor unfairem Wettbewerb schützen soll. Es handelt sich um das Gesetz gegen unlauteren Wettbewerb (UWG).

Das Gesetz erfüllt eine Schutzfunktion gegenüber dem Verbraucher, dem Mitbewerber sowie der Allgemeinheit (vgl. Abb. 1).

Das Gesetz formuliert zunächst sehr allgemein, was unlautere Handlungen sind. Kommt es da-

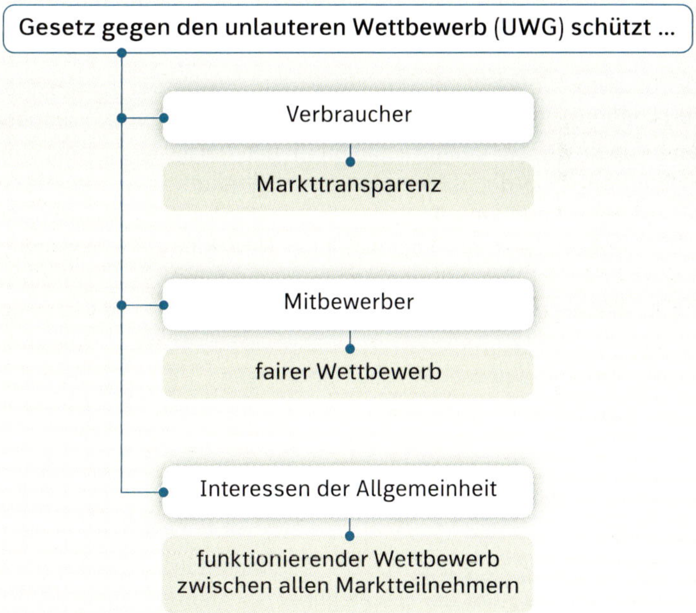

Abb. 1: Schutzfunktionen des UWG

rüber im konkreten Einzelfall zum Streit, so können die Einigungsstelle der IHK oder ein Gericht angerufen werden. Kommt ein Gericht zu der Überzeugung, dass es sich um einen Verstoß gegen das UWG handelt, kann es veranlassen, dass die beanstandete Maßnahme unterlassen oder beseitigt wird. Auch Schadenersatz sowie in schweren Fällen Geld- oder Freiheitsstrafe sind möglich.

Gesetz gegen den unlauteren Wettbewerb (UWG)

§ 1
Zweck des Gesetzes.
Dieses Gesetz dient dem Schutz der Mitbewerber, der Verbraucherinnen und Verbraucher sowie der sonstigen Marktteilnehmer vor unlauteren geschäftlichen Handlungen. Es schützt zugleich das Interesse der Allgemeinheit an einem unverfälschten Wettbewerb.

§ 3
Verbot unlauterer geschäftlicher Handlungen.
(1) Unlautere geschäftliche Handlungen sind unzulässig, wenn sie geeignet sind, die Interessen von Mitbewerbern, Verbrauchern oder sonstigen Marktteilnehmern spürbar zu beeinträchtigen.

...

(3) Die im Anhang dieses Gesetzes aufgeführten geschäftlichen Handlungen gegenüber Verbrauchern sind stets unzulässig.

Als „unlauter" (unehrlich) bezeichnet das Gesetz alle Handlungen, die die Interessen der o. a. Personengruppen spürbar beeinträchtigen. In den Paragrafen 3 bis 7 werden diese unlauteren Handlungen näher beschrieben:

- § 3: Verbot unlauterer geschäftlicher Handlungen
- § 4: Beispiele unlauterer geschäftlicher Handlungen
- § 5: Irreführende geschäftliche Handlungen
- § 6: Vergleichende Werbung
- § 7: Unzumutbare Belästigung

Verbot unlauterer geschäftlicher Handlungen (§ 3 UWG)

In einem Anhang zu § 3 UWG, der sogenannten „Schwarzen Liste", hat der Gesetzgeber spezielle Fälle beschrieben, die unzulässige oder verbotene geschäftliche Handlungen beinhalten.

Danach sind z. B. folgende Handlungen verboten:

- Verwendung von Gütezeichen, Qualitätskennzeichen oder Ähnlichem ohne die erforderliche Genehmigung,
- Anbieten von Waren oder Dienstleistungen zu einem bestimmten Preis, wenn der Anbieter dies nicht für einen angemessenen Zeitraum und in angemessener Menge bereitstellen kann.
- Werbung mit der falschen Angabe, eine Ware oder Dienstleistung sei nur für einen begrenzten Zeitraum verfügbar. Der Verbraucher darf nicht zu einer sofortigen geschäftlichen Entscheidung gedrängt werden.
- Werbung mit der unwahren Angabe, dass das Geschäft aufgegeben oder in neue Geschäftsräume verlegt wird (vgl. Abb. 2),

Abb. 2: Werbeaktionen wegen Räumungsverkauf sind grundsätzlich erlaubt.

- Werbung mit der unwahren Angabe, eine Ware oder Dienstleistung könne Krankheiten, Funktionsstörungen oder Missbildungen heilen,
- Veranstaltung eines Wettbewerbs oder Preisausschreibens, ohne dass die dort in Aussicht gestellten Preise tatsächlich vergeben werden,
- Anbieten von Waren oder Dienstleistungen als „gratis", „umsonst" oder „kostenfrei", obwohl hierfür Kosten in Rechnung gestellt werden,
- Übermitteln von Werbematerial mit einer beigefügten Zahlungsaufforderung, die den Eindruck vermitteln soll, dass die beworbene Ware oder Dienstleistung bereits bestellt sei.

Beispiele unlauterer geschäftlicher Handlungen (§ 4 UWG)

Die in der Schwarzen Liste aufgeführten Verhaltensweisen sind immer verboten. Daneben gibt es jedoch Verhaltensweisen, die zwar ebenfalls unlauter sind, jedoch nur dann unzulässig sind, wenn sie den Wettbewerb spürbar beeinträchtigen. Solche unlauteren geschäftlichen Handlungen sind z. B.:

- Maßnahmen, die die Entscheidungsfreiheit der Verbraucher oder sonstiger Marktteilnehmer beeinträchtigen, z. B. durch Ausübung von Druck oder durch sonstigen unangemessenen unsachlichen Einfluss,

  Beispiel: Bei sogenannten „Kaffeefahrten“ werden ältere Menschen zu einem Tagesausflug eingeladen und müssen an einer Verkaufsveranstaltung teilnehmen. Nehmen sie nicht teil, werden sie vor allen anderen bloßgestellt: „Kostenlos mitfahren, aber kaufen wollen Sie nichts!“

- Ausnutzen der geschäftlichen Unerfahrenheit, insbesondere von Kindern oder Jugendlichen,
- Verschleierung des Werbecharakters (Schleichwerbung),
- unklare und nicht eindeutige Angabe von Bedingungen für die Inanspruchnahme von Preisnachlässen, Zugaben oder Geschenken,
- Preisausschreiben oder Gewinnspiele, bei denen die Teilnahme von dem Kauf einer Ware oder Dienstleistung abhängig gemacht wird.

Abb. 3: Gewinnspiele und Verlosungen sind grundsätzlich erlaubt.

Irreführende geschäftliche Handlungen (§ 5 UWG)

Werbeaussagen dürfen nicht

- falsch (unwahr) sein oder
- irreführend sein oder
- eine sonstige zur Täuschung geeignete Angabe enthalten.

Diese Aussagen sind verboten. Ob eine Angabe unwahr oder irreführend ist, muss hierbei als Tatsache nachprüfbar sein. Eine Meinung oder ein Werturteil gilt nicht als Tatsache.

Beispiele für irreführende geschäftliche Handlungen sind:

- unwahre und/oder irreführende Angaben über das geschäftliche Verhältnis des eigenen Unternehmens.

  Beispiel: Der Elektronikfachmarkt Steinhuber aus Altstadt, der dort zwei Filialen betreibt, druckt auf seine Prospekte: „Steinhuber – der größte Elektronik-Shop der Welt.“ Diese Aussage ist nicht zulässig.

- Preisangaben, die nicht nach den Grundsätzen von Preiswahrheit und Preisklarheit gestaltet sind.
- „Lockvogelangebote“, bei denen der Einzelhändler die beworbenen Waren nicht in angemessenem Umfang zur Befriedigung der zu erwartenden Nachfrage vorhalten kann. Angemessen ist nach dem UWG ein Vorrat von zwei Tagen.

Abb. 4: Bei sogenannten Lockvogelangeboten muss immer genügend Ware vorrätig sein.

Vergleichende Werbung (§ 6 UWG)

Vergleichende Werbung ist grundsätzlich erlaubt. Vergleichende Werbung ist unzulässig, wenn unlauter vergleichend geworben wird. Dies ist der Fall, wenn

- der Vergleich sich nicht auf Waren und Dienstleistungen für den gleichen Bedarf oder den selben Zweck bezieht,
- der Preisvergleich sich nicht auf die gleichen Waren, Mengen oder Qualitäten bezieht oder der Zeitpunkt für ein Sonderangebot nicht genau angegeben ist,
- das Ansehen eines Mitbewerbers oder dessen verwendete Werbeslogans in unlauterer Weise ausgenutzt oder beeinträchtigt werden.

Unzumutbare Belästigung (§ 7 UWG)

Werbung ist für Unternehmen und Händler unumgänglich. Sie darf aber bei den Kunden nicht zu einer Belästigung führen. Von einer Belästigung geht das Gesetz dann aus, wenn erkennbar ist, dass der Empfänger die Werbung nicht wünscht. Dies gilt insbesondere bei Werbesendungen für Briefkästen, bei Direktwerbung über Telefon, Fax oder E-Mail. In vielen Fällen muss die Einwilligung des Empfängers vorliegen.

Brief- und Briefkastenwerbung (z. B. Werbebriefe, Handzettel oder Prospekte) ist grundsätzlich erlaubt. Sie ist nicht erlaubt, wenn

- der Briefkasten ein Schild mit der Aufschrift „Bitte keine Werbung einwerfen" hat oder
- der Empfänger der Werbesendung dem Absender mitgeteilt hat, dass er keine Werbesendungen mehr erhalten möchte.

Bei Werbung mit **Telefonanrufen** muss der Angerufene zuvor seine ausdrückliche Einwilligung gegeben haben. Hat er dies z. B. bei Vertragsabschluss oder bei der Annahme einer Kundenkarte nicht getan, gilt der Telefonanruf als unzumutbare Belästigung.

Auch bei **E-Mails** muss der Empfänger ausdrücklich dieser Art der Werbung zugestimmt haben. Der Absender muss dabei deutlich erkennbar sein.

Beispiel: Agatha Krause hat bei dem Online-Buchhändler Libreka ein Buch bestellt. Nun kann ihr der Online-Händler für eine ähnliche Leistung, also für den Verkauf eines Buches, eine Werbemail zuschicken. Widerspricht Agatha Krause dieser Werbung, muss der Online-Händler diese Werbung zukünftig unterlassen.

Aufgaben

1. Nennen und begründen Sie die Vorteile einer Regelung für fairen Wettbewerb
   a) für den Einzelhändler,
   b) für den Verbraucher,
   c) für die Allgemeinheit.

2. Entscheiden und begründen Sie, ob die beschriebenen Werbeaktionen erlaubt sind.
   a) Das Fleischereifachgeschäft Hansen aus Altstadt möchte seine selbst produzierten Schinkenbestände verringern und wirbt deshalb: „Kaufen Sie unseren Original-Parmaschinken!"
   b) Das Fleischereifachgeschäft Hansen wirbt: „Unser Schinken ist der beste Schinken der Welt!".
   c) Das Reisebüro Flieg&Weg schreibt in persönlich adressierten Werbebriefen: „Sie haben gewonnen! Ihr Gewinn: 1 Woche Unterkunft in einem 3-Sterne-Hotel in Portugal. Um Ihren Gewinn zu genießen, buchen Sie Ihren Flug bei uns – für nur 999,95 €!"
   d) Jutta Fröhlich möchte zur Herbstzeit den Umsatz in ihrer Obst- und Gemüseabteilung steigern und hängt deshalb dort ein Plakat auf: „Essen Sie Obst und Gemüse! Vitamine schützen vor Erkältungen!"
   e) Fleischermeister Hansen wirbt erneut: „Kaufen Sie bei uns! In der Fleischerei gegenüber hausen Ratten!"
   f) Das Reisebüro Flieg&Weg schreibt einen Beitrag über seinen perfekten Kundenservice für die Lokalzeitung. Es ist bereit, den Preis für eine halbseitige Anzeige zu zahlen, bittet jedoch darum, dass über dem Beitrag nicht „Anzeige" steht.

3. Fleischermeister Hansen plant eine Telefon-Werbeaktion. Formulieren Sie drei Tipps, die er beachten sollte, um nicht mit dem UWG in Konflikt zu geraten.

5.6 Verpackungsverordnung

Tom Bischoff, Auszubildender im Supermarkt brutto=netto OHG, ist sauer: Da sein Kollege heute Nachmittag zum Zahnarzt musste, soll er sich nun um das Aufräumen der Container im Ausgangsbereichs des Ladens kümmern. Dabei hat er gar nicht mehr so viel Zeit, weil er sich gleich mit seinen Freunden treffen möchte. Was die Kunden so hierlassen! Wenn die das alles mit nach Hause nehmen würden, bräuchte er jetzt nicht hier zu stehen. Außerdem findet Tom, dass viele Waren doch mit deutlich weniger Verpackung auskommen könnten.

Viele Waren können ohne ausreichende Verpackung nicht transportiert, verkauft oder verbraucht werden.

Beispiele:
- Der Flachbildschirm muss aufwendig verpackt werden, damit er beim Transport keinen Schaden nimmt.
- Das neue Herrenparfüm wird in einem aufwendigen Flaschendesign (Flakon) dargeboten und ist zusätzlich verpackt in einer glänzenden Dose.
- Vollmilch wird im Tetrapack angeboten, damit sie lichtgeschützt und stabil beim Verbraucher ankommt.

Es wird geschätzt, dass jeder Verbraucher im Jahr knapp 10000 Verpackungen mit nach Hause trägt. Die vielfältigen Formen und Materialien von Verpackungen übernehmen hierbei ganz unterschiedliche Funktionen. Die Übersicht zeigt wichtige Funktionen der Verpackung sowohl für den Einzelhändler als auch für den Verbraucher (vgl. Abb. 2).

Abb. 1: Pralinen werden für den Verkauf aufwendig verpackt.

Funktion	Erklärung	Beispiel
Transport- und Schutzfunktion	Die Verpackung schützt vor äußeren Einflüssen wie Schmutz, Licht, Sauerstoff, Beschädigung, Nässe, Austrocknung oder Geruchsübertragung. Die Ware wird durch die Verpackung vor Transportschäden oder Berührungen durch den Kunden geschützt.	
Gebrauchsfunktion	Die Verpackung erleichtert den Gebrauch und die Handhabung des Produkts beim Öffnen, Wiederverschließen, Dosieren, Lagern oder Stapeln.	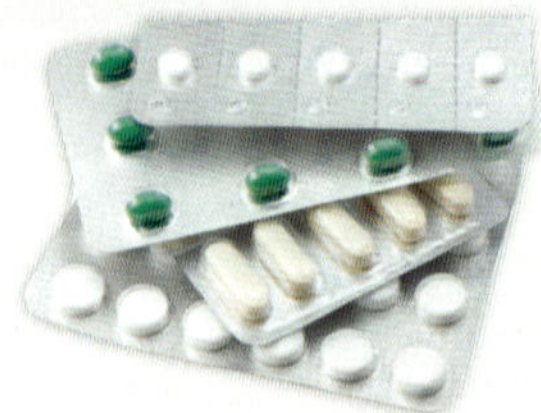
Informationsfunktion	Auf der Verpackung stehen wichtige Informationen für die Verbraucher: Preis, Menge, Herkunft, Pflege, Haltbarkeit, Gebrauch, Zusammensetzung und Inhaltsbestandteile.	
Lagerungsfunktion	Durch einheitliche Maße bei der Verpackung lassen sich Waren stapeln und eignen sich daher zum Massentransport, z. B. mithilfe von Paletten oder Kolli.	
Servicefunktion	Zunehmend können Essensportionen (Suppenterrinen in der Mikrowelle, Reisbeutel im Kochtopf) in der Verpackung selbst zubereitet werden. Diese Produkte nennt man Convenience-Produkte (convenience = Bequemlichkeit).	
Werbefunktion	Die Verpackung ermöglicht eine ansprechende Präsentation der Ware am Point of Sale. Durch eine attraktive Gestaltung der Verpackung, durch Verwendung wiederkehrender Elemente (z. B. Logo, Farbe oder Schriftzug) erleichtert die Verpackung dem Kunden die Wiedererkennung des Produkts. In der Selbstbedienung kann daher die Verpackung die Aufgaben des Verkäufers übernehmen.	
Diebstahlsicherungsfunktion	Durch starre Materialien und unhandliche Maße (sog. Blisters) erschweren die Verpackungen den Diebstahl. Darüber hinaus können sie Träger von Warensicherungsetiketten sein.	

Abb. 2: Funktionen von Verpackung

Die vielfältigen Funktionen der Verpackung haben dazu geführt, dass sich für den Einzelhändler die Bedeutung der Verpackung wesentlich geändert hat. Hinzu kommt, dass der Umfang an Verpackungsmaterial in den letzten Jahren rasant zugenommen hat.

Neues Verpackungsgesetz

Aus ökonomischen wie auch ökologischen Gründen ist es sinnvoll, die Flut an Verpackungsmaterial zu verringern und das Verpackungsmaterial erneut zu verwenden bzw. nach dessen Gebrauch zu verwerten.

Ab dem 01.01.2019 gelten in Deutschland die meisten Regelungen zum neuen Verpackungsgesetz (VerpackG). Ziel dieses neuen Gesetzes ist es, den Anteil der in Mehrweggetränkeverpackungen abgefüllten Getränke zu vergrößern und das Recycling von Getränkeverpackungen in geschlossenen Kreisläufen zu fördern. Die Umsetzung wird von den Behörden überprüft, Ziel ist es, einen Anteil von in Mehrweggetränkeverpackungen abgefüllten Getränken in Höhe von 70 % zu erreichen.

» Lernfeld 1, Kapitel 1.9.1: Grundsätze nach dem Kreislaufwirtschafts- und Abfallgesetz
» Lernfeld 1, Kapitel 1.9.1: Arten von Verpackungen (Transportverpackung, Umverpackung, Verkaufsverpackung)

Verpflichtungen von Herstellern, Groß- und Einzelhändlern

Nach dem neuen Verpackungsgesetz, welches dem Hauptziel der bisherigen Verpackungsverordnung entpsricht, sind alle betroffen, die mit Ware befüllte und beim Endverbraucher anfallende Verpackungen (inklusive Füllmaterial) in Umlauf bringen. Sie sind verpflichtet, sich zuvor bei einer **Zentralen Stelle Verpackungsregister (ZSVR)** registrieren zu lassen. Dazu zählen auch Importeure und Online-Händler. Es gilt das Prinzip der erweiterten Produktverantwortung. Danach ist jeder, der gefüllte Verpackungen in Umlauf bringt, dafür verantwortlich, für deren Rücknahme und Verwertung zu sorgen. Die registrierten Hersteller werden auf der Internetseite der Zentralen Stelle für alle Marktteilnehmer veröffentlicht.

Nähere Informationen erhalten Hersteller und Händler direkt: https://www.verpackungsregister.org.

Das neue Verpackungsgesetz nimmt die Verantwortung für die Verpackung weg vom Endkunden und überträgt sie demjenigen, der Verpackungen in den Verkehr bringt. Somit auch dem Online-Händler. Weil, zum Beispiel, ein Versandhändler sich nicht selbst um die einzelnen Verpackungen bei der Entsorgung kümmern kann, verpflichteten sich alle Hersteller und Händler, sich dem sogenannten "Dualen System" vertraglich anzuschließen.

Die höheren Verwertungsanforderungen (§16) sollen dazu führen, dass in den nächsten Jahren die Anteile aller im Gesetz definierten Verpackungen vermehrt der Wiederverwendung bzw. dem Recycling zugeführt werden.

Material	Bisher	Ab 2019	Ab 2022
Glas	75 %	80 %	90 %
Papier	70 %	85 %	90 %
Getränkekartonverpackungen	60 %	75 %	80 %
Sonstige Verbundverpackungen	60 %	65 %	70 %
Kunststoffe	36 %	58,5 %	63 %
Eisenmetalle	70 %	80 %	90 %
Aluminium	60 %	80 %	90 %

Abb. 3: Übersicht Verwertungsanforderungen in Prozent

Mit dem neuen VerpackungsG ändert sich für den Endkunden wenig. Er kann weiterhin alle Verpackungen in die entsprechenden Sammelstellen entsorgen. Papier in die Papiertonne, Kunststoffe in Grüne Tonne und Altglas im Altglas-Container. Da dieses System parallel zur althergebrachten Hausmüll-Entsorgung besteht, nennt man dieses System „Duales System".

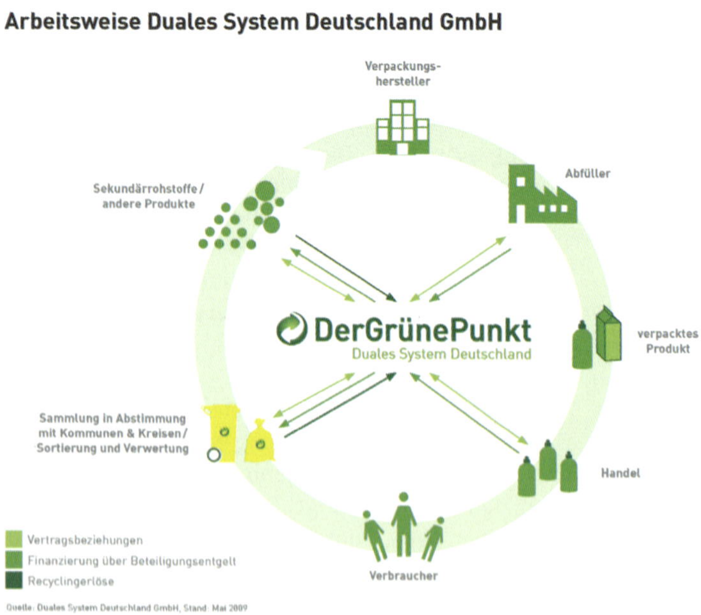

Abb. 4: Der Kreis schließt sich: Hersteller und Abfüller beteiligen ihre Verpackungen am dualen System der DSD GmbH. Über die Beteiligungsentgelte finanziert DSD die Sammlung, Sortierung und Verwertung der Verkaufsverpackungen. Die Abfüller beliefern den Handel mit verpackten Produkten. Verbraucher geben nach Gebrauch die leeren Verpackungen in die DSD-Sammelbehälter. Die Entsorger sammeln und sortieren die Verpackungsabfälle, die den Verwertungsbetrieben zugeführt werden. Durch Recycling entstehen aus gebrauchten Verpackungen Sekundärrohstoffe und neue Produkte.

Die anfallenden Kosten für die Entsorgung werden von den Herstellern und Händlern getragen. Mittels einer Umlage werden die Kosten auf alle Beteiligten verteilt. Die Höhe der Kosten richtet sich nach der Menge und Art der Verpackung, die der Händler bzw. der Hersteller in Umlauf bringt.

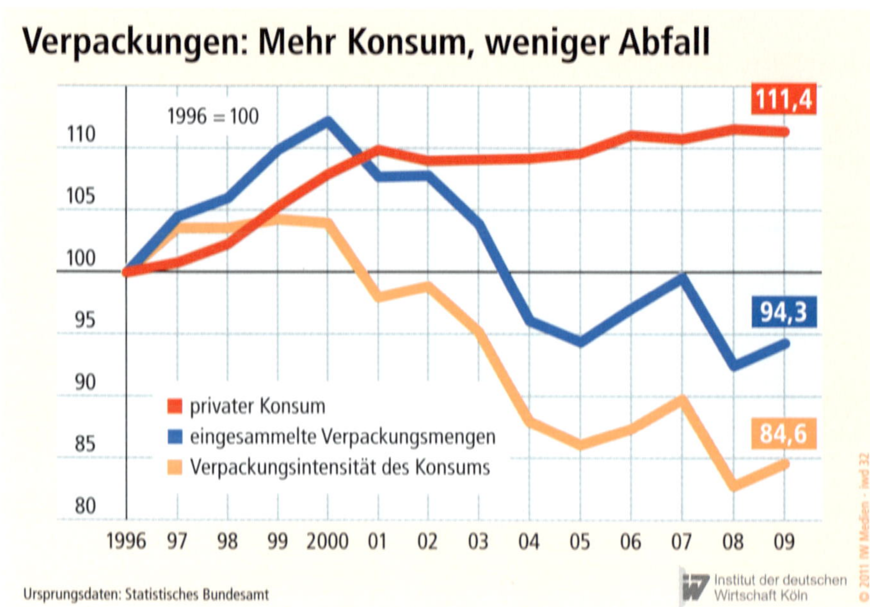

Abb. 5: Entwicklung von Konsum und Verpackung

Sollten sich die Hersteller mittels eines „Lizenzentgeltes“ nicht an einem dualen System beteiligen (in Deutschland gibt es acht solcher dualer Systeme) und damit die Vorgaben missachten, drohen Bußgelder sowie Verkaufsverbote.

Aufgaben

1. Nennen Sie jeweils die Vorteile und Nachteile von Verpackung aus Sicht
   a) des Einzelhändlers,
   b) des Kunden,
   c) der Gesellschaft.
2. Die Inhaberin des Welt-Ladens, Jutta Fröhlich, plant ihr Geschäft von den Mitbewerbern abzuheben, indem sie ein hohes und tatsächlich gelebtes Umweltbewusstsein zeigen möchte. Welche Maßnahmen empfehlen Sie ihr?
3. Analysieren Sie Abb. 5, „Verpackungen. Mehr Konsum, weniger Abfall“.
   a) Wie hat sich der private Konsum im Zeitraum von 1996 bis 2009 entwickelt?
   b) Wie hat sich die Menge der eingesammelten Verpackungen im Zeitraum von 1996 bis 2009 entwickelt?
   c) Was ist unter „Verpackungsintensität des Konsums“ zu verstehen?

Kompetenzraster, Kapitel 5.4 bis 5.6

Kapitel	Ich kann ...	nein	unsicher	recht sicher	ja
5.4	■ Formen der Verkaufsförderung im Einzelhandel nennen und erläutern.				
5.5	■ die Bedeutung des Gesetzes gegen den unlauteren Wettbewerb erläutern.				
	■ Interessengruppen nennen, die gegen unlautere Werbung geschützt werden sollen und dies begründen.				
	■ verbotene Werbung, unlautere Werbung, irreführende Werbung, vergleichende Werbung und unzumutbare Belästigung an Beispielen erläutern und ihre Rechtmäßigkeit grob einschätzen.				
5.6	■ die Bedeutung der Verpackung für den Einzelhandel und die Gesellschaft erläutern.				
	■ die Funktionen der Verpackung nennen und erläutern.				
	■ Ziel und wesentliche Inhalte der Verpackungsverordnung darlegen.				
	■ die Rücknahmepflichten von Herstellern, Großhandel und Einzelhandel in Bezug auf Transportverpackungen, Umverpackungen und Verkaufsverpackungen erläutern.				
	■ die Pfanderhebungspflichten des Einzelhändlers am Beispiel erläutern.				

Lernfeld 6

Waren beschaffen

Advance Organizer | Waren beschaffen

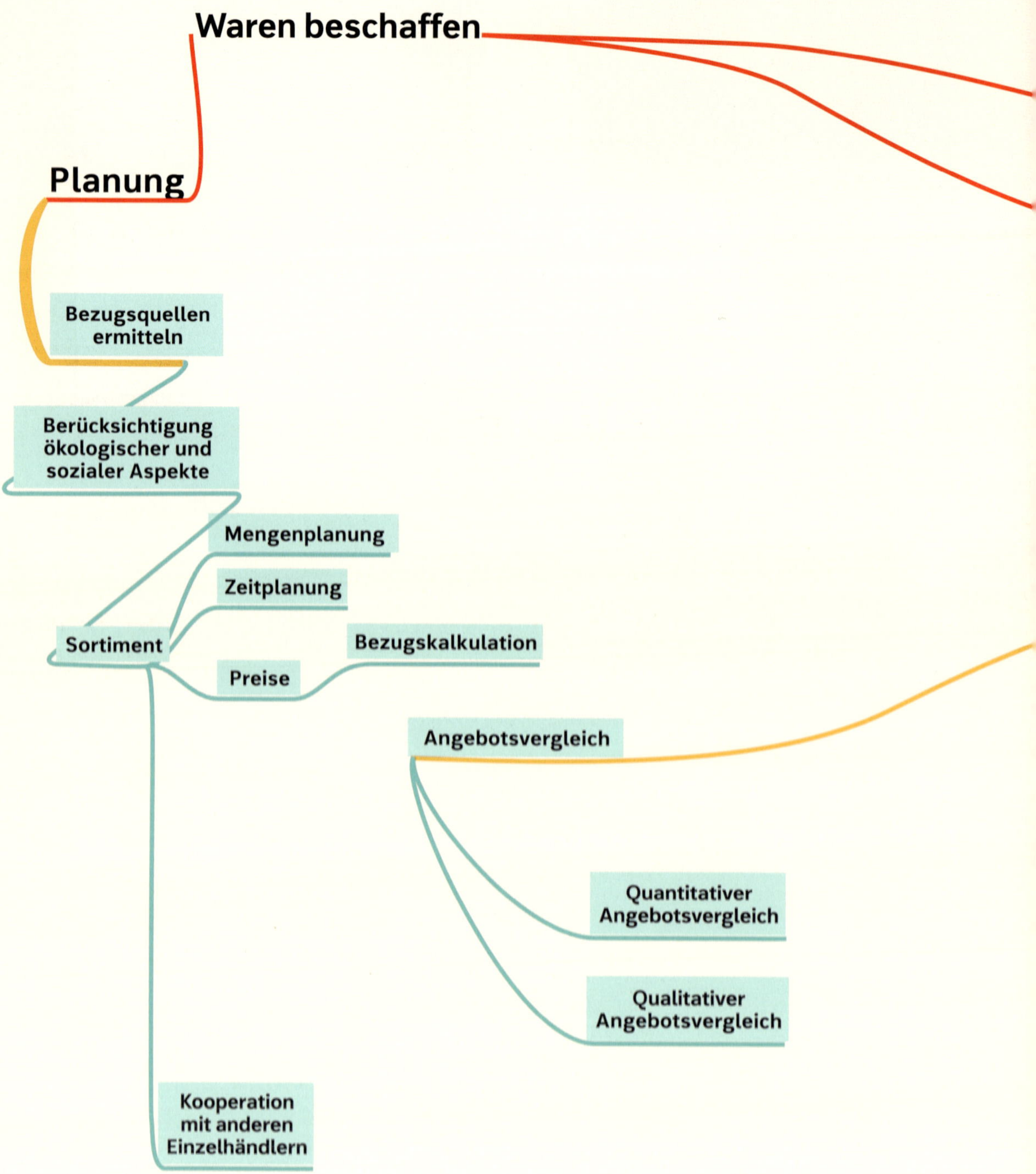

222330252

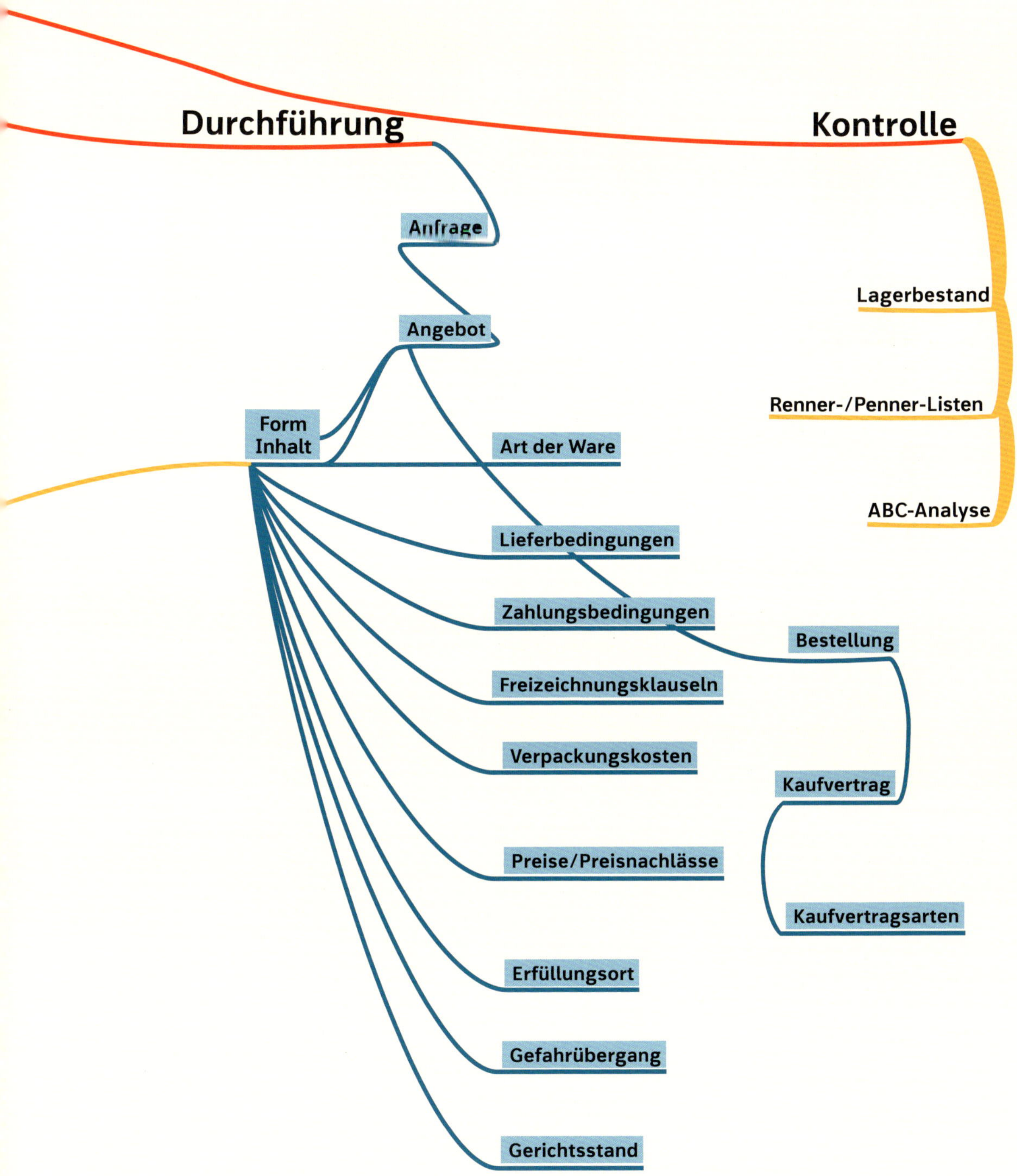
Durchführung
Kontrolle
Anfrage
Angebot
Lagerbestand
Renner-/Penner-Listen
Form
Inhalt
Art der Ware
ABC-Analyse
Lieferbedingungen
Zahlungsbedingungen
Bestellung
Freizeichnungsklauseln
Verpackungskosten
Kaufvertrag
Preise/Preisnachlässe
Kaufvertragsarten
Erfüllungsort
Gefahrübergang
Gerichtsstand

6.1 Grundlagen der Beschaffung

6.1.1 Ziele der Beschaffung

Als Beschaffung werden alle Tätigkeiten des Unternehmens bezeichnet, die den Zweck haben, Waren, Material und Arbeitskräfte zur Verfügung zu stellen. Damit soll ein erfolgreicher Betrieb des Einzelhandelsunternehmens ermöglicht werden.

Die Warenbeschaffung, also der Einkauf von Waren, ist dann erfolgreich, wenn er die Kundenwünsche, die Ermittlung des Bedarfs, die Auswahl geeigneter Lieferanten und die Bereithaltung geeigneter Lagerräume berücksichtigt.

Die Ziele der Beschaffung sind,
- die gewünschten Waren
- in der erforderlichen Qualität und Menge,
- zum günstigsten Preis,
- bei dem geeignetsten Lieferer,
- zum richtigen Zeitpunkt

zu erhalten (vgl. Abb. 1).

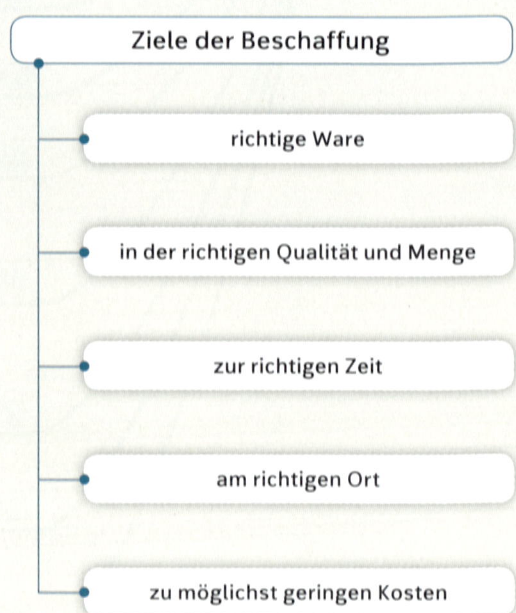

Abb. 1: Ziele der Beschaffung

Die Beschaffung sollte so geplant werden, dass die Beschaffungskosten möglichst gering sind. Abb. 2 gibt einen Überblick über die Beschaffungskosten, die im Folgenden kurz erklärt werden:

Der **Bezugspreis** ist der Preis, zu dem die Ware gekauft werden kann, vgl. Kap. 6.2.3.

Die **Bestellkosten** umfassen den Aufwand, der im Betrieb für eine Bestellung unternommen werden muss. Dazu gehören:

- Kosten für das Einholen und Vergleichen von Angeboten,
- Portokosten,
- Kosten für die Wareneingangsprüfung oder
- Kosten für die Rechnungsprüfung.

Auch die **Lagerkosten** setzen sich aus mehreren Bestandteilen zusammen:

- Kosten für die Einlagerung und Pflege der Waren,
- Kosten für Lagergebäude, Lagereinrichtungen, Lagertransportmittel und Lagerpersonal sowie Beleuchtungs-, Heizungs- bzw. Kühlungskosten und Instandhaltungskosten,
- Kosten für Verluste durch Verderb, Schwund oder Diebstahl,
- Kapitalbindungskosten: Das Geld, mit dem der Einkauf der Waren bezahlt wurde, die nun im Lager sind, kann nicht mehr für andere Dinge ausgegeben werden, z.B. für andere notwendige Waren oder Werbung. Das Geld ist „gebunden".

Die **Fehlmengenkosten** lassen sich erkennen, wenn man festhält und auswertet, welche Waren nachgefragt wurden, die zu diesem Zeitpunkt nicht im Lager waren oder gar nicht Teil des Sortiments sind. Dem Einzelhändler geht aufgrund solcher nicht vorrätigen Waren Umsatz verloren.

Um die Ziele der Beschaffungsplanung zu erreichen, werden die Verkaufszahlen der Waren ständig überwacht und ausgewertet. Die Entscheidungen in der Einkaufsabteilung beziehen sich immer auf die Zukunft und begründen sich aus den Verkaufszahlen der Vergangenheit. Dabei sind Moden, Trends und neue Entwicklungen zu beachten.

Beispiel: Im Schuhhaus Graziano müssen die Artikel für die kommende Sommermode im Herbst des Vorjahres bestellt werden. Wünsche der Kunden müssen rechtzeitig erkannt oder erahnt werden. In diesem Jahr wurde beobachtet, dass sich die verkaufte Menge der High Heels um fast 100 % erhöht hat. Diesen Trend muss man bei der Bestellung beachten.

Der Zeitraum, der bei der Analyse der Verkaufsdaten berücksichtigt werden muss, ist von der Warenart abhängig. Teure Waren, die seltener gekauft werden, wie z.B. Fernseher oder Saisonware, lassen sich gut über einen längeren Zeitraum beobachten. Für diese Waren sollte ein Vergleich der Verkaufszahlen des laufenden Jahres mit denen des Vorjahres vorgenommen werden. Bei Artikeln des täglichen Bedarfs ist es sinnvoll, die Beobachtungszeiträume kürzer zu halten. Hier bietet sich ein täglicher, monatlicher oder quartalsmäßiger Vergleich der Verkaufszahlen an.

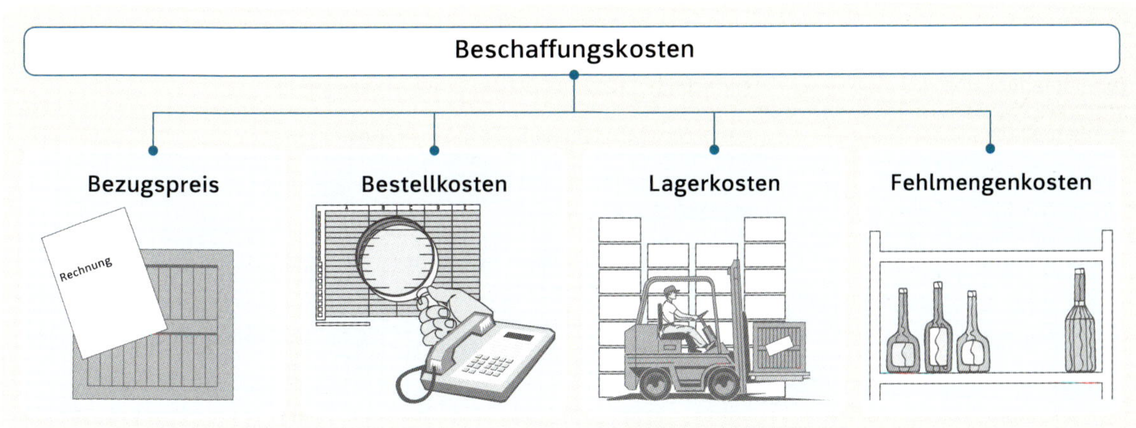

Abb. 2: Kosten der Beschaffung

6.1.2 Organisation der Beschaffung

Jeder Einzelhändler muss sich Gedanken darüber machen, wie er den Beschaffungsprozess für sein Unternehmen optimal organisiert. Die folgenden Möglichkeiten der Organisation haben alle ihre Vor- und Nachteile. Häufig trifft man sie auch nicht in reiner Form, sondern in gemischter Form an.

Interne Beschaffungsorganisation

Die Organisation der Beschaffung innerhalb des Unternehmens bezieht sich auf die Gestaltung der betriebsinternen Arbeitsprozesse. Es gibt zwei Möglichkeiten der internen Organisation:

- Die Arbeitsprozesse sind nach Warengruppen ausgerichtet. Die Warengruppen werden in diesem Fall als Objekte bezeichnet, diese Form ist daher eine **objektorientierte Organisation.**

  Beispiel: Bei der Trendino Computer-Shop GmbH ist Frau Meyer für die Beschaffung von Hardware, Herr Jackel für die Beschaffung von Software und Frau Kurz für die Beschaffung von Büro- und sonstigen Materialien zuständig. Die Mitarbeiter bei Trendino schätzen es sehr, dass sich jede der drei Personen sehr gut in ihrem Gebiet auskennt.

- Die Arbeitsprozesse werden nach den Tätigkeiten organisiert, die bei der Beschaffung von Waren notwendig sind. Man spricht von einer **funktionsorientierten Organisation.**

  Beispiel: Im Möbelhaus Mühlmeyer in Altstadt ist Herr Jäger für die Bedarfsermittlung, Frau Steinmeyer für die Lieferantenauswahl, Frau Astor für die Warenprüfung und Herr Heinrich für die Bestellabwicklung zuständig.

Externe Beschaffungsorganisation

Die nach außen hin erkennbare Organisation betrifft vor allem die Beziehung zu den Lieferanten. Es wird zwischen der zentralen und der dezentralen Organisation unterschieden.

- Bei der **zentralen Organisation** sorgt eine Stelle, eine „Zentrale", für den Einkauf. Die beteiligten Unternehmen oder Filialen werden von dieser Zentrale versorgt.

  Beispiel: Die Trendino Computer-Shop GmbH hat sich einem Einkaufsverbund für PC-Fachgeschäfte angeschlossen. Die Firma profitiert von höheren Rabatten, die sie bei dieser Form des Einkaufs erhält.

- Bei der **dezentralen Organisation** versorgt sich jede Filiale oder jede Abteilung selbst mit den erforderlichen Waren.

  Beispiel: Die drei Möbelhäuser der Kette Mühlmeyer haben sehr unterschiedliche Sortimente. Deshalb hat die Geschäftsführung entschieden, dass die Beschaffung von jedem Möbelhaus selbst organisiert und durchgeführt wird. Die Führungskräfte der einzelnen Möbelhäuser schätzen die Flexibilität, die ihnen das dezentrale Verfahren ermöglicht.

	zentrale Organisation	**dezentrale Organisation**
Terminplanung und -kontrolle	einfach	schwierig
Mengenrabatt	höher (größere Mengen)	niedriger
Lieferbedingungen	günstiger (da insgesamt größere Mengen bestellt werden)	ungünstiger
Transportkosten	höher (aufgrund größerer räumlicher Entfernung)	niedriger
Übersicht über Bestände	einfach	schwierig (keine zentrale Bestandsführung)
Kapitalbindung	höher	geringer

Abb. 3: Vor- und Nachteile der zentralen bzw. dezentralen Organisation

222330256

6.1.3 Bezugsquellen

Die Ermittlung der geeigneten Lieferanten für die Waren, die verkauft werden sollen, ist für das Einzelhandelsunternehmen von entscheidender Bedeutung. Von der richtigen Wahl hängt es ab, welcher Bezugspreis (Einstandspreis) die Grundlage für den eigenen Verkaufspreis bildet.

Als Bezugsquellen (Lieferanten) kommen Betriebe infrage, die uns bereits beliefert haben, die also schon in unserem Warenwirtschaftssystem (WWS) als Lieferanten aufgeführt sind. Die Unternehmensführung ist im Rahmen der Beschaffungsmarktforschung ständig darum bemüht, günstige Bezugspreise zu erzielen. Diese Bezugspreise sollen es ermöglichen, die eigenen Waren zu konkurrenzfähigen, niedrigen Verkaufspreisen anzubieten. Deshalb ist es wichtig, auch andere als die bereits bekannten Lieferanten zu ermitteln.

Für die Ermittlung der Bezugsquellen kommen also zwei Informationsbereiche infrage (vgl. Abb. 4):

- betriebsinterne Quellen – zur Ermittlung bekannter Lieferanten
- betriebsexterne Quellen – zur Ermittlung neuer Lieferanten

Die Bedeutung des **Internet** gegenüber herkömmlichen Informationsquellen nimmt immer mehr zu. Kein bedeutendes Unternehmen kann auf die Möglichkeiten der Information und der Selbstdarstellung in diesem ungeheuer vielfältigen und globalen Medium verzichten. Alle in Abb. 4 genannten Druckmedien sind auch in digitalisierter Form per Internet erreichbar. Die Suche nach geeigneten Lieferanten ist hier viel einfacher und schneller zu vollziehen als in gedruckten Katalogen und Zeitschriften.

Zudem sind die digitalen Verzeichnisse in der Regel leichter zu aktualisieren:

- die Fehler können schneller korrigiert werden („update“) und
- die Darstellung und die Suchfunktionen der Inhalte können ständig verbessert werden („upgrade“).

Google und andere Suchmaschinen bieten darüber hinaus die Möglichkeit, den globalen Beschaffungsmarkt zu durchsuchen und neue, interessante Lieferanten zu entdecken, die in den großen Nachschlagewerken nicht aufgeführt werden.

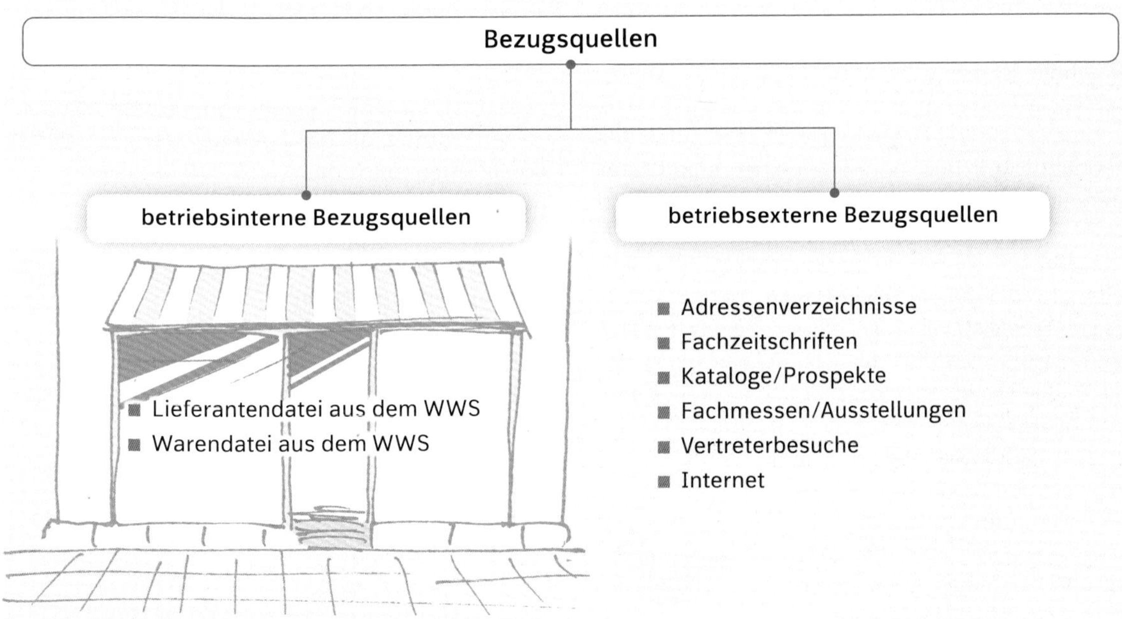

Abb. 4: Ermittlung von Bezugsquellen

6.1.4 Ökologische und soziale Aspekte

In der Welt haben unternehmerische Entscheidungen nicht nur Auswirkungen im eigenen Land, sondern oft auch internationale Bedeutung. Kein größeres Unternehmen kann sich mehr erlauben, die vielfältigen ökologischen und sozialen Folgen seines Handelns zu vernachlässigen. In den letzten Jahrzehnten ist das Bewusstsein der Verbraucher für umweltfreundlich und human erzeugte Waren stark gewachsen. Insbesondere auf die Erzeugerländer, die über den ganzen Globus verteilt sind, wird zunehmend Druck ausgeübt: Sie sollen die Produkte in einer menschenwürdigen, sozial verantwortlichen und umweltbewussten Weise herstellen. Die Herstellung soll den Vorstellungen und moralischen Grundsätzen einer aufgeklärten Gesellschaft entsprechen.

Ökonomie, Ökologie und soziale Verantwortung stehen heute also in keinem Widerspruch zueinander, sondern werden immer mehr auch von den Kunden verlangt. Der Beschaffung und der Auswahl geeigneter Lieferanten kommt dabei eine besondere Bedeutung zu.

Eco-Management-and-Audit-Scheme (EMAS)
Das EMAS-Verfahren ist auch bekannt als EU-Öko-Audit oder Öko-Audit. Am EMAS-Verfahren teilnehmende Unternehmen überprüfen systematisch ihre Umweltauswirkungen und berichten in einer Umwelterklärung über ihre Verbesserungen. Die Teilnahme ist freiwillig. Umweltgutachter prüfen vor Ort die Einhaltung von Rechtsvorschriften und die Umsetzung der Umweltziele. Dieser Gutachter ist unabhängig und unterliegt einer staatlichen Überwachung.

Unternehmen, die die Überprüfung durch den Umweltgutachter erfolgreich durchlaufen, können sich in das EMAS-Register eintragen lassen. Dieses Register wird in Deutschland bei den zuständigen Industrie- und Handelskammern sowie den Handwerkskammern geführt. Die eingetragenen Unternehmen dürfen das EMAS-Logo führen und damit auf den Standard ihres betrieblichen Umweltschutzes verweisen. Das EU-Öko-Audit stärkt das positive Image eines Unternehmens in erheblichem Maße.

Abb. 5: EMAS-Zeichen

Umweltgesetze
Umweltgesetze sind bindend für jedes Unternehmen. Sie sind vom Staat erlassen worden, um die Umwelt zu schonen bzw. zu schützen.

» Lernfeld 1, Kapitel 1.9, Umweltschutz, Kreislaufwirtschafts- und Abfallgesetz, Verpackungsordnung

Auch andere Bereiche des Umweltschutzes werden vom Staat überwacht:

- **Gesetz über die Umweltverträglichkeitsprüfung (UVPG):** Die Umweltverträglichkeitsprüfung (UVP) ist ein gesetzlich vorgesehenes Prüfungsverfahren. Gezielt werden die direkten und indirekten Auswirkungen eines Projekts auf die Umwelt (Natur, Gesellschaft, Wirtschaft) beschrieben und bewertet. Sie ist die Voraussetzung für eine Erlaubniserteilung durch die Aufsichtsbehörde. Projekte können z. B. der Bau eines Flughafens oder die Errichtung einer Industrieanlage sein. Es sollen dabei die möglichen Umweltauswirkungen des geplanten Vorhabens ermittelt und bewertet werden.

- **Bundes-Immissionsschutzgesetz (BImSchG):** Dieses Gesetz dient dem Schutz vor schädlichen Umwelteinwirkungen durch Luftverunreinigungen, Geräusche, Erschütterungen und ähnliche Vorgänge.

Zusätzlich ist eine Vielzahl von Verordnungen erlassen worden, die das Einhalten der gesetzlichen Vorschriften erleichtern soll. Zu erwähnen sind außerdem auch an dieser Stelle:

- **„Der Grüne Punkt“** – Duales System Deutschland GmbH (DSD) und

- der Gedanke der **Nachhaltigkeit** mit den drei Bereichen ökologische Nachhaltigkeit, wirtschaftliche Nachhaltigkeit und soziale Nachhaltigkeit

» Lernfeld 1, Kapitel 1.9

Folgen für die Beschaffungsplanung
Die erwähnten ökologischen und sozialen Gesichtspunkte lassen sich auch im Rahmen der

Beschaffungsplanung wiederfinden. Jeder Beschaffungsvorgang sollte daher so geplant sein, dass folgende Grundsätze verwirklicht werden können:

1. Der Verpackungsaufwand bei zu beschaffenden Produkten wird minimiert.

   Beispiel: Das Unternehmen achtet darauf, nur recyclingfähiges oder mehrfach verwendbares Verpackungsmaterial zu nutzen.

2. Der Transportaufwand bei zu beschaffenden Produkten wird minimiert.

   Beispiel: Nur Lieferanten aus der näheren Umgebung werden berücksichtigt. Große Mengen werden eingekauft.

3. Kundenwünsche hinsichtlich umweltfreundlicher Materialien werden berücksichtigt.

   Beispiel: Produkte, die umweltfreundlich hergestellt wurden oder die leicht wiederzuverwerten sind, werden eingekauft.

4. Bei der Beschaffung wird ganz genau auf staatliche Auflagen geachtet.

   Beispiel: Bei Einkaufsverhandlungen wird bereits die Frage der Entsorgung geklärt.

Ein derartiges Handeln hat eine ganze Reihe positiver Wirkungen:

- Es werden betriebliche Kosten gesenkt, z.B. durch Einsparung von Material.
- Es werden für die gesamte Wirtschaft Kosten gesenkt, da weniger Rohstoffe verbraucht werden.
- Die Umwelt wird entlastet, da die Luftverschmutzung sowie die Wasser- und Bodenbelastung abnehmen. Zudem müssen weniger Rohstoffe abgebaut werden.

Umweltzeichen und andere Qualitätszeichen

Immer häufiger bedient sich die Wirtschaft deutlich sichtbarer Zeichen, um ihre ökologischen und humanitären Anstrengungen erkennbar werden zu lassen. Immer mehr werden diese Umweltzeichen, sogenannte Öko-Labels, zu einem Qualitätsmerkmal, die dem Unternehmen ein positives Image verschaffen (vgl. Abb. 6 bis 13).

Abb. 6: Deutsches Umweltzeichen für Unternehmen, die herkömmliche Produkte umweltfreundlich herstellen

Abb. 7: EU-Bio-Logo: Durch EU-Rechtsverordnung geschütztes LOGO für vorverpackte Lebensmittel aus ökologischem Anbau.

Abb. 8: Unabhängiges Qualitätssiegel für gesundheitlich unbedenkliche Textilien aus umweltfreundlicher und sozial verantwortlicher Produktion

Abb. 9: Siegel für nachhaltig gefangene Fische und Meeresfrüchte

Abb. 10: Deutsches BioSiegel: Kennzeichnung von Bio-Lebensmitteln, um Produkte des ökologischen Landbaus herauszustellen.

Abb. 11: Kennzeichen für die Produktion und Verarbeitung von Produkten nach höchsten ökologischen Standards (die strenger sind als die des Bio-Siegels)

Abb. 12: Kennzeichen für die Produktion und Verarbeitung von Produkten nach höchsten ökologischen Standards. Bioland-Mitglieder wirtschaften nach der Kreislaufwirtschaft (strenger als beim Bio-Siegel).

Abb. 13: Kontrollierter Standard für ökologisch und sozial verantwortlich hergestellte Produkte

6.1.5 Das Sortiment als Grundlage der Beschaffungsplanung

Das Sortiment ist die Gesamtheit aller Waren und Dienstleistungen, die in einem Einzelhandelsunternehmen angeboten werden. Das Sortiment ist das Ergebnis der Beschaffung. Die Beschaffungsplanung trifft Entscheidungen, von denen das Wohl des Unternehmens, der Mitarbeiter und der Kunden abhängt. Diese Entscheidungen stützen sich auf die sorgfältige Überprüfung von Entscheidungen, die in der Vergangenheit getroffen wurden. In diesem Sinne ist die Beschaffung ein sich ständig wiederholender und erneuernder Entscheidungsprozess, der nie endet. Man spricht deshalb von einem Beschaffungs**prozess**.

Die Situation auf dem Markt unterliegt ständigen Veränderungen, auf die sich der Einzelhändler einstellen muss. Hat der Einzelhändler z. B. erkannt, dass eine Ware nicht mehr gut verkauft wird, muss er entscheiden, ob sie auch in Zukunft im Sortiment bleiben soll oder nicht.

Beispiel: Viele ältere Menschen trinken gerne lieblichen, süßen Wein. Die Nachfrage nach diesem Wein geht aber zurück. Man sollte den süßen Wein jedoch nicht einfach aus dem Sortiment nehmen: Die etwas älteren Kunden sind bei ihren Einkäufen recht markentreu und achten nicht immer auf den Cent. Oft gehören sie zu den einkommensstarken Stammkunden. Würden sie wegen einer Ware, die sie nun nicht mehr kaufen können, den Laden wechseln, würde der Einzelhändler gute Stammkunden verlieren, die bei anderen Artikeln des Sortiments für hohe Umsätze sorgen.

Welche Artikel sollen beschafft werden? Welche Artikel erwartet der Kunde? Bei der Klärung dieser Fragen arbeitet die Beschaffungsabteilung intensiv mit der Marketingabteilung zusammen. Hat sich der Einzelhändler entschlossen, sein Sortiment oder Teile seines Sortiments zu ändern, hat er verschiedene Möglichkeiten:

- Er kann die Menge und Art der Waren innerhalb seines Sortiments bzw. der verschiedenen Warengruppen ändern. Er kann das Sortiment bereinigen, erweitern oder variieren (vgl. Abb. 14).
- Er kann die Qualität seines Warenangebots ändern, sie in großen Teilen anheben oder senken (vgl. Abb. 15).

Kundenwünsche verändern sich im Laufe der Zeit. Damit die Kunden dem Geschäft dennoch treu bleiben, muss das Sortiment den Wünschen der Kunden anpasst werden. Die Erforschung der Kundenwünsche ist Aufgabe der Marktforschung.

Sortimentsbereinigung	Sortimentserweiterung		Sortimentsvariation
Warengruppen, die nicht erfolgreich sind, werden aus dem Sortiment entfernt.	Neue Waren werden ins Sortiment aufgenommen.		Das Warenangebot wird inhaltlich umstrukturiert, ohne dass hierbei die Gesamtzahl der angebotenen Artikel verändert wird.
	Diversifikation	**Differenzierung**	
	Bisher noch nicht geführte Warengruppen werden ins Sortiment aufgenommen.	Bereits vorhandene Warengruppen werden um neue Sorten ergänzt.	
Beispiel: Es werden keine alkoholfreien Weine mehr angeboten, da die Nachfrage zu gering war.	*Beispiel:* Es werden Erfrischungsgetränke angeboten, deren Grundlage grüner Tee ist. Damit möchte man neue Kundengruppen gewinnen.	*Beispiel:* Das Angebot von alkoholfreiem Bier wird um drei weitere Sorten ergänzt.	*Beispiel:* Es sollen mehr alkoholfreie als alkoholhaltige Getränke angeboten werden. Deshalb bekommen Likör und Schnaps weniger, alkoholfreies Bier und Teegetränke mehr Platz in den Regalen.

Abb. 14: Möglichkeiten der mengenmäßigen Veränderung eines Sortiments

qualitative Hebung des Sortiments (trading-up)	qualitative Senkung des Sortiments (trading-down)
■ **Marken bekannter Markenartikelhersteller** ins Sortiment aufnehmen: Von dem Bekanntheitsgrad und dem positiven Image profitiert das Unternehmen. ■ **Handelsmarken** (auch: Eigenmarken) von einem Hersteller eigens für ein spezielles Handelsunternehmen produzieren lassen und ins Sortiment aufnehmen: Handelsmarken werden als preisgünstige Alternative zu Markenartikeln entwickelt. Sie sollen aber eine ähnliche Funktion für die Handelskette mit ihren Filialen übernehmen. Auch sie sollen zu einem positiven Image für den Handelskonzern beitragen. Darüber hinaus entfalten sie auch einen Kaufanreiz, da es diese Artikel eben nur bei einem speziellen Handelsunternehmen gibt. Handelsmarken gibt es als Premium-Handelsmarke (oberes Preissegment), als klassische Handelsmarke (mittleres Preissegment) und als Discount-Handelsmarke. Typische Beispiele sind Tandil (Aldi), Mibell (Edeka), Tip (Real, Extra), Aro (Metro Cash & Carry) und Erlenhof (Rewe). Sie haben hinsichtlich der Qualität einen respektablen eigenen Standard und werden deshalb von den Kunden geschätzt und nachgefragt.	■ **Me-too-Produkte** werden eingeführt. Hier handelt es sich um Nachahmungen am Markt bereits vorhandener bekannter Produkte, die aber nicht die Qualität des Originals haben. Durch die Einsparung von Forschungs- und Entwicklungskosten sowie von Marketingkosten lassen sich Wettbewerbsvorteile über niedrige Preise erzielen. ■ **No-Name-Produkte** in das Sortiment einstellen: Das sind Produkte, die bewusst auf Werbung und kompliziertes Design verzichten. Vielmehr soll durch eine möglichst einheitliche Gestaltung und einfache Packungsaufschrift, z. B. „Zucker", „Mehl", aber auch markenlose Textilien, dem Verbraucher eine preiswerte, qualitativ nicht unbedingt schlechtere Alternative zu den teureren Markenartikeln angeboten werden. 

Abb. 15: Sortimentsvariation: Möglichkeiten der qualitativen Veränderung eines Sortiments

Aufgaben

1. Die Geschäftsführung des Schuhhauses Graziano möchte die Fehlmengenkosten reduzieren.
   a) Sammeln Sie in der Klasse Vorschläge, die das Verkaufspersonal dazu unterbreiten kann.
   b) Formulieren Sie drei Empfehlungen des Verkaufspersonals an die Geschäftsführung von Graziano.
2. Erläutern Sie, wie in Ihrem Ausbildungsbetrieb die Lieferantensuche organisiert ist.
3. Erläutern Sie, welche Möglichkeiten es gibt, im Internet nach Lieferanten zu suchen.
4. Wiederholen Sie.
   a) Erklären Sie die drei Dimensionen der Nachhaltigkeit.
   b) Nennen Sie die Rangfolge im Umgang mit Abfall nach dem Kreislaufwirtschafts- und Abfallgesetz bzw. nach der Verpackungsverordnung.

6.2 Mengen-, Zeit- und Preisplanung

Mit „Superazubi on Tour" und den Azubi-Filialen gibt Lidl seinen Auszubildenden schon früh die Möglichkeit, eigenverantwortlich zu arbeiten. Sie übernehmen für zwei Wochen die Verantwortung für rund 36 Filialen einer Region. In Teams mit je 10 bis 20 Auszubildenden sind die angehenden Einzelhandelskaufleute, Verkäuferinnen und Verkäufer dabei für das gesamte Tagesgeschäft verantwortlich. Von der Warenbestellung über die Personalplanung und den direkten Kundenkontakt bis hin zum Kassenabschluss erleben sie die abwechslungsreiche Tätigkeit im Handel. Besonders die Planung des Bestellwesens stellt die Auszubildenden immer wieder vor große Herausforderungen.

Ein Einzelhandelsbetrieb benötigt während eines Zeitabschnitts, z. B. Tag, Woche, Monat oder Jahr, bestimmte Arten und Mengen von Waren, um seine Kunden mit dem gewünschten Angebot zu versorgen. Diese benötigte Menge nennt man den Bedarf: den Tagesbedarf, Wochenbedarf, Monatsbedarf oder Jahresbedarf.

Um seinen Bedarf zu ermitteln, hat der Einzelhandelsbetrieb verschiedene Informationsquellen innerhalb und außerhalb des Unternehmens (vgl. Abb. 1).

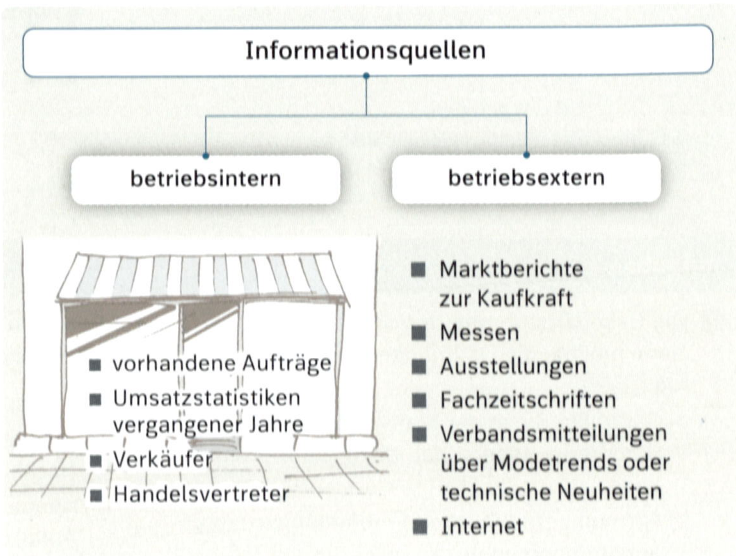

Abb. 1: Betriebsinterne und -externe Informationsquellen zur Bedarfsermittlung

6.2.1 Mengenplanung

Bei der Planung der Bestellmenge muss die Einkaufsabteilung versuchen, die entstehenden Bestell- und Lagerkosten möglichst gering zu halten (vgl. Kapitel 6.1.1). Die gesuchte Größe ist die optimale Bestellmenge.

> *Die **optimale Bestellmenge** ist die Menge, bei der die Summe von Bestell- und Lagerkosten am geringsten ist.*

Die optimale Menge zu bestimmen erfordert viel kaufmännische Erfahrung. Wird eine zu geringe Warenmenge beschafft,

- wird das Lager schnell abverkauft und
- es entstehen Sortimentslücken mit den entsprechenden Fehlmengenkosten (vgl. Kapitel 6.1.1).
- Es muss häufig nachbestellt werden, was wiederum dazu führt,
- dass die Bestellkosten verhältnismäßig hoch sind.
- Dafür sind jedoch die Lagerkosten geringer, da weniger Lagerraum benötigt wird.

Entwicklung der Lagerkosten in Abhängigkeit von der Bestellmenge
Bei einem Jahresbedarf von 1 200 Stück kann entweder alles auf einmal bestellt werden oder die Bestellungen können auf das Jahr verteilt werden. Bestellt man nur einmal im Jahr, muss man mit dieser Bestellung den gesamten Jahresbedarf bestellen. Man braucht ein großes Lager, das entsprechend hohe Lagerkosten verursacht. Bestellt man häufiger, sind die jeweiligen Bestellmengen kleiner. Man braucht ein kleineres Lager, das weniger Kosten verursacht (vgl. Abb. 2).

Entwicklung der Bestellkosten in Abhängigkeit von der Bestellmenge
Bei einem Jahresbedarf von 1 200 Stück kann entweder alles auf einmal bestellt werden oder die Bestellungen können auf das Jahr verteilt werden. Bestellt man nur einmal im Jahr, fallen die Bestellkosten nur einmal im Jahr an. In unserem Beispiel betragen sie 60,00 € pro Bestellung. Bestellt man häufiger, fallen diese Kosten mehrfach an. Die Bestellkosten steigen also, je häufiger bestellt wird. Die Beziehung zwischen der Anzahl der Bestellungen und den Bestellkosten ist in Abb. 3 dargestellt.

Bestellungen pro Jahr	Bestellmenge (Stück)	Lagerkosten (€)
1	1 200	960,00
2	600	480,00
4	300	240,00
5	240	192,00
8	150	120,00

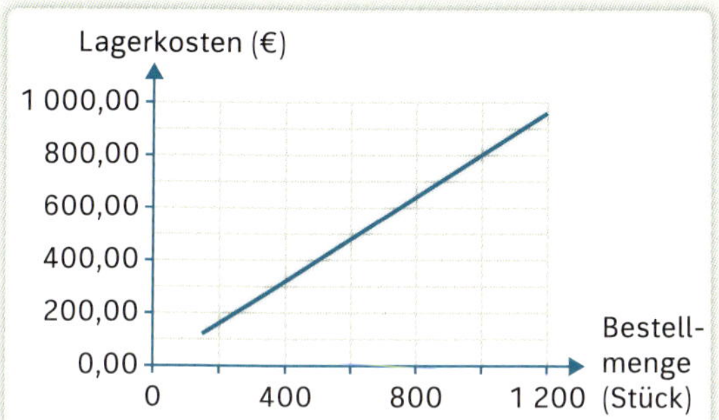

Abb. 2: Lagerkosten in Abhängigkeit von der Anzahl der Bestellmenge

Bestellungen pro Jahr	Bestellmenge (Stück)	Bestellkosten (€)
1	1 200	60,00
2	600	120,00
4	300	240,00
5	240	300,00
8	150	480,00

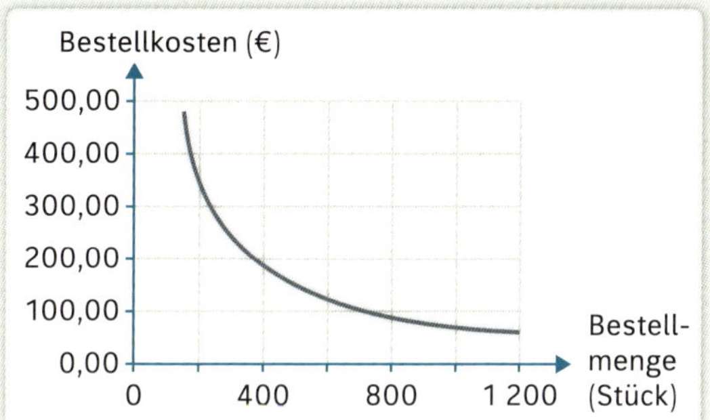

Abb. 3: Bestellkosten in Abhängigkeit von der Anzahl der Bestellmenge

Entwicklung der Gesamtkosten in Abhängigkeit von der Bestellmenge

Es finden also gegenläufige Entwicklungen statt:

- Die Lagerkosten sinken, wenn die Anzahl der Bestellungen steigt.
- Die Bestellkosten steigen, wenn die Anzahl der Bestellungen steigt.

Der Unternehmer muss nun herausfinden, wann bei ihm die geringsten Gesamtkosten entstehen. Dieser Punkt stellt für ihn die optimale Bestellmenge dar. Die Gesamtkosten ermittelt man als Summe aus Bestellkosten und Lagerkosten (vgl. Abb. 4).

Die Kurve der Gesamtkosten der Bestellung hat ihren tiefsten Punkt bei einer Bestellmenge von 300 Stück. Danach steigen die Gesamtkosten wieder an. Optimal wäre es für unseren Beispielbetrieb also, wenn er viermal im Jahr jeweils 300 Stück bestellt. Dadurch würden die geringsten Gesamtkosten, 480,00 €, entstehen.

Optimale Bestellmenge in der Praxis

In der betrieblichen Praxis können ähnliche Probleme nicht immer anhand so klarer Zahlen und Kurven gelöst werden. In der Wirklichkeit des unternehmerischen Alltags muss man auch die Gegebenheiten im Betrieb berücksichtigen. Dennoch ist eine Orientierung an den Bestellkosten und den Lagerkosten für den klug kalkulierenden Kaufmann unerlässlich. Die erzielbaren Kosteneinsparungen sprechen für sich und legen eine sorgfältige Beschaffungsplanung nahe.

Lagerbestandsgrößen

Für die Bestimmung der Menge spielen darüber hinaus auch weitere unternehmerische Entscheidungen eine wichtige Rolle. So sind z. B. die Gegebenheiten des Lagers und die Vorstellungen darüber, wie man es aufteilt und wie man es füllt, von großer Bedeutung für die Mengenplanung. Die wichtigsten Lagerbestandsgrößen, die man dabei beachten muss, werden im folgenden Abschnitt behandelt.

Mindestbestand (Eiserner Bestand, Sicherheitsbestand): Jeder vorsichtige Kaufmann plant eine Reserve ein, die er für außerordentliche Lieferschwierigkeiten braucht. Das können Streiks bei den Lieferanten oder Transportunternehmen, Naturkatastrophen oder auch unvorhersehbare Absatzschwankungen sein. Selbst in solchen Extremfällen will der Kaufmann zumindest für eine gewisse, von ihm selbst festgelegte Zeit lieferbereit sein. Das heißt, dass eine Mindestmenge an Waren nicht unterschritten werden darf.

Bestellungen pro Jahr	Bestellmenge (Stück)	Lagerkosten (€)	Bestellkosten (€)	Gesamtkosten (€)
1	1 200	960,00	60,00	1 020,00
2	600	480,00	120,00	600,00
4	300	240,00	240,00	480,00
5	240	192,00	300,00	492,00
8	150	120,00	480,00	600,00

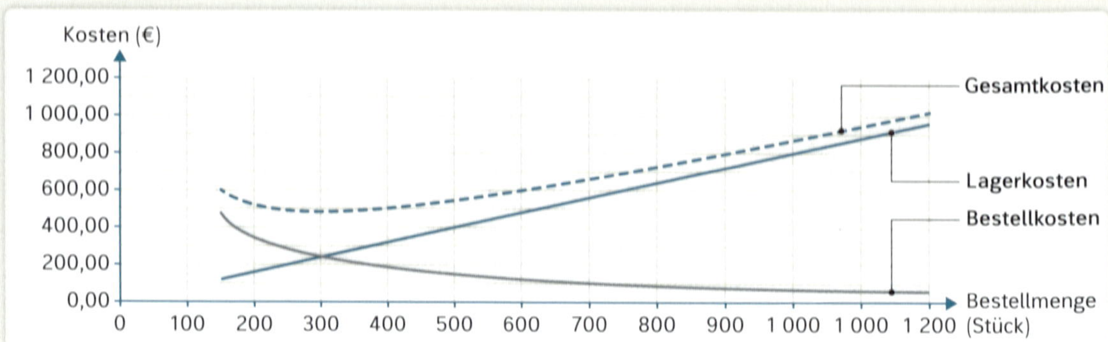

Abb. 4: Gesamtkosten in Abhängigkeit von der Anzahl der Bestellmenge

> ! *Der **Mindestbestand** ist der Bestand einer Ware, der nicht unterschritten werden sollte.*

Meldebestand (Bestellbestand): Der Meldebestand berücksichtigt die üblichen, normalen Lieferzeiten. Wenn dieser Bestand im Lager erreicht wird, gibt die Lagerverwaltung ein Bestellsignal an die Einkaufsabteilung. Der Meldebestand ist so hoch angesetzt, dass die verbleibende Menge im Lager ausreicht, um bei dem üblichen Tagesabsatz die normale Lieferzeit zu überbrücken und den Mindestbestand nicht anzugreifen.

> ! *Der **Meldebestand** ist der Bestand einer Ware, bei dem die neue Bestellung ausgelöst wird.*

Der Meldebestand lässt sich wie folgt berechnen:

> **Meldebestand**
> = (durchschnittlicher Absatz/Tag · Lieferzeit) + Mindestbestand

Beispiel: Die Lieferzeit beträgt für eine Ware 3 Tage, der Absatz pro Tag durchschnittlich 6 Stück und der Mindestbestand 30 Stück.

Meldebestand
= (6 Stück/Tag · 3 Tage) + 30 Stück
= 48 Stück

Der Meldebestand beträgt 48 Stück.

Abb. 5: Die Lagerbestandsgrößen sind ständig zu überwachen.

Höchstbestand: Er gibt die Menge an Waren an, die höchstens eingelagert werden sollte. Auch diese Größe wird aufgrund der Absatzzahlen aus der Vergangenheit festgelegt. Sind keine Absatzzahlen vorhanden, wird der notwendige Höchstbestand aufgrund eigener Marktforschungsergebnisse geschätzt. Der Höchstbestand wird nicht auf Dauer festgelegt. Er kann bei veränderten Markt- und Absatzverhältnissen angepasst werden. Der Höchstbestand dient dazu, ein Überschreiten der vorgesehenen Lagermenge zu verhindern, damit die Lagerkosten nicht zu hoch werden.

> ! *Der **Höchstbestand** ist der Bestand einer Ware, der sich maximal im Lager befinden soll.*

Der Höchstbestand wird erreicht, wenn die neu bestellte Ware angeliefert wird. Auch er ist einfach zu berechnen:

> **Höchstbestand**
> = Mindestbestand + Bestellmenge

Abb. 6: Die Ware sollte für den Verkauf immer vorrätig sein.

6.2.2 Zeitplanung

Der Zeitpunkt der Bestellung hängt von vielen Faktoren ab. Entscheidend ist die Frage, wann die Ware im Verkaufsraum zur Verfügung stehen muss.

Bei der Zeitplanung müssen einige Schritte berücksichtigt werden:

- die Bestellung im Hause: Der Bedarf muss festgestellt und an die Einkaufsabteilung gemeldet werden. Es muss die Bestellung geschrieben und verschickt werden. Eventuell muss auch Zeit für das Einholen und Auswerten neuer Angebote eingeplant werden.
- die Auftragsannahme und -bearbeitung beim Lieferanten,
- die Lieferzeit,
- die Erfassung des Wareneingangs im Einzelhandelsunternehmen,
- die Warenprüfung und
- die Einlagerung im Hause.

Ziel der Zeitplanung ist es, dafür zu sorgen, dass die Ware da ist, wenn der Kunde sie wünscht. Die Lieferbereitschaft bzw. die Vorrätigkeit der Waren ist für den Kunden ein wichtiges Argument, bei einem Unternehmen zu bleiben und es weiter zu empfehlen. Wie das erreicht wird, ist dem Kunden egal. Für das Unternehmen ist es jedoch eine wichtige Frage, die die Kosten des Unternehmens betrifft: Lagerraum kostet Geld.
Wenn der Warenvorrat in einem Lager drei Monate reicht, so ist das für den Kunden gut, aber das Unternehmen hat sehr hohe Lagerkosten. (vgl. Kapitel 6.2.1 und 7.8). Wenn das Unternehmen es schaffen würde, den Lagervorrat, der drei Monate reicht, auf einen Lagervorrat von einem Monat zu bringen, so hätte das deutliche Kostenvorteile. In der Praxis gibt es eine Tendenz zu immer geringeren Lagerzeiträumen. Extrempunkt ist die Bestellung, die gerade noch rechtzeitig („just in time") eintrifft, um in den Verkauf zu gelangen. Im Handel gibt es verschiedene **Beschaffungsstrategien** (vgl. Abb. 7).

Beschaffungsstrategien

Beschaffung nach Einzelauftrag des Kunden
Bei dieser Beschaffungsstrategie werden die Waren erst bestellt, wenn der Kunde bestellt hat. Es entstehen so gut wie keine Lagerhaltungsprobleme. Besonders im Bereich des Möbelhandels ist diese Strategie verbreitet. Ihre Vorteile sind minimale Lagerkosten und eine flexible Beschaffung, die nach den Kundenwünschen gestaltet werden kann.

Verkaufssynchrone Beschaffung
„Just-in-time-Lieferung" Die benötigten Waren werden kurz vor ihrem Verkauf angeliefert. Das Lager wird auf geringe Sicherheitsbestände beschränkt.

Vorratsbeschaffung
Die Beschaffung der Ware erfolgt auf Vorrat. Man weiß noch nicht, wann und wie viel die Kunden kaufen. Vorteil der Vorratsbeschaffung ist zum einen, dass Preisvorteile genutzt werden können, da größere Mengen bestellt werden. Außerdem verrin-

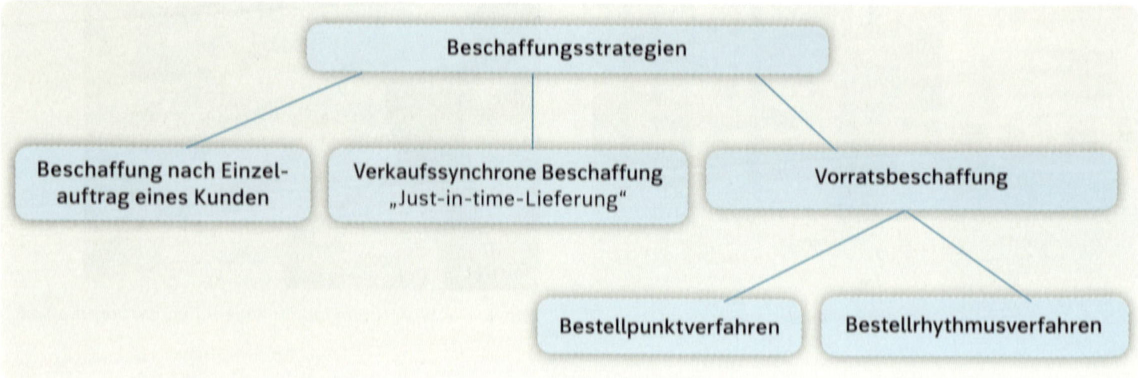

Abb. 7: Beschaffungsstrategien im Handel-

gern sich die Bestell- und Transportkosten, da nicht so oft bestellt wird. Innerhalb der Vorratsbeschaffung gibt es zwei Möglichkeiten:

- **Bestellpunktverfahren:** Die Beschaffung der Waren erfolgt, wenn der Meldebestand (Bestellbestand) erreicht wird.
- **Bestellrhythmusverfahren:** Die Bestellung neuer Waren erfolgt nach einem festgelegten Rhythmus: täglich, wöchentlich, monatlich oder in ähnlichen gleichbleibenden Abständen. Dieses Verfahren ist besonders geeignet, wenn der Verkauf gleichbleibend ist.

	Bestellpunktverfahren	**Bestellrhythmusverfahren**
Vorteile	■ Lagerbestand wird laufend überwacht; es wird nur bestellt, was tatsächlich gebraucht wird. ■ Mindestbestand kann niedrig gehalten werden. ■ weniger Lagerkosten	■ Lagerüberwachung einfacher: dauernde Überwachung der Lagerbewegungen ist nicht mehr nötig. ■ Bestellungsablauf weniger fehleranfällig, da Bestellungen regelmäßig erfolgen; Mitarbeiter gewöhnen sich an diesen Rhythmus.
Nachteile	■ Mengenrabatte können nicht ausgenutzt werden, weil zu wenig bestellt wird. ■ Bestellkosten fallen zu häufig an und sind daher zu hoch.	■ Fehlmengen treten auf, wenn mehr als bisher verkauft wird. ■ Bei rückläufigen Verkaufszahlen entstehen Überbestände, die mehr Lagerkosten verursachen und Kapital binden.

Abb. 8: Vor- und Nachteile der Verfahren der Vorratsbeschaffung

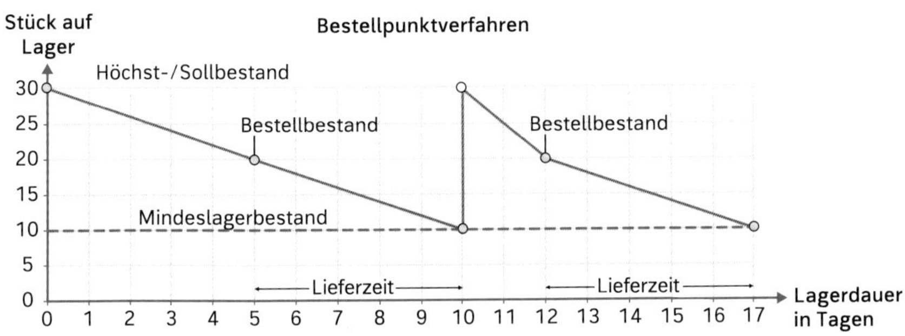

Die Grafik stellt einen regelmäßigen (hier: 10-tägigen) Bestellrhythmus dar. Dabei wird entweder (1) in festgelegten Zeitabständen eine fixe Menge bestellt (dies führt bei ungleichmäßigem Absatz zu stark schwankenden Lagerbeständen) oder (2) es wird jeweils, ebenfalls regelmäßig, die Menge beschafft, die den Lagerbestand auf einen festgelegten Sollbestand auffüllt.

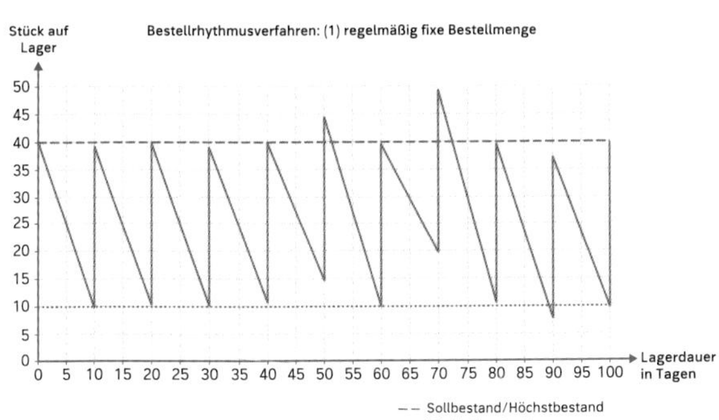

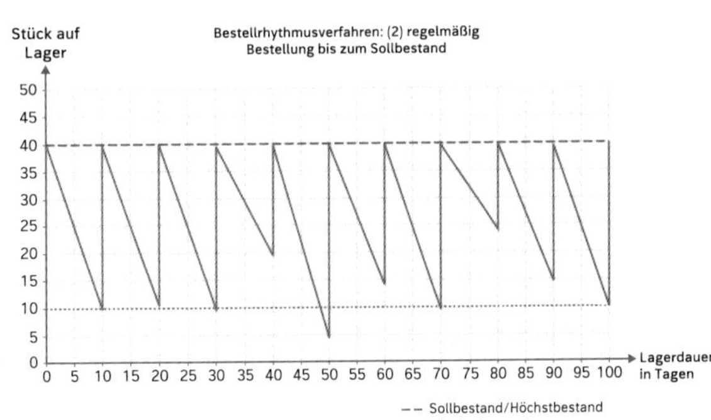

Abb. 9: Bestellpunktverfahren und Bestellrhythmusverfahren

6.2.3 Preisplanung: Bezugskalkulation

Nachdem der Einzelhändler weiß, welche Art und welche Menge von Waren er bestellen muss und innerhalb welchen Zeitraums er die Ware verfügbar haben muss, stellt sich die Frage, zu welchem Preis (= Bezugspreis) die Bestellung vorgenommen werden kann.

Befindet sich die Ware bereits im Sortiment, wird der Einzelhändler bestrebt sein, den Verkaufspreis der Ware beizubehalten. Der Bezugspreis der nachgeorderten Ware sollte also nicht höher sein als der Bezugspreis der bereits verkauften Ware.

Bestellt der Einzelhändler eine Ware, die er neu in das Sortiment aufnimmt, muss er den Verkaufspreis kalkulieren. Dabei sind verschiedene Dinge zu berücksichtigen.

» Lernfeld 9

Die bei der Bezugskalkulation üblicherweise vorzunehmenden Schritte sollen im Folgenden anhand von Beispielen erläutert werden.

Beispiel: In der Trendino Computer-Shop GmbH hat Frau Meyer festgestellt, dass externe Festplatten nachbestellt werden müssen. Diese werden bei der Matro AG bezogen. Als langjähriger Kunde der Matro AG erhält die Trendino Computer-Shop GmbH einen Rabatt des Lieferanten von 15 %. Die Matro AG bietet allen Geschäftskunden 2 % Skonto an.

Die Trendino Computer-Shop GmbH berechnet den Bezugspreis der von der Matro AG bezogenen Waren nach dem allgemein üblichen Schema (vgl. Abb. 10).

Die Begriffe Bezugspreis und Einstandspreis haben die gleiche Bedeutung. In diesem Buch wird überwiegend der Begriff „Bezugspreis" verwendet.

Beispiel: Die Trendino Computer-Shop GmbH bestellt bei der Matro AG 100 externe Festplatten der Marke CURE 2TB. Es handelt sich um qualitativ hochwertige Geräte mit einer Kapazität von 2 Terabyte. Auf dem Kundenportal der Matro AG, das nur Geschäftskunden zugänglich ist, ist der Verkaufspreis der Festplatte mit 35,00 € pro Stück angegeben. Für Verpackung und Fracht berechnet die Matro AG pauschal 125,00 € pro Bestellung.

Listeneinkaufspreis	Verkaufspreis des Lieferanten Matro AG, angegeben in Prospekten und Preislisten auf der Webseite für Geschäftskunden
– Rabatt	Preisnachlass der Matro AG für Wiederverkäufer
= **Zieleinkaufspreis**	Preis, der zu zahlen ist, wenn die Ware zwar rechtzeitig, aber nicht innerhalb der Skontofrist bezahlt wird. Der Betrag entspricht dem Rechnungsbetrag.
– Skonto	Preisnachlass für die Bezahlung innerhalb der Skontofrist
= **Bareinkaufspreis**	Betrag, der bei Ausnutzung von Skonto gezahlt wird.
+ Bezugskosten	Kosten für den Transport der Ware, zum Beispiel für Fracht, Versicherung und Verpackung
= **Bezugspreis (Einstandspreis)**	Betrag, der sämtliche Kosten für die Ware beinhaltet, bis sie sich im Lager des Einzelhändlers befindet.

Abb. 10: Schema für die Bezugskalkulation

222330268

Die Bezugskalkulation wird Schritt für Schritt von oben nach unten durchgeführt (vgl. Abb. 11).

	%	€	Schritt
Listeneinkaufspreis		3500,00	1
– Rabatt	15	525,00	2
= **Zieleinkaufspreis**		2975,00	3
– Skonto	2	59,50	4
= **Bareinkaufspreis**		2915,50	5
+ Bezugskosten		125,00	6
= **Bezugspreis (Einstandspreis)**		3040,50	7

Abb. 11: Bezugspreiskalkulation der Trendino GmbH

Schritt 1: Berechnung des Listeneinkaufspreises
Es sollen 100 Stück zu einem Stückpreis von 35,00 € bestellt werden.
Listeneinkaufspreis
= Menge · Stückpreis
= 100 Stück · 35,00 €/Stück
= 3500,00 €

Schritt 2: Berechnung des Rabattbetrags
Rabatt

$$= \frac{\text{Listeneinkaufspreis} \cdot \text{Rabattsatz}}{100}$$

$$= \frac{3500{,}00\ € \cdot 15}{100}$$

= 525,00 €

Schritt 3: Berechnung des Zieleinkaufspreises
Zieleinkaufspreis
= Listeneinkaufspreis – Rabatt
= 3500,00 € – 525,00 €
= 2975,00 €

Schritt 4: Berechnung des Skontobetrags
Skonto

$$= \frac{\text{Zieleinkaufspreis} \cdot \text{Skontosatz}}{100}$$

$$= \frac{2975{,}00\ € \cdot 2}{100}$$

= 59,50 €

Schritt 5: Berechnung des Bareinkaufspreises
Bareinkaufspreis
= Zieleinkaufspreis – Skonto
= 2975,00 € – 59,50 €
= 2915,50 €

Schritt 6: Berechnung der Bezugskosten
Bezugskosten pro Bestellung, pauschal **= 125,00 €**

Schritt 7: Berechnung des Bezugspreises
Bezugspreis
= Bareinkaufspreis + Bezugskosten
= 2915,50 € + 125,00 €
= 3040,50 €

Die Bezugskalkulation ergibt einen Bezugspreis von 3040,50 € für den Bezug von 100 Festplatten. Der Bezugspreis pro Stück beträgt damit auf einen Eurocent gerundet **30,41 €.**

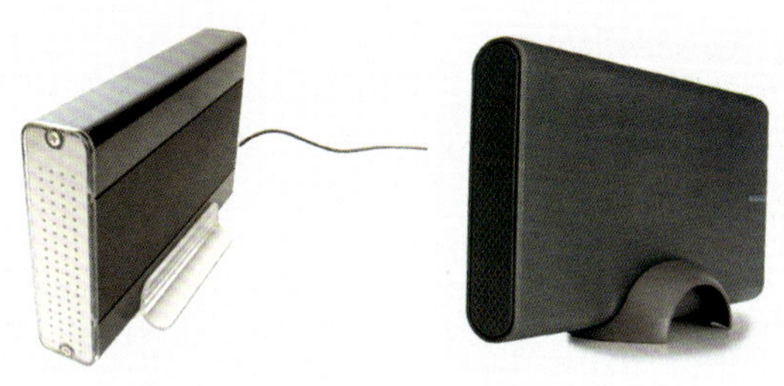

Abb. 12: Externe Festplatten

Bezugskalkulation unter Berücksichtigung des Verpackungsgewichts (Tara)

Das Gewicht der Verpackung einer Warenlieferung wird auch als „Tara" bezeichnet. Es gilt:

> **!**
> *Bruttogewicht*
> – *Tara*
> = *Nettogewicht*

In der Bezugskalkulation kann das Verpackungsgewicht folgendermaßen berücksichtigt werden:
- als tatsächliches Gewicht der Verpackung in kg,
- als handelsübliches durchschnittliches Gewicht in kg,
- als handelsüblicher Prozentsatz, berechnet vom Bruttogewicht oder
- wie das Gewicht der Ware selbst (brutto für netto).

Beispiel: Der Feinkost-Einzelhandelsbetrieb Jann Braun e. K. bestellt bei der Zummer KG 500 kg Kartoffeln der Sorte Biluna Deluxe zum Listenpreis von 0,80 € pro kg Nettogewicht. Rabatt oder Skonto bietet die Zummer KG nicht an. Die Lieferung erfolgt in Spezialkisten. Eine Kiste wiegt 14 kg. Die Transportkosten betragen 2,00 € je angefangene 100 kg des Bruttogewichts. Das Gesamtgewicht der Lieferung einschließlich der Verpackung beträgt also 514 kg. Wie hoch ist der Bezugspreis pro Kilogramm Kartoffeln?

Der Bezugspreis wird nach folgendem Kalkulationsschema berechnet:

	Biluna Deluxe
Bruttogewicht (kg)	514
– Tara (kg)	14
= **Nettogewicht (kg)**	500
Bareinkaufspreis (€)	400,00
+ Bezugskosten (€)	12,00
= **Bezugspreis gesamt (€)**	412,00
Bezugspreis pro kg (€)	0,824

Das Bruttogewicht ist das Gesamtgewicht der Lieferung. Der Bareinkaufspreis ist in diesem Fall mit dem Listeneinkaufspreis und dem Zieleinkaufspreis identisch. Die Bezugskosten betragen $6 \cdot 2{,}00$ €. Um den Bezugspreis pro Kilogramm zu erhalten, wird der gesamte Bezugspreis durch das Nettogewicht dividiert.

Zusammengesetzte Bezugskalkulation

Wenn unterschiedliche Waren in einer Sendung geliefert werden, kann eine zusammengesetzte Bezugskalkulation notwendig werden.

Merkmale einer zusammengesetzten Bezugskalkulation sind:

- In einer Sendung werden unterschiedliche Waren geliefert.
- Die Bezugskosten gelten für die gesamte Sendung, nicht für einzelne Waren.
- Für die Ermittlung der Bezugspreise der einzelnen Waren müssen die Bezugskosten mithilfe einer Verteilungsrechnung auf die einzelnen Waren aufgeteilt werden.

» Lernfeld 3, Kapitel 3.4.2, Verteilungsrechnen

Grundlage für die Verteilung der Bezugskosten können Mengenangaben („Mengenspesen") oder Wertangaben („Wertspesen") sein.

- Als **Mengenspesen** werden zum Beispiel Verpackung, Fracht oder Rollgeld verteilt. Berechnungsgrundlagen für Mengenspesen können das Gewicht in kg oder die Länge in m sein.
- **Wertspesen** sind beispielsweise Versicherungen und Provisionen. Berechnungsgrundlage für Wertspesen sind Euro-Beträge.

Beispiel: Der Feinkost-Einzelhandelsbetrieb Jann Braun e. K. bestellt bei der Zummer KG 400 kg Speisekartoffeln der Sorte „Cilena" zum Listenpreis von 1,20 € pro kg und 8 kg Wildlachs „Mühhi" zum Listenpreis von 30,00 € pro kg (vgl. Abb. 13). Rabatt oder Skonto bietet die Zummer KG nicht an. Die Kartoffeln und der Wildlachs werden jeweils in Spezialkisten geliefert, wobei die Kartoffel-Spezialkiste 10 kg und die Wildlachs-Spezialkiste 2 kg wiegen. Für die gesamte Sendung stellt die Zummer KG Frachtkosten von 210,00 € und eine Versicherungspauschale von 150,00 € in Rechnung.

Abb. 13: Speisekartoffeln „Cilena" und Wildlachs „Mühhi"

222330270

Die Mitarbeiter der Jann Braun e. K. berechnen die Bezugspreise folgendermaßen:

	Cilena	Mühhi
Bruttogewicht (kg)	410	10
– Tara (kg)	10	2
= **Nettogewicht (kg)**	400	8
Bareinkaufspreis (€)	480,00	240,00
+ Mengenspesen (€)	205,00	5,00
+ Wertspesen (€)	100,00	50,00
= **Bezugspreis gesamt (€)**	785,00	295,00
Bezugspreis pro Mengeneinheit (€)	1,9625	36,875

Das Bruttogewicht wird ermittelt, indem das Verpackungsgewicht (= Tara) auf die bestellte Menge (= Nettogewicht) addiert wird. Listeneinkaufspreis, Zieleinkaufspreis und Bareinkaufspreis sind in diesem Fall identisch. Der Betrag ergibt sich durch Multiplikation von bestellter Menge und Listenpreis pro Kilogramm.

Die **Frachtkosten** sind Mengenspesen. Sie werden im Verhältnis der Bruttogewichte verteilt.

	Cilena	Mühhi	Summe
Bruttogewicht (kg)	410	10	
Anteile gekürzt	41	1	42
Anteil (€)	205,00	5,00	210,00

Berechnung:

- Anteil Cilena
  $= \frac{210{,}00\ €}{42} \cdot 41$
  $= 205{,}00\ €$
- Anteil Mühhi
  $= \frac{210{,}00\ €}{42} \cdot 1$
  $= 5{,}00\ €$

Die **Versicherungspauschale** gehört zu den Wertspesen. Sie wird im Verhältnis der Zieleinkaufspreise (hier der Bareinkaufspreise) verteilt.

	Cilena	Mühhi	Summe
Bareinkaufspreis (€)	480,00	240,00	
Anteile gekürzt	2	1	3
Anteil (€)	100,00	50,00	150,00

Berechnung:

- Anteil Cilena
  $= \frac{150{,}00\ €}{3} \cdot 2$
  $= 100{,}00\ €$
- Anteil Mühhi
  $= \frac{150{,}00\ €}{3} \cdot 1$
  $= 50{,}00\ €$

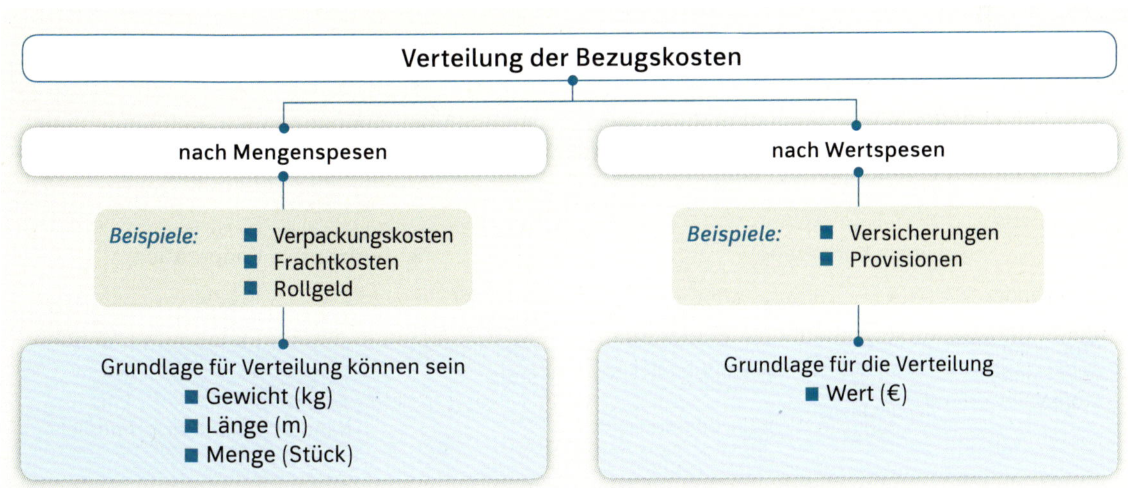

Abb. 14: Mengenspesen und Wertspesen

6.2.4 Kooperation im Einzelhandel zur Optimierung der Beschaffung

Viele Einzelhandelsunternehmen bieten Güter aus aller Welt an, z. B. Südfrüchte, Blumen, Textilien oder elektronische Geräte. Darüber hinaus hat der Kunde u. a. durch das Internet einen immer größeren Marktüberblick und erwartet vom Einzelhändler ein bestimmtes Güterangebot bzw. eine schnelle Beschaffung. Der Einzelhändler ist deshalb gezwungen, seine Beschaffung effizient (wirksam und wirtschaftlich) abzuwickeln.

Bei einer effizienten Abwicklung der Beschaffung spielt auch die Höhe des Bezugspreises eine große Rolle, da ein großer Teil der Kosten des Einzelhändlers durch die Bezugspreise bestimmt wird.

Die Wettbewerbsfähigkeit des Einzelhändlers hängt damit stark von den Lieferanten ab. Aus diesen Gründen haben sich insbesondere kleine und mittelständische Unternehmen zusammengeschlossen. Sie kooperieren miteinander. Durch die Bündelung ihrer Nachfrage auf dem Markt erreichen sie einen Größenvorteil und damit eine stärkere Position. Sie können bessere Einkaufskonditionen aushandeln und dadurch ihre wirtschaftliche Situation verbessern. Außerdem können kooperierende Unternehmen neue Beschaffungsmärkte erschließen, die einem einzelnen Unternehmen nicht zugänglich gewesen wären.

Beispiel: Jutta Fröhlich überlegt, ob sie handgefertigte Musikinstrumente aus Südamerika in ihr Sortiment aufnehmen sollte. Bei der Berechnung der Bezugspreise stellt sie fest, dass die Transportkosten einen sehr hohen Anteil der Bezugskosten ausmachen. Nun plant sie eine Kooperation mit Weltläden aus anderen Städten. Denn bei einem gemeinsamen Einkauf können die Transportkosten auf mehrere Unternehmen verteilt werden.

! *Die **Beschaffungskooperation** hat zum Ziel, die Markt-, Wettbewerbs- und Kostenposition der beteiligten Unternehmen zu verbessern.*

Lieferanten haben durch die Beschaffungskooperation nicht nur einen höheren Absatz. Durch höhere Beschaffungsmengen ihrerseits können sie ebenfalls Kostenvorteile erzielen. Das heißt, Beschaffungskooperation kann zu Kostenvorteilen für beide Partner führen.

Neben der Warenbeschaffung übernehmen die Kooperationen zunehmend auch Serviceleistungen für ihre Mitglieder, d. h., sie entwerfen zentrale Sonderangebots-, Werbe-, und Verkaufsförderaktionen, treffen durch die Listung in den Ordersätzen eine

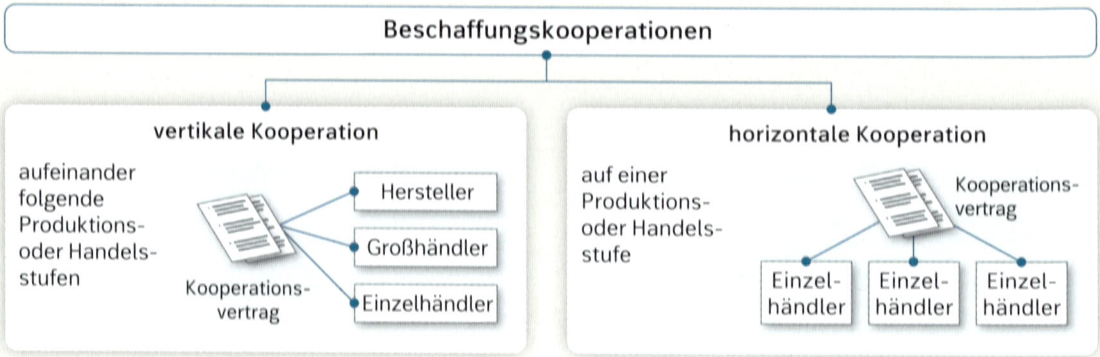

Abb. 15: Formen der Beschaffungskooperation

Vorauswahl der zu bestellenden Produkte und/oder beraten sogar bei der Ladengestaltung und Warenplatzierung.

Vertikale Beschaffungskooperation

Um eine vertikale Beschaffungskooperation handelt es sich, wenn ein oder mehrere Unternehmen im Beschaffungsbereich mit einem Lieferanten bzw. Zulieferer kooperieren. Die Unternehmen sind in der Wertschöpfungskette miteinander verbunden, d. h. aufeinanderfolgende Stufen kooperieren.

- Von einer **Freiwilligen Kette** spricht man, wenn die Initiative zur Kooperation vom Großhändler ausgeht und die Einzelhändler sich verpflichten, ihre Ware über ihn zu kaufen. Der Großhändler erzielt durch den Zentraleinkauf für die ihm angeschlossenen Einzelhändler günstigere Preise sowie vorteilhafte Liefer- und Zahlungsbedingungen. Darüber hinaus kann der Großhändler gegenüber Herstellern bestimmte Interessen der Einzelhandelsunternehmen durchsetzen.

Horizontale Beschaffungskooperation

Eine horizontale Beschaffungskooperation liegt vor, wenn ein Unternehmen mit einem anderen Unternehmen, das sich auf gleicher Produktions- bzw. Handelsstufe befindet, gemeinschaftlich Beschaffungsaufgaben wahrnimmt.

Beispiel: BMW und Daimler kooperieren miteinander beim Einkauf von nicht markenspezifischen Produkten wie Klimaanlagen, Schrauben und Gurtaufrollern. Bereits im ersten Jahr der Zusammenarbeit konnten durch erzielte Mengenrabatte insgesamt mehr als 350 Mio. € eingespart werden.

Typische weitere horizontale Beschaffungskooperationen im Einzelhandel sind:

- **Einkaufsgenossenschaften:** Selbstständige Einzelhandelsunternehmen schließen sich in der Rechtsform der Genossenschaft zusammen, um gemeinschaftlich Ware einzukaufen, z. B. REWE, EDEKA.
- **Einkaufsverbände:** Selbstständige Einzelhandelsunternehmen schließen sich zur gemeinsamen Beschaffung von Waren zusammen. Ein Gemeinschaftsunternehmen wird aber nicht aufgebaut. Beispiele sind Alliance oder der Europa Möbel-Verbund (EMV).

Aufgaben

1. Wie kann das Verkaufspersonal dazu beitragen, dass jederzeit ein korrekter Überblick über den Lagerbestand vorhanden ist?
   a) Sammeln Sie in der Klasse Vorschläge.
   b) Formulieren Sie drei Empfehlungen an das Verkaufspersonal.

2. Fügen Sie die folgenden Satzteile zu sinnvollen und korrekten Sätzen zusammen. Begründen Sie Ihre Entscheidung jeweils.
   - Die Gesamtkosten erhält man, ...
   - Die Lagerkosten steigen, ...
   - Die optimale Bestellmenge ist erreicht, ...
   - ... wenn die Bestellkosten und die Lagerkosten gleich hoch sind.
   - ... wenn man Bestellkosten und Lagerkosten addiert.
   - ... wenn die Anzahl der Bestellungen sinkt.

3. Die Trendino Computer-Shop GmbH kauft zehn hochwertige PC-Monitore der Marke Socer M340 bei der Matro AG ein. Die Preisliste der Matro AG weist für die Monitore einen Verkaufspreis von 140,00 € pro Stück aus. Rabattsatz und Skontosatz bleiben unverändert bei 15 % und 2 %. Die Frachtpauschale beträgt 12,50 €.
   a) Berechnen Sie den Bezugspreis für 10 PC-Monitore Socer M340.
   b) Wie hoch ist der Bezugspreis für einen Monitor Socer M340?

4. Führen Sie drei Vorteile einer Beschaffungskooperation an.

5. Erläutern Sie den Unterschied zwischen einer Freiwilligen Kette und einer Einkaufsgenossenschaft.

6. Nennen Sie die Kooperationspartner Ihres Ausbildungsunternehmens im Beschaffungsbereich.

6.3 Rechtliche Grundlagen

Die Amber Feinkost KG benötigt verschiedene Qualitätsschokoladen. Die Preislisten, Muster und ausführlichen Produktbeschreibungen von vier Herstellern liegen bereits vor. Nun soll Anton Hauswald das Beschaffungsverfahren weiter vorantreiben. Sein Chef weist ihn jedoch ausdrücklich darauf hin, dass er keine rechtlich verbindlichen Handlungen vornehmen darf.

6.3.1 Anfrage

Die Anfrage dient dazu, Informationen über Waren, Lieferanten, Preise oder über die Bedingungen der Lieferung und der Zahlung zu beschaffen. Das Ziel einer Anfrage ist es, zu einem späteren Zeitpunkt Angebote einzuholen (vgl. dazu auch LF 3).

> ! *Eine **Anfrage** ist die unverbindliche Frage, zu welchen Bedingungen eine Ware gekauft werden kann.*

Eine Anfrage kann **formlos** erfolgen. Die gewünschten Angaben können telefonisch, per E-Mail, per Telefax oder schriftlich eingeholt werden. Eine Anfrage verpflichtet nicht zum Kauf. Sie ist rechtlich **unverbindlich:** Durch eine Anfrage wird nicht der Wille geäußert, einen Kaufvertrag abschließen zu wollen. Darüber hinaus können Anfragen **allgemein** oder **bestimmt** erfolgen (vgl. Abb. 1).

...

Bitte schicken Sie uns Ihren Warenkatalog und Ihre aktuelle Preisliste.

...

allgemeine Anfrage

...

Bitte unterbreiten Sie uns ein Angebot, zu welchem Preis Sie uns wöchentlich jeweils 130 Tafeln Schokolade folgender Sorten schicken können:

...

bestimmte Anfrage

Abb. 1: Formulierung für allgemeine bzw. bestimmte Anfrage

6.3.2 Angebot

Ein Angebot ist eine Willenserklärung. Der Kunde oder der Einzelhändler bietet an, einen Kaufvertrag abzuschließen. Das Angebot beinhaltet die wesentlichen Merkmale eines Kaufvertrags:

- Vertragsparteien: Zwischen welchen Personen wird der Vertrag geschlossen?
- Kaufsache: Welche Ware wird gekauft?
- Kaufpreis: Zu welchem Preis wird gekauft?

> **!** *Ein **Angebot** ist die verbindliche Erklärung, zu welchen Bedingungen eine Ware gekauft werden kann.*

Beinhaltet ein Angebot nicht alle wesentlichen Merkmale eines Kaufvertrags, liegt keine Willenserklärung vor: Es wird nicht der Wille geäußert, einen Kaufvertrag abschließen zu wollen.

Um den Abschluss eines späteren Kaufvertrags zu vereinfachen, können noch mehr Informationen in ein Angebot aufgenommen werden. Insgesamt kann ein Angebot die in der Abbildung gezeigten Inhalte umfassen (vgl. Abb. 2).

Nur wenn zwei übereinstimmende Willenserklärungen (Antrag und Annahme) vorliegen, kommt ein Kaufvertrag zustande (vgl. dazu auch Lernfeld 3).

Beispiel: Ein Kunde betritt den Elektronikmarkt und möchte einen mit 16,00 € ausgezeichneten USB-Stick (1 GB) kaufen. Die Verkäuferin übergibt ihm die Ware. Damit ist der Kaufvertrag zustande gekommen. Wäre der USB-Stick preislich nicht ausgezeichnet gewesen, wäre der Vertrag noch nicht zustande gekommen, da ein wesentliches Merkmal des Kaufvertrages – der Preis – fehlt.

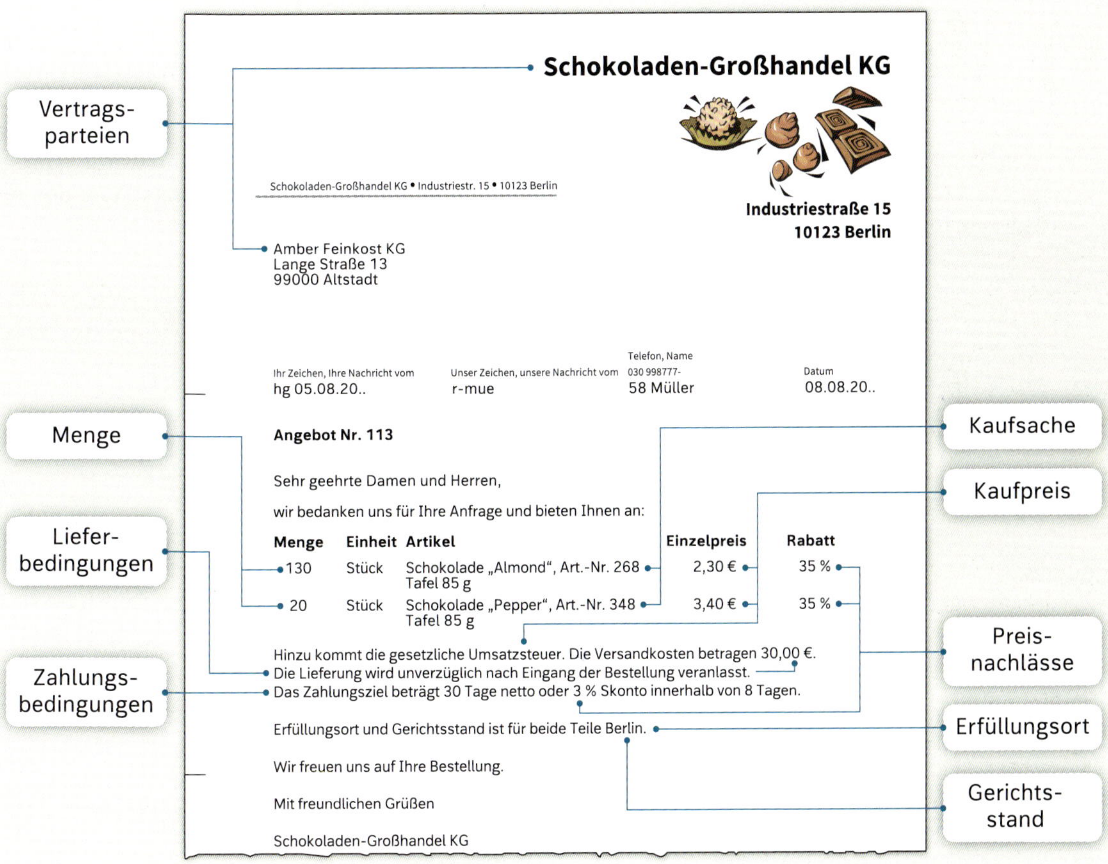

Schokoladen-Großhandel KG

Schokoladen-Großhandel KG • Industriestr. 15 • 10123 Berlin

Industriestraße 15
10123 Berlin

Amber Feinkost KG
Lange Straße 13
99000 Altstadt

Ihr Zeichen, Ihre Nachricht vom	Unser Zeichen, unsere Nachricht vom	Telefon, Name	Datum
hg 05.08.20..	r-mue	030 998777-58 Müller	08.08.20..

Angebot Nr. 113

Sehr geehrte Damen und Herren,

wir bedanken uns für Ihre Anfrage und bieten Ihnen an:

Menge	Einheit	Artikel	Einzelpreis	Rabatt
130	Stück	Schokolade „Almond", Art.-Nr. 268 Tafel 85 g	2,30 €	35 %
20	Stück	Schokolade „Pepper", Art.-Nr. 348 Tafel 85 g	3,40 €	35 %

Hinzu kommt die gesetzliche Umsatzsteuer. Die Versandkosten betragen 30,00 €.
Die Lieferung wird unverzüglich nach Eingang der Bestellung veranlasst.
Das Zahlungsziel beträgt 30 Tage netto oder 3 % Skonto innerhalb von 8 Tagen.

Erfüllungsort und Gerichtsstand ist für beide Teile Berlin.

Wir freuen uns auf Ihre Bestellung.

Mit freundlichen Grüßen

Schokoladen-Großhandel KG

Abb. 2: Beispiel für ein Angebot und Bestandteile des Angebots

Form des Angebots

Das Angebot im Einzelhandel ist formfrei. Es kann vom Käufer oder vom Einzelhändler mündlich, telefonisch, per E-Mail oder schriftlich abgegeben werden.

Es gibt Werbeaussagen, die nicht als Angebot zu sehen sind: Bei

- Auslagen im Schaufenster oder im Laden und
- Werbeanzeigen in der Zeitung, im Katalog oder im Internet

fehlt der Wille, die Ware einer bestimmten Person anzubieten. Deshalb liegt in diesen Fällen kein Angebot vor. Diese Werbeaussagen dienen dazu, die Ware anzupreisen (vgl. Abb. 3).

> ! *Durch eine **Anpreisung** soll das Interesse möglicher Kunden geweckt werden.*

Die möglichen Kunden sollen später dem Einzelhändler ein Angebot unterbreiten.

Abb. 3: Anpreisung

Verbindlichkeit des Angebots

Das Angebot ist verbindlich (§ 145 BGB). Das heißt, es ist bindend. Dies ist nur dann nicht der Fall, wenn das Angebot ausdrücklich als freibleibend oder als unverbindlich bezeichnet wird.

> ! *Mit **„freibleibend“** oder **„unverbindlich“** wird ein Angebot gekennzeichnet, mit dem sich der Anbieter nicht binden möchte.*

Die Bindung an das Angebot kann auch teilweise eingeschränkt werden. Dies ist der Fall bei der Klausel **„solange der Vorrat reicht“,** wodurch die Verfügbarkeit der angebotenen Ware auf den vorhandenen Vorrat beschränkt wird. Wenn eine Ware nur angepriesen wird mit der Klausel **„Preise freibleibend“,** dann soll eine Freiheit bei der Preisgestaltung gewahrt werden. Eine Übersicht über die häufigsten Formulierungen in diesem Zusammenhang und deren Bedeutung gibt Abb. 4, Freizeichnungsklauseln.

Bindungsdauer des Angebots

Ein Angebot kann befristet oder unbefristet sein.

Beispiel für befristetes Angebot: „Das Angebot für den Bezug der genannten Schokoladentafeln gilt bis zum 31. Juli dieses Jahres.“

Jedoch auch, wenn keine Frist gesetzt wurde, ist das Angebot nicht zeitlich unbefristet gültig. Je nachdem, wie ein Angebot versendet wurde, müssen bestimmte Fristen eingehalten werden, um es anzunehmen (vgl. Abb. 5, Bindungsdauer des Angebots).

Formulierung	Bedeutung
„Angebot unverbindlich“ oder „Angebot freibleibend“	Das Angebot kann geändert oder zurückgenommen werden. Dies sollte spätestens vor Annahme geschehen.
„solange der Vorrat reicht“	Die angebotene Menge ist unverbindlich. Ist die Ware ausverkauft, kann der Kunde nicht auf einen Kauf bestehen.
„Preise freibleibend“	Die angegebenen Preise können sich ändern. Dann liegt oft kein Angebot vor.

Abb. 4: Freizeichnungsklauseln

222330276

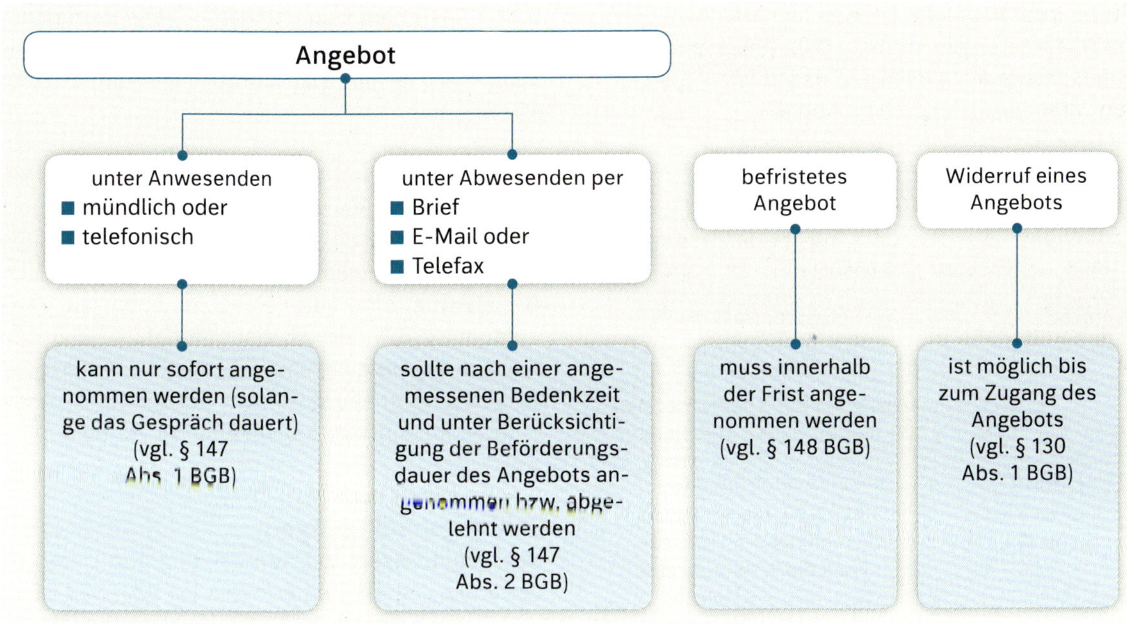

Abb. 5: Bindungsdauer des Angebots

6.3.3 Einzelne Angebotsbestandteile

Das Angebot umfasst die Bedingungen, zu denen später der Kaufvertrag abgeschlossen wird. Die Bestandteile des Angebots bzw. Kaufvertrags, die noch nicht erklärt wurden, werden im Folgenden dargestellt.

Art der Ware

Die Ware ist so zu leisten wie es vereinbart ist. Wenn sich der Kauf auf Ware bezieht, die bereits ausgesucht ist oder bereitsteht, dann ist eben diese Ware geschuldet. Anders ist es, wenn die Ware nur allgemein bezeichnet und nicht näher im Vertrag bestimmt wird. Dann ist Ware von mittlerer Art und Güte zu leisten (§ 243 Abs. 1 BGB).

Beispiel: Der Getreidegroßhändler Mehmet kauft bei der landwirtschaftlichen Genossenschaft Güstrow 5 t Sommerweizen. Er hat Anspruch auf Sommerweizen mittlerer Art und Güte.

Lieferbedingungen

Oft beinhaltet das Angebot auch Lieferungsbedingungen, die entweder der gesetzlichen Regelung folgen oder sich nach den Allgemeinen Geschäftsbedingungen des Anbietenden richten sollen. Diese Bedingungen können auch im Einzelnen ausgehandelt und zwischen Käufer und Verkäufer vereinbart werden.

Zu den Lieferbedingungen gehört zumeist eine Vereinbarung über die **Beförderungskosten.**

Wenn nichts anderes vereinbart ist, trägt der Käufer die Versandkosten (§ 448 Abs. 1 BGB). Nach der gesetzlichen Regelung trägt der Verkäufer nur die Kosten der Übergabe an seinem Geschäftssitz, d. h., er muss die Ware auf seine Kosten zur Übergabe bereitstellen und auch eine eventuell zur Übergabe notwendige Verpackung bezahlen.

Der Käufer hat die Ware auf seine Kosten abzuholen bzw. abholen zu lassen. Den Käufer treffen die weiteren Kosten wie etwa Versandkosten oder Untersuchungskosten der Ware. Wenn Käufer und Verkäufer an unterschiedlichen Orten ansässig sind, wird zumeist stillschweigend vereinbart, dass die Ware zu versenden ist.

Käufer oder Verkäufer können hiervon abweichende Vereinbarungen treffen. Dies geschieht in der Praxis häufig auch dadurch, dass Lieferbedingungen vereinbart werden (vgl. Abb. 6).

Lieferbedingungen	
„ab Werk" (Fabrik, Lager usw.)	Der Käufer bezahlt alle Versandkosten.
„unfrei"	Der Verkäufer trägt die Versandkosten bis zur Versandstation am Ort der Versendung, für alle anderen Kosten muss der Käufer aufkommen.
„frachtfrei"	Der Verkäufer trägt die Versendungskosten bis zum Bestimmungsort. Der Käufer kann die Ware auf seine Kosten dort, z. B. bei der Bahnstation vor Ort, abholen.
„frei Haus" (Lager usw.)	Alle Versandkosten trägt der Verkäufer.

Abb. 6: Bedeutung einzelner Lieferbedingungen

Im internationalen Handel sind internationale Lieferbedingungen, Incoterms (International Commercial Terms), weit verbreitet.

Kosten der Versandverpackung

Der Käufer trägt auch die Kosten der Versandverpackung, wenn dies nicht anders vereinbart ist. Folgende Klauseln finden sich hierzu in Kaufverträgen:

- **„netto einschließlich Verpackung":** Bei der Berechnung des Preises wird nur das Gewicht der Ware berücksichtigt. Die Kosten der Verpackung trägt der Verkäufer.
- **„netto ausschließlich Verpackung":** Die Kosten der Verpackung werden dem Käufer zusätzlich zum Reingewicht der Ware berechnet.
- **„brutto einschließlich Verpackung** (= brutto für netto)": Der Preis richtet sich nach dem Gewicht der Ware einschließlich der Verpackung, die der Käufer wie die Ware mitbezahlt.

Lieferzeit

Meist wird vertraglich eine Zeit für die Lieferung vereinbart. Wenn das nicht der Fall ist, kann die Lieferung sofort verlangt werden (§ 271 Abs. 1 BGB). Bestehen keine anderen Vereinbarungen, kann der Lieferer dann aber verlangen, dass der Kaufpreis Zug um Zug mit der Lieferung bezahlt wird.

Vertraglich können andere Regelungen getroffen werden (vgl. zur Vertragsfreiheit LF 3), z. B.:

- Verpflichtung des Verkäufers, vor Zahlung des Kaufpreises zu liefern,
- Lieferung innerhalb eines vereinbarten Zeitraums, z. B. innerhalb eines Monats,
- Lieferung bis zu einem festgelegten Termin oder
- Lieferung genau an einem bestimmten Termin (u. a. um unnötige Lagerkosten zu vermeiden).

Zahlungsbedingungen

Nach dem Gesetz müssen Zahlung und Lieferung der Ware Zug um Zug erfolgen (§§ 320, 322 BGB). Der Käufer muss die Ware bei Lieferung bezahlen.

Geldschulden sind Schickschulden (§ 270 BGB). Der Käufer hat auf seine Kosten und auf seine Gefahr das Geld an den Geschäftssitz des Verkäufers (des Gläubigers) zu übermitteln. Praktisch wird das Geld häufig im Bankenverkehr auf ein Konto des Verkäufers überwiesen. Auch Schecks und Wechsel können den bargeldlosen Zahlungsverkehr erleichtern.

Käufer und Verkäufer können abweichend vom Gesetz vereinbaren:

- **Zahlung vor Lieferung:** Der Kaufpreis oder ein Teil davon muss bezahlt werden, bevor die Lieferung erfolgt. Oft wird beispielsweise vereinbart, dass ein Kaufpreisteil anzuzahlen oder vorauszuzahlen ist.

- **Zahlung bei Lieferung:** Dies entspricht dem gesetzlichen Leitbild. Zahlung und Lieferung erfolgen Zug um Zug. Dies kann in der Klausel zum Ausdruck kommen „sofort netto Kasse". Eine Art dieser Zahlung ist die „Nachnahme", bei der die Ware nur gegen Zahlung übergeben wird.

- **Zahlung nach Lieferung:** Erst nachdem er die Ware erhalten hat, muss der Käufer diese bezahlen. Beim Kauf auf Ziel ist der Kaufpreis erst in einem bestimmten Zeitraum nach Lieferung zu bezahlen. Auch ein Ratenkauf kann vereinbart werden, wobei der Käufer die Ware nach Erhalt in bestimmten Raten abzahlt.

Beispiel: Die Nutzfahrzeugfirma Ackerfurche AG verkauft fünf Traktoren an die Landmaschinen GmbH Kolbermoor. Der Verkauf erfolgt auf Ziel: Die Käuferin muss erst bezahlen, wenn sie selbst die Traktoren weiterverkauft. Zu diesem Zweck wird der Kaufpreis aus dem Weiterverkauf bereits an die Ackerfurche AG abgetreten. Damit die Ackerfurche AG aber nicht ohne Sicherheit dasteht, liefert sie die Traktoren bis zur vollständigen Kaufpreiszahlung nur unter Eigentumsvorbehalt.

Preisnachlässe

Im Rahmen der Vertragsfreiheit können unterschiedliche Preisabzüge vereinbart oder gewährt werden. Da ein Preisnachlass für den Käufer nur günstig ist, muss er diesen nicht ausdrücklich annehmen (§ 151 BGB). Sein Schweigen ist bei einem für ihn ausschließlich günstigen Preisnachlass als Zustimmung zu sehen.

Es können u. a. folgende **Rabatte** gewährt werden:
- Mengenrabatt, wenn große Mengen abgenommen werden,
- Treuerabatt, um Kunden zu binden,
- Wiederverkäuferrabatt für Händler (nicht für Privatkunden),
- Personalrabatt für Mitarbeiter und
- Sonderrabatte zu besonderen Anlässen wie zu Firmenjubiläen oder auch als Messerabatt.

Ein **Bonus** wird nachträglich gewährt, z. B. wenn ein Kunde innerhalb einer bestimmten Zeit einen Mindestumsatz erreicht hat.

Skonto wird für vorzeitige Bezahlung oder für die Zahlung innerhalb einer angegebenen Frist gewährt.

Beispiel: Die Rübezahl Apfelvertriebs KG bietet dem Obsthändler Akram auf eine Rechnung über 1 000,00 € 3 % Skonto bei Zahlung innerhalb von sieben Tagen an. Wenn Akram innerhalb dieser Frist zahlt, muss er nur 970,00 € überweisen.

Erfüllungsort

Die Leistungen sind am Erfüllungsort zu erbringen. Käufer und Verkäufer können den Erfüllungsort frei vereinbaren. Treffen sie keine Vereinbarung, gilt die gesetzliche Regelung: Danach ist Erfüllungsort für die Warenlieferung der Geschäftssitz des Verkäufers (§ 269 BGB). Ähnliches gilt für die Zahlungspflicht: Erfüllungsort ist der Wohn- bzw. Geschäftssitz des Käufers.

Wenn Käufer und Verkäufer nichts hierzu vereinbaren, ist die Ware beim Verkäufer abzuholen. Nach dem Gesetz sind Warenschulden **Holschulden.**

Geldschulden sind gesetzlich **Schickschulden.** Der Käufer hat dem Verkäufer den Geldbetrag zu übermitteln (§ 270 BGB). Dabei trägt der Käufer die Kosten der Überweisung und das Risiko der Geldübermittlung.

Gefahrübergang

Gefahrübergang bedeutet, dass die Gefahr der Beschädigung oder des Verlustes der Ware auf den Käufer übergeht. Diese Gefahr geht beim **Platzkauf** mit Übergabe der Sache auf den Käufer über (§ 446 BGB).

Beispiel: Bernd kauft bei der Großbäckerei verschiedene Torten für seinen Milchladen. Als die Torten vor Übergabe über den Hof geschoben werden, fällt Vogelkot darauf. Bernd kann für die verschmutzten Torten neue verlangen, da die Gefahr gem. § 446 BGB noch nicht auf ihn übergegangen ist.

Beim **Versendungskauf** geht die Gefahr auf den Käufer über, wenn der Lieferer die Ware der Post oder dem Spediteur zur Versendung übergibt (§ 447 Abs. 1 BGB).

Beim Verbrauchsgüterkauf ist der Gefahrübergang abweichend geregelt. Ein **Verbrauchsgüterkauf** liegt vor, wenn ein Verbraucher eine bewegliche Sache von einem Unternehmer kauft (§ 474 Abs. 1 BGB). Zugunsten des Verbrauchers wurde der Gefahrübergang so geregelt, dass § 447 BGB in der Regel nicht anzuwenden ist (vgl. § 475 Abs. 2 BGB). Damit verbleibt es beim Gefahrübergang bei Übergabe. Auch wenn die Ware vom Unternehmer versendet wird, geht die Gefahr in der Regel erst mit Erhalt der Ware auf den Verbraucher über. Der Verbraucher muss beispielsweise nicht zahlen, wenn die Ware beim Transport verlorengeht. Dies gilt nur dann nicht, wenn der Käufer den Spediteur beauftragt hat, ohne dass der Verkäufer ihm diesen vorher vorgeschlagen hat. Praktisch beinhaltet der Verbrauchsgüterkauf eine gesetzliche **Bringschuld** des Unternehmers.

Gerichtsstand

Der Gerichtsstand bezeichnet die örtliche Zuständigkeit des Gerichts, bei dem eine Klage zu erheben oder andere gerichtliche Schritte einzuleiten sind. Grundsätzlich bestimmt der Erfüllungsort den Gerichtsstand. Sind beide Parteien, d.h. Kläger und Beklagter, Kaufleute, können sie einen (abweichenden) Gerichtsstand vereinbaren.

Ohne eine Vereinbarung sind **Warenschulden** am Gericht des Geschäftssitzes des Verkäufers einzuklagen, Geldschulden am Geschäftssitz des Käufers einzuklagen. Für den Zahlungsanspruch gegenüber Verbrauchern ist das Gericht an deren Wohnsitz zuständig.

6.3.4 Bestellung

Häufig wird mit der Bestellung auf ein Angebot Bezug genommen. Dann erübrigt es sich, die einzelnen Bedingungen (vgl. Abb. 1, Beispiel für ein Angebot und Bestandteile eines Angebots) zu wiederholen. Stimmen Angebot und Bestellung inhaltlich überein, ist ein Kaufvertrag zustande gekommen (§ 433 BGB).

> ! *Eine **Bestellung** ist die verbindliche Erklärung, eine Ware zu bestimmten Bedingungen kaufen zu wollen.*

In der Praxis kommt es häufig vor, dass der Käufer ein Angebot vom Grundsatz her annehmen möchte, jedoch eine oder zwei Änderungen am Angebot wünscht.

Weicht die Bestellung vom Angebot ab, kommt kein Kaufvertrag zustande. Stattdessen ist die veränderte Bestellung als neuer Antrag zu sehen. Wird dieser neue Antrag durch eine Bestellannahme bestätigt, kommt damit der Kaufvertrag zustande. Im Einzelnen sind die in der Abb. 7 gezeigten Varianten bezüglich Angebot und Bestellung möglich.

Bei einer erstmaligen Bestellung nimmt der Lieferer üblicherweise die Kundendaten auf und überprüft sie. Nachbestellungen können dann leichter vollzogen werden. Bei Nachbestellungen ist auf die Verfügbarkeit der Ware und auf den Preis zu achten. Möglicherweise gelten die ursprünglich vereinbarten Preise nicht mehr.

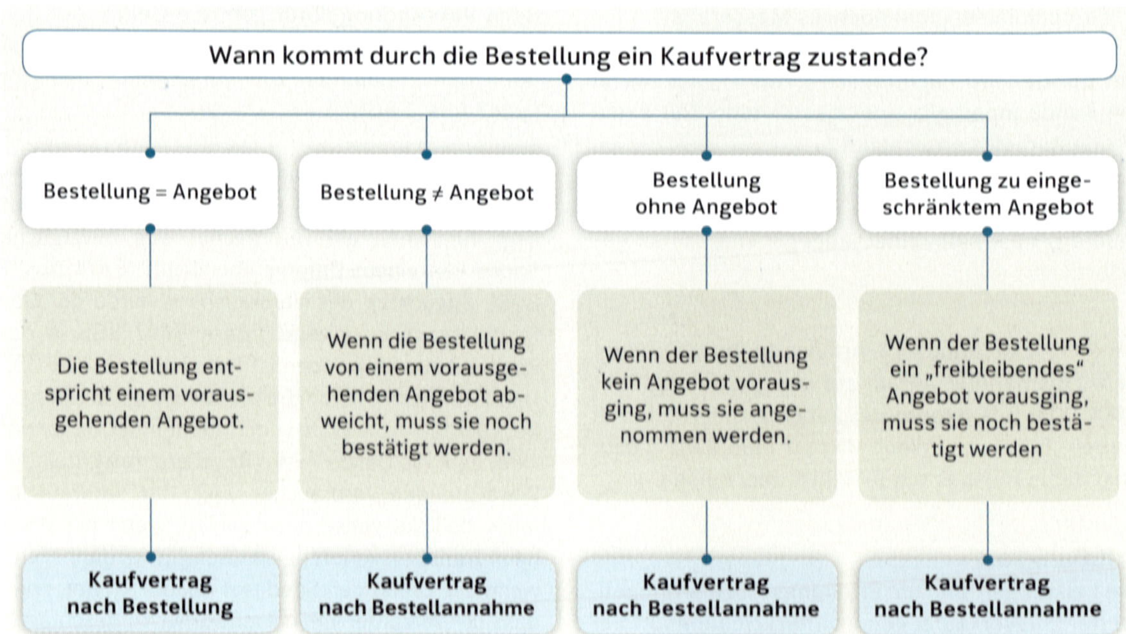

Abb. 7: Abschluss eines Kaufvertrags nach Bestellung

Beispiel: Für seine Obstläden bestellt der Kaufmann Kaya bei der Großhändlerin Salsa AG 50 Steigen erstklassige und direkt eingeflogene Orangen. Als die Lieferung ankommt, ist sie schneller verkauft als erwartet. Er bestellt zehn Steigen nach. Die Salsa AG teilt ihm daraufhin mit, dass die Steigen zwar noch lieferbar seien, der Preis aber um 10 % gestiegen sei. Ein Kaufvertrag ist hinsichtlich der Nachbestellung nicht abgeschlossen worden. Kaya muss entscheiden, ob er nachverhandelt oder ob er das neue Angebot der Salsa AG annimmt.

Form der Bestellung

Die Bestellung und die Bestellannahme unterliegen keiner bestimmten Form. Sie können mündlich, schriftlich, per E-Mail oder auch per Telefax erfolgen. Bei umfangreichen Geschäften empfiehlt es sich zu Beweiszwecken, dass diese Willenserklärungen zumindest in Textform vorliegen.

Beispiel: Erstmalig bestellt Melis im Geschäft der Mond AG beim Auszubildenden Jochen Bergmann eine Waschmaschine und einen Trockner. Jochen Bergmann nimmt die Kundendaten auf und überprüft sie. Dann druckt er ein Bestellformular aus mit Angabe der bestellten Artikel, des Preises, der Liefer- und Zahlungsbedingungen und lässt es von Melis unterschreiben.

Verbindlichkeit der Bestellung

Die Bestellung ist eine empfangsbedürftige Willenserklärung. Sie wird wirksam, wenn sie zugegangen ist:

- Eine mündliche oder telefonische Erklärung geht sofort zu.
- Ein Brief geht zu, wenn er von der Post in den Briefkasten des Empfängers eingeworfen wird (§ 130 BGB).
- Eine E-Mail geht zu, wenn sie in der Mailbox des Empfängers ankommt.
- Ein Telefax geht zu, wenn es beim Empfänger ankommt.

Die Bestellung ist verbindlich, wenn sie nicht vor oder gleichzeitig mit Zugang widerrufen wird (siehe dazu oben unter 6.2.2).

Wenn ein Verbraucher bei einem Unternehmer im Fernabsatz, z. B. im Internet, per Bestellformular aus dem Katalog oder per Telefon, bestellt hat, besteht ein besonderes **Widerrufsrecht.** Der Verbraucher kann den Vertrag 14 Tage nach Erhalt der Ware widerrufen. Diese Frist verlängert sich, wenn der Verbraucher nicht ordnungsgemäß über sein Widerrufsrecht informiert wurde. Ein solches Widerrufsrecht besteht auch bei Haustürgeschäften zugunsten des Verbrauchers.

Abb. 8: Bei Fernabsatzgeschäften besteht ein besonderes Widerrufsrecht.

Auftragsbestätigung

Um Missverständnisse über die Inhalte des zustande gekommenen Kaufvertrags zu vermeiden, empfiehlt sich eine schriftliche Bestätigung der Vertragsinhalte. In der Praxis fügt der Verkäufer dieser Bestätigung seinen Dank für die Bestellung hinzu.

> **!** *Die Auftragsbestätigung bestätigt die Annahme der Bestellung.*

Die Auftragsbestätigung ist an keine bestimmte Form gebunden.

Erfüllung des Kaufvertrags

Den Abschluss des Kaufvertrags bezeichnen wir auch als **Verpflichtungsgeschäft.** Damit haben sich Lieferant und Besteller zum Kauf verpflichtet. Davon rechtlich zu unterscheiden ist das **Erfüllungsgeschäft.** Es besteht darin, dass der Verkäufer dem Käufer die Ware übergibt und ihm das Eigentum daran verschafft. Gleiches gilt für den Käufer hinsichtlich der Zahlungsmittel.

» Lernfeld 3, Kapitel 3.1.4

Beim Kauf an der Kasse beim Einzelhändler fallen Verpflichtungs- und Erfüllungsgeschäft zeitlich meist zusammen: Die Ware wird dem Käufer gegen

Bezahlung überlassen. Anders ist es, wenn Bestellung und Vertragsabschluss telefonisch erfolgen, Lieferung und Zahlung aber erst später vorgenommen werden.

Das Eigentum an der Ware kann aber auch vorbehalten werden, bis der Kaufpreis bezahlt ist (§ 449 BGB).

» Lernfeld 3, Kapitel 3.1.8

Beispiel: Uta Herbst kauft im Autohaus Rot AG einen Porsche Cabrio. Sie zahlt einen Betrag an, damit ihr das Auto übergeben wird. Gleichzeitig behält sich das Autohaus im Vertrag das Eigentum an dem Auto vor, bis der Kaufpreis vollständig bezahlt ist **(Eigentumsvorbehalt).** Weiter wird von Uta Herbst verlangt, dass sie eine Vollkaskoversicherung abschließt und den Anspruch auf Auszahlung dieser Versicherung zur Sicherheit an das Autohaus abtritt.

6.3.5 Kaufvertragsarten

Kaufverträge lassen sich nach unterschiedlichen Gesichtspunkten unterscheiden (vgl. Abb. 9). Oft jedoch werden Kaufverträge im Wirtschaftsleben unterschiedlich bezeichnet. Teilweise wird der Barkauf auch Sofortkauf genannt. Doch wird mit dem Begriff „Sofortkauf" oft auch eine andere Vereinbarung gemeint, z. B., dass dem Käufer die Ware sofort, eventuell auch gegen Finanzierung des Kaufpreises, übergeben wird. Entscheidend ist deshalb nicht, wie der Kaufvertrag bezeichnet wird, sondern was im Einzelnen inhaltlich vereinbart ist.

Kaufverträge unterscheiden sich nach ...			
den Vertragspartnern	der Ware	den Lieferbedingungen	den Zahlungsbedingungen
■ **Privatkauf:** Käufer und Verkäufer sind Privatpersonen ■ **Einseitiger Handelskauf:** ein Vertragspartner ist Kaufmann ■ **Zweiseitiger Handelskauf:** Käufer und Verkäufer sind Kaufleute	■ **Kauf auf Probe:** innerhalb einer vereinbarten Frist kann der der Käufer den Vertrag billigen oder die Waren zurückgeben. ■ **Kauf zur Probe:** Vertrag löst sich auf, wenn sich die Ware nicht zum vereinbarten Zweck eignet. ■ **Kauf nach Probe:** Kauf nach Muster, eine Menge wird (nach)bestellt, die dem Muster entsprechen muss. ■ **Gattungskauf (Gegenteil: Stückkauf):** eine nur im Allgemeinen bestimmte Sache wird gekauft (vgl. § 243 BGB). ■ **Bestimmungskauf:** Käufer kann innerhalb einer vereinbarten Frist die Ware nach Qualität, Menge usw. bestimmen.	■ **Fixkauf:** Ware wird zu einem vereinbarten Termin geliefert, z. B. Hochzeitstorte. ■ **Terminkauf:** Ware wird innerhalb einer bestimmten Frist oder bis zu einem vereinbarten Termin geliefert. ■ **Kauf auf Abruf:** Käufer kann Ware in Teilmengen liefern lassen, um Lagerkosten zu sparen.	■ **Barkauf:** Kauf gegen Barzahlung, Zug um Zug gegen Übergabe der Ware ■ **Zielkauf:** Kaufpreis wird nach Lieferung der Ware innerhalb einer bestimmten Frist bezahlt. ■ **Ratenkauf:** Kaufpreis wird nach Lieferung der Ware in Raten bezahlt. Wird der Ratenkauf mit einem Verbraucher vereinbart, ist die Schriftform erforderlich, da der Verbraucher ein Widerrufsrecht hat.

Abb. 9: Unterscheidung von Kaufverträgen

6.3.6 Exkurs: Zusendung unbestellter Ware

Bei der Zusendung unbestellter Ware sind zwei Möglichkeiten zu unterscheiden:

Verbraucher erhält unbestellte Ware

Die Zusendung unbestellter Ware von einem Unternehmer an einen Verbraucher ist gesetzlich geregelt (§ 241 a BGB). Danach kommt in der Regel kein Vertrag zustande, selbst wenn der Verbraucher schweigt, die Ware entsorgt oder benutzt. Auch anderweitige Ansprüche gegen den Verbraucher sind dann ausgeschlossen. Ein Vertrag kommt nur zustande, wenn der Verbraucher bezahlt oder die Annahme (Bestellung) erklärt.

Abb. 10: Unbestellte Ware

Kaufmann erhält unbestellte Ware

Wenn unbestellte Ware einem Kaufmann durch einen anderen Kaufmann zugesandt wird, ist im Einzelfall zu unterscheiden. Die der Ware beigelegten Unterlagen wie Rechnungen usw. sind zu prüfen:

- Stehen beide Kaufleute in ständiger Geschäftsverbindung und liegt in der Versendung ein für den Empfänger erkennbarer Irrtum, so sollte der Empfänger die Ware unfrei zurücksenden. Zumindest muss er den Händler unverzüglich über die unverlangt zugesandte Ware informieren.
- Wenn der Empfänger aber die zugesandte Ware aufgrund der Umstände der Versendung als eine kostenlose Probesendung ansehen durfte, darf er sie kostenfrei verbrauchen.

Aufgaben

1. Erläutern Sie, wozu eine Anfrage dient.
2. Beurteilen Sie, ob folgende Angebote verbindlich sind, und begründen Sie Ihre Antwort:
   a) Ein fehlerhaftes Angebot wird per Brief verschickt, am Absendetag abends aber per E-Mail widerrufen.
   b) Angebote in einem Katalog
   c) Ein Angebot an Ihren Ausbildungsbetrieb hat folgenden Zusatz: „Gültigkeitsdauer vier Wochen ab Absendetag".
   d) Sonderangebot per Brief an Ihren Praktikumsbetrieb geschickt mit dem Zusatz: „Solange Vorrat reicht".
3. In welcher Zeit müssen Sie ein unbefristetes Angebot annehmen, das per Brief an Ihren Ausbildungsbetrieb geschickt wurde?
4. Nennen Sie die wesentlichen Vertragsbestandteile beim Kaufvertrag.
5. Erläutern Sie, wann Lieferung und Zahlung erfolgen müssen, wenn hierzu nichts vereinbart ist.
6. Erläutern Sie, was für eine Schuld normalerweise vorliegt, wenn der Lieferer und der Einzelhändler hierzu nichts ausdrücklich vereinbaren, aber ihren Geschäftssitz an unterschiedlichen Orten haben.
7. Ein Kunde bestellt vom Einzelhändler im Internet ein Handy und lässt es sich zusenden. Wann geht die Gefahr des zufälligen Untergangs der Ware beim Verbrauchsgüterkauf auf den Verbraucher über?
8. Der Weinhändler Florian sendet ausgesuchten Verbrauchern unverlangt je eine Flasche Wein mit einer Rechnung zu. Da einige Verbraucher den Wein getrunken, andere ihn entsorgt oder gar verschenkt haben, meint Florian von ihnen den Kaufpreis fordern zu können. Zu Recht?

Kompetenzraster, Kapitel 6.1 bis 6.3					
Kapitel	**Ich kann ...**	**nein**	**un-sicher**	**recht sicher**	**ja**
6.1	■ die Ziele der Beschaffung nennen.				
	■ die Kostenbestandteile der Beschaffung nennen und erläutern.				
	■ objektorientierte und funktionsorientierte Beschaffungsorganisation unterscheiden und erläutern, warum sie zur internen Beschaffungsorganisation gehören.				
	■ zentrale und dezentrale Beschaffungsorganisation unterscheiden, ihre jeweiligen Vor- und Nachteile nennen und erläutern, warum sie zur externen Beschaffungsorganisation gehören.				
	■ betriebsinterne und betriebsexterne Bezugsquellen nennen.				
	■ ökologische und soziale Aspekte der Beschaffung erläutern.				
	■ erläutern, warum das Sortiment des Einzelhändlers die Grundlage seiner Beschaffungsplanung darstellt.				
	■ die Begriffe Sortimentsbereinigung, Sortimentserweiterung und Sortimentsvariation unterscheiden und jeweils Beispiele nennen.				
6.2	■ betriebsinterne und betriebsexterne Informationsquellen der Bedarfsermittlung nennen und erläutern.				
	■ die Bedeutung der optimalen Bestellmenge erläutern.				
	■ den Zusammenhang zwischen Bestellmenge und Lagerkosten bzw. Bestellkosten erläutern.				
	■ die Lagerbestandsgrößen Mindestbestand, Meldebestand und Höchstbestand erläutern.				
	■ erläutern, wann für den Einzelhändler eine Vorratsbeschaffung bzw. eine Beschaffung nach Auftrag des Kunden sinnvoll ist, und zwischen Bestellpunktverfahren und Bestellrhythmusverfahren unterscheiden.				
	■ das Kalkulationsschema für die Bezugskalkulation darstellen.				
	■ den Bezugspreis berechnen, wenn der Listeneinkaufspreis und die Prozentsätze für Rabatt und Skonto gegeben sind.				
	■ erläutern, dass der Bezugspreis zuerst für die Bestellmenge und erst danach pro Stück berechnet wird.				
	■ den Begriff Tara erläutern.				
	■ Beispiele für Mengenspesen und für Wertspesen nennen.				
	■ Mengenspesen mithilfe einer Verteilungsrechnung auf Grundlage des Bruttogewichts verteilen.				
	■ Wertspesen mithilfe einer Verteilungsrechnung auf Grundlage des Zieleinkaufspreises verteilen.				
6.3	■ die rechtliche Bedeutung der Begriffe Anfrage, Angebot, Anpreisung, Bestellung und Auftragsbestätigung erläutern.				
	■ die Verbindlichkeit und Bindungsdauer von Angeboten beurteilen.				
	■ inhaltliche Bestandteile von Angeboten nennen und erläutern.				
	■ Arten von Kaufverträgen nennen und erläutern.				

6.4 Angebotsvergleich

Die Trendino Computer-Shop GmbH führt in der Filiale in Altstadt ein neues Azubi-Projekt mit dem Titel „Wo kaufen wir am günstigsten ein?“ durch. Die drei Auszubildenden erhalten die Aufgabe, aus dem gesamten Sortiment zehn Artikel auszuwählen und zu prüfen, ob es neben den vorhandenen Lieferanten noch andere, eventuell günstigere Anbieter gibt.

Die Auszubildenden haben insgesamt 14 Tage Zeit.

Neben dem Einkaufspreis gibt es noch andere wichtige Hinweise für die Entscheidung, bei welchem Lieferanten ein Einzelhandelsbetrieb seine Waren einkauft. Beim Angebotsvergleich ist es wichtig, diese Merkmale zu benennen und zu bewerten. Dann kann festgestellt werden, welches das günstigste Angebot ist.

Zum Vergleich von Angeboten gibt es grundsätzlich zwei Möglichkeiten:

- **Quantitativer Angebotsvergleich:** Hier werden die reinen Zahlenwerte miteinander verglichen, so z. B. die Höhe des Bezugspreises oder des Rabatts.
- **Qualitativer Angebotsvergleich:** Bei diesem Vergleich sollen auch Eigenschaften des Produkts oder des Lieferanten bewertet und in den Vergleich einbezogen werden.

Beispiel: Die Trendino Computer-Shop GmbH führt Angebotsvergleiche durch.

Die Geschäftsleitung der Trendino Computer-Shop GmbH hat entschieden, sogenannte Smartboards neu in das Sortiment zu nehmen. Auf der Kundenseite liegen Anfragen von privaten Bildungsträgern und Betrieben vor, die ihre Schulungsräume neu ausstatten wollen. Zunächst soll ein einzelnes Smartboard angeschafft werden, das im Verkaufsraum der Trendino Computer-Shop GmbH ausgestellt wird und Kunden vorgeführt werden kann.

Der Hauptlieferant der Trendino, die Matro AG, hat Smartboards nicht im Angebot, deshalb nimmt die Geschäftsleitung der Trendino Kontakt zu anderen Lieferanten auf. Nach kurzer Zeit werden Vertreterbesuche mit der E&B Elektronik GmbH und der UltraCorp KG vereinbart. Die Vertreter stellen mehrere Geräte vor. Für die Trendino kommen zwei Angebote in Betracht (vgl. Abb. 1 und 2).

Angebot A 1277/62

Sehr geehrte Damen und Herren,

vielen Dank für Ihre Anfrage. Nachfolgend bieten wir Ihnen an:

Schoolmaster E-Board für Einsatz in Verbindung mit digitalem Projektor und PC

Technische Daten:
- interaktives Board 121 x 173 cm
- Diagonale 77 Zoll
- kratzfeste Emailoberfläche

Lieferumfang:
- digitale Stifte
- Software
- Kabel
- Befestigungsset für die Wandmontage

Einzelpreis, netto **950,00 €**

Als Neukunde bieten wir Ihnen einen Rabatt von 30 %.

Die Versandkosten betragen 25,00 € je Gerät; die Lieferzeit beträgt ca. 3 bis 4 Wochen.

Zahlungsbedingungen: zahlbar binnen 20 Tagen nach Rechnungserhalt; bei Zahlung innerhalb von 8 Tagen gewähren wir 3 % Skonto.

Wir freuen uns auf Ihre Bestellung.

Mit freundlichen Grüßen

E&B Elektronik GmbH

Siebald

Siebald

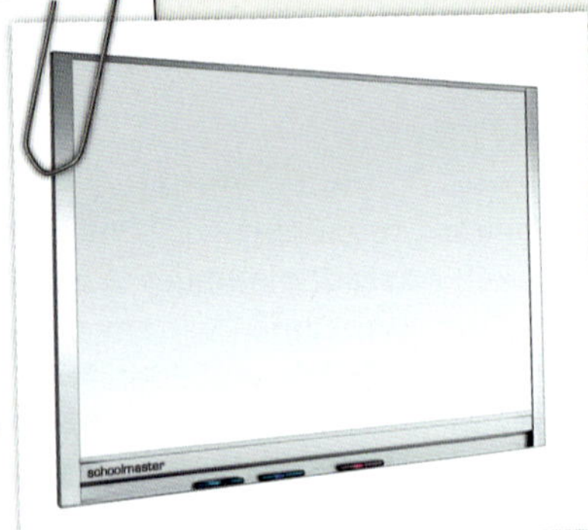

Im Test einer Fachzeitschrift hat das Gerät mit „Sehr gut" abgeschnitten. Die Handhabung des Gerätes ist leicht erlernbar. Es liegt eine umfangreiche deutsche Bedienungsanleitung bei. Auf der Webseite der E&B Elektronik GmbH ist die Handhabung des Geräts detailliert mit Hilfe von Video-Sequenzen dargestellt.

Wir haben bereits in der Vergangenheit Elektronikartikel bei der E&B Elektronik GmbH beschafft. Die Lieferungen waren immer zufriedenstellend.

Abb. 1: Angebot der E & B Elektronik GmbH

Angebot Nr. 2556

Sehr geehrte Damen und Herren,

für die Nutzung mit einem digitalen Projektor sowie einem PC können wir Ihnen unser Smartboard Socer „SB200" zum Preis von 620,00 € zzgl. USt sowie Lieferkosten von 42,00 € pro Gerät anbieten.

Details: interaktives Board 125 x 176 cm, Diagonale 77 Zoll, keramsiche Oberfläche. Kabel, Software und die Materialien zur Wandmontage liegen bei.

Unsere Liefer- und Zahlungsbedingungen:
Lieferung erfolgt eine Woche nach Bestelleingang, zahlbar binnen 20 Tagen nach Rechnungserhalt; bei Zahlung innerhalb von 10 Tagen gewähren wir 2,5 % Skonto. Wiederverkäufer erhalten einen Rabatt von 20 %.

Ihre Bestellung werden wir zu Ihrer vollsten Zufriedenheit ausführen.

Mit freundlichen Grüßen

UltraCorp KG

A. Neumann

Alfred Neumann

Das Gerät wurde in der gleichen Fachzeitschrift wie das „Schoolmaster E-Board" getestet, Ergebnis „Gut". Der Vertreter konnte das Gerät bei der Vorführung problemlos handhaben. Die Bedienungsanleitung liegt nur in englischer Sprache vor und erscheint eher unübersichtlich.
Mit der UltraCorp KG hatten wir bisher noch keine Geschäftsbeziehungen.

Abb. 2: Angebot der UltraCorp KG

6.4.1 Quantitativer Angebotsvergleich

Um eine Entscheidung zwischen beiden Angeboten zu treffen, berechnet die Geschäftsleitung der Trendino Computer-Shop GmbH zunächst jeweils den Bezugspreis pro Gerät. Der Preisvergleich wird als quantitativer Angebotsvergleich bezeichnet, weil es sich ausschließlich um Rechengrößen handelt (vgl. Abb. 3).

Abb. 3: Beim quantitativen Vergleich geht es um den Vergleich von Zahlenwerten.

Für beide Angebote wird der Bezugspreis berechnet (vgl. Abb. 4).

	Schoolmaster E-Board		Socer SB 200	
	%	€	%	€
Listeneinkaufspreis		950,00		620,00
– Rabatt	30,0	285,00	20,0	124,00
= **Zieleinkaufspreis**		665,00		496,00
– Skonto	3,0	19,95	2,5	12,40
= **Bareinkaufspreis**		645,05		483,60
+ Bezugskosten		25,00		42,00
= **Bezugspreis**		**670,05**		**525,60**

Abb. 4: Berechnung zum Vergleich der Bezugspreise

Ein Stück des Schoolmaster E-Boards würde 670,05 € kosten. Ein Stück des Socer SB 200 kostet 525,60 €.

Der Bezugspreis für das Socer SB200 ist somit deutlich niedriger als der Bezugspreis für das Schoolmaster E-Board. Das Ergebnis des quantitativen Angebotsvergleichs ist also, dass das Socer SB200 beschafft werden sollte.

6.4.2 Qualitativer Angebotsvergleich

Für eine Entscheidung zwischen beiden Angeboten reicht der Preisvergleich nicht aus. Es müssen auch andere Vergleichskriterien herangezogen werden. Vergleichskriterien, die nicht als Zahlenwert (wie der Bezugspreis) ausgedrückt werden können, werden als qualitative Kriterien bezeichnet. Zu den qualitativen Kriterien gehören

- die Qualität der Ware oder
- die Verlässlichkeit des Lieferanten.

Abb. 5: Auch qualitative Merkmale sind zu vergleichen.

Ein mögliches Verfahren für die Durchführung eines qualitativen Angebotsvergleichs, der auch quantitative Kriterien berücksichtigen kann, ist die **Nutzwertanalyse.** Sie ist eine Methode, um aus einer Vielzahl von Möglichkeiten die bestmögliche herauszufinden. Das Verfahren bietet sich nicht nur für den Angebotsvergleich an, sondern kann z. B. auch bei der Personalauswahl für eine zu besetzende Stelle oder bei der Entscheidung zwischen angebotenen Mietwohnungen helfen. Im Folgenden ist ein Leitfaden für eine mögliche Anwendung dieses Verfahrens dargestellt:

Leitfaden Nutzwertanalyse

Die Bewertung mithilfe der Nutzwertanalyse erfolgt in zwei getrennten Schritten.

1. Schritt: Kriterienauswahl mit Festlegung der Gewichtung und der Bewertungsskala (vgl. Abb. 6)

Nachdem die Kriterien für die Auswahl festgelegt wurden, müssen Sie entscheiden, wie wichtig diese sind. Dafür stehen Ihnen 100 Gewichtungspunkte zur Verfügung, die auf die einzelnen Kriterien zu verteilen sind. Das für Sie wichtigste Kriterium erhält die meisten Punkte, das unwichtigste die wenigsten Punkte. Außerdem wird für jedes Kriterium die Bewertungsskala festgelegt. In diesem Leitfaden werden alle Kriterien auf einer Bewertungsskala zwischen 0 und 4 Punkten bewertet:

- 0: Das Kriterium ist nicht erfüllt.
- ...
- 4: Das Kriterium ist hervorragend erfüllt.

Kriterium	Gewichtungspunkte	Bewertungsskala
1. ...	30	0 1 2 3 4
2. ...	30	0 1 2 3 4
3. ...	20	0 1 2 3 4
4. ...	15	0 1 2 3 4
5. ...	5	0 1 2 3 4
Summe	**100**	

Abb. 6: Erster Schritt der Nutzwertanalyse: Auswahl und Gewichtung der qualitativen Kriterien

2. Schritt: Ermittlung der Nutzwerte für jedes Angebot (vgl. Abb. 7)

Dann wird jedes vorliegende Angebot anhand der zur Verfügung stehenden Daten bewertet. Dies erfolgt durch die Vergabe von Bewertungspunkten aus der Bewertungsskala für die einzelnen Kriterien. Die Bewertungspunkte werden mit den Gewichtungspunkten multipliziert. Die sich so ergebenden Nutzwerte werden addiert.

Das Angebot mit dem höchsten Nutzwert wird ausgewählt.

Kriterium	Gewichtung	Angebot A		Angebot B	
		Bewertung	Nutzwert	Bewertung	Nutzwert
1. ...	30	3	90	4	120
2. ...	30	0	0	3	90
3. ...	20	1	20	2	40
4. ...	15	4	60	2	30
5. ...	5	2	10	4	20
Summe	**100**		**180**		**300**

Abb. 7: Zweiter Schritt der Nutzwertanalyse: Bewertung und Vergleich der einzelnen Angebote

Fortsetzung Beispiel: Die Trendino Computer-Shop GmbH führt Angebotsvergleiche durch.

Die Geschäftsleitung der Trendino Computer-Shop GmbH möchte die Entscheidung, welches Smartboard angeschafft wird, mithilfe einer Nutzwertanalyse treffen. Sämtliche Vergleichskriterien, also quantitative und qualitative Kriterien, sollen in einem Schema berücksichtigt werden. Die Geschäftsleitung geht folgendermaßen vor:

1. Schritt: Festlegen der Kriterien, der Gewichtung und der Bewertungsskalen
Neben dem Bezugspreis werden als qualitative Kriterien für die Entscheidung zwischen beiden Angeboten

- die Qualität des Geräts,
- die Handhabung/Bedienungsanleitung,
- die Lieferzeit sowie
- die Verlässlichkeit des Lieferanten

festgelegt. Das wichtigste Kriterium ist die Qualität, das am wenigsten wichtige die Lieferzeit. Die 100 Gewichtungspunkte werden auf die fünf Kriterien verteilt, wobei für Qualität 40, für Lieferzeit 5 und für die anderen Kriterien Werte dazwischen festgelegt werden. Alle Kriterien sollen auf einer Skala von 0 bis 4 bewertet werden.

2. Schritt: Ermitteln der Nutzwerte für die vorliegenden Angebote
Alle fünf Kriterien werden auf der Bewertungsskala von 0 bis 4 für das Schoolmaster E-Board und für das Socer SB 200 bewertet. Die Bezugspreise unterscheiden sich zwar deutlich (670,05 € und 525,60 €), sind aber beide marktgerecht, sodass als Gewichtung 4 Punkte für das niedrigere und 2 Punkte für das teurere Angebot bestimmt werden.

In den wichtigsten Kriterien erhält das Schoolmaster E-Board die deutlich bessere Bewertung. Nur der Bezugspreis und die Lieferzeit für das Socer SB 200 sind günstiger. Die Bewertung der Geschäftsleitung führt zu den in Abb. 8 dargestellten Nutzwerten (vgl. Abb. 8).

Die Summe der Nutzwerte für das Schoolmaster E-Board ist deutlich höher als die Summe der Nutzwerte für das Socer SB 200. Das Ergebnis der Nutzwertanalyse berücksichtigt den quantitativen Angebotsvergleich – also die Bezugspreise – und qualitative Vergleichskriterien.
Die Geschäftsleitung entscheidet sich für die Beschaffung des Schoolmaster E-Boards.

Kriterium	Gewichtung	Schoolmaster E-Board		Socer SB 200	
		Bewertung	Nutzwert	Bewertung	Nutzwert
1. Bezugspreis	20	2	40	4	80
2. Qualität	40	4	160	2	80
3. Handhabung/Bedienungsanleitung	20	4	80	1	20
4. Lieferzeit	5	1	5	2	10
5. Verlässlichkeit	15	4	60	2	30
Summe	**100**		**345**		**220**

Abb. 8: Zweiter Schritt der Nutzwertanalyse: Bewertung und Vergleich der einzelnen Angebote

Aufgabe

1 Ein Freund des Geschäftsführers von Trendino betreibt ein Computerfachgeschäft in einer anderen Stadt. Er berichtet von seinen Erfahrungen mit der Firma E&B Elektronik-GmbH: „Das Schoolmaster E-Board hat zwar beim Test mit ‚sehr gut' abgeschnitten, ich höre von Kunden aber immer wieder, dass die Qualität nicht besser ist als die des Socer SB 200. Außerdem muss ich dir sagen, dass ich die Firma E&B als sehr unzuverlässig erlebt habe."

a) Ermitteln Sie die aktuellen Nutzwerte (vgl. Abb. 8), wenn „Schoolmaster" nun zur Qualität die Note 2 und zur Verlässlichkeit die Note 1 bekommt.

b) Welche Empfehlung geben Sie Trendino zu der Frage, bei welchem Lieferanten das Smartboard bezogen werden soll?

6.5 Beschaffung kontrollieren

„Waren Sie zufrieden mit Ihrem Einkauf bei uns?" fragt Jutta Fröhlich die Kundin routinemäßig an der Kasse. – „Nein, denn ich habe beim Joghurt eine Sorte, die ich kaufen wollte, nicht gefunden. Haben Sie die Regale neu sortiert?" – „Nein, bestimmt nicht. Welche Sorte wollten Sie denn kaufen?" – „Stracciatella!" „Oh, das tut mir leid. Der war letzte Woche als Sonderaktion im Angebot. Davon ist nichts mehr da."

6.5.1 Der Begriff der Warenwirtschaft

Aufgabe der Einzelhandelsunternehmen ist die Versorgung der Verbraucher mit Waren. Um jederzeit die Verkaufsbereitschaft aufrechterhalten zu können, muss der Einzelhändler verkaufte Ware möglichst schnell wieder durch neue ersetzen. Die Ware kann entweder aus dem Lager in den Verkaufsraum gebracht werden oder sie muss beim Lieferanten neu bestellt werden. Es entsteht ein ständiger Warenfluss durch das Unternehmen (vgl. Abb. 1).

Aufgabe der Warenwirtschaft ist es, den Warenfluss möglichst so zu planen, zu gestalten und zu steuern, dass jederzeit alle im Verkauf benötigten Waren in ausreichendem Maße zur Verfügung stehen. Ziel ist dabei einerseits, die Warenverfügbarkeit jederzeit zu gewährleisten, andererseits sollen die damit verbundenen Kosten so gering wie möglich gehalten werden.

> ! *Die **Warenwirtschaft** umfasst alle Prozesse im Zusammenhang mit dem Warenfluss durch das Unternehmen.*

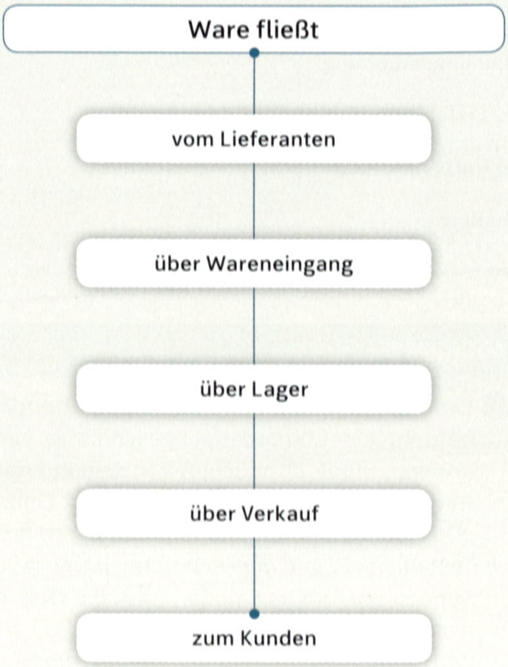

Abb. 1: Warenfluss im Einzelhandelsunternehmen

6.5.2 Bestandskontrolle

Durch die Ausweitung der Öffnungszeiten im Einzelhandel in den letzten Jahren findet heute ein ständiger Warenverkauf im Einzelhandel statt, von den frühen Morgenstunden bis in den Abend hinein. Der Warenbestand in den Regalen muss daher ständig kontrolliert werden, Regallücken müssen so schnell wie möglich erkannt und wieder geschlossen werden. Die Aufrechterhaltung der Verkaufsbereitschaft ist eine Voraussetzung für den Warenverkauf und damit für den wirtschaftlichen Erfolg des Unternehmens.

Zur ständigen **Aufrechterhaltung der Verkaufsbereitschaft** kann das Unternehmen unterschiedliche Maßnahmen ergreifen:
- regelmäßige Kontrolle der Regalbestände bzw. des Abverkaufs,
- Sicherstellung der Warenverfügbarkeit im Lager oder beim Lieferanten,
- Aufbau eines Bestellsystems, das rechtzeitig Ware beim Lieferanten ordert, um den Warenfluss aufrechtzuerhalten.

Welche Möglichkeiten das Unternehmen nutzen kann, um die Verkaufsbereitschaft zu sichern, hängt unter anderem ab von
- der Lagerfähigkeit der Ware,
- den vorhandenen Lager- und Transportkapazitäten und
- dem Aufwand (Kosten, Zeitdauer) der Warenbeschaffung.

Die Verkaufsbereitschaft ließe sich dadurch garantieren, dass von allen Artikeln im Sortiment eine sehr große Stückzahl bereitgehalten wird. Damit könnte jede denkbare, von den Kunden gewünschte Nachfrage befriedigt werden. Kein Unternehmen verfügt aber über ausreichenden Lagerraum, um einen solch hohen Grad der Verkaufsbereitschaft für alle Artikel im Sortiment sicherstellen zu können.

Daher müssen die Unternehmen die Artikel in ihrem Sortiment danach unterscheiden, ob sie regelmäßig bzw. besonders häufig oder in großen Mengen gekauft werden. Regallücken entstehen bei Waren mit regelmäßigem, häufigem und hohem Absatz schneller und öfter als bei anderen Waren.

6.5.3 Renner-Penner-Liste

Die Nachfrage nach den Artikeln im Sortiment ist nicht immer gleich hoch. Einige Artikel werden häufiger oder in größeren Mengen nachgefragt als andere. Gründe hierfür sind Unterschiede in der Haltbarkeit der Ware und im Bedarf der Kunden.

Um die Artikel miteinander vergleichen zu können, kann ihre Absatzgeschwindigkeit berechnet werden. Die Absatzgeschwindigkeit lässt sich ermitteln, indem die Absatzmenge eines Artikels während einer bestimmten Zeitdauer, z. B. während eines Jahres oder einer Woche, gezählt wird. Sie wird wie folgt berechnet:

$$\textbf{Absatzgeschwindigkeit} = \frac{\text{Absatzmenge}}{\text{Zeitdauer}}$$

Für Sortimentsbereiche mit ähnlichen Artikeln lassen sich Absatzgeschwindigkeiten miteinander vergleichen. Sie werden in **Renner-Penner-Listen** zusammengefasst. Hier werden die Artikel nach der Höhe ihrer Absatzgeschwindigkeiten aufgelistet (vgl. Abb. 2 und 3).

Joghurt-Sorte	Verkaufspreis (€)	Absatzmenge (Stück)	Umsatzerlöse (€)
Banane	0,26	8000	2080,00
Zitrone	0,29	7500	2175,00
Erdbeere	0,27	7300	1971,00
Aprikose	0,29	4800	1392,00
Vanille	0,29	4500	1305,00
Kiwi	0,29	4200	1218,00
Mandel	0,28	4200	1176,00

Abb. 2: Renner-Penner-Liste nach Absatzmenge

Joghurt-Sorte	Verkaufspreis (€)	Absatzmenge (Stück)	Umsatzerlöse (€)
Zitrone	0,29	7500	2175,00
Banane	0,26	8000	2080,00
Erdbeere	0,27	7300	1971,00
Aprikose	0,29	4800	1392,00
Vanille	0,29	4500	1305,00
Kiwi	0,29	4200	1218,00
Mandel	0,28	4200	1176,00

Abb. 3: Renner-Penner-Liste nach Umsatzerlösen

Für die Artikel mit hoher Absatzgeschwindigkeit muss eine ausreichend große Menge im Lager vorhanden sein, weil bei ihnen Regallücken schneller bzw. öfter entstehen können.

Eine geringe Absatzgeschwindigkeit kann darauf hinweisen, dass nur ein geringer Bedarf der Kunden nach dem Artikel besteht. Kann auch zukünftig nicht mit einer Belebung gerechnet werden, lassen sich nur geringe oder keine Umsatzerlöse mit dem Artikel erzielen. Langfristig müssen solche Waren aus dem Sortiment genommen werden, weil mit ihnen wegen zu geringer Umsatzerlöse kaum Gewinn zu erzielen ist.

Artikel mit geringer oder fehlender Absatzgeschwindigkeit können aus strategischen Gründen trotzdem im Sortiment behalten werden, wenn z. B.

- durch technisch besonders anspruchsvolle Artikel die Spannweite des Sortiments dargestellt werden soll,
- die Artikel als Ersatz- oder Ergänzungsangebote für andere Artikel im Sortiment notwendig sind oder
- durch hochpreisige Markenartikel Kunden mit besonderem Anspruchsniveau angesprochen werden sollen.

Beispiel: Jutta Fröhlich bietet im Welt-Laden handgefertigte Öllampen an (vgl. Abb. 4). Da sie die Erfahrung gemacht hat, dass Kunden eher eine Lampe kaufen, wenn sie gleich alles, was sie benötigen, dazukaufen können, hat sie nun auch Öl für diese Lampen im Sortiment. Durch den Verkauf des Öls erzielt sie nur einen geringen Umsatz und einen sehr geringen Gewinn. Allerdings hat sich der Umsatz der Lampen verdoppelt, seit sie das Komplettangebot hat.

Abb. 4: Das Angebot von Zusatzartikeln kann den Umsatz der Hauptartikel steigern.

6.5.4 ABC-Analyse

Hat ein Artikel eine hohe Absatzgeschwindigkeit und leistet auch einen großen Anteil am Umsatz, muss er immer im Angebot sein. Fehlt hingegen ein Penner-Artikel, geht vergleichsweise wenig Umsatz verloren. Es ist deshalb sinnvoll, die Artikel danach einzuteilen, wie problematisch eine Unterbrechung der Verkaufsbereitschaft wäre. Hierzu kann die ABC-Analyse benutzt werden.

Grundlage der Betrachtung sind die Einkaufsmengen der Artikel in der letzten Wirtschaftsperiode. Es wird unterstellt, dass die Artikel zum gängigen Sortiment gehören: Die Warenmenge, die in einer Wirtschaftsperiode eingekauft wird, kann in dieser Periode auch verkauft werden.

222330292

Zunächst werden die Bezugspreise und Absatzmengen der Artikel festgestellt (vgl. Abb. 5).

Joghurt-Sorte	Bezugspreis (€)	Absatzmenge (Stück)
Zitrone	0,18	7500
Aprikose	0,13	4800
Banane	0,13	8000
Erdbeere	0,15	7300
Kiwi	0,14	4200
Mandel	0,12	4200
Vanille	0,13	4500

Abb. 5: Einkaufsdaten der letzten Abrechnungsperiode

Dann werden die Einkaufskosten je Sorte und das gesamte Einkaufsvolumen berechnet (vgl. Abb. 6).

Joghurt-Sorte	Bezugs-preis (€)	Absatz-menge (Stück)	Einkaufs-wert (€)
Zitrone	0,18	7500	1350,00
Aprikose	0,13	4800	624,00
Banane	0,13	8000	1040,00
Erdbeere	0,15	7300	1095,00
Kiwi	0,14	4200	588,00
Mandel	0,12	4200	504,00
Vanille	0,13	4500	585,00
Summe (Einkaufsvolumen)			5786,00

Abb. 6: Berechnung des gesamten Einkaufsvolumens

Für jede Sorte wird berechnet, welcher Prozentanteil des gesamten Einkaufswertes auf sie entfällt (vgl. Abb. 7).

Joghurt-Sorte	Einkaufswert (€)	Anteil (%)
Zitrone	1350,00	23,33
Aprikose	624,00	10,79
Banane	1040,00	17,97
Erdbeere	1095,00	18,93
Kiwi	588,00	10,16
Mandel	504,00	8,71
Vanille	585,00	10,11
Summe	5786,00	100,00

Abb. 7: Berechnung des anteiligen Einkaufswertes pro Sorte

Die Sorten werden nach der Höhe der Prozentanteile geordnet und die Prozentwerte werden aufaddiert (kumuliert) (vgl. Abb. 8).

Joghurt-Sorte	Einkaufs-wert (€)	Anteil (%)	aufaddierte Anteile (%)
Zitrone	1350,00	23,33	23,33
Erdbeere	1095,00	18,93	42,26
Banane	1040,00	17,97	60,23
Aprikose	624,00	10,79	71,02
Kiwi	588,00	10,16	81,18
Vanille	585,00	10,11	91,29
Mandel	504,00	8,71	100,00
Summe	5786,00	100,00	

Abb. 8: Kumulieren (Aufaddieren) der anteiligen Einkaufswerte

Die Sorten werden nach den aufaddierten Werten gruppiert. In unserem Beispiel sollen als Grenzen die Werte 60 % und 80 % für die Reichweite der Gruppen A und B gelten (vgl. Abb. 9):

Joghurt-Sorte	Einkaufswert (€)	Anteil (%)	aufaddierte Anteile (%)	Gruppe
Zitrone	1350,00	23,33	23,33	A
Erdbeere	1095,00	18,93	42,26	A
Banane	1040,00	17,97	60,23	A
Aprikose	624,00	10,79	71,02	B
Kiwi	588,00	10,16	81,18	B
Vanille	585,00	10,11	91,29	C
Mandel	504,00	8,71	100,00	C
Summe	5786,00	100,00		

Abb. 9: Gruppenzuordnung nach ABC-Analyse

- Zu den A-Artikeln werden alle Sorten gezählt, die zusammengenommen wenigstens 60 % des Beschaffungsvolumens darstellen. A-Artikel sind also Zitrone, Erdbeere und Banane.

- Als B-Artikel gelten die Sorten, die darüber hinaus bis zum Erreichen der 80-%-Schwelle reichen. Somit gehören Aprikose und Kiwi dazu.

- Die restlichen Sorten gelten als C-Artikel: Vanille und Mandel.

Für die Beschaffung der einzelnen Artikel bedeutet das:

- Die **A-Artikel** werden regelmäßig beschafft, weil bei ihnen mit einem ständigen Absatz gerechnet werden kann. Für diese Artikel können langfristige Beschaffungsverträge abgeschlossen und entsprechende Kapazitäten im Lager reserviert werden, um Lieferunterbrechungen zu vermeiden. Eine Lücke im Nachschub bedeutet bei diesen Artikeln einen relativ großen Umsatzausfall für das Unternehmen.

- Bei den **C-Artikeln** dagegen ist eine Unterbrechung der Versorgung weniger problematisch, weil sie keinen so großen Anteil an den Umsatzerlösen haben. Die Umsatzeinbußen wären relativ gering. Der Aufwand für die Beschaffung dieser Artikel sollte so gering wie möglich gehalten werden. Eventuell reicht es aus, sie erst bei konkreter Kundennachfrage zu beschaffen (Beispiele: Exoten, Ersatzteile).

- Für die **B-Artikel** muss jeder Betrieb selbst entscheiden, wie er die Beschaffung organisieren möchte. Zu überlegen ist, ob sie dann beschafft werden, wenn die Einkaufskonditionen besonders günstig sind. Die Entscheidung wird unter Umständen auch von den Beschaffungs- und Lagermöglichkeiten der Artikel abhängen.

6.5.5 Elemente von Warenwirtschaftssystemen

Warenwirtschaftssysteme dienen zur Erfassung, Verwaltung und Auswertung der in der Warenwirtschaft benötigten Daten und Informationen. Die Daten können in unterschiedlicher Weise miteinander verknüpft und entsprechend ausgewertet werden. Typische Fragen, die mithilfe von Warenwirtschaftssystemen beantwortet werden sollen, sind z. B.
- Welche Ware fehlt im Regal?
- Wo wird die Ware gelagert?
- Wurde die Ware bereits nachbestellt?
- Wie viel wurde von der Ware in der letzten Periode verkauft?
- Wie viel muss für die nächste Verkaufsperiode eingekauft werden?
- In welcher Filiale wurde von der Ware besonders viel bzw. besonders wenig verkauft?
- Wann wird besonders viel bzw. besonders wenig von einer Ware verkauft?

222330294

Die Fragen können sich auf einzelne Artikel, Artikelgruppen, Waren oder Warengruppen beziehen. Es können aber auch Fragen nach bestimmten Verkaufstagen, Filialen oder Kundengruppen gestellt werden.

Warenwirtschaftssysteme können in allen betrieblichen Teilbereichen zum Einsatz kommen. Sie folgen in ihrem Aufbau dem Warenfluss durch das Unternehmen. Dort unterstützen sie die Prozesse

- im **Wareneinkauf,** vor allem bei Bestellung,
- im Wareneingang und bei der **Lagerhaltung** sowie
- beim **Verkauf.**
- Zusätzlich können Daten mit Systemen des **Rechnungswesens,** der **Statistik** und der **Planung** ausgetauscht und verknüpft werden.

Deshalb sollten bei der Einrichtung eines Warenwirtschaftssystems alle Unternehmensbereiche einbezogen werden (vgl. Abb. 10).

Warenwirtschaftssysteme setzen sich wie alle Softwarelösungen aus Modulen zusammen, die die klassischen Grundfunktionen von EDV-Anwendungen beinhalten. Diese Struktur wird in der Datenverarbeitung als EVA-Prinzip (**E**ingabe – **V**erarbeitung – **A**usgabe) bezeichnet:

Eingabe
Zugang, Lagerung und Verkauf von Waren sind typische Vorgänge, die im Warenwirtschaftssystem festgehalten werden. Die Eingabe der Daten wird durch eine Warenkennzeichnung mit automatisch lesbaren Etiketten unterstützt. Geräte, die diese Etiketten lesen können, sind zum Beispiel MDE-Geräte zur mobilen Daten- und Bestandserfassung und Scanner zur Erfassung des Warenzugangs im Lager oder des Warenabgangs an den Kassen. Durch den Einsatz maschinenlesbarer Etiketten auf der Basis von RFID- bzw. NFC-Technologie lässt sich die Datenerfassung weitestgehend automatisieren (vgl. LF 3.3).

Verarbeitung
Warenwirtschaftssysteme berechnen eine Vielzahl von Kennzahlen, z.B. die Verkaufsmengen eines Artikels oder einer Artikelgruppe nach Tagen oder Wochen. Damit das Unternehmen jederzeit verkaufsbereit ist, muss darauf geachtet werden, dass der vorhandene Warenbestand für die Kundennachfrage bis zur nächsten Lieferung ausreicht. Die vielleicht am häufigsten genutzte Funktion im Warenwirtschaftssystem ist daher die Abfrage des Warenbestands. Es ist jedoch auch möglich, dass das System selbstständig die rechnerische Bestandskontrolle übernimmt und Bestellvorschläge macht oder Bestellungen auslöst.

Ausgabe
Die in den Warenwirtschaftssystemen gesammelten und verwalteten Daten sollen den Benutzern jederzeit zur Verfügung stehen. Die Art der Ausgabe reicht dabei von der Bildschirmausgabe aufgrund konkreter Anfragen bis hin zu Listen oder Übersichten über ganze Filialbestände.

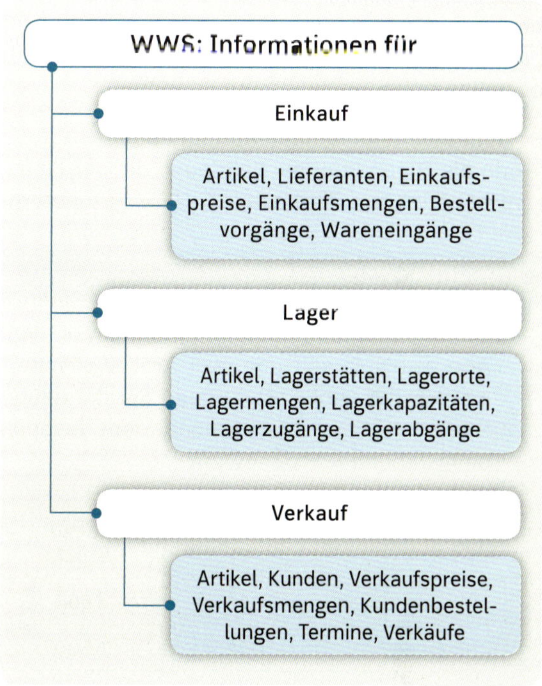

Abb. 10: Im Warenwirtschaftssystem werden Daten aus allen Unternehmensbereichen gesammelt.

6.5.6 Nutzung des Warenwirtschaftssytems bei der Warenbeschaffung

Wichtige Fragen bei der Warenbeschaffung sind:

- Wie viel Ware muss bestellt werden?
- Wann muss die Ware spätestens bestellt werden?
- Bei welchem Lieferanten sollte die Ware bestellt werden?

Das Warenwirtschaftssystem kann die Warenbeschaffung bei der **Bestimmung der Beschaffungsmenge** bzw. der **Bestimmung des Beschaffungszeitpunktes** unterstützen. Es kann berechnen, welche Menge eines Artikels pro Tag verkauft wird. Die Beschaffung neuer Ware muss dann so rechtzeitig erfolgen, dass der festgelegte Mindestbestand nicht unterschritten wird.

Beispiel: Im Welt-Laden soll jederzeit ein Bestand von 5 Tafeln Schokolade vorhanden sein. Da der Lieferant seinen Sitz in der nahen Kreisstadt hat, kann eine Bestellung innerhalb von drei Tagen geliefert werden. Pro Tag werden durchschnittlich acht Tafeln Schokolade verkauft. Um die Verkaufsbereitschaft aufrechtzuerhalten, muss bei einem Lagerbestand von 29 Tafeln ($5 + 3 \cdot 8 = 5 + 24 = 29$) bestellt werden.

Wenn die Daten über die Zeitdauer, die der Lieferant benötigt, um die bestellte Ware anzuliefern, zuverlässig sind, kann die Bestellung so spät wie möglich abgeschickt werden, ohne dass es zu Stockungen im Verkauf kommt. Die im Lager geführten Lagerbestände können dadurch reduziert werden.

Beim Eintreffen der Ware können im Warenwirtschaftssystem Daten über
- die Bestellmenge und die tatsächlich gelieferte Menge,
- die Menge der reklamierten Ware oder
- den Zeitpunkt der Lieferung

gespeichert werden.

Bei regelmäßiger Erfassung dieser Daten lassen sich Kennzahlen ermitteln über
- die Zuverlässigkeit des Lieferanten,
- die durchschnittliche Belieferungsdauer oder
- die Qualität der gelieferten Ware.

Diese Kennzahlen können in Zukunft auch bei der **Auswahl eines Lieferanten** genutzt werden.

Aufgaben

1 Die im Beispiel gezeigte ABC-Analyse (vgl. Abb. 5 bis 9) soll um zwei Artikel erweitert werden (vgl. Abb. 11). Ordnen Sie die neuen Sorten Joghurt entsprechend dem Beispiel den Gruppen A, B oder C zu.

Joghurt-Sorte	Bezugspreis (€)	Menge (Stück)
Pfirsich	0,16	4600
Himbeere	0,15	6500

Abb. 11: Einkaufsdaten der zusätzlichen Artikel

2 Geben Sie an, welche der folgenden Angaben und Sachverhalte im Warenwirtschaftssystem für die Warenbeschaffung eines Artikels von großer Bedeutung (1) oder von geringer Bedeutung (0) sind.
a) Der Absatz des Artikels ist in den letzten Monaten regelmäßig angestiegen.
b) Der Artikel wird sowohl im Zentrallager als auch in den Filialen gelagert.
c) Der Artikel ist länger als vier Monate haltbar.
d) Der Artikel kann bei mehreren Lieferanten bezogen werden.

3 Welche der folgenden Aufgaben gehören nicht zur Warenwirtschaft?
a) Bestellung neuer Ware
b) Preisauszeichnung im Verkauf
c) Entscheidung über die Art der Warenpräsentation
d) Transport der Ware vom Lager in den Verkaufsraum
e) Verteilung der Liefermengen auf die Filialen
f) Kalkulation des Verkaufspreises
g) Festlegung der Bestellmenge
h) Eingabe der Liefermenge in das Warenwirtschaftssystem

4 In einer Woche mit sechs Verkaufstagen werden von einem Artikel 4350 Stück verkauft. Der Lieferant sagt eine Belieferung innerhalb von vier Tagen ab dem Bestelldatum zu. Von der Ware sollen nie weniger als 1000 Stück im Lager sein.
a) Welche Menge der Ware wird in der Zeit zwischen Bestellung und Belieferung verkauft?
b) Bei welchem Bestand muss bestellt werden?

222330296

Kompetenzraster, Kapitel 6.4 und 6.5

Kapitel	Ich kann ...	nein	un-sicher	recht sicher	ja
6.4	■ zwischen quantitativem und qualitativem Angebotsvergleich unterscheiden.				
	■ vier qualitative Kriterien eines Angebotsvergleichs nennen.				
	■ erläutern, warum es nicht immer sinnvoll ist, dass ein Einzelhandelsunternehmen bei dem Anbieter, der den niedrigsten Preis bietet, bestellt.				
	■ das Verfahren zur Nutzwertanalyse beschreiben und anwenden.				
6.5	■ die Bedeutung der Warenwirtschaft in einem Einzelhandelsunternehmen erläutern.				
	■ den Warenfluss in einem Einzelhandelsunternehmen beschreiben.				
	■ den Zusammenhang zwischen Bestandskontrolle und Verkaufsbereitschaft darlegen.				
	■ die Bedeutung und den Einsatz einer Renner-Penner-Liste erläutern.				
	■ das Verfahren zur ABC-Analyse beschreiben und anwenden.				
	■ erläutern, welchen Einfluss die Einordnung von Artikeln als A-, B- oder C-Artikel auf deren Beschaffung hat.				
	■ die Elemente von Warenwirtschaftssystemen nennen und erläutern.				
	■ die Vorteile der Nutzung eines Warenwirtschaftssystems bei der Beschaffung darlegen.				

Waren annehmen, lagern und pflegen

Lernfeld
7

222330299

Advance Organizer | Waren annehmen, lagern und pflegen

Waren annehmen, lagern und pflegen

Waren annehmen

- äußere Prüfung der Waren
- innere Prüfung der Waren
- Lieferung mangelhafter Ware
- Pflichten
- Rechte einfordern
- Lieferungsverzug
- Pflichten
- Rechte

Waren lagern

- Bedeutung des Lagers für Händler und Kunden
- Lager anlegen
  Eigenes Lager
  Fremdlager
  Just-in-time
- Ordnungssysteme im Lager
- Lager sicher und umweltgerecht gestalten

Waren pflegen

↓

Waren sach- und fachgerecht lagern

↓

Warenbestände genau erfassen/ Inventur

Aufnahmeliste zur Inventur Nr: 233/20

Aufnahmebereich Schreibwaren **Aufnahmedatum** 30.12.20..

Aufnahmeort [X] Lager [ ] Verkauf

Aufnahmeart [X] Zählen [ ] Messen [ ] Wiegen [ ] Schätzen [ ] Stichprobe

Lfd. Nr	Lagerplatz-Nr.	Artikel-Nr.	Bezeichnung	Lieferant/Hersteller	ME	Menge	Wert/ME	Gesamtwert
1	08/04	258 955	Radierer, blau-weiß	Ezzler, München	St.	39	0,57 €	22,23 €
2	08/05	874 233	Fineliner 0,5, blau	Cano, Hamburg	St.	123	2,28 €	280,44 €
3	08/06	577 851	Druckbleistift HB	Cano, Hamburg	St.	176	3,89 €	684,64 €

Summe/Übertrag 2.947,23 €

	Name	Datum	Unterschrift
Ansager	Köhler	30.12.20..	Köhler
Aufschreiber	Siebert	30.12.20..	Siebert
Aufnahmeleiter	Kohl	30.12.20..	Kohl
Prüfer	Grossmann	30.12.20..	Grossmann

↓

Wirtschaftliche Bedeutung der gelagerten Ware mithilfe von Kennzahlen darstellen:

- Ø- Lagerbestand
- Umschlagshäufigkeit
- Ø Lagerdauer
- Lagerzinssatz
- Ø Kapitalbindung
- Lagerzinsen

7.1 Waren annehmen

Tom Bischoff, jetzt Auszubildender im 2. Ausbildungsjahr beim Lebensmittelhändler brutto=netto OHG, kommt gerade aus einer Bäckerei. Er hat Mittagspause und kauft sich nur schnell eine Käsestange, da er ziemlich in Eile und auch aufgeregt ist. Heute darf er zum ersten Mal selbstständig unter Beobachtung seines Ausbilders eine Warenlieferung per Lkw annehmen.

Die Warenlieferung kann auf verschiedenen Wegen erfolgen: durch den Verkäufer selbst, durch eine Spedition, durch die Post oder durch private Paketdienste. Je nachdem, auf welchem Weg die Waren in den Einzelhandelsbetrieb gelangen, können sich die **Warenbegleitpapiere** unterscheiden. In der Regel sind aber folgende Papiere bei einer Lieferung zu finden:

- **Lieferschein:** Er wird vom Lieferanten ausgestellt und informiert über Artikelart, Menge, Gewicht und Lieferdatum sowie über Absender und Empfänger. Als Lieferschein können auch die Kopie der Bestellung, ein Packzettel oder die Rechnung dienen.

- **Leergutschein:** Pfandverpackungen, wie z.B. Paletten, verbleiben nicht auf Dauer im Betrieb, sondern werden wieder an den Lieferanten oder Spediteur zurückgegeben. Aus diesem Grund wird die Art und Menge von ausgetauschten Pfandverpackungen getrennt von der eigentlichen Lieferung auf einem Leergutschein oder Palettenschein erfasst.

- **Frachtbrief:** Der Frachtbrief belegt, dass zwischen Lieferant und Spediteur ein Frachtvertrag zustande gekommen ist. Er beinhaltet Absender, Frachtführer und Anzahl der Frachtstücke sowie Datum und Ort.

- **Rechnung:** Die Rechnung enthält eine genaue Aufstellung über die Geldforderung, die der Lieferant aufgrund der Warenlieferung gegen den Einzelhändler hat.

» Lernfeld 8, Kapitel 8.4.3

Weitere Warenbegleitpapiere können sein:
- **Zolleinheitspapier** (für importierte Ware aus Ländern außerhalb der Europäischen Union) oder
- **Gefahrgutbeförderungspapier** (Frachtbrief für Gefahrgüter).

Die Annahme der Ware vollzieht sich in zwei Schritten:
1. Warenannahme
2. Wareneingangskontrolle

7.1.1 Warenannahme (äußere Prüfung)

Die äußere Prüfung der Ware erfolgt in Anwesenheit des Frachtführers (vgl. Abb. 1).

Abb. 1: In der Warenannahme erfolgt eine äußere Prüfung der Warenlieferung.

1. Kontrolle der Lieferanschrift
Ist die Ware tatsächlich für den eigenen Betrieb bestimmt? Es ist die Lieferanschrift zu prüfen. Wenn die Ware nicht für die eigene Firma bestimmt ist, muss sie erst gar nicht abgeladen werden.

2. Kontrolle der Anzahl der Packstücke
Ist die richtige Menge, Ware geliefert worden? Der Lieferschein ist mit der Bestellung zu vergleichen.

3. Kontrolle auf Schäden in der Verpackung
Weist die Verpackung Schäden auf? Die festgestellten oberflächlichen Mängel werden in einem Schadenprotokoll festgehalten. Dies muss der Frachtführer durch seine Unterschrift bestätigen. Sollte sich die Ware bei der späteren detaillierten Prüfung als fehlerhaft herausstellen, kann man dadurch nachweisen, dass der Fehler wahrscheinlich beim Versand oder beim Transport durch den Lieferanten verursacht wurde. Bei elektronischer Datenerfassung, wie z.B. bei Anlieferung durch UPS (United Parcel Service), muss ein eventueller Vermerk im Gerät erfolgen.

4. Prüfen der Temperatur bei Tiefkühlware
Bei tiefgefrorenen, gefrorenen und kühlbedürftigen Lebensmitteln ist anhand des Temperaturprotokolls des Lieferanten bzw. Transporteurs die aktuelle Temperatur der Tiefkühlware zu kontrollieren. Die Temperatur dieser Waren muss aufgrund gesetzlicher Bestimmungen während des gesamten Transports elektronisch überwacht werden. Dabei müssen die in Abb. 2 dargestellten Temperaturen eingehalten werden.

5. Abladen der Ware
Wer für das Abladen der Ware zuständig ist, wird zumeist zwischen Lieferant und Einzelhändler vereinbart. In der Regel ist der Empfänger, also der Einzelhändler bzw. dessen Mitarbeiter, für das Entladen zuständig. Liegt keine Vereinbarung vor, ist der Absender für das Abladen der Ware verantwortlich (§ 412 HGB). Das gestaltet sich in der Praxis jedoch schwierig, da er einen Mitarbeiter vor Ort schicken müsste. Der Spediteur oder Frachtführer hat keine Entladepflicht.

6. Quittieren des Empfangs
Der Empfänger unterschreibt auf dem Warenbegleitpapier oder dem Scanner-Display des Überbringers. Er bestätigt damit, dass er die Ware vollständig und ohne äußere Mängel erhalten hat. Der Unterschrift sollte unbedingt das Datum hinzugefügt werden, da dieses für die Einhaltung von Rügepflichten wichtig ist (vgl. Kapitel 7.2).

Lebensmittel	Transporttemperatur
Speiseeis	- 20 °C
Fische, Zubereitungen aus Fischen, gefroren oder tiefgefroren	- 18 °C
Weich- und Schalentiere, gefroren oder tiefgefroren	- 18 °C
andere tiefgefrorene Lebensmittel	- 18 °C
andere gefrorene Lebensmittel	- 12 °C
Butter	- 10 °C

Abb. 2: Transporttemperaturen für gefrorene und tiefgefrorene Lebensmittel

7.1.2 Wareneingangskontrolle (innere Prüfung)

Die genaue Prüfung der Warensendung erfolgt unverzüglich nach der Warenannahme im Wareneingangsbereich des Lagers. Sie umfasst die inhaltliche (innere) Prüfung der Warensendung.

Abb. 3: In der Wareneingangskontrolle erfolgt die innere Prüfung der Warenlieferung.

1. Prüfung von Qualität und Quantität

In der Warenannahme wurden bereits auffällige offene Mängel an Ware und Verpackung ausgeschlossen. Im Wareneingang erfolgt nun eine genaue Überprüfung der Artikel und ihrer Mengen. Je nach Art der Ware werden entweder Stichproben entnommen oder die Waren werden vollständig auf ihre Qualität hin kontrolliert.

Zu beachten ist, dass besonders tiefgefrorene, gefrorene und kühlbedürftige Lebensmittel durch das Entladen nicht so warm werden dürfen, dass die sogenannte Kühlkette unterbrochen wird. Damit wäre die Mindesthaltbarkeitsangabe hinfällig und die Ware könnte nicht mehr verkauft werden. Ein nur kurzfristiger Anstieg der Transporttemperaturen um maximal 3° C über die jeweilige Grenztemperatur ist zulässig.

2. Eventuelle Mängelfeststellung und Mängelrüge

Werden bei der Wareneingangskontrolle Mängel festgestellt, müssen diese dem Lieferanten unverzüglich gemeldet werden. Dies erfolgt im Rahmen einer **Mängelrüge** (Reklamation). In größeren Einzelhandelsbetrieben ist dafür die Einkaufsabteilung zuständig. In jedem Fall müssen die Mängel konkret, leserlich und artikelbezogen festgehalten werden. Gegebenenfalls können sie durch Fotos oder ausführliche schriftliche Tatbestandsaufnahmen dokumentiert werden.

Die mangelhafte Ware sollte mit einem Sperrvermerk versehen und von der einwandfreien Ware getrennt werden. Bis zur Klärung des Sachverhalts mit dem Lieferanten muss der Einzelhändler die Ware aufbewahren.

3. Wareneingangsanzeige

Nachdem die Warenprüfung abgeschlossen ist, soll die Ware eingelagert werden. Zu diesem Zweck wird ein **Wareneingangsschein** erstellt, der alle wichtigen Informationen über die Lieferung enthält. Dazu gehören z. B. Artikelbezeichnung, Artikelnummer, Menge, Lieferant, Bestellnummer, Datum des Wareneingangs oder Lagerplatz.

Am Wareneingangsschein sind verschiedene Abteilungen bzw. Personen im Betrieb interessiert:

- Der **Einkauf** vergleicht die Lieferdaten mit den Bestelldaten.
- Die **Buchhaltung** kontrolliert die Rechnung und gleicht sie später aus.
- Die **Lagerverwaltung** erfasst Informationen zum Bestand und Lagerplatz.
- Das **Verkaufspersonal** muss eventuell über den Zugang einer Ware informiert werden, auf die ein Kunde bereits wartet.

4. Einlagerung der Ware

Die einwandfreie Ware wird dem Lager zugeführt und im Warenwirtschaftssystem erfasst.

In kleineren Firmen werden häufig Schritt 1, Warenannahme, und Schritt 2, Wareneingangskontrolle, wegen der einfacheren und erheblich überschaubareren Abwicklung zusammengefasst.

Aufgaben

1. Nennen Sie die zwei Arten der Warenprüfung.
   a) Nennen Sie für jede Art der Warenprüfung zwei Waren, für die diese Art der Prüfung richtig und angemessen ist.
   b) Erläutern Sie jeweils die Vorteile und Nachteile.
2. Beschreiben Sie den Ablauf der Warenannahme und der Wareneingangskontrolle in Ihrem Ausbildungsbetrieb.

222330304

7.2 Schlechtleistung des Lieferanten

Im Autohaus der Racanter AG verkauft Ira Egger gebrauchte und neue Pkw. Heute will Ferdinand Feit seinen gerade gekauften Gebrauchtwagen abholen. Bei der Übergabe sieht Ferdinand Feit, dass unter dem Auto Ölflecken sind und dass auf der Rückbank einige Krümel liegen. Er will den Wagen erst dann übernehmen, wenn diese Fehler beseitigt sind. Ein Mechaniker der Racanter AG stellt fest, dass die Ölwanne undicht ist. Ira Egger prüft den Kaufvertrag. Dabei fällt ihr auch der Vertrag über den Ankauf des Pkw von der only4you GmbH in die Hände. In beiden Verträgen findet sich eine Klausel, wonach die „Ansprüche wegen Sachmängeln" ausgeschlossen sind.

7.2.1 Arten von Mängeln

Mit Abschluss des Kaufvertrags hat sich der Verkäufer verpflichtet, eine Ware zu liefern, die in Art, Güte und Beschaffenheit einwandfrei ist. Besitzt die Ware bei Gefahrübergang nicht die vereinbarten Eigenschaften, liegt ein **Sachmangel** vor (§ 434 BGB). Ist die Gefahr noch nicht übergegangen, hat also die Übergabe noch nicht stattgefunden, stehen dem Käufer Übergabe und Übereignung der mangelfreien Ware zu (§ 433 Abs. 1 BGB).

Beispiel: Im Einstiegsfall ist die Gefahr noch nicht übergegangen, weil Ferdinand Feit den Mangel vor Übergabe gerügt hat und den Pkw nicht entgegengenommen hat. Ferdinand Feit hat weiterhin Anspruch darauf, dass ihm der Pkw mangelfrei übergeben und übereignet wird.

Manchmal ist eine Ware in Art, Güte und Beschaffenheit einwandfrei, aber sie ist trotzdem nicht ohne Mangel. Es kommt nämlich vor, dass eine Sache dem Verkäufer gar nicht richtig gehört, weil er sie verpfändet hat. Man spricht dann von einem **Rechtsmangel** (Ware ist mit dem Recht eines Dritten belastet). Der Verkäufer hat jedoch auch in diesem Fall noch immer die Pflicht, die vereinbarte Ware zu liefern, da dies eine Hauptpflicht des Verkäufers bei der Erfüllung des Kaufvertrages ist. Die meisten Mängel sind allerdings Sachmängel (vgl. Abb. 1), auf sie beziehen sich die folgenden Ausführungen.

Beispiel: Die leckende Ölwanne ist ein Sachmangel des gebrauchten Pkw, da Ferdinand Feit Anspruch auf ein Auto in funktionsbereitem Zustand hat. Wenige Krümel auf der Rückbank sind aber kein Mangel, da sie die Funktionstüchtigkeit des Pkw nicht beeinträchtigen.

! *Ein **Sachmangel** liegt vor, wenn die Ware zum Zeitpunkt der Übergabe nicht die vereinbarten Eigenschaften hat.*

Sachmängel aufgrund ...		*Beispiel*
Falschlieferung: Wurde die nach Vertrag geschuldete Sache geliefert?	**Mangel in der Art** andere Sache geliefert	Statt fünf Paletten Reis werden fünf Paletten Nudeln geliefert.
	Mangel in der Menge falsche Menge geliefert	Statt fünf Paletten Reis werden vier Paletten Reis geliefert.
Qualität: Hat die Sache die vereinbarten Eigenschaften?	**Mangel in der Güte** der Sache fehlt eine bestimmte Eigenschaft	Das Geschirr verliert sein Muster, wenn es mit dem Essen in Berührung kommt.
Ist sie für die übliche Verwendung zu gebrauchen?	**Mangel in der Beschaffenheit** Sache hat nicht die vereinbarte Beschaffenheit	Das Geschirr hat eine zu dünne Glasur.
	Werbeaussage nicht eingehalten Sache ist anders als in der Werbeaussage versprochen	Das als „spülmaschinenfest" beworbene Geschirr geht beim ersten Waschgang kaputt.
Montage: Wurde die Sache richtig montiert?	**Mangel in der Montage** Sache ist falsch montiert	Verkäufer schraubt Fahrradpedal falsch an.
Ist die Montageanleitung brauchbar?	**Mangel in der Montageanleitung** Montageanleitung ist fehlerhaft und die Sache ist falsch montiert	Die Montageanleitung des Schranks ist fehlerhaft. Der Schrank wird deshalb falsch montiert.

Abb. 1: Arten von Sachmängeln

7.2.2 Ansprüche wegen Sachmängeln

Die Ansprüche des Käufers wegen Sachmängeln nach Gefahrübergang sind Gewährleistungsansprüche. Die **Gewährleistung** ist gesetzlich geregelt.

> ! *Die **Gewährleistung** ist die gesetzlich festgelegte Regelung zur Haftung bei Sachmängeln.*

Von der Gewährleistung zu unterscheiden ist die Garantie. Die **Garantie** ist gesetzlich nicht geregelt. Sie kann vertraglich vereinbart werden. Inhalt und Umfang von Garantien können sehr unterschiedlich sein. Es ist genau zu ermitteln, welche Ansprüche eine Garantie umfasst und gegen wen sie sich richtet, ob z.B. gegen den Hersteller, den Großhändler oder den Einzelhändler.

> ! *Die **Garantie** ist eine vertraglich vereinbarte Regelung zur Haftung bei Sachmängeln.*

Vorrangiges Recht: Nacherfüllung

Die Ansprüche zur Gewährleistung, also zur Haftung wegen Sachmängeln, sind in § 437 BGB dargestellt. Danach hat der Käufer zunächst nur Anspruch auf Nacherfüllung (§ 439 BGB). Der Käufer kann verlangen:

- Reparatur des Mangels (**Nachbesserung**) oder
- Lieferung einer mangelfreien Sache (**Nachlieferung**).

> ! *Der Anspruch auf **Nacherfüllung** kann durch*
> - *Nachbesserung oder*
> - *Nachlieferung*
>
> *erfüllt werden.*

Der Verkäufer hat in der Regel **zwei Versuche,** um nachzuerfüllen. Mit der Möglichkeit der Nacherfüllung möchte der Gesetzgeber dem Verkäufer die Chance geben, den vereinbarten Kaufvertrag doch noch zu erfüllen. Dem Käufer soll es nicht sofort möglich sein, vom Kaufvertrag zurückzutreten oder andere Rechte in Anspruch zu nehmen.
Ist die vom Käufer gewünschte Art der Nacherfüllung für den Verkäufer unverhältnismäßig teuer, ist der Anspruch auf die andere Art der Nacherfüllung beschränkt. Aus diesem Grund ist bei geringwertigen Sachen wie Haarspangen, Bürsten oder Sandkastenspielzeug der Anspruch auf Nacherfüllung

222330306

auf die Neulieferung beschränkt. Eine Reparatur wäre bei solchen Waren für den Verkäufer zu teuer und daher unzumutbar (§ 439 Abs. 3 BGB).

Kann der Mangel der Kaufsache nicht behoben werden, hat die Nacherfüllung keinen Sinn. Dann kann der Käufer eines der nachrangigen Rechte wählen.

Beispiel: Ist die Übergabe des Autos erfolgt und hat Ferdinand Feit es abgenommen, bestehen die Gewährleistungsansprüche. Zunächst kann Ferdinand nur Nacherfüllung verlangen. Da es sich um einen Gebrauchtwagen handelt, ist die Lieferung eines anderen, gleichen und mangelfreien Wagens praktisch nicht möglich und für den Lieferanten zu aufwendig. Der Anspruch auf Nacherfüllung ist deshalb auf die Reparatur des Autos beschränkt.

Nachrangige Rechte

Wenn die Nacherfüllung fehlschlägt oder verweigert wird, hat der Käufer folgende Rechte:

- Rücktritt: Er kann vom Vertrag zurücktreten.
- Minderung: Er kann den Kaufpreis mindern.
- Schadenersatz: Er kann bei Verschulden des Verkäufers Schadenersatz verlangen.

Rücktritt: Ist eine Nacherfüllung nicht möglich oder bereits zweimal gescheitert, kann der Käufer vom Vertrag zurücktreten, ohne dass er dem Verkäufer eine Frist setzen muss. Der Kaufvertrag wird nun „rückabgewickelt“: Die beiderseitig erfolgten Leistungen müssen zurückgegeben werden (§§ 440, 323, 326 Abs. 5 BGB).

Beispiel: Wenn Ferdinand Feit der Wagen übergeben worden wäre und nach seiner Rüge wären zwei erfolglose Reparaturversuche vorgenommen worden, könnte er vom Kaufvertrag zurücktreten. Hat Ferdinand Feit schon eine Anzahlung geleistet, könnte er diese nun zurückverlangen.

Minderung: Möchte der Käufer trotz fehlgeschlagener Nacherfüllung die Kaufsache behalten, kann er statt des Rücktritts den Kaufpreis verringern (§ 441 BGB). Der Kaufpreis wird im Verhältnis

- des Wertes der Ware in mangelhaftem Zustand
- zum Wert der Ware in mangelfreiem Zustand

herabgesetzt. Die Minderung ist nach folgender Formel zu berechnen:

geminderter Kaufpreis

$$= \frac{\text{Kaufpreis} \cdot \text{Wert der Ware mit Mangel}}{\text{Wert der Ware ohne Mangel}}$$

Beispiel: Gerlinde hat ein Springpferd für 8 000,00 € gekauft. Das Pferd leidet an einer Krankheit und ist deshalb dauerhaft in seiner Leistung eingeschränkt, was bei Vertragsschluss nicht erkennbar war. Ohne Mangel hätte das Pferd einen Wert in Höhe von 9 000,00 €, mit Mangel einen Wert in Höhe von 7 000,00 €. Da Gerlinde das Pferd behalten will, mindert sie den Kaufpreis. Der Kaufpreis beträgt nun 6 222,00 €

$$\left(= \frac{8\,000{,}00\,€ \cdot 7\,000{,}00\,€}{9\,000{,}00\,€}\right).$$

Schadenersatz: Ist die Nacherfüllung fehlgeschlagen, hat der Käufer Anspruch auf Schadenersatz, wenn der Verkäufer den Mangel der Sache zu vertreten hat (Verschulden).

Im Unterschied zum Rücktrittsrecht oder zum Minderungsrecht setzt der Anspruch auf Schadenersatz voraus, dass der Verkäufer den Mangel zu vertreten hat. Das heißt, er muss eine **Pflichtverletzung** begangen haben (vgl. § 280 Abs. 1 [Satz 2] BGB bzw. § 311 a Abs. 2 [Satz 2] BGB). Liefert der Verkäufer statt einer mangelfreien eine mangelhafte Sache, begeht er eine Pflichtverletzung: Er verletzt seine Pflichten aus dem Kaufvertrag.

Bestehen Zweifel, ob ein **Verschulden** des Verkäufers vorliegt, muss der Verkäufer beweisen, dass ihn kein Verschulden trifft. Der Verkäufer muss entweder für eigenes oder für fremdes Verschulden einstehen. Eigenes Verschulden kann

- **fahrlässig** (die im Verkehr erforderliche Sorgfalt wurde nicht beachtet, § 276 Abs. 2 BGB) oder
- **vorsätzlich** (das Ergebnis der Handlung wurde wissentlich in Kauf genommen)

verursacht sein. Für fremdes Verschulden muss der Verkäufer einstehen, wenn er jemanden einsetzt, um seine vertraglichen Verpflichtungen zu erfüllen, z. B. einen Angestellten (§ 278 BGB).
Hat der Verkäufer den Mangel zu vertreten, kann der Käufer den Schadenersatz auch dann verlangen, wenn er gleichzeitig sein Rücktrittsrecht in Anspruch nimmt.

Beispiel: Die Racanter AG hat vergeblich versucht, den Kaufvertrag nachzuerfüllen. Die Racanter AG hat den Schaden zu vertreten: Von einem fachkundigen Autoverkäufer wird erwartet, dass der Wagen vor dem Verkauf geprüft wird. Dabei hätte die leckende Ölwanne auffallen müssen. Inzwischen hat Ferdinand Feit den Schaden in einer anderen Werkstatt für 300,00 € reparieren lassen und sich für die Zeit der Reparatur einen Wagen gemietet (für zwei Tage, 50,00 € pro Tag).

- Ferdinand Feit besteht auf **Schadenersatz neben der Lieferung:** Er behält das Auto und verlangt als Ausgleich für seine Aufwendungen 400,00 € von der Racanter AG.

- Ferdinand Feit könnte den Wagen aber auch zurückgeben und den Wert für ein entsprechendes mangelfreies Fahrzeug verlangen: **Schadenersatz statt der Lieferung.**

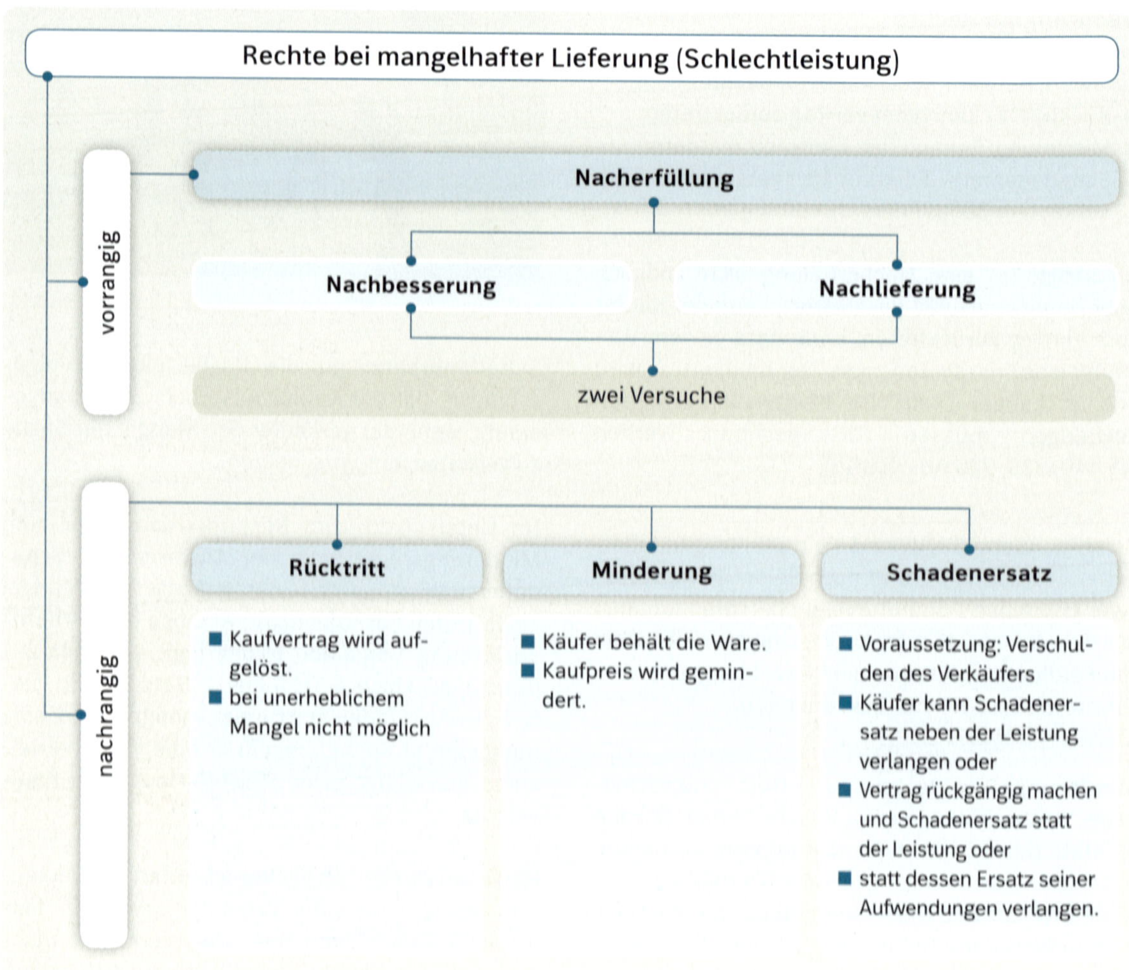

Abb. 2: Ansprüche wegen Sachmängeln

7.2.3 Rüge von Mängeln

Nach Ablauf einer bestimmten Zeit kann ein Recht nicht mehr durchsetzbar sein. Das Recht ist dann verjährt. Die Verjährung gibt dem Schuldner das Recht, die Leistung zu verweigern (§ 214 Abs. 1 BGB). Absicht des Gesetzgebers ist es, dass nach einer gewissen Zeit „Rechtsfrieden“ eintreten soll – es soll keinen Anlass für Rechtsstreitigkeiten mehr geben.

Zweiseitiger Handelskauf

Zwischen Kaufleuten verjähren Ansprüche wegen Mängeln an beweglichen Sachen zwei Jahre nach der Ablieferung der Ware (vgl. § 438 Abs. 2 BGB).

Beispiel: Wenn der Pkw Ferdinand Feit übergeben worden wäre und er Kaufmann wäre, hätte er zwei Jahre nach Übergabe Zeit, die Mängel zu rügen und seine Ansprüche wegen des Sachmangels geltend zu machen.

Offene Mängel: Bei einem Kauf, bei dem Verkäufer und Käufer Kaufleute sind, müssen erkennbare Mängel sofort gerügt werden (§ 377 HGB). Der Verkäufer soll möglichst schnell darüber Klarheit haben, ob sein Vertragspartner Ansprüche wegen Sachmängeln geltend macht. Erkennbar ist ein Mangel, wenn er bei einer ordnungsgemäßen Untersuchung hätte entdeckt werden müssen.

Beispiel: GmbH und AG sind aufgrund ihrer Rechtsform Kaufleute. Zwischen der only4you GmbH und der Racanter AG liegt ein zweiseitiger Handelskauf vor. Eine leckende Ölwanne wäre bei einer ordnungsgemäßen Überprüfung erkennbar gewesen. Hat die Racanter AG diesen Mangel nicht unverzüglich, d. h. wenige Tage nach Erhalt des Wagens, gerügt, sind die Ansprüche wegen dieses Sachmangels bereits verloren gegangen.

Verdeckte Mängel: Kann ein Mangel bei einer ordnungsgemäßen Untersuchung nicht entdeckt werden, ist es ein „verdeckter“ Mangel. Der Kaufmann muss ihn sofort (unverzüglich) rügen, nachdem er ihn entdeckt hat (vgl. § 377 Abs. 3 HGB).

Beispiel: Der Verleih-Alles GmbH werden von der Tisch und Brett OHG 100 Tische mit Buchenfurnier geliefert. Fünf Wochen nach Erhalt der Tische beginnt sich das Furnier abzulösen. Erst jetzt ist der Mangel erkennbar. Der Mangel muss unverzüglich nach seiner Entdeckung der Tisch und Brett OHG angezeigt werden.

Arglistig verschwiegene Mängel: Wusste der Verkäufer, dass ein Mangel vorliegt und hat er diesen dem Käufer mit Absicht (arglistig) verschwiegen, verjähren die Mängelansprüche innerhalb von drei Jahren ab Kenntnis der Umstände durch den Käufer (§ 195 BGB).

Die Verjährungsfrist beginnt mit dem Ende des Jahres, in dem der Käufer den Mangel entdeckt hat oder ihn hätte entdecken müssen. Es gibt wenige Ausnahmen: Ist z. B. die Anschrift des Verkäufers unbekannt und nicht ermittelbar, beginnt die Verjährungsfrist noch nicht. Die Verjährungsfrist beträgt höchstens zehn Jahre (vgl. § 199 BGB).

Beispiel: Der Gebrauchtwagenhändler Anton Mai verschweigt der Käuferin Daniela Krella bewusst, dass der gekaufte Wagen einen Unfallschaden hat. Anton Mai haftet für diesen arglistig verschwiegenen Mangel auf Schadenersatz. Als Schadenersatz könnte die Wertdifferenz des Unfallwagens gegenüber einem unfallfreien Fahrzeug verlangt werden (Schadenersatz neben der Leistung). Der Vertrag könnte aber auch rückgängig gemacht werden. Als Schadenersatz könnte dann der Wert eines entsprechenden unfallfreien Wagens verlangt werden (Schadenersatz statt der Leistung). Dafür, dass Darius Krella den Wagen bereits genutzt hat, müsste er nichts bezahlen.

Einseitiger Handelskauf und Privatkauf

Die deutschen Gesetze enthalten viele Regelungen zugunsten des Verbrauchers. Diese verbraucherschützenden Vorschriften gehen oft auf Rechtssetzungen durch die Europäische Union zurück.

Keine Prüfpflicht: Im Gegensatz zum Kaufmann ist der Verbraucher nicht verpflichtet, die Ware unverzüglich nach Erhalt zu prüfen.

Beweislastumkehr: Normalerweise muss der Käufer beweisen, dass der Mangel der Kaufsache bereits bei Gefahrübergang vorhanden war. Beim Verbrauchsgüterkauf ist die Beweislast jedoch für die ersten sechs Monate ab Übergabe der Sache umgekehrt: Werden Mängel innerhalb von sechs Monaten gerügt, muss der Verkäufer beweisen, dass der Mangel bei der Übergabe nicht vorhanden war (§ 477 BGB).

Verjährung: Die Ansprüche aus der gesetzlichen Gewährleistung verjähren für den Verbraucher (§ 476 Abs. 2 BGB)

- bei **Neuware** nach zwei Jahren,
- bei **Gebrauchtware** ebenfalls nach zwei Jahren. Bei Gebrauchtware kann die Frist durch vertragliche Vereinbarung zwischen Kaufmann und Verbraucher auf ein Jahr verkürzt werden.

Die Anzeige des Mangels (= Mangelrüge) ist **formfrei.** Es empfiehlt sich aber, diese dem Lieferanten so zukommen zu lassen, dass Zeitpunkt und Inhalt nachweisbar sind, z. B. durch eine E-Mail mit Lesebestätigung.

7.2.4 Einschränkungen der Gewährleistung im Kaufvertrag

In Deutschland gilt die Vertragsfreiheit: Vertragliche Inhalte können frei vereinbart werden, sofern sie nicht gegen zwingende gesetzliche Vorschriften oder die guten Sitten verstoßen (vgl. Lernfeld 3).

Zweiseitiger Handelskauf

Bei einem Kauf, bei dem Verkäufer und Käufer Kaufleute sind, müssen Allgemeine Geschäftsbedingungen die Grundgedanken der gesetzlichen Regelung und die wesentlichen kaufvertraglichen Rechte und Pflichten wahren (§ 307 BGB). Für Neuware und Gebrauchtware gelten unterschiedliche Regelungen:

- **Neuware:** Beim zweiseitigen Handelskauf ist eine AGB-Klausel, die die Pflicht des Verkäufers ausschließt, eine mangelfreie Sache zu liefern, unwirksam (§ 433 Abs. 1 [2] BGB). Die Gewährleistung kann aber trotzdem ausgeschlossen werden, wenn diese Vereinbarung individuell, also im Rahmen des einzelnen Kaufvertrags, ausgehandelt wird.
- **Gebrauchtware:** Beim Verkauf von gebrauchten Sachen zwischen Kaufleuten kann die Gewährleistung sowohl durch die Allgemeinen Geschäftsbedingungen als auch durch individuelle Vereinbarung eingeschränkt werden.

Beispiel: Der zwischen der Racanter AG und der only4you GmbH vereinbarte Ausschluss der Gewährleistung für den Gebrauchtwagenkauf ist wirksam.

Art der Mängel	Verjährung und Rügepflicht bei ...	
	zweiseitigem Handelskauf (Verkäufer und Käufer sind Kaufleute)	**einseitigem Handelskauf (nur Verkäufer ist Kaufmann: Verbrauchsgüterkauf)**
offene Mängel	unverzüglich (ohne schuldhaftes Zögern) nach Erhalt der Ware und Entdecken des Mangels	■ Neuware: nach zwei Jahren ■ Gebrauchtware: nach zwei Jahren, kann durch Vertrag auf ein Jahr verkürzt werden
verdeckte Mängel	unverzüglich nach Entdecken des Mangels, spätestens nach zwei Jahren	
arglistig verschwiegene Mängel	innerhalb von drei Jahren, Frist beginnt regelmäßig am 31.12. des Jahres der Entdeckung.	

Abb. 3: Verjährung und Rügepflichten nach Art der Mängel und Vertragspartnern

222330310

Einseitiger Handelskauf und Privatkauf
Für den Verbraucher gilt ein besonderer Schutz: Seine gesetzlichen Gewährleistungsansprüche dürfen vertraglich nicht eingeschränkt werden. Der Anspruch auf Schadenersatz kann unter bestimmten Voraussetzungen eingeschränkt werden (§ 476 Abs. 1, 3 BGB). Häufig jedoch sind Klauseln in Allgemeinen Geschäftsbedingungen, die den Anspruch auf Schadenersatz einschränken, unwirksam.

Beispiel: Der pauschale Ausschluss von Ansprüchen bei Sachmängeln ist gegenüber dem Verbraucher Ferdinand Feit unwirksam. Damit gilt die gesetzliche Regelung. Die Racanter AG hätte aber bei Verkäufen von Gebrauchtwagen durch eine geeignete Vereinbarung die Frist für solche Ansprüche bei Verkauf gebrauchter Waren auf ein Jahr verkürzen können.

7.2.5 Rückgriff

Wenn der Einzelhändler aufgrund eines Mangels die Ware zurücknimmt oder dem Kunden nach Minderung einen Teil des Kaufpreises erstattet, kann er auf den Lieferanten „zurückgreifen". Der Einzelhändler kann dann von dem Lieferanten verlangen, dass seine Aufwendungen erstattet werden.

Mit Wirkung ab 01.01.2018 hat der Gesetzgeber den Rückgriff aus dem Recht des Verbrauchsgüterkaufs in das allgemeine Kaufrecht verschoben (§§ 445a, 445b BGB). Ab diesem Zeitpunkt ist es keine Voraussetzung für einen Rückgriffsanspruch mehr, dass ein Verbrauchsgüterkauf abgeschlossen wurde. Ein solcher Anspruch kann jetzt auch gegeben sein, wenn der Einzelhändler einem Kunden eine Sache für dessen Unternehmen verkauft hat.

Beispiel: Ein Rückgriffanspruch der Racanter AG gegen die only4you GmbH ist ausgeschlossen, da es sich um einen gebrauchten Pkw handelt.

Der Einzelhändler kann auch dann auf den Lieferanten zurückgreifen, wenn Ansprüche wegen Sachmängeln zwischen Lieferant und Einzelhändler vertraglich ausgeschlossen sind. Der Rückgriffanspruch kann vertraglich nur ausgeschlossen werden, wenn dafür ein gleichwertiger Ausgleich eingeräumt wird (§ 478 Abs. 2 BGB).

Verjährung des Anspruchs auf Rückgriff
Der Anspruch auf Rückgriff verjährt innerhalb von zwei Jahren nach Ablieferung der Sache. Damit der Anspruch des Einzelhändlers aber nicht früher verjährt als der Anspruch des Kunden gegen den Einzelhändler, wird diese Verjährung hinausgeschoben (Ablaufhemmung der Verjährung). Der Rückgriffanspruch verjährt dann frühestens zwei Monate, nachdem der Einzelhändler die Ansprüche des Verbrauchers erfüllt hat (§ 445b Absatz 2 BGB).

Beispiel: Die FixSpiel AG verkauft am 13.11.2017 an die Kaufland GmbH 1000 Teddybären. Alle Teddybären werden weiterverkauft, der letzte am 03.03.2018 an Emilio, der ihn für seine Tochter erwirbt. Am 12.01.2019 gibt Emilio den Teddy an die Kaufland GmbH wegen eines anerkannten Mangels zurück. Obwohl seit dem Kauf zwei Jahre vergangen sind, kann die Kaufland GmbH noch zwei Monate nach dem 12.01.2019 wegen ihrer Aufwendungen auf die FixSpiel AG zurückgreifen.

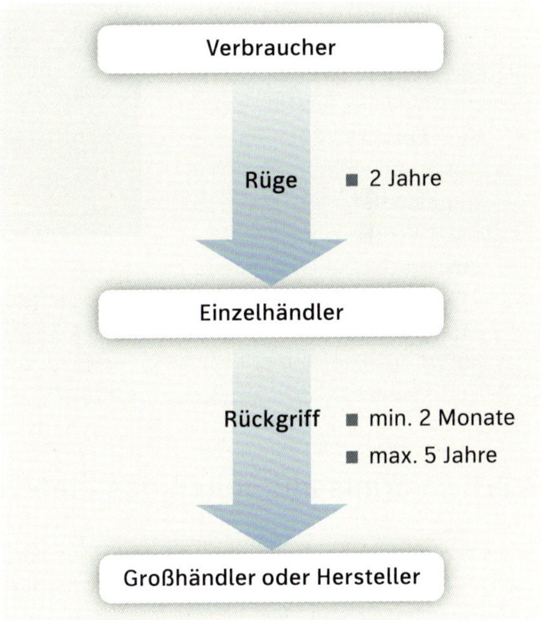

Abb. 4: Rückgriff- und Gewährleistungsfristen beim Verbrauchsgüterkauf

Diese Regelung gilt für jeden Händler innerhalb der Lieferkette für den Rückgriff gegenüber seinem Lieferanten. Damit verjährt der Rückgriffanspruch eines Händlers gegen seinen Lieferanten frühestens zwei Monate, nachdem der Händler seinen Käufer befriedigt hat. Spätestens nach fünf Jahren ist der Anspruch auf Rückgriff aber verjährt (vgl. Abb. 4).

Aufgaben

1. Bernd Schulte kauft beim Einzelhändler Theo Wild ein Fahrrad für seine Tochter, bei dem der Lenker falsch montiert ist. Zu Hause montiert er den Lenker selbst sachgemäß und verlangt von Theo Wild Minderung des Kaufpreises. Zu Recht?
2. Erläutern Sie, warum der Gesetzgeber dem Lieferanten die Möglichkeit eingeräumt hat, den Kaufvertrag nachzuerfüllen.
3. Der Holzhändler und Kaufmann Mehmet Groß erhält die bestellte Lieferung Buchendielen „ohne Astlöcher" von der HartHolz KG. Bei der Überprüfung sofort nach Lieferung entdeckt er, dass es in jeder dritten Diele Astlöcher sind. Was muss er tun?
4. Erläutern Sie, warum der Gesetzgeber beim Verbrauchsgüterkauf einen Rückgriff des Einzelhändlers gegen seinen Lieferanten zulässt.

7.3 Lieferungsverzug

Der Zoohändler Erwin Kreun hat bei der Meer & mehr KG ein großes Aquarium bestellt. Vereinbarungsgemäß soll das Aquarium am 12.12.2017 geliefert werden, da Erwin Kreun es für seine Fische benötigt. Am 12.12.2017 ist das Aquarium nicht da, weil ein Angestellter der Meer & mehr KG die Lieferung vergessen hat. Erwin Kreun bekommt aber einen Tag später eine Lieferung von Südseefischen, für die er sich ein kleineres Aquarium bei Nikita Tills leihen muss. Er muss dafür pro Tag 7,00 € bezahlen. Am 30.12.2017 liefert die Meer & mehr KG endlich das große Aquarium.

7.3.1 Voraussetzungen des Lieferungsverzugs

Eine Verzögerung der Leistung des Lieferanten wird auch als **Lieferungsverzug** oder **Nicht-Rechtzeitig-Lieferung** bezeichnet. Ein Lieferungsverzug kann den Anspruch auf Ersatz des Verzögerungsschadens oder den Rücktritt vom Kaufvertrag und Schadenersatzansprüche zur Folge haben.

! *Der Verkäufer ist in **Lieferungsverzug**, wenn er seine Ware nicht fristgemäß liefert.*

Damit ein Lieferungsverzug eintritt, müssen folgende Voraussetzungen erfüllt sein (vgl. Abb. 1):

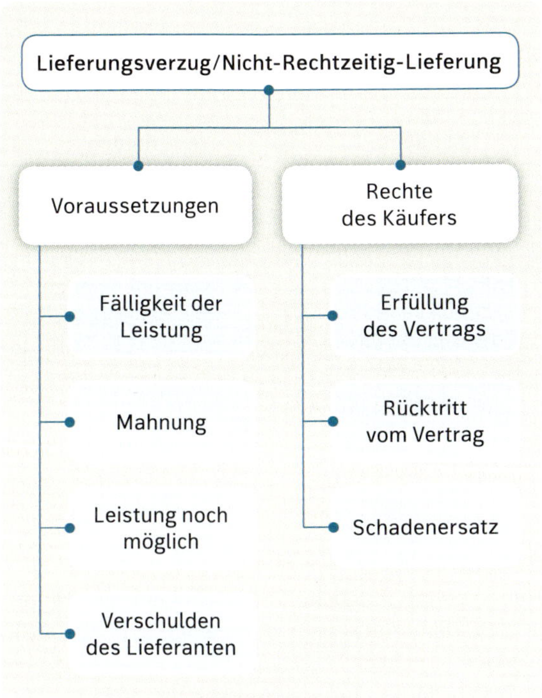

Abb. 1: Lieferungsverzug

- Die Leistung muss fällig sein.
- Der Käufer hat den Lieferanten gemahnt.
- Die Leistung ist noch möglich.
- Der Lieferant hat die Verspätung zu vertreten.

Fälligkeit der Leistung

Der Verkäufer muss erst liefern, wenn seine Leistung fällig ist. Wann eine Leistung verlangt werden kann und damit fällig ist, richtet sich nach den Vereinbarungen von Käufer und Verkäufer.

Haben Käufer und Verkäufer keine ausdrückliche Vereinbarung getroffen, richtet sich die Fälligkeit nach dem Gesetz. Die Leistung ist dann sofort nach Vertragsschluss fällig (§ 271 BGB). Im Zweifel muss der Verkäufer sofort liefern.

Mahnung

Hat der Verkäufer die fällige Leistung nicht geliefert, muss der Käufer ihn mahnen (§ 286 Abs. 1 BGB).

Die Mahnung ist **formfrei.** Sie kann mündlich, telefonisch, per E-Mail oder auch per Telefax erfolgen. Sie muss dem Verkäufer zugehen. Verfasst der Käufer nach Fälligkeit der Ware ein höfliches Schreiben mit der Bitte zu liefern, ist das ebenfalls eine Mahnung.

Eine Mahnung ist in folgenden Fällen nicht notwendig (vgl. § 286 Abs. 2 BGB):

- **Termin ist nach dem Kalender bestimmt:** Fixkauf, z. B. Lieferung am 12.03. eines bestimmten Jahres.
- **Termin ist nach dem Kalender berechenbar:** Terminkauf, z. B. Lieferung zwei Wochen nach Ostermontag.
  » Lernfeld 6, Kapitel 6.3.5
- **Lieferung wird verweigert:** Selbstinverzugsetzung, der Verkäufer verweigert ernsthaft und endgültig die Lieferung.
- **Selbstmahnung des Lieferanten:** Sie ersetzt die Mahnung des Käufers; der Verkäufer kommt ebenfalls in Verzug.

Beispiel: Der bislang nicht gemahnte Lieferant ruft den Einzelhändler Hans Kurz an und sagt, er werde ihn spätestens morgen beliefern, Hans Kurz soll darauf vertrauen und müsse ihn nicht mahnen.

Leistung ist noch möglich

Die Leistung muss noch erbringbar sein. Ist dies nicht der Fall, z. B. wenn die verkaufte Antiquität inzwischen restlos verbrannt ist, ist die Leistung unmöglich. Bei Unmöglichkeit wird der Verkäufer von der Leistungspflicht frei und muss nicht mehr liefern (§ 275 Abs. 1 BGB). In Betracht kommen dann aber Schadenersatzansprüche gegen den Verkäufer (§§ 283, 285 BGB).

Verschulden des Lieferanten

Der Lieferant muss die Verzögerung der Leistung zu vertreten haben (vgl. § 286 Abs. 4 BGB). Er muss danach für eigenes oder fremdes Verschulden einstehen (vgl. dazu auch Kapitel 7.2.2).

Beispiel: Die Lieferung des Aquariums im Einstiegsfall war am 12.12.2017 fällig. Da ein bestimmter Termin für die Lieferung vereinbart war, ist eine Mahnung nicht notwendig. Die Lieferung des Aquariums war nach wie vor möglich. Ein Angestellter des Lieferanten hatte vergessen, das Aquarium zu liefern – er handelte damit schuldhaft –, was sich die Meer & mehr KG zurechnen lassen muss (§ 278 BGB). Der Verkäufer war damit in Lieferungsverzug.

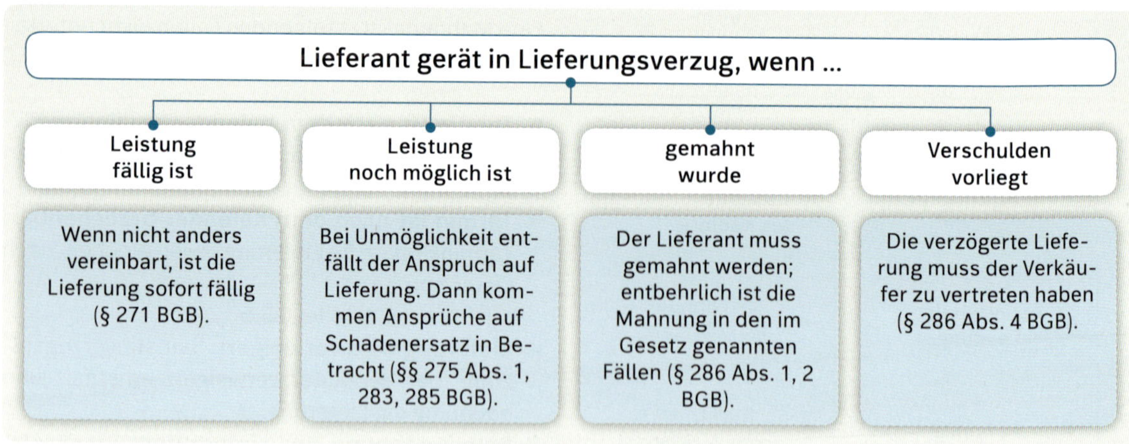

Abb. 2: Voraussetzungen des Lieferungsverzugs

Bestehen Zweifel am Verschulden des Lieferanten, liegt die Beweislast bei ihm: Der Lieferant muss den Beweis erbringen, dass er nicht schuldig ist.

7.3.2 Rechte des Käufers bei Lieferungsverzug

Bei Verzug des Lieferanten hat der Käufer verschiedene Möglichkeiten:

- Erfüllung des Vertrags
- Rücktritt vom Vertrag
- Schadenersatz

Erfüllung des Vertrags

Der Käufer kann sowohl die Erfüllung des Kaufvertrags als auch den Ersatz des Schadens, der durch die Verspätung entstanden ist verlangen (§§ 286, 280 Abs. 1, 2 BGB).

Beispiel: Da im Einstiegsfall die Meer & mehr KG in Verzug war, kann Erwin Kreuz von ihr die angemessenen Mietkosten für das von Nikita Tills geliehene Aquarium verlangen, d.h. insgesamt 18 · 7,00 € = 126,00 €.

Rücktritt vom Vertrag

Der Käufer kann dem Verkäufer aber auch eine angemessene Nachfrist zur Lieferung setzen und nach erfolglosem Ablauf dieser Frist vom Vertrag zurücktreten (§ 323 BGB). In bestimmten Fällen ist diese Fristsetzung entbehrlich, z.B. wenn der Verkäufer die Lieferung verweigert.

Schadenersatz

Neben einem möglichen Rücktritt kann der Käufer

- Schadenersatz statt der Leistung (§ 281 BGB) oder
- Ersatz seiner Aufwendungen (284 BGB)

verlangen. Beispielsweise kann als Schadenersatz statt der Leistung auch ein entgangener Gewinn oder der Preisunterschied für die Ware bei einem anderen Lieferanten verlangt werden.

Beispiel für Schadenersatzforderung bei Rücktritt vom Vertrag: Elektrohändler Carlo Monti hatte mit einem Großhändler einen Kaufvertrag über 40 TV-Geräte im Einkaufswert von insgesamt 60 000,00 € geschlossen. Für die TV-Geräte sind Beschaffungskosten in Höhe von 2 000,00 € angefallen. Carlo Monti hatte außerdem schon Auslagen für Vertragskosten in Höhe von 1 000,00 € und für Werbekosten in Höhe von 1 000,00 € zu bezahlen. Hätte Carlo Monti die TV-Geräte an seine Kunden verkaufen können, hätte er Umsatzerlöse in Höhe von 85 000,00 € gehabt.

noch nicht bezahlt:	
Einstandspreis	60 000,00 €
bereits bezahlt:	
Beschaffungskosten	2 000,00 €
Vertragskosten	1 000,00 €
Werbekosten	1 000,00 €
entgangene Umsatzerlöse:	85 000,00 €

Nun ist Carlo Monti rechtmäßig vom Kaufvertrag zurückgetreten und kann Schadenersatz fordern. Dafür gibt es zwei Möglichkeiten:

222330314

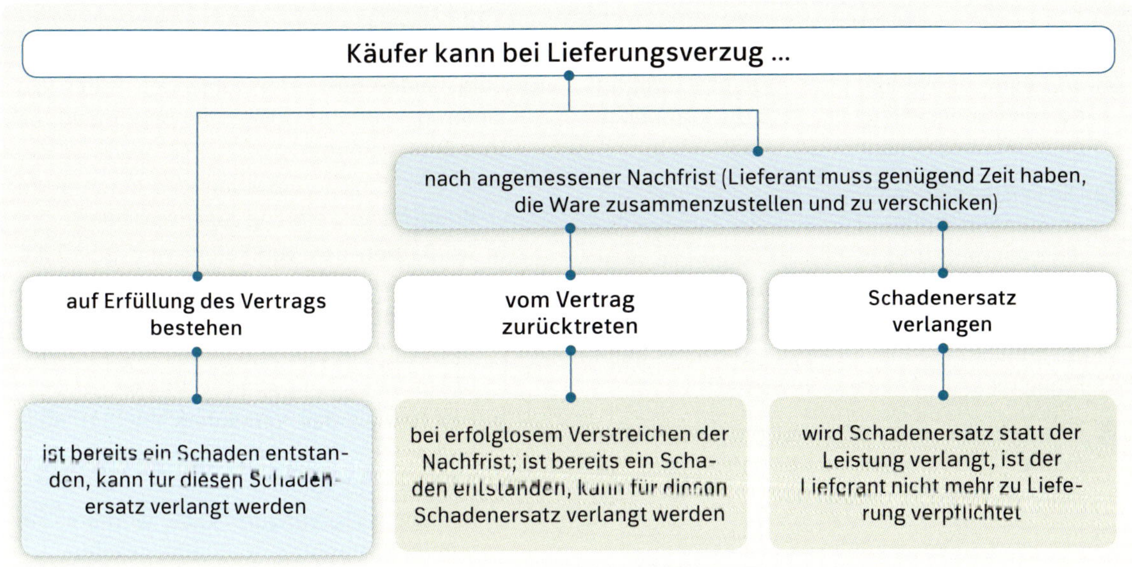

Abb. 3: Rechte des Käufers bei Lieferungsverzug

1. Schadenersatz statt der Leistung
   = Differenz zwischen den
   entgangenen Einnahmen ...... 85 000,00 €
   und minus den Kosten, die
   insgesamt angefallen wären ... 64 000,00 €
   21 000,00 €

oder

2. Ersatz der Aufwendungen
   = Ersatz der tatsächlich
   angefallenen Kosten .... 4 000,00 €

Carlo Monti kann nur Schadenersatz nach 1. oder Schadenersatz nach 2. verlangen. Da der Schadenersatz nach 1., Schadenersatz statt der Leistung, höher ausfällt, wird er sich für diesen entscheiden. Er kann nicht beide Ansprüche gleichzeitig geltend machen, da er ansonsten besser gestellt wäre als bei einer ordnungsgemäßen Vertragserfüllung durch den Großhändler.

Verschärfte Haftung des Lieferanten

Der Lieferant haftet während des Verzugs verschärft und muss dafür einstehen, dass die von ihm zu liefernde Sache zufällig untergeht (§ 287 BGB). Dies gilt nur dann nicht, wenn der Verzug für den Schadeneintritt nicht ursächlich war, d. h. wenn der Schaden ebenso bei rechtzeitiger Leistung eingetreten wäre.

Beispiel: Die Autoherstellerin Fairway AG ist gegenüber dem Autohaus Wunder OHG mit der Lieferung von fünf Autos in Verzug, die auf einem Parkplatz der Fairway AG an der Elbe abgestellt sind. Infolge eines unvorhersehbaren Jahrhunderthochwassers werden alle fünf Autos weggespült und zerstört. Auch wenn der Schaden durch höhere Gewalt und ohne Verschulden der Fairway AG entstanden ist, muss sie ihn ersetzen, weil sie sich zum Zeitpunkt des Schadeneintritts in Verzug befand. Ein Anspruch auf Schadenersatz ist nur ausgeschlossen, wenn auch das Autohaus Wunder OHG die Autos nach rechtzeitiger Lieferung an der Elbe gelagert hätte und sie dort ebenso zerstört worden wären (vgl. Abb. 4).

Abb. 4: Der Lieferant haftet nicht, wenn der Schaden auch bei rechtzeitiger Lieferung eingetreten wäre.

Aufgaben

1. Erläutern Sie, warum eine Voraussetzung für den Lieferungsverzug ist, dass die Ware noch geliefert werden kann.
2. Die Obsthändlerin Conny Hemser schreibt der Amalfizitrus GmbH, dass zwar kein Datum für die Lieferung vorgesehen ist, dass sie aber darum bittet, den vor einer Woche geschlossenen Vertrag über die Lieferung von Zitronen zu erfüllen. Ist die Amalfizitrus GmbH nach Erhalt dieses Schreibens in Verzug?
3. Erläutern Sie, warum der Verkäufer bei Verzug mit der Lieferung auch dafür haftet, dass die Ware durch Zufall untergeht.
4. Entscheiden Sie, ob in folgenden Fällen ein Lieferungsverzug vorliegt und begründen Sie Ihre Entscheidung.
   a) Die rechtzeitige Lieferung wird durch einen Brand im Auslieferungslager verhindert.
   b) Im Betrieb des Verkäufers wird gestreikt, eine rechtzeitige Lieferung ist deshalb nicht möglich.
   c) Die rechtzeitige Lieferung kann wegen starker Überschwemmungen nicht erfolgen.
   d) Der Betrieb des Verkäufers hat Betriebsferien, eine rechtzeitige Lieferung ist deshalb nicht möglich.
   e) Bei einem Fixkauf zum 30.06. wird erst am späten Nachmittag, 16:00 Uhr, geliefert.

Kompetenzraster, Kapitel 7.1 bis 7.3

Kapitel	Ich kann ...	nein	unsicher	recht sicher	ja
7.1	■ Warenbegleitpapiere nennen und erläutern.				
	■ die Schritte der Warenannahme (äußere Prüfung) nennen und erläutern.				
	■ die Schritte im Wareneingang (innere Prüfung) nennen und erläutern.				
7.2	■ die verschiedenen Arten von Mängeln nennen und erläutern.				
	■ zwischen offenen, verdeckten und arglistig verschwiegenen Mängeln unterscheiden.				
	■ den Unterschied zwischen Gewährleistung und Garantie darlegen.				
	■ vorrangige und nachrangige Rechte bei der Lieferung mangelhafter Ware unterscheiden und erläutern.				
	■ die wichtigsten Verjährungsfristen für den Verbraucher und den Einzelhändler nennen.				
	■ darlegen, was man unter der Beweislastumkehr versteht und wann sie eintritt.				
	■ die wesentlichen Unterschiede zwischen bürgerlichem Kauf, einseitigem und zweiseitigem Handelskauf darlegen.				
7.3	■ die rechtlichen Voraussetzungen des Lieferungsverzugs nennen und erläutern.				
	■ die rechtlichen Folgen des Lieferungsverzugs nennen und erläutern.				
	■ die Rechte des Käufers bei Lieferungsverzug darlegen.				

222330316

7.4 Waren lagern

Nina Peters hat einen recht kleinen Kleiderschrank und genießt dessen Vorteile: Frisch gewaschene Sachen muss sie nicht lange sortieren, sie legt sie einfach dahin, wo Platz ist. Ihre Lieblingssachen findet sie auf diese Weise schnell, da sie immer oben liegen. Außerdem nimmt der Schrank nicht viel Platz weg. Ist Nina zu Hause bei ihrer Mutter, macht sie sich gern über deren großen und immer gut sortierten Schrank lustig.

7.4.1 Lagerorganisation

Die Aufbewahrung von Waren aller Art an einem bestimmten Ort, meistens dem Lager, wird als Lagerhaltung bezeichnet. Im Einzelhandel werden hauptsächlich Handelswaren und Verpackungsmaterialien gelagert. Das Lager des Einzelhändlers muss so organisiert sein, dass ankommende Ware ohne große zeitliche Verzögerungen eingelagert und ebenso schnell wieder für den Verkauf ausgeräumt werden kann.

Nicht nur die Geschwindigkeit, mit der die Lagerarbeiten erfolgen, ist wichtig. Wichtig ist auch die richtige Lagergröße, damit der Einzelhändler genügend Waren einlagern kann, um jederzeit lieferbereit zu sein. Die Mitarbeiter müssen sich sicher und schnell im Lager bewegen können. Die Waren selbst müssen während der Lagerdauer pfleglich behandelt werden. Nicht zuletzt müssen auch im Lager ökologische Grundsätze beachtet werden.

Der Unternehmer sollte die Organisation des Lagers sorgfältig planen: Wenn er die Risiken der Lagerung unterschätzt, steigen die Kosten für die Lagerhaltung, die auch die Höhe des Verkaufspreises mitbestimmen. Die Höhe des Verkaufspreises bestimmt ganz wesentlich, ob der Unternehmer gegenüber seinen Konkurrenten erfolgreich sein kann oder nicht.

Die wesentlichen Aufgaben bzw. Funktionen eines Lagers sind:

- Überbrückungsfunktion,
- Sicherheitsfunktion,
- Spekulationsfunktion und
- Veredelungsfunktion.

Überbrückungsfunktion

Nicht jede Ware kann sofort bereitgestellt werden. Große räumliche Entfernungen zum Lieferanten oder lange Lieferzeiten können eine sofortige Bereitstellung der Ware unmöglich machen. Mithilfe eines Lagers können diese Probleme gelöst werden. Es können eine räumliche Überbrückung und eine zeitliche Überbrückung erfolgen:

- **Räumliche Überbrückung:** Häufig werden Handelswaren aus Übersee zum Verkauf angeboten. Viele Waren stammen z. B. aus China. Der Transport auf dem Seeweg von China nach Deutschland dauert ungefähr vier bis sechs Wochen – eine so lange Wartezeit kann den Kunden nur selten zugemutet werden. Die große Distanz zwischen China und Deutschland muss durch Lagerhaltung ausgeglichen werden.

- **Zeitliche Überbrückung:** Trotz häufig saisonaler Produktionsschwankungen muss der Einzelhändler in der Lage sein, seine ständige Lieferbereitschaft aufrechtzuerhalten. Die ständige Bereitschaft zur Lieferung wird immer wichtiger, da der Konkurrenzdruck auch durch den teilweise schnell liefernden Internethandel immer größer wird und die Kunden am liebsten ganzjährig sofort ihre Ware erhalten möchten.

Im Zusammenhang mit der Überbrückungsfunktion werden häufig auch die Begriffe **Bereitstellungsfunktion** oder **Ausgleichs- und Pufferfunktion** benutzt. Ebenfalls ist die Rede von **Sortimentsfunktion,** da der Einzelhändler für seine Lagerhaltung eine Vorauswahl treffen muss, die er dann als Sortiment seinen Kunden zum Kauf anbieten kann.

Sicherheitsfunktion

Ein Lager sorgt auch in Fällen unvorhersehbarer Lieferschwierigkeiten für die Sicherheit, dass noch Ware angeboten werden kann. Diese Funktion kommt ursprünglich aus dem Produktionsbereich. Damit es nicht zu Produktionsstockungen kommt, wird aus Sicherheitsgründen immer ein Mindestvorrat gehalten. Sollte ein Zulieferer nicht in der Lage sein, z. B. wichtige Rohstoffe liefern zu können, muss die Produktion nicht stillstehen, da noch der Sicherheitsbestand vorhanden ist. Im Handel ermöglicht der Sicherheitsbestand einen weiteren Warenverkauf auch dann, wenn z. B. ein Lkw mit neuer Ware verunglückt und die Ware deshalb nicht eintrifft oder in einer Branche ein Streik der Mitarbeiter keine Anlieferung zulässt.

Spekulationsfunktion

Ein Lager kann den Einzelhändler vor den Nachteilen aktueller Preisschwankungen der Ware bewahren. Häufig kann ein Händler durch den Einkauf größerer Mengen den Preisvorteil von Mengenrabatten und Staffelpreisen nutzen. Ebenso kann er die Vorteile von Preisschwankungen nutzen: Erwartet ein Händler Preissteigerungen, hat er aufgrund seiner Lagermöglichkeiten oft die Chance, noch vorhandene Warenbestände zu günstigen Preisen aufzukaufen, bevor der Preis steigt. Somit kann er die Preisvorteile auch an seine Kunden weitergeben.

Veredelungsfunktion

Durch die Einlagerung kann Ware reifen und eine höhere Qualität erlangen. Besonders im Lebensmittel- und Spirituosenbereich hat die Veredelung eine große Bedeutung. Häufig müssen Produkte eine längere Zeit in Lagereinrichtungen reifen, bevor sie einen verkaufsfertigen Zustand erreicht haben (vgl. Abb. 1 und 2).

Abb. 1 und 2: Wein und Käse gewinnen durch Lagerung an Qualität und Reife.

222330318

7.4.2 Lagerarten

Je nach Art der zu lagernden Waren gibt es in jeder Branche unterschiedliche Arten der Lagerung. So müssen z.B. Lebensmittel grundsätzlich kühl und trocken gelagert werden. Papier muss vor Sonneneinstrahlung und größeren Temperaturschwankungen geschützt werden. Jede Ware hat ihre Eigenarten – und jede Lagerart eine andere Bezeichnung.

Verkaufs- und Reservelager

Das ist die einfachste Unterteilung der Lagerarten:

- Ein **Verkaufslager** ist grundsätzlich in jedem Einzelhandelsbetrieb anzutreffen. Hier wird die Ware im Verkaufsraum gleichzeitig gelagert, sodass der Kunde immer eine größere Menge zur Auswahl hat und die Verkäufer nicht ständig das Regal auffüllen müssen. Dieses Prinzip ist z.B. typisch im Lebensmittelbereich, wo der Kunde von jedem Artikel eine Vielzahl im Regal findet.
- Dagegen ist das typische Merkmal eines **Reservelagers** bzw. Ersatzlagers, dass Kunden keinen Zutritt haben. Hier wird die Ware ausschließlich gelagert, bis sie zum Verkauf in den meist angrenzenden Verkaufsraum gebracht wird.

Zentrallager

Hier werden – üblich bei Handelsketten wie Netto und Aldi – sogenannte Logistikzentren mit Lagerflächen von mehreren 10000 m² errichtet. Entweder werden diese Lager durch die Handelskette selber oder durch Lagerhalter, also externe Logistikdienstleister, betrieben.

Da nicht jede Filiale ein eigenes Lager unterhalten muss, werden die Warenströme im Zentrallager gebündelt. Dies bewirkt eine Senkung der Bestell- und Anlieferungskosten. Auch teure Lagertechnik und Lagerpersonal werden im Zentrallager an einem Ort gebündelt, was zu geringeren Kosten führt. Aufgrund der großen Lagerkapazitäten ist es möglich, durch die Abnahme großer Liefermengen günstigere Einkaufpreise zu erzielen. Dies führt wiederum zu niedrigeren Verkaufspreisen gegenüber dem Endverbraucher.

Allerdings muss berücksichtigt werden, dass die regelmäßige Belieferung der Filialen vom Zentrallager aus hohe Transportkosten verursacht.

Dezentrales Lager

Hier unterhält jede Filiale ein eigenes Lager. Vorteile sind kürzere Transportwege bei Kundenbelieferung und geringere innerbetriebliche Transportkosten, da die Belieferung nicht über ein Zentrallager, sondern direkt vom Zulieferer bzw. Hersteller erfolgt. Allerdings muss hier jede Filiale eigene Lagertechnik und eigenes Lagerpersonal vorhalten, sodass mit hohen Investitions- und Unterhaltungskosten zu rechnen ist. Auch sind höhere Sicherheitsbestände notwendig, um Unregelmäßigkeiten zwischen Bestellung und Lieferung auszugleichen. Die dezentrale Lagerung erschwert auch die Koordination von Warenaustausch zwischen den Filialen bei schwankender Kundennachfrage.

Lager lassen sich weiterhin nach Witterungsschutz und nach Bauweise unterscheiden (vgl. Abb. 3 bis 7).

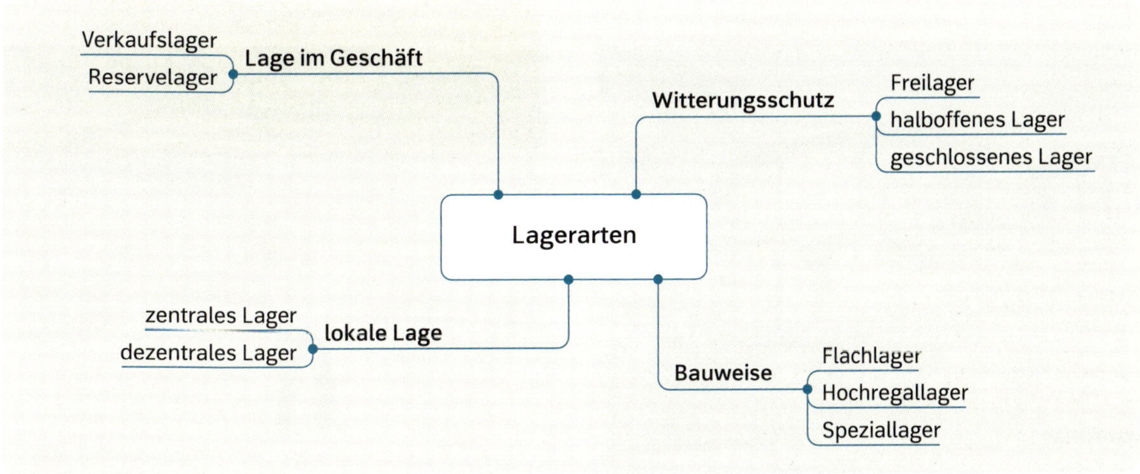

Abb. 3: Unterteilung von Lagerarten

Lager nach Witterungsschutz	
Freilager	In diesem eingezäunten, aber nicht überdachten Lager werden Waren gelagert, die keinen besonderen Schutz vor der Witterung und keine spezielle Pflege benötigen, z. B. Dachziegel, Terrassenplatten, Grillkamine, Dachrinnensysteme oder Pflanzen. Diese Lagerart ist typisch für Baustoffhändler und Baumärkte. Auch Schüttgut, z. B. Kies, wird häufig im Freien gelagert.
Halboffenes Lager	Auch diese Art der Lagerung ist im Bereich der Baumärkte beliebt. Sie ist der Übergang vom geschlossenen Lager zum Freilager. Die Ware ist zwar überdacht, aber schützende Seitenwände fehlen. Die Ware unterliegt den jahreszeitlichen Temperaturschwankungen. Sie ist allerdings vor Niederschlag geschützt. Typische Warenbeispiele sind Zementsäcke, Gipskartonplatten und diverse Hölzer wie Dachlatten.
Geschlossenes Lager	Das geschlossene Lager ist die häufigste Lagerart. Die Waren sind vor Witterung und Temperaturschwankungen geschützt. Auch ist der Diebstahlschutz erheblich höher. Hier werden z. B. Elektroartikel, Möbel und Textilien gelagert.

Abb. 4: Unterscheidung nach Witterungsschutz

Die geschlossenen Lager werden bei besonderen Waren auch unterteilt in:

Lager nach Bauweise	
Flachlager	Eine übliche Lagerform sind die Flachlager, mit einer Höhe von bis zu 7 m. Hier wird die Ware in Regalen oder in Blöcken, also auf Paletten, gelagert. Meistens handelt es sich um Stückgut, also Ware in Kisten, in Fässern, auf Paletten, in Gitterboxen oder in Kartons. Häufig wird solch ein Gebinde, wie z. B. eine Palette mit Ware, auch als Kolli bezeichnet.
Hochregallager	Diese Lagerart hat den Vorteil einer sehr guten Raumausnutzung und ist gut zu überschauen. Üblicherweise handelt es sich um vollautomatisierte, also computergesteuerte Lagerstätten, wo in bis zu 50 m hohen Regalen Ware durch Fördereinrichtungen ein- und ausgelagert wird. Bei einem sehr geringen Personalaufwand sind allerdings erhebliche Investitionskosten aufgrund der technischen Anlagen erforderlich.
Speziallager	Hier werden Waren gelagert, die spezielle Formen der Aufbewahrung benötigen. Beispiele sind Tiefkühlläger, Gas- und Benzintanks, Weinkeller und Getreidesilos.

Abb. 5: Unterscheidung nach Bauweise

Abb. 6: Freilager mit Hochregalsystem

Abb. 7: Geschlossenes Lager mit Flachlagersystem

7.4.3 Regalsysteme

Im Handelsbereich gehören die Regale zu den wesentlichen Ausstattungselementen eines Lagers. Es gibt eine Vielzahl an Regalsystemen. Die wesentlichen Regalsysteme sind in Abb. 8 dargestellt.

Regalsystem	Erklärung	Abbildung
Fachbodenregal	Fachbodenregale sind die am weitesten verbreiteten Regalsysteme in Industrie und Handel. Je nach Warenart können die Fachböden höher oder tiefer angebracht werden. Ein Bücherregal ist die einfachste Form des Fachbodenregals.	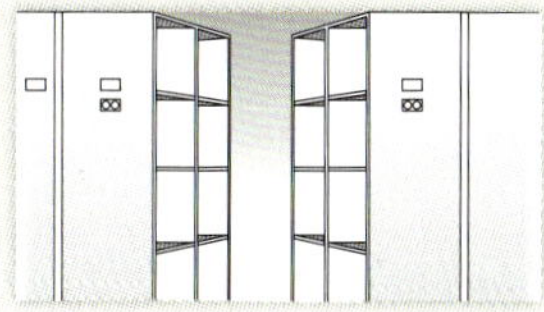
Palettenregal	Neben den Fachbodenregalen sind die Palettenregale am häufigsten anzutreffen. Hier wird die jeweilige Ware auf mehreren Etagen auf Paletten gelagert. Die Maße der einzelnen Regalböden orientieren sich an den standardisierten Maßen der sogenannten Euro-Palette (Abbildung rechts) von 1200 mm/800 mm/144 mm (Länge/Breite/Höhe).	
Verschieberegal	Verschieberegale, auch Kompaktregale genannt, bieten den Vorteil, dass es trotz mehrerer Regale nur einen Gang zur Ein- und Auslagerung gibt. Mehrere Regale werden auf Wagen montiert und sind somit auf Schienen verschiebbar. Zur Ein- oder Auslagerung werden jeweils die Regale zur Seite gefahren, die nicht benötigt werden.	
Kragarmregal	Kragarmregale eignen sich besonders für die Lagerung von sehr langen Gütern. Die Ware liegt auf den sogenannten Kragarmen. Das sind Träger, die mit Regalbodenträgern vergleichbar sind. Nur wird kein Regalboden darübergelegt, sondern direkt die Ware. Typische Waren zur Aufbewahrung in Kragarmregalen sind Stangen, Rohre, Profile und Holzbalken.	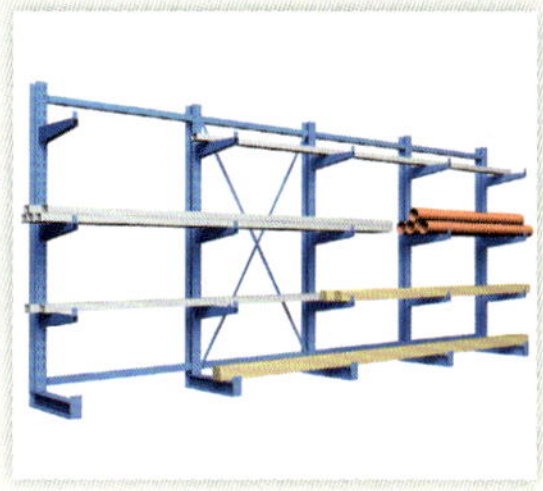
Paternoster- und Umlaufregal	Paternoster- und Umlaufregale dienen der dynamischen Lagerung. Nicht der Lagermitarbeiter muss sich zur Ware begeben, sondern das Regalsystem bringt die Ware zum Mitarbeiter. Ein Paternosterregal ähnelt einem Fahrstuhl. Die Lagerware wird vertikal aufbewahrt und transportiert. Umlaufregale lagern und transportieren die Ware horizontal in einer Art Förderkette hängend. Aufgrund der Technik sind beide Regalsysteme teuer und auch wartungsintensiv.	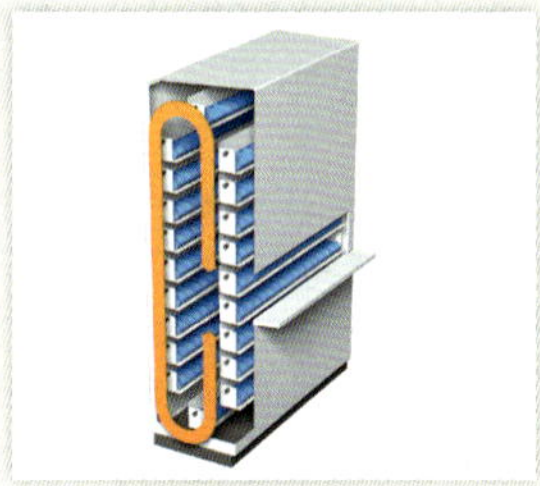

Abb. 8: Arten von Regalsystemen

Regalsystem	Erklärung	Abbildung
Einfahr- und Durchfahrregal	Hierbei handelt es sich üblicherweise um Paletten-Einfahrregale oder Paletten-Durchfahrregale. Die Ein- und Auslagerung erfolgt mit Gabelstaplern. Bei Einfahrregalen ist es nur möglich, die Regale von einer Seite zu bedienen. Also erfolgt die Ein- und Auslagerung immer von derselben Seite des Regals. Durchfahrregale bieten die Nutzung von beiden Seiten, da der Gabelstapler das Regal von einer zur anderen Seite durchfahren kann.	
Durchlaufregal	Bei einem Durchlaufregal besteht der Fachboden üblicherweise aus Rollen und ist leicht geneigt. Die Waren, entweder auf Paletten oder in Kartons, werden auf der einen Seite in das Durchlaufregal gestellt und rollen dann aufgrund der Neigung durch bis zur Entnahmeseite. Dadurch, dass die Waren selbstständig nachrücken, bilden sich keine leeren Zwischenräume, sondern die Ware steht dicht an dicht. Auch ist es von Vorteil, dass die Waren, die als erste eingelagert wurden, durchrollen und somit auf der Entnahmeseite auch als erste wieder dem Lager entnommen werden (FIFO-Prinzip).	

Abb. 8: Arten von Regalsystemen

7.4.4 Einlagerung der Waren

Die Anordnung der einzulagernden Waren kann nach verschiedenen Gesichtspunkten erfolgen:

- nach der **Art der einzulagernden Ware:** z. B. haltbare Lebensmittel, frische Lebensmittel wie Obst oder Gemüse, Molkereiprodukte usw.
- nach der **Zugriffshäufigkeit der gelagerten Ware:** Die Artikel, die man am häufigsten aus dem Lager braucht, werden in Griffnähe gelagert. Andere, die weniger häufig nachgefragt werden, lagert man in nicht so günstig zu erreichenden Regalzonen. Hier könnte auch die ABC-Analyse ein Rolle spielen: A-Güter sind dann leichter erreichbar als B- oder C-Güter (vgl. Kapitel 6.5.4).
- nach der **Reihenfolge bei der Einlagerung:**
  First In – First Out (FIFO), englisch, etwa: „zuerst rein – zuerst raus“, bezeichnet jegliche Art der Lagerung, bei denen die Waren, die zuerst gelagert wurden, auch zuerst wieder aus dem Lager entnommen werden. Die neue Ware wird im Regal hinter der älteren Ware eingeordnet.
  Last In – First Out (LIFO), englisch, etwa: „zuletzt rein – zuerst raus, bezeichnet die Art der Warenentnahme, bei der die zuletzt eingelagerte Ware zuerst aus dem Lager genommen wird.

  Diese Methode trifft man häufig im Baustoffeinzelhandel an, wenn Schüttgüter, z. B. Sand oder Kieselsteine, gelagert werden.

Häufig wird man im Einzelhandel Mischformen der verschiedenen Einlagerungsgrundsätze vorfinden.

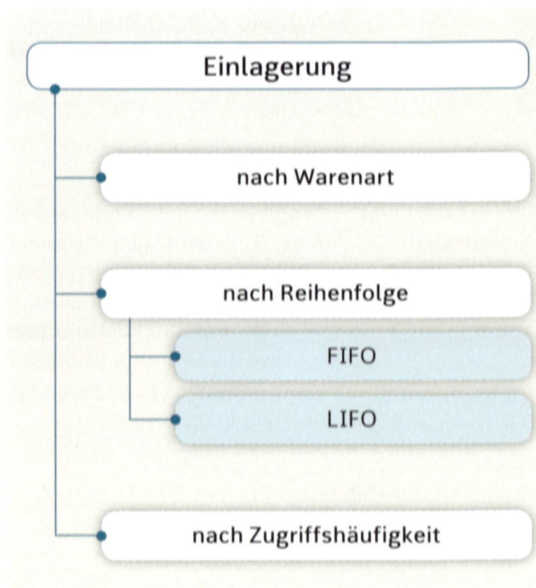

Abb. 9: Möglichkeiten der Wareneinlagerung

222330322

7.4.5 Alternativen zur Eigenlagerung

Lohnt es sich überhaupt, eine Lagerfläche zu kaufen, dann die teure Ausstattung zu beschaffen und anschließend Mitarbeiter zu beschäftigen, die sich um das Lager kümmern? Ob sich ein Händler für ein eigenes Lager (Eigenlager) oder für die Lagerung in einem gemieteten Lager (Fremdlager) entscheidet, hängt von mehreren Faktoren ab.

Eigenes Lager

Ein eigenes Lager bedeutet, dass der Händler ein Grundstück besitzen, darauf das Lager errichten, die technischen Einrichtungen kaufen und notwendiges Personal einstellen muss. Er muss also eine sehr hohe Investition tätigen, die sehr viel Kapital bindet und die sich erst dann lohnt, wenn das Geld wieder über die Warenverkäufe verdient wird.

Fremdlagerung

Benötigt der Händler jedoch nur vorübergehend größere Lagerflächen oder nur selten spezielle Lagerarten wie z. B. ein Kühllager, ist es günstiger, sich bei einem sogenannten Lagerhalter ein Fremdlager zu mieten. Der **Lagerhalter** ist ein selbstständiger Kaufmann, der gewerbsmäßig die Lagerung und Aufbewahrung von Gütern für andere übernimmt (§§ 467 ff. HGB). Er stellt seine Räumlichkeiten, seine Lagertechnik und sein geschultes Personal gegen Entgelt zur Verfügung. Der Händler lagert seine Waren ein, zahlt eine vereinbarte Aufwandsentschädigung (eine Art Miete) und erhält als Beleg für seine eingelagerten Waren einen sogenannten Lagerschein. Die Abholung der Ware erfolgt dann gegen Rückgabe dieses Lagerscheines. Der wesentliche Vorteil der Fremdlagerung ist die geringe Kapitalbindung.

Kein Lager: Alles Just-in-time?

Bereits in den 1950er-Jahren überlegte sich die schnell wachsende Automobilproduktion in Japan, angeführt von der Marke Toyota, ob es nicht möglich wäre, auf eine kostenintensive Lagerhaltung so weit wie möglich zu verzichten. Es wurde mit den Zulieferbetrieben vereinbart, dass die zur Produktion notwendigen Materialien erst dann geliefert werden, wenn sie auch direkt am Fließband zur Autoproduktion benötigt werden. Somit ist es nicht notwendig, diese Materialien zwischenzulagern, da sie sofort nach Anlieferung verarbeitet werden. Eine kostenintensive Lagerhaltung findet also nicht statt (vgl. Abb. 10).

Dieses Prinzip setzte sich weltweit durch und wurde teilweise auch vom Handel übernommen. Dank moderner Warenwirtschaftssysteme ist es möglich, dass die Warenbestandsdaten des Händlers online gleichzeitig seinen Zulieferern zur Verfügung stehen. Dadurch kann Neuware so geliefert werden, dass sie erst beim Händler eintrifft, wenn dieser fast alles verkauft hat. Die Neuware wird also nicht erst in einem Lager zwischengelagert, sondern kann sofort in den Verkaufsraum gebracht werden.

Die große Gefahr bei Just-in-time ist natürlich die Abhängigkeit von der rechtzeitigen Lieferung durch die Zulieferer. Sollte die Ware nicht pünktlich eintreffen, würden die Regale beim Händler leer bleiben. Aus diesem Grunde betreiben noch viele Einzelhändler die klassischen Reservelager und Verkaufslager.

Abb. 10: Just-in-time: „Rollende Lager"

7.4.6 Ordnungssysteme im Lager

Festplatzsystem

Beim Festplatzsystem, auch **systematische Lagerplatzanordnung** genannt, werden die Waren nach einem vorgegebenen Lagerplan auf immer gleichen Plätzen in die Regale eingeordnet. Für den Lagerplatz wird eine bestimmte Lageradresse (Nummer) festgelegt. Zur schnelleren und korrekteren Erfassung kommen auch Barcodes und Barcodeleser zum Einsatz.

Die **Vorteile** dieses Systems liegen natürlich in der Übersichtlichkeit des Lagersystems. Jeder Lagerarbeiter weiß nach einer kurzen Einarbeitungszeit, wo er die entsprechende Ware finden kann. Die **Nachteile** bestehen darin, dass durch das Entnehmen der Ware Leerräume entstehen, die zusätzliche Kosten verursachen, weil die einzelnen Lagerfächer nicht optimal ausgenutzt werden.

Freiplatzsystem

Das Freiplatzsystem (auch: **chaotische Lagerplatzanordnung** oder **dynamische Lagerhaltung**) vermeidet die oben beschriebenen Nachteile des Festplatzsystems. Hier werden die Regalplätze belegt, die gerade frei sind. Das Freiplatzsystem kommt häufig in voll- oder halbautomatisch organisierten Hochregallagern zur Anwendung. Dies setzt allerdings die Steuerung des gesamten Lagers mit einer entsprechenden EDV-Anlage voraus.

Die **Vorteile** sind hierbei die Schnelligkeit bei der Warenein- und -auslagerung und die besonders gute Ausnutzung des vorhandenen Lagerraums. Lagerkosten, die durch nicht gefüllte Lagerplätze entstehen, entfallen weitgehend. Der **Nachteil** dieses Systems liegt darin, dass alle Abläufe im Lager von der eingesetzten EDV abhängig sind. Fällt diese aus, entsteht Chaos im Lager und die Kosten sind erheblich.

Abb. 11: Beim Freiplatzsystem ist die richtige Ware nur mithilfe der EDV wiederzufinden.

Bedeutung des Etiketts für die Lagerwirtschaft

Die Etikettierung der Waren im Lager spielt eine entscheidende Rolle. Die GTIN stellt eine international unverwechselbare Produktkennzeichnung für Handelsartikel dar (vgl. Kapitel 3.3.2).

Im Rahmen der Wertschöpfungskette vom Urerzeuger über den Großhandel bis zum Einzelhandel und dem Verbraucher ist es von zunehmender Bedeutung, eine weltweite Transparenz zu erreichen. Dies gilt speziell für den Bereich der Lebensmittel. Es ist schon aus Gesundheitsgründen erforderlich, den Weg eines Schnitzels von der Fleischtheke im Supermarkt bis zum Hof des Schweinezüchters zurückverfolgen zu können.

Dieses Ziel unterstützt das Kölner Unternehmen GS1 Germany im weltweiten GS1-Netzwerk „Global Standards One“ als zweitgrößte von mehr als 100 Länderorganisationen. Durch den Einsatz weltweit überschneidungsfreier Nummern für Artikel- und Versandeinheiten sind u. a. folgende Vorteile erzielbar:

- weltweit standardisierter Einsatz von automatisierten Lagerverwaltungssystemen,
- Investitionssicherheit in zukünftige Lagerverwaltungssysteme,
- geringere Logistikkosten aufgrund der Nutzung weltweiter Standards,
- Rückverfolgbarkeit der Produkte
- Fälschungssicherheit der Produkte,
- Verschlüsselung von Zusatzinformationen, z. B. Chargennummer, Herstellungsdatum oder Mindesthaltbarkeitsdatum.

Aufgaben

1. Erläutern Sie die Aufgaben der Lagerhaltung jeweils an einem Beispiel.
2. Entscheiden und begründen Sie, wie die Bauweise der Lager für die folgenden Waren sein sollte.
   a) Steinplatten
   b) Autos
   c) Bauholz
   d) Textilien
   e) Leergut
3. Nennen und erläutern Sie die Vor- und Nachteile des Just-in-time-Verfahrens aus der Sicht der Verbraucher.
4. Entscheiden und begründen Sie, welche der folgenden Aussagen auf das Festplatz- bzw. auf das Freiplatzsystem zutreffen.
   a) Dieses System ist sehr flexibel.
   b) Dieses System macht Suchen überflüssig, die Mitarbeiter kennen die Lagerplätze.
   c) Dieses System ist für große Lager mit sehr vielen verschiedenen Produkten geeignet.

7.5 Sicherheit und Umweltschutz im Lager

Arbeitssicherheit

Lager im Einzelhandel haben verschiedene Größen. Es können kleine Nebenräume sein, in denen die Waren zwischengelagert werden, wie z. B. in kleineren Supermärkten. Es können aber auch große Lager mit Hochregalen sein, wie es häufig bei großen Verbrauchermärkten oder Warenhäusern der Fall ist. In jedem Fall sind die gesetzlich vorgeschriebenen Sicherheitsvorschriften einzuhalten. Diese Sicherheitsvorschriften wurden vom Staat, von den Berufsgenossenschaften oder von privaten Organisationen erlassen (vgl. Abb. 1).

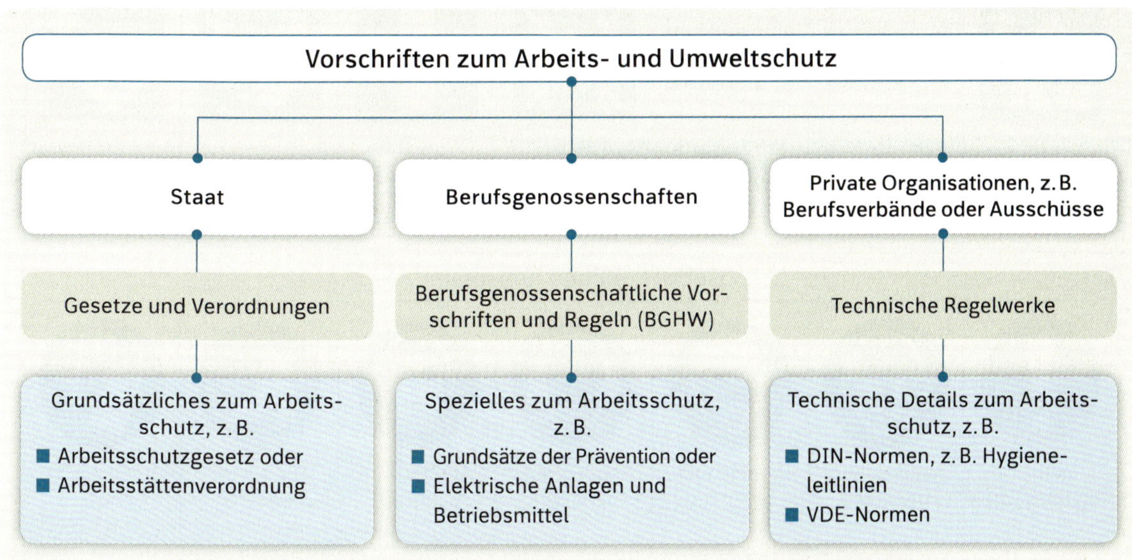

Abb. 1: Gesetze und Verordnungen zum Arbeits- und Umweltschutz

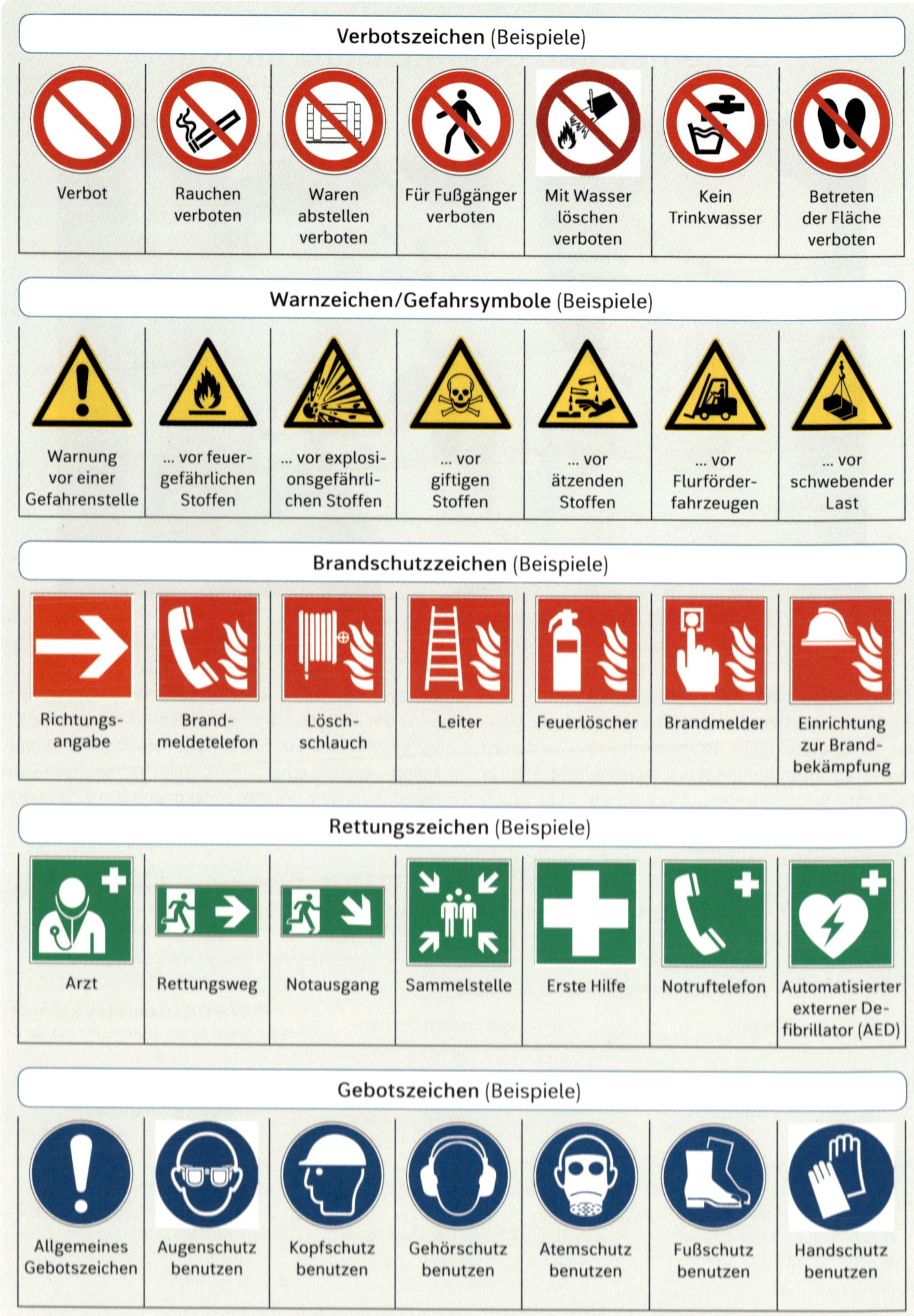

Abb. 2: Sicherheits- und Gesundheitskennzeichen; seit 2013 international vereinheitlicht nach ISO 7010

Nicht nur die im Lager angebrachten **Sicherheitszeichen** sind für die Arbeiten in diesem Raum wichtig, auch die Güter selbst sind, sofern von ihnen eine Gefahr ausgeht, besonders gekennzeichnet. Hierzu dienen international vereinheitlichte Symbole und Piktogramme, die auf den Verpackungen der Waren angebracht sein müssen (vgl. Abb. 3).

> **!** *Das global harmonisierte System zur Einstufung und Kennzeichnung von Chemikalien (GHS) der Vereinten Nationen ist weltweit gültig und dient der Einstufung von Chemikalien und deren Kennzeichnung auf Verpackungen und auf Sicherheitsdatenblättern.*

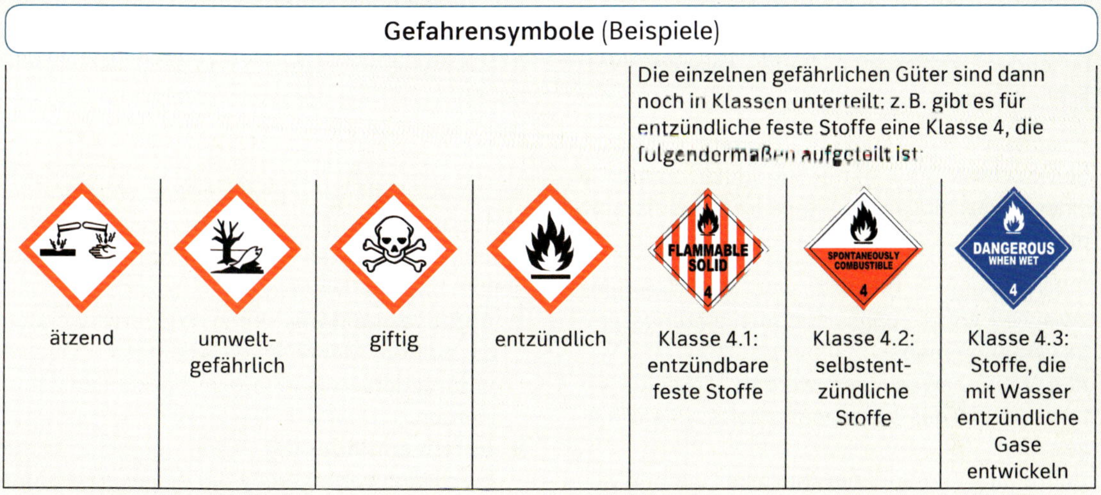

Abb. 3: Gefahrensymbole

Die grundsätzliche Verantwortung für die Einhaltung des betrieblichen Arbeitsschutzes trägt der **Arbeitgeber.** Der Arbeitgeber hat

- den Arbeits- und Gesundheitsschutz zu organisieren, also dafür zu sorgen, dass Gefährdungen für die Arbeitnehmer vermieden bzw. minimiert werden,
- die erforderlichen Mittel bereitzustellen und
- alle dafür anfallenden Kosten zu tragen.

In **Betriebsanweisungen** beschreibt der Arbeitgeber Verfahren und Arbeitsabläufe, die Gefährdungen am Arbeitsplatz ausschließen bzw. minimieren. Zusätzlich sollten regelmäßige **Schulungen** für das Personal durchgeführt werden.

Die Arbeitsstättenverordnung und die Vorgaben der Berufsgenossenschaft regeln, wo welche **Sicherheits- und Gesundheitskennzeichen** anzubringen und bekannt zu machen sind. Der Arbeitgeber muss dafür sorgen, dass die Arbeitnehmer die Kennzeichen kennen und beachten. Die unterschiedlichen Kennzeichengruppen sind in Abb. 2 beispielhaft dargestellt.

Die Regeln der **Berufsgenossenschaft** richten sich in erster Linie an die Unternehmer. Sie helfen ihnen, die staatlichen Arbeitsschutzvorschriften und Unfallverhütungsvorschriften umzusetzen. Für Lagereinrichtungen und Lagergeräte gilt die Berufsgenossenschaftliche Regel Nr. 234 (BGR 234 in der aktuellen Fassung vom September 2006).

Die Betriebssicherheit wird durch staatliche Instanzen (Amt für Gewerbeschutz, Staatliches Umweltamt) und die Träger der Unfallversicherung (Berufsgenossenschaften) überwacht. In Betrieben mit mehr als 20 Beschäftigten ist ein **Sicherheitsbeauftragter** zu ernennen, der für die Einhaltung und Überwachung der Sicherheitsmaßnahmen zuständig ist.

Aber auch der **Arbeitnehmer** muss zum Arbeitsschutz beitragen: Arbeitnehmer

- halten die geltenden Maßnahmen zum Arbeits- und Gesundheitsschutz ein und
- informieren den Arbeitgeber, wenn sie Gefahren oder Sicherheitsmängel feststellen.

- Bei besonders schwerwiegenden Gefahren dürfen sie selbst Maßnahmen zur Gefahrenabwehr und Schadenbegrenzung ergreifen.

Schutz vor Diebstahl

Auch der Schutz vor Diebstahl spielt im Lager eine große Rolle. Häufige organisatorische Vorsichtsmaßnahmen sind:

- Nur berechtigte und besonders geschulte Mitarbeiter dürfen im Lager arbeiten.
- Besonders hochwertige Ware wird in einem besonders gesicherten Raum gelagert (Verschlusslager).

Beispiel: Im Supermarkt brutto=netto OHG werden hochwertige Elektronikprodukte immer in einer abgeschlossenen Vitrine im Verkaufsraum präsentiert.

- Sofern räumlich möglich, wird eine Trennung zwischen Anlieferungs- und Auslieferungsrampe vorgenommen.
- Alle Warenbewegungen werden lückenlos erfasst und in das Warenwirtschaftssystem eingegeben.
- Unordnung und Unübersichtlichkeit werden vermieden, da sie den Warendiebstahl begünstigen.

Neben diesen organisatorischen Maßnahmen können technische Maßnahmen ergriffen werden (vgl. Abb. 4 und 5):

- Alarmanlagen,
- elektronische Kontrolleinrichtungen an Ausgängen,
- elektronische Fenster- und Türensicherungen,
- elektronische Etiketten,
- Videoüberwachung oder
- Spiegel in toten Ecken.

Abb. 4 und 5: Überwachungsspiegel und Videoüberwachung

Hat das Unternehmen einen Betriebsrat, sind diese Maßnahmen zwischen Geschäftsführung und Betriebsrat abzustimmen.

Umweltschutz

Die Sicherheit des Menschen, der Schutz der Umwelt und der verantwortungsvolle Umgang mit wertvollen Rohstoffen sind in der letzten Zeit immer mehr in das Bewusstsein des verantwortungsvoll handelnden Unternehmers gerückt. Verantwortungsvolles Handeln setzt schon bei der Beschaffung der Ware ein und setzt sich natürlich bei der Lagerung der Güter im eigenen Lager fort (vgl. Kapitel 6.1.4).

Auch hier gilt der Grundsatz: Vermeidung bzw. Verminderung kommt vor Verwertung und vor Beseitigung. Maßnahmen sinnvoller Abfallbehandlung sollten beachtet werden:

- **Abfallvermeidung** durch Wiederverwendung: Es sollten Mehrwegverpackungen eingesetzt und wiederverwendbare Verpackungen genutzt werden.
- **Abfallverminderung** kann erreicht werden durch eine Verringerung der eingesetzten Materialmasse. Beispiel hierfür sind dünnwandigere Verpackungsfolien, die Entwicklung von Verpackungsmaterial mit langer Gebrauchsdauer für die Wiedernutzung oder Weiternutzung mit den Eigenschaften der Reparierbarkeit, Reinigungsfähigkeit, Waschbarkeit oder Wiederbefüllbarkeit.
- **Abfallumwandlung** kann geschehen durch eine Wiederverwertung von geeigneten Verpackungsmaterialien, z. B. Altpapier, Glas oder Metall.
- **Abfallbeseitigung** wird unterstützt durch die möglichst rückstandslose Beseitigung von nicht wiederverwertbaren Materialien.

Die notwendige Energie sollte möglichst sparsam eingesetzt werden. Maßnahmen dazu sind z. B.

- Wärmedämmung,
- sparsamer Umgang mit Energie,
- Heizungsanlagen mit neuester Technik zum Energiesparen,
- Einsatz von Wind- und Solarenergie.

Ein zusätzliches Problembewusstsein kann entwickelt werden, indem das Unternehmen einen Mitarbeiter zur Wahrung der Umweltschutzaufgaben beauftragt.

Aufgaben

1. Beschreiben Sie die Abb. 6 und erläutern Sie, welche Verbote, Vorschriften, Hinweise und Gebote die Kennzeichnungen enthalten.

Abb. 6: Sicherheitskennzeichen im Lager

2. Das Lager des Supermarkts brutto=netto OHG enthält auch hochwertige Waren, z. B. elektronische Geräte. Der Geschäftsführer möchte weder eine Videoüberwachung noch Personenkontrollen bei den Mitarbeitern durchführen, da er Wert auf ein gutes Betriebsklima legt. Schlagen Sie drei andere Maßnahmen vor, die ergriffen werden können, um Diebstähle aus dem Lager zu verhindern.

7.6 Waren pflegen

Die gelagerte Ware stellt für das Einzelhandelsunternehmen einen großen Wert dar. Das Unternehmen hat viel Geld in die Ware investiert. Man spricht auch davon, dass die Ware viel Kapital bindet. Kapital, das sich erst dann wieder in Geld verwandelt, wenn die Ware verkauft wird.

Weil die gelagerte Ware einen solchen hohen Wert besitzt, muss sie bis zum Zeitpunkt des Verkaufs gepflegt werden, denn nur einwandfreie Ware hat gute Verkaufschancen. Dagegen kann falsch gelagerte oder nicht ausreichend gepflegte Ware nicht zu dem vorgesehenen Verkaufspreis abgesetzt werden. Unter Umständen kann sie gar nicht mehr verkauft werden und muss abgeschrieben werden. Die umweltgerechte Entsorgung verdorbener Ware verursacht zusätzliche Kosten.

Gelagerte Waren müssen vor verschiedenen **Einflüssen der Umgebung** geschützt werden (vgl. Abb. 1).

! *Fundierte Warenkenntnisse sind die Voraussetzung für eine gute Warenpflege.*

Alle Lagerräume müssen sauber gehalten und überwacht werden. Waren sollten weder einstauben noch dürfen sie durch eine falsche Lagerung beschädigt werden.

Abb. 1: Waren müssen geschützt werden.

Einige Beispiele für die Pflege der Waren sind in Abb. 2 aufgeführt.

Art der Ware	Warenpflege
Lebensmittel	■ Lebensmittel müssen grundsätzlich sauber und hygienisch einwandfrei gelagert werden. ■ Mindesthaltbarkeitsdatum (MHD) ist zu beachten.
	Obst und Gemüse ■ Obst und Gemüse müssen kühl bei relativ hoher Luftfeuchtigkeit gelagert werden. ■ Einige Obst- und Gemüsesorten dürfen nicht nebeneinander gelagert werden, da es zu Geschmacksverlust kommen kann. ■ Obst und Gemüse müssen auf Frische und Aussehen überprüft werden. ■ Schädlinge müssen entfernt werden. ■ Angefaultes Obst oder welke Salatblätter müssen aussortiert werden.
	Tiefkühlkost ■ Lagertemperatur muss regelmäßig kontrolliert werden. ■ Sie darf gewisse Grenzwerte nicht überschreiten (vgl. Kapitel 7.1.1, Abb. 2).
	Molkereiprodukte ■ Kühltemperatur muss ebenfalls ständig überwacht werden.

Abb. 2: Beispielhafte Warenkenntnisse

Art der Ware	Warenpflege
Pflanzen und Blumen	■ Sie müssen feucht gehalten werden. ■ Sie sind regelmäßig zu gießen und zu besprühen.
Schreib- und Papierwaren	■ Bei Schreibwaren, z. B. Filz- und Faserstiften, muss der Feuchtigkeitsgehalt überprüft werden. ■ Papier ist lichtempfindlich, es darf nicht direkter Sonneneinstrahlung ausgesetzt werden.
Uhren und Schmuck	■ Silber und Gold müssen regelmäßig geputzt werden, damit sie ihre glänzende Oberfläche behalten. ■ Lederarmbänder von Uhren dürfen nicht austrocknen.

Abb. 2: Beispielhafte Warenkenntnisse

Abb. 3: Papier ist vor Feuchtigkeit zu schützen.

Abb. 4: Lederwaren dürfen nicht zu trocken gelagert werden.

Warenmanipulation

Unter Warenmanipulation versteht man jegliches Verändern der Güter im Lager, um sie für den Verkauf noch attraktiver zu gestalten bzw. den Verkauf erst zu ermöglichen (vgl. auch Kapitel 7.4.1). Dazu zählen z. B.

- die Reifelagerung von Bananen,
- die Lagerung von Spirituosen und Weinen, um sie noch gehaltvoller zu machen,
- die Trockenlagerung von Holz und Gewürzen,
- das Mischen von Farben oder
- die Sortierung von Obst und Eiern.

Zur Warenmanipulation gehört auch die Vorbereitung der Ware für den Verkauf, z. B. das Anbringen von Preisetiketten.

Aufgaben

1. Erläutern Sie, vor welchen Gefahren (vgl. Abb. 1) die folgenden Waren besonders zu schützen sind.
   a) Bücher
   b) Wein
   c) Tabak
   d) Zement
   e) Wolljacken
   f) Mehl
2. Beschreiben Sie die Tätigkeiten der Warenpflege in Ihrem Ausbildungsbetrieb.
3. Betrachten Sie die Grafik „Verschwendet und verloren“ (vgl. Abb. 5).
   a) Wie viel Tonnen Lebensmittel gehen von der Ernte bis zum Verbraucher verloren?
   b) Nennen Sie mögliche Gründe für die Verluste auf den einzelnen Produktions- und Handelsstufen.
   c) Nennen Sie Möglichkeiten, die bei den einzelnen Lebensmitteln bei der „Lieferung in den Handel“ entstehenden Verluste zu reduzieren.

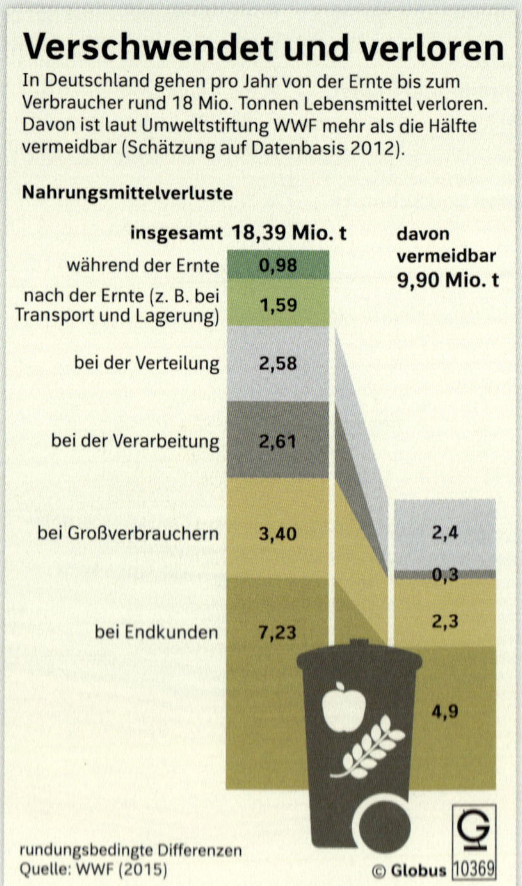

Abb. 5: Wo werden Lebensmittel weggeworfen?

7.7 Inventur

Der Abteilungsleiter der Abteilung Haushaltswaren wundert sich: In der letzten Woche wurden 30 Staubsauger geliefert, von denen er sofort zwölf Stück in den Verkaufsraum bringen ließ, weil dort für einen Sonderverkauf eine eigene Präsentationsfläche dekoriert werden sollte. Fünf Staubsauger waren von Kunden schon fest bestellt worden. Sie wurden auf ein besonderes Regal geräumt, damit sie bereitgestellt wären zur Abholung. Im Lager neben dem Verkaufsraum liegen jetzt nur noch fünf Geräte in ihrer Verkaufsverpackung. Als er die Geräte wegräumen will, fällt ihm auf, dass eine Verpackung leichter ist als die anderen. Und tatsächlich: Sie ist leer.

7.7.1 Notwendigkeit einer Inventur

Durch das Warenwirtschaftssystem sollen alle Warenbewegungen in einem Einzelhandelsunternehmen lückenlos erfasst werden. Dennoch kann es passieren, dass

- nicht-verkaufsfähige Ware entsorgt wird, ohne den Bestand im Warenwirtschaftssystem zu korrigieren,
- von Kunden zurückgegebene Waren nicht im System vermerkt werden,
- Ladendiebstahl erst durch Inventur entdeckt wird.

Über die Warenbestände im Unternehmen muss Buch geführt werden. Für alle Wareneingänge und -ausgänge müssen folgende Daten erfasst werden:

- Datum,
- Lieferant bzw. Kunde,
- Artikelnummer bzw. Artikelbezeichnung,
- Menge und
- Preis.

Zu jeder Warenbewegung muss ein entsprechendes Dokument als Beleg vorliegen. Die Vollständigkeit und Korrektheit dieser Buchführung kann nur durch Inventur überprüft werden. Erst hierdurch kann geprüft werden, ob der rechnerische Warenbestand mit dem Ist-Bestand übereinstimmt.

Der Gesetzgeber schreibt den Unternehmen vor, einmal jährlich den Gesamtbestand ihrer Vermögens- und Schuldwerte zu erfassen und in einem Inventar zusammenzufassen. Alle Kaufleute müssen erstmals zu Beginn ihres Handelsgewerbes und danach regelmäßig zum Ende des Geschäftsjahres eine Inventur für das gesamte Unternehmen durchführen. Bei der Inventur für das gesamte Unternehmen werden nicht nur die Warenvorräte erfasst, sondern

- alle **Vermögensgegenstände** des Unternehmens, neben den Warenvorräten also z. B. auch die Gegenstände der Ladeneinrichtung oder Geldbestände bei der Bank und in der Kasse, und
- alle **Schulden,** also alle Zahlungsverpflichtungen, die das Unternehmen anderen gegenüber noch zu erfüllen hat, z. B. Verbindlichkeiten aus Lieferungen und Leistungen (offene Rechnungen).

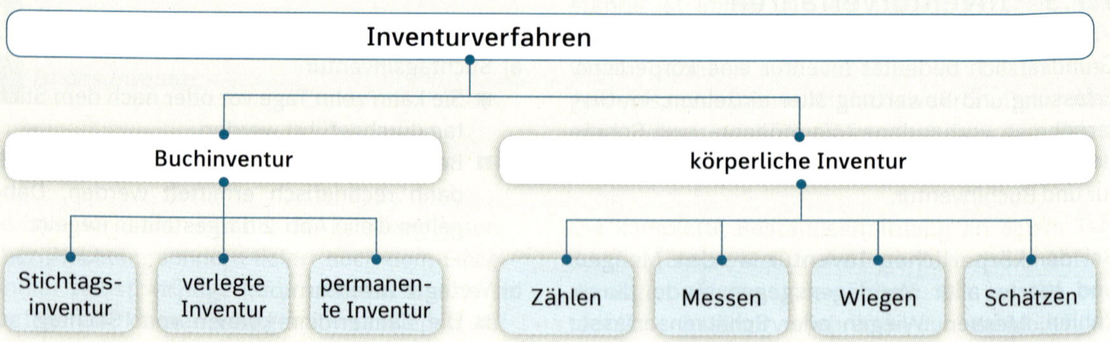

Abb. 3: Inventurarten nach Art der Durchführung

Aufgaben

1 Der Geschäftsführer der Trendino Computer-Shop GmbH legt sehr viel Wert darauf, dass bei der Vorbereitung und Durchführung der Inventur das ökonomische Prinzip eingehalten wird.

a) Finden Sie eine sinnvolle Formulierung für das ökonomische Prinzip in Bezug auf eine Inventur.

b) Formulieren Sie zwei Maßnahmen, die dazu beitragen, dieses Ziel zu erreichen.

2 Dem Warenbuch entnehmen Sie per 30.06. eines Jahres zu einem Artikel die in Abb. 4 dargestellten Zu- und Abgänge.

a) Ermitteln Sie den rechnerischen Bestand des Artikels zum 30.06.

b) Welche Gründe kann es geben, dass der Inventurbestand am 30.06. 75 Stück bzw. 85 Stück beträgt?

Datum	Zugang	Abgang
Anfangsbestand	230	
13.01.	30	
22.02.		75
13.03.		60
28.03.	25	
11.04.		65
16.05.		30
22.06.	25	

Abb. 4: Warenbewegungen laut Warenbuchführung (vgl. Aufgabe 2)

3 Die Zählung eines Artikelbestands im Rahmen der Inventur zum Bilanzstichtag (31.12.) ergab einen Wert von 650 Stück. In der Warenbuchführung sind die in Abb. 5 dargestellten Artikelbewegungen vermerkt.

a) Welcher Inventurwert gilt, wenn die Zählung am Beginn des 27.12. durchgeführt wurde?

b) Welcher Inventurwert gilt, wenn die Zählung am Ende des 05.01. durchgeführt wurde?

Datum	Zugang	Abgang
27.12.	120	
27.12.		60
28.12.		110
28.12.	100	
29.12.		220
31.12.		150
02.01.		130
03.01.	200	
03.01.		150
04.01.		110
05.01.		200

Abb. 5: Warenbewegungen laut Warenbuchführung (vgl. Aufgabe 3)

222330336

7.8 Lagerkennzahlen

Aufgabe der Beschaffungs- und Lagerwirtschaft eines Einzelhandelsbetriebs ist es, dafür zu sorgen, dass die Waren, die verkauft werden können, auch vorhanden sind. Das spricht für ein möglichst großes Warenlager. Andererseits verursacht die Lagerung Kosten. Dadurch entsteht der Zielkonflikt der Lagerhaltung (vgl. Abb. 1).

Es ist die Aufgabe der Geschäftsleitung eines Einzelhandelsbetriebs, die Beschaffung und die Lagerhaltung so zu organisieren, dass möglichst alle Kundenwünsche bei gleichzeitig niedrigen Lagerkosten erfüllt werden. Diese Entscheidungen werden durch das Lagercontrolling unterstützt. Eine Aufgabe des Lagercontrollings ist das Ermitteln und Berücksichtigen von Lagerkennzahlen.

Controlling gibt es auch für andere Betriebsbereiche. Es umfasst die Beschaffung, Aufbereitung und Analyse von Informationen mit dem Ziel, Entscheidungen der Unternehmensführung vorzubereiten.

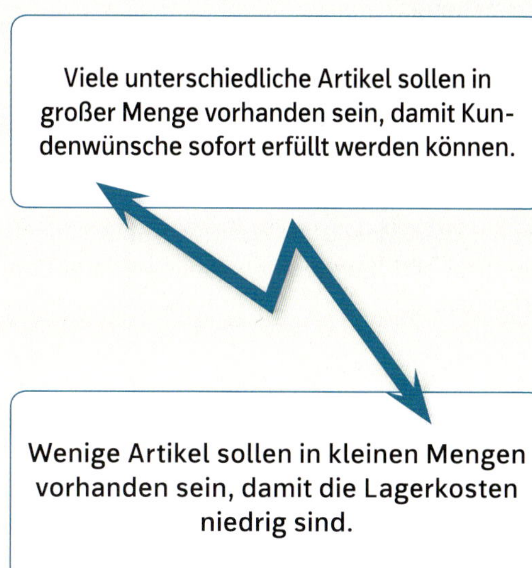

Abb. 1: Zielkonflikt der Lagerhaltung

Beispiel: Das Warenwirtschaftssystem der Trendino Computer-Shop GmbH führt die Daten für jeden erfassten Artikel in einer sogenannten Artikelkarte. Der USB-Stick Cure 64 GB wird überwiegend an Schulen und andere Bildungsträger verkauft. Im aktuellen Jahr wurde der Meldebestand zweimal unterschritten, sodass zweimal ein Wareneingang gebucht wurde (vgl. Abb. 2).

Artikelnummer: 29100		**Artikelbezeichnung:** USB-Stick Cure 64 GB	
Mengeneinheit: Stück		**Optimale Bestellmenge:** 250	
Meldebestand: 50		**Mindestbestand:** 10	
Hauptlieferant: Matro AG		**Bezugspreis beim Hauptlieferanten:** 21,00 €	
Lagerbestandsliste			
Bestand am 31. Dez. des Vorjahres: 200			
Datum	**Zugänge**	**Abgänge**	**Bestand**
20. Februar		140	60
14. März	250	40	270
28. Mai		100	170
27. Juni		20	150
22. August		70	80
15. November	250	70	260
31. Dezember		60	200

Abb. 2: Artikelkarte für den Artikel USB-Stick Cure 64 GB

Durchschnittlicher Lagerbestand

Es gibt mehrere Möglichkeiten, den durchschnittlichen Lagerbestand zu ermitteln. Eine schnelle, aber nicht sehr genaue Berechnung erfolgt durch die Formel:

durchschnittlicher Lagerbestand

$$= \frac{(\text{Jahresanfangsbestand} + \text{Jahresendbestand})}{2}$$

durchschnittlicher Lagerbestand

$$= \frac{(200 \text{ Stück} + 200 \text{ Stück})}{2}$$

$$= 200 \text{ Stück}$$

Eine genauere Bestimmung des durchschnittlichen Lagerbestands ergibt sich, wenn neben dem Jahresanfangsbestand die Endbestände der vier Quartale in die Berechnung einbezogen werden:

durchschnittlicher Lagerbestand

$$= \frac{(\text{Jahresanfangsbestand} + 4 \text{ Quartalsendbestände})}{5}$$

Der Lagerbestandsliste für den USB-Stick Cure 64 GB lassen sich die in Abb. 3 gezeigten Quartalsendbestände entnehmen (vgl. Abb. 3).

Quartalsende	Bestand (Stück)
31.03.	270
30.06.	150
30.09.	80
31.12.	200
Summe	**700**

Abb. 3: Quartalsendbestände

durchschnittlicher Lagerbestand

$$= \frac{(200\text{ Stück} + 700\text{ Stück})}{5}$$

= 180 Stück

Noch genauer ist die Berechnung des durchschnittlichen Lagerbestands, wenn die Monatsendbestände herangezogen werden:

durchschnittlicher Lagerbestand

$$= \frac{(\text{Jahresanfangsbestand} + 12\text{ Monatsendbestände})}{13}$$

Aus der Lagerbestandsliste für den USB-Stick Cure 64 GB lassen sich die in Abb. 4 gezeigten Monatsendbestände ableiten (vgl. Abb. 4).

Monatsende	Bestand (Stück)
31.01.	200
28.02.	60
31.03.	270
30.04.	270
31.05.	170
30.06.	150
31.07.	180
31.08.	80
30.09.	80
31.10.	80
30.11.	260
31.12.	200
Summe	1970

Abb. 4: Monatsendbestände

durchschnittlicher Lagerbestand

$$= \frac{(200\text{ Stück} + 1970\text{ Stück})}{13}$$

= 166,92 Stück

Die abweichenden Ergebnisse für den durchschnittlichen Lagerbestand kommen durch die unterschiedlichen Zeiteinteilungen (Jahr, Quartal, Monat) zustande. Der Wert ist umso genauer, je kürzer die gewählte Zeiteinteilung ist.

Umschlagshäufigkeit

Die Umschlagshäufigkeit gibt an, wie oft im Jahr der komplette Lagerbestand eines Artikels verkauft wird. Die Berechnung erfolgt mit der Formel:

Umschlagshäufigkeit

$$= \frac{\text{Lagerabgang}}{\text{durchschnittlicher Lagerbestand}}$$

Umschlagshäufigkeit

$$= \frac{500\text{ Stück}}{166{,}92\text{ Stück}}$$

= 3,0

Als durchschnittlicher Lagerbestand wird der genaueste vorliegende Wert heran gezogen. Die Umschlagshäufigkeit ist eine Kennzahl ohne Maßeinheit. Der USB-Stick Cure 64 GB wurde im aktuellen Jahr dreimal im Lager umgeschlagen.

Neben der mengenmäßigen Betrachtung (hier: Stück) ist auch eine wertmäßige Betrachtung in Euro-Beträgen möglich.

Wareneinsatz
= Lagerabgang · Bezugspreis

durchschnittlicher Lagerbestand in €
= Inventurbestände, jeweils bewertet zum Bezugspreis

Die Berechnung erfolgt mit der Formel:

Umschlagshäufigkeit

$$= \frac{\text{Wareneinsatz}}{\text{durchschnittlicher Lagerbestand in €}}$$

Umschlagshäufigkeit

$$= \frac{500\text{ Stück} \cdot 21{,}00\text{ €}}{166{,}92\text{ Stück} \cdot 21{,}00\text{ €}}$$

= 3,0

Bei gleichbleibendem Bezugspreis – wie in diesem Beispiel – führen die mengenmäßige und die wertmäßige Betrachtung zum gleichen Ergebnis. Bei schwankenden Bezugspreisen können die Ergebnisse jedoch sehr unterschiedlich sein.

Durchschnittliche Lagerdauer

Die durchschnittliche Lagerdauer lässt sich direkt aus der Umschlagshäufigkeit ermitteln:

durchschnittliche Lagerdauer

$$= \frac{360 \text{ Tage}}{\text{Umschlagshäufigkeit}}$$

durchschnittliche Lagerdauer

$$= \frac{360 \text{ Tage}}{3{,}0}$$

$$= 120 \text{ Tage}$$

Im aktuellen Jahr blieben die USB-Sticks Cure 64 GB durchschnittlich 120 Tage im Lager.

Lagerzinssatz

Die Waren im Lager binden Kapital. Die Kosten der Kapitalbindung werden durch einen Zinssatz ausgedrückt, der auf einen Marktzinssatz zurückgeht. Die Trendino Computer-Shop GmbH setzt als Marktzinssatz den Zinssatz an, den die Hausbank für ein langfristig aufgenommenes und sehr gut gesichertes Darlehen verlangen würde. Im aktuellen Jahr liegt dieser Marktzinssatz bei 4,0 %.

Lagerzinssatz

$$= \frac{\text{Marktzinssatz} \cdot \text{durchschnittliche Lagerdauer}}{360}$$

Lagerzinssatz

$$= \frac{4{,}0\,\% \cdot 120 \text{ Tage}}{360}$$

$$= 1{,}33\,\%$$

Durchschnittliche Kapitalbindung

Mit jedem USB-Stick Cure 64 GB werden 21,00 € Kapital im Lager gebunden. Die gesamte durchschnittliche Kapitalbindung beträgt damit

durchschnittliche Kapitalbindung

$$= \text{durchschnittlicher Lagerbestand} \cdot \text{Bezugspreis}$$

durchschnittliche Kapitalbindung

$$= 166{,}92 \text{ Stück} \cdot 21{,}00\,€$$

$$= 3\,505{,}00\,€$$

Lagerzinsen

Aus dem Lagerzinssatz und der durchschnittlichen Kapitalbindung werden die Lagerzinsen als Euro-Betrag ermittelt:

Lagerzinsen

$$= \frac{\text{Lagerzinssatz} \cdot \text{durchschnittliche Kapitalbindung}}{100}$$

Lagerzinsen

$$= \frac{1{,}33\,\% \cdot 3\,505{,}00\,€}{100\,\%}$$

$$= 46{,}62\,€$$

Das durch die Lagerung der USB-Sticks Cure 64 GB gebundene Kapital führt zu insgesamt 46,62 € Zinskosten pro Jahr.

Aufgaben

1 Im Warenwirtschaftssystem der Trendino Computer-Shop GmbH wird die in Abb. 5 dargestellte Artikelkarte geführt.

a) Wie viele Smartboards Schoolmaster E-Board waren im aktuellen Jahr (Jahr 1) durchschnittlich im Lager, wenn für die Berechnung des durchschnittlichen Lagerbestands nur die Jahresendbestände herangezogen werden?

b) Ermitteln Sie die zwölf Monatsendbestände des aktuellen Jahres und berechnen Sie mit diesen Werten den durchschnittlichen Lagerbestand. Verwenden Sie diesen genaueren Wert für die Berechnung der folgenden Lagerkennzahlen.

c) Berechnen Sie die Umschlagshäufigkeit und die durchschnittliche Lagerdauer.

d) Wie hoch ist der Lagerzinssatz bei einem Marktzinssatz von 3,0 %?

e) Berechnen Sie die durchschnittliche Kapitalbindung und die Lagerzinsen in Euro für das Smartboard Schoolmaster E-Board.

2 Nach Abschluss des Folgejahres (Jahr 2) wird im Warenwirtschaftsystem der Trendino Computer-Shop GmbH für den Artikel „Schoolmaster E-Board" die in Abb. 6 dargestellte Artikelkarte geführt.

a) Ermitteln Sie die zwölf Monatsendbestände des Folgejahres und berechnen Sie mit diesen Werten den durchschnittlichen Lagerbestand. Verwenden Sie diesen Wert für die Berechnung der folgenden Lagerkennzahlen.

b) Berechnen Sie die Umschlagshäufigkeit und die durchschnittliche Lagerdauer des Folgejahres.

c) Welche wirtschaftliche Bedeutung hat die Veränderung der Umschlagshäufigkeit? Gehen Sie bei der Beantwortung dieser Frage darauf ein, ob die Entwicklung für die Trendino Computer-Shop GmbH gut oder schlecht ist.

d) Wie hoch ist der Lagerzinssatz bei einem Marktzinssatz von 3,5 %?

e) Berechnen Sie die durchschnittliche Kapitalbindung und die Lagerzinsen in Euro für das Smartboard Schoolmaster E-Board im Folgejahr. Begründen Sie die Veränderung der Beträge zum Vorjahr.

Artikelnummer: 51700		**Artikelbezeichnung:** Schoolmaster E-Board	
Mengeneinheit: Stück		**Optimale Bestellmenge:** 10	
Meldebestand: 5		**Mindestbestand:** 2	
Hauptlieferant: E&B Elektronik		**Bezugspreis beim Hauptlieferanten:** 670,05 €	
Lagerbestandsliste			
Bestand am 31. Dez. des Vorjahres: 10			
Datum	**Zugänge**	**Abgänge**	**Bestand**
24. Januar	10	8	12
11. April		2	10
23. Juli		2	8
12. September	10	4	14
15. Dezember		6	8

Abb. 5: Artikelkarte für den Artikel Schoolmaster E-Board – Jahr 1

Artikelnummer: 51700		**Artikelbezeichnung:** Schoolmaster E-Board	
Mengeneinheit: Stück		**Optimale Bestellmenge:** 10	
Meldebestand: 5		**Mindestbestand:** 2	
Hauptlieferant: E&B Elektronik		**Bezugspreis beim Hauptlieferanten:** 670,05 €	
Lagerbestandsliste			
Bestand am 31. Dez. des Vorjahres: 8			
Datum	**Zugänge**	**Abgänge**	**Bestand**
17. Februar	10	11	7
15. Mai	10	5	12
12. September	10	10	12
18. Dezember		6	6

Abb. 6: Artikelkarte für den Artikel Schoolmaster E-Board – Jahr 2

Kompetenzraster, Kapitel 7.4 bis 7.8

Kapitel	Ich kann ...	nein	un-sicher	recht sicher	ja
7.4	■ die Aufgaben der kaufmännischen Lagerhaltung nennen und erläutern.				
	■ Verkaufs- und Reservelager unterscheiden.				
	■ Vorteile und Nachteile des dezentralen und zentralen Lagers erläutern.				
	■ Arten von Lagern nach Witterungsschutz und Bauweise unterscheiden.				
	■ unterschiedliche Regalsysteme nennen und erläutern.				
	■ die Einlagerung von Waren nach Warenwert, nach Reihenfolge bzw. nach Zugriffshäufigkeit nennen und erläutern.				
	■ Eigen- und Fremdlagerung unterscheiden und die jeweiligen Vor- und Nachteile nennen.				
	■ Vorteile und Nachteile von Festplatz- und Freiplatzsystem erläutern.				
	■ die Bedeutung des Etiketts für die Lagerhaltung erläutern.				
7.5	■ rechtliche Grundlagen für Sicherheitsvorschriften nennen.				
	■ wichtige Sicherheits- und Gesundheitskennzeichen nennen und ihre Bedeutung erläutern.				
	■ die Bedeutung der Berufsgenossenschaft im Zusammenhang mit der Sicherheit am Arbeitsplatz darlegen.				
	■ die Aufgaben eines Sicherheitsbeauftragten nennen.				
	■ Maßnahmen zum Schutz vor Diebstahl darstellen.				
	■ Umweltschutzmaßnahmen im Lager nennen und erläutern.				
7.6	■ Einflüsse aus der Umgebung nennen, vor denen Waren zu schützen sind.				
	■ erläutern und begründen, warum verschiedene Warenarten im Lager unterschiedlich gepflegt und aufbewahrt werden.				
7.7	■ den Begriff und die Bedeutung der Inventur erläutern.				
	■ Maßnahmen zur Vorbereitung einer Inventur beschreiben.				
	■ Verfahren der körperlichen Inventur und der Buchinventur unterscheiden und erläutern.				
7.8	■ den Zielkonflikt der Lagerhaltung beschreiben.				
	■ den durchschnittlichen Lagerbestand berechnen, wenn Jahres-, Quartals- oder Monatsinventurbestände gegeben sind.				
	■ die Umschlagshäufigkeit und die durchschnittliche Lagerdauer berechnen.				
	■ die Bedeutung der Kennzahlen Umschlagshäufigkeit und durchschnittliche Lagerdauer erläutern.				
	■ den Lagerzinssatz und die Lagerzinsen berechnen, wenn der Marktzinssatz gegeben ist.				

Geschäftsprozesse erfassen und kontrollieren

Lernfeld 8

222330343

Advance Organizer | Von der Idee zum Gewinn – ein langer Weg

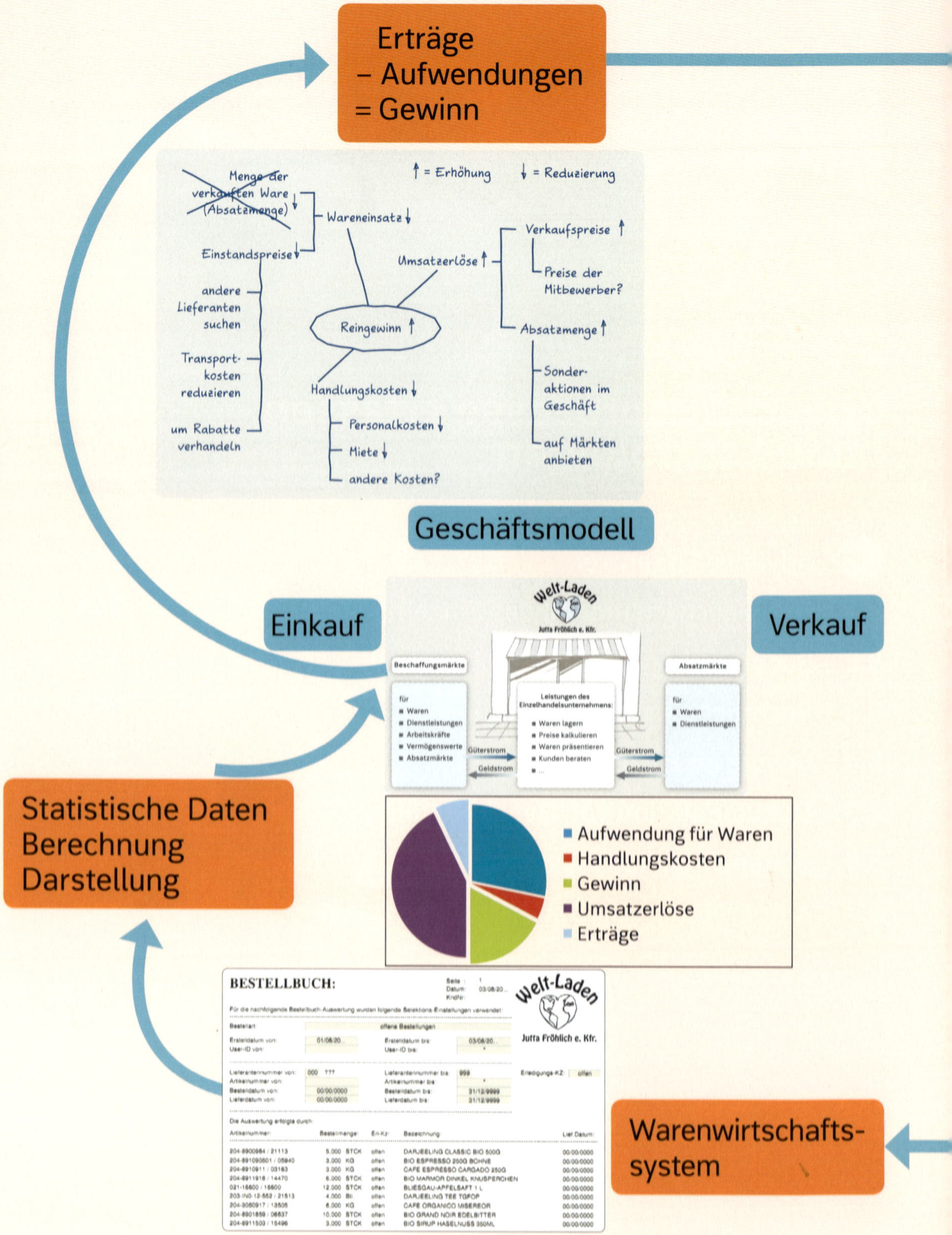

Aktiva	Bilanz für den Welt-Laden Altstadt zum 31.12.20..		Passiva
A. Anlagevermögen		**A. Eigenkapital**	
1. Fuhrpark	7 860,00	Eigenkapital	44 350,00
2. Betriebs- und Geschäftsausstattung	16 740,00		
B. Umlaufvermögen		**B. Fremdkapital**	
1. Warenvorräte	36 500,00	1. Darlehen und Kredite	21 600,00
2. Forderungen	3 490,00	2. Verbindlichkeiten a. LL	12 400,00
3. Bank	12 300,00		
4. Kasse	1 460,00		
	78 350,00		31 240,00

Jahresabschluss: Gewinn- und Verlustrechnung Bilanz

S	GUV		H
Aufwendungen für Waren	24 520,00	Umsatzerlöse für Waren	35 520,00
Handlungskosten (z. B. Miete, Löhne, Energie)	4 700,00	Erträge (z. B. Zinsen, Provision)	5 980,00
Gewinn	12 010,00		
	41 230,00		41 230,00

§§ Buchführungspflicht

Belege: Arten, Umgang, Aufbewahrung

Buchen und Bilanzerstellung

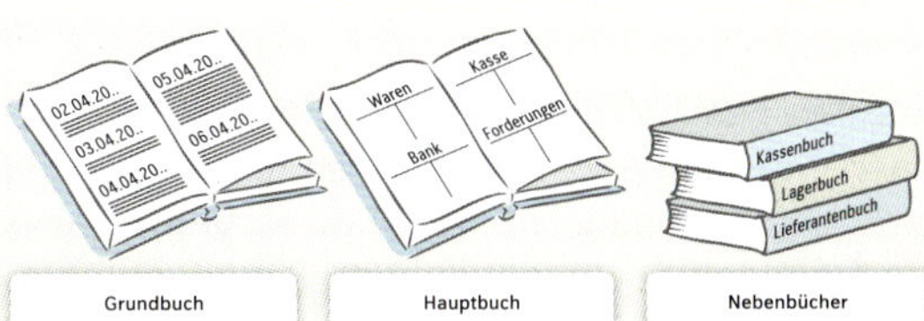

8.1 Das Geschäftsmodell des Einzelhandels

Im Februar besteht der Welt-Laden zehn Jahre. Jutta Fröhlich versetzt sich in die Zeit zurück, als sie überlegte, ob sie sich mit einem eigenen Laden selbstständig machen sollte. In ihrem „Welt-Laden" wollte sie Lebensmittel, Musikinstrumente, Schmuck, Mode- und Geschenkartikel aus „fairem Handel" anbieten, wie sie es in der Nachbarstadt gesehen hatte.
Auf einem Flohmarkt hatte sie schon erste Erfahrungen als „Unternehmerin" sammeln können: Von Verwandten und Bekannten hatte sie sich nicht mehr benötigte Gegenstände schenken lassen, die sie an einem Wochenende zu teilweise erstaunlichen Preisen verkaufen konnte.

Einzelhandel als Mittler zwischen Absatz- und Beschaffungsmärkten
Alle Tätigkeiten im Einzelhandel haben zum Ziel, Waren an die Kunden zu verkaufen.

Um dieses Ziel zu erreichen, muss der Einzelhändler zunächst auf seinen **Beschaffungsmärkten** aktiv werden. Hier tritt er als Nachfrager auf:
- Einkauf von Waren, die weiterverkauft werden sollen,
- Einkauf von Ladenausstattung, z. B. Regale, Kassensysteme, Warensicherungssysteme, Lichtinstallationen oder Dekorationsgegenstände für die Schaufenstergestaltung,
- Suche von Mitarbeitern auf dem Arbeitsmarkt,
- Inanspruchnahme von Dienstleistungen, z. B. Steuerberater oder Werbeagentur.

Von den Beschaffungsmärkten fließen Güterströme in Form der genannten Waren und Leistungen in das Einzelhandelsunternehmen. Vom Einzelhandelsunternehmen fließen Geldströme auf die Beschaffungsmärkte, wenn es Rechnungen oder Löhne und Gehälter bezahlt.

Auf den **Absatzmärkten** tritt der Einzelhändler in der Rolle des Anbieters auf. Er versucht, Waren und Dienstleistungen an seine Kunden zu verkaufen.

Absatzmärkte können nach unterschiedlichen Kriterien unterschieden werden, z. B. nach:
- Kundengruppen,
- Warenarten und Warengruppen,
- Absatzgebieten.

Es fließen Güterströme – in Form der Waren – vom Einzelhandelsunternehmen auf die Absatzmärkte. Im Gegenzug erhält das Einzelhandelsunternehmen Geldströme, wenn Kunden die Waren bezahlen.

Zur Sicherung seiner Existenz muss der Einzelhändler darauf achten, dass zwei Voraussetzungen seiner Tätigkeit erhalten bleiben:

Verkaufsfähigkeit:
- bezieht sich auf die Güterströme (Waren),
- richtige Waren müssen zum richtigen Zeitpunkt für den Kunden bereitstehen.

222330346

Zahlungsfähigkeit:
- bezieht sich auf die Geldströme,
- Lieferanten, Dienstleister und Personal müssen zum richtigen Zeitpunkt in der vereinbarten Höhe bezahlt werden können.

Dazu sind u. a. folgende Tätigkeiten notwendig, die die **Leistungen des Einzelhändlers** ausmachen:
- Waren beschaffen und lagern,
- Preise kalkulieren,
- Waren präsentieren,
- Kunden beraten.

Damit Verkaufsfähigkeit und Zahlungsfähigkeit erhalten bleiben, muss der Einzelhändler seine Erträge und Aufwendungen kennen. Deshalb ist es wichtig, die Geld- und Güterströme zu erfassen. Diese Erfassung findet im Rechnungswesen (Finanzbuchhaltung) statt. Abb. 1 macht die Zusammenhänge deutlich.

Erträge
Die Geldeinnahmen, die der Einzelhändler durch den Warenverkauf erzielt, werden als Umsatz bzw. Umsatzerlöse bezeichnet. Die Umsatzerlöse sind die **Haupterträge** des Einzelhändlers.

Die Höhe des Umsatzes ist abhängig von
- der Menge der verkauften Waren und Dienstleistungen, also auch von der Anzahl der Kunden, und
- den dabei erzielten Verkaufspreisen.

Ein Einzelhändler kann noch **weitere Erträge** erzielen, z. B. durch:
- Zinseinnahmen für Guthaben bei Banken,
- Mieteinnahmen durch Vermietung von Immobilien.

! *Erträge sind alle Einnahmen, die der Einzelhändler durch seine Geschäftstätigkeit erzielt.*

Im Rahmen der Geschäftstätigkeit des Einzelhändlers gilt:
- Wenn das Unternehmen **Geld** einnimmt, hat es dafür **Güter** in Form von Waren oder Dienstleistungen verkauft.
- Zu einem **Geldstrom** in das Unternehmen hinein gehört ein **Güterstrom** aus dem Unternehmen heraus.

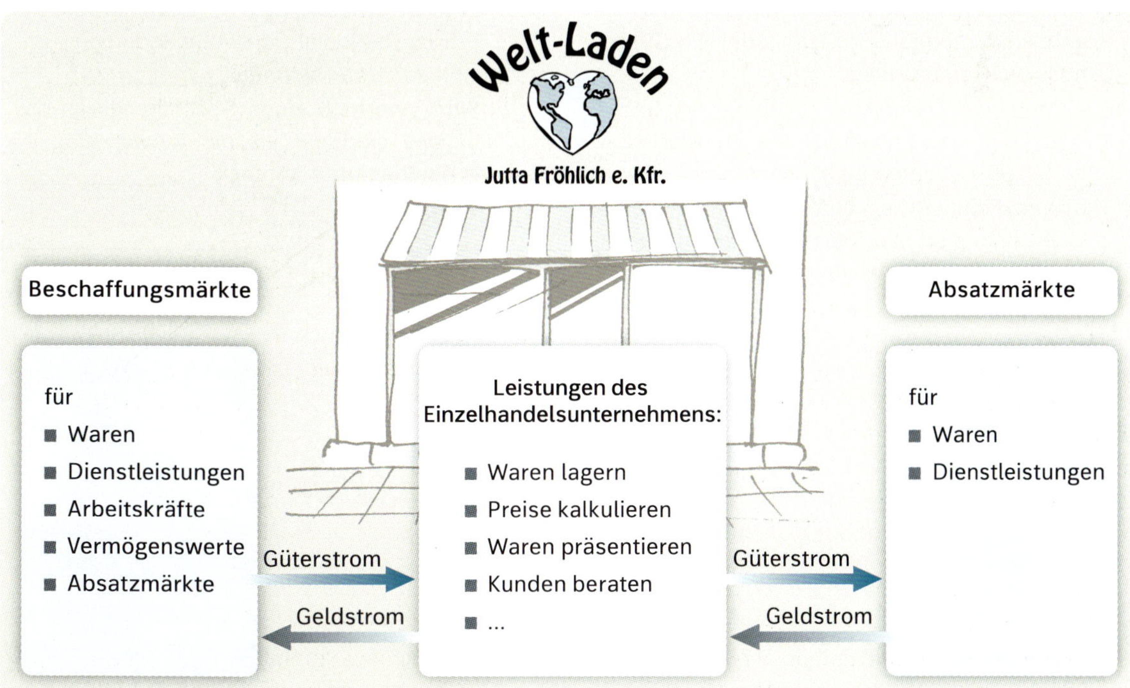

Abb. 1: Geld- und Güterströme im Welt-Laden

Aufwendungen

Für alle Waren und Dienstleistungen, die der Einzelhändler auf den Beschaffungsmärkten einkauft (Güterstrom), werden Ausgaben fällig (Geldstrom). Zu den Ausgaben gehören dabei

- Auszahlungen für den Einkauf von Waren und Dienstleistungen,
- Löhne und Gehälter,
- Miete oder Pacht sowie
- Steuern und Gebühren.

> ! ***Aufwendungen** sind alle Ausgaben, die für den Einzelhändler im Rahmen seiner Geschäftsfähigkeit notwendig werden.*

Auch hier gilt im Rahmen der Geschäftstätigkeit des Einzelhändlers: Zu jedem **Geldstrom**, der aus dem Unternehmen herausfließt, gehört immer auch ein **gleichwertiger Güterstrom** in das Unternehmen hinein.

Aufgaben

1 Betrachten Sie Abb. 1, Geld- und Güterströme im Welt-Laden.

a) Nennen Sie aus Ihrem Ausbildungsbetrieb jeweils ein Beispiel für Güter, die auf Beschaffungsmärkten nachgefragt werden:
   - Waren
   - Dienstleistungen
   - Arbeitskräfte
   - Vermögenswerte

b) Welche Unterteilung von Absatzmärkten gibt es in Ihrem Unternehmen?

c) Welche weiteren Leistungen des Einzelhändlers kennen Sie?

2 Entscheiden und begründen Sie, ob in den folgenden Vorgängen ein Geld- oder ein Güterfluss beschrieben wird.

a) Mit einem Lieferschein bestätigt der Großhändler India Exports, Tee im Wert von 700,00 € geliefert zu haben.

b) Jutta Fröhlich stellt für den Welt-Laden eine Rechnung an den örtlichen Kindergarten in Höhe von 500,00 € für geliefertes Obst.

c) Aus einem Kontoauszug geht hervor, dass der Welt-Laden für den von India Exports gelieferten Tee 700,00 € gezahlt hat.

d) In der Gehaltsliste von April ist aufgeführt, dass insgesamt 1 500,00 € an Aushilfen zu zahlen sind.

e) Jutta Fröhlich liegt ein Kontoauszug vor, aus dem hervorgeht, dass Gehaltszahlungen in Höhe von 1 500,00 € an die Aushilfen erfolgt sind.

3 Überlegen Sie, welcher Erfolg (Gewinn oder Verlust) jeweils vorliegt und ergänzen Sie die Sätze.

a) Sind innerhalb eines Geschäftsjahres die Erträge höher als die Aufwendungen, erzielt das Unternehmen ______________.

b) Sind innerhalb eines Geschäftsjahres die Erträge niedriger als die Aufwendungen, erzielt das Unternehmen ______________.

222330348

8.2 Buchführung als Informationsquelle

Jutta Fröhlich , die in ihrem Unternehmen auch die Buchhaltungsarbeiten erledigt, weiß, dass der Jahreswechsel immer mit sehr viel Arbeit verbunden ist. Es müssen nicht nur die Waren gezählt werden, sondern auch der Kassenbestand ist am Ende des Geschäftsjahres zu erfassen, die Forderungen gegenüber Kunden müssen aufgelistet werden und u. a. ist die Höhe des kurzfristigen Fremdkapitals zu ermitteln. Da sich die Arbeiten in jedem Jahr wiederholen, hat Jutta Fröhlich ein Formular zur Gliederung der Vermögensteile und Schulden entwickelt.

Inventurliste vom 21.12.20...

lfd. Nr	Art.-Nr.	Bezeichnung	Anzahl	VK-Preis	Summe	Anmerkungen

8.2.1 Inventar

Jeder Kaufmann hat zu Beginn seines Handelsgewerbes und für den Schluss eines Geschäftsjahres ein Inventar zu erstellen, in dem er nach der körperlichen bzw. buchmäßigen Bestandsermittlung den Wert der einzelnen Vermögensgegenstände und Schulden angibt.

» LF 7, Kap. 7.7

*Das **Inventar** ist die*
- *mengen- und wertmäßige Darstellung*
- *des Vermögens und der Schulden eines Unternehmens sowie das eingesetzte Eigenkapital*
- *zu einem bestimmten Zeitpunkt.*

Der Vorgang der Bestandsermittlung wird als Inventur bezeichnet. Die Inventur und die Inventurverfahren wurden bereits in LF 7 behandelt, vgl. Kap. 7.7. Ergebnis der Inventur ist das Inventar.

Inventur
= körperliche bzw. buchmäßige Bestandsaufnahme

Inventar
ausführliches Bestandsverzeichnis in Staffelform

Aufbau des Inventars

Damit alle Unternehmen bei der Bewertung einheitlich verfahren, hat der Gesetzgeber verschiedene Vorschriften erlassen.

Das Inventar besteht aus drei Teilen:
1. Vermögen des Unternehmens,
2. Schulden des Unternehmens und
3. Ermittlung des Reinvermögens (Eigenkapital): der Differenz zwischen Vermögen und Schulden des Unternehmens.

Vermögen und Liquidität
Das Vermögen besteht aus Anlage- und Umlaufvermögen:

> ! ***Anlagevermögen*** *sind die Teile des Unternehmens, die über einen längeren Zeitraum im Unternehmen verbleiben, um genutzt zu werden.*

Zum Anlagevermögen gehören z. B. Grundstücke und Gebäude, Fuhrpark, Ladeneinrichtung.

> ! ***Umlaufvermögen*** *sind die Vermögensteile, die nur kurz im Unternehmen verbleiben.*

Zum Umlaufvermögen gehören Warenvorräte, Bankguthaben und Kassenbestand sowie Forderungen.

> ! ***Forderungen*** *entstehen, wenn ein Unternehmen an seine Kunden Waren liefert und bereit ist, auf die Bezahlung eine bestimmte Zeit zu warten.*

Bei der Platzierung der einzelnen Posten in einem Inventar steht an erster Stelle immer das Vermögen, das dem Unternehmen am längsten zur Verfügung steht. Zuerst steht daher in der Liste das Anlagevermögen, darunter das sogenannte Umlaufvermögen. Die Möglichkeit, einen Vermögensgegenstand in Geld umzuwandeln, wird als dessen **Liquidität** (liquide = flüssig) bezeichnet. Die höchste Liquidität haben die Zahlungsmittel selbst, d. h. das Vermögen ist nach zunehmender Liquidität geordnet.

Schulden und Laufzeit
Schulden können auch als **Verbindlichkeiten** bezeichnet werden.

> ! ***Schulden*** *sind alle Zahlungsverpflichtungen, die das Unternehmen anderen gegenüber noch zu erfüllen hat.*

Zu den Schulden gehören z. B.
- Geldbeträge, die der Einzelhändler an Banken zu leisten hat, oder
- Zahlungen an Lieferanten, von denen er Waren bezogen hat.

Die Auflistung der Schulden im Inventar erfolgt nach ihrer **Restlaufzeit.** Die Restlaufzeit ist die Frist, die dem Einzelhändler noch bleibt, bis er die von ihm geschuldeten Geldbeträge zurückzahlen muss: Zuerst werden diejenigen Schulden aufgeführt, für deren Rückzahlung die längste Frist vereinbart ist. Danach werden die anderen Schuldstände, entsprechend ihrer abnehmenden Rückzahlungsfrist, genannt.

Eigenkapital
Das Eigenkapital ist die Differenz zwischen Vermögen und Schulden des Unternehmens (vgl. Abb. 1):

> ! ***Eigenkapital (Reinvermögen)*** *= Vermögen – Schulden*

Inventar
A. Vermögen I. Anlagevermögen II. Umlaufvermögen
Summe des Vermögens
B. Schulden I. Langfristige Schulden II. Kurzfristige Schulden
Summe der Schulden
C. Ermittlung des Eigenkapitals Summe des Vermögens – Summe der Schulden
= Eigenkapital (Reinvermögen)

Abb. 1: Aufbau eines Inventars

222330350

Inventar zum 31.12.20..	€	€
A. Vermögen		
I. Anlagevermögen		
1. Fuhrpark		
Pkw HLR AS-EF 2502		3500,00
2. Computeranlage		
TFT-Bildschirm 24 Zoll	325,00	
Zentraleinheit 3,2 GHz	725,00	
Laserdrucker	415,00	
Barcode-Scanner Printer-Kombination	615,00	
DSL-Modem, Repeater u. a.	320,00	2400,00
3. Scannerkasse		475,00
4. Ladenausstattung		
Regalsystem	1850,00	
Schreibtisch	1150,00	
Kühlschrank	1340,00	4340,00
II. Umlaufvermögen		
1. Warenvorräte		
Musikinstrumente lt. Liste 1	2450,00	
Textilien lt. Liste 2	1600,00	
Schmuck lt. Liste 3	2250,00	
Bücher/CD/DVD lt. Liste 4	3600,00	
Lebensmittel lt. Liste 5	1200,00	11100,00
2. Dekorationsmaterial lt. Liste 6		630,00
3. Forderungen		
Schäfer KG, Peppenkum	490,00	
Groh & Partner OHG	360,00	850,00
4. Bank		1060,00
5. Kasse		425,00
Summe des Vermögens		**24780,00**
B. Schulden		
1. Langfristige Schulden		
Darlehen Existenzgründerprogramm		8250,00
2. Kurzfristige Schulden		
Lupps Kinderladen, Großhandel	4500,00	
Matt & Weiland GmbH	6480,00	10980,00
Summe der Schulden		**19230,00**
C. Ermittlung des Eigenkapitals		
Summe des Vermögens	24780,00	
– Summe der Schulden	19230,00	
= Eigenkapital (Reinvermögen)		**5550,00**

Abb. 2: Inventar des Welt-Ladens

Eigenkapital und Unternehmenserfolg

Das Eigenkapital gibt den Teil des Vermögens an, den der Eigentümer bei Unternehmensgründung mit seinem privaten Geld bezahlt hat. In der Folge bewirkt der Unternehmenserfolg eine Veränderung des Eigenkapitals. Der Erfolg des Unternehmens lässt sich daher an der Entwicklung des Eigenkapitals ablesen.

Beispiel: Der Welt-Laden Altstadt weist zum 31.12.2018 ein Eigenkapital in Höhe von 10 000,00 € aus. Zum 31.12.2019 wird ein Eigenkapital von 15 000,00 € festgestellt. Der Unternehmenserfolg beträgt 5 000,00 €.

> ! *Der **Unternehmenserfolg** lässt sich an der Entwicklung des Eigenkapitals ablesen.*

Die Entwicklung des Eigenkapitals kann aber nur dann als Messgröße für den Erfolg des Unternehmens betrachtet werden, wenn sonstige Einflüsse ausgeschlossen werden: Erhöht sich das Eigenkapital durch eine Einzahlung des Eigentümers aus dessen Privatvermögen, kann dies nicht als wirtschaftliches Ergebnis der Unternehmenstätigkeit betrachtet werden. Solche Einzahlungen auf das Eigenkapital müssen daher bei der Ermittlung der Eigenkapitalentwicklung abgezogen werden.

Der am Ende einer Wirtschaftsperiode, zumeist eines Kalenderjahres, festgestellte Unternehmensgewinn gehört den Unternehmenseigentümern. Entnehmen sie im Laufe des Jahres Vermögen aus dem Unternehmen, sinkt durch diese Entnahmen das Eigenkapital. In diesem Fall sinkt das Eigenkapital nicht aufgrund der wirtschaftlichen Tätigkeit des Unternehmens, sondern weil der Eigentümer Geld des Unternehmens für private Zwecke verwendet hat. Die Abnahme des Eigenkapitals entspricht also nicht dem wirtschaftlichen Erfolg des Unternehmens.

Um das tatsächliche wirtschaftliche Ergebnis des Unternehmens feststellen zu können, muss die Summe der Entnahmen im Laufe der Wirtschaftsperiode zu dem durch Eigenkapitalvergleich berechneten Ergebnis hinzugerechnet werden.

> ! *Um am Ende eines Geschäftsjahres die **Entwicklung des Eigenkapitals** festzustellen, müssen*
> - *private Entnahmen hinzugerechnet,*
> - *private Einzahlungen abgezogen werden.*

Beispiel: Der Welt-Laden Altstadt weist zum 31.12.2018 ein Eigenkapital in Höhe von 10 000,00 € aus. Am 15. Mai 2019 überweist Jutta Fröhlich 6 000,00 € vom Firmenkonto auf das Konto ihres Freundes, weil sie mit ihm zusammen eine Urlaubsreise nach Kanada plant und sie dafür Geld benötigen. Zum 31.12.2019 wird ein Eigenkapital von 9 000,00 € ausgewiesen. Bei der Ermittlung des Unternehmenserfolgs sind die 6 000,00 € wieder hinzuzurechnen, weil sie für private Zwecke verwendet wurden. Der Unternehmenserfolg beträgt also 5 000,00 € (9 000,00 € + 6 000,00 € – 10 000,00 €), vgl. Abb. 3.

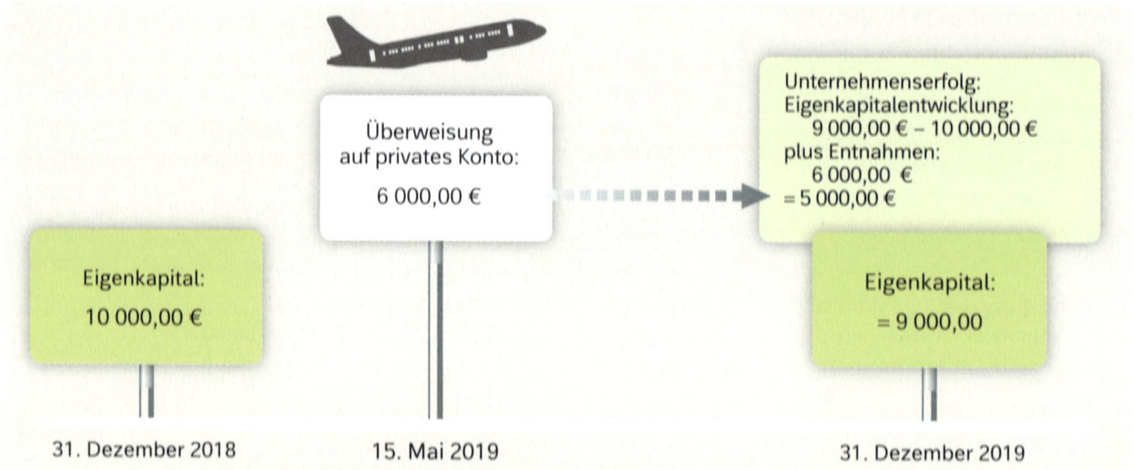

Abb. 3: Um den Unternehmenserfolg festzustellen, müssen private Entnahmen berücksichtigt werden.

222330352

8.2.2 Die Bilanz aus dem Inventar ableiten

Eine Bilanz muss aufgrund gesetzlicher Vorschriften bei Gründung eines Handelsgewerbes und am Ende eines jeden Geschäftsjahres aufgestellt werden. Sie ist ebenso wie das Inventar zehn Jahre aufzubewahren. Bilanzen sind vom Inhaber eines Einzelunternehmens, den Vollhaftern einer Personengesellschaft oder den Geschäftsführern von Kapitalgesellschaften sowie den Vorstandsmitgliedern einer Aktiengesellschaft zu unterschreiben. Bei der Aufstellung einer Bilanz sind gesetzliche Gliederungsvorschriften zu beachten, d. h. die Bilanzposten sind in der in § 266 HGB vorgeschriebenen Form auszuweisen. Oft werden Bilanzen auch bei außergewöhnlichen Ereignissen erstellt, z. B. bei Aufnahme eines Darlehens oder dem Eintritt neuer Gesellschafter. Bilanzen dienen u. a. auch als Informationsgrundlage für die beteiligten Gesellschafter, Banken und der Öffentlichkeit.

Grundlage der Bilanzerstellung sind die Daten des Inventars. In der Bilanz wird auf die mengenmäßige Darstellung des Vermögens und der Schulden verzichtet. Sie enthält die Gesamtwerte gleichartiger Posten, z. B. den Gesamtwert der Forderungen gegenüber allen Kunden, d. h. die einzelnen Vermögens- und Schuldenposten des Inventars werden in der Bilanz unter geeigneten Bezeichnungen zusammengefasst.

Beispiel: Während im Inventar alle Fahrzeuge eines Unternehmens einzeln aufgeführt werden, wird in der Bilanz der Wert aller Fahrzeuge unter dem Begriff „Fuhrpark" angegeben.

In der Bilanz werden die zusammengefassten Ergebnisse der Inventur in Kontenform dargestellt. Das Vermögen steht auf der linken Seite der Bilanz (Aktiva), das Kapital auf der rechten Seite (Passiva).

Aktiva	**Bilanz**	**Passiva**
Vermögen	Eigenkapital	
	Schulden	
Summe Vermögen	= Summe Kapital	

Abb. 4: Aufbau einer Bilanz

Abbildung 4 ist zu entnehmen, dass die Summe des Vermögens immer gleich der Summe des Kapitals ist. Eine Bilanz ist immer im Gleichgewicht.

Aktiva		**Bilanz**	**Passiva**
Anlagevermögen	45000,00	Eigenkapital	48500,00
Umlaufvermögen	30000,00	Fremdkapital (Schulden)	26500,00
Summe des Vermögens	75000,00	Summe des Kapitals	75000,00

Abb. 5 Vereinfachte Bilanz

Die Passivseite der Bilanz gibt darüber Auskunft, woher die finanziellen Mittel (Eigen- und Fremdkapital) stammen bzw. wie das Vermögen finanziert wurde. Die Aktivseite zeigt, wie das Kapital angelegt oder investiert wurde (Anlage- und Umlaufvermögen). Die Aktivseite gibt Auskunft über die Mittelverwendung und die Passivseite über die Mittelherkunft. Damit lassen sich aus der Bilanz verschiedene Informationen ableiten. Aus

Aktiva		**Bilanz für den Welt-Laden Altstadt zum 31.12.20..**	**Passiva**
A. Anlagevermögen		**A. Eigenkapital**	5550,00
Fuhrpark	3500,00	**B. Fremdkapital**	
Betriebs- und Geschäftsausstattung	7215,00	Darlehen	8250,00
B. Umlaufvermögen		Verbindlichkeiten aus Lieferungen und Leistungen	10980,00
Warenvorräte	11730,00		
Forderungen	850,00		
Bank	1060,00		
Kasse	425,00		
	24780,00		24780,00

Abb. 6: Bilanz des Welt-Ladens Altstadt

der Passivseite kann entnommen werden, ob das Unternehmen überwiegend mit fremden Mitteln (Fremdkapital) oder mit eigenen Mitteln (Eigenkapital) arbeitet. Ferner ist der Aktivseite zu entnehmen, ob das Kapital überwiegend im Anlage- oder im Umlaufvermögen investiert wurde. Auch wird deutlich, ob das Unternehmen über genügend flüssige Mittel (Bank und Kasse) verfügt, um die kurzfristigen Verbindlichkeiten zu begleichen. Aus der Bilanz des Welt-Ladens in Abbildung 6 ist zu erkennen, dass die flüssigen Mittel (Bank 1 060,00 € und Kasse 425,00 €) nicht ausreichen, um die Verbindlichkeiten aus Lieferungen und Leistungen (10 980,00 €) zu bezahlen.

Beispiel: Für ein Lebensmittelgeschäft wird eine Verkaufstheke für Wurst und Käse angeschafft. Sie soll in den nächsten Jahren dazu dienen, die Ware zu präsentieren und die Kunden individuell zu bedienen. Sie trägt dazu bei, Umsatzerlöse durch Warenverkauf zu erzielen, ohne selbst verkauft zu werden.
Die Theke gehört zum Anlagevermögen des Unternehmens: Sie wird über einen längeren Zeitraum im Unternehmen im Rahmen der unternehmerischen Tätigkeit „Lebensmittelverkauf" eingesetzt.
Die Lebensmittel, die in dieser Verkaufstheke präsentiert werden, müssen zunächst eingekauft werden. Dadurch erhöht sich der Bestand an Waren im Unternehmen bzw. das Vermögen des Unternehmens.
Der Warenbestand soll aber möglichst bald wieder an Kunden verkauft werden. Daher zählt er zum Umlaufvermögen des Unternehmens.
Wenn das Unternehmen über ein ausreichendes Bankguthaben verfügt, um die Verkaufstheke bezahlen zu können, wird sich durch den Zugang im Anlagevermögen das Umlaufvermögen um den gleichen Betrag verringern.
Muss für die Anschaffung ein Kredit aufgenommen werden, erhöht sich sowohl das Vermögen auf der Aktivseite, als auch das (Fremd-)Kapital auf der Passivseite.

Sowohl das Inventar als auch die Bilanz sind Übersichten über das Vermögen und das Kapital eines Unternehmens. Sie unterscheiden sich lediglich in der Art der Darstellung.

Inventar	**Bilanz**	
= ausführliches Bestandsverzeichnis in Staffelform	= kurzgefasstes Bestandsverzeichnis in Kontoform	
Inventar ... zum ...	Aktiva Bilanz zum ... Passiva	
A. Vermögen B. Schulden C. Reinvermögen	A. Anlagevermögen B. Umlaufvermögen	A. Eigenkapital B. Fremdkapital

Abb. 7 Zusammenhang zwischen Inventar und Bilanz

8.2.3 Bilanzkennzahlen

Für die Vermögens-und Kapitalseite in der Bilanz können Bilanzkennzahlen berechnet werden, die die angeben,

- welchen Anteil Anlagevermögen und Umlaufvermögen am Gesamtvermögen bzw.
- Eigenkapital und Fremdkapital am Gesamtkapital haben.

Der jeweilige Anteil („Quote") wird als Prozentwert angegeben. Berechnungsbasis ist die Bilanzsumme.

Typischerweise weisen Unternehmen des Einzelhandels einen relativ hohen Anteil von Umlaufvermögen am Gesamtvermögen aus, weil der Wert an Warenvorräten hoch ist. In Produktionsunternehmen dagegen hat der Wert des Anlagevermögens einen relativ hohen Anteil am Gesamtvermögen wegen der höherwertigen technischen Ausstattung.
Um eine Kennzahl für die Vermögensstruktur zu erhalten, wird der Wert des Anlagevermögens durch den Wert des Umlaufvermögens dividiert.

Die Aufteilung der Bilanzposten auf der Kapitalseite zwischen Eigenkapital und Fremdkapital zeigt, wie abhängig das Unternehmen von Fremdkapitalgebern ist, aber auch wie vertrauens- bzw. kreditwürdig das Unternehmen von Banken bzw. Lieferanten eingeschätzt wird.
Das Verhältnis von Fremdkapital zu Eigenkapital wird als Verschuldungsgrad bezeichnet. Diese Kennzahl kann alternativ zur Eigen- oder Fremdkapitalquote benutzt werden, um die Kapitalstruktur einzuschätzen. Es gilt: Je höher der Verschuldungs-

222330354

grad, desto abhängiger ist das Unternehmen von Fremdkapitalgebern.
Das Fremdkapital steht dem Unternehmen nur eine befristete Zeit zur Verfügung, das heißt, es muss nach einer vereinbarten Zeit wieder zurückgezahlt werden. Für die Rückzahlung werden Geldmittel benötigt.

Als günstig wird daher betrachtet, wenn zwischen den Werten von Umlaufvermögen und Fremdkapital eine möglichst geringe Differenz besteht. Dasselbe gilt daher aber auch für das Anlagevermögen und das Eigenkapital: Auch ihre Werte sollen möglichst gleich hoch sein.

Vermögensstruktur		*Beispiel* (vgl. Bilanz in Abb. 6)
Anlagenvermögensquote	$\frac{\text{Anlagevermögen}}{\text{Gesamtvermögen}} \cdot 100$	$\frac{10\,715{,}00\,€}{24\,780{,}00\,€} \cdot 100 = 43{,}24\,\%$
Umlaufvermögensquote	$\frac{\text{Umlaufvermögen}}{\text{Gesamtvermögen}} \cdot 100$	$\frac{14\,065{,}00\,€}{24\,780{,}00\,€} \cdot 100 = 56{,}76\,\%$
Kennzahl der Vermögensstruktur	$\frac{\text{Anlagevermögen}}{\text{Umlaufvermögen}}$	$\frac{10\,715{,}00\,€}{14\,065{,}00\,€} = 0{,}7618$
Kapitalstruktur		*Beispiel* (vgl. Bilanz in Abb. 6)
Eigenkapitalquote	$\frac{\text{Eigenkapital}}{\text{Gesamtkapital}} \cdot 100$	$\frac{5\,550{,}00\,€}{24\,780{,}00\,€} \cdot 100 = 22{,}40\,\%$
Fremdkapitalquote	$\frac{\text{Fremdkapital}}{\text{Gesamtkapital}} \cdot 100$	$\frac{19\,230{,}00\,€}{24\,780{,}00\,€} \cdot 100 = 77{,}60\,\%$
Verschuldungsgrad	$\frac{\text{Fremdkapital}}{\text{Eigenkapital}}$	$\frac{19\,230{,}00\,€}{5\,550{,}00\,€} = 3{,}46$

Abb. 8: Vermögens- und Kapitalstruktur

Die Warenbestände stehen dem Unternehmen teilweise auch nur eine befristete Zeit zur Verfügung, z.B. aufgrund geringer Lagerfähigkeit. Sie sollen daher möglichst schnell wieder durch den Verkauf in „Geldbestände“ (Kasse, Bank) umgewandelt werden. Diese stehen dann wiederum für die fällige Rückzahlung des Fremdkapitals zur Verfügung.
In der Regel wird daher versucht, eine annähernd deckungsgleiche Aufteilung von Kapital und Vermögen entsprechend ihrer „Fristigkeit" zu erreichen:
Der langfristig im Unternehmen verbleibende Teil des Vermögens (= Anlagevermögen) soll durch möglichst langfristig im Unternehmen verbleibendes Kapital (am besten: Eigenkapital) finanziert werden. Für das (kurzfristige) Umlaufvermögen kann das (kurzfristige) Fremdkapital benutzt werden.

Um eine möglichst fristgleiche Finanzierung der Vermögensteile zu erreichen, versucht man sich bei beiden Kennzahlen dem Wert „1“ zu nähern.

> **!** *In der Beispielbilanz (siehe Abb. 6) besteht keines der angestrebten Gleichgewichte: Das Anlagevermögen ist fast doppelt so groß wie das Eigenkapital ($\frac{10\,715{,}00\,€}{5\,550{,}00\,€} = 1{,}93$). Der Wert des Umlaufvermögens stellt nur etwa drei Viertel des Fremdkapitals ($\frac{14\,065{,}00\,€}{19\,230{,}00\,€} = 0{,}73$) dar.*

8.2.4 Gewinn- und Verlustrechnung

Am Ende eines jeden Wirtschaftsjahres muss das erzielte wirtschaftliche Ergebnis festgestellt werden. Dazu werden alle Erträge und alle Aufwendungen gegenübergestellt.

Zu den Erträgen, die das Eigenkapital mehren und daher auf der Habenseite stehen, zählen u.a.:

- **Umsatzerlöse aus Warenverkauf;** diese Position hat gewöhnlich den größten Wert bei den Erträgen,
- **Sonstige betriebliche Erträge;** z.B. Einnahmen aus der Vermietung bzw. Verpachtung von Immobilien, die zum Unternehmensvermögen gehören,

Die Aufwendungen mindern das Eigenkapital, stehen auf der Sollseite und werden nach dem Grund ihrer Verursachung unterschieden:

- **Aufwand für Waren;** alle Aufwendungen, die im abgelaufenen Wirtschaftsjahr dazu benutzt wurden, um durch Warenverkauf Umsatzerlöse zu erzielen,
- **Personal;** Aufwendungen für Mitarbeiter und Aushilfen,
- **Abschreibungen;** Wertminderungen des Unternehmensvermögens , z.B. durch Abnutzung,
- **Werbeaufwand;** Aufwand für Werbeanzeigen, Fernsehspots usw.
- **Mieten und Pachten;** Aufwendungen für die Nutzung fremder Immobilien,
- **Steuern und Abgaben;** Steuern werden an das Finanzamt gezahlt, Abgaben an die Stadt,
- **Aufwand für Energie;** Zahlungen an das örtliche Energieversorgungsunternehmen für Strom und Gas,
- **Aufwand für Kommunikation;** vor allem die Kosten für Telefon, Handy und Internet,
- ...
- **Sonstiger betrieblicher Aufwand , z.B. Reparaturkosten, Verbrauchsmaterial für das Büro.**

> **!** *Die **Gewinn- und Verlustrechnung** (GuV) ist*
> - *die Darstellung der Erträge und Aufwendungen eines Unternehmens*
> - *in einem bestimmten Zeitraum.*

Die Gewinn- und Verlustrechnung ist ein weiteres Informationsmittel für den Einzelhändler und andere Interessenten, um die wirtschaftliche Situation eines Unternehmens beurteilen zu können. Die GuV zeigt die Höhe des betrieblichen Erfolgs (Reingewinn bzw. Reinverlust in Euro) und die Herkunft des betrieblichen Erfolgs.

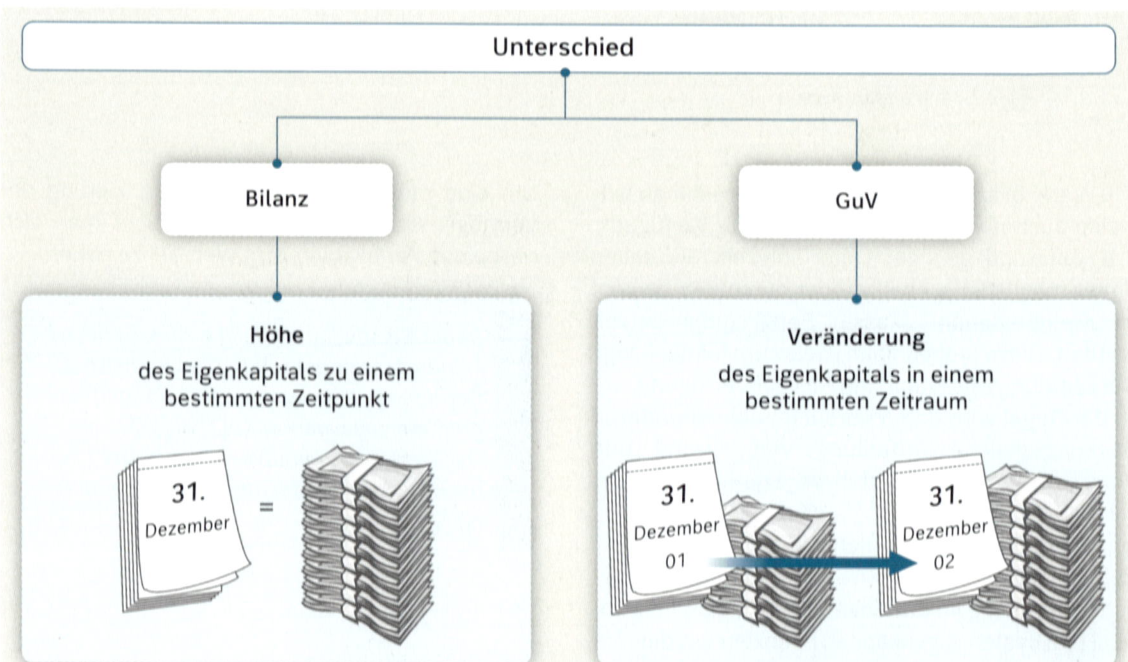

Abb. 9: Unterschied Bilanz – GuV

Wareneinsatz und Warenrohgewinn

Die Aufwendungen des Unternehmens lassen sich danach unterscheiden, ob sie mit dem Verkauf von Waren zusammenhängen und so direkt zur Erzielung von Umsatzerlösen notwendig bzw. verursacht wurden. Diese Aufwendungen zählen zum **Wareneinsatz**.

Um den Wareneinsatz zu ermitteln, benötigt man

- die Menge der verkauften Artikel (Absatzmenge),
- die Preise, zu denen diese Artikel einmal eingekauft wurden (Einstandspreis) sowie
- alle sonstigen Kosten, z. B. für Transport und Versicherung.

Beispiel: Jutta Fröhlich hat vor einigen Wochen fünf 50 cm hohe Deko-Elefanten direkt aus Indien bezogen und alle rasch verkaufen können. Nun möchte sie den Wareneinsatz ermitteln: Pro Stück hatte sie 50,00 € an den indischen Händler zu zahlen. Die Versandkosten in Höhe von insgesamt 40,00 € hatte sie zu tragen. Der Einstandspreis pro Stück beträgt damit 58,00 €. Der Wareneinsatz für diese Warengruppe beträgt also 290,00 €.

> ! *Der **Wareneinsatz (€)** ist*
> - *die Menge der verkauften Waren*
> - *bewertet zum Einstandspreis.*

Der **Warenrohgewinn** lässt sich ermitteln, indem die warenbezogenen Aufwendungen (Wareneinsatz) von den Umsatzerlösen abgezogen werden.

> ! *Warenrohgewinn = Umsatzerlöse durch Warenverkauf – Wareneinsatz*

Beispiel: Der Netto-Verkaufspreis für die Elefanten betrug 85,00 €. Verkauft wurden fünf Stück, der Gesamterlös beträgt 425,00 €. Durch den Verkauf wurde also ein Warenrohgewinn von 135,00 € (425,00 € - 290,00 €) erzielt.

Alle übrigen Aufwendungen werden als **Handlungskosten** zusammengefasst.

> ! ***Handlungskosten (€)** sind die Kosten, die vor allem bei Lagerung und Verkauf von Waren entstehen. Handlungskosten umfassen nicht den Wareneinsatz.*

Gewinn- und Verlustrechnung für die Zeit 01.01.20.. bis 31.12.20.. Welt-Laden Altstadt

Umsatzerlöse aus Warenverkauf	92400,00 €	**Umsatzerlöse**
Wareneinsatz	55400,00 €	**– Wareneinsatz = Warenrohgewinn**
Personalkosten	2950,00 €	**– Summe ergibt die Handlungskosten**
Abschreibungen	2800,00 €	
Mieten	15600,00 €	
Energiekosten	2640,00 €	
Werbekosten	4680,00 €	
Kommunikationskosten	2000,00 €	
Sonstiger betrieblicher Aufwand	3450,00 €	
Reingewinn	2840,00 €	

Abb. 10: Wareneinsatz und Handlungskosten in der GuV

Die Gewinnermittlung eines Einzelhandelsunternehmens lässt sich in der Staffelform wie in Abbildung 10 darstellen.

Ähnlich wie bei der Bilanz ist auch bei der Gewinn- und Verlustrechnung die Kontoform üblich. Dabei werden die Aufwandspositionen mit ihren entsprechenden Werten auf der „Sollseite", die Ertragspositionen auf der „Habenseite" eingetragen.

Die Gesamtsummen von Aufwendungen und Erträgen werden miteinander verglichen.

Auf der betragsmäßig kleineren Seite wird die Differenz zur größeren Seite eingetragen, denn auch für das Gewinn- und Verlustkonto müssen die beiden Kontenseiten beim Abschluss dieselbe Summe ausweisen:

- Besteht die Differenz auf der **linken** Seite, ist also die Summe der im Laufe des Jahres erzielten **Erträge größer als** die der **Aufwendungen**, hat das Unternehmen einen **Gewinn** erzielt. Dadurch steigt in der Bilanz die Höhe des Eigenkapitals.
- Besteht die Differenz auf der **rechten** Seite, ist also die Summe der im Laufe des Jahres erzielten **Erträge kleiner als** die der **Aufwendungen**, hat das Unternehmen einen **Verlust** erzielt. Dadurch sinkt in der Bilanz das Eigenkapital.

Nur wenn der Warenrohgewinn die Handlungskosten übersteigt, kann das Unternehmen durch seine wirtschaftliche Tätigkeit einen Überschuss erzielen. Der in der Gewinn- und Verlustrechnung festgestellte Reingewinn erhöht das Eigenkapital in der Bilanz. Durch das Jahresergebnis (Gewinn oder Verlust auf der entsprechenden Seite des Kontos) weisen beide Seiten dieselbe Kontensumme aus.

Beispiel: Der Warenrohgewinn beträgt 92 400,00 € – 55 440,00 € = 36 960,00 €. Die Handlungskosten betragen 34 120,00 €. Der Reingewinn in Höhe von 92 400,00 € – 55 440,00 € – 34 120,00 € = 2 840,00 € wird im Konto auf der linken Seite eingetragen, um auf beiden Seiten die gleiche Summe der Werte zu erhalten.

! *Am Jahresende werden die Aufwendungen von den Erträgen abgezogen, um das Ergebnis festzustellen. Der Betrag wird dem Eigenkapital zugerechnet bzw. abgezogen.*

Durch den Eintrag des Jahresergebnisses in der Gewinn- und Verlustrechnung ergibt sich auf beiden Kontenseiten die gleiche Summe.

Der Gewinn steht auf der linken, der Verlust auf der rechten Seite des GuV-Kontos.

Die wichtigsten Werte in der Gewinn und Verlustrechnung sind der Reingewinn und der Warenrohgewinn. Der Warenrohgewinn wird im Gewinn- und Verlustkonto nicht eigens ausgewiesen. Das GuV-Konto wird über das Eigenkapitalkonto abgeschlossen, d. h. ein Reingewinn mehrt das Eigenkapitalkonto im Haben, ein Verlust mindert das Eigenkapitalkonto im Soll.

Gewinn- und Verlustrechnung
für die Zeit 01.01.20.. bis 31.12.20..
Welt-Laden Altstadt

Soll			Haben
Wareneinsatz	55 440,00 €	Umsatzerlöse aus Warenverkauf	92 400,00 €
Personalkosten	2 950,00 €		
Abschreibungen	2 800,00 €		
Mieten	15 600,00 €		
Energiekosten	2 640,00 €		
Werbekosten	4 680,00 €		
Kommunikationskosten	2 000,00 €		
Sonstiger betrieblicher Aufwand	3 450,00 €		
Reingewinn	2 840,00 €		
	92 400,00 €		92 400,00 €

Abb. 11: Gewinn- und Verlustrechnung des Welt-Ladens Altstadt

222330358

Um den Warenrohgewinn zu steigern, kann zum Beispiel versucht werden,

- die Absatzmengen zu steigern, durch entsprechende Werbemaßnahmen und die Gewinnung neuer Kunden,
- die Absatzpreise zu erhöhen, durch entsprechende Kundenansprache,
- den Wareneinsatz zu reduzieren, durch Nutzung von Einkaufsrabatten.

8.2.5 Kennzahlen zur Gewinn- und Verlustrechnung

Zum Vergleich der wirtschaftlichen Situation eines Unternehmens in mehreren Wirtschaftsperioden oder mit anderen Unternehmen lassen sich einzelne Rentabilitätskennzahlen mithilfe der Gewinn- und Verlustrechnung berechnen.

Als Rentabilität bezeichnet man den Sachverhalt, dass ein geleisteter Aufwand zu einem angemessenen Nutzen (Gewinn) führt. Die Rentabilitätskennzahlen werden gebildet, indem man den Gewinn aus der Gewinn- und Verlustrechnung zu bestimmten Größen der wirtschaftlichen Tätigkeit ins Verhältnis setzt.

Umsatzrentabilität
Die Umsatzrentabilität beschreibt, welcher Anteil der Leistungserstellung, die zu Umsatzerlösen geführt hat, als Gewinn dem Unternehmen verbleibt. Je größer die Umsatzrentabilität ist, desto größer ist der Nutzen (Gewinn), den das Unternehmen aus seiner Leistungserstellung ziehen kann.

! $$\textit{Umsatzrentabilität} = \frac{\textit{Gewinn}}{\textit{Umsatz}} \cdot 100$$

Beispiel: In der Gewinn- und Verlustrechnung (Abb. 11) ergibt sich eine Umsatzrentabilität von

$$\frac{2840{,}00\,€}{92400{,}00\,€} \cdot 100 = 3{,}07\,\%$$

Eigenkapitalrentabilität
Anders als die Fremdkapitalgeber erhalten die Eigentümer eines Unternehmens für die Überlassung des Eigenkapitals keinen festgelegten Zins. Sie haben aber dennoch ein Interesse zu erfahren, ob es sinnvoll ist, dem Unternehmen das Eigenkapital zu überlassen, oder ob sie ihre Finanzmittel vielleicht besser in andere Anlageformen investiert hätten.

Mithilfe der Eigenkapitalrentabilität kann berechnet werden, wie hoch die Verzinsung des eingesetzten Kapitals durch den Gewinn im abgelaufenen Jahr war.

Dazu muss zunächst das durchschnittliche im Unternehmen gebundene Eigenkapital berechnet werden:

! *durchschnittliches Eigenkapital*
$$= \frac{\textit{Eigenkapital a. Jahresanf.} + \textit{Eigenkapital a. Jahresende}}{2}$$

Die Eigenkapitalrentabilität lässt sich dann wie folgt berechnen:

! $$\textit{Eigenkapitalrentabilität} = \frac{\textit{Gewinn}}{\textit{durchschn. Eigenkapital}} \cdot 100$$

Beispiel: Das Eigenkapital betrug am Jahresanfang 5550,00 €, am Ende 8390,00 €. Es wurde ein Gewinn von 2840,00 € erwirtschaftet. Im Durchschnitt waren also

$$\frac{5550{,}00 + 8390{,}00\,€}{2} = 6970{,}00\,€$$

Eigenkapital im Unternehmen gebunden.

Die Eigenkapitalrentabilität des Geschäftsjahres betrug somit

$$\frac{2840{,}00\,€}{6970{,}00\,€} \cdot 100 = 40{,}75\,\%.$$

Für die Kalkulation der Absatzpreise kann aus der Gewinn- und Verlustrechnung noch eine wichtige Kennzahl abgeleitet werden: Der Handlungskostenzuschlagssatz ist das Verhältnis von Handlungskosten zum Wareneinsatz, ausgedrückt als Prozentwert. Er gibt an, wie viel Prozent dem Wareneinsatz (Bezugspreis) der in einem Jahr verkauften Waren hinzugerechnet werden muss, um die Gesamtkosten für den Wareneinsatz zu erhalten.

Beispiel: Der Wareneinsatz betrug 55440,00 €, die Handlungskosten 34120,00 €. Der Anteil der Handlungskosten am Wareneinsatz lag also bei

$$\frac{34120{,}00\ €}{55440{,}00\ €} \cdot 100 = 61{,}54\,\%$$

Auf den Einkaufswert der Ware müssen also noch 61,54 % Aufschlag berechnet werden, um die Höhe des Wareneinsatzes ermitteln zu können.

Im Einzelhandel gibt es daneben noch andere Kennzahlen für den Umsatz, die es zum Beispiel ermöglichen, die Ergebnisse mehrerer Unternehmen bzw. Filialen eines Unternehmens miteinander zu vergleichen.

Dazu müssen betriebsinterne Daten und Informationen mit den Finanzdaten des Rechnungswesens verknüpft werden.

! *Umsatz je m² Verkaufsfläche* $= \dfrac{\textit{Umsatz}}{\textit{m}^2\ \textit{Verkaufsfläche}}$

Unterscheiden sich die Ergebnisse der Berechnung des „Umsatzes je m² Verkaufsfläche" in unterschiedlichen Filialen mit gleichem Warensortiment, Preisen und Werbekonzept deutlich, kann untersucht werden, ob Öffnungszeiten, Warenpräsentation, Mitarbeiterzahl oder sonstige betriebliche Gegebenheiten einen Einfluss auf das Ergebnis haben.

Der Umsatz je m² Verkaufsfläche kann als Leistung je m² Verkaufsfläche bzw. als Flächenproduktivität betrachtet werden.

Beispiel: Ein Einzelhandelsunternehmen mietet ein Ladenlokal als weitere Verkaufsstelle seines Sortiments an. Der Umsatz am Stammsitz (890 m² Verkaufsfläche) betrug im abgelaufenen Geschäftsjahr 156000,00 €, in der Filiale (190 m²) 46000,00 €. An beiden Verkaufsstellen wurde das gleiche Sortiment zu denselben Preisen angeboten.

Der Umsatz je m² betrug

am Stammsitz:

$$\frac{156000{,}00\ €}{890\ m^2} = 175{,}28\ €/m^2,$$

in der Filiale:

$$\frac{46000{,}00\ €}{190\ m^2} = 242{,}11\ €/m^2.$$

Trotz des geringeren Umsatzwertes wurde also in der Filiale eine deutlich höhere Flächenproduktivität erreicht.

! *Umsatz je Mitarbeiter* $= \dfrac{\textit{Umsatz}}{\textit{Anzahl Mitarbeiter}}$

Deutliche Unterschiede beim „Umsatz je Mitarbeiter" können z. B. auf Defizite bei den Sortimentskenntnissen, im Engagement, Unterschiede in der Wettbewerbssituation oder personelle Fehlplanung hinweisen.

Beispiel: In den beiden Vertriebsstellen des Einzelhandelsunternehmens sind 8 Personen am Stammsitz und 3 Personen in der Filiale im Verkauf beschäftigt. Somit beträgt der Umsatz je Mitarbeiter

am Stammsitz:

$$\frac{156000{,}00\ €}{8\ \text{Mitarbeiter}} = 19500{,}00\ €/\text{Mitarbeiter},$$

in der Filiale:

$$\frac{46000{,}00\ €}{4\ \text{Mitarbeiter}} = 11500{,}00\ €/\text{Mitarbeiter}.$$

Der Umsatz je Mitarbeiter am Stammsitz ist wesentlich höher. Vielleicht sollte die personelle Ausstattung der beiden Vertriebsstellen überdacht werden.

! *Umsatz je Kunde (oder Bon)* $= \dfrac{\textit{Umsatz}}{\textit{Anzahl Kunden}}$

Unterschiede beim „Umsatz je Kunde (oder Bon)" zwischen Vertriebsstellen können zum Beispiel durch eine unterschiedliche Kundenstruktur verursacht werden.

Beispiel: Im abgelaufenen Geschäftsjahr wurden am Stammsitz 6250 Kunden registriert, in der Filiale waren es 3125.

Der Umsatz je Kunde betrug

am Stammsitz:

$$\frac{156\,000{,}00\,€}{6\,250 \text{ Kunden}} = 24{,}96\,€/\text{Kunde},$$

in der Filiale:

$$\frac{46\,000{,}00\,€}{3\,125 \text{ Kunden}} = 14{,}72\,€/\text{Kunde}.$$

Der Bonwert am Stammsitz ist deutlich höher. Das kann daran liegen, dass die Kunden vielleicht aufgrund einer günstigeren Parksituation hier höherwertige Güter oder größere Gebinde kaufen.

8.2.6 Jahresabschluss

Jeder Kaufmann muss am Ende eines Geschäftsjahres einen Jahresabschluss erstellen, der mindestens aus

- Bilanz und
- Gewinn- und Verlustrechnung

besteht. Der Jahresabschluss kann durch einen Anhang mit ergänzenden Informationen erweitert werden.

Am Jahresabschluss sind alle Personen und Institutionen interessiert, die mit einem Unternehmen in einer Beziehung stehen. Dazu gehören vor allem (vgl. Abb. 12):

- die Eigentümer des Unternehmens, weil sie mit ihrem Geld die Existenz des Unternehmens ermöglichen bzw. sichern,
- die Banken, die dem Unternehmen Kredite gegeben haben, weil sie deren Rückzahlung erwarten,
- das Finanzamt, um das Unternehmen zur Steuer veranlagen zu können,
- die Mitarbeiter, um die Sicherheit ihres Arbeitsplatzes abschätzen zu können,
- die Öffentlichkeit, z. B. Kunden, weil sie eine Versorgung mit Gütern und Dienstleistungen erwartet.

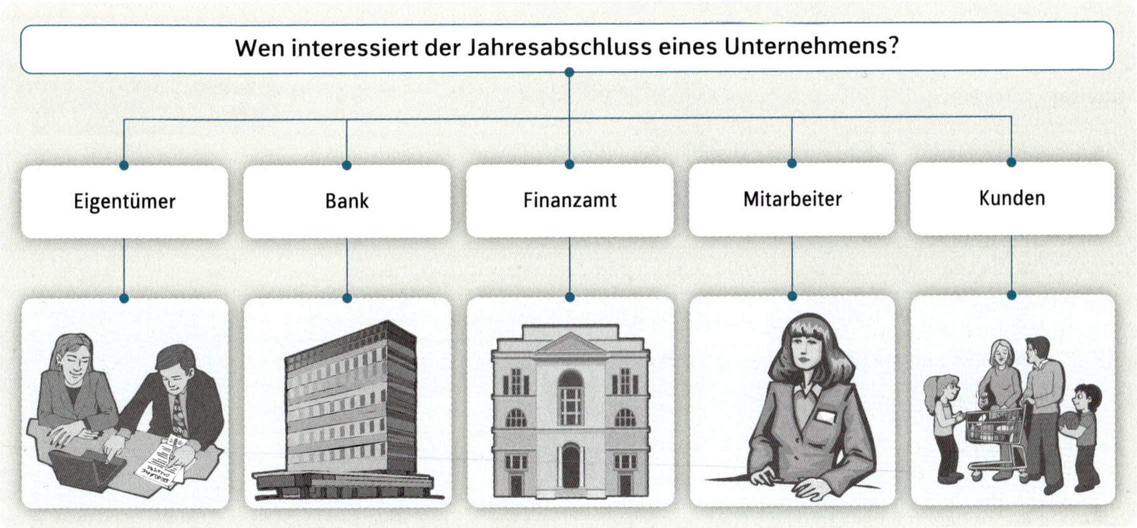

Abb. 12: Interessenten am Jahresabschluss

Aufgaben

1. Betrachten Sie Abb. 6, die Bilanz des Welt-Ladens Altstadt.
   a) Welchen prozentualen Anteil haben Eigenkapital und Fremdkapital am Gesamtkapital?
   b) Wie hoch sind die sofort flüssigen Vermögensteile?
   c) Können mit den sofort flüssigen Vermögensteilen sofort die kurzfristigen Schulden/Verbindlichkeiten beglichen werden?
   d) Kann mit den sofort flüssigen Vermögensteilen ein neues Ladenregal zum Preis von 2 000,00 € gekauft werden?

2 Wie hoch ist das Eigenkapital eines Unternehmens, wenn das Fremdkapital 120000,00 €, das Anlagevermögen 90000,00 €, der Bestand auf dem Bankkonto 32000,00 €, die Warenvorräte 12000,00 € und die Forderungen aus Lieferungen und Leistungen 9000,00 € betragen?

3 Im abgelaufenen Geschäftsjahr hat Jutta Fröhlich Umsatzerlöse in Höhe von 45000,00 € erzielt. Demgegenüber sind Aufwendungen für Waren in Höhe von 12800,00 € angefallen. Ebenfalls sind 12200,00 € Personalkosten, 7400,00 € Mietkosten und 3800,00 € Sonstige Aufwendungen angefallen. Ermitteln Sie

a) den Rohgewinn und

b) den Reingewinn.

4 Führen Sie mit den folgenden Daten die Erfolgsermittlung durch Eigenkapitalvergleich durch. Handelt es sich bei dem jeweiligen Erfolg um einen Gewinn oder einen Verlust?

a) Reinvermögen laut Inventar am 1. Januar des Geschäftsjahres 1: 630000,00 €, am 31. Dezember des Jahres: 710000,00 €

b) Reinvermögen laut Inventar am 1. Januar des Geschäftsjahres 2: 710000,00 €, am 31. Dezember des Jahres: 702000,00 €

5 Zum 31.12.20.. hat Jutta Fröhlich die in Abb. 11 dargestellte Gewinn- und Verlustrechnung aufgestellt. Die GuV zum Ende des nächsten Geschäftsjahres ändert sich nur in den folgenden Posten:

- Umsatzerlöse 100000,00 €
- Sonstiger betrieblicher Aufwand 2000,00 €

a) Berechnen Sie den aktuellen Wareneinsatz.

b) Berechnen Sie den aktuellen Handlungskostenzuschlagssatz.

c) Beurteilen Sie die Veränderung des betrieblichen Erfolgs des Welt-Ladens.

Kompetenzraster, Kapitel 8.1 und 8.2

Kapitel	Ich kann ...	nein	unsicher	recht sicher	ja
8.1	■ die Märkte, auf denen der Einzelhändler tätig ist, nennen und Geld- und Güterströme beschreiben.				
	■ die Bedeutung der Verkaufs- und Zahlungsfähigkeit erklären.				
	■ die Leistungen, die der Einzelhandel für seine Kunden erbringt, nennen.				
	■ Erträge und Aufwendungen unterscheiden und erläutern.				
8.2	■ die Bedeutung des Inventars erläutern.				
	■ den Aufbau des Inventars beschreiben und erklären.				
	■ Vermögen und Schulden unterscheiden und die Anordnung der einzelnen Posten im Inventar erläutern.				
	■ den Begriff Eigenkapital und dessen wirtschaftliche Bedeutung erläutern.				
	■ den Unternehmenserfolg durch Eigenkapitalvergleich ermitteln.				
	■ den Aufbau einer Bilanz beschreiben.				
	■ Unterschiede und Gemeinsamkeiten zwischen Inventar und Bilanz darstellen.				
	■ den Aufbau einer Gewinn- und Verlustrechnung beschreiben.				
	■ Wareneinsatz und Handlungskosten bestimmen.				
	■ Warenrohgewinn und Reingewinn unterscheiden.				
	■ Die Einflussgrößen des betrieblichen Erfolgs nennen und erläutern.				
	■ die wesentlichen Bestandteile des Jahresabschlusses nennen.				

8.3 Rechtliche Rahmenbedingungen

Bevor Jutta Fröhlich vor zehn Jahren ihren Welt-Laden eröffnete, hatte sie mit möglichen Lieferanten bereits Kontakt aufgenommen. An eine zahlreiche Kundschaft glaubte sie ebenfalls, da sie es selbst erlebte, dass Leute nach der Herkunft der ihnen angebotenen Waren fragten und es in der Fußgängerzone noch kein vergleichbares Ladenkonzept gab.

Unternehmen müssen sich bei der Organisation und Durchführung der Buchführung an die Vorschriften des Handelsgesetzbuches (HGB) und der Abgabenordnung (AO) halten.

Nach dem Handelsgesetzbuch ist jeder Kaufmann verpflichtet, Bücher zu führen und darin die Lage seines Unternehmens darzustellen. Als **Kaufmann** gilt jeder, der ein Handelsgewerbe betreibt und im Handelsregister eingetragen ist. Die Buchführungspflicht entfällt, wenn der Gewerbebetrieb klein ist und kein in kaufmännischer Weise eingerichteten Betrieb erforderlich ist.

Beispiel: Anja Meier arbeitet 25 Stunden pro Woche als Angestellte für ein großes Technik-Kaufhaus. Als Nebenerwerb betreibt sie einen Second-Hand-Laden, in dem sie Damenkleidung an- und verkauft.

Beispiel: Erwin Schulze besitzt einen Kiosk. Die Zeitungen, die er am Tage nicht verkaufen kann, gibt er am Abend dem Großhändler zurück. Er kennt nach der Abrechnung mit dem Lieferanten sofort seinen Gewinn (Verdienst), benötigt kein Lager und muss keine Forderungen oder Verbindlichkeiten verwalten. Erwin Schulze führt lediglich ein Kassenbuch.

Neben den Regelungen des HGB sind aber auch Regelungen für steuerrechtliche Fragen zu berücksichtigen, die in der Abgabenordnung (AO) zusammengefasst sind. Die Abgabenordnung schreibt vor, dass alle gewerblichen Unternehmen buchführungspflichtig sind, wenn sie

- einen Umsatz von mehr als 600000,00 € pro Jahr oder
- einen Gewinn von mehr als 60000,00 € pro Jahr erzielen.

Einzelhandelskaufleute, die unterhalb eines dieser Schwellenwerte bleiben, sind weder nach HGB noch nach AO zur Buchführung verpflichtet (vgl. Abb. 1).

Beispiel: Anja Meier hat inzwischen drei weitere Second-Hand-Läden in ihrer Stadt übernommen. Die Geschäfte laufen sehr gut; am Ende des Kalenderjahres stellt sie fest, dass sie insgesamt 230000,00 € Umsatz erzielt hat und der Gewinn 45000,00 € beträgt. Sie ist nicht zur Buchführung verpflichtet.

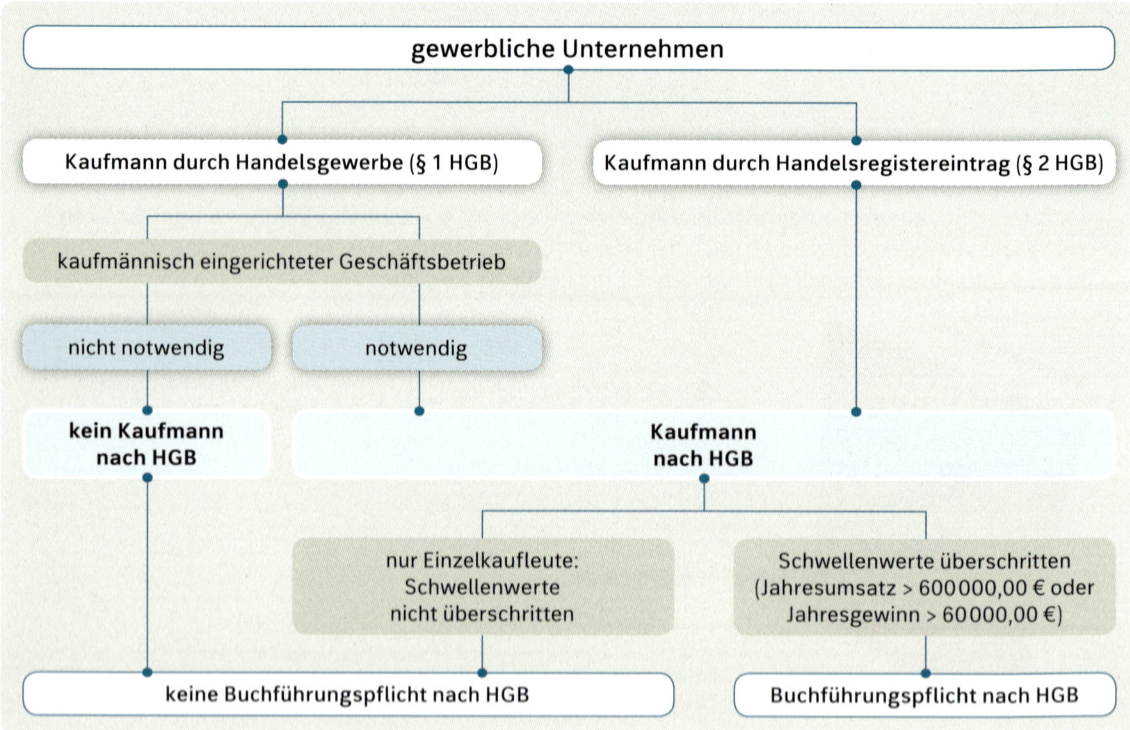

Abb. 1: Buchführungspflicht nach dem HGB

Ein Kaufmann muss alle Sachverhalte und Vorgänge dokumentieren, die zu einer Änderung in seinem Vermögen oder seinen Schulden führen (vgl. Abb. 2). Die Aufzeichnung erfolgt im **Grundbuch** (Journal = Tagebuch). Das Grundbuch enthält eine zeitlich geordnete Dokumentation aller Geschäftsfälle in Form von Buchungssätzen.

Die Aufzeichnungen im Grundbuch bilden die Grundlage für die Einträge im **Hauptbuch,** in dem die Geschäftsfälle nach sachlichen Zusammenhängen erfasst werden.

Diese beiden Bücher sind die wichtigsten Unterlagen für das betriebliche Rechnungswesen. Darüber hinaus werden **Nebenbücher** geführt. Hier werden die Aufzeichnungen sachlich geordnet. Zu den Nebenbüchern zählt auch das Kundenbuch. In diesem Buch werden die von den Kunden noch nicht bezahlten Ausgangsrechnungen getrennt nach den jeweiligen Kunden eingetragen und nach erfolgtem Zahlungseingang ausgetragen. Zu den Nebenbüchern gehören z. B. auch das Kassenbuch und das Lagerbuch.

Abb. 2: Bücher im kaufmännischen Geschäftsbetrieb

Die Unternehmen sind dazu verpflichtet, Aufzeichnungen über ihre Warenein- und -ausgänge zu führen. In den Büchern über den Wareneingang und Warenausgang müssen folgende Angaben vermerkt werden:

- Tag des Warenaus- bzw. -eingangs oder das Datum der Rechnung,
- Name oder Firma und Anschrift des Abnehmers bzw. Lieferanten,
- handelsübliche Bezeichnung der Ware,
- Preis der Ware,
- Hinweis auf den Beleg.

Während die Aufzeichnungen früher tatsächlich in Büchern erfolgten, werden sie heute als EDV-Dateien geführt.

Grundsätze ordnungsmäßiger Buchführung

Alle Geschäftsfälle müssen sich in ihrer Entstehung und Abwicklung verfolgen lassen. Die Aufzeichnungen sind so vorzunehmen, dass der Zweck, den sie im Rahmen der Besteuerung erfüllen sollen, erreicht wird.

Die Buchführung muss so organisiert und gestaltet sein, dass auch ein sachkundiger Unternehmensfremder sich in kurzer Zeit ein Bild über die Lage des Unternehmens machen kann. Es sind die Grundsätze der ordnungsmäßigen Buchführung (GoB) einzuhalten, vgl. Abb. 3.

GoB

1. Klarheit und Übersichtlichkeit

- Verwendung einer lebenden Sprache
- Anwendung einer Buchführungssystematik, die die Nachprüfbarkeit gewährleistet
- Korrekturen müssen den ursprünglichen Inhalt noch erkennen lassen. Die Reihenfolge der Buchungen und Korrekturen muss erkennbar sein.
- Verrechnungsverbot zwischen Werten der Aktiv- und Passivseite der Bilanz und zwischen Aufwand und Ertrag in der Gewinn- und Verlustrechnung.

2. Vollständigkeit und Ordnung

- Verpflichtung zur Führung von Handelsbüchern (vor allem Grund- und Hauptbuch)
- Eintragung in den Handelsbüchern muss zeitlich richtig, zeitgerecht und geordnet sein.
- Kasseneingänge und -ausgänge sind täglich aufzuzeichnen.
- Bei der Führung von Büchern auf Datenträgern muss gewährleistet sein, dass die Daten wieder lesbar gemacht werden können.

3. Beleggebundenheit

- Alle Buchungen werden durch Belege begründet: „Keine Buchung ohne Beleg."
- Belege müssen durchnummeriert werden.

Abb. 3: Wichtigste Grundsätze ordnungmäßiger Buchführung (GoB)

Aufbewahrungsfristen

Um Informationen aus dem Rechnungswesen auch nach Abschluss des Geschäftsjahres noch prüfen zu können, muss der Kaufmann bestimmte Unterlagen über einen längeren Zeitraum aufbewahren (vgl. Abb. 4).

Grundsätzlich sind Jahresabschlüsse, ein- und ausgehende Rechnungen sowie Buchungsunterlagen zehn Jahre aufzubewahren.
Empfangene Handelsbriefe sowie Durchschriften abgesandter Handelsbriefe sind sechs Jahre aufzubewahren. Der Aufbewahrungszeitraum beginnt mit dem Schluss des Kalenderjahres, in dem der Beleg anfiel. Mit Ausnahme der Eröffnungsbilanz und der Jahresabschlüsse können alle Buchungsunterlagen auf einem Bildträger (z. B. Mikrofilm) oder auf anderen Datenträgern (maschinenlesbare Belege) gespeichert werden. In jedem Fall muss der Kaufmann dafür sorgen, dass die gespeicherten Daten mit entsprechender Technik lesbar bleiben.

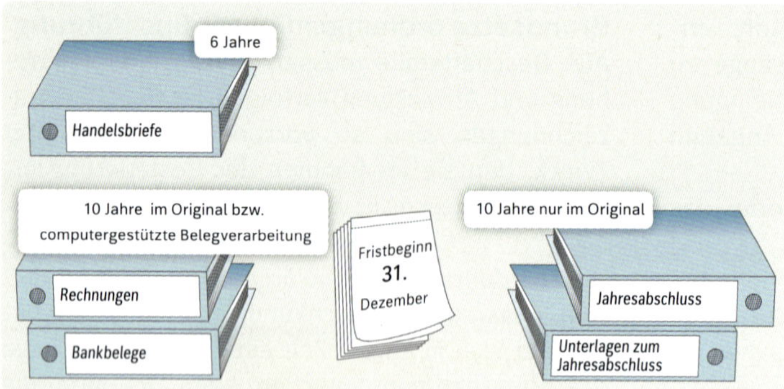

Abb. 4: Aufbewahrungsfrist

Beispiel: Die Kopie einer Ausgangsrechnung, die im Januar erstellt wird, muss insgesamt zehn Jahre und elf Monate aufbewahrt werden.

Die Teilbereiche des Rechnungswesens

Im Rechnungswesen eines Unternehmens lassen sich vier Teilbereiche unterscheiden, die sich gegenseitig ergänzen: die Finanzbuchhaltung, die Kosten- und Leistungsrechnung (KLR), die Statistik sowie die Planung (vgl. Abb. 5).

Finanzbuchhaltung	Kosten- und Leistungsrechnung	Statistik	Planung
Hier werden alle Vorgänge und Sachverhalte dokumentiert, die eine Veränderung im Schulden- und Vermögensbestand des Unternehmens bewirken. Wichtigstes Ergebnis ist der am Ende eines Geschäftsjahres aufzustellende Jahresabschluss mit Bilanz sowie Gewinn- und Verlustrechnung. Auch im laufenden Jahr können kurzfristig Monats-, Quartals- oder vorläufige Jahresabschlüsse erstellt werden.	Es wird laufend die Wirtschaftlichkeit der Geschäftstätigkeit ermittelt. Für die einzelnen Leistungsträger (Warengruppen) werden Erträge und Aufwendungen berechnet. Daraus können Hinweise für die Kalkulation der Verkaufspreise, die Marketingaktivitäten oder die Sortimentsgestaltung gewonnen werden.	Durch die systematische Sammlung und Darstellung von Daten des Rechnungswesens und des allgemeinen Betriebsgeschehens wird die Grundlage geschaffen, um verschiedene Vergleiche anstellen zu können. Die Vergleiche können sich innerhalb des einzelnen Betriebs auf mehrere Betriebs- oder Sortimentsteile oder auch Wirtschaftsperioden beziehen. Es können aber auch die Daten verschiedener Unternehmen betrachtet werden.	Durch Planrechnungen können die Auswirkungen von Entscheidungen auf die wirtschaftliche Situation des Unternehmens verdeutlicht und beurteilt werden.

Abb. 5: Teilbereiche des Rechnungswesens

Aufgaben

1. Ab welchem Jahresumsatz oder ab welchem Jahresgewinn unterliegt der Einzelhändler der Buchführungspflicht?
2. Begründen Sie die Verpflichtung zur ordnungsmäßigen Buchführung aus der Sicht
   a) des Unternehmens,
   b) des Gläubigers und
   c) des Staates.
3. Nennen Sie fünf Merkmale, wie die Dokumentation in der Buchhaltung zu erfolgen hat.
4. Erläutern Sie, wie lange Inventare, Bilanzen, Belege und Geschäftsbriefe aufzubewahren sind.
5. Erläutern Sie, wie Buchführungsunterlagen aufbewahrt werden müssen.
6. Begründen Sie, warum zu jeder Buchung die Belegart und die Belegnummer angegeben werden.
7. Erläutern Sie, welche Bedeutung die Buchführung für die übrigen Teilbereiche des Rechnungswesens hat.
8. Erläutern Sie die folgenden Grundsätze einer ordnungsmäßigen Buchführung:
   a) Vollständigkeit,
   b) Belegzwang,
   c) Aufbewahrungspflicht,
   d) Wahrheit,
   e) Zeitnähe.

8.4 Belege im Einzelhandel

Am Samstagmorgen betritt eine Kundin den Welt-Laden und stellt eine Klangschale auf den Verkaufstisch. „Schauen Sie, diese Klangschale habe ich vor drei Wochen hier gekauft und wollte sie gestern meiner Tochter zum Geburtstag schenken. Als sie sie auspackte, hat sie mir gezeigt, dass sie dasselbe Stück schon seit zwei Jahren besitzt. Ich möchte die Schale umtauschen und meiner Tochter dafür etwas anderes aus Ihrem Sortiment schenken. Dummerweise habe ich den Kassenzettel damals nicht aufgehoben."

Jutta Fröhlich kann sich nicht erinnern, ein solches Stück jemals gesehen oder verkauft zu haben. Sie ist sich aber auch nicht sicher, da sie Anfang des Monats einige Sonderverkäufe hatte.

8.4.1 Belege begleiten den Geschäftsalltag

Fast jede wirtschaftliche Tätigkeit im Unternehmen wird in irgendeiner Form schriftlich festgehalten:

- Beim Wareneinkauf verbleibt eine Kopie des Lieferscheins im Einzelhandelsunternehmen und das Unternehmen erhält eine Eingangsrechnung.
- Die Einlagerung der Ware wird im Lagerbuch registriert.
- Beim Warenverkauf wird dem Kunden z.B. ein Kassenbon über den gezahlten Betrag ausgehändigt.

In Unternehmen fallen so im Laufe eines Arbeitstages zu den geschäftlichen Vorgängen vielfältige Unterlagen an. Diese Unterlagen bezeichnet man als Belege.

> ! *Ein **Beleg** ist der schriftliche Nachweis über*
> - *Entstehen, Bestehen oder Begleichung einer Schuld oder einer Forderung oder*
> - *den Kauf oder Verkauf eines Vermögensteils.*

Belege beinhalten Informationen über bestimmte Vorgänge oder Sachverhalte im Unternehmen.

Alle Güter- und Geldbewegungen des Einzelhandelsunternehmens werden durch unterschiedliche Belege dokumentiert. Belege sind die Grundlage für die Arbeit der Finanzbuchhaltung. Eine der Hauptaufgaben der Buchhaltung ist die Dokumentation (Buchung) von geschäftlichen Vorgängen und Sachverhalten. Hier gilt der Grundsatz:

> ! *Keine Buchung ohne Beleg.*

Belege können nach ihrer Entstehung bzw. Herkunft unterschieden werden.

Eigenbelege (interne Belege) werden im Unternehmen als Informationsgrundlage bzw. Dokumentation von Vorgängen und Sachverhalten selbst erstellt. Beispiele hierfür sind:

- Inventurbelege,
- Entnahmescheine,
- Lagerfachkarten oder
- Kopien der Ausgangsrechnungen.

Fremdbelege (externe Belege) werden von anderen Unternehmen, z. B. von Geschäftspartnern, an das Unternehmen gesandt. Beispiele sind:

- Lieferscheine,
- Wareneingangsrechnungen oder
- Kontoauszüge der Bank.

Belege sind sorgfältig zu behandeln und entsprechend den gesetzlichen Fristen aufzubewahren (vgl. Kapitel 8.3). Wenn ein Beleg verloren geht, kann ein **Ersatzbeleg** erstellt werden.

Beispiel: Jutta Fröhlich versucht herauszufinden, ob der Welt-Laden in den letzten Wochen eine Klangschale – wie die Kundin sie ihr zurückbringt – gekauft hat. Im Warenwirtschaftssystem kann sie einen solchen Artikel nicht finden. Sie überlegt, ob die Schale beim Wareneingang übersehen worden sein kann. Dazu überprüft sie die Bestellungen und Eingangsrechnungen der Lieferanten seit Jahresanfang.

Die Bearbeitung der Belege in der Finanzbuchhaltung erfolgt in bestimmten Schritten (vgl. Abb. 1). Diese Tätigkeiten werden oft auch in anderer Reihenfolge oder von unterschiedlichen Personen ausgeführt, je nach Größe und Organisation eines Unternehmens. Wichtig ist, dass ein Ablagesystem festgelegt ist, nach dem sich alle richten. Dadurch wird sichergestellt, dass die Belege zu bestimmten Vorgängen und Sachverhalten später noch einmal gefunden werden können.

Im Geschäftsleben gibt es eine Reihe von Belegarten, die immer wieder vorkommen und deren Bearbeitung und Aufbewahrung nach einem festgelegten Muster erfolgen. Oft müssen bestimmte Bearbeitungsschritte eingehalten werden, um gesetzlichen Vorschriften zu genügen, z. B. die fortlaufende Nummerierung der Rechnungen.

Schritte zur Bearbeitung von Belegen		*Beispiel:* **Bearbeitung von Belegen im Welt-Laden**
Prüfung	Es wird festgestellt, ob der Beleg sachlich und rechnerisch richtig ist.	Alle Eingangsrechnungen im Welt-Laden werden mit einem Stempel versehen. Hier wird die Lieferantennummer eingetragen. Die Wareneingangskontrolle wird mit Datum und Namenszeichen bestätigt. Bei der Kontrolle wird die sachlicheund rechnerische Richtigkeit der Eingangsrechnungen geprüft.
Sortierung	Die Belege werden nach Eingangs- und Ausgangsbelegen unterschieden. Die Belege können außerdem einzelnen Unternehmensbereichen, Umsatzgruppen oder Filialen zugeordnet werden.	Alle Belege werden sortiert: Ausgangsbelege wurden im Welt-Laden geschrieben und an Kunden oder Lieferanten weitergeleitet. Im Welt-Laden verbleiben davon Kopien. Eingangsbelege erhält der Welt-Laden z. B. von seinen Lieferanten oder der Bank im Original.
Nummerierung	Jeder Beleg erhält eine fortlaufende Nummer. Das soll es erleichtern, den Beleg wiederzufinden und verhindern, dass ein Beleg verloren geht.	Der Welt-Laden nummeriert seine Ausgangsrechnungen eindeutig, indem er als Rechnungsnummer das aktuelle Datum in der Form JJ-MM-TT um die aktuelle Minute und Sekunde aus dem Warenwirtschaftssystem erweitert. Die Eingangsbelege werden mithilfe der Lieferantennummer und dessen Rechnungsnummer nummeriert.
Weiterleitung	Je nach Zweck wird jeder Beleg an die zuständige Abteilung zur weiteren Verwendung weitergegeben.	Die Eingangsrechnungen und die Bankauszüge werden gesammelt und einmal in der Woche im Buchhaltungsprogramm des Weltladens erfasst. Der Buchhalter vermerkt die Erfassung durch einen Datumsstempel.
Ablage	Das Aufbewahren gemäß den gesetzlichen Fristen erfolgt zumeist direkt in der zuständigen Abteilung.	Die Eingangsrechnungen werden – sortiert nach Lieferanten – in einem Ordner abgelegt. Das gleiche gilt für die Kopien von Ausgangsrechnungen. Die Bankauszüge kommen – in zeitlicher Reihenfolge sortiert, die aktuellen Auszüge ganz oben – in einen eigenen Ordner.

Abb. 1: Schritte zur Bearbeitung von Belegen

222330368

8.4.2 Kassenbon

Ein Kassenbon (Kassenzettel) erfüllt im Einzelhandel die Funktion einer Quittung.

> **!** *Eine **Quittung** ist die schriftliche Bestätigung des Empfängers einer Leistung über den tatsächlichen Empfang der Leistung.*

Neben dem Zahlungsbetrag und dem Datum wird der Grund der Zahlung, das heißt, die gekaufte Ware, genannt. Somit kann später auch im Fall der Reklamation nachgewiesen werden, was gekauft wurde und wann es gekauft wurde. Es wird die vom Kunden gezahlte Umsatzsteuer ausgewiesen, die an das Finanzamt abgeführt werden muss. Der Verkäufer wird durch

- die Firmenbezeichnung,
- die Adresse und
- die Umsatzsteueridentifikationsnummer

eindeutig benannt. Auch die vom Kunden gewählte Zahlungsart wird vermerkt.

Über die gesetzlich notwendigen Bestandteile können dem Kassenbon noch weitere Informationen hinzugefügt werden.

Beispiel: Im Welt-Laden werden dem Kunden noch andere Informationen weitergegeben: Auf dem Kassenbon stehen auch die Öffnungszeiten des Ladens und Hinweise auf besondere Verkaufsaktionen, z. B. die „Faire Woche", in der der Welt-Laden mit besonderen Rabattaktionen wirbt.

Ein Kassenbon, wie er im Welt-Laden verwendet wird, ist in Abb. 2 dargestellt.

Ihr Fachgeschäft für fairen Handel

Elisabeth-Monzel-Straße 68 (1)
99000 Altstadt

Welt-Laden

Telefon: 02290 9987
Telefax: 02290 9988

Steuer-Nr. 85 997 35124 (2)

Jutta Fröhlich e. Kfr.

Beleg 2355 VK: Bauer (10) 29.09.20.. (3) 10:41

Art.-Nr.	(4) Bezeichnung	(5) Anz.	€ (6)	MwSt	(6) €
4263009995282	Birnenbrand 0,1 l	1	6,49	B	6,49
2002431483009	Hausm. Leberwurst	1	2,35	A	2,35
2002431484006	Hausm. Blutwurst	1	2,35	A	2,35
4013320066393	Bio Grand N Zartb.	1	1,79	A	1,79
4013366201828	Bio Mascobado Blanc	1	1,99	A	1,99
4013320081426	Zartb. Cacao 70%	2	1,29	A	2,58

Zahlbetrag in € (7) 17,55

(9) Bar: 25,00
Rückgeld: 7,45

MwSt A 7 % 0,73 (8)
MwSt B 19 % 1,03

Warenrückgabe innerhalb von 14 Tagen gegen Vorlage des Kassenbons!
Lebensmittel sind vom Umtausch ausgeschlossen!

Öffnungszeiten:
Montag bis Freitag: 09:00 bis 19:00 Uhr
Samstag: 09:00 bis 15:00 Uhr

Vielen Dank für Ihren Einkauf

Bestandteile des Kassenbons:

1. Firmenbezeichnung und Adresse
2. Umsatzsteueridentifikationsnummer
3. Datum des Verkaufs
4. Bezeichnung der verkauften Ware
5. Menge der verkauften Ware
6. Einzelpreis und Gesamtpreis je Ware
7. Gesamtpreis des Verkaufs
8. gezahlte Umsatzsteuer
9. Zahlungsart
10. Verkäufer/in (Name oder Nummer)

Abb. 2: Kassenbon des Welt-Ladens

8.4.3 Eingangsrechnungen und Ausgangsrechnungen

Die Rechnung ist die Mitteilung des Verkäufers über das fällige Entgelt für seine Warenlieferung oder seine Dienstleistungen (vgl. Abb. 3). Je nachdem, ob das Unternehmen die Rechnung an einen Kunden schickt oder sie von einem Lieferanten erhält, handelt es sich um eine Ausgangsrechnung (= Forderung) oder um eine Eingangsrechnung (= Verbindlichkeit).

Da die meisten Kunden im Einzelhandel die gekaufte Ware sofort bezahlen, schreibt das Unternehmen in der Regel weniger Ausgangsrechnungen als es Eingangsrechnungen erhält.

Eine Pflicht zur Ausstellung einer Rechnung besteht dann, wenn der Leistungsempfänger ein Unternehmen ist. Das Unternehmen braucht die Eingangsrechnung mit der ausgewiesenen Umsatzsteuer als Beleg, um seine Steuerverpflichtungen gegenüber dem Finanzamt feststellen zu können.

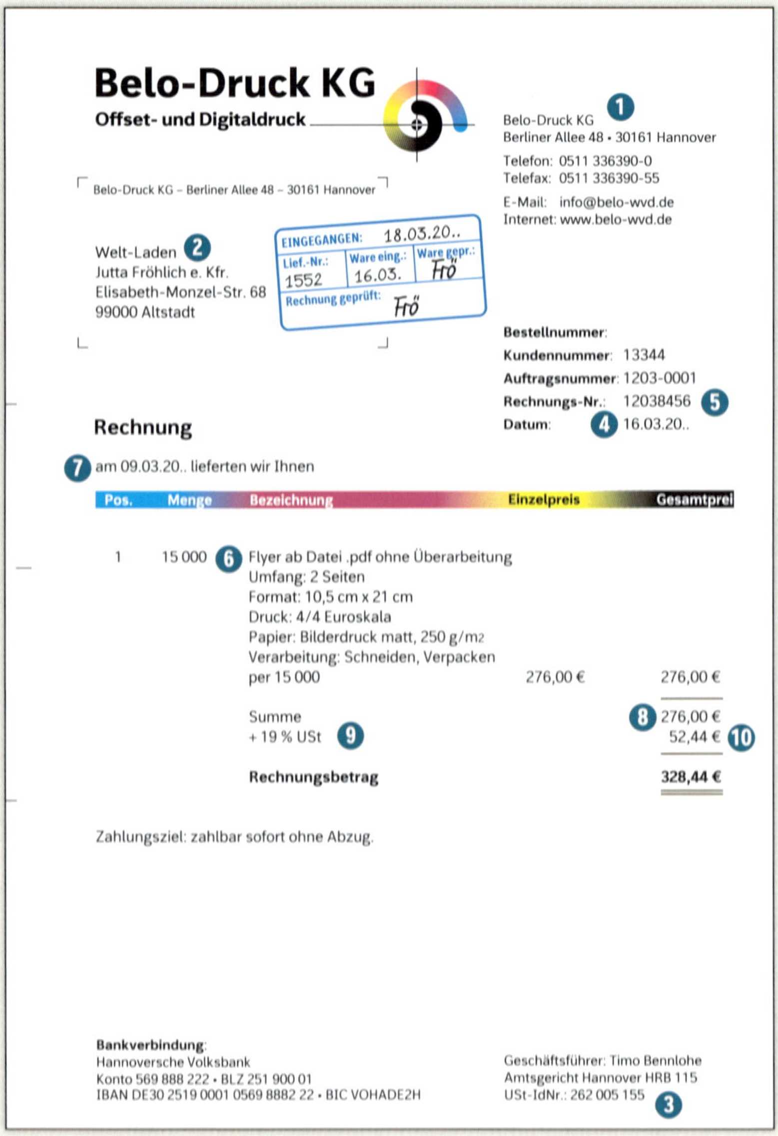
Belo-Druck KG
Offset- und Digitaldruck

1 Belo-Druck KG
Berliner Allee 48 • 30161 Hannover
Telefon: 0511 336390-0
Telefax: 0511 336390-55
E-Mail: info@belo-wvd.de
Internet: www.belo-wvd.de

Belo-Druck KG – Berliner Allee 48 – 30161 Hannover

Welt-Laden 2
Jutta Fröhlich e. Kfr.
Elisabeth-Monzel-Str. 68
99000 Altstadt

EINGEGANGEN: 18.03.20..
Lief.-Nr.: 1552 | Ware eing.: 16.03. | Ware gepr.: Frö
Rechnung geprüft: Frö

Bestellnummer:
Kundennummer: 13344
Auftragsnummer: 1203-0001
Rechnungs-Nr.: 12038456 5
Datum: 4 16.03.20..

Rechnung

7 am 09.03.20.. lieferten wir Ihnen

Pos.	Menge	Bezeichnung	Einzelpreis	Gesamtpreis
1	15 000	6 Flyer ab Datei .pdf ohne Überarbeitung Umfang: 2 Seiten Format: 10,5 cm x 21 cm Druck: 4/4 Euroskala Papier: Bilderdruck matt, 250 g/m2 Verarbeitung: Schneiden, Verpacken per 15 000	276,00 €	276,00 €
		Summe		8 276,00 €
		+ 19 % USt 9		52,44 € 10
		Rechnungsbetrag		**328,44 €**

Zahlungsziel: zahlbar sofort ohne Abzug.

Bankverbindung:
Hannoversche Volksbank
Konto 569 888 222 • BLZ 251 900 01
IBAN DE30 2519 0001 0569 8882 22 • BIC VOHADE2H

Geschäftsführer: Timo Bennlohe
Amtsgericht Hannover HRB 115
USt-IdNr.: 262 005 155 3

Bestandteile einer Rechnung:

1. Firmenbezeichnung und Adresse des Rechnungsstellers
2. Firmenbezeichnung bzw. Name und Adresse des Rechnungsempfängers
3. Umsatzsteueridentifikationsnummer des Rechnungsstellers
4. Ausstellungsdatum der Rechnung
5. Rechnungsnummer
6. Menge und Bezeichnung der verkauften Ware
7. Lieferdatum
8. Nettorechnungsbetrag (Gesamtpreis der Ware)
9. angewendeter Umsatzsteuersatz (7 % oder 19 %)
10. ausgerechneter Umsatzsteuerbetrag

Abb. 3: Eingangsrechnung im Welt-Laden

222330370

8.4.4 Kassenbericht

Im Kassenbericht werden täglich die baren Ein- und Auszahlungen im Einzelhandelsunternehmen aufgezeichnet (vgl. Abb. 4).

Dabei werden zu jedem Zahlungsvorgang folgende Angaben festgehalten:

1. Datum der Zahlung,
2. Grund der Zahlung,
3. Höhe des Zahlungsbetrags,
4. enthaltene Umsatzsteuer,
5. Kassenbestand nach dem Zahlungsvorgang.

Die täglichen Kassenberichte werden im Kassenbuch gesammelt. Das Kassenbuch kann in Tabellen- oder Staffelform geführt werden:

- In der **Tabellenform** werden Einzahlungen und Auszahlungen in zwei getrennten Spalten nebeneinander eingetragen, sodass jeweils die Summe aller Kassenein- und Kassenausgänge eines Tages berechnet werden kann.
- **Staffelform** bedeutet, dass alle Zahlungsvorgänge untereinander aufgelistet werden. Nach jedem Geschäftsfall wird der neue Kassenbestand ausgewiesen.

Beispiel: Im Welt-Laden befinden sich am Beginn eines Geschäftstages 250,00 € Wechselgeld in der Kasse. Das Warenwirtschaftssystem rechnet aufgrund der bar bezahlten Warenverkäufe automatisch aus, welcher Bargeldbestand am Abend in der Kasse vorhanden sein muss. Die Bargeldüberschüsse werden täglich auf das Bankkonto eingezahlt.

Kassen-Tages-Bericht von: Welt-Laden Zeitraum: 01/08/20..										
	(2)								(2)	
Tag:	Verkauf 7%	Verkauf 19%	Komm. 7%	Komm. 19%	eC-Umsätze	Bankeinz.	GS-Verk.	GS-Einl.	Ausgaben	Grund
20..0801 (1)	147,27	351,62	0,00	0,00	0,00	0,00	0,00	9,40	0,00	
20..0801	167,27	59,53	0,00	0,00	0,00	0,00	30,00	0,00	0,00	
20..0801	198,22	132,49	0,00	0,00	0,00	0,00	30,00	58,65	0,00	
20..0801	105,08	185,11	0,00	0,00	91,42	0,00	0,00	0,00	0,00	
20..0801	165,61	(3) 131,78	0,00	0,00	127,59	0,00	35,00	0,00	0,00	
20..0801	142,32	176,77	0,00	0,00	64,18	0,00	0,00	0,00	0,00	
20..0801	64,28	102,22	0,00	0,00	41,44	0,00	0,00	0,00	0,00	
20..0801	115,36	162,26	0,00	0,00	36,92	0,00	20,00	0,00	0,00	
20..0801	267,94	218,34	0,00	0,00	257,66	0,00	0,00	0,00	0,00	
20..0801	95,22	180,88	0,00	0,00	85,93	0,00	30,00	0,00	0,00	
20..0801	172,81	121,22	0,00	0,00	31,08	0,00	0,00	0,00	0,00	
20..0801	112,19	80,80	0,00	0,00	20,63	0,00	30,00	0,00	0,00	
20..0801	132,27	67,82	0,00	0,00	71,13	0,00	140,00	0,00	0,00	
20..0801	117,16	104,59	0,00	0,00	9,80	0,00	30,00	0,00	0,00	
20..0801	149,53	124,99	0,00	0,00	27,64	0,00	30,00	30,00	0,00	
20..0801	212,04	152,55	0,00	0,00	0,00	0,00	0,00	11,67	0,00	
20..0801	156,12	305,91	0,00	0,00	40,30	0,00	0,00	0,00	0,00	
20..0801	89,14	340,34	26,64	21,35	0,00	0,00	0,00	0,00	0,00	
20..0801	130,57	168,02	0,00	0,00	0,00	0,00	0,00	50,00	0,00	
20..0801	191,93	169,45	0,00	0,00	194,73	0,00	145,00	0,00	0,00	
20..0801	175,62	146,70	0,00	0,00	27,40	0,00	40,00	0,00	0,00	
20..0801	99,81	129,63	0,00	0,00	37,80	0,00	50,00	0,00	0,00	
20..0801	187,40	209,43	0,00	0,00	89,34	0,00	15,00	0,00	0,00	
20..0801	182,93	117,28	0,00	0,00	25,14	0,00	40,00	61,69	0,00	
20..0801	216,66	299,98	0,00	0,00	0,00	0,00	0,00	0,00	(3) 0,00	
20..0801	196,50	181,42	0,00	0,00	26,90	0,00	0,00	20,00	107,53	Porto
20..0801	0,00	0,00	0,00	0,00	0,00	7.469,40	0,00	0,00	0,00	
Gesamt:	3.991,25	4.421,13	26,64	21,35	1.307,03	7.469,40	665,00	241,41	107,53	
darin enthaltene USt:	(4) 261,11	705,89	1,74	3,41						
Kassenbestand Tagesanfang:	250,00									
+ Einnahmen insgesamt (inkl. eC):	8.460,37									
- eC-Gerät:	1.307,03		Datum: 1. Aug. 20..							
+/- Gutscheine:	423,59									
- Ausgaben:	107,53									
- Bankeinzahlung:	7.469,40									
+/- Kassendifferenz:	0,00									
Kassenbestand Tagesende:	(5) 250,00		Unterschrift: J. Fröhlich							

Abb. 4: Kassenbericht des Welt-Ladens

8.4.5 Kontoauszug

Mit den Kontoauszügen der Banken wird das Unternehmen über den aktuellen Kontostand und die zuletzt erfolgten Buchungen informiert (vgl. Abb. 5).

Konto-Nr. 2455 899 899 BLZ 223 520 06			Kontoauszug 130
Sparkasse Altstadt UST-ID DE 133558654			Blatt 1
Datum	Erläuterungen		Betrag
	Kontostand in EUR am 05.11.20.., 16:30 Uhr		8 875,57 +
06.11.	Re.-Nr. 11654, ProFair KG Köln PN: 931	Wert: 06.11.	1 254,20 -
06.11.	Lastschrift m. Erm. PN: 461	Wert: 06.11.	325,66 -
06.11.	Überw. Gutschrift Jäger, Anton PN: 931 Rechnung 2366	Wert: 06.11.	85,99 +
07.11.	Bareinzahlung PN: 3892	Wert: 07.11.	3 214,23 +
07.11.	EC-Cash 256658741 PN: 240	Wert: 07.11.	65,50 +
	Kontostand in EUR am 07.11.20.., 17:15 Uhr		10 661,43 +

Welt-Laden
Jutta Fröhlich e. Kfr.
Elisabeth-Monzel-Straße 68
99000 Altstadt

IBAN:
DE55 2235 2006 2455 8998 99
BIC: NOSPAA33

Abb. 5: Kontoauszug für den Welt-Laden

Im Kontoauszug werden für die gebuchten Beträge auch die Geschäftsfälle erläutert, die zu den Kontenbewegungen führten. Die meisten Buchungen in den Konten betreffen Zahlungen des Unternehmens an Gläubiger, Abbuchungen von Lieferanten für bezogene Leistungen oder Zahlungen von Kunden an das Unternehmen.

Aufgaben

1. Beschreiben Sie drei Geschäftsfälle „aus Ihrem betrieblichen Alltag" und nennen Sie die jeweils dazugehörigen Belege.

2. Laut Kassenbericht für den Monat August waren zu Monatsbeginn 250,00 € Wechselgeld in der Kasse. Die Warenumsätze betrugen in diesem Monat 8 460,37 €. Für 425,00 € wurden Gutscheine verkauft. Von den getätigten Umsätzen wurden 1 307,03 € unbar, also z. B. per Bankkarte, bezahlt. Außerdem wurden 107,53 € aus der Kasse entnommen, um Rechnungen bar zu bezahlen.
   a) Wie hoch ist der Geldzufluss im Monat August?
   b) Welcher Betrag kann auf das Bankkonto eingezahlt werden, wenn 250,00 € Wechselgeld in der Kasse verbleiben sollen?

Kompetenzraster, Kapitel 8.3 und 8.4

Kapitel	Ich kann …	nein	unsicher	recht sicher	ja
8.3	■ begründen, wer zur Buchführung verpflichtet ist.				
	■ die Grundsätze ordnungsgemäßer Buchführung erläutern.				
	■ Aufbewahrungsfristen erläutern.				
	■ die Teilbereiche des Rechnungswesens nennen.				
8.4	■ die Bedeutung von Belegen erläutern.				
	■ Eigen-, Fremd- und Ersatzbelege unterscheiden.				
	■ Aufgabe, Bestandteile bzw. Aufbau von Kassenbon, Rechnung, Kassenbericht und Kontoauszug nennen und erläutern.				

222330372

8.5 Dokumentation von Geschäftsfällen

Auf Anraten einer Existenzgründungsberatung hatte Jutta Fröhlich drei Monate nach der Eröffnung des Welt-Ladens einen Termin mit einem Steuerberater vereinbart.
Der Steuerberater hatte sie gebeten, ihm alle Unterlagen über die finanzielle Situation des Welt-Ladens mitzubringen: die aktuellen Auszüge der Bankkonten, alle Eingangs- und Ausgangsrechnungen, den Mietvertrag, Abrechnungen der Stadtverwaltung, des Energieversorgers und ihres Telefon- und Internetanbieters.

8.5.1 Geschäftsfälle als Bilanzänderungen

Wenn der Kunde mit dem Preis einverstanden ist, kauft er die Ware. Er ist bereit, dem Unternehmen den Verkaufspreis zu bezahlen und erhält einen entsprechenden Gegenwert in Form von Waren.

Beispiel: Jutta Fröhlich verkauft an einen Kunden eine Buddha-Figur zum Preis von 135,00 €. Im Gegenzug erhält sie eine Einzahlung in die Kasse in Höhe von 135,00 €.

Beim Einkauf gilt das Gleiche: Das Einzelhandelsunternehmen bezahlt an seinen Lieferanten eine bestimmte Geldsumme und erhält dafür Ware im gleichen Wert.

Beispiel: Jutta Fröhlich hat die Buddha-Figur für 90,00 € bei ihrem Lieferanten gekauft und sie per Banküberweisung bezahlt.

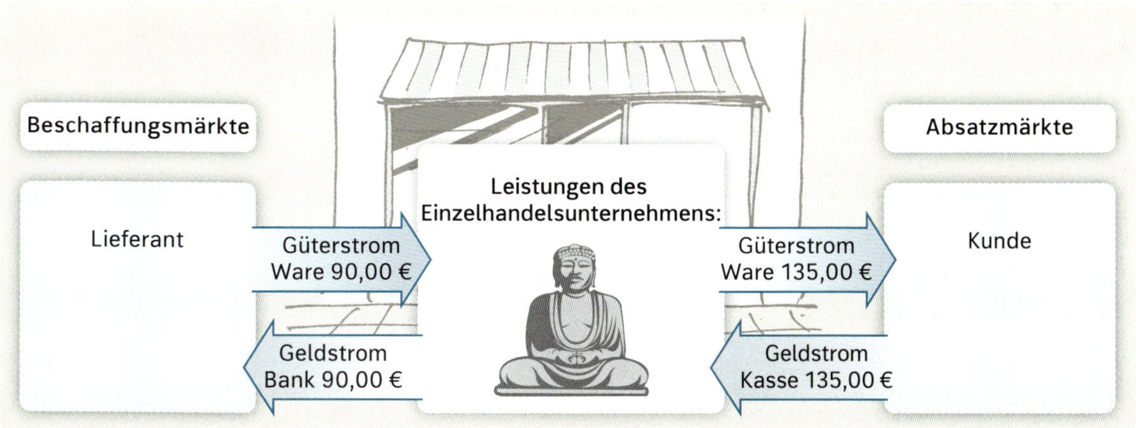

Abb. 1: Kauf und Verkauf von Ware

> ! *Zu jedem **Güterstrom** in Form von Waren oder Leistungen gibt es einen dazugehörigen **Geldstrom.** Beide haben immer den gleichen Wert.*

Güterströme und Geldströme haben Einfluss auf das Vermögen und das Kapital in der Bilanz:

- Beim Wareneinkauf verringert sich der Geldbestand auf der Bank oder in der Kasse, der Bestand an Waren erhöht sich.
- Beim Warenverkauf erhöht sich der Geldbestand auf der Bank oder in der Kasse, der Warenbestand verringert sich.

> ! *Vorgänge, die das Aussehen der Bilanz verändern, bezeichnet man als **Geschäftsfälle.***

Geschäftsfälle müssen erfasst werden, damit der Einzelhändler zu jeder Zeit weiß, wie hoch sein Vermögen und sein Kapital sind.

8.5.2 Änderungen der Bilanz

Jeder Geschäftsfall bewirkt eine Änderung in der Bilanz. In der Bilanz muss die Summe des Vermögens (Aktivseite) immer gleich der Summe aus Eigen- und Fremdkapital (Passivseite) sein. Ändert sich ein Wert in der Bilanz, muss sich mindestens ein weiterer Wert der Bilanz ändern. Nur dann bleiben beide Bilanzseiten immer gleich groß.

Geschäftsfälle können folgende Änderungen der Bilanz bewirken:

1. Aktivtausch

Wenn sich zwei Posten auf der Aktivseite der Bilanz ändern, heißt dieser Vorgang Aktivtausch. Die Bilanzsumme ändert sich beim Aktivtausch nicht.

Beispiel: Jutta Fröhlich kauft für 500,00 € eine Scannerkasse und bezahlt den Kauf per Banküberweisung.

Der Aktivposten Betriebs- und Geschäftsausstattung (BGA) erhöht sich um 500,00 €. Der Aktivposten Bank verringert sich um 500,00 €.

2. Passivtausch

Wenn sich zwei Posten auf der Passivseite der Bilanz ändern, heißt dieser Vorgang Passivtausch. Die Bilanzsumme ändert sich beim Passivtausch nicht.

Beispiel: Jutta Fröhlich vereinbart mit einem Lieferanten, eine Verbindlichkeit aus Warenlieferungen in Höhe von 5 500,00 € in ein Darlehen umzuwandeln.

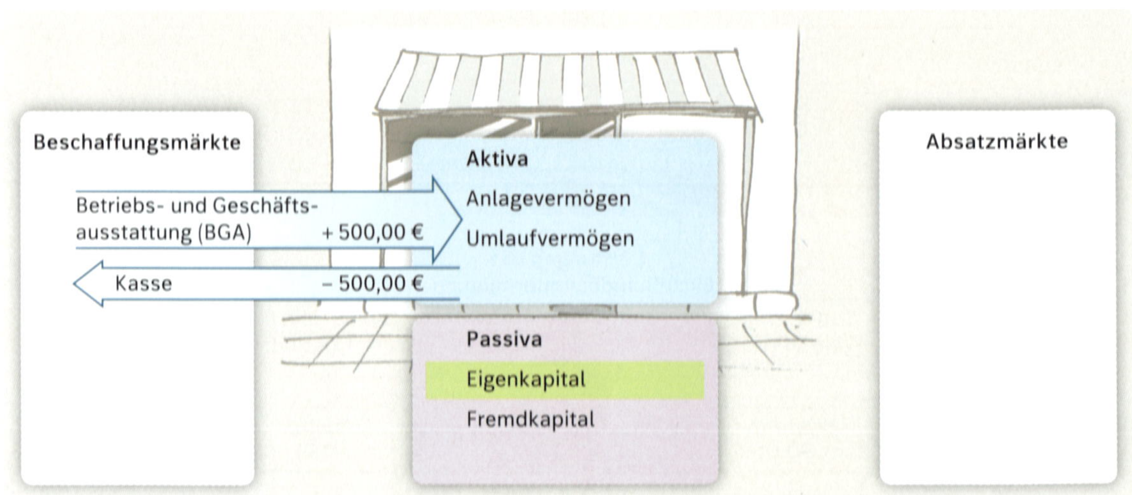

Abb. 2: Aktivtausch

222330374

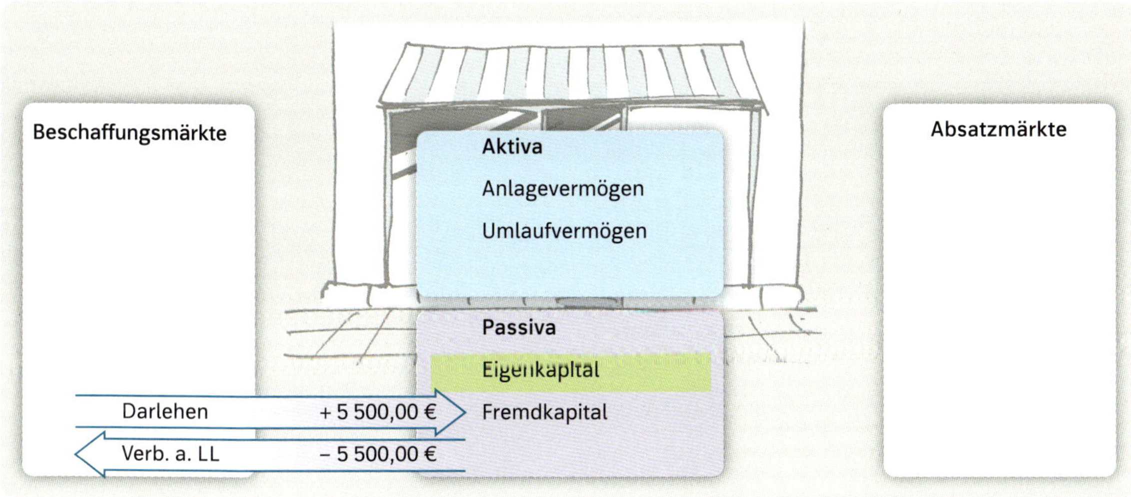

Abb. 3: Passivtausch

Der Passivposten Verbindlichkeiten aus Lieferungen und Leistungen verringert sich um 5500,00 €. Der Passivposten Darlehen nimmt um 5500,00 € zu.

Der Aktivposten Betriebs- und Geschäftsausstattung nimmt um 900,00 € zu. Der Passivposten Verbindlichkeiten aus Lieferungen und Leistungen nimmt ebenfalls um 900,00 € zu.

3. Aktiv-Passiv-Mehrung

Es erhöhen sich ein Posten auf der Aktivseite der Bilanz und ein Posten auf der Passivseite der Bilanz. Dieser Vorgang heißt Aktiv-Passiv-Mehrung. Die Bilanzsumme nimmt zu.

Beispiel: Jutta Fröhlich kauft eine Scannerkasse im Wert von 900,00 € auf Rechnung. Das heißt, sie muss sie nicht sofort bezahlen.

4. Aktiv-Passiv-Minderung

Es verringern sich ein Posten auf der Aktivseite der Bilanz und ein Posten auf der Passivseite der Bilanz. Dieser Vorgang heißt Aktiv-Passiv-Minderung. Die Bilanzsumme nimmt ab.

Beispiel: Jutta Fröhlich zahlt den fälligen Betrag für die Scannerkasse in Höhe von 900,00 € per Banküberweisung.

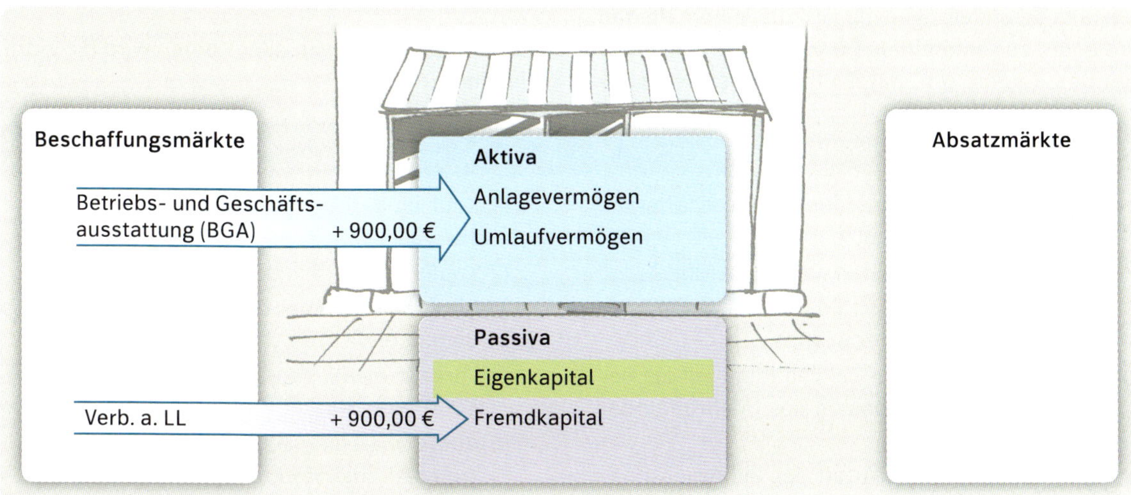

Abb. 4: Aktiv-Passiv-Mehrung

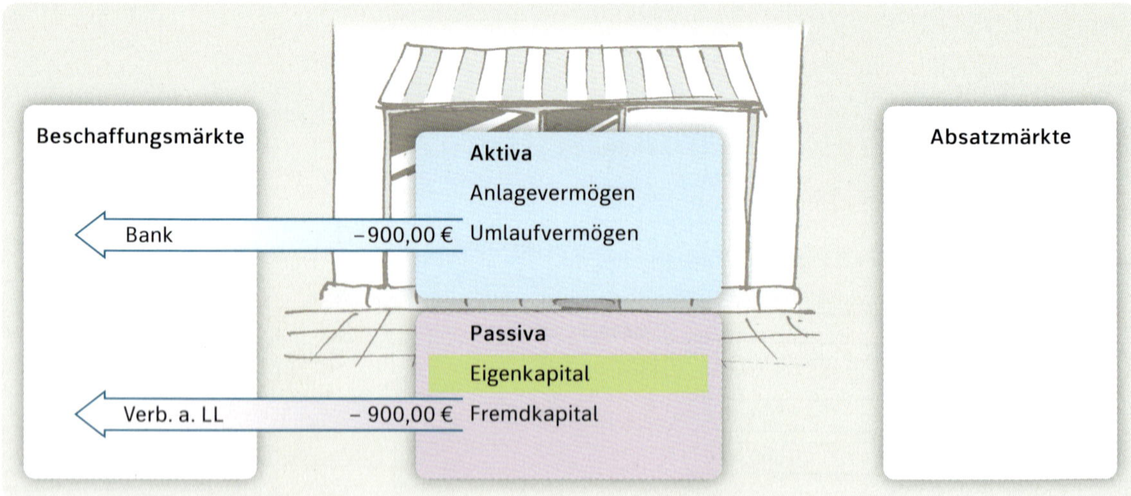

Abb. 5: Aktiv-Passiv-Minderung

Der Aktivposten Bank nimmt um 900,00 € ab. Der Passivposten Verbindlichkeiten aus Lieferungen und Leistungen nimmt ebenfalls um 900,00 € ab, weil Jutta Fröhlich ihre Schulden beglichen hat.

8.5.3 Konto

Der Einzelhändler stellt nicht nach jedem Geschäftsfall eine neue Bilanz auf, sondern die Bilanz wird in einzelne Konten aufgelöst: Für jede Bilanzposition wird ein Konto mit einem entsprechenden Namen eingerichtet. Danach werden alle Geschäftsfälle auf den entsprechenden Konten gesammelt.

Das Konto ist eine Übersicht, die dazu benutzt wird um, alle Veränderungen, die sich bei einem Posten ereignen, zu sammeln und darzustellen. Das Führen des Kontos, d. h. das Eintragen der Veränderungen, nennt man „buchen". Weil das Konto wie ein großes „T" aussieht, heißt es „T-Konto".

S	Kontobezeichnung	H

Abb. 6: T-Konto

Die linke Kontoseite wird als Sollseite (S), die rechte Kontoseite wird als Habenseite (H) bezeichnet.

Aus den Buchungen unter dem Anfangsbestand sind die Zugänge und deren Ursachen erkennbar. Buchungen auf der gegenüberliegenden Seite des Anfangsbestandes geben Minderungen und deren Ursachen an. Beim Abschluss der Konten ergibt der Überschuss der größeren Seite den Ausgleich: den Endbestand (Saldo).

Aus den Endbeständen aller Konten wird die aktuelle Bilanz erstellt.

Aufgaben

1 Beantworten Sie für jeden der Geschäftsfälle die folgenden Fragen:

a) Welche Bilanzposten werden berührt?
b) Handelt es sich um Posten der Aktiv- oder der Passivseite der Bilanz?
c) Wie wirkt sich der Geschäftsfall auf die betroffenen Bilanzposten aus (Mehrung oder Minderung)?
d) Welche der vier Arten der Bilanzveränderung liegt vor?

(1) Kauf eines Pkw gegen Banküberweisung, 15 000,00 €
(2) Kauf eines Vitrinenschranks, 4 000,00 €
(3) Rückzahlung einer Darlehensschuld durch Banküberweisung, 10 000,00 €
(4) Verkauf eines gebrauchten Pkw auf Ziel, 4 000,00 €
(5) Aufnahme eines Darlehens und Gutschrift auf das Bankkonto, 15 000,00 €

8.6 Warenwirtschaftssystem im Einzelhandel

Eine Kundin schwärmt von der Schokolade, die sie vor etwa sechs Monaten bei ihrem letzten Besuch in der Fußgängerzone in Altstadt gekauft hat. Sie ist sich aber nicht sicher, ob sie die Schokolade tatsächlich im Welt-Laden gekauft hat. Sie weiß jedoch noch, dass es sich um eine Sorte mit Joghurt und einer Frucht handelte. Auch Jutta ist sich nicht sicher, ob sie eine solche Schokolade im Angebot hatte.

8.6.1 Begriff der Warenwirtschaft

Im Einzelhandelsunternehmen werden ständig Waren bewegt: Die Waren kommen vom Lieferanten. Über den Wareneingang, das Lager und den Verkauf gelangen sie zu den Kunden. Die meisten Arbeiten im Einzelhandelsunternehmen beziehen sich auf diesen Warenfluss.

Dieser Warenfluss muss so geplant, gestaltet und gesteuert werden, dass alle im Verkauf benötigten Waren in ausreichendem Maße zur Verfügung stehen. Das ist die Aufgabe der Warenwirtschaft.

Ziele des Einzelhändlers sind dabei folgende:

- Die Waren sollen jederzeit verfügbar sein und
- die damit verbundenen Kosten sollen so gering wie möglich gehalten werden.

Hierfür benötigt der Einzelhändler viele Daten und Informationen aus verschiedenen Bereichen bzw. Abteilungen z. B. Einkauf, Lager oder Verkauf. Dieses Wissen wird im Warenwirtschaftssystem gesammelt. Zusätzlich können Daten mit den Systemen des Rechnungswesens ausgetauscht werden.

Beispiel: Der Einzelhändler Müller stellt mithilfe seines Warenwirtschaftssystems für jede Warengruppe fest, welche Kunden seine besten Abnehmer sind. Danach ermittelt er für diese Kunden anhand von Daten des EDV-Systems der Finanzbuchhaltung, ob sie ihre Rechnungen immer pünktlich bezahlt haben.

! *Ein **Warenwirtschaftssystem** dient der Erfassung, Verwaltung und Auswertung von Daten und Informationen, die in der Warenwirtschaft benötigt werden.*

Fragen, die mithilfe von Warenwirtschaftssystemen beantwortet werden können, sind z. B.:

- Welche Ware fehlt im Regal?
- Wie viel Ware ist im Lager noch vorhanden?
- Wo wird die Ware gelagert?
- Wurde die Ware bereits nachbestellt?
- Welche Ware muss noch bestellt werden?
- Wie viel wurde von der Ware in der letzten Periode verkauft?

Die in den einzelnen Abteilungen benötigten Daten über den Warenfluss sind teilweise gleich: Warenbezeichnung, Packungsgröße, Lagermenge oder Eingangsdatum sind Merkmale, die nicht nur in einer Abteilung verwendet werden. Um alle Abteilungen mit dem gleichen Datenbestand zu versorgen, wird in geschlossenen Warenwirtschaftssystemen von allen Abteilungen ein gemeinsamer Datenbestand genutzt (vgl. Abb. 1). Es ist nicht mehr notwendig, Daten zur Bearbeitung an andere Abteilungen weiterzugeben. Stattdessen gibt es einen zentralen Datenbestand. Doppeleingaben und Doppelspeicherungen sind nicht mehr nötig.

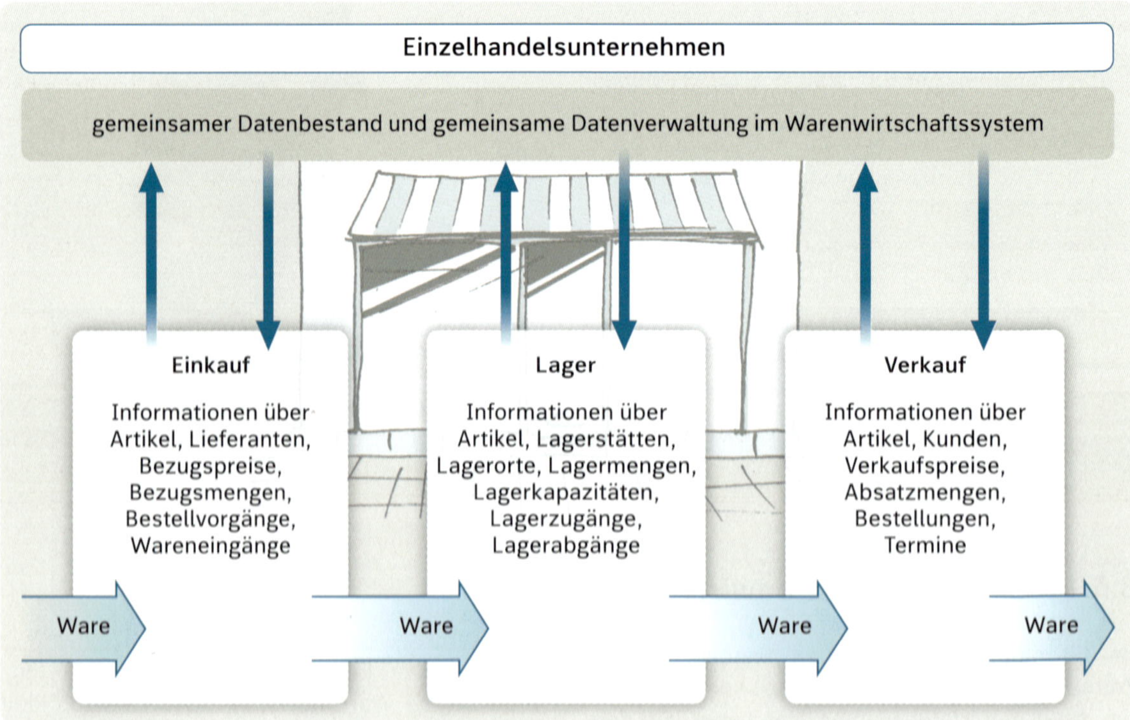

Abb. 1: Informationen und Daten im Warenwirtschaftssystem

8.6.2 Praktische Arbeit mit dem Warenwirtschaftssystem

Nummernsystem

Damit die Informationen aus dem Warenwirtschaftssystem zuverlässig sind, müssen sich alle verwalteten Objekte, z.B. Waren, Lieferanten, Kunden oder Regalplätze, durch ein Organisationsmerkmal eindeutig identifizieren lassen. Dafür werden Zeichenkombinationen verwendet, die das einzelne Objekt anhand verschiedener Merkmale beschreiben.

Das Nummernsystem wird für das gesamte Einzelhandelsunternehmen festgelegt. Die Nummern können durch den Einzelhändler selbst vergeben werden oder es werden externe Nummernsysteme verwendet, z.B. Artikelnummern von Lieferanten.

Bei kleinen Sortimenten, für die die Lieferanten über einen längeren Zeitraum beibehalten werden, genügt die Übernahme externer Artikelnummern. Wird ein Artikel regelmäßig bei wechselnden Lieferanten bezogen, muss das Unternehmen ein eigenes Artikelnummernsystem festlegen und benutzen, das von den Lieferanten unabhängig funktioniert.

Beispiel: Im Welt-Laden werden für die neu ins Sortiment aufgenommene Schokolade die Daten des Lieferanten als Bezugsquelle erfasst: Aus der Lieferantennummer und dessen Artikelnummer wird eine eigene Artikelnummer für jede Schokoladensorte zusammengestellt.

222330378

Aus der Lieferantennummer (204) und der Artikelnummer des Lieferanten (8901858) ergibt sich die Artikelnummer im Welt-Laden: 204-8901858.

LNr	L-ANr	Artikelkurzbezeichnung
204	8901856 06631	BIO NOIR JOGHURT-ORANGE 100g
204	8901857 06633	BIO GRAND NOIR FEINHERB Bio Schokol 55% 100g
204	8901858 06635	BIO GRAND NOIR ORANGE Bio Schokol 70% 100g
204	8901859	BIO GRAND NOIR EDELBITTER

Abb. 2: Artikelnummern im Welt-Laden

Die Nummernvergabe wird zentral verwaltet, das heißt, nur eine Stelle im Unternehmen ist für die Vergabe, Änderung oder Löschung zuständig.

Neuanlage eines Artikels

Die Erfassung eines neuen Artikels wird durch Eingabemasken im EDV-System unterstützt (vgl. Abb. 3).

Bei der Neuanlage eines Artikels im Warenwirtschaftssystem können Informationen für verschiedene Bereiche eingegeben werden (Stammdaten):

- Allgemein: In dieser Kategorie werden die Merkmale des Artikels erfasst, anhand derer er im Datenbestand des Sortiments gesucht werden kann. Zusätzlich zu den Bezeichnungen können hier auch Abbildungen des Artikels oder seines Strichcodes hinterlegt werden.
- Einkauf: Hierfür werden Angaben über Mengen und Preise festgehalten. Beim nächsten Einkauf des Artikels kann dann z. B. festgestellt werden, ob der angebotene Preis günstig ist.
- Verkauf: Der kalkulierte Verkaufspreis wird im System gespeichert. Auch Sonderpreise für Verkaufsaktionen können hinterlegt werden.

Artikelsuche

Die Ware steht im Einzelhandel im Mittelpunkt des Interesses. Daher muss das Warenwirtschaftssystem die Möglichkeit bieten, alle Informationen zu einzelnen Artikeln zu suchen. Zur Suche können Artikelnummern, Teile der Artikelbezeichnung oder vereinfachte Suchtexte dienen. Wichtig ist,

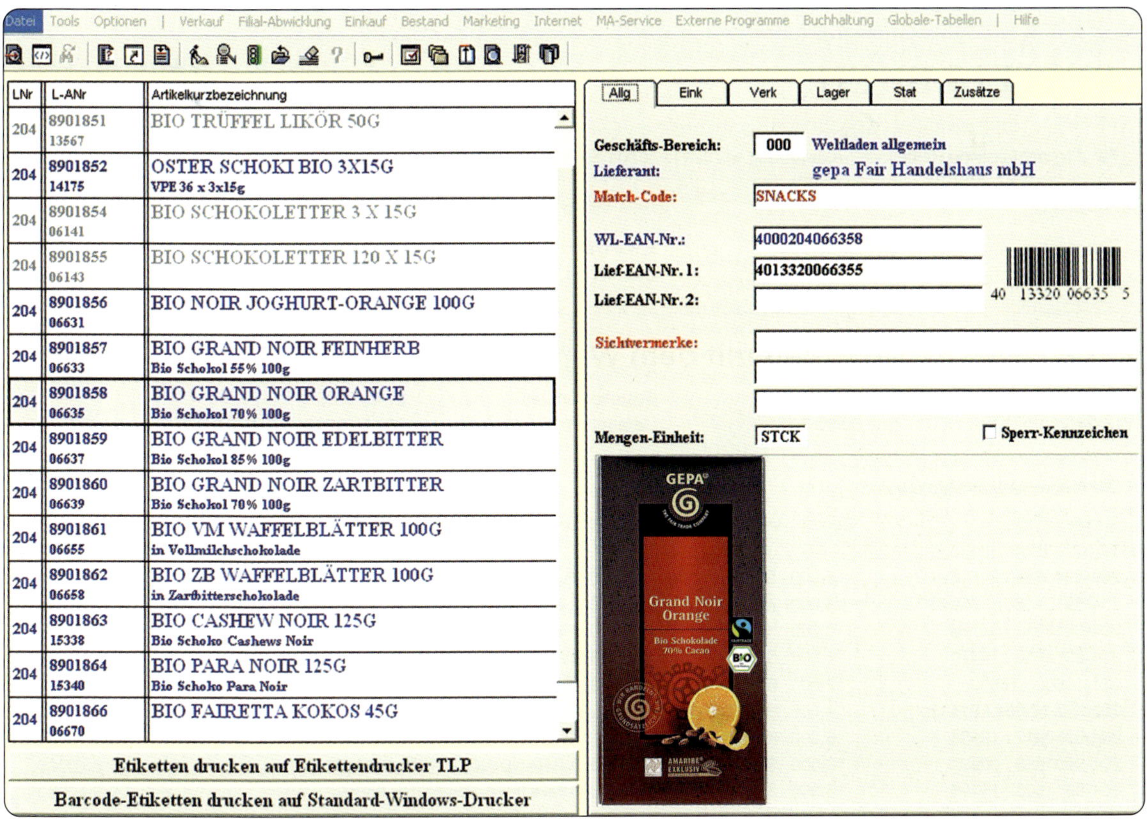

Abb. 3: Eingabemaske

die über die Ware gespeicherten Daten im Warenwirtschaftssystem möglichst schnell zu finden.

Beispiel: Eine Kundin fragt im Welt-Laden nach einer Schokolade, die sie vor sechs Monaten gekauft hat. Sie weiß noch, dass es sich um eine Sorte mit Joghurt und einer Frucht handelte. Jutta lässt sich im Warenwirtschaftssystem alle Schokoladesorten mit Joghurt anzeigen.

Verwaltung der Bestellvorgänge

Das Warenwirtschaftssystem unterstützt den Einzelhändler bei der Auswahl von Lieferanten, der Planung der aktuellen Bestellmengen und der Planung des Beschaffungszeitpunkts.

Die Bestellmenge ergibt sich aus dem aktuellen Bedarf des Unternehmens. Der leitet sich aus dem aktuellen Lagerbestand und der in der Folgezeit zu erwartenden Verkaufsmengen ab. Das Warenwirtschaftssystem bietet aufgrund der Vergangenheitswerte einen Bestellvorschlag an, den die Einkaufsabteilung übernehmen kann.

Der Bestellvorschlag kann in das Warenwirtschaftssystem übernommen und dem Lieferanten zugesendet werden. Die Bestellung wird im Warenwirtschaftssystem als offene Bestellung angezeigt, das heißt, die Ware wurde bestellt, das Unternehmen wartet auf die Lieferung.

Die offenen Bestellungen können im Bestellbuch eingesehen werden (vgl. Abb. 4).

Lagerhaltung

Eine Lagerhaltung ist für den Einzelhändler notwendig. Damit sind jedoch Kosten und Risiken verbunden:

- Kosten entstehen durch die Bereithaltung der Lagerkapazitäten und den Einkaufswert der Lagerware.
- Risiken bestehen hinsichtlich Warenverderb und Warenschwund, z. B. durch Diebstahl.

Um Kosten und Risiken zu begrenzen, sollte die Menge der gelagerten Ware so groß wie nötig und so gering wie möglich gehalten werden.

BESTELLBUCH:

Seite : 1
Datum: 03/08/20..
KndNr:

Welt-Laden
Jutta Fröhlich e. Kfr.

Für die nachfolgende Bestellbuch-Auswertung wurden folgende Selektions-Einstellungen verwendet:

Bestellart: offene Bestellungen

Erstelldatum von:	01/08/20..	Erstelldatum bis:	03/08/20..
User-ID von:		User-ID bis:	*

Lieferantennummer von:	000 ???	Lieferantennummer bis:	999
Artikelnummer von:		Artikelnummer bis:	*
Bestelldatum von:	00/00/0000	Bestelldatum bis:	31/12/9999
Lieferdatum von:	00/00/0000	Lieferdatum bis:	31/12/9999

Erledigungs-KZ: offen

Die Auswertung erfolgte durch:

Artikelnummer:	Bestellmenge:		Erl-Kz:	Bezeichnung:	Lief.Datum:
204-8900984 / 21113	5,000	STCK	offen	DARJEELING CLASSIC BIO 500G	00/00/0000
204-891090501 / 05940	3,000	KG	offen	BIO ESPRESSO 250G BOHNE	00/00/0000
204-8910911 / 03163	3,000	KG	offen	CAFE ESPRESSO CARGADO 250G	00/00/0000
204-8911918 / 14470	6,000	STCK	offen	BIO MARMOR DINKEL KNUSPERCHEN	00/00/0000
021-16600 / 16600	12,000	STCK	offen	BLIESGAU-APFELSAFT 1 L	00/00/0000
203-IN0-12-552 / 21513	4,000	Btl.	offen	DARJEELING TEE TGFOP	00/00/0000
204-3050917 / 13505	6,000	KG	offen	CAFE ORGANICO MISEREOR	00/00/0000
204-8901859 / 06637	10,000	STCK	offen	BIO GRAND NOIR EDELBITTER	00/00/0000
204-8911503 / 15496	3,000	STCK	offen	BIO SIRUP HASELNUSS 350ML	00/00/0000

Abb. 4: Bestellbuch des Welt-Ladens

222330380

Lagerhüter-Liste:

Druckdatum: 03/08/20..
Seite: 1

Welt-Laden
Jutta Fröhlich e. Kfr.

Selektions-Parameter:

Auswerte-Datum:	03/08/20..	Auswahl Lagerzeitraum in Tagen:	365
gewählter Kapital-Zinssatz in %:	7,00	gewählter Lager-Zinssatz in %:	3,00

Artikel-Nr:	Artikel-Kurz-Bezeichnung:	Datum le. VK / EK	Anz.Tage le. Bew.	Lager-Bestand:	letzter EK-Preis(netto)	akt. Verk.-Preis(netto)	% Nenn-Spanne:	% Ist-Spanne:	Diff:
002-42145	GLASVASE PERLMUTT STERNMUS	19/12/20..	957	1,000	18,00	26,89	49,39	22,78	26,61
002-42156	GLASVASE PERLMUTT STERNMUS	19/12/20..	957	1,000	14,50	24,37	68,07	41,52	26,55
002-43188	BAMBUS FLASCHENKISTE 2 FLAS(	15/05/20..	810	1,000	6,45	10,84	68,06	45,58	22,48
002-18665	SPST. PENAL MOSAIK, L= 19,5 CM	22/12/20..	589	2,000	9,50	15,97	68,11	51,74	16,37
002-54924	FLEECE-HANDPUPPE PINGUIN	09/04/20..	481	1,000	3,95	6,64	68,10	54,68	13,42
002-18543	SEIDENSCHAL GLASPERLEN BES	25/05/20..	435	1,000	11,00	18,49	68,09	56,00	12,09
002-62318	SCHLÜSSELANHÄNGER TIERE, SC	01/07/20..	398	1,000	1,75	2,94	68,00	57,14	10,86
004-65292	REISSCHALE, 2ER SET, ECKIG, INI	01/12/20..	610	1,000	9,71	7,98	-17,82	-34,82	17,00
004-65413	SCHIFFCHEN FÜR SOßEN, 2-ER SE	19/04/20..	471	1,000	4,65	4,12	-11,40	-24,52	13,12
004-65458	SCHALE, LACK, QUADRATISCH GE	12/05/20..	448	2,000	7,35	6,64	-9,66	-22,11	12,45
022-00245	DORNRÖSCHEN KLEIN	04/02/20..	545	2,000	10,29	14,71	42,95	27,79	15,16

Abb. 5: „Penner-Liste" des Welt-Ladens

Als Planungsgrundlage dient eine Übersicht, in der die Wareneingänge und Warenabgänge nach ihrer Häufigkeit im Jahresverlauf gezeigt werden. Daran erkennt der Einzelhändler, welche Artikel besonders häufig bewegt werden. Es können „Ladenhüter" bzw. „Penner" und „Schnelldreher" bzw. „Renner" erkannt werden, salopp wird auch von „Renner-Penner-Liste" gesprochen (vgl. Abb. 5).

Waren mit besonders langer Lagerdauer werden weniger häufig bzw. in geringerer Stückzahl eingekauft. Ihre Lagermengen können reduziert werden. Langfristig kann überlegt werden, sie ganz aus dem Sortiment zu nehmen. Umgekehrt können Artikel mit besonders kurzer Lagerdauer in größerer Stückzahl eingekauft werden. Um die Verkaufsbereitschaft zu gewährleisten, könnte ihnen mehr Lagerplatz zur Verfügung gestellt werden.

Warenverkauf

Der Warenverkauf wird heute in den meisten Betrieben durch elektronische Registrierkassen unterstützt. Die Artikel werden problemlos mit einem Barcode-Scanner erfasst, der die Artikeldaten auf einem Display anzeigt. Das Kassenpersonal benutzt die Tastatur zumeist nur noch, um den Kassiervorgang zu steuern.

Beim Warenabsatz wird die Menge der verkauften Artikel festgehalten und der Lagerbestand entsprechend verringert. Gleichzeitig wird der Umsatz ermittelt und dem Rechnungswesen mitgeteilt. Somit sind der vorhandene Warenbestand und der Bestand der Zahlungsmittel jederzeit bekannt. Auch bargeldlose Zahlungsmöglichkeiten werden berücksichtigt, sodass der zu erwartende Zahlungseingang auf den Geschäftskonten festgestellt werden kann.

Aufgaben

1. Nennen Sie die Aufgaben eines Warenwirtschaftssystems.
2. Erläutern Sie, welche Voraussetzungen Jutta Fröhlich schaffen musste, als sie ein Warenwirtschaftssystem im Welt-Laden einführte.
3. Erläutern Sie, welche Informationen und Konsequenzen aus der „Penner-Liste" abgeleitet werden sollten.

8.7 Aufbereitung von Daten

Jutta Fröhlich erstellt regelmäßig die Einsatzpläne der Verkäuferinnen im Welt-Laden. In den letzten Wochen hat sich gezeigt, dass an bestimmten Tagen zu wenig Verkaufspersonal eingeplant wurde. Normalerweise sollen immer zwei Verkäuferinnen im Laden sein: Eine bedient die Kasse, während die andere die Kunden berät oder die Regale auffüllt. Nun kommt es aber immer wieder vor, dass die Regale nicht schnell genug aufgefüllt werden können und Wartezeiten für die Kunden entstehen.

8.7.1 Erfassung betrieblicher Daten

Im Einzelhandelsunternehmen wird eine große Menge an Daten gesammelt, die das Betriebsgeschehen beschreiben. Unter anderem werden

- die Umsätze im Ladengeschäft und
- regelmäßig wiederkehrende Ausgaben für Wareneinkauf, Personalaufwand oder Werbung

erfasst und können bestimmten Zeiträumen zugeordnet werden.

Welche Daten erfasst werden, wie sie gesammelt, zusammengestellt und ausgewertet werden, richtet sich nach dem jeweiligen Informationsbedarf des Einzelhändlers.

Die regelmäßig gesammelten Daten bilden eine Zeitreihe, die nach dem Erfassungsdatum geordnet ist. Aus dem Verlauf der Datenwerte kann der Einzelhändler Gesetzmäßigkeiten und Entwicklungstendenzen erkennen und hat so die Möglichkeit, darauf zu reagieren.

Beispiel: Im Welt-Laden wird festgestellt, dass ab der zweiten Woche eines jeden Monats die Anzahl der Kundenbesuche abnimmt. Um mehr Kunden anzulocken, sollen daher regelmäßig zur Monatsmitte Sonderangebote in der örtlichen Tageszeitung veröffentlicht werden.

Es ist wichtig, große Datenmengen zu erfassen. Sonst kann es passieren, dass einzelne Daten, die stark abweichen, das Ergebnis beeinflussen. Damit die Daten leichter erfasst werden können, ist es sinnvoll, diese in Form von Listen oder Tabellen festzuhalten:

- Listen enthalten Daten zu einem Sachverhalt. Die Daten sind in der Reihenfolge ihrer Erfassung geordnet.

  Beispiel: Die Daten über den Kundenbesuch im Welt-Laden lassen sich als Striche darstellen, die einem bestimmten Verkaufstag zugeordnet werden. Die Liste wird, je nach Kundenandrang, entweder sehr breit oder sehr lang.

- In Tabellen können Daten nach zwei bzw. mehreren Merkmalen sortiert eingetragen und nach diesen Merkmalen zusammengefasst werden.

222330382

Beispiel: Mithilfe einer Tabelle wird im Welt-Laden erfasst, wie viele Kunden pro Tag den Laden betreten (vgl. Abb. 1).

Kalenderwoche	Mo	Di	Mi	Do	Fr	Sa
1	17	19	22	12	25	28
2	16	18	16	24	28	30
3	16	18	20	22	24	28
4	12	15	20	18	26	29
5	15	20	20	23	24	29
6	17	18	14	25	26	29
7	18	18	19	24	24	27
8	12	12	21	15	23	30
9	12	18	18	21	22	30
10	17	18	15	24	23	31
11	20	18	20	22	22	28
12	9	10	23	13	23	29
13	13	19	19	21	19	30
14	15	16	13	24	22	30
15	21	17	20	19	23	27
16	8	8	24	13	25	27

Abb. 1: Darstellung der Kundenbesuche in einer Tabelle

8.7.2 Darstellung betrieblicher Daten

Daten, die über einzelne Sachverhalte gesammelt wurden, können in einem Diagramm kompakt dargestellt werden.

Punktdiagramm

Besteht zwischen den ermittelten Werten keine eindeutige Beziehung bzw. Abhängigkeit, kann ein Punktdiagramm verwendet werden.

Beispiel: Der Kundenbesuch am Freitag kann generell unabhängig von dem am Donnerstag oder am Samstag betrachtet werden. Die Kunden, die am Freitag den Laden aufsuchen, wissen schließlich nichts von denen, die am Tag vorher oder nachher kommen. Sie nehmen auch keine Rücksicht auf das Einkaufsverhalten der Kunden an den anderen Tagen.

In Abb. 2 werden die im Welt-Laden erfassten Aufzeichnungen zur Anzahl der Kundenbesuche in einem Punktdiagramm dargestellt (vgl. Abb. 2).

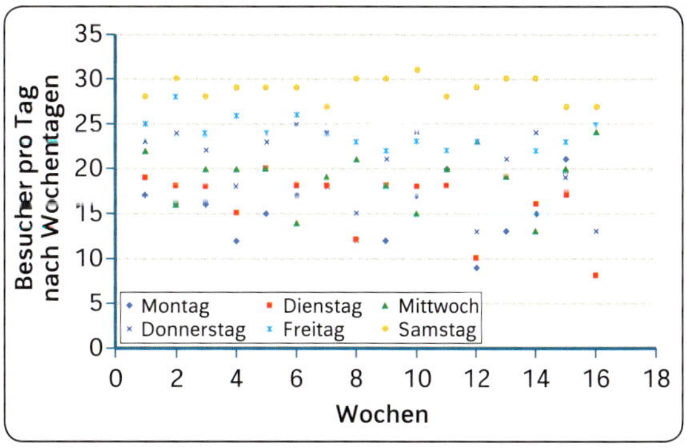

Abb. 2: Darstellung der Kundenbesuche in einem Punktdiagramm

Liniendiagramm

Geht man davon aus, dass von den tatsächlich beobachteten Werten auch auf die Werte dazwischen geschlossen werden kann, ist ein Liniendiagramm sinnvoll.

Die Liniendarstellung erleichtert oft auch eine Abschätzung, welche weitere Entwicklung der Werte erwartet werden kann: Steigen die Werte oder fallen sie?

Beispiel: Durch die Darstellung der Kundenbesuche an den einzelnen Wochentagen in einem Liniendiagramm werden der Einbruch am Freitag und der unruhige Verlauf der Zahlen am Dienstag deutlich erkennbar (vgl. Abb. 3).

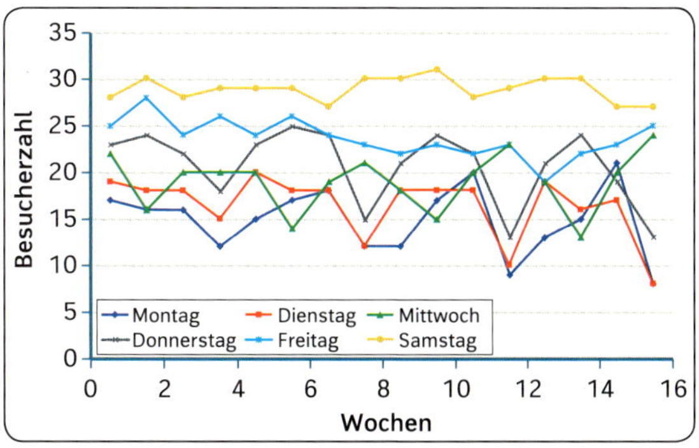

Abb. 3: Darstellung der Kundenbesuche in einem Liniendiagramm

Säulendiagramm

Im Säulendiagramm (auch: Balkendiagramm) wird für jeden gezählten Wert ein Balken eingezeichnet, der dessen Höhe darstellt. Dadurch werden Größenunterschiede der Werte untereinander deutlich gemacht.

Beispiel: Durch die Darstellung in einem Säulendiagramm wird erkennbar, dass die Kundenzahlen zum Wochenende hin immer stark ansteigen. Die ersten beiden Tage in der Woche sind regelmäßig die, an denen das Geschäft sehr wenig besucht ist.

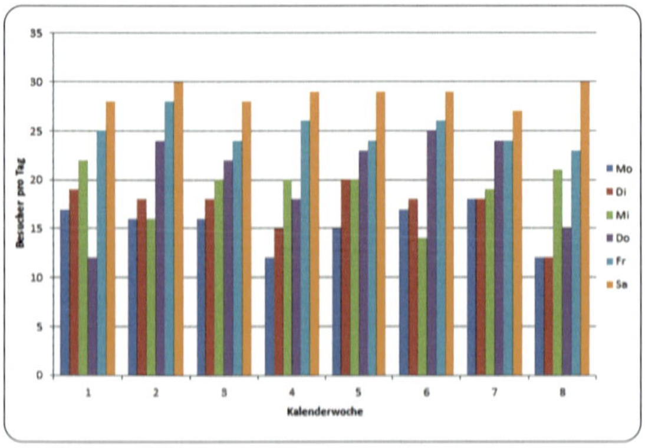

Abb. 4: Darstellung der Kundenbesuche in einem Säulendiagramm

Kreisdiagramm

Im Kreisdiagramm (auch: Tortendiagramm) wird dargestellt, wie sich eine Größe zusammensetzt und welchen Anteil die einzelnen Bestandteile haben.

Beispiel: Für die 10. Kalenderwoche zeigt die Darstellung der Kundenbesuche in einem im Kreisdiagramm Folgendes: Die Umsatzverteilung nach den Wochentagen zeigt, dass zwei Drittel des Wochenumsatzes auf die zweite Wochenhälfte entfallen.

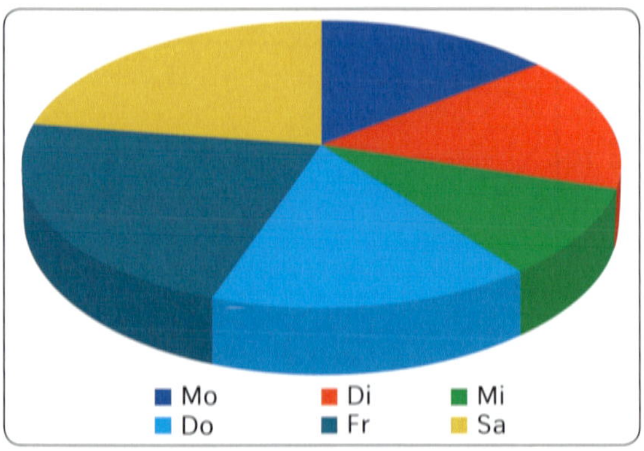

Abb. 5: Darstellung der Kundenbesuche einer Woche in einem Kreisdiagramm

8.7.3 Auswertung von Umsatzdaten

Die Darstellung im Diagramm veranschaulicht den Werteverlauf und erleichtert es, seine Entwicklung zu erkennen. Die Beurteilung durch den Betrachter ist aber zeitaufwendig und kann – je nach Betrachter – zu unterschiedlichen Ergebnissen führen.

Die aktuelle Betriebssituation kann auch mithilfe von Kennzahlen erfasst und beschrieben werden. Kennzahlen können verwendet werden

- zur Beschreibung der aktuellen Unternehmenssituation,

  Beispiel: Der Welt-Laden ermittelt für jeden Wochentag folgende Werte: Umsatzerlöse, Anzahl der Kunden, getrennt nach Barzahlern und Kartenzahlern, sowie die Ladenöffnungszeiten in Stunden (vgl. Abb. 6).

- zum Vergleich aktueller Werte mit Werten aus der Vergangenheit (Zeitvergleich),
- zum Vergleich mehrerer Unternehmensteile oder verschiedener Unternehmen miteinander (Betriebs- oder Unternehmensvergleich),
- zum Vergleich von Plan- und Ist-Werten (Soll-Ist-Vergleich).

Werden die Werte regelmäßig ermittelt, können Zeitreihen gebildet werden. Dazu wird zu jedem Wert das Erfassungsdatum angegeben. Die Auswertung und der Vergleich von Zeitreihen können mithilfe von Durchschnittswerten oder Verhältniszahlen vorgenommen werden.

Durchschnittswert

Der Durchschnittswert gibt an, um welchen mittleren Wert sich die Werte einer Zeitreihe bewegen. Es lassen sich der einfache und der gewichtete Durchschnitt berechnen.

Beispiel: Der Welt-Laden hat für fünf Wochen die Kundenzahlen pro Tag aufgezeichnet. Die Erfahrung hat gezeigt, dass viele Kunden, die zum Wochenende hin den Laden aufsuchen, am Anfang der Woche noch einmal kommen, um etwas nachzukaufen. Deswegen soll den letzten drei Verkaufstagen in der Woche eine besondere Bedeutung

Wochentag	Mo	Di	Mi	Do	Fr	Sa
Umsatzerlöse (€)	271,00	311,00	325,00	325,00	354,00	360,00
Kunden	16	17	18	22	24	26
Kartenzahler	2	3	4	5	5	6
Barzahler	14	14	14	17	19	20
Öffnungszeiten (h)	8	10	10	10	10	10

Abb. 6: Täglich erfasste Werte im Welt-Laden

Kalenderwoche	Mo	Di	Mi	Do	Fr	Sa	Summe	Kunden pro Tag	
								einfacher Durchschnitt	gewichteter Durchschnitt
1	17	19	22	12	25	28	123	20,50	21,19
2	16	18	16	24	28	30	132	22,00	23,50
3	16	18	16	24	28	30	132	22,00	23,50
4	16	18	16	24	28	30	132	22,00	23,50
5	15	20	20	23	24	29	131	21,63	22,94
Gewichtung	**1,0**	**1,0**	**1,0**	**1,5**	**1,5**	**2,0**	**8,0**		

Abb. 7: Einfacher und gewichteter Durchschnitt der Kundenbesuche im Welt-Laden

zugemessen werden, indem ihre Werte ein höheres Gewicht bekommen (vgl. Abb. 7).

Der **einfache Durchschnitt** wird berechnet, indem die Summe der Besuche pro Tag gebildet und durch die Anzahl der Tage dividiert wird. Für die Werte der ersten Kalenderwoche ergibt sich eine Summe von 123, die durch sechs Tage geteilt einen Durchschnitt von 20,50 ergibt (vgl. Abb. 7, Spalte „einfacher Durchschnitt").

Für die Berechnung des **gewichteten Durchschnitts** werden die jeweiligen Besuche pro Tag mit der jeweils angegebenen Gewichtung multipliziert. Die so gebildeten Produkte werden zusammengezählt:

$$\begin{aligned} & 17 \cdot 1{,}0 \\ + \; & 19 \cdot 1{,}0 \\ + \; & 22 \cdot 1{,}0 \\ + \; & 12 \cdot 1{,}5 \\ + \; & 25 \cdot 1{,}5 \\ + \; & 28 \cdot 2{,}0 \\ = \; & 169{,}5 \end{aligned}$$

Die Summe der Gewichtungen beträgt:
$1{,}0 + 1{,}0 + 1{,}0 + 1{,}5 + 1{,}5 + 2{,}0 = 8{,}0$.

Der gewichtete Durchschnitt beträgt somit 21,19 Kundenbesuche pro Tag:
$169{,}5 : 8 = 21{,}19$

Verhältniszahlen

Eine Verhältniszahl setzt zwei Größen zueinander in Beziehung. Dabei kann man auf verschiedene Weise vorgehen:

Berechnung von Gliederungszahlen:
Hier werden die einzelnen Grundwerte durch die Summe dieser Grundwerte (Grundgesamtheit) geteilt. Durch Multiplikation mit 100 kann das Ergebnis normiert werden.

Beispiel: Die Kundenzahlen, die in der ersten Woche registriert wurden, werden durch die Gesamtzahl der Kundenbesuche in dieser Woche geteilt (vgl. Abb. 8).

In der Darstellung der Gliederungszahlen wird die Bedeutung der letzten beiden Verkaufstage für den Welt-Laden deutlich (vgl. Abb. 9).

Berechnung von Beziehungszahlen:
Hier werden die Grundwerte zweier Zeitreihen, die im gleichen Zeitraum ermittelt wurden, dividiert. Ergebnis ist daher immer eine Verhältnisgröße (Quotient), z. B. Umsatz pro Kunde.

Beispiel: Aus der Buchführung des Welt-Ladens werden für jeden Verkaufstag die Umsatzerlöse ermittelt. Die täglichen Umsatzerlöse werden durch die Anzahl der Kunden pro Tag geteilt, um den Umsatz pro Kunden zu berechnen.

Kennzahlen zur Rentabilität

Das Verhältnis einer Erfolgsgröße zu den dafür eingesetzten Mitteln wird als Rentabilität bezeichnet. Beispielhaft seien hier zwei Rentabilitätskennzahlen genannt:

Die **Umsatzrentabilität** ist das Verhältnis des in einem Zeitraum erzielten Gewinns zum erzielten Umsatz.

Wochentag	Mo	Di	Mi	Do	Fr	Sa	Summe
Grundwerte	17	19	22	12	25	28	123
Gliederungszahlen	0,1382	0,1545	0,1789	0,0976	0,2033	0,2276	1,0000
Normierung (%)	13,82	15,45	17,89	9,76	20,33	22,76	100,00

Abb. 8: Berechnung der anteiligen Kundenbesuche pro Wochentag

Kalenderwoche	Mo	Di	Mi	Do	Fr	Sa
1	13,82 %	15,45 %	17,89 %	9,76 %	20,33 %	22,76 %
2	12,12 %	13,64 %	12,12 %	18,18 %	21,21 %	22,73 %
3	12,50 %	14,06 %	15,63 %	17,19 %	18,75 %	21,88 %
4	10,00 %	12,50 %	16,67 %	15,00 %	21,67 %	24,17 %
5	11,45 %	15,27 %	15,27 %	17,56 %	18,32 %	22,14 %

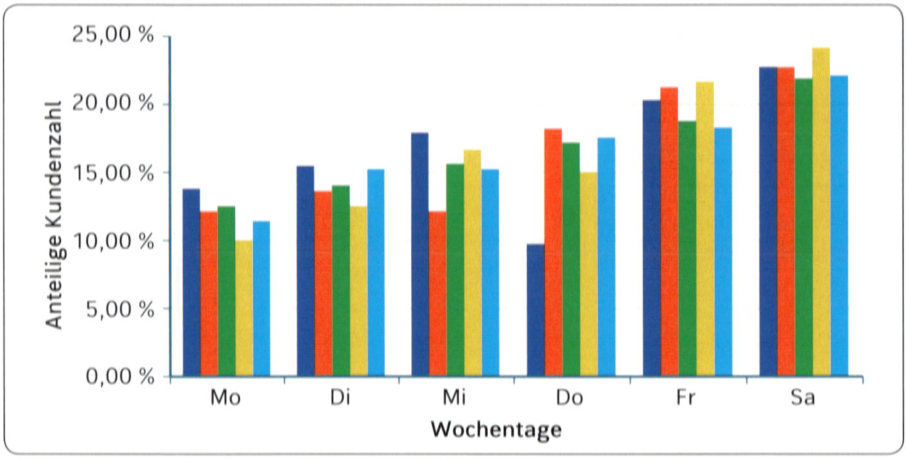

Abb. 9: Darstellung der anteiligen Kundenbesuche pro Wochentag über mehrere Wochen

Umsatzrentabilität $= \frac{\text{Gewinn} \cdot 100}{\text{Umsatzerlöse}}$

Beispiel: Der Reingewinn des Welt-Ladens betrug im vergangenen Jahr 2 840,00 €. Umsatzerlöse konnten in Höhe von 92 400,00 € verzeichnet werden. Die Umsatzrentabilität wird daher wie folgt berechnet:

Umsatzrentabilität

$= \frac{2\,840{,}00\text{ €} \cdot 100}{92\,400{,}00\text{ €}}$

$= 3{,}07\ \%$

Der Welt-Laden hat eine Umsatzrentabilität von 3,07 %. Das heißt, dass mit jedem Euro Umsatz ein Gewinn von 3,07 ct erwirtschaftet wurde.

Die **Eigenkapitalrentabilität** ist das Verhältnis des in einem Zeitraum erzielten Gewinns zum eingesetzten Eigenkapital.

Eigenkapitalrentabilität $= \frac{\text{Gewinn} \cdot 100}{\text{Eigenkapital}}$

Beispiel: Die Schlussbilanz des vergangenen Jahres weist für den Welt-Laden ein Eigenkapital in Höhe von 92 400,00 € aus. Der Gewinn des aktuellen Jahres beträgt 5 550,00 €. Die Eigenkapitalrentabilität wird daher wie folgt berechnet:

Eigenkapitalrentabilität

$= \frac{5\,550{,}00\text{ €} \cdot 100}{92\,400{,}00\text{ €}}$

$= 6{,}01\ \%$

Der Welt-Laden hat eine Eigenkapitalrentabilität von 6,01 %. Das heißt, das eingesetzte Eigenkapital wurde mit 6,01 % verzinst.

Aufgaben

1 In den Abb. 2, 3 und 4 werden jeweils über mehrere Wochen die Kundenbesuche pro Wochentag dargestellt. Welche Darstellungsform, Punkt-, Linien- oder Säulendiagramm, ist am aussagekräftigsten? Begründen Sie Ihre Meinung.

2 Jutta Fröhlich soll für einen Termin bei ihrer Hausbank verschiedene betriebliche Kennzahlen aufbereiten. Sie möchte die gewünschten Zahlen in aussagekräftigen Diagrammen darstellen. Welche Diagrammart sollte sie jeweils wählen?

a) Darstellung des Anteils der Warengruppen Lebensmittel, Schmuck und Inneneinrichtung am Gesamtumsatz des vorherigen Jahres

b) Entwicklung des monatlichen Gesamtumsatzes von Januar bis Dezember des vergangenen Jahres

c) Entwicklung der Monatsumsätze der Warengruppen Lebensmittel, Schmuck und Inneneinrichtung von Januar bis Dezember des vergangenen Jahres

Kompetenzraster, Kapitel 8.5 bis 8.7

Kapitel	Ich kann …	nein	un-sicher	recht sicher	ja
8.5	■ den Begriff Geschäftsfall und vier Fälle von Bilanzänderungen erläutern.				
	■ Funktion und Aussehen eines Kontos erläutern.				
8.6	■ die Aufgaben eines Warenwirtschaftssystems erläutern und Beispiele für seinen Einsatz beschreiben.				
8.7	■ betriebliche Daten in unterschiedlichen Diagrammarten darstellen.				
	■ zur Auswertung von Umsatzdaten Durchschnittswerte, Verhältniszahlen und Rentabilitätskennzahlen berechnen und erläutern.				

Preispolitische Maßnahmen durchführen und kontrollieren

Lernfeld 9

Advance Organizer | Preispolitische Maßnahmen durchführen und kontrollieren

Vorwärtskalkulation
Bezugspreis
↓ Handlungskosten
Gewinn
Umsatzsteuer
Bruttoverkaufspreis

Der Verkaufspreis wird ermittelt.

Prozentrechnung
Kapitel 3.4.4

Bezugskalkulation
Kapitel 6.4.1

Rückwärtskalkulation
Einkaufspreis
↑
Bruttoverkaufspreis

Der Einkaufspreis wird ermittelt.

Verkürzte Kalkulationsverfahren
- Kalkulationszuschlag
- Kalkulationsfaktor
- Kalkulationsabschlag
- Handelsspanne

Der Preis wird mit einem Rechenschritt ermittelt.

Differenzkalkulation
Bezugspreis ↓
↑
Bruttoverkaufspreis

Der Gewinn wird ermittelt.

Tabellenkalkulationssoftware
- Texte
- Formeln
- Funktionen

Preise werden praxisgerecht vom Programm ermittelt.

Warenwirtschaftssystem
Kapitel 8.6

	A	B	C	D	E
1		Satz in %	Vorwärts-kalkulation	Rückwärts-kalkulation	Differenz-kalkulation
2	Listeneinkaufspreis		50,00 €	**40,11 €**	150,00 €
3	- Rabatt	15,0	7,50 €	6,02 €	22,50 €
4	Zieleinkaufspreis		42,50 €	34,09 €	127,50 €
5	- Skonto	2,0	0,85 €	0,68 €	2,55 €
6	Bareinkaufspreis		41,65 €	33,41 €	124,95 €
7	- Bezugskosten		6,35 €	5,00 €	5,00 €
8	Bezugspreis		48,00 €	38,41 €	129,95 €
9	+ Handlungskosten	25,0	12,00 €	9,60 €	32,49 €
10	Selbstkostenpreis		60,00 €	48,01 €	162,44 €
11	+ Gewinn	5,0	3,00 €	2,40 €	**4,79 €**
12	Nettoverkaufspreis		63,00 €	50,41 €	167,23 €
13	+ Umsatzsteuer	19,0	11,97 €	9,58 €	31,77 €

9.1 Preisbildungseinflüsse

Svenja Jank, Auszubildende im ersten Ausbildungsjahr bei der Trendino Computer-Shop GmbH, geht nach dem Berufsschulunterricht zusammen mit ihrem Mitschüler Thomas Frank, Auszubildender im Schuhhaus Graziano, zum Bus.

Svenja: Morgen kriegen wir wieder neue Waren geliefert. Die muss ich dann alle auszeichnen. Der Chef gibt mir eine Liste, da stehen unsere Verkaufspreise alle drauf.

Thomas: Das ist bei uns so ähnlich. Wenn wir neue Schuhe geliefert bekommen, schreibt die Chefin unseren Verkaufspreis handschriftlich auf den Schuhkarton. Ich klebe dann mit dem Preisauszeichnungsgerät den Preis unter die Sohlen beider Schuhe.

Svenja: Ich möchte mal wissen, wie mein Chef und deine Chefin die Verkaufspreise überhaupt festlegen. So einfach kann das doch nicht sein. Mein Chef jedenfalls legt immer Wert darauf, dass er allein den Verkaufspreis bestimmt.

9.1.1 Einflussgrößen der Preisgestaltung

Der Einzelhandelsbetrieb legt für jeden angebotenen Artikel den Verkaufspreis fest. Die Preise müssen so bestimmt werden, dass langfristig die eigenen Kosten des Betriebs gedeckt werden und noch ein Gewinn entsteht. Auch das Verhalten der Kunden, der Konkurrenz und der Lieferanten hat Einfluss auf die Preisfestlegung. Grundlage für die Festlegung des Verkaufspreises ist die **Preiskalkulation.** Einflussgrößen auf den Preis, die der Einzelhandelsbetrieb nicht selbst beeinflussen kann, werden als **betriebsexterne Einflüsse** bezeichnet. Kann der Betrieb die Entscheidungen zur Preisgestaltung selbst treffen, liegen **betriebsinterne Einflüsse** vor (vgl. Abb. 1).

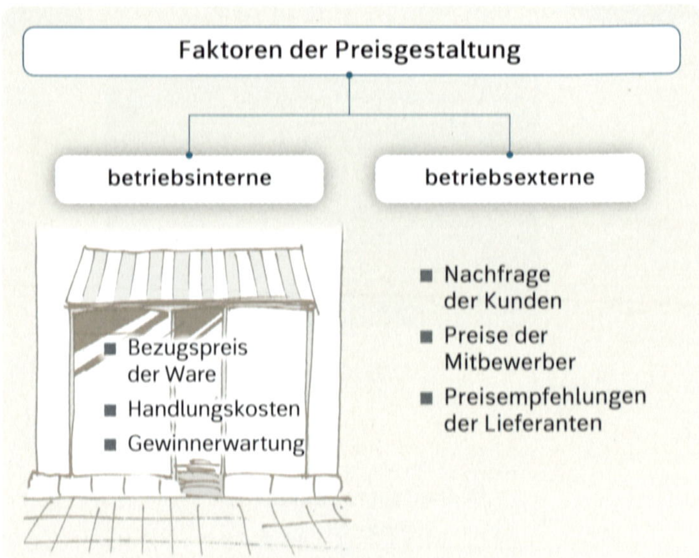

Abb. 1: Einflussgrößen der Preisgestaltung

Betriebsinterne Einflussgrößen

Bezugspreis der Ware

Mit dem Einkauf der Ware entstehen Kosten in Höhe des **Bezugspreises.** Die Einkaufskalkulation ist im Lernfeld 6 behandelt worden. Der Bezugspreis wird auch als „Einstandspreis" bezeichnet. Für die Ermittlung des Bezugspreises werden Lieferantenrabatte, Lieferantenskonti und die Bezugskosten berücksichtigt.

Handlungskosten

Neben dem Bezugspreis für jede eingekaufte Ware fallen im Einzelhandelsbetrieb weitere Kosten an. Erläuterungen und Beispiele zu diesen sogenannten „Handlungskosten" finden Sie im Kapitel 9.2.2. Im Gegensatz zum Bezugspreis können die Handlungskosten nicht direkt der einzelnen Ware zugerechnet werden. Sie werden deshalb mithilfe eines prozentualen Zuschlags auf den Bezugspreis, dem **Handlungskostenzuschlagssatz,** in der Verkaufskalkulation berücksichtigt. Bezugspreis und Handlungskosten ergeben zusammen den **Selbstkostenpreis** einer Ware.

	Bezugspreis
+	Handlungskosten
=	Selbstkostenpreis

Das Institut für Handelsforschung ermittelt regelmäßig die Kostenstrukturen im Einzelhandel. Abb. 2 zeigt die Zusammensetzung des Verkaufspreises im Textileinzelhandel: Die Angabe „100 Euro Umsatz" in der Grafik entspricht einem durchschnittlichen Brutto-Verkaufspreis von 100,00 €. Die in diesen 100,00 € enthaltenen Beträge für die Umsatzsteuer und für den Gewinn sind keine Kosten des Einzelhandelsbetriebs. Zieht man diese beiden Beträge vom Umsatz ab, bleiben mehr als 80,00 € Kosten übrig, wobei der Einkaufspreis der Ware davon mehr als die Hälfte ausmacht. Die restlichen Kosten, also Personalkosten, Miete, Werbung usw. bilden die Handlungskosten.

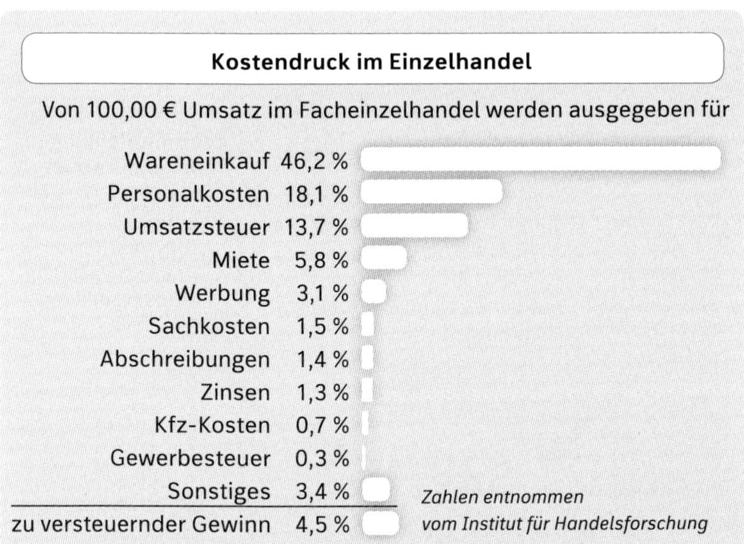

Abb. 2: Zusammensetzung des Verkaufspreises bei Textilien

Gewinnerwartung

Ein Einzelhandelsbetrieb, der als Verkaufspreis seiner Waren den Selbstkostenpreis und die darauf entfallende Mehrwertsteuer zugrunde legt, hätte mit dem Verkauf gerade seine eigenen Kosten gedeckt, aber noch keinen Gewinn erzielt. Langfristig sollte aber zu den Kosten noch ein Gewinn erwirtschaftet werden.

Der Gewinn wird – wie die Handlungskosten – mithilfe eines prozentualen Zuschlags in der Preiskalkulation berücksichtigt. Grundlage für die Berechnung ist der Selbstkostenpreis. Somit hat der Gewinnzuschlag direkt Einfluss auf den Verkaufspreis der Ware. Ist die Gewinnerwartung des Einzelhändlers hoch, so wird der Preis entsprechend höher ausfallen. Ist die Gewinnerwartung des Einzelhändlers niedrig, so werden seine Preise auch niedriger ausfallen. Der Gewinnzuschlagssatz kann auch von Produkt zu Produkt oder von einer Warengruppe zur anderen unterschiedlich hoch ausfallen. Das hat mit anderen Einflussgrößen auf die Preise zu tun, beispielsweise mit dem Nachfrageverhalten der Kunden oder der Preisgestaltung der Mitbewerber.

Der Selbstkostenpreis und der kalkulierte Gewinn ergeben zusammen den **Nettoverkaufspreis** für die Ware.

	Selbstkostenpreis
+	Gewinn
=	Nettoverkaufspreis

Betriebsexterne Einflussgrößen

Nachfrageverhalten der Kunden

Die Preisvorstellungen der Kunden sind eine wichtige Einflussgröße für die Preisgestaltung des Einzelhandelsbetriebs. Mithilfe der Marktforschung kann der Betrieb versuchen herauszufinden, welchen Preis die Kunden für eine Ware zu zahlen bereit sind. Außerdem kann er z. B. ermitteln, wie die Kunden auf Preisveränderungen (Erhöhung der Preise oder Herabsetzung der Preise) reagieren. Meistens ist davon auszugehen, dass die Kunden eher einen niedrigeren Preis wünschen.

Aber es kann auch umgekehrt den Fall geben, dass sich Kunden abwenden, wenn für ein Produkt der Preis gesenkt wird. Dies ist z. B. denkbar, wenn das Produkt eine gewisse Exklusivität darstellt, also ein besonderes Image hat. Ein niedrigerer Preis bedeutet dann, dass das Produkt nicht mehr als etwas Besonderes angesehen wird. Ein anderer Grund könnte sein, dass die Kunden denken, mit der Preissenkung sei auch eine Minderung der Qualität verbunden. Deshalb fragen sie diesen Artikel dann nicht mehr so stark nach.

Auch die gesamtwirtschaftliche Lage (Konjunktur) hat Einfluss auf das Nachfrageverhalten der Kunden. Geht die Konjunktur zurück oder befindet sie sich auf einem Tiefstand, so werden die Kunden eher einen niedrigeren Preis für die Waren zahlen. Befindet sich die Wirtschaft in einem Aufschwung oder in einer Hochkonjunktur, so ist auch die Stimmung bei den Kunden besser. Die Kunden schauen voll Zuversicht in ihre (wirtschaftliche) Zukunft und sind eher bereit und in der Lage, einen höheren Preis für eine Ware zu bezahlen.

Preise der Mitbewerber

Kein Einzelhandelsbetrieb ist der einzige Händler seiner Branche am Markt. Bei der Preisgestaltung müssen deshalb auch die Preise der Mitbewerber berücksichtigt werden. Grundsätzlich gibt es zwei Möglichkeiten:

1. Defensive Preispolitik: Der Betrieb orientiert sich an den durchschnittlichen Preisen der Mitbewerber und übernimmt ihre Preisänderungen. Dies wird der Einzelhandelsbetrieb machen, wenn es viele Mitbewerber gibt und er eine geringe Marktmacht hat. Um den von ihm erwarteten Gewinn trotzdem zu erzielen, kann er versuchen, die Ware preiswerter zu beziehen oder seine Handlungskosten zu senken.

2. Offensive Preispolitik: Der Betrieb versucht, seine eigenen kalkulierten Preise durchzusetzen. Die eigenen kalkulierten Preise sind vielleicht höher als der Durchschnittspreis der Mitbewerber (Hochpreispolitik) oder aber sie sind niedriger (Niedrigpreispolitik).

Preisempfehlungen der Lieferanten

Der Hersteller bzw. der Lieferant darf dem Einzelhandelsbetrieb den Verkaufspreis nicht vorschreiben. Dies ist laut den §§ 14 und 15 des Gesetzes gegen Wettbewerbsbeschränkungen (GWB) verboten. Somit ist der Einzelhändler grundsätzlich frei in seiner Preisgestaltung. Dennoch versuchen viele Hersteller und Lieferanten Einfluss auf die Preisgestaltung zu nehmen, z. B. indem sie „unverbindliche Preisempfehlungen" direkt auf die Verpackung einer Ware drucken. In Einzelfällen kommt es vor, dass Einzelhändler, die sich nicht an diese Empfehlungen halten, Nachteile bei Lieferungen bekommen.

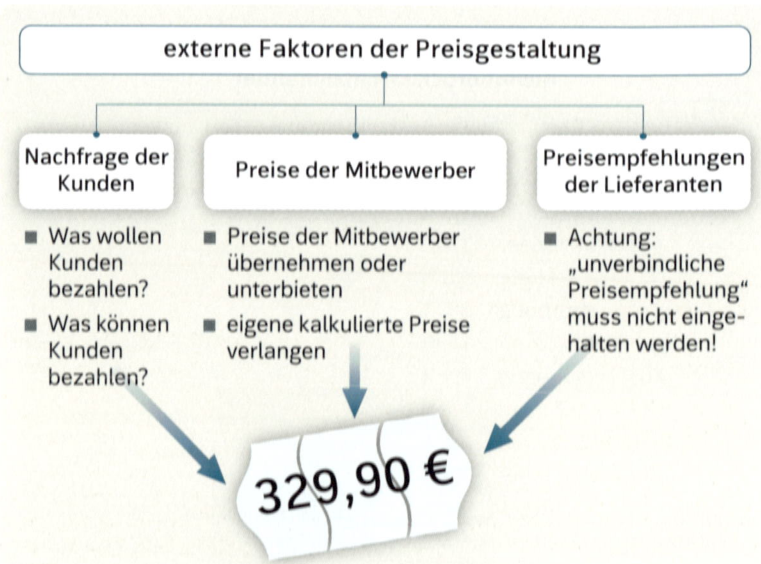

Abb. 3: Externe Einflussgrößen der Preisgestaltung

9.1.2 Preispolitik

Die in Kapitel 9.1.1 aufgeführten Einflussgrößen kann der Einzelhandelsbetrieb bei der Verkaufskalkulation unterschiedlich stark berücksichtigen. Wenn der Einzelhandelsbetrieb seine Verkaufspreise nach einem festen und überlegten Konzept festlegt, spricht man von der Preispolitik des Einzelhändlers.

Es gibt verschiedene Konzepte der Preispolitik, vgl. Abb. 4. Da die Möglichkeiten vielfältig sind, lassen sich die Konzepte nicht immer scharf gegeneinander abgrenzen (so z. B. bei mengenmäßiger Preisdifferenzierung und Mengenrabatt).

Konzepte der Preispolitik

Niedrigpreispolitik

Niedrige Preise sollen die Kunden ansprechen, denen ein günstiger Preis wichtig ist. Es kann sich um Kunden mit niedrigem Einkommen handeln. Aber auch Kunden mit höherem Einkommen kaufen häufig preisbewusst. Diese Preispolitik wird häufig von Werbemaßnahmen begleitet, die den Preis in den Vordergrund stellen. Bei der Vorstellung der Waren in Anzeigen oder Prospekten werden Begriffe wie „Discount“, „billig“ oder „preiswert“ verwendet.

Hochpreispolitik

Hohe Preise sollen die Kunden ansprechen, denen Exklusivität, also „etwas Besonderes“, wichtig ist. Es handelt sich um Kunden, denen ein höheres Einkommen zur Verfügung steht. Diese Preispolitik wird häufig durch Werbemaßnahmen unterstützt, die das Besondere oder die hohe Qualität des Produkts in den Vordergrund stellen. Bei der Vorstellung der Waren in Anzeigen oder Prospekten werden Begriffe wie „hochwertig“, „exklusiv“ oder „Image“ verwendet.

Preisdifferenzierung

Bei der Preisdifferenzierung handelt es sich um ein Vorgehen, bei der die gleiche Ware zu unterschiedlichen Preisen angeboten wird. Beispiele sind:

mengenmäßige Preisdifferenzierung:

- Ein Einzelhändler bietet die gleiche Ware in einer bestimmten Menge zu einem niedrigeren Preis an.
  Beispiel: Ein Paar Socken wird mit 1,99 €, ein Bündel von fünf Paar gleicher Socken wird mit 7,99 € ausgezeichnet.

räumliche Preisdifferenzierung:

- Ein Einzelhändler bietet gleiche Ware an unterschiedlichen Orten zu verschiedenen Preisen an.
  Beispiel: Ein Sportfachgeschäft bietet eine Skibrille im Shop an der Skipiste für 75,00 € an, die gleiche Brille gibt es im Shop in der Ortsmitte für 70,00 €.

zeitliche Preisdifferenzierung:

- Ein Einzelhändler bietet gleiche Ware an unterschiedlichen Zeiten zu verschiedenen Preisen an. Dies ist vor allem bei Saisonware üblich, wird aber auch angewendet, um zum Beispiel Stoßzeiten mit hohem Kundenandrang abzumildern.

  Beispiel: Ein Baumarkt bietet Strandkörbe im Frühjahr zu 499,00 € an. Den gleichen Strandkorb gibt es im September für 399,00 €.

personelle Preisdifferenzierung:

- Die gleichen Waren werden an unterschiedliche Personen zu verschiedenen Preisen abgegeben.
  Beispiel: Ein Einzelhändler gewährt Studenten einen „Studentenrabatt“ oder für Menschen ab 60 Jahren einen „Seniorenrabatt“.

Mischkalkulation

Die Waren oder Warengruppen werden mit unterschiedlichen Gewinnzuschlägen kalkuliert. Wegen der Konkurrenzsituation kann es möglich sein, dass einzelne Artikel mit sehr niedrigen Gewinnzuschlägen oder sogar mit Verlust verkauft werden müssen. Zum Ausgleich wird versucht, andere Artikel mit höheren Gewinnzuschlägen zu verkaufen.

Abb. 4: Konzepte der Preispolitik

→

Rabattpolitik

Der festgelegte Verkaufspreis wird durch die Gewährung von Rabatten gemindert. Es handelt sich um prozentuale Abschläge vom Verkaufspreis oder um sogenannte Naturalrabatte, wenn der Kunde einzelne Artikel unentgeltlich erhält. Beispiele sind:

- **Mengenrabatt als prozentualer Abschlag:**
  Ein Einzelhändler bietet eine Ware von einer bestimmten Menge an mit einem Rabattsatz an.
  Beispiel: Ein Paar Socken ist mit 1,99 € ausgezeichnet. Über dem Regal hängt ein Schild mit dem Hinweis „Bei Abnahme von mindestens fünf Paar Socken: 10 % Rabatt".
- **Mengenrabatt als Naturalrabatt (Draufgabe oder Dreingabe):**
  Draufgabe: Ein Einzelhändler gibt von einer Ware von einer bestimmten Menge an einzelne Exemplare unentgeltlich dazu.
  Beispiel für Draufgabe: Ein Kunde kauft und bezahlt 24 Flaschen Wein. Er erhält die 25. Flasche gratis.
  Dreingabe: Ein Einzelhändler berechnet bei Abnahme einer bestimmten Menge einer Ware einzelne Exemplare nicht.
  Beispiel für Dreingabe: Ein Kunde erhält 24 Flaschen Wein. Er bezahlt nur 23 Flaschen.
- **Treuerabatt:**
  Ein Einzelhändler bietet langjährigen Kunden eine Preisermäßigung.
  Beispiel: Kunden, die einen mindestens zehn Jahre alten Kassenbon vorlegen, erhalten einen Artikel gratis.
- **Wiederverkäuferrabatt:**
  Ein Einzelhändler bietet gewerblichen Kunden (das sind Händler und Produktionsbetriebe, keine Endverbraucher) einen festen Rabattsatz.
  Beispiel: Ein Büroausstatter verkauft Kopiergeräte an einen Handwerksbetrieb mit 20 % Rabatt. Der Preis ist für Endverbraucher mit 480,00 € ausgezeichnet. Der Handwerksbetrieb erhält das Gerät für brutto 384,00 €.
- **Personalrabatt:**
  Die Mitarbeiter eines Einzelhandelsbetriebs erhalten für ihre Einkäufe einen Rabatt.
  Beispiel: Die Mitarbeiterinnen eines Textilfachgeschäfts erhalten für Einkäufe bis maximal 1 000,00 € pro Monat einen Rabatt von 10 %.

Neben den aufgeführten Beispielen sind im Einzelhandel weitere Rabatte üblich:

- Bonus: nachträglich gewährter Rabatt, wenn der Kunde einen bestimmten Umsatz erreicht hat
- Skonto: Rabatt für vorzeitige Zahlung
- Jubiläumsrabatt

psychologische Preise

Der Verkaufspreis wird so festgelegt, dass ein gewünschter Eindruck beim Kunden entsteht.

Beispiele:

- Salatgurken werden für 0,34 € angeboten. Mit dem „krummen Preis" soll der Eindruck erweckt werden, dass die Ware besonders knapp kalkuliert ist.
- USB-Sticks sind mit 4,99 € ausgezeichnet. Damit wird bewusst die „psychologische Preisgrenze" von 5,00 € unterschritten.
- Sämtliche Artikel eines Regals werden einheitlich für 1,00 € verkauft. Mit dem „glatten Preis" wird der Eindruck vermittelt, dass die Ware pauschal kalkuliert und damit „billig" ist.

Sonderangebote

Werden einzelne Artikel zeitlich befristet zu einem niedrigeren Preis als sonst üblich angeboten, so liegen Sonderangebote vor. Ziele von Sonderangeboten können sein:

- schwer verkäufliche Waren (Ladenhüter) zu verkaufen,
- „Aufhänger" für Aktionen zu bekommen,
- neue Kunden in den Laden zu locken.

Abb. 4: Konzepte der Preispolitik

9.1.3 Preisangabenverordnung

Im Rahmen des Verbraucherschutzes hat der Gesetzgeber in Deutschland eine sogenannte „Preisangabenverordnung" erlassen, deren Vorschriften insbesondere die Einzelhandelsbetriebe betreffen. Die Bestimmungen der Preisangabenverordnung sollen dafür sorgen, dass Preisangaben wahr und verständlich sind. Sie sollen Preisvergleiche erleichtern.

Die **Preisangabenverordnung** schreibt vor:
Alle Preise sind als **Gesamtpreise** anzugeben. Angegeben sein muss also immer der Preis, der die gesetzliche Umsatzsteuer und alle anderen Bestandteile, die der Kunde zahlen muss, bereits enthält.
Neben dem Preis für die Ware muss ein **Grundpreis** angegeben werden. Grundpreis bedeutet, dass der Preis für die jeweils übliche Grundeinheit (für 1 l, für 1 kg, für 1 m oder auch für 100 g, für 10 cm) angegeben wird.

Die oben aufgeführten Bestimmungen gelten nur, wenn die Waren dem „Verbraucher" angeboten werden. Die Angebote des Einzelhandels richten sich aber immer an alle Kunden, sodass die Preisangabenverordnung berücksichtigt werden muss. Nur für Betriebe, deren Kunden ausschließlich Gewerbetreibende sind, gilt die Preisangabenverordnung nicht.

Auszüge aus der Preisangabenverordnung

§ 1 Grundvorschriften
(1) Wer Verbrauchern gemäß §13 des Bürgerlichen Gesetzbuches gewerbs- oder geschäftsmäßig oder wer ihnen regelmäßig in sonstiger Weise Waren oder Leistungen anbietet oder als Anbieter von Waren oder Leistungen gegenüber Verbrauchern unter Angabe von Preisen wirbt, hat die Preise anzugeben, die einschließlich der Umsatzsteuer und sonstiger Preisbestandteile zu zahlen sind (Gesamtpreise). ...

§ 2 Grundpreis
(1) Wer Verbrauchern gewerbs- oder geschäftsmäßig oder wer ihnen regelmäßig in sonstiger Weise Waren in Fertigpackungen, offenen Packungen oder als Verkaufseinheiten ohne Umhüllung nach Gewicht, Volumen, Länge oder Fläche anbietet, hat neben dem Gesamtpreis auch den Preis je Mengeneinheit einschließlich der Umsatzsteuer und sonstiger Preisbestandteile (Grundpreis) in unmittelbarer Nähe des Gesamtpreises gemäß Absatz 3 Satz 1, 2, 4 oder 5 anzugeben. Dies gilt auch für denjenigen, der als Anbieter dieser Waren gegenüber Verbrauchern unter Angabe von Preisen wirbt. Auf die Angabe des Grundpreises kann verzichtet werden, wenn dieser mit dem Gesamtpreis identisch ist. ...

Aufgaben

1. Nennen Sie für die folgenden Rabattarten jeweils ein denkbares Beispiel für einen Online-Versandhandel für Computer- und Foto-Artikel:
   a) Mengenrabatt als prozentualer Abschlag
   b) Draufgabe
   c) Wiederverkäuferrabatt
2. Möglicherweise werden in Ihrem Ausbildungsbetrieb Waren mit einem „psychologischen Preis" ausgezeichnet. Sicherlich haben Sie auch als Kundin oder Kunde Preise dieser Art schon gesehen. Bilden Sie jeweils ein Beispiel für
   a) einen bewusst gewählten „krummen" Preis,
   b) einen Preis, der eine Preisgrenze unterschreitet,
   c) einen bewusst gewählten „glatten" Preis.
3. Ein „Cash&Carry"-Händler bietet Artikel für den Gastronomiebereich als Selbstbedienungssystem. Die Preise sind jedoch als Nettopreise ohne die gesetzliche Umsatzsteuer ausgezeichnet. Erläutern Sie, warum in diesem Fall die Preisangabenverordnung nicht gilt.
4. Nennen Sie ein Beispiel – möglichst aus Ihrem eigenen Ausbildungsbetrieb – dafür, dass neben dem auf der Ware angegebenen Preis ein Grundpreis angegeben ist.

9.2 Vorwärtskalkulation

Svenja Jank, Auszubildende im ersten Ausbildungsjahr bei der Trendino Computer-Shop GmbH, und ihr Mitschüler Thomas Frank, Auszubildender im Schuhhaus Graziano, unterhalten sich nach dem Berufsschulunterricht darüber, wie in ihren Ausbildungsbetrieben die Waren beschafft und die Verkaufspreise bestimmt werden.

Svenja: Wir kaufen fast alle unsere Waren bei der Matro GmbH ein. Die Bestellungen nehmen wir online vor.

Thomas: Wir haben auch einen Hauptlieferanten für die Schuhe. Allerdings schickt der uns die Prospekte und Preislisten immer noch regelmäßig per Post. Aus den Einkaufspreisen berechnet unsere Chefin dann direkt den Verkaufspreis.

Svenja: Das macht unser Chef genauso. Ich möchte mal wissen, wie der den Verkaufspreis eigentlich genau berechnet.

Grundlage für die Berechnung des Verkaufspreises ist meistens der Bezugspreis. Dieser wird mithilfe der Bezugskalkulation berechnet.

» Lernfeld 6, Kapitel 6.2.3

Die Begriffe „Bezugspreis“ und „Einstandspreis“ sind gleichbedeutend. In diesem Buch wird in der Regel der Begriff „Bezugspreis“ verwendet.

Beispiel: Die Trendino Computer-Shop GmbH ist ein Einzelhandelsbetrieb der Computer-Branche. Wichtigster Lieferant ist der IT-Großhändler Matro AG.

Als langjähriger Kunde erhält die Trendino GmbH einen Rabatt des Lieferanten von 15 %. Die Matro AG bietet allen Geschäftskunden 2 % Skonto an.

Die Trendino Computer-Shop GmbH berechnet den Bezugspreis der von der Matro AG bezogenen Waren nach dem allgemein üblichen Schema der Bezugskalkulation. Das Schema ist auf der folgenden Seite dargestellt (vgl. Abb. 2).

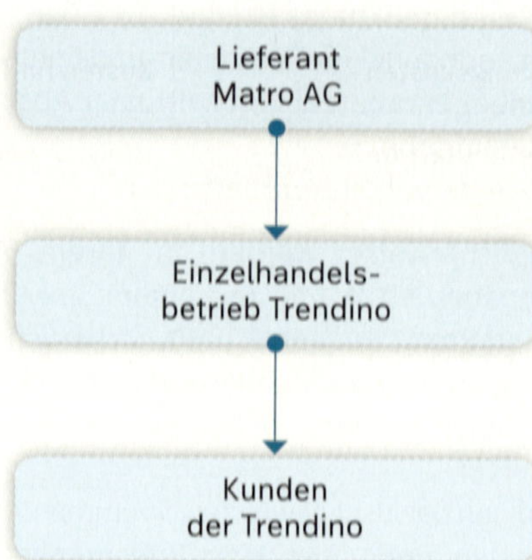

Abb. 1: Warenfluss vom Lieferanten zum Kunden

Listeneinkaufspreis	Verkaufspreis der Matro AG, angegeben in Prospekten und Preislisten auf der Webseite für Geschäftskunden	↓
– Rabatt	Preisnachlass der Matro AG für Wiederverkäufer	
= **Zieleinkaufspreis**	Preis, der zu zahlen ist, wenn die Ware zwar rechtzeitig, aber nicht innerhalb der Skontofrist bezahlt wird. Der Betrag entspricht dem Rechnungsbetrag.	
– Skonto	Preisnachlass für die Bezahlung innerhalb der Skontofrist	
= **Bareinkaufspreis**	Betrag, der bei Ausnutzung von Skonto gezahlt wird.	
+ Bezugskosten	Kosten für den Transport der Ware, zum Beispiel für Fracht und Verpackung	
= **Bezugspreis (Einstandspreis)**	Betrag, der sämtliche Kosten für die Ware beinhaltet, bis sie sich im Lager des Einzelhändlers befindet.	

Abb. 2: Schema für die Bezugskalkulation

Mithilfe der Bezugskalkulation wird für jeden eingekauften Artikel der Bezugspreis ermittelt, vgl. Abb. 2.

> ! ***Bezugskalkulation:*** *Ermittlung des Bezugspreises bzw. Einstandspreises*

Ausgehend von diesem Betrag wird der Verkaufspreis, also der Preis, mit dem die Ware ausgezeichnet wird, berechnet, vgl. Abb. 3.

> ! ***Verkaufskalkulation:*** *Ermittlung des Bruttoverkaufspreises*

Die Trendino Computer-Shop GmbH verwendet für die Preiskalkulation das in Abb. 3 abgebildete, allgemein übliche Schema.

Bezugspreis	Betrag aus der Bezugskalkulation	↓
+ Handlungskosten	Kosten für Personal, Werbung, Miete usw.	
= **Selbstkostenpreis**	Preis, der alle dem Unternehmen entstandenen Kosten abdeckt. Ein Gewinn wird noch nicht erzielt.	
+ Gewinn	Zuschlag für den Gewinn des Unternehmens	
= **Nettoverkaufspreis**	Verkaufspreis ohne Umsatzsteuer	
+ Umsatzsteuer	19 % bzw. 7 %. Sie wird vom Kunden bezahlt und vom Einzelhändler an das Finanzamt abgeführt.	
= **Bruttoverkaufspreis**	Verkaufspreis inklusive Umsatzsteuer. Dies ist der Preis, mit dem die Ware ausgezeichnet wird.	

Abb. 3: Schema für die Verkaufskalkulation

9.2.1 Berechnung des Bruttoverkaufspreises

Liegen der Handlungskostenzuschlagssatz und der Gewinnzuschlagssatz fest, kann der Einzelhandelsbetrieb, vom Bezugspreis ausgehend, den Bruttoverkaufspreis ermitteln. Diese Vorgehensweise wird als **Vorwärtskalkulation** bezeichnet.

Wird der in der Vorwärtskalkulation ermittelte Bruttoverkaufspreis für die Preisauszeichnung tatsächlich herangezogen, spricht man von einer **kostenorientierten Preisgestaltung.** Die eigenen Kosten des Betriebs und damit die „betriebsinternen Einflussgrößen“ (vgl. Kapitel 9.1.1) bilden die Entscheidungsgrundlage.

Beispiel: Die Trendino Computer-Shop GmbH hat den Handlungskostenzuschlagssatz mit 25 % ermittelt. Der Gewinn wird mit 5 % kalkuliert. Im Rahmen einer Vorwärtskalkulation ermittelt Trendino den Bruttoverkaufspreis für externe Festplatten der Marke CURE 3TB. Die Festplatten werden von der Matro AG bezogen. Der Bezugspreis beträgt pro Stück 48,00 €.

Die Verkaufskalkulation erfolgt nach folgendem Schema:

	%	€	Schritt
Bezugspreis		48,00	
+ Handlungskosten	25	12,00	1
= Selbstkostenpreis		60,00	2
+ Gewinn	5	3,00	3
= Nettoverkaufspreis		63,00	4
+ Umsatzsteuer	19	11,97	5
Bruttoverkaufspreis		74,97	6

Abb. 4: Verkaufskalkulation der Trendino GmbH

Die Kalkulation wird „Schritt für Schritt“ von oben nach unten durchgeführt.

Schritt 1: Berechnung der Handlungskosten

Handlungskosten
$= \frac{\text{Bezugspreis} \cdot \text{Handlungskostenzuschlagssatz}}{100}$

$= 48{,}00\,€ \cdot \frac{25}{100} = 12{,}00\,€$

Schritt 2: Berechnung des Selbstkostenpreises

Selbstkostenpreis
= Bezugspreis + Handlungskosten

= 48,00 € + 12,00 € = 60,00 €

Schritt 3: Berechnung des Gewinns

Gewinn
$= \frac{\text{Selbstkostenpreis} \cdot \text{Gewinnzuschlagssatz}}{100}$

$= 60{,}00\,€ \cdot \frac{5}{100} = 3{,}00\,€$

Schritt 4: Berechnung des Nettoverkaufspreises

Nettoverkaufspreis
= Selbstkostenpreis + Gewinn

= 60,00 € + 3,00 € = 63,00 €

Schritt 5: Berechnung der Umsatzsteuer

Umsatzsteuer
$= \frac{\text{Nettoverkaufspreis} \cdot \text{Umsatzsteuersatz}}{100}$

$= 63{,}00\,€ \cdot \frac{19}{100} = 11{,}97\,€$

Schritt 6: Berechnung des Bruttoverkaufspreises

Bruttoverkaufspreis
= Nettoverkaufspreis + Umsatzsteuer

= 63,00 € + 11,97 € = 74,97 €

Die Vorwärtskalkulation ergibt einen Bruttoverkaufspreis von 74,97 €. Die Trendino Computer-Shop GmbH zeichnet die Festplatten der Marke CURE 3TB mit diesem Verkaufspreis aus.

222330400

9.2.2 Ermittlung des Handlungskostenzuschlagssatzes

Alle Kosten, die zusätzlich zu den Einkaufskosten für die Waren in einem Einzelhandelsbetrieb anfallen, werden als Handlungskosten bezeichnet.

In der Grafik im Kapitel 9.1.1, Abb. 2 sind die durchschnittlichen Handlungskosten im Textileinzelhandel aufgeführt. Abb. 5 enthält Beispiele für Handlungskosten, die in einem Computer-Einzelhandelsbetrieb anfallen.

Handlungskosten	Beispiele
Personalkosten	Gehälter/Löhne der Mitarbeiter, Ausbildungsvergütungen, Sozialversicherungsbeiträge des Unternehmens
Miete	Mietzahlungen für gemietete Geschäfts- und Lagerräume
Sachkosten für die Geschäftsräume	Heizkosten, Kosten für Kühlung (Klimaanlage), Energie für Beleuchtung, Reinigungskosten
Steuern/Abgaben/Beiträge	Gewerbesteuer, IHK-Beitrag, Entsorgungsgebühren, Versicherungen
Werbung	Anzeigen, Postwurfsendungen, Dekoration von Schaufenstern und im Verkaufsraum
Sonstige Kosten	Kommunikation (Post, Telefon, Internet), Büromaterial

Abb. 5: Arten von Handlungskosten

> **!** ***Handlungskosten** sind alle Kosten, die im Einzelhandelsbetrieb nach dem Einkauf und bis zum Verkauf der Ware entstehen.*

Die Kosten werden meist durch alle Waren oder mehrere Waren gemeinsam verursacht. Die Ausbildungsvergütung für die Auszubildenden kann zum Beispiel nicht einer einzelnen Ware oder einer Warengruppe zugerechnet werden, sondern sie muss bei der Verkaufskalkulation bei allen Waren berücksichtigt werden. Für die Verkaufskalkulation werden diese Kosten deshalb mit einem Prozentsatz ausgedrückt, dem **Handlungskostenzuschlagssatz.**

Berechnung des Handlungskostenzuschlagssatzes

Beispiel: Die Trendino Computer-Shop GmbH kalkuliert bisher mit einem Handlungskostenzuschlagssatz von 25 %. Die Geschäftsleitung möchte für die neue Saison überprüfen, ob der Zuschlagssatz noch stimmt oder ob er für die Berechnung der neuen Verkaufspreise angepasst werden muss. Für das vergangene Geschäftsjahr liegen die in Abb. 6 dargestellten Zahlen aus der Gewinn- und Verlustrechnung vor.

Aufwendungen	Betrag in €
Wareneinsatz	4800000,00
Gehälter	700000,00
Ausbildungsvergütungen	175000,00
Arbeitgeberanteil zur Sozialversicherung	180000,00
Miete der Geschäftsräume	160000,00
Energiekosten	66000,00
Büromaterial	13000,00
Versicherungsbeiträge	66700,00
Steuern	18900,00
Kosten für Kommunikation (Post und Telefon)	1250,00
Werbekosten	45000,00

Abb. 6: Aufwendungen der Trendino GmbH gemäß GuV

Der Wareneinsatz ist die Summe der Bezugspreise für die Waren, die im vergangenen Geschäftsjahr verkauft wurden. Die Handlungskosten des vergangenen Geschäftsjahres sind alle anderen oben aufgeführten Kosten, also von der Kostenart Gehälter bis zu den Werbekosten. Zusammengerechnet ergeben im Beispiel die Handlungskosten des Geschäftsjahres 1425850,00 €.

Der Handlungskostenzuschlagssatz wird nach folgender Formel berechnet:

Handlungskostenzuschlagssatz

$$= \frac{\text{Handlungskosten} \cdot 100}{\text{Wareneinsatz}}$$

Die Formel geht auf die Prozentrechnung zurück. Der Wareneinsatz entspricht 100 %. Gefragt ist, wie viel Prozent die Handlungskosten des vergangenen Geschäftsjahres vom Wareneinsatz des Geschäftsjahres betragen:

4800000 € ➡ 100 %
1425850 € ➡ x %

$$x = \frac{1425850 \cdot 100}{4800000} = 29{,}7\ \%$$

Die Handlungskosten im vergangenen Geschäftsjahr betrugen 29,7 %. Die bisher durchgeführte Kalkulation mit 25 % deckt die Handlungskosten also nicht mehr ab. Die Geschäftsleitung der Trendino Computer-Shop GmbH legt fest, dass zukünftig mit einem Handlungskostenzuschlagssatz von **30 %** kalkuliert werden soll.

9.2.3 Ermittlung des Gewinnzuschlagssatzes

Würden alle Waren zu ihrem Selbstkostenpreis (plus die darauf entfallende Umsatzsteuer) verkauft werden, wären zwar die gesamten Selbstkosten des Einzelhandelsbetriebs gedeckt, es würde aber kein Gewinn erwirtschaftet. Den Gewinn erhalten die Eigentümer des Einzelhandelsunternehmens. Der Gewinn wird benötigt für:

- den Unternehmerlohn,
- die Verzinsung des eingesetzten Kapitals und
- den Ausgleich für das unternehmerische Risiko.

Der Gewinnzuschlagssatz wird nach folgender Formel berechnet:

Gewinnzuschlagssatz

$$= \frac{\text{angestrebter Jahresgewinn} \cdot 100}{\text{Selbstkosten des Jahres}}$$

Beispiel: Das Schuhhaus Graziano ist ein Einzelhandelsbetrieb, der als sogenannte „Einzelunternehmung“ geführt wird. Eigentümerin des Unternehmens ist Frau Stella Graziano.

Frau Graziano ist die Chefin der beiden angestellten Verkäuferinnen und der drei Auszubildenden. Neben der Kundenberatung kümmert sich Frau Graziano um den Wareneinkauf und die Buchhaltung. Der Gewinn ihres Betriebs ist das einzige Einkommen von Frau Graziano.

- Würde Frau Graziano eine Mitarbeiterin oder einen Mitarbeiter als Geschäftsführer/-in einstellen, würden zusätzliche Personalkosten von monatlich 4000,00 € anfallen.
- Frau Graziano hat ca. 60000,00 € Eigenkapital in ihr Unternehmen „gesteckt“. Hätte sie diese Summe langfristig bei einer Bank angelegt, hätte sie dafür 3 % Zinsen erhalten. Diesen Zinssatz von 3 % möchte sie auch für das Kapital, das in ihrem Unternehmen steckt, erzielen.
- Das unternehmerische Risiko möchte Frau Graziano mit monatlich 100,00 € vergütet bekommen.

Welchen Jahresgewinn sollte Frau Graziano anstreben?

Berechnung des angestrebten Jahresgewinns:

Unternehmerlohn:
4000,00 € · 12 = 48000,00 €

Verzinsung des Eigenkapitals:
3 % von 60000,00 € = 1800,00 €

Risikoausgleich:
100,00 € · 12 = 1200,00 €
Summe: 51000,00 €

Frau Graziano muss einen Gewinn von 51000,00 € im Jahr erwirtschaften, um damit ihren Unternehmerlohn, die Verzinsung für ihr eingesetztes Kapital und einen Ausgleich für ihr unternehmerisches Risiko zu bekommen.

Die gesamten Selbstkosten des vergangenen Geschäftsjahres betrugen 340000,00 €.

Mit welchem Gewinnzuschlagssatz sollte Frau Graziano kalkulieren?

222330402

Berechnung des Gewinnzuschlagssatzes:

Selbstkosten	340 000,00 €	➡ 100 %
Gewinn	51 000,00 €	➡ x %

$$x = \frac{51\,000{,}00 \cdot 100}{340\,000{,}00} = 15{,}0\ \%$$

Wenn Frau Graziano grundsätzlich einen Gewinnzuschlagssatz von 15 % berücksichtigt, kann der angestrebte Jahresgewinn von 51 000,00 € erreicht werden. Sie erhält eine angemessene Vergütung für ihre Arbeit, ihr eingesetztes Eigenkapital und ihr unternehmerisches Risiko.

Aufgaben

1. Die Trendino Computer-Shop GmbH kauft 20 hochwertige PC-Monitore der Marke Socer M230 bei der Matro AG ein: Der Bezugspreis beträgt pro Stück 160,00 €. Handlungskostenzuschlagssatz und Gewinnzuschlagssatz bleiben unverändert bei 25 % und 5 %. Der Umsatzsteuersatz auf PC-Monitore beträgt 19 %. Berechnen Sie den Bruttoverkaufspreis für einen PC-Monitor Socer M230.

2. Im Geschäftsjahr 2018 wurden für das Schuhgeschäft Graziano die gesamten Selbstkosten mit 300 000,00 € ermittelt. Im gleichen Jahr strebte die Inhaberin Frau Graziano einen monatlichen Unternehmerlohn von 3 500,00 € an. Das Eigenkapital von 50 000,00 € soll zu 3 % verzinst werden. Das unternehmerische Risiko soll mit 80,00 € monatlich vergütet werden.
   a) Wie hoch musste der Jahresgewinn 2018 mindestens sein, damit Frau Graziano ihren Unternehmerlohn, die Verzinsung ihres Eigenkapitals und den Ausgleich für ihr unternehmerisches Risiko erhalten konnte?
   b) Mit welchem Gewinnzuschlagssatz sollte das Schuhgeschäft die Verkaufspreise kalkulieren, wenn die Daten des Geschäftsjahres 2018 vorliegen?

Kompetenzraster, Kapitel 9.1 und 9.2

Kapitel	Ich kann ...	nein	unsicher	recht sicher	ja
9.1	■ betriebsinterne und betriebsexterne Einflussgrößen der Preisgestaltung im Einzelhandel beschreiben.				
	■ die Bedeutung der sogenannten „unverbindlichen Preisempfehlungen“ für die Kalkulation erläutern.				
	■ drei Konzepte der Preispolitik erläutern.				
	■ Rabattarten nennen und erläutern.				
	■ die Begriffe Gesamtpreis und Grundpreis, die in der Preisangabenverordnung verwendet werden, erläutern.				
9.2	■ das Kalkulationsschema für die Verkaufskalkulation darstellen.				
	■ den Bruttoverkaufspreis berechnen, wenn der Bezugspreis und die Prozentsätze für Handlungskosten, Gewinn und Umsatzsteuer gegeben sind.				
	■ Kostenarten im Einzelhandel nennen, die zu den Handlungskosten gehören.				
	■ Daten nennen, die für die Berechnung des Handlungskostenzuschlagssatzes benötigt werden.				
	■ zwischen Wareneinsatz und Warenumsatz unterscheiden.				
	■ begründen, dass ein Einzelhandelsbetrieb einen Gewinn erwirtschaften muss.				
	■ Daten nennen, die für die Berechnung des Gewinnzuschlagssatzes benötigt werden.				

9.3 Rückwärtskalkulation

Svenja Jank und Thomas Frank, beide Auszubildende im ersten Ausbildungsjahr, unterhalten sich nach dem Berufsschulunterricht auf dem Weg zum Bus über neue Artikel, die ihre Ausbildungsbetriebe ins Sortiment genommen haben.

Svenja: Gestern musste ich bei unserem Lieferanten, der Matro AG, den Einkaufspreis für genau den PC-Monitor anfragen, den ein Discounter in seinem Prospekt für 199,00 € angeboten hat.
Thomas: Kenne ich. Ich muss auch oft bei unserem Hauptlieferanten anrufen und nach Preisen für bestimmte Schuhe fragen. Die Chefin entscheidet dann, ob wir die Schuhe ins Sortiment nehmen oder nicht.
Svenja: So war das bei uns gestern auch. Als ich unserem Chef den Einkaufspreis mitgeteilt hatte, hat er kurz gerechnet und dann gesagt: „Das schaffen wir auch." Wir haben dann den gleichen Monitor ebenfalls für 199,00 € angeboten. Ich frage mich, wie der das so schnell ausgerechnet hat.

Liegt der Verkaufspreis eines Artikels fest, kann der Einzelhandelsbetrieb, vom Bruttoverkaufspreis ausgehend, den Bezugspreis oder sogar den Listeneinkaufspreis ermitteln. Diese Vorgehensweise wird als **Rückwärtskalkulation** bezeichnet.

Es kann mehrere Gründe geben dafür, dass die Verkaufspreise nicht vom Einzelhandelsbetrieb, sondern „von außen" bestimmt werden. Es liegen also „betriebsexterne Einflussgrößen" der Preisgestaltung (vgl. Kapitel 9.1.1) vor. Ist der Verkaufspreis durch zu erwartendes Kundenverhalten vorgegeben, spricht man von einer **nachfrageorientierten Preisgestaltung.** Wird der Verkaufspreis durch Mitbewerber bestimmt, handelt es sich um eine **konkurrenzorientierte Preisgestaltung.**

9.3.1 Rückwärtskalkulation bis zum Bezugspreis

Beispiel: Die Trendino Computer-Shop GmbH bietet im eigenen Laden und im Online-Vertrieb Hard- und Software-Produkte an. Die Mitarbeiter von Trendino verfolgen die Angebote anderer Anbieter von IT-Produkten genau, indem sie Anzeigen, Prospekte und Online-Angebote von Mitbewerbern regelmäßig lesen.
Ein Mitbewerber bietet externe Festplatten der Marke CURE 5TB für 59,99 € an. Trendino kann diese Festplatten bei dem Lieferanten Matro AG einkaufen. Wenn die Trendino Computer-Shop GmbH diese Festplatten zum gleichen Bruttoverkaufspreis wie der Discounter, also zu 59,99 € anbieten möchte, stellt sich die Frage, zu welchem maximalen Bezugspreis die Festplatten von der Matro AG eingekauft werden dürfen. Im Rahmen einer Rückwärtskalkulation ermittelt die Trendino diesen maximalen Bezugspreis.

222330404

	Zuschlagsatz in %	€	Schritt	Prozentsatz	Prozentsatz
Bezugspreis		38,41	(6)	100	
+ **Handlungskosten**	25	9,60	(5)	25	
= **Selbstkostenpreis**		48,01	(4)	125	100
+ **Gewinn**	5	2,40	(3)		5
= **Nettoverkaufspreis**		50,41	(2)	100	105
+ **Umsatzsteuer**	19	9,58	(1)	19	
= **Bruttoverkaufspreis**		59,99		119	

Abb. 1: Schema zur Berechnung des Bezugspreises

Die Rückwärtskalkulation erfolgt nach dem gleichen Schema wie die Vorwärtskalkulation, allerdings werden – vom Bruttoverkaufspreis ausgehend – die Umsatzsteuer, der Gewinn und die Handlungskosten jeweils **subtrahiert** und nicht addiert. Dieser Zusammenhang wird am **Beispiel der Umsatzsteuer** dargestellt:

Nach dem Kalkulationsschema gilt folgende Gleichung:

  Nettoverkaufspreis
\+ Umsatzsteuer
= Bruttoverkaufspreis

Wenn der Bruttoverkaufspreis und die Umsatzsteuer bekannt sind, wird die Umsatzsteuer vom Bruttoverkaufspreis abgezogen und man erhält den Nettoverkaufspreis. Damit ergibt sich:

  Nettoverkaufspreis
= Bruttoverkaufspreis
– Umsatzsteuer

Die Trendino Computer-Shop GmbH berechnet den maximalen Bezugspreis der Festplatten wie in Abb. 1 dargestellt. Die Kalkulation erfolgt „Schritt für Schritt" von unten nach oben.

Schritt (1): Berechnung der Umsatzsteuer
Der Bruttoverkaufspreis enthält die Umsatzsteuer. Die Umsatzsteuer wird jedoch auf den Nettoverkaufspreis – der noch zu berechnen ist – aufgeschlagen. Der vorliegende Bruttoverkaufspreis entspricht damit für die Berechnung der Umsatzsteuer 119 %. Es handelt sich um eine „Prozentrechnung auf Hundert" (Die Prozentrechnung ist in Lernfeld 3, Kapitel 3.4.4 dargestellt).

	Nettoverkaufspreis in %	100 %
+	Umsatzsteuersatz	19 %
=	Bruttoverkaufspreis in %	119 %

Die Berechnung – ausgehend vom Bruttoverkaufspreis – erfolgt nach dem Dreisatz:
119 % ➡ 59,99 €
19 % ➡ x €

$$x = \frac{59{,}99\,€ \cdot 19\,\%}{119\,\%} = \mathbf{9{,}58\,€}$$

Schritt (2): Berechnung des Nettoverkaufspreises
Nach dem Kalkulationsschema gilt:

  Nettoverkaufspreis
\+ Umsatzsteuer
= Bruttoverkaufspreis

Der Bruttoverkaufspreis und die Umsatzsteuer sind bekannt. Der Nettoverkaufspreis wird berechnet:

  Nettoverkaufspreis
= Bruttoverkaufspreis
– Umsatzsteuer
= 59,99 € – 9,58 € = **50,41 €**

Schritt (3): Berechnung des Gewinns
Der Nettoverkaufspreis enthält den Gewinn. Der Gewinn wird jedoch auf den Selbstkostenpreis – der noch zu berechnen ist – aufgeschlagen. Der vorliegende Nettoverkaufspreis entspricht damit für die Berechnung des Gewinns **105 %.**

Die Berechnung, ausgehend vom Nettoverkaufspreis, erfolgt nach dem Dreisatz:

	Selbstkostenpreis in %	100 %
+	Gewinnzuschlagssatz	5 %
=	Nettoverkaufspreis in %	105 %

105 % ➡ 50,41 €
5 % ➡ x €

$$x = \frac{50{,}41\,€ \cdot 5\,\%}{105\,\%} = \mathbf{2{,}40\,€}$$

Schritt (4): Berechnung des Selbstkostenpreises
Nach dem Kalkulationsschema gilt:

Selbstkostenpreis
\+ Gewinn
= Nettoverkaufspreis

Der Nettoverkaufspreis und der Gewinn sind bekannt. Der Selbstkostenpreis ist wie folgt zu ermitteln:

Selbstkostenpreis
= Nettoverkaufspreis
− Gewinn
= 50,41 € − 2,40 € = **48,01 €**

Schritt (5): Berechnung der Handlungskosten
Der Selbstkostenpreis beinhaltet die Handlungskosten. Der Handlungskostenzuschlagssatz wird jedoch auf den Bezugspreis – der noch zu berechnen ist – geschlagen. Der vorliegende Selbstkostenpreis entspricht damit für die Berechnung der Handlungskosten **125 %.**

Die Berechnung, ausgehend vom Selbstkostenpreis, erfolgt nach dem Dreisatz:

	Bezugspreis in %	100 %
+	Handlungskostenzuschlagssatz	25 %
=	Selbstkostenpreis in %	125 %

125 % ➡ 48,01 €
25 % ➡ x €

$$x = \frac{48{,}01\,€ \cdot 25}{125} = \mathbf{9{,}60\,€}$$

Schritt (6): Berechnung des Bezugspreises
Nach dem Kalkulationsschema gilt:

Bezugspreis
\+ Handlungskosten
= Selbstkostenpreis

Der Selbstkostenpreis und die Handlungskosten sind bekannt. Die Gleichung wird umgestellt:

Bezugspreis
= Selbstkostenpreis
− Handlungskosten
= 48,01 € − 9,60 € = **38,41 €**

Der maximale Bezugspreis für externe Festplatten der Marke CURE 5TB beträgt also 38,41 €. Sollte die Matro AG die Festplatten zu diesem (oder zu einem niedrigeren) Preis liefern können, könnte die Trendino Computer-Shop GmbH diesen Artikel zum gleichen Preis wie der Mitbewerber anbieten.

9.3.2 Rückwärtskalkulation bis zum Listeneinkaufspreis

	Zuschlag-satz in %	€	Schritt	Prozentsatz	Prozentsatz
Listeneinkaufspreis		40,11	(6)		100
– Rabatt	15	6,02	(5)		15
= Zieleinkaufspreis		34,09	(4)	100	85
– Skonto	2	0,68	(3)	2	
= Bareinkaufspreis		33,41	(2)	98	
+ Bezugskosten	19	5,00	(1)		
= Bezugspreis		38,41			

Abb. 2: Schema zur Berechnung des Listeneinkaufspreises

Beispiel: Für Einkäufe bei der Matro AG erhält Trendino einen Rabatt von 15 % und einen Skonto von 2 %. Die Trendino Computer-Shop GmbH kalkuliert die Handlungskosten mit 25 % und den Gewinn mit 5 %.

Im vorangegangenen Kapitel ist der maximale Bezugspreis für externe Festplatten der Marke CURE 5TB mit 38,41 € berechnet worden. Um festzustellen, ob der Lieferant, die Matro AG, die Festplatten zu diesem Preis liefern kann, rufen die Mitarbeiter der Trendino Computer-Shop GmbH die Webseite der Matro AG auf. Die dort für einen geschlossenen Anwenderkreis ausgewiesenen Preise sind aus Sicht der Trendino Listeneinkaufspreise. Die mit der Matro AG vereinbarten Rabatt- und Skontosätze sowie die Bezugskosten müssen noch berücksichtigt werden.

Um den maximalen **Listeneinkaufspreis** für Artikel, deren Bezugspreis bekannt ist, zu ermitteln, muss auch das Schema der **Bezugskalkulation rückwärts** durchlaufen werden. Dabei werden – vom Bezugspreis ausgehend – die Bezugskosten **subtrahiert** (und nicht addiert) und der Skonto und der Rabatt werden jeweils **addiert** und nicht subtrahiert.

Die Trendino Computer-Shop GmbH berechnet den maximalen Listeneinkaufspreis der Festplatten der Marke CURE 5TB, wie in Abb. 2 dargestellt. Die Kalkulation erfolgt „Schritt für Schritt" von unten nach oben.

Schritt (1): Berechnung der Bezugskosten
Bei Lieferungen bis zu einem Warenwert von 1 000,00 € stellt die Matro AG eine Versandpauschale von 5,00 € in Rechnung.

Schritt (2): Berechnung des Bareinkaufspreises
Nach dem Kalkulationsschema gilt:

  Bareinkaufspreis
\+ Bezugskosten
= Bezugspreis

Der Bezugspreis und die Bezugskosten sind bekannt. Der Bareinkaufspreis ist wie folgt zu ermitteln:

  Bareinkaufspreis
= Bezugspreis
– Bezugskosten
= 38,41 € – 5,00 € = **33,41 €**

Schritt (3): Berechnung des Skontos
Von dem vorliegenden Bareinkaufspreis ist der Skonto bereits abgezogen. Der Skontobetrag wird jedoch vom Zieleinkaufspreis, also dem Rechnungspreis, der noch zu berechnen ist, ermittelt. Der vorliegende Bareinkaufspreis entspricht damit für die Berechnung des Lieferantenskontos **98 %.** Es handelt sich um eine „Prozentrechnung im Hundert". Die Prozentrechnung ist in Lernfeld 3, Kapitel 3.4.4 dargestellt.

	Zieleinkaufspreis in %	100 %
–	Skontosatz	2 %
=	Bareinkaufspreis in %	98 %

Die Berechnung, ausgehend vom Bareinkaufspreis, erfolgt nach dem Dreisatz:

98 % ➡ 33,41 €
2 % ➡ x €

$$x = \frac{33{,}41\,€ \cdot 2\,\%}{98\,\%} = \mathbf{0{,}68\,€}$$

Schritt (4): Berechnung des Zieleinkaufspreises
Nach dem Kalkulationsschema gilt:

  Zieleinkaufspreis
– Skonto
= Bareinkaufspreis

Der Bareinkaufspreis und der Skonto sind bekannt. Der Zieleinkaufspreis ist wie folgt zu ermitteln:

  Zieleinkaufspreis
= Bareinkaufspreis
+ Skonto
= 33,41 € + 0,68 € = **34,09 €**

Schritt (5): Berechnung des Rabatts
Von dem vorliegenden Zieleinkaufspreis ist der Rabatt bereits abgezogen. Der Rabatt wird jedoch vom Listeneinkaufspreis – der noch zu berechnen ist – ermittelt. Der vorliegende Zieleinkaufspreis entspricht damit für die Berechnung des Lieferantenskontos **85 %**.

	Listeneinkaufspreis in %	100 %
–	Rabattsatz	15 %
=	Zieleinkaufspreis in %	85 %

Die Berechnung, ausgehend vom Zieleinkaufspreis, erfolgt nach dem Dreisatz:

85 % ➡ 34,09 €
15 % ➡ x €

$$x = \frac{34{,}09\,€ \cdot 15\,\%}{85\,\%} = \mathbf{6{,}02\,€}$$

Schritt (6): Berechnung des Listeneinkaufspreises
Nach dem Kalkulationsschema gilt:

  Listeneinkaufspreis
– Rabatt
= Zieleinkaufspreis

Der Zieleinkaufspreis und der Lieferantenrabatt sind bekannt. Der Listeneinkaufspreis ist wie folgt zu ermitteln:

  Listeneinkaufspreis
= Zieleinkaufspreis
+ Rabatt
= 34,09 € + 6,02 € = **40,11 €**

Der maximale Listeneinkaufspreis bei der Matro AG für externe Festplatten der Marke CURE 5TB beträgt also 40,11 €. Sollte die Matro AG die Festplatten zu diesem (oder zu einem niedrigeren) Preis auf ihrer Webseite anbieten und möchte die Trendino Computer-Shop GmbH die Festplatten zum gleichen Verkaufspreis wie der Mitbewerber anbieten, könnte Trendino diesen Artikel bei der Matro AG bestellen.

Aufgaben

1. Betrachten Sie das Beispiel in Kapitel 9.3.1.
   a) Der Mitbewerber der Trendino bietet seinen Kunden die Festplatten nun zu einem Preis von 69,99 € an. Wie hoch darf der Bezugspreis jetzt maximal sein?
   b) Es gelten noch immer die im Beispiel in Kapitel 9.3.2 genannten Bezugskonditionen. Wie hoch darf – beim unter a) ermittelten Bezugspreis – der Listeneinkaufspreis sein?
2. Wieder geht es um die Trendino und den Verkaufspreis ihres Mitbewerbers von 69,99 €.
   a) Die Trendino kalkuliert nun mit Handlungskosten von 30 % und einem Gewinn von 10 %. Wie hoch darf der Bezugspreis maximal sein?
   b) Auch die Bezugskonditionen haben sich geändert: Trendino erhält nun einen Rabatt in Höhe von 20 % und einen Skonto in Höhe von 3 %. Wie hoch darf – beim unter 2a) ermittelten Bezugspreis – der Listeneinkaufspreis sein?

222330408

9.4 Differenzkalkulation

Wie fast jeden Mittwoch gehen Svenja Jank und Thomas Frank nach dem Berufsschulunterricht gemeinsam zum Bus, um nach Hause zu fahren. Heute unterhalten sie sich darüber, mit welchen Waren in ihren Unternehmen eigentlich das Geld verdient wird und mit welchen nicht.

Svenja: Gestern habe ich alte PC-Handbücher mit dem Verkaufspreis 0,99 € ausgezeichnet. Der Chef sagte, da verdienen wir zwar kein Geld mehr dran, aber die Bücher sollen jetzt alle raus.

Thomas: Das kenne ich auch. Aber ich habe auch schon von meiner Chefin gehört, dass wir mit Schuhen, die besonders gut laufen oder die wir besonders günstig einkaufen konnten, auch einen ordentlichen Gewinn machen.

Svenja: Ich frage mich, ob wir für jeden Artikel, den wir bei uns im Laden führen, immer genau ausrechnen können, wie viel Gewinn wir mit dem machen.

Liegen sowohl der Einkaufspreis als auch der Verkaufspreis eines Artikels fest, kann mithilfe der Kalkulation festgestellt werden, ob der Artikel mit Gewinn oder nur mit Verlust verkauft werden kann. Diese Form der Kalkulation wird als **Differenzkalkulation** bezeichnet.

Beispiel: Die Matro AG bietet der Trendino Computer Shop GmbH einen Rabattsatz von 15 % und einen Skontosatz von 2 %. Bei Lieferungen bis zu einem Warenwert von 1 000,00 € stellt die Matro AG eine Versandpauschale von 5,00 € in Rechnung. Die Trendino hat den Handlungskostenzuschlagssatz mit 25 % ermittelt. Der Gewinn wird mit 5 % kalkuliert.

Spielkonsolen der Marke NanSuny 3DS sind bei Trendino mit einem Bruttoverkaufspreis von 199,00 € ausgezeichnet. Die Matro AG bietet diese Spielkonsolen auf ihrer Webseite zum Preis von 150,00 € an. Um festzustellen, welchen Gewinn die Trendino Computer-Shop GmbH mit dem Verkauf der Spielkonsolen erzielt, wird das in Abb. 1 gezeigte Schema zugrunde gelegt.

	%	€	Schritt
Listeneinkaufspreis		150,00	
− **Rabatt**	15	22,50	(1)
= **Zieleinkaufspreis**		127,50	(2)
− **Skonto**	2	2,55	(3)
= **Bareinkaufspreis**		124,95	(4)
+ **Bezugskosten**		5,00	(5)
Bezugspreis		129,95	(6)
+ **Handlungskosten**	25	32,49	(7)
= **Selbstkostenpreis**		162,44	(8)
+ **Gewinn**	2,95	4,79	(11)
= **Nettoverkaufspreis**		167,23	(10)
+ **Umsatzsteuer**	19	31,77	(9)
= **Bruttoverkaufspreis**		199,00	

Abb. 1: Schema zur Feststellung des Gewinns bei gegebenen Einkaufs- und Verkaufspreisen

Aus dem gegebenen Listeneinkaufspreis wird der Selbstkostenpreis im Rahmen einer **Vorwärtskalkulation** ermittelt. Aus dem gegebenen Bruttoverkaufspreis wird der Nettoverkaufspreis im Rahmen einer **Rückwärtskalkulation** ermittelt. Die Differenz zwischen Selbstkostenpreis und Nettoverkaufspreis ist der **Gewinn,** der mit diesem Artikel erzielt wird.

Schritte (1) bis (6): Berechnung des Bezugspreises
Das Kalkulationsschema wird im Rahmen einer Bezugskalkulation von oben nach unten durchlaufen. Der Bezugspreis der Spielkonsole beträgt **129,95 €.**

Schritte (7) und (8): Berechnung des Selbstkostenpreises
Der Handlungskostenanteil einer Spielkonsole beträgt 32,49 €. Der Selbstkostenpreis pro Stück beträgt damit **162,44 €.**

Schritte (9) und (10): Berechnung des Nettoverkaufspreises
Aus dem Bruttoverkaufspreis wird im Rahmen einer Rückwärtskalkulation der Nettoverkaufspreis ermittelt. Für die Berechnung der Umsatzsteuer gilt:

119 % ➡ 199,00 €
19 % ➡ x €

$$x = \frac{199{,}00\ € \cdot 19}{119} = \mathbf{31{,}77\ €}$$

Der Nettoverkaufspreis pro Stück ergibt sich:

	Nettoverkaufspreis
=	Bruttoverkaufspreis
–	Umsatzsteuer
=	199,00 € – 31,77 € = **167,23 €.**

Schritt (11): Berechnung des Gewinns und des Gewinnzuschlagssatzes
Die Differenz zwischen dem Selbstkostenpreis und dem Nettoverkaufspreis ist der Gewinn, der mit diesem Artikel erzielt wird.

An dem Verkauf einer Spielkonsole der Marke NanSuny 3DS verdient die Trendino Computer-Shop GmbH **4,79 €.**

Der Gewinnzuschlagssatz ist der Gewinn in Prozent des Selbstkostenpreises.

Selbstkostenpreis	162,44	➡	100 %
Gewinn	4,79	➡	x %

$$x = \frac{4{,}79\ € \cdot 100}{162{,}44\ €} = \mathbf{2{,}95\ \%}$$

Der tatsächlich erzielte Gewinn am Verkauf einer Spielkonsole NanSuny 3DS ist also niedriger als der üblicherweise von der Trendino Computer-Shop GmbH kalkulierte Gewinnzuschlagssatz von 5 %.

Aufgaben

1. Betrachten Sie das Beispiel auf Seite 409. Es gelten die dort genannten Größen.
   a) Wie hoch ist der Gewinn der Trendino GmbH, wenn die Spielekonsolen bei der Matro AG zu einem Listeneinkaufspreis von 120,00 € bezogen werden können und sie weiterhin für 199,00 € an die Kunden der Trendino GmbH verkauft werden?
   b) Wie hoch ist der Gewinn der Trendino GmbH, wenn der Listeneinkaufspreis wie im Beispiel auf Seite 409 weiterhin 150,00 € beträgt, nun aber ein Bruttoverkaufspreis von 220,00 € verlangt wird?
   c) Wie hoch ist der Gewinn der Trendino GmbH, wenn der Listeneinkaufspreis 160,00 € und der Bruttoverkaufspreis 210,00 € betragen? Alle anderen Größen bleiben gleich.

2. Die „DabiDuba GmbH" ist eine Schnellimbisskette, die ihren Gästen einen Restaurantbetrieb mit Sitz- und Stehplätzen bietet. Zusätzlich wird ein „Speisen-Mitnahme-Service" angeboten. Das Umsatzsteuergesetz schreibt für Speisen, die im Lokal verzehrt werden, den gewöhnlichen Umsatzsteuersatz von 19 % vor. Bei Speisen, die nicht im Lokal verzehrt werden, gilt dagegen der ermäßigte Steuersatz von 7 %. Das Menü „DabiMexicana" bietet die DabiDuba GmbH für 6,90 € an. Der Bezugspreis für eine Portion des Menüs

„DabiMexicana" beträgt 2,30 €. Die Handlungskosten kalkuliert die DabiDuba GmbH mit einem Zuschlagssatz von 100 %.

a) Jeder Gast wird an der Kasse gefragt, ob das bestellte Menü „Zum Hieressen" oder „Zum Mitnehmen" ist. Warum muss die Kassiererin/der Kassierer diese Frage immer stellen?

b) Wie viel Euro beträgt der Selbstkostenpreis für ein Menü „DabiMexicana"?

c) Welcher Nettoverkaufspreis wird auf dem Kassenbon für ein Menü „DabiMexicana" ausgewiesen, wenn der Gast bei der Bestellung „Zum Hieressen" angegeben hat?

d) Welcher Nettoverkaufspreis wird auf dem Kassenbon für ein Menü „DabiMexicana" ausgewiesen, wenn der Gast bei der Bestellung „Zum Mitnehmen" angegeben hat?

e) Wie hoch ist der Gewinn für ein Menü „DabiMexicana", wenn das Menü im Restaurant verzehrt wird?

f) Wie hoch ist der Gewinn für ein Menü „DabiMexicana" bei einer Bestellung „Zum Mitnehmen"?

g) Das Menü „DabiCalifornia" bietet die DabiDuba GmbH zum Bruttoverkaufspreis von 8,80 € an. Der Bezugspreis für ein Menü beträgt 3,00 €. Wie hoch ist der Gewinn für ein Menü „DabiCalifornia", wenn das Menü im Restaurant verzehrt wird?

h) Wie hoch ist der Gewinn für ein Menü „DabiCalifornia" bei einer Bestellung „Zum Mitnehmen"?

i) Warum bietet die DabiDuba GmbH ihre Menüs zu einem einheitlichen Bruttoverkaufspreis an, unabhängig davon, ob im Restaurant gegessen wird oder ob der Gast das Menü mitnimmt?

Kompetenzraster, Kapitel 9.3 und 9.4

Kapitel	Ich kann ...	nein	un-sicher	recht sicher	ja
9.3	■ zwei Beispiele dafür nennen, dass der Verkaufspreis einer Ware „von außen" festgelegt ist.				
	■ begründen, dass für die Berechnung der Umsatzsteuer der Bruttoverkaufspreis einem Prozentsatz von mehr als 100 entspricht.				
	■ das Kalkulationsschema für die Verkaufskalkulation so anwenden, dass ich „rückwärts" den Bezugspreis berechne.				
	■ erläutern, warum der durch Rückwärtskalkulation ermittelte Bezugspreis als maximaler Bezugspreis bezeichnet wird.				
	■ das Kalkulationsschema für die Verkaufskalkulation so anwenden, dass ich „rückwärts" den Listeneinkaufspreis berechne.				
	■ begründen, dass für die Berechnung des Skontobetrages der Bareinkaufspreis einem Prozentsatz von weniger als 100 entspricht.				
9.4	■ erläutern, dass für die Berechnung des Gewinns einer Ware eine Vorwärts- und eine Rückwärtskalkulation notwendig sind.				
	■ das Kalkulationsschema für die Verkaufskalkulation so anwenden, dass ich den Gewinn berechne.				
	■ erläutern, warum der berechnete Nettoverkaufspreis größer sein sollte als der berechnete Selbstkostenpreis.				

9.5 Verkürzte Kalkulationsverfahren

Svenja Jank, Auszubildende im ersten Ausbildungsjahr bei der Trendino Computer-Shop GmbH, geht nach dem Berufsschulunterricht zusammen mit ihrem Mitschüler Thomas Frank, Auszubildender im Schuhhaus Graziano, zum Bus.

Svenja: Gestern haben wir wieder eine Lieferung der Matro AG bekommen. Ich musste die Artikel sofort mit unserem Verkaufspreis auszeichnen. Die Preise schreibt mir der Chef auf. Der rechnet die neuen Verkaufspreise immer ganz schnell aus.

Thomas: Das läuft bei uns auch so. Die Chefin hat die Einkaufspreise im Computer. Sie nimmt dann ihren Taschenrechner, gibt eine Formel ein und schon kennt sie den Verkaufspreis.

Svenja: Das heißt also, dass aus dem Einkaufspreis sofort der Verkaufspreis berechnet werden kann, ohne das Kalkulationsschema zu verwenden.

Die in der Verkaufskalkulation verwendeten Zuschlagssätze (Handlungskostenzuschlagssatz, Gewinnzuschlagssatz und der Umsatzsteuersatz) bleiben in der Regel für längere Zeit unverändert. Diese Zuschlagssätze können für alle Artikel eines Einzelhandelsbetriebs oder zumindest für alle Artikel einer Warengruppe verwendet werden. Es bietet sich deshalb an, diese Zuschlagssätze zusammenzufassen und mit einem einzigen Zuschlagssatz in der Vorwärts- bzw. in der Rückwärtskalkulation zu verwenden.

In Abb. 1 sind die in Einzelhandelsbetrieben verwendeten verkürzten Kalkulationsverfahren

- Kalkulationszuschlag und Kalkulationsfaktor,
- Kalkulationsabschlag und
- Handelsspanne

zusammenfassend dargestellt (vgl. Abb. 1).

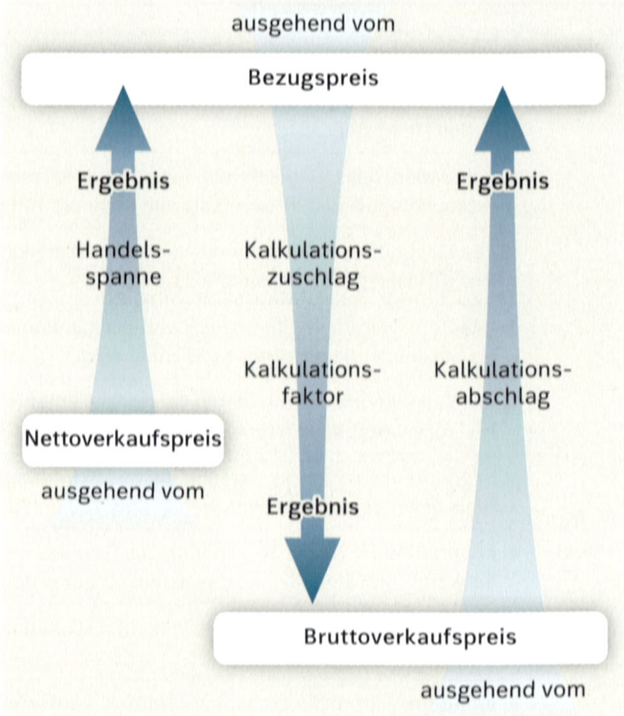

Abb. 1: Kalkulationsverfahren im Einzelhandel

9.5.1 Kalkulationszuschlag und Kalkulationsfaktor

Beispiel: Das Beispiel zu Beginn des Kapitels 9.2 beschreibt die Verkaufskalkulation der Trendino Computer-Shop GmbH. Die Trendino kalkuliert die Handlungskosten mit 25 % und den Gewinn mit 5 %. Die Umsatzsteuer bei IT-Produkten beträgt 19 %.

Berechnung des Kalkulationszuschlages aus den drei Zuschlagssätzen
Um die drei Zuschlagssätze zu einem einzigen Kalkulationszuschlag zusammenzufassen, bietet es sich an, die Kalkulation mit einem Bezugspreis von 100,00 € durchzuführen (vgl. Abb. 2).

	%	€
Bezugspreis		100,00
+ Handlungskosten	25	25,00
= **Selbstkostenpreis**		125,00
+ Gewinn	5	6,25
= **Nettoverkaufspreis**		131,25
+ Umsatzsteuer	19	24,94
Bruttoverkaufspreis		156,19

Abb. 2: Schema zur Berechnung des Kalkulationszuschlags aus drei Zuschlagssätzen

Der Bruttoverkaufspreis ist um **56,19 €** höher als der Bezugspreis. Das sind (bei einem Bezugspreis von 100,00 €) genau 56,19 %. Der Kalkulationszuschlag beträgt **56,19 %.** Damit sind die drei Zuschlagssätze zu einem Kalkulationszuschlag zusammengefasst.

Berechnung des Kalkulationszuschlags aus einer vorliegenden Vorwärtskalkulation
Liegen Bezugspreis und Bruttoverkaufspreis für einen Artikel vor, lässt sich der Kalkulationszuschlag aus diesen Daten berechnen.

Beispiel: Kalkulationsdaten für den Artikel „Externe Festplatte CURE 3TB" (Kapitel 9.2.1):

Bezugspreis	48,00 €
Bruttoverkaufspreis	74,97 €

Der Bruttoverkaufspreis ist um 26,97 € höher als der Bezugspreis. Diese Differenz – ausgedrückt in Prozent des Bezugspreises – ist der Kalkulationszuschlag.

Bezugspreis	48,00 €	➡	100 %
Differenz	26,97 €	➡	x %

$$x = \frac{26{,}97\text{ €} \cdot 100\,\%}{48{,}00\text{ €}} = \mathbf{56{,}19\,\%}$$

Der Kalkulationszuschlag beträgt 56,19 %.

Allgemein gilt:

Kalkulationszuschlag
$$= \frac{(\text{Bruttoverkaufspreis} - \text{Bezugspreis}) \cdot 100}{\text{Bezugspreis}}$$

Anwendung des Kalkulationszuschlags

Beispiel: Die Trendino Computer-Shop GmbH kauft Festplatten der Marke CURE 8TB bei der Matro AG zum Bezugspreis von 68,00 € ein. Mithilfe des Kalkulationszuschlags kann aus dem Bezugspreis direkt der Bruttoverkaufspreis berechnet werden:

	Bezugspreis	68,00 €
+	Kalkulationszuschlag 56,19 %	38,21 €
=	Bruttoverkaufspreis	106,21 €

Allgemein gilt:

Bruttoverkaufspreis =
$$\text{Bezugspreis} + \frac{\text{Bezugspreis} \cdot \text{Kalkulationszuschlag}}{100}$$

Berechnung des Kalkulationsfaktors
Der Kalkulationsfaktor ist der Wert, mit dem mithilfe einer einfachen Multiplikation aus dem Bezugspreis der Bruttoverkaufspreis ermittelt werden kann.

Beispiel: Aus den Kalkulationsdaten für den Artikel „Externe Festplatte CURE 3TB" (Kapitel 9.2.1) berechnet die Trendino Computer-Shop GmbH den Kalkulationsfaktor:

Allgemein gilt:

Kalkulationsfaktor

$$= \frac{\text{Bruttoverkaufspreis}}{\text{Bezugspreis}}$$

$$= \frac{74{,}97\ €}{48{,}00\ €} = \mathbf{1{,}5619}$$

Der Kalkulationsfaktor beträgt 1,5619.

Es bietet sich an, den Kalkulationsfaktor mit mehr als zwei Stellen nach dem Komma anzugeben. Vier Stellen, wie im vorliegenden Fall, entsprechen einem Kalkulationszuschlag (als Prozentsatz) mit zwei Stellen nach dem Komma.

Anwendung des Kalkulationsfaktors
Um den Bruttoverkaufspreis eines Artikels zu berechnen, wird der Bezugspreis mit dem Kalkulationsfaktor multipliziert.

Beispiel: Die Trendino Computer-Shop GmbH ermittelt den Bruttoverkaufspreis der Festplatten der Marke CURE 8TB mit dem folgenden Rechenschritt:
Bruttoverkaufspreis = Bezugspreis · Kalkulationsfaktor = 68,00 € · 1,5619 = 106,21 €

Allgemein gilt:

Bruttoverkaufspreis
= Bezugspreis · Kalkulationsfaktor

9.5.2 Kalkulationsabschlag

Beispiel: Die Trendino Computer-Shop GmbH verwendet die Rückwärtskalkulation, um für festliegende Bruttoverkaufspreise die maximalen Bezugspreise zu ermitteln. Um die Rechnung verkürzt durchführen zu können, wird der Kalkulationsabschlag berechnet.

Berechnung des Kalkulationsabschlags aus den drei Zuschlagsätzen
Um die drei verwendeten Zuschlagssätze zu einem einzigen Kalkulationsabschlag zusammenzufassen, bietet es sich an, die Rückwärtskalkulation – beginnend mit einem Bruttoverkaufspreis von 100,00 € – durchzuführen (vgl. Abb. 3).

	%	€
Bezugspreis		64,02
+ Handlungskosten	25	16,01
= **Selbstkostenpreis**		80,03
+ Gewinn	5	4,00
= **Nettoverkaufspreis**		84,03
+ Umsatzsteuer	19	15,97
Bruttoverkaufspreis		100,00

Abb. 3: Schema zur Berechnung des Kalkulationsabschlags aus drei Zuschlagssätzen

Der Bezugspreis ist um **35,98 €** niedriger als der Bruttoverkaufspreis. Das sind (bei einem Bruttoverkaufspreis von 100,00 €) genau **35,98 %.** Der Kalkulationsabschlag beträgt 35,98 %. Damit sind die drei Zuschlagssätze zu einem Kalkulationsabschlag zusammengefasst.

Berechnung des Kalkulationsabschlags aus einer vorliegenden Rückwärtskalkulation
Liegen der Bruttoverkaufspreis und der Bezugspreis für einen Artikel vor, lässt sich der Kalkulationsabschlag aus diesen Daten berechnen.

Beispiel: Bei der Trendino Computer-Shop GmbH liegen für den Artikel „Externe Festplatte CURE 5TB" (Kapitel 9.3.1) die folgenden Daten vor:

Bruttoverkaufspreis	59,99 €
Bezugspreis	38,41 €

Der Bezugspreis ist um 21,58 € niedriger als der Bruttoverkaufspreis. Diese Differenz, ausgedrückt in Prozent des Bruttoverkaufspreises, ist der Kalkulationsabschlag.

Bruttoverkaufspreis	59,99 € ➡	100 %
Differenz	21,58 € ➡	x %

$$x = \frac{21{,}58\ € \cdot 100\ \%}{59{,}99\ €} = \mathbf{35{,}97\ \%}$$

Der Kalkulationsabschlag beträgt 35,97 %. Die Abweichung zur Berechnung aus den drei Zuschlagssätzen geht auf Rundungsfehler zurück.

Allgemein gilt:

Kalkulationsabschlag
$$= \frac{(\text{Bruttoverkaufspreis} - \text{Bezugspreis}) \cdot 100}{\text{Bruttoverkaufspreis}}$$

Anwendung des Kalkulationsabschlags
Mithilfe des Kalkulationsabschlags wird aus dem Bruttoverkaufspreis der Bezugspreis ermittelt.

Beispiel: Ein Mitbewerber der Trendino Computer-Shop GmbH bietet PC-Monitore der Marke Socer M530 zum Bruttoverkaufspreis von 219,00 € an. Die Trendino Computer-Shop GmbH möchte ihren Kunden die Monitore zum gleichen Preis anbieten. Mithilfe des Kalkulationsabschlags wird der maximale Bezugspreis in einem Rechenschritt berechnet:

	Bruttoverkaufspreis	219,00 €
–	Kalkulationsabschlag 35,98 %	78,80 €
=	maximaler Bezugspreis	**140,20 €**

Allgemein gilt:

Maximaler Bezugspreis
$$= \text{Bruttoverkaufspreis} - \text{Bruttoverkaufspreis} \cdot \frac{\text{Kalkulationsabschlag}}{100}$$

9.5.3 Handelsspanne

Die Handelsspanne dient dazu, die Kalkulationsdaten von unterschiedlichen Artikeln, Warengruppen oder sogar unterschiedlichen Einzelhandelsbetrieben miteinander zu vergleichen. Die Berechnung ist dem Kalkulationsabschlag sehr ähnlich, wobei nicht vom Brutto-, sondern vom Nettoverkaufspreis ausgegangen wird. Liegen die Buchhaltungsdaten für einen Zeitraum vor, lässt sich die Handelsspanne aus den Umsatzerlösen und dem Wareneinsatz dieses Zeitraums ermitteln.

! ***Handelsspanne:** Zusammenfassen von Handlungskosten und Gewinn in einem Prozentsatz*

Berechnung der Handelsspanne aus den Zuschlagssätzen
Liegen der Handlungskostenzuschlagssatz und der Gewinnzuschlagssatz fest, lässt sich die Handelsspanne durch eine Rückwärtskalkulation ermitteln, ausgehend von einem Nettoverkaufspreis von 100,00 € (vgl. Abb. 4).

Beispiel: Die Trendino Computer-Shop GmbH kalkuliert die Handlungskosten mit einem Zuschlagssatz von 25 % und den Gewinn mit 5 %.

	%	€
Bezugspreis		76,19
+ Handlungskosten	25	19,05
= **Selbstkostenpreis**		95,24
+ Gewinn	5	4,76
= **Nettoverkaufspreis**		100,00

Abb. 4: Schema zur Berechnung der Handelsspanne

Der Bezugspreis ist um **23,81 €** niedriger als der Nettoverkaufspreis. Das sind, bezogen auf den Nettoverkaufspreis von 100,00 €, genau 23,81 %. Die Handelsspanne beträgt also 23,81 %.

Berechnung der Handelsspanne aus Nettoverkaufspreis und Bezugspreis
Liegen für einen Artikel der Nettoverkaufspreis und der Bezugspreis vor, lässt sich die Handelsspanne aus diesen Daten berechnen.

Beispiel: Für den Artikel „Externe Festplatte CURE 5TB“ (Kapitel 9.3.1) gelten die folgenden Preise:

Nettoverkaufspreis	50,41 €
Bezugspreis	38,41 €

Der Bezugspreis ist um 12,00 € niedriger als der Nettoverkaufspreis. Diese Differenz, ausgedrückt in Prozent des Nettoverkaufspreises, ist die Handelsspanne.

Nettoverkaufspreis	50,41 € ➡	100 %
Differenz	12,00 € ➡	x %

$$x = \frac{12{,}00\text{ €} \cdot 100\text{ \%}}{50{,}41\text{ €}} = \mathbf{23{,}81\text{ \%}}$$

Die Handelsspanne beträgt 23,81 %.

Allgemein gilt:

$$\text{Handelsspanne} = \frac{(\text{Nettoverkaufspreis} - \text{Bezugspreis}) \cdot 100}{\text{Nettoverkaufspreis}}$$

Berechnung der Handelsspanne aus Umsatzerlösen und Wareneinsatz

Die Summe aller Nettoverkaufspreise für die verkauften Waren eines Zeitraums sind die Umsatzerlöse. Die Summe aller Bezugspreise dieser verkauften Waren ist der Wareneinsatz. Die Handelsspanne ist die Differenz zwischen diesen Beträgen, ausgedrückt in Prozent von den Umsatzerlösen.

Beispiel: In der Buchhaltung der Trendino Computer-Shop GmbH liegen für das vergangene Geschäftsjahr folgende Daten vor:

Umsatzerlöse	6300000,00 €
Wareneinsatz	4800000,00 €

Die Differenz zwischen Umsatzerlösen und Wareneinsatz beträgt 1500000,00 €. Das sind 23,81 % der Umsatzerlöse.

Allgemein gilt:

$$\text{Handelsspanne} = \frac{(\text{Umsatzerlöse} - \text{Wareneinsatz}) \cdot 100}{\text{Umsatzerlöse}}$$

Anwendung der Handelsspanne

Die Handelsspanne drückt die Handlungskosten und den Gewinn in einem einzigen Prozentsatz aus. Sie dient dazu,

- Entwicklungen im Unternehmen über Monate oder Jahre zu verfolgen,
- unterschiedliche Warengruppen in einem Einzelhandelsbetrieb miteinander zu vergleichen oder,
- wenn entsprechende Vergleichsdaten vorliegen, die Unterschiede zwischen verschiedenen Einzelhandelsbetrieben festzustellen.

Beispiel: In der Fachzeitschrift „Rechnungswesen des Einzelhandels" erscheint ein Artikel über die Handelsspannen in unterschiedlichen Branchen. Für die IT-Branche wird eine durchschnittliche Handelsspanne von 20 % angegeben. Die Trendino Computer-Shop GmbH vergleicht ihre eigene Handelsspanne mit diesem Wert und stellt fest, dass sie die Summe aus Handlungskosten und Gewinn mit einem höheren Zuschlagssatz kalkuliert als der Branchendurchschnitt.

Aufgaben

1. Betrachten Sie das Beispiel in Kapitel 9.5.1. Der Handlungskostenzuschlagssatz beträgt nun 30 %, der Gewinnzuschlag 10 %. Wie hoch ist der
   a) Kalkulationszuschlag (als Prozentsatz)?
   b) Kalkulationsfaktor?
2. Betrachten Sie das Beispiel in Kapitel 9.5.2. Der Handlungskostenzuschlagssatz beträgt nun 30 %, der Gewinnzuschlag 10 %.
   a) Wie hoch ist der Kalkulationsabschlag (als Prozentsatz)?
   b) Trendino möchte die externe Festplatte CURE 5TB nun zu einem Bruttoverkaufspreis von 209,00 € anbieten. Wie hoch darf der maximale Bezugspreis sein?
   c) Wie hoch ist die Handelsspanne, die Trendino mit dem unter b) errechneten Bezugspreis erzielt?

9.6 Verwenden einer Tabellenkalkulations-software

Svenja Jank und Thomas Frank gehen gemeinsam zum Bus.

Svenja: Gestern sagte der Chef: „Alle kaufmännischen Mitarbeiter, egal in welchem Betrieb sie arbeiten, sollten sich mit einer Tabellenkalkulationssoftware auskennen."

Thomas: Klar. Da hat er doch recht. Wir arbeiten in unserem Schuhgeschäft doch auch mit einem sogenannten „Office-Paket". Die Chefin sagt immer „unsere Büro-Software" dazu. Zu diesem Office-Paket gehört auch eine Tabellenkalkulations-Software. Ich kenne mich mit dem Programm sogar ein bisschen besser aus als meine Chefin.

Svenja: Unser Chef sitzt stundenlang am Computer und manchmal druckt er dann vollständige Preislisten oder Listen mit maximalen Bezugspreisen aus oder er sagt, welche Artikel aus dem Sortiment genommen werden sollen.

Jeder Einzelhandelsbetrieb führt die Preiskalkulation nach einem bestimmten Kalkulationsschema durch. In der Regel bleiben auch die verwendeten Zuschlagssätze für einen längeren Zeitraum gleich. In der betrieblichen Praxis wird die Preiskalkulation deshalb häufig durch den Einsatz von Software unterstützt.

Dabei kann das **Warenwirtschaftssystem** für jeden Artikel zum Einsatz kommen, der mehrere Bezugspreise (für unterschiedliche Lieferanten) und verschiedene Verkaufspreise führt. Sehr häufig wird eine allgemein einsetzbare Tabellenkalkulations-Software eingesetzt.

Beispiel: Die Trendino Computer-Shop GmbH nutzt für die Vorwärts-, Rückwärts- und Differenzkalkulation die allgemein einsetzbare Tabellenkalkulations-Software Microsoft-Excel. Alle drei Kalkulationsverfahren sind in einer Tabelle zusammengefasst (vgl. Abb. 2).

Abb. 1: Automatisch errechnete Preise sollten auf Plausibilität geprüft werden.

In der Spalte A der in Abb. 2 gezeigten Excel-Tabelle ist als Text das gesamte Kalkulationsschema aufgeführt. Die Zuschlagssätze werden, formatiert mit einer Stelle nach dem Komma, in Spalte B geführt. Um eine Kalkulation durchzuführen, werden Daten in die gelb unterlegten Felder eingetragen, alle anderen Felder der Spalten C, D und E enthalten Formeln.

Die wichtigsten der verwendeten Formeln werden in Abb. 3 erläutert.

	A	B	C	D	E
1		**Satz in %**	**Vorwärts-kalkulation**	**Rückwärts-kalkulation**	**Differenz-kalkulation**
2	**Listeneinkaufspreis**		50,00 €	**40,11 €**	150,00 €
3	**- Rabatt**	15,0	7,50 €	6,02 €	22,50 €
4	**Zieleinkaufspreis**		42,50 €	34,09 €	127,50 €
5	**- Skonto**	2,0	0,85 €	0,68 €	2,55 €
6	**Bareinkaufspreis**		41,65 €	33,41 €	124,95 €
7	**- Bezugskosten**		6,35 €	5,00 €	5,00 €
8	**Bezugspreis**		48,00 €	38,41 €	129,95 €
9	**+ Handlungskosten**	25,0	12,00 €	9,60 €	32,49 €
10	**Selbstkostenpreis**		60,00 €	48,01 €	162,44 €
11	**+ Gewinn**	5,0	3,00 €	2,40 €	**4,79 €**
12	**Nettoverkaufspreis**		63,00 €	50,41 €	167,23 €
13	**+ Umsatzsteuer**	19,0	11,97 €	9,58 €	31,77 €

Abb. 2: Tabellenkalkulation der Trendino Computer-Shop GmbH

Feld	Formel	Beschreibung
C3	=RUNDEN(C2/100*B3;2)	Der Rabatt wird aus dem Listeneinkaufspreis in Feld C2 ermittelt. Der Rabattsatz wird aus Feld B3 übernommen. Das Ergebnis wird auf zwei Stellen nach dem Komma gerundet.
C4	=C2-C3	Der Zieleinkaufspreis wird durch eine Subtraktion berechnet. Eine Rundung ist nicht notwendig.
D3	=RUNDEN (D4/(100-B3)*B3;2)	Der Rabatt wird aus dem Zieleinkaufspreis in Feld D4 ermittelt. Der Rabattsatz wird aus Feld B3 übernommen. Es handelt sich um eine Prozentrechnung „im Hundert".
D9	=RUNDEN (D10/(100+B9)*B9;2)	Die Handlungskosten werden durch eine Prozentrechnung „auf Hundert" ermittelt.

Abb. 3: Erläuterung der in der Tabellenkalkulation der Trendino Computer-Shop GmbH (Abb. 2) hinterlegten Formeln

Aufgaben

1 Erklären Sie – möglichst jeweils in einem Satz – die Bedeutung der folgenden Begriffe:
a) Feld
b) Bereich
c) Format
d) Formel
e) Datenfeld
f) Funktion

2 In Abb. 2 werden nicht alle hinterlegten Formeln genannt und erläutert.
a) Nennen Sie die Formeln, die in den Feldern C5 bis C13 hinterlegt sind.
b) Welche Formel ist für das Feld E11 hinterlegt?

3 Der Geschäftsführer der Trendino Computer-Shop GmbH stellt fest, dass die Bruttoverkaufspreise oft über denen der Konkurrenz liegen.
a) Welche Maßnahmen innerhalb der Trendino GmbH können erwogen werden, um die Bruttoverkaufspreise zu senken?
b) Welche Maßnahmen, die betriebsexterne Größen betreffen, können erwogen werden, um die Bruttoverkaufspreise zu senken?

222330418

Kompetenzraster, Kapitel 9.5 und 9.6						
Kapitel	**Ich kann ...**	**nein**	**un-sicher**	**recht sicher**	**ja**
9.5	■ Kalkulationszuschlag und Kalkulationsfaktor berechnen, wenn die Prozentsätze für Handlungskosten, Gewinn und Umsatzsteuer gegeben sind.				
	■ Kalkulationszuschlag und Kalkulationsfaktor berechnen, wenn Bruttoverkaufspreis und Bezugspreis einer Ware gegeben sind.				
	■ den Bruttoverkaufspreis mithilfe des Kalkulationsfaktors berechnen.				
	■ ein Beispiel für die sinnvolle Anwendung des Kalkulationsabschlags schildern.				
	■ zwischen Kalkulationsabschlag und Handelsspanne unterscheiden.				
9.6	■ mindestens eine Tabellenkalkulationssoftware (Marke) nennen.				
	■ Formeln erfassen, die die Grundrechenarten (+, −, ·, :) enthalten, und die Funktion „RUNDEN" für zwei Stellen nach dem Komma anwenden.				
	■ in einer bestehenden Tabelle Formeln kopieren und verändern.				
	■ für die verschiedenen Kalkulationsschemata erklären, in welche Felder Zahlen eingetragen werden und in welchen Feldern Formeln stehen.				

Lernfeld
10

Besondere Verkaufssituationen bewältigen

Advance Organizer | Besondere Verkaufssituationen bewältigen

Besondere Verkaufssituationen

Besondere Arten des Kaufs

- Online-Kauf
- Finanzierungskauf

Besondere Situationen

- Umtausch/ Reklamation
- Digitalisierung
- Ladendiebstahl
- Verkaufsstörungen
- Kunden in Begleitung
- Hochbetrieb
- Geschenke/ Besorgungskauf

222330422

Unterscheidungsmöglichkeiten

Kundenverhalten/ Kauftypen

nach Eigenschaften:
- sparsam/geizig
- kritisch
- sachverständig
- unentschlossen
- gesprächig
- arrogant
- imagebewusst
- rechthaberisch
- ...

nach Einkaufsverhalten:
- Markenliebhaber
- Preisbewusste
- Spontankäufer
- Schnäppchenjäger
- ...

nach Lebensstil:
- Konservativ-Etablierte
- Liberal-Intellektuelle
- Performer
- Traditionelle
- Hedonistische
- ...

Kundengruppen

Ausländer

Senioren

Behinderte/ Kranke

Kinder/ Jugendliche

10.1 Kundenverhalten und Käufertypen

10.1.1 Beschreibung von Kundengruppen

Monarchien sind veraltet und können nicht auf das heutige Geschäftsleben übertragen werden: Verkäuferinnen und Verkäufer sind keine Untertanen. Die Kunden sind keine Könige im klassischen Sinne. Dennoch sollte die Idee des „Hofierens“ beim Verkauf nicht vernachlässigt werden. Der Kunde soll sich wohlfühlen. Er soll nach dem Warenkauf zufrieden nach Hause gehen, denn schließlich sichert er die Existenz des Einzelhändlers.

» LF 2, Kapitel 2.1.1, Kundenorientierung

Jedes Einzelhandelsunternehmen kann für sich ein Unternehmensleitbild entwickeln. Im Unternehmensleitbild wird festgelegt, wo bzw. wie sich das Unternehmen auf dem Markt in Bezug zum Wettbewerb positioniert. Aus dem Unternehmensleitbild leitet sich auch der Umgang mit den Kunden in Verkaufssituationen ab.

» LF 1, Kapitel 1.2.1, Unternehmensleitbild

Beispiel: Im Unternehmensleitbild des KaDeWe Berlin heißt es: „Charmant empfängt das KaDeWe täglich bis zu 180000 Kunden aus aller Welt, bedient von den rund 2000 Angestellten auf mehr als 60000 m² Verkaufsfläche, wobei die Nähe zu den Kunden und ein exzellenter Service für jeden Einzelnen an erster Stelle stehen.“

Ein Unternehmen überlegt zunächst, wen es ansprechen möchte, denn es kann schlecht alle Personen ansprechen. Diesen bestimmten Kundenkreis nennt man **Zielgruppe.** Besondere Bedeutung hat die Zielgruppe im Rahmen der werbepolitischen Maßnahmen, die ein Einzelhändler unternimmt. Aber auch für Verkaufssituationen ist es sehr hilfreich zu wissen, auf wen man sich einstellen muss.

» LF 5, Kapitel 5.3.1, Zielgruppe bestimmen

Jeder Einzelhändler muss seine Zielgruppe eindeutig festlegen. Nur so lassen sich unternehmerische Maßnahmen zur Gewinnsteigerung gezielt umsetzen. Zielgruppen lassen sich anhand unterschiedlicher Merkmale festlegen (vgl. Abb. 1).

Merkmale	Gruppen
Geschlecht	■ Männer ■ Frauen
Lebensabschnitt	■ Kinder ■ Jugendliche ■ Erwachsene (Singles, Ehepaare, Familien, Berufstätige, Hausfrauen) ■ Senioren
Herkunft	■ Einheimische ■ Ausländer ■ Touristen
Einkaufsverhalten	■ Laufkundschaft ■ Stammkunden ■ Gelegenheitskunden ■ Spontankunden ■ Schau- oder Testkunden
Verkaufsform	■ Bedienung ■ Vorwahl ■ Selbstbedienung
Kaufmotive/ Konsumverhalten	■ Prestigebewusste ■ Gesundheitsbewusste ■ Umweltbewusste ■ Sammler ■ Markenfetischisten ■ Modemuffel ■ Bequeme ■ Trendsetter ■ Schnäppchenjäger ■ Erlebniskäufer ■ Serviceabhängige

Abb. 1: Merkmale zur Beschreibung von Zielgruppen

Abb. 3: Zielgruppe Touristen

Um im Verkaufsgespräch optimal auf die individuellen Wünsche und Bedürfnisse eingehen zu können, ist es wichtig, Kenntnisse über **Verhaltensweisen** von Kunden zu haben. Bei näherer Betrachtung kann man verschiedene Gruppen ausfindig machen, die sich in ihrem Kaufverhalten sehr ähnlich sind.

Eine Möglichkeit der Unterteilung besteht darin, die Kunden nach ihren persönlichen **Eigenschaften** einzuordnen (vgl. Abb. 5, nächste Seite). Die Gruppierungen sind allerdings mit Vorsicht zu genießen, sie dienen dem Einzelhändler sowie dem Verkaufspersonal lediglich als **Orientierungshilfe,** sich auf bestimmte Situationen vorzubereiten. In der Praxis wird man häufig auf Kunden treffen, die nicht eindeutig einer bestimmten Gruppe zuzuordnen sind, sondern eher eine Mischform darstellen.

Für den Einzelhandel haben die Typisierungen trotzdem einen praktischen Nutzen, da bestimmte Besonderheiten sowohl beim Aufbau des Sortiments als auch für die Marketingstrategie zugrunde gelegt werden können. Allerdings sollten diese Festlegungen von Zeit zu Zeit überprüft werden, weil sich die Vorlieben der Kunden mit der Zeit verändern.

Abb. 2: Zielgruppe Frauen

Abb. 4: Zielgruppe Kinder

Eigenschaften	Charakterisierung	Empfohlenes Verkäuferverhalten
sparsam/ geizig 	Kunde achtet genau auf den Gegenwert seiner Ausgaben; ihm ist eine gute Qualität wichtig; Ware darf aber nicht zu viel kosten; versucht ggf. Preisnachlass auszuhandeln	Anbieten von Sonderangeboten, Vorjahresmodellen oder Artikeln zweiter Wahl; nicht auf „Rabattschlachten" einlassen
kritisch 	Kunde ist häufig misstrauisch, prüft die Ware sehr genau und redet wenig; zweifelt an den Aussagen des Verkaufspersonals	Ware probieren und selbst prüfen lassen, sachliche Verkaufsargumente vorbringen und wiederholen, ggf. Hinweise auf Umtauschrecht oder Garantie geben
sachverständig 	Kunde kennt die Ware sehr genau; stellt Fragen und verwendet Fachausdrücke; hat ganz bestimmte Kaufwünsche	Fachausdrücke verwenden und die Ware mit wenigen Worten beschreiben; wertvoll sind Hinweise auf Sortimentsneuheiten
unentschlossen 	Kunde weiß nicht, was er möchte; bewegt sich häufig rastlos im Geschäft; legt Wert auf den Rat des Verkaufspersonals	sicheres Auftreten; Bedenken in Erfahrung bringen und durch Beratung ausräumen; eingegrenzte und anschauliche Warenpräsentation anbieten; Empfehlungen aussprechen
gesprächig 	Kunde spricht viel und gern; bringt oft allgemeine Themen zur Sprache	Interesse zeigen und ausreden lassen; Ware zeigen, keine persönlichen Fragen stellen; aus Klatsch und Tratsch heraushalten; Sprechpausen nutzen, um auf Verkaufsvorgang zurückzukommen
überheblich/ arrogant 	Kunde legt sehr viel Wert auf das Äußere; ist wenig selbstkritisch; versucht möglicherweise, das Verkaufspersonal einzuschüchtern	zurückhaltendes und höfliches Auftreten; Ware vorlegen und sachliche Argumente vorbringen; sich nicht provozieren lassen
imagebewusst 	dem Kunden ist das Image sehr wichtig; Ware muss neu und angesehen sein	Trends und Neuheiten vorstellen; hochwertige Markenartikel zeigen; Kunden verbal in seinem Geltungsbestreben unterstützen
rechthaberisch 	Kunde weiß alles besser, ist leicht reizbar und hat meist eine vorgefasste Meinung	Kunden reden lassen; viel zustimmen und loben; eventuell den Kunden um Rat fragen

Abb. 5: Kundentypen und empfohlenes Verkäuferverhalten im Verkaufsgespräch

222330426

Aus den Kaufmotiven sowie den Eigenschaften der Kunden lassen sich Rückschlüsse auf das Konsumverhalten ziehen:

- Der **Prestigebewusste** lädt gerne Gäste zu sich ein, da er gerne zeigt, was er hat. Die Waren dürfen viel kosten, müssen aber Unikate sein und sehr luxuriös aussehen.
- Der **Gesundheitsbewusste** achtet bei seinen Waren auf die körperliche Bekömmlichkeit. Ihm sind Themen wie Diäten, Fitness und Umweltschutz sowie Nachhaltigkeit besonders wichtig.
- Der **Umweltbewusste** verzichtet ungern auf seine eigene Bequemlichkeit, dafür dürfen die Waren aber gerne etwas mehr kosten.
- Der **Bequeme** kauft Waren, die ihm Zeit ersparen. Er setzt seine Prioritäten auf Beruf und/oder Hobby.
- Der **Schnäppchenjäger** kauft grundsätzlich nur Sonderangebote, auch wenn er sie gar nicht benötigt. Er ist wenig qualitätsbewusst, kauft meist spontan und ohne längere Vorplanung – ein typischer Restekäufer, der zur Überbevorratung neigt, da er oft auf schlechte Qualität hereinfällt oder Dinge kauft, die er nicht braucht.

10.1.2 Käufertypen

Die Einkaufsgewohnheiten von Menschen sowie deren Einstellungen zu bestimmten Waren, Marken und Werbemaßnahmen werden regelmäßig von Marktforschungsinstituten untersucht. Die Befragungen werden persönlich oder online durchgeführt. Unterschiedliche Studien verwenden unterschiedliche Bezeichnungen von Käufertypen.

Menschen können – je nachdem, welches Produkt sie kaufen – verschiedenen Käufertypen angehören. So kann ein Kunde in Bezug auf seine Kleidung z. B. sehr preisbewusst, jedoch bei elektronischen Artikeln ein Marken-Liebhaber sein.

Nach Einkaufsverhalten

Bei einer globalen Untersuchung in 23 Ländern der Welt wurden insgesamt fünf verschiedene Käufertypen ausfindig gemacht. Dabei richtete sich das Augenmerk speziell auf Konsumgüter des täglichen Bedarfs, wie Nahrungs- und Reinigungsmittel sowie Körperpflegeprodukte. Nach dieser Aufteilung können folgende Kundengruppen unterschieden werden (vgl. Abb. 6):

- **Marken-Liebhaber:** Sie sind bereit, einen höheren Preis für Marken zu zahlen. Dabei ist der Einfluss des Verkaufspersonals im Geschäft entscheidend. Gleichzeitig geben die Käufer mehr Geld aus, wenn sie dadurch Zeit einsparen können.

- **Preisbewusste:** Eingeschränkte Budgets steuern das Einkaufsverhalten: Einkaufsliste, Preisvergleich und die Suche nach Geschäften mit den niedrigsten Preisen prägt diese Käufer, die vermehrt nach Handelsmarken greifen.

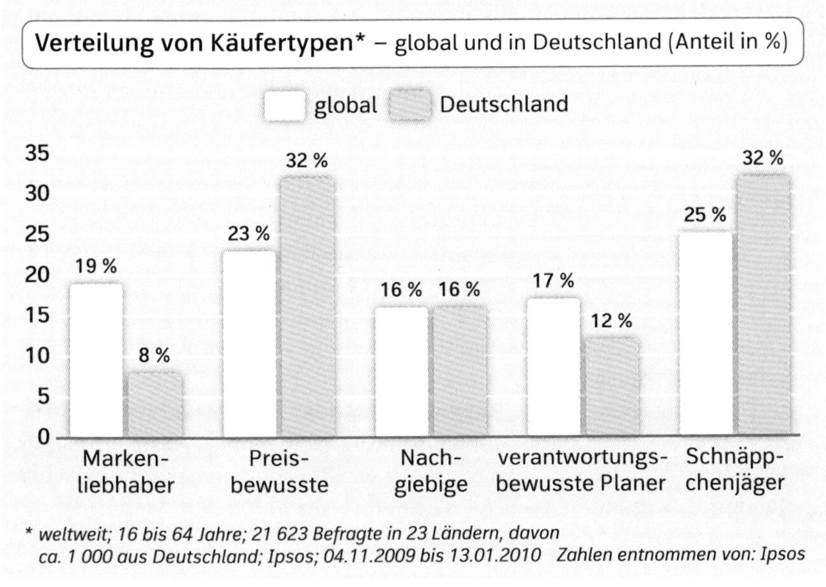

Abb. 6: Zahlenmäßige Verteilung von Käufertypen

- **Nachgiebige:** Zu dieser Gruppe gehören sehr spontane Käufer – vieles im Einkaufskorb war vorher nicht geplant. Sie probieren gern neue Produkte. Auch sie geben gern etwas mehr Geld aus, wenn sie dafür Markenprodukte kaufen oder Zeit einsparen können.

- **Verantwortungsbewusste Planer:** Auch diese Gruppe muss mit einem bestimmten Budget auskommen. Sie vergleicht ausgiebig, bevor sie sich für ein Produkt entscheidet – nicht zuletzt deshalb, weil ihr Einkaufsverhalten in Richtung Nachhaltigkeit (vgl. Lernfeld 1, Kapitel 1.9.1) geht. Online-Shopping gehört ganz selbstverständlich dazu und wird sogar in zunehmendem Maße genutzt.

- **Schnäppchenjäger:** Die Gruppe liebt Werbung und endet häufig mit Produkten, die sie gar nicht kaufen wollte. Sie kaufen besonders gern in Geschäften mit einer sehr großen Auswahl.

Wie Abb. 6 zeigt, dominieren in Deutschland mit je 32 % die Preisbewussten und die Schnäppchenjäger. Während die Preisbewussten gern in Discount-Geschäften kaufen, tendiert der Schnäppchenjäger eher in Richtung großflächige Geschäfte, um seinem Ziel nach Werbeaktionen und gleichzeitig großer Auswahl näher zu kommen. Die Nachgiebigen als drittstärkste Gruppe stellen mit ihrem impulsgetriebenen Einkaufsverhalten und der Qualitätsorientierung insbesondere für Markenhersteller eine interessante Gruppe dar.

Kunden, die demselben Käufertyp angehören, weisen ein ähnliches Einkaufsverhalten auf.

> **!** *gleicher Käufertyp*
> =
> *ähnliches Einkaufsverhalten*

Nach Lebensstil

Eine in Deutschland bekannte Kundentypologie ist die Einteilung in **Sinus-Milieus.** Dabei werden Menschen unterschieden, die sich in ihren Gewohnheiten und Lebensstilen ähneln. Bei der Zuordnung spielt neben der Einstellung zu Arbeit, Familie, Freizeit, Geld und Konsum auch die Werteorientierung eine Rolle. Aktuell beobachten die Forscher einen zunehmenden Zerfall der Gesellschaft in viele kleine Gruppen von nicht mehr als 15 %. Als Ursachen werden die zunehmende Digitalisierung und Globalisierung genannt.

Das Sinus-Modell machen sich Marketingexperten bei der Werbeplanung, der Produktentwicklung und der zielgerichteten Platzierung am Markt zunutze. Für den Einzelhandel kann die Kenntnis über die Lebensstile bei der Sortimentsbildung und der Werbung sinnvoll sein. Auch bei der speziellen Ansprache im Verkaufsgespräch ist das Wissen hilfreich. Im Einzelnen werden zehn verschiedene Gruppen von Lebensweisen genannt, die sich in der Praxis aber zum Teil nur schwer unterscheiden lassen (vgl. Abb. 7):

- **„Konservativ-Etablierte“** (altmodisch, angepasst): feste Lebensprinzipien, gute Umgangsformen, Familiensinn, beruflich erfolgreich, aber mehr an Werten orientiert, finanziell gut ausgestattet, leisten sich Reisen, Kulturveranstaltungen und eine gute Wohnungseinrichtung.

- **„Liberal-Intellektuelle“** (ohne Vorurteile, gebildet): selbstbewusstes Auftreten, hohe Bildung, am beruflichen Erfolg orientiert, interessieren sich für Politik, offen für technologische Entwicklungen, in exklusiven Clubs zu finden und dort auch sozial engagiert, an Reisen, kulturellen und sportlichen Aktivitäten interessiert.

- **„Performer“** (leistungsbereit): junge Leistungsorientierte, beruflich hoch motiviert, legen Wert auf Weltoffenheit, Flexibilität und Risikobereitschaft, intensive IT-Nutzer, Privatleben tritt hinter Beruf zurück, treiben Sport, gehen ins Kino und reisen gern, mehrheitlich Männer.

- **„Expeditive“** (schnell): weniger am Erfolg, sondern an der Erkundung neuer Möglichkeiten orientierte Gruppe von jungen, gut Ausgebildeten, digital vernetzt, spontan und wenig gebunden, offen für Neues und sehr mobil.

- **„Bürgerliche Mitte“** (mittelständisch): Partnerschaft, Arbeit und materielle Absicherung sind für sie sehr wichtig, bejahen die gesellschaftliche Ordnung, streben nach Sicherheit und Harmonie, sind gesellig und in ihrem sozialen Umfeld aktiv.

222330428

- **„Adaptiv-Pragmatische"** (anpassungswillig): zielstrebige, junge Mitte der Gesellschaft, erfolgsorientiert, kompromissbereit, hedonistisch (genusssüchtig) und konventionell (förmlich), starkes Bedürfnis nach Flexibilität und Sicherheit.

- **„Sozial-Ökologische"** (mitfühlend, umweltbewusst): konsumkritisch, an Umweltproblemen orientierte Menschen mittleren Alters, Vorbehalte gegenüber der technischen Entwicklung, gut ausgebildet, stehen der Leistungsgesellschaft aber kritisch gegenüber, auf Familie ausgerichtet, musische und kreative Hobbys, nicht modisch gekleidet.

- **„Traditionelle"** (althergebracht): ordnungsliebende Kriegs- und Nachkriegsgeneration, kleinbürgerlich oder der Arbeiterwelt verhaftet.

- **„Prekäre"** (Besorgnis erregend): um Teilhabe bemühte Unterschicht mit Zukunftsängsten, geringe Aufstiegschancen, bemühen sich um Anschluss an das Konsumniveau der breiten Mitte.

- **„Hedonistische"** (genusssüchtig): spaßorientierte, moderne Unterschicht/untere Mittelschicht, wollen nicht angepasst erscheinen, mit modernster Unterhaltungselektronik ausgestattet, nutzen das Internet zum Spielen, sensibilisiert für Mode und Trends.

Smart-Shopping

Durch die zunehmende Verbreitung des Internets setzt sich seit Mitte der 1990er-Jahre bei den Verbrauchern eine neue Dimension des Einkaufserlebnisses durch: das Onlineshopping (vgl. Abb. 9 auf der folgenden Seite). In dem Zuge hat sich ein neues Konsumverhalten, das sogenannte **Smart-Shopping,** entwickelt. Die Gruppe der Smart-Shopper achtet gleichermaßen auf Preisvorteile und Qualität. Smart-Shopper versuchen, teure und exklusive Markenartikel immer so günstig wie möglich zu bekommen. Damit unterscheiden sie sich von den Schnäppchenjägern, die ausschließlich nach Artikeln im untersten Preissegment suchen.

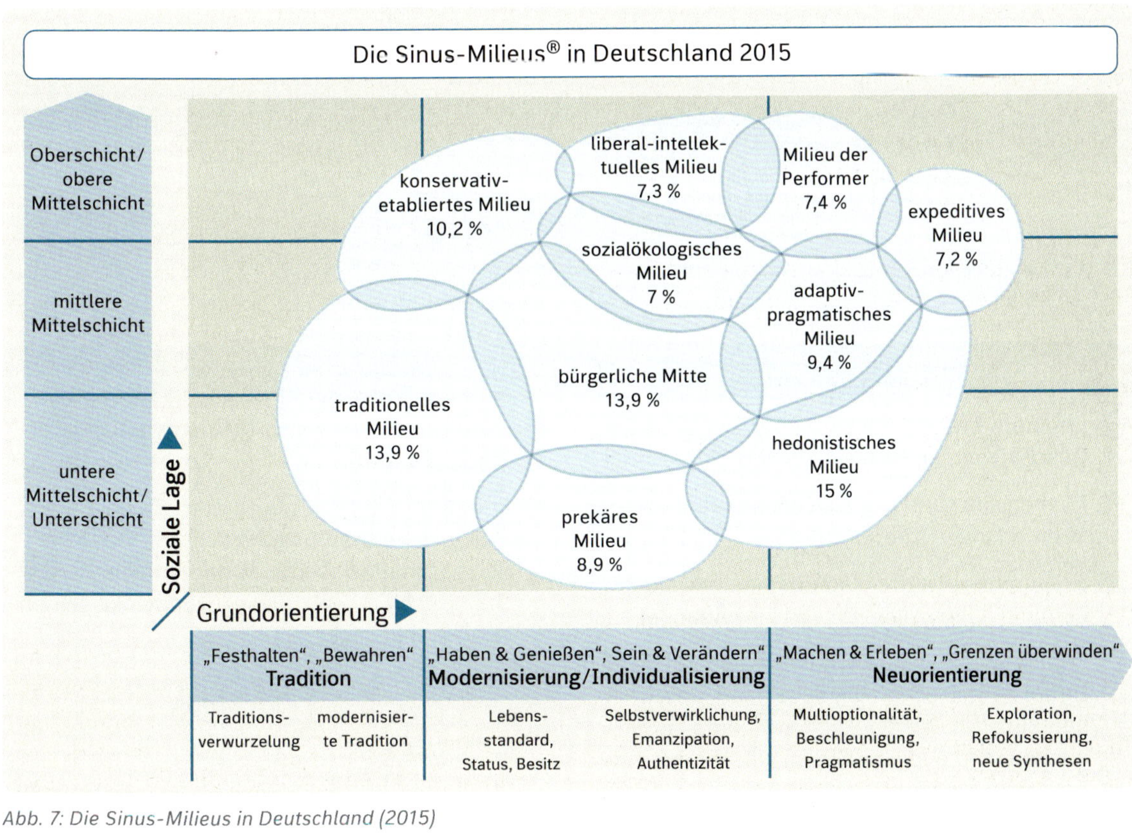

Abb. 7: Die Sinus-Milieus in Deutschland (2015)

Laut Experten aus dem Bereich Marktforschung gehören bereits 25 % der Deutschen dieser Käufergruppe an. Smart-Shopper informieren sich vor dem Kauf online oder im Ladengeschäft über das Produkt ihrer Wahl und vergleichen die Preise. Da die Waren im Internet häufig günstiger angeboten werden, kaufen viele Kunden schließlich online (vgl. Abb. 8). Smart-Shopper tummeln sich bei Auktionen, wie E-Bay, nutzen Onlineshopping-Clubs und Coupon-Aktionen oder steuern Fabrikverkäufe von Herstellern und Outlet-Center an, um möglichst günstig an Markenartikel zu kommen.

Abb. 8: Smart-Shopping: Ware im Laden anschauen und online Preise vergleichen

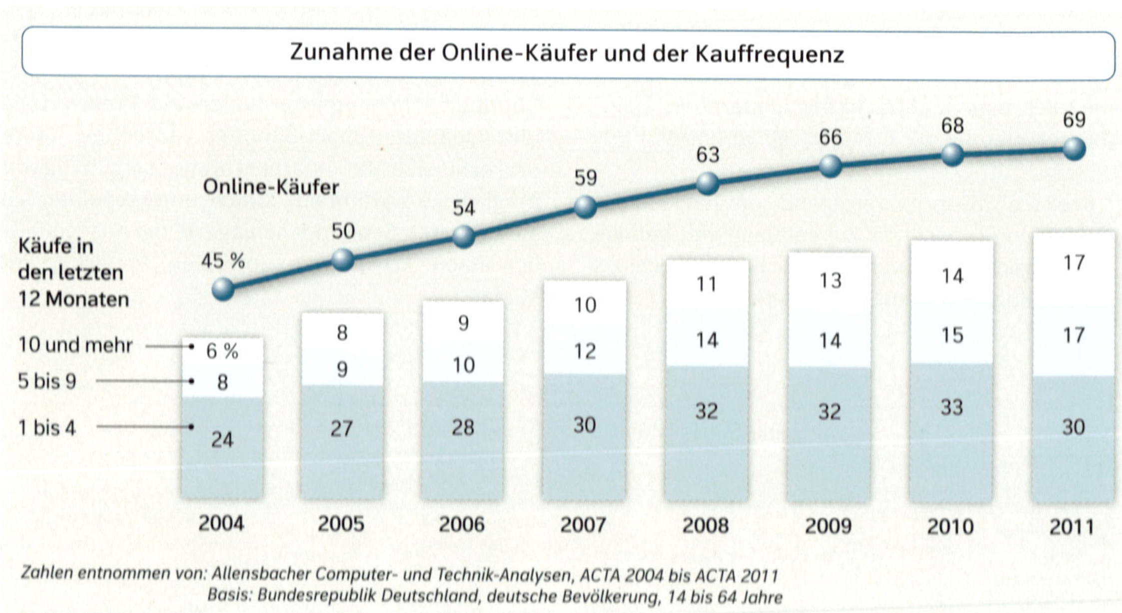

Abb. 9: Zunahme der Onlinekäufe von 2004 bis 2011

Aufgaben

1. Erläutern Sie, warum ein Kunde bei Ihnen im Geschäft immer noch ein König ist.
2. Können alle Kunden gleich behandelt werden? Begründen Sie Ihre Antwort.
3. Beschreiben Sie drei Käufertypen. Welche Bedeutung haben diese für den Einzelhandel?
4. Erläutern Sie, was für Käufertypen Ihnen in Ihrem Betrieb schon begegnet sind. Beschreiben Sie auch, wie Sie mit der Situation umgegangen sind und was Sie im Nachhinein verbessern würden.
5. Erläutern Sie, wie sich Kundentypologien ermitteln lassen.
6. Erläutern Sie, was man unter einem Smart-Shopper versteht. Wie kann ein Einzelhandelsgeschäft, das z. B. in der Fußgängerzone sein Geschäft hat, diese Gruppe zu seinen Kunden machen?

222330430

10.2 Besondere Kundengruppen

Tom Bischoff ist im Lebensmittel-Supermarkt brutto=netto OHG heute für die Kasse eingeteilt. Er freut sich gerade auf seinen baldigen Feierabend, als eine Gruppe Jungs auftaucht, die einen Bierkasten auf das Band wuchtet. Tom schätzt das Alter der Jungs auf etwa 13 Jahre. Er hört, wie einer dem anderen zuflüstert: „Los, du wolltest doch sagen, dass wir den Kasten für deinen Vater kaufen!"

10.2.1 Verkaufspotenzial ausschöpfen

In Kapitel 10.1 wurden Einteilungen von Kunden vorgestellt, die sich nach deren Auftreten oder deren Lebensweise richten. Daneben gibt es **spezielle Kundengruppen,** denen das Verkaufspersonal besondere Beachtung schenken sollte. Je detaillierter diese Klassifizierung vorgenommen wird, desto gezielter können die jeweiligen Kundengruppen im Verkaufsgespräch angesprochen und damit die Umsatzpotenziale besser ausgeschöpft werden. Zu den besonderen Kundengruppen gehören:

- Kinder und Jugendliche,
- Senioren,
- Ausländer,
- kranke und behinderte Menschen.

Weiterhin gibt es deutliche Unterschiede im Kaufverhalten zwischen Männern und Frauen. **Frauen** haben oft einen geschlechtsspezifischen Bedarf, wie Hygieneartikel oder Kosmetika. Meist sind sie sachkundiger und preisbewusster und wägen ihre Kaufentscheidung gründlicher ab. Frauen sind sehr erfahren beim Einkauf von Produkten des alltäglichen Lebens und treffen häufig die Auswahl, wenn es um Bekleidung, Möbel oder sonstige Einrichtungsgegenstände geht. **Männer** hingegen kennen sich oft mit technischen Produkten besser aus.

Durch die sich verändernden Strukturen in der Gesellschaft, wie die Verkleinerung der durchschnittlichen Haushaltsgröße oder die älter werdende Bevölkerung, entstehen **immer neue Kundengruppen** und Bedürfnisse, auf die der Einzelhandel sowohl im Hinblick auf das Marketing als auch in Bezug auf die Vorbereitungen für das Verkaufsgespräch reagieren muss.

10.2.2 Kinder und Jugendliche

Kinder und Jugendliche stellen mit ihren vielfältigen Bedürfnissen eine große und wichtige Kundengruppe dar. Einerseits verfügen sie bereits über eigenes **Taschengeld** und beeinflussen die Kaufentscheidungen ihrer Eltern, andererseits sind sie die Kundschaft von morgen.

Beispiel: Im Jahr 2016 hatten die Kinder und Jugendlichen im Alter zwischen 6 und 19 Jahren insgesamt über 20 Mrd. Euro zur Verfügung. Damit sind sie ein wichtiger Wirtschaftsfaktor für den Einzelhandel. Wofür sie das Geld, über 16 Mrd. Euro, ausgeben, zeigt die Abb. 1.

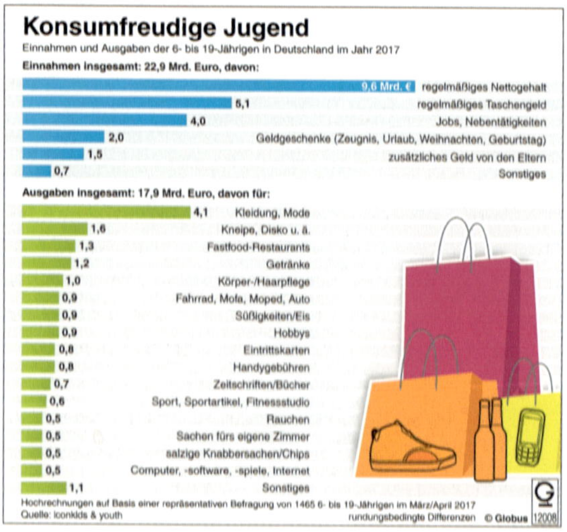

Abb. 1: Wofür Jugendliche ihr Taschengeld ausgeben

Ein hohes Ansehen bei Kindern und Jugendlichen genießen **Markenartikel.** Sie sind „cool" und drücken Gruppenzugehörigkeit aus. Kinder und Jugendliche sind sehr konsumfreudig und modebewusst. Das Markenbewusstsein wird vielfach durch die Werbung und die Medien geprägt. Es kommt vor allem zum Ausdruck beim Kauf von

- Spielzeug,
- Bekleidung und Schuhen,
- Lebensmitteln und Süßigkeiten,
- Taschen, Rucksäcken und Ranzen sowie
- elektronischen Geräten, wie z. B. Mobiltelefonen.

Beliebt bei Kindern und Jugendlichen sind auch sogenannte **Merchandising-Produkte,** bei denen aus berühmten Imageträgern ganze Markenserien entwickelt werden. Merchandising kommt aus dem Englischen und bedeutet übersetzt „Handelsgüter verkaufen". Beispiele sind

- der Romanheld Harry Potter,
- der Film „Star Wars",
- Sportvereine, wie Bayern München, oder
- die Rennfahrerlegende Michael Schuhmacher.

Beispiel: Im Jahr 2007 erzielte der Berliner Zoo Umsatzrekorde, indem er das Eisbärbaby Knut als Marke eintragen ließ und Merchandising-Produkte, wie Plüschtiere, T-Shirts und Tassen, vermarktete.

Grundsätzlich sind beim Verkauf von Waren an Kinder und Jugendliche verschiedene **gesetzliche Grundlagen** zu beachten:

- Gemäß § 104 des Bürgerlichen Gesetzbuchs (BGB) sind Kinder unter sieben Jahre geschäftsunfähig.
  » LF 3, Kapitel 3.1.3
- Minderjährige Personen zwischen sieben und 17 Jahren unterliegen der eingeschränkten Geschäftsfähigkeit, d. h., Kaufverträge müssen vor Abschluss von den Erziehungsberechtigten genehmigt werden (§ 106 BGB).
- Eine Ausnahme beschreibt der Taschengeldparagraf (§ 110 BGB): Im Rahmen ihres Taschengeldes können Minderjährige kleine Einkäufe ohne Einwilligung der Eltern abschließen. Dazu gehören z. B. Lebensmittel, Kleidung oder Zeitschriften.
- Laut Jugendschutzgesetz (JuSchG) darf an Jugendliche unter 18 Jahren kein Branntwein abgegeben werden. Für den Verkauf von Bier, Wein oder Sekt gilt ein Mindestalter von 16 Jahren. Das Gesetz verbietet zudem die Abgabe von Tabakwaren an Kinder und Jugendliche. Weitere Einschränkungen gibt es für Feuerwerkskörper und Waffen sowie diverse Zeitschriften und Videospiele.

Ladengestaltung und Warenpräsentation

Bei der Sortimentsauswahl ist zu berücksichtigen, dass die angebotenen Produkte für Kinder und Jugendliche aktuellen Marken- und Modetrends entsprechen. Auch sollten je nach Alter niedrigpreisige

Waren angeboten werden, die sich die Kundengruppe von ihrem Taschengeld leisten kann.

Kinder und Jugendliche fühlen sich durch helle und freundliche Farben sowie bunt gestaltete **Blickfänge** angesprochen. Die Waren sollten so platziert sein, dass auch kleinere Kinder sie gut sehen können (vgl. Abb. 2). Weiterhin sollte es möglich sein, alle Produkte aus dem Non-Food-Bereich anfassen zu können. Beim Verkauf bestimmter Warengruppe, wie z. B. Computerspiele, ist es ratsam, im Laden eine Teststation einzurichten.

Abb. 2: Produkte für Kinder auf Augenhöhe platzieren

Viele Einzelhandelsunternehmen bieten vor allem jüngeren Kindern **Spielecken** (vgl. Abb. 3) an, in denen sie sich die Zeit vertreiben können, während die Eltern einkaufen. Auch Angebote wie als Auto gestaltete Einkaufswagen kommen beim Nachwuchs gut an. In größeren Geschäften gehören Wickelmöglichkeiten und Kindertoiletten zur Standardeinrichtung. Jugendliche sind von Angeboten wie Stil- und Make-up-Beratungen oder Autogrammstunden mit aktuellen Stars begeistert.

Beispiel: Globetrotter hat 2009 in Berlin einen eigenständigen Shop für Kinder eingerichtet. Auf 350 m² präsentiert der Reise- und Outdoor-Ausrüster direkt neben der Hauptfiliale eine Erlebniswelt für kleine Abenteurer zwischen 0 bis 15 Jahren. Leitmotiv ist eine Entdeckerwiese, wo es vom Baumhaus über das Kletterspinnen-Netz bis zur Schuhteststrecke geht. Jeden Monat werden zudem kindgerechte Kurse, Natur-Exkursionen und Schnupperklettern angeboten (vgl. Abb. 3).

Abb. 3: Ikea Småland – Shoppen und Austoben in Einem

Anforderungen an das Verkaufspersonal

Das Verkaufspersonal muss über aktuelle Trends informiert sein, um Kinder und Jugendliche zielgruppengerecht beraten zu können. Besonders jüngere Verkäuferinnen und Verkäufer können schneller eine Beziehung zum jüngeren Publikum aufbauen. Vor allem kleineren Kindern muss im Verkaufsgespräch viel **Geduld** und **Verständnis** entgegengebracht werden.

Kinder und Jugendliche müssen genauso freundlich begrüßt und ernst genommen werden wie Erwachsene. Vor allem kleinere Kinder verfügen über geringe Erfahrungen beim Einkaufen. Sie sind deshalb oftmals schüchtern und beschreiben ihre Wünsche nur unzureichend und unsicher. Deshalb ist vonseiten des Verkaufspersonals eine **kindgerechte Ansprache** wichtig. Bei der Rückgabe von Wechselgeld sollte darauf geachtet werden, dass es ordnungsgemäß eingesteckt wird.

Um Kinder und Jugendliche an das Einzelhandelsunternehmen zu binden, können **kleine Geschenke** ausgehändigt werden, wie z. B. Süßigkeiten, kleine Spielsachen oder Cremes (vgl. Abb. 4).

Abb. 4: Kleine Präsente für den geduldigen Nachwuchs

10.2.3 Senioren

Als Senioren werden ältere Menschen bezeichnet, die sich im Rentenalter oder im Ruhestand befinden. Die Lebensphase beginnt etwa zwischen dem 60. und dem 67. Lebensjahr. In Zukunft wird es in Deutschland immer mehr ältere Menschen geben. Die Veränderungen im Altersaufbau haben vor allem zwei Ursachen: die anhaltend niedrigen Geburtenraten sowie die steigende Lebenserwartung der Menschen.

» LF 1, Kapitel 1.7.1, Entwicklung der Altersstruktur in Deutschland

Beispiel: Nach Berechnungen des Statistischen Bundeamtes werden in Deutschland bis zum Jahr 2060 rund 17 Millionen Einwohner weniger als heute leben. Jeder Dritte wird dann über 65 Jahre alt sein, jeder Siebte – also rund 10 Millionen Menschen – sogar über 80 Jahre.

Im Zuge der Verschiebung der Altersstruktur stellen die Senioren für den Einzelhandel eine ganz besondere Kundengruppe dar. Bereits heute orientieren sich Hersteller von Produkten und Anbieter von Dienstleistungen verstärkt an den Bedürfnissen von älteren Menschen. Besonders interessant sind Produkte, die das Leben leichter, angenehmer und sicherer machen und zur Erhaltung der Gesundheit beitragen.

Senioren legen besonderen Wert auf die leichte Bedienbarkeit und Pflege der Produkte. Zu den besonderen Angeboten gehören:

- spezielle Reisen für ältere Menschen,
- Telefone und Seniorenhandys (vgl. Abb. 5),
- Waschmaschinen mit großen Bedientasten oder
- Autos mit niedriger Ladekante.

Abb. 5: Seniorenhandy mit extra großen Tasten und Zahlen

Im Gegensatz zu früher hat sich das Verhalten der älteren Menschen verändert – sie werden immer aktiver, reisen gern, treiben Sport und ernähren sich gesünder. Viele Senioren sind wohlhabend und verfügen im Vergleich zu jüngeren Menschen über mehr Geld für den Konsum. Die Werbung hat die Zielgruppe der über 50-jährigen entdeckt und für sie die Begriffe **„Best Ager“** und **„Silver Liner“** geprägt. In dem Zuge bieten Hersteller Pflegeprodukte „für die reife Haut“ oder „gelenkschonende“ Sportschuhe an. Kaufmotive von Senioren sind Unterstützung im Alltag, Gesundheit und Sicherheit.

Ladenaufbau und Warenpräsentation

Vorteilhaft sind breite Gänge und rutschfeste Beläge. Zur besseren Erreichbarkeit ist es günstig, wenn Geschäfte **barrierefrei** gestaltet sind. Das bedeutet:

- Die Eingänge sind ebenerdig aufgebaut oder mit Rollstuhlrampen oder Fahrstühlen versehen.
- Im Inneren herrschen stufenlose Übergänge vor.
- Bei mehrstöckigen Geschäften sollten die Etagen mit Rolltreppen oder Fahrstühlen zugänglich sein.

Zusätzlich laden **Sitzmöglichkeiten** und **Ruhezonen** zum Verweilen ein. Die Produkte sind so zu platzieren, dass sie sich in Greif- und Sichthöhe befinden. Beschilderungen und Hinweistafeln sollten große und gut lesbare Beschriftungen enthalten. Senioren leben häufig allein, deshalb bevorzugen sie **kleine Packungsgrößen** und kleine Artikelmengen (vgl. Abb. 6).

Abb. 6: Senioren achten auf kleine Warenmengen

Ältere Menschen beurteilen Geschäfte nicht nur nach den Produkten, sondern auch nach den Serviceeinrichtungen. Um die Wege kurz zu halten, besteht beispielsweise die Möglichkeit, spezielle Parkmöglichkeiten für Senioren einzurichten. Weitere Dienstleistungsangebote können sein:

- Anlieferungs- und Aufbauservice,
- Einpackservice oder
- telefonische Bestellmöglichkeiten.

Anforderungen an das Verkaufspersonal

Auch das Verkaufspersonal muss sich auf das Publikum der Senioren einstellen. Ältere Menschen können im Verkaufsgespräch schwieriger sein, weil sie ihre Entscheidungen zum Teil langsamer treffen und den Kauf sorgfältiger abwägen. Technischen Neuheiten gegenüber sind sie häufig misstrauisch.

Viele ältere Menschen kommunizieren gern, deshalb sollte das Verkaufspersonal offen für ein persönliches Gespräch sein. Außerdem sind Feingefühl, Rücksicht und Geschick im Umgang mit Senioren gefordert.

Bei schwerhörigen oder sehschwachen Menschen empfiehlt es sich, langsamer und deutlicher zu sprechen und die Informationen auf den Produkten gegebenenfalls vorzulesen. Gerade Stammkunden legen Wert darauf, dass sie mit Namen angesprochen werden und ihre regelmäßigen Konsumwünsche bekannt sind.

Senioren wenden sich gern an Verkaufspersonal, das erfahren, konservativ und souverän wirkt (vgl. Abb. 7).

Abb. 7: Kunden sollten stets freundlich und kompetent angesprochen werden

10.2.4 Ausländer

Zurzeit leben rund 9 Millionen Menschen mit ausländischer Staatsbürgerschaft in Deutschland, zudem verfügen knapp mehr als 17 Millionen Menschen über einen Migrationshintergrund. Dazu zählen Personen mit nichtdeutscher Staatsangehörigkeit, eingebürgerte Deutsche, Spätaussiedler sowie jeweils deren Kinder.

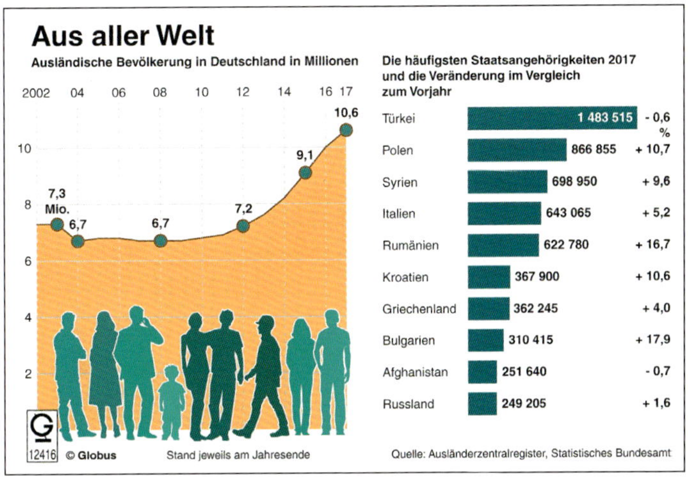

Abb. 8: Ausländer in Deutschland nach Herkunftsland

Ausländer sind eine sehr bedeutende Kundengruppe, die über eine **erhebliche Kaufkraft** verfügt. Um den Bedarf der eigenen Landsleute zu decken, haben viele Ausländer, darunter vor allem Türken, hierzulande kleinere Einzelhandelsgeschäfte eröffnet.

Beispiel: Marketingexperten haben den Begriff „Ethno-Marketing" geprägt. Damit sollen Ausländer ihrer Nationalität, Kultur und Sprache entsprechend beworben werden. So stellen Autohersteller, wie VW oder Mercedes, türkischsprachige Verkaufsberater ein. Auch Versicherungen schicken ausländische Vertreter durchs Land. Einzelhändler wie Lidl oder KIK machen in Russisch oder Türkisch Werbung für ihre Sonderangebote.

Im Einzelhandel spielen auch ausländische **Touristen** und **Messebesucher** eine Rolle:

- Jahr für Jahr kommen rund 55 Millionen ausländische Touristen nach Deutschland.
- Davon sind fast zehn Millionen aus den Niederlanden, mehr als vier Millionen aus den USA und ebenfalls etwa vier Millionen aus Italien.

Für ausländische Kunden ist das Einkaufen oft problematisch, da sie Produktbeschreibungen in deutscher Sprache nicht verstehen.

Ladengestaltung und Warenpräsentation

Vorteilhaft sind Produkte mit **mehrsprachigen Inhaltsangaben** und Gebrauchshinweisen. Gerade im Lebensmittelbereich sollten die Inhaltsstoffe klar ausgewiesen werden, damit beispielsweise ersichtlich ist, ob eine Wurstsorte Schweine-, Rind- oder Geflügelfleisch enthält. In Supermärkten und Discountern ist das Angebot an Spezialitäten aus anderen Ländern in jüngster Zeit deutlich ausgeweitet worden. Ausländische Touristen kaufen gern typisch deutsche Produkte als Souvenir oder Mitbringsel ein, wie z. B. Lübecker Marzipan, Kuckucksuhren oder Lebkuchenherzen vom Oktoberfest.

Hilfreich für ausländische Kunden ist es, wenn die Preisschilder immer direkt an der Ware oder unmittelbar vor der Ware am Warenregal befestigt sind. Nützlich sind auch Wegweiser und Hinweisschilder, die den Text in ausländischer Sprache oder auch Bildmotive (Pictogramme) enthalten.

Anforderungen an das Verkaufspersonal

Alle Kunden müssen mit der gleichen Freundlichkeit und Aufmerksamkeit bedient werden. Hierbei spielt es keine Rolle, ob es sich um deutsche oder ausländische Kunden handelt. Auch sollte sich das Verhalten des Verkaufspersonals nicht am Status eines Kunden (Tourist, Geflüchteter usw.) orientieren, sondern das Hauptaugenmerk sollte stets auf Verständigung gerichtet sein. Gefordert sind vor allem Verständnis für die Traditionen, Mentalitäten und Religionen der ausländischen Kunden. Treten Verständnisprobleme auf, sollte langsam und deutlich – nicht lauter – gesprochen werden. Zusätzlich können die Aussagen mit Mimik und Gestik untermauert werden. Häufig kann man auch die Ware für sich sprechen lassen oder auf die Preisschilder und Kassenbons verweisen.

Im Zuge der Globalisierung sind Fremdsprachenkenntnisse im Verkauf enorm von Vorteil. Um sich mit ausländischen Kunden verständigen zu können und die eigenen Chancen auf eine Anstellung zu erhöhen, sollte das Personal mindestens über **Grundkenntnisse der englischen Sprache** verfügen.

10.2.5 Behinderte und Kranke

Laut dem Statistischen Bundesamt leben 8,7 % der Bevölkerung in Deutschland mit einer anerkannten Behinderung, davon sind 7,1 Millionen schwerbehindert. Ursachen für eine Behinderung können angeborene Behinderungen, Krankheiten, Unfälle oder Kriegsverletzungen sein. 29 % der schwerbehinderten Menschen sind 75 Jahre und älter. Etwa die Hälfte (46 %) gehört der Altersgruppe der 55- bis 75-Jährigen an. Dagegen fällt der Anteil der unter 18-Jährigen mit 2 % gering aus.

Schwerbehinderte Menschen sind zum Teil auf besondere Hilfsmittel angewiesen, die ihnen den Alltag erleichtern. Dazu gehören:

- Rollstühle,
- behindertengerechte Fahrzeuge und Betten und
- Gehhilfen.

In den meisten Fällen nutzen sie jedoch dieselben Produkte wie nicht behinderte Menschen.

Ladengestaltung und Warenaufbau

Vor allem für Rollstuhlfahrer und Menschen mit Gehhilfen ist die barrierefreie Erreichbarkeit der Einzelhandelsgeschäfte unabdinglich. Dazu gehört auch, dass die Geschäfte ebenerdig betreten werden können oder mit einer Rollstuhlrampe erreichbar sind.

Abb. 9: Behindertengerechter Einkaufswagen

Im Inneren sollten breite Gänge vorherrschen, damit Rollstuhlfahrer und Menschen mit Gehhilfen ohne Unterstützung einkaufen können. Produkte sind niedrig zu platzieren, damit sie sich in Greif- und Sichthöhe befinden. Zudem erleichtern behindertengerechte Einkaufswagen, die ganz einfach an einen Rollstuhl angedockt werden können, das selbstständige Shoppen.

Behinderten-Parkplätze auf Parkflächen oder in Tiefgaragen ermöglichen kurze Wege ins Geschäft. Gerade in größeren Läden gibt es zusätzlich behindertengerechte Toiletten, Aufzüge und Rolltreppen, die die Beförderung von behinderten Menschen ermöglichen.

Zum Teil sind behinderte Menschen auf spezielle Nahrungsmittel, z. B. Diabetikernahrung, angewiesen. Die Produkte sind oft separat platziert und mit entsprechenden Hinweisschildern versehen.

Beispiel: Der sky-Markt in Bordesholm, Schleswig-Holstein, hat eine Güteplakette für behindertengerechtes Einkaufen erhalten. In den breiten Gängen können sogar mehrere Rollstuhlfahrer aneinander vorbeifahren. Auch die Kassenausgänge sind problemlos von Rollstuhlfahrern passierbar. Die Behindertentoilette mit Wickeltisch, Alarmvorrichtung und von außen entriegelbarem Schloss ist ebenfalls vorbildlich. Dank des abgesenkten Tresens im angeschlossenen Kiosk kann ein Rollstuhlfahrer bei seinem Kauf das Personal auch sehen.

Anforderungen an das Verkaufspersonal

Das Verkaufspersonal sollte viel Rücksicht und Geduld für Behinderte aufbringen und die Kunden mit ihren persönlichen Bedürfnissen respektvoll behandeln. Die Bedienung erfordert ein hohes Maß an Einfühlungsvermögen und Hilfsbereitschaft.

Für Sehbehinderte ist eine gute Ausdrucksfähigkeit notwendig. Bei Hörgeschädigten muss der Verkäufer über eine gute Mimik und Gestik verfügen.

Das Verkaufspersonal sollte Behinderten beim Öffnen der Türen, sicherem Verpacken oder Hinaustragen der Ware helfen.

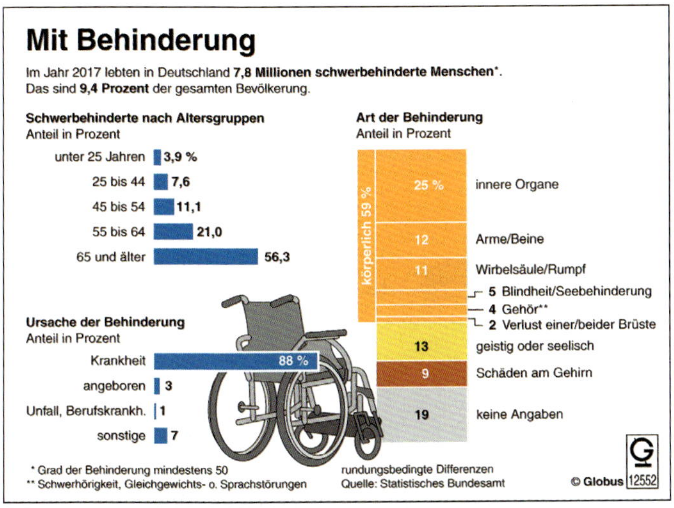

Abb. 10: Schwerbehinderte Menschen in Deutschland

Aufgaben

1. Stellen Sie dar, was das Verkaufspersonal im Umgang mit Kindern und Jugendlichen beachten sollte.
2. Erklären Sie, welche Besonderheiten bei Senioren im Verkaufsgespräch berücksichtigt werden müssen.
3. Erläutern Sie, warum Senioren eine wichtige Kundengruppe sind.
4. Präsentieren Sie, was man unter dem Begriff „Ethno-Marketing“ versteht. Nennen Sie Beispiele.
5. Erläutern Sie, warum es so wichtig für das Verkaufspersonal ist, über Grundkenntnisse der englischen Sprache zu verfügen.
6. Diskutieren Sie, was man unter behindertengerechtem Einkaufen versteht.
7. Veranschaulichen Sie, wie sich das Verkaufspersonal gezielt auf den Umgang mit Menschen mit Behinderungen vorbereiten kann.

10.3 Besondere Verkaufssituationen

Lena Sievers ist in der Modehaus Müller GmbH schon seit einer halben Stunde mit den gleichen Kunden beschäftigt: Drei junge Leute möchten sich für die Hochzeit ihrer Freunde einkleiden und können sich nicht entscheiden. Die Damen reden zum Teil gleichzeitig auf Lena ein, überhäufen sie mit Sachen, die sie bereits anprobiert und ausgeschlossen haben, und bitten sie immer wieder um neue Kleider und Hemden. Seit einigen Minuten steht nun eine ältere Dame in Lenas Nähe, die schon zweimal versucht hat, sie anzusprechen.

10.3.1 Kunden in Begleitung

Ein großer Teil der Kunden geht nicht allein einkaufen, sondern wird von anderen Menschen begleitet. In der Praxis gibt es vielerlei Situationen, in denen Kunden mit einer weiteren Person oder mehreren Personen ins Geschäft kommen:

- Ein Einkaufsbummel mit Freunden, Familie oder Lebenspartner/-in macht mehr Spaß und wird zum Freizeiterlebnis.
- Wenn es um langlebige oder hochwertige Anschaffungen, wie Autos oder Möbel geht, entscheiden Familien oder Lebensgemeinschaften gern gemeinsam über den Kauf.
- Wollen Eltern Kleidung, Spielsachen oder Geschenke für den Nachwuchs einkaufen, werden sie häufig von den Kindern begleitet.
- Kunden werden von fachlich versierten Personen begleitet, die ihnen beim Einkauf, z. B. von technischen Geräten, beratend zur Seite stehen.
- Manche Menschen sind unsicher beim Einkauf oder misstrauen dem Verkaufspersonal und nehmen deshalb gern die Unterstützung einer Begleitperson in Anspruch (vgl. Abb. 1).

Abb. 1: Ältere Menschen gehen nicht gern allein einkaufen.

Die Bedienung von Kunden in Begleitung stellt eine große Herausforderung dar. Sie ist nicht nur zeitaufwendiger, sondern erfordert zudem ein Höchstmaß an Aufmerksamkeit und Einfühlungsvermögen. Das Verkaufspersonal sollte sich auf die jeweilige Situation gezielt einstellen.

Zunächst muss das **Verhalten der Begleitperson** beobachtet werden. Dabei ist einzuschätzen,

- ob die Begleitperson an der Verkaufshandlung interessiert ist,
- über wie viel Fachwissen sie verfügt und
- welchen Einfluss sie auf den potenziellen Käufer ausübt.

Es lassen sich vier Arten von Einkaufssituationen in Begleitung unterscheiden (vgl. Abb. 2).

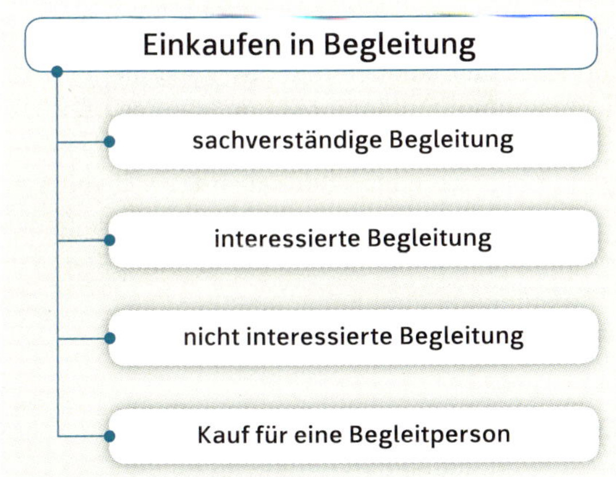

Abb. 2: Arten von Einkäufen in Begleitung

Sachverständige Begleitung

Die sachverständige Begleitung lässt sich an den folgenden Verhaltensweisen erkennen:

- Sie sucht selbst nach geeigneter Ware und geht sicher damit um.
- Sie besitzt Material- und Warenkenntnisse und benutzt Fachausdrücke.
- Im Verkaufsgespräch argumentiert sie sachlich, stellt gezielte Fragen und bringt Einwände vor.
- Sie zeigt dem Kunden die Vor- und Nachteile der Ware auf.

Verhalten des Verkaufspersonals bei sachverständiger Begleitung: Die sachverständige Person sollte in das Verkaufsgespräch einbezogen werden. Ratsam ist es, der Begleitung zunächst ausreichend Gelegenheit zu geben, die Eigenschaften der Ware selbst zu beschreiben. Das Personal sollte das Fachwissen des Kunden bzw. deren Begleitung freundlich anerkennen und im Gespräch lobend erwähnen. Positive Argumente von Verkäuferseite können den Vorgang zusätzlich unterstützen. Dadurch wird nicht nur die eigene Kompetenz deutlich, sondern es wird auch der Begleiter als Bündnispartner gewonnen.

Wenn offensichtlich ist, dass die Begleitperson mehr weiß als das Verkaufspersonal, ist verbale Zurückhaltung geboten. In diesen Fällen sollte man die Ware vorlegen und für sich sprechen lassen. Ergänzt werden kann das Gespräch durch sachliche Hinweise auf Neuheiten, Preisunterschiede und Serviceleistungen. Bei Bedarf nimmt man die Hilfe eines versierten Fachkollegen in Anspruch.

Interessierte Begleitung

Oft lassen sich Kunden ganz bewusst von Menschen begleiten, die Interesse am Verkaufsgeschehen haben. Diese Begleitpersonen zeichnen sich dadurch aus, dass sie die Auswahl des Kunden aufmerksam verfolgen, bei der Anprobe dabei sind oder persönliche Ratschläge erteilen. Interessierte Begleiter können je nach Kenntnis Fachleute oder Laien sein.

Verhalten des Verkaufspersonals bei interessierter Begleitung: Interessierte Personen sollten aktiv am Verkaufsgespräch beteiligt werden, da sie wertvolle Hinweise geben können, die zu einem erfolgreichen Verkaufsabschluss führen können. Auch wenn die Begleitung weniger sachkundig ist, sollte deren Meinung erfragt und berücksichtigt werden. Bei der Argumentation ist darauf zu achten, dass diese nicht nur den Kunden, sondern auch die Begleitperson überzeugt. Sind sich Kunde und Begleitperson nicht einig, sollte das Verkaufspersonal keine Partei ergreifen, sondern Verständnis für beide Seiten signalisieren und möglichst Entscheidungshilfen anbieten.

Nicht interessierte Begleitung

Desinteressierte bzw. passive Begleitpersonen sind an ihrem Verhalten zu erkennen: Sie wenden sich ab, schauen gleichgültig herum oder beschäftigen sich mit anderen Dingen. Kinder als Begleitpersonen können einen negativen Einfluss auf das Verkaufsgespräch ausüben, insbesondere wenn sie quengeln, schreien oder weglaufen.

Verhalten des Verkaufspersonals bei nicht interessierter Begleitung: Um desinteressierte Begleitpersonen sollte man sich zu Beginn der Kontaktphase kümmern, damit sie das Verkaufsgespräch nicht stören oder den Kunden ablenken. Beispielsweise kann man ihnen einen Sitzplatz, Getränke oder Zeitungen und Zeitschriften zum Lesen anbieten. Falls es im Geschäft ein Café oder ein Restaurant gibt, sollte darauf hingewiesen werden.

Beispiel: Damit Eltern ungestört einkaufen können, hat das Möbelhaus Ikea das Kinderparadies Småland eingerichtet. Dort können drei- bis zehnjährige Kinder unter Aufsicht im Bällebad toben, rutschen, malen oder im Kinderkino altersgerechte Filme ansehen.

Kinder können entsprechend ihres Alters mit Malutensilien, Büchern oder Spielen versorgt werden. Auch Spiel- oder Kinoecken sind ein geeignetes Mittel, um Kinder vorübergehend zu beschäftigen. Bei kleineren Kindern kann zusätzlich eine Kollegin oder ein Kollege zur Aufsicht hinzugezogen werden.

Kauf für eine Begleitperson

Einkaufen in Begleitung kann sinnvoll sein, um Fehlkäufe zu vermeiden. Gerade wenn unterschiedliche Generationen zusammentreffen, können Meinungen, Geschmäcker und Preisvorstellungen voneinander abweichen.

Beispiel: Eine Mutter geht mit ihrem 14-jährigen Sohn in ein Bekleidungsgeschäft, um ihm eine neue Winterjacke zum Geburtstag auszusuchen. Damit der Junge Gefallen an der Jacke findet, nimmt die Mutter ihn zum Einkauf mit.

Abb. 3: Eltern und Kinder haben oft verschiedene Geschmäcker.

Weitere Situationen, in denen Einkäufe für eine Begleitperson getätigt werden, können sein:

- Gerade im Textilbereich suchen Frauen häufig die Kleidung für ihre Männer aus.
- Bei Technikartikeln haben Männer oft mehr Sachverstand. Deshalb lassen sich Frauen beim Gerätekauf gern von Männern begleiten.
- Ältere oder gesundheitlich eingeschränkte Menschen werden von Personen begleitet, die für sie Waren des täglichen Gebrauchs auswählen.

Verhalten des Verkaufspersonals beim Kauf für eine Begleitperson: Für das Verkaufspersonal gilt es, herauszufinden, wer letztlich über den Kauf entscheidet. Zunächst sollte man ermitteln, welche Ansprüche die unterschiedlichen Parteien haben. Treten Meinungsverschiedenheiten auf, sollte zwischen den Vorstellungen von Begleiter und Kunde vermittelt werden. Oft lässt sich auch mit Alternativangeboten ein Kompromiss herbeiführen, der beide Parteien zufriedenstellt. Aus Streitigkeiten sollte man sich generell heraushalten. Damit eine Kaufentscheidung herbeigeführt wird, kann gegen Ende des Verkaufsgesprächs die Meinung der Leitperson argumentativ gestärkt werden.

10.3.2 Geschenk- und Besorgungskauf

Grundsätzlich ist zwischen Geschenk- und Besorgungskauf zu entscheiden:

- Beim **Besorgungskauf** kauft der Kunde die Ware im Auftrag einer anderen Person ein. Oftmals bringt er eine schriftliche Vorgabe mit und muss ein festgelegtes Preisbudget einhalten.
- Der **Geschenkkauf** ist von der Preisgestaltung her meist großzügiger. Der Kunde hat jedoch häufig keine feste Vorstellung davon, was er verschenken möchte.

Ausgaben für Geschenke 2011	
Weihnachten	218,00 €
Hochzeit	166,00 €
Geburtstage allgemein	135,00 €
Hochzeitsjubiläen	127,00 €
Runde Geburtstage	84,00 €
Taufe/Kommunion/Firmung	77,00 €
Ostern	59,00 €

Zahlen entnommen von: Messe Frankfurt, 2011
Deutschland; 1000 Befragte; durchschnittliche Ausgaben in Euro

Abb. 4: So viel geben die Deutschen für Geschenke aus.

Wie Abb. 4 zeigt, geben die Deutschen im Durchschnitt 218,00 € für Weihnachtsgeschenke, 166,00 € Euro für Hochzeiten und etwa 135,00 € für Geburtstage aus. Geschenkverkäufe sind immer dann einfach zu handhaben, wenn der Kunde mit konkreten Vorstellungen ins Geschäft kommt. Viel schwieriger sind Situationen, in denen der Kunde unentschieden ist und sich Anregungen und Hilfestellungen vom Verkaufspersonal erhofft. Damit der Kunde nicht unverrichteter Dinge das Geschäft verlässt, sollten ihm entsprechende Vorschläge unterbreitet werden.

Verhalten des Verkaufspersonals

Zunächst gilt es, den genauen Bedarf des Kunden zu ermitteln.

Beispiele:

- Eine junge Frau sucht ein Weihnachtsgeschenk für ihre 75-jährige Oma, die noch relativ fit ist, gern Fahrrad fährt und Krimis liest.
- Ein älterer Herr hält nach einem Geburtstagsgeschenk für seinen zehnjährigen Enkel Ausschau. Der Junge ist Fußballfan und interessiert sich für Technik.

Zur Bedarfsermittlung sind verschiedene Informationen nötig:

- **Anlass des Geschenks:** Handelt es sich um ein Geburtstags-, Hochzeits- oder Weihnachtsgeschenk?
- **Wer wird beschenkt?** Hier spielen Alter und Geschlecht eine Rolle.
- **Ansprüche des Käufers:** Möchte der Schenkende etwas Praktisches, Wertvolles oder Persönliches verschenken?
- **Interessen des Beschenkten:** Welche Hobbies, Interessen und Geschmacksvorstellungen hat der Beschenkte?
- **Preisvorstellungen:** Was will der Kunde für das Geschenk ausgeben?

Bei der Geschenkvorlage ist es wichtig, dem Kunden eine **überschaubare Auswahl an Artikeln** zu unterbreiten und auf dessen Reaktionen zu achten. Im Zweifelsfall sollte die Kaufentscheidung durch Hinweise auf **Umtauschmöglichkeiten** erleichtert werden. Weitere Serviceleistungen, wie das Angebot zur Mitnahme einer Artikelauswahl, vereinfachen den Entschluss zusätzlich. Findet der Kunde kein passendes Geschenk, sollte ihm ein **Geschenkgutschein** zum Kauf angeboten werden. So kann sich der Beschenkte selbst einen passenden Artikel seiner Wahl aussuchen.

Hat der Kunde eine Entscheidung getroffen, bietet man ihm an, den Artikel als Geschenk zu **verpacken** (vgl. Abb. 5). Wichtig ist es, vor dem Einpacken das Preisetikett zu entfernen. Das Geschenkpapier muss dem Anlass entsprechend ausgewählt werden. Auch sollte der Kunde gebeten werden, für den Fall des Umtauschs den Kassenbeleg aufzubewahren.

Abb. 5: Kunden das Verpacken eines Geschenks anbieten

10.3.3 Verkauf bei Hochbetrieb und Ladenschluss

Der Andrang auf den Einzelhandel verteilt sich über den Tag, die Woche, den Monat und das Jahr hinweg unterschiedlich (vgl. Abb. 6). Es gibt Phasen, zu denen wenig los ist und Stoßzeiten mit viel Kundenverkehr. Hochbetrieb herrscht z. B.

- nach Feierabend,
- zu den Wochenenden,
- vor Feiertagen und in der Adventszeit,
- zu Beginn des Monats, wenn das Gehalt auf dem Konto eingegangen ist,
- zu Schlussverkäufen,

- bei Sonderaktionen und Veranstaltungen,
- saisonbedingt.

Beispiel: Wenn der erste Schnee gefallen ist, steigt die Nachfrage nach Winterartikeln, wie warme Jacken, gefütterte Schuhe, Schlitten und Skibedarf. Bei Sommereinbruch verzeichnet der Einzelhandel dagegen einen erhöhten Bedarf an Badesachen, Sonnencremes und -schirmen sowie luftiger Kleidung.

Abb. 6: Zu Weihnachten ist der Andrang groß.

Obwohl sich der Einzelhandel bei Hochbetrieb über vermehrte Umsätze freut, sind für Kunden und Unternehmen auch negative Auswirkungen zu verzeichnen. Dazu gehören

- überfüllte Geschäfte und Umkleidekabinen,
- Gedrängel,
- lange Wartezeiten und Schlangen an der Kasse,
- verärgerte und gereizte Kunden,
- erhöhte Diebstahlgefahr.

Vorbereitungen

Eine gute Vorbereitung ist alles. Die Geschäftsführung sollte die Voraussetzungen dafür schaffen, dass ein möglichst reibungsloser Ablauf bei Hochbetrieb gewährleistet wird. Wichtig kann beispielsweise der Einsatz von zusätzlichem Personal sein, damit die Verkaufsabteilungen ausreichend besetzt sind. Außerdem sollten die Lagerbestände aufgefüllt und genügend Kassen besetzt sein. Durch ein leicht zu erfassendes Warenangebot sowie korrekte und vollständige Preisauszeichnungen wird zudem die Auswahl der Ware für den Kunden vereinfacht.

Das Verkaufspersonal sollte darauf achten, dass Regale und Warenträger gut gefüllt sind, damit keine unnötigen Wartezeiten entstehen. Zudem muss viel Wechselgeld in der Kasse sein und entsprechendes Verpackungsmaterial zur Verfügung stehen. Auch auf einen aufgeräumten Arbeitsplatz ist zu achten.

Abb. 7: Bei Hochbetrieb bilden sich oft lange Schlangen.

Verhalten des Verkaufspersonals

In Zeiten des Hochbetriebs ist das Verkaufspersonal besonders gefordert. Generell sind Arbeiten, die auch später erledigt werden können, einzustellen. Die gesamte Aufmerksamkeit sollte der Kundschaft gewidmet werden. Verkaufshandlungen sind zügig abzuwickeln, jedoch ist eine gleichbleibende Freundlichkeit wichtig. Bei starkem Andrang sollte man:

- keine Hektik verbreiten und den Überblick behalten.
- höflich bleiben, auch wenn Kunden gereizt oder ungehalten sind.
- die Kunden der Reihenfolge nach bedienen.
- die Beratung auf das Wesentliche beschränken und keine überflüssigen Fragen stellen.
- längere Wartezeiten durch das Anbieten von Sitzplätzen, Getränken oder Zeitschriften verkürzen.
- Serviceleistungen zum Abbau des Andrangs anbieten, wie Self-Service-Kassen, Bestellsystem oder Lieferservice.

Beispiel: Es herrscht großer Kundenandrang. Eine Verkäuferin ist gerade im Verkaufsgespräch und beobachtet, dass bereits ein anderer Kunde hinter ihr wartet. Sie legt dem ersten Kunden mehrere Artikel vor und bittet ihn, in Ruhe seine Auswahl zu treffen. Schließlich fragt sie ihn freundlich, ob sie in der Zwischenzeit einen weiteren Kunden bedienen darf.

222330442

Um die Wartezeiten zu verkürzen und den Verkaufsvorgang zu beschleunigen, kann es sinnvoll sein, mehrere Kunden gleichzeitig zu bedienen. Bei der **Mehrfachbedienung** empfiehlt sich die folgende Vorgehensweise:

- Werden zwei Personen gleichzeitig beraten, sollte man zunächst das Einverständnis des ersten Kunden einholen und sich bedanken.
- Dem wartenden Kunden kann die Wartezeit verkürzt werden, indem man ihn mit der Ware oder der Artikelauswahl beschäftigt.
- Nachdem man dem zweiten Kunden eine kurze Frage beantwortet oder einen Hinweis gegeben hat, sollte der erste Kunde zu Ende bedient werden.
- Hat der Kunde sich zum Kauf entschlossen, sorgt man dafür, dass er schnell zahlen kann und die Ware erhält.

Das weit verbreitete Vorwahlprinzip und die Möglichkeiten der Selbstbedienung erleichtern die Mehrfachbedienung. Für das Verkaufspersonal besteht die Aufgabe hauptsächlich darin, sich im Hintergrund zu halten, Fragen zu beantworten oder Hinweise zu geben. Auf diese Weise können verschiedene Kunden zeitgleich beraten werden.

Abb. 8: Moderne Self-Service-Kassen verkürzen die Wartezeiten.

Verkauf bei Ladenschluss

Durch verlängerte und flexiblere Arbeitszeiten sowie ein erhöhtes Maß an Überstunden haben sich die Feierabendzeiten der Bevölkerung generell nach hinten verlagert. Zwar hat sich der Einzelhandel bereits mit verlängerten Öffnungszeiten auf diese Situation eingestellt, dennoch kommt es vor, dass Menschen kurz vor Ladenschluss noch ihre Einkäufe erledigen müssen.

Vor allem in größeren Geschäften oder Kaufhäusern werden kurz vor Ende der Öffnungszeiten **akustische Signale** gegeben, die den bevorstehenden Ladenschluss ankündigen. Bei kleineren Läden weist das Personal persönlich darauf hin und bittet die Kunden darum, sich zur Kasse oder zum Ausgang zu begeben.

10.3.4 Digitalisierung beim Verkauf

Der Einzelhandel muss sich gegen den boomenden Onlinehandel wehren. Dies tut er zunehmend mithilfe technischer Hilfsmittel, die er für die Kundenberatung sowie der Kundeninformation nutzt. So unterstützt beispielsweise eine Findbox den Kunden, der vor meterlangen Regalen mit Druckerpatronen, Handyzubehör oder Baumarktartikeln steht und aus Hunderten Produkten ein ganz bestimmtes ausfindig machen will.

Viele große deutsche Einzelhandelsketten haben die Preisangaben von Papier- auf Digitalanzeigen umgestellt. Die Einzelhändler versprechen sich davon eine Kosten- und Arbeitsersparnis, wenn die Schilder nicht mehr gedruckt und von Hand verteilt werden müssen. In Zukunft sollen diese Preisschilder auch Informationen für den Kunden auf das Smartphone liefern.

Versuchsweise werden Umkleidekabinen mit einem Touchscreen-Bildschirm installiert. Hier kann der Kunde seine soeben anprobierte Hose per Barcode einscannen und das System empfiehlt ein dazu passendes Hemd. Oder es ändert auf dem Bildschirm die Farbe der Kleidungsstücke.

Abb. 9: Die Zukunft des Shoppings

10.3.5 Verkaufsstörungen

Einige besondere Verkaufssituationen, wie Ablenkung durch kleine Kinder, Spätkunden oder Mehrfachbedienung bei hohem Kundenandrang, sind bereits thematisiert worden. In der Praxis treten jedoch weitere Situationen auf, in denen Verkaufsgespräche durch Störungen unterbrochen werden können. Gründe dafür sowie mögliche Reaktionen des Verkaufspersonals sind in Abb. 11 dargestellt. Um eine höchstmögliche Kundenzufriedenheit zu garantieren, ist das Personal gefordert, auf die jeweilige Situation professionell zu reagieren.

Abb. 10: Bei Überfällen keinen Widerstand leisten

Kritische Situationen

Normalerweise ist das Arbeiten im Einzelhandel nicht besonders gefährlich. Dennoch kommt es vor, dass das Verkaufspersonal mit kritischen Situationen konfrontiert wird, die ein schnelles und überlegtes Handeln erforderlich machen. Dazu gehören **Feuer, Unfall** oder **Überfall.**

Wichtig ist, sich rechtzeitig mit möglichen Gefahrenquellen sowie Gesetzen und Verordnungen zur Unfallverhütung vertraut zu machen. Auch sollte man die betrieblichen Einrichtungen kennen und wissen, was bei Eintreten eines Notfalls zu tun ist (vgl. Abb. 12).

» LF 1, Kapitel 1.8.5

Verkaufsstörung	Verhalten des Verkaufspersonals
Der Verkäufer wird ans Telefon gerufen. Ein Kollege möchte etwas wissen.	■ beim Kunden entschuldigen ■ um Erlaubnis bitten, das Gespräch zu unterbrechen ■ Antwort abwarten und sich dann kurz der anderen Aufgabe widmen
Es treten betriebliche Störungen auf, wie Stromausfall oder Absturz des Computers.	■ Kunden auffordern, Ruhe zu bewahren ■ Kassiervorgang manuell fortsetzen
Ein Kunde hat sein Geld vergessen.	■ Ware auf den Namen des Kunden reservieren
Jemand bezahlt mit Falschgeld.	■ Kunden freundlich darauf hinweisen ■ Polizei alarmieren
Ein Kunde fällt im Geschäft um.	■ sich um den Kunden kümmern ■ Erste Hilfe leisten und ggf. einen Notarzt rufen
Randalierende oder alkoholisierte Personen betreten das Geschäft.	■ Person auffordern, den Laden zu verlassen ■ Person von den anderen Kunden abschirmen ■ Kollegen um Hilfe bitten ■ bei Bedarf die Polizei alarmieren
Ein Kunde verlangt einen Artikel aus dem Schaufenster.	■ Ware austauschen, wenn es möglich ist ■ alternativ ein Reservierungsangebot unterbreiten

Abb. 11: Verkaufsstörungen und Verhalten des Personals

Kritische Situation	Vorsorgemaßnahmen	Verhalten im Notfall
Feuer	■ Brandschutzordnung und Alarmeinrichtungen kennen ■ Wissen über Standorte und Handhabung von Feuerlöschgeräten ■ Notausgänge und Fluchtwege freihalten ■ Kenntnisse über richtiges Verhalten im Brandfall	■ Ruhe bewahren und Panik verhindern ■ Feuerwehr alarmieren ■ bei Feueralarm Verkauf einstellen und Kunden hinausbegleiten ■ verqualmte Räume gebückt oder kriechend verlassen ■ Personen mit brennenden Kleidern Wolldecken oder Mäntel überwerfen
Unfall	■ Wissen über Unfallverhütungsvorschriften und Maßnahmen zur Ersten Hilfe ■ Standort Verbandskasten oder Sanitätsraum kennen	■ Ruhe bewahren ■ bei schweren Verletzungen Notarzt verständigen ■ Erste Hilfe leisten
Überfall	■ Alarm- und Sicherheitseinrichtungen kennen und bedienen können	■ Ruhe bewahren ■ Alarm auslösen und keinen Widerstand leisten ■ Polizei alarmieren

Abb. 12: Verhalten in kritischen Situationen

10.3.6 Ladendiebstahl

Jährlich verschwinden im deutschen Einzelhandel Waren im Wert von rund 3,8 Milliarden € – das macht fast 1 % des Gesamtumsatzes aus. Etwa 1,2 Milliarden € gibt der Handel pro Jahr für vorbeugende Maßnahmen zur Verhinderung von Ladendiebstählen aus.

Obwohl die Zahl der erfassten Delikte tendenziell rückläufig ist (vgl. Abb. 13), geht der Handel von einer zunehmenden Kriminalität aus. Laut einer Studie des Handelsforschungsinstituts EHI Retail Institute liegt die Zahl der unentdeckten Diebstähle bei rund 30 Millionen pro Jahr.

Die **Gründe für den Ladendiebstahl** sind vielfältig und nicht immer steht die wirtschaftliche Not im Vordergrund. Motive können sein:

- Bandendiebstähle und Diebstähle auf Bestellung (der organisierte Ladendiebstahl steht zunehmend im Fokus und verursacht hohe Schäden),

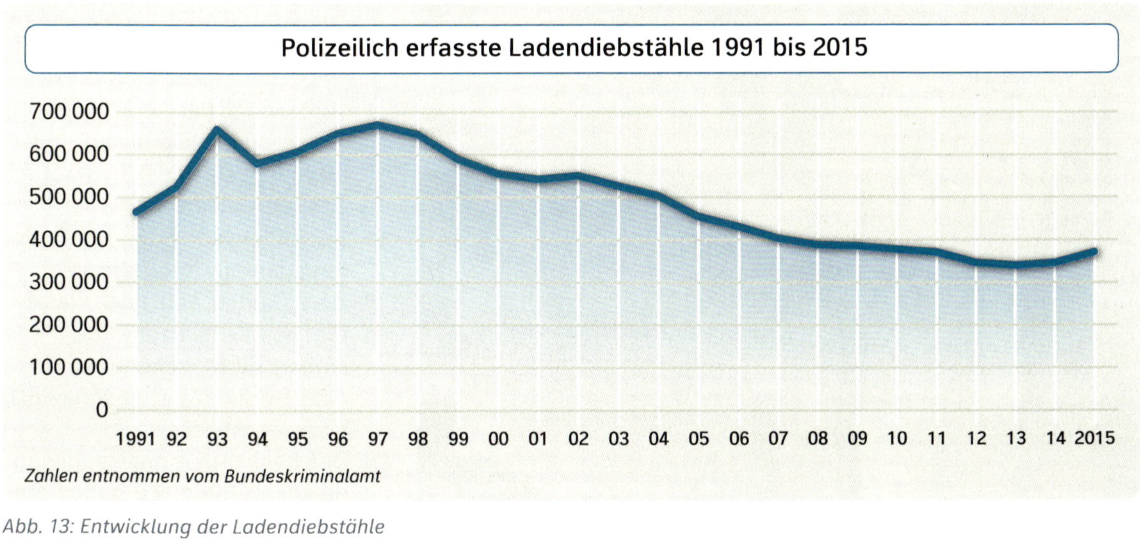

Abb. 13: Entwicklung der Ladendiebstähle

- Gelegenheitsdiebstähle (situationsbedingter Diebstahl oder Leichtsinn),
- Nervenkitzel, Mutprobe, Neid oder Geltungsstreben (wird überwiegend von Kindern und Jugendlichen verübt),
- Kleptomanie (Krankheitsbild, zwanghaftes Stehlen),
- Beschaffungskriminalität (z. B. bei Drogenabhängigen zur Beschaffung von Drogen),
- Armut, Arbeitslosigkeit.

Diebstahlmethoden

Grundsätzlich werden Diebstähle von einer Person, zwei Personen oder einer Gruppe von Personen begangen. Zu unterscheiden ist zwischen dem geplanten und dem impulsiven Diebstahl:

- Der **geplante Diebstahl** geht häufig von mehreren Personen aus. Meist werden diese Diebstähle im Auftrag ausgeführt und die Täter gehen sehr professionell vor. Das Augenmerk richtet sich in der Regel auf hochwertige Waren.
- Beim **impulsiven Diebstahl** wird der Kunde im Geschäft durch einen Auslöser angeregt, etwas zu stehlen. Generell sind hier Einzeltäter am Werk, wobei der Warenwert eine eher untergeordnete Rolle spielt.

Diebe kommen zu jeder Jahres- und Geschäftszeit. Es gibt jedoch Situationen und Anlässe, in denen besondere Vorsicht geboten ist. Dazu gehören Phasen mit großem Kundenandrang, wie Schluss- oder Jubiläumsverkäufe sowie Feierabendzeiten.

Abb. 14: Verdächtige Personen im Auge behalten

Um Ladendiebstählen vorzubeugen, sollte man zunächst die **häufigsten Methoden und Vorgehensweisen** der Täter kennenlernen:

- **Ablenkmethode:** Hier arbeiten mehrere Täter zusammen, wobei ein oder mehrere Diebe den Verkäufer ablenken, während ein anderer die Ware an sich nimmt und ungestört das Geschäft verlässt.
- **Versteckmethode:** Der Dieb verbirgt die Ware unter seiner Kleidung, in der Einkaufstasche oder sonstigen Gegenständen, wie Kinderwagen oder Regenschirm. Auch werden speziell eingenähte Taschen oder doppelte Böden als Versteck genutzt. Beim Diebstahl von Bekleidung besteht die Möglichkeit, dass der Täter das Diebesgut unter seine eigentliche Kleidung zieht oder alte Schuhe gegen neue austauscht.
- **Offene Täuschung:** Der Kunde vertauscht Preisetiketten, zeichnet Ware mit dem Rotstift um oder packt hochwertige Waren in Kartons mit preiswerter Ware um. Der Kassierer wird betrogen, indem der Kunde ihn z. B. mit Geldwechselwünschen verwirrt und so finanzielle Vorteile erlangt. Auch könnte der Kunde dem Kassierer einen alten Kassenbon vorlegen und behaupten, er habe die Ware bereits bezahlt.

Verhalten des Verkaufspersonals

Hat man es mit verdächtigen Personen zu tun oder wird ein Diebstahl beobachtet, sind folgende Maßnahmen empfehlenswert:

- Kunden genau beobachten. Häufiger Blickkontakt signalisiert Aufmerksamkeit.
- Verdächtige Person im Auge behalten oder ansprechen – vielleicht legt sie den Artikel zurück oder bezahlt ihn.
- Bei Bedarf Kollegen, Chef oder Hausdetektiv informieren.
- Den Kunden erst nach Passieren der Kassenzone zur Rede stellen, da es vorkommen kann, dass er die Ware versehentlich eingesteckt hat.
- Das Kassenpersonal ist besonders gefordert. Es sollte prüfen, ob Etiketten zur Ware pas-

sen, Verpackungen die richtige Ware enthalten und Preisschilder stimmen. Zudem sollten Einkaufstaschen, -wagen und -körbe kontrolliert werden.

- Den verdächtigen Kunden zunächst mit neutralen Bemerkungen ansprechen wie „Haben Sie wirklich alles bezahlt?". Verschweigt er die Mitnahme der Ware, wird er ins Büro gebeten, um dort die Personalien aufzunehmen. Bei dem Gespräch sollte immer ein Zeuge anwesend sein.
- Damit der Täter die gestohlene Ware nicht unterwegs ablegen kann, sollte er vorausgehen.
- In schwierigen Situationen die Polizei einschalten, z. B. wenn der Dieb sich nicht ausweisen kann, renitent wird oder Wiederholungstäter ist.
- Eine Taschenkontrolle ist nur mit Zustimmung des Täters erlaubt. Weigert er sich, muss die Polizei gerufen werden.
- Eine körperliche Durchsuchung kann ausschließlich die Polizei vornehmen.
- Ein Protokoll anfertigen, wenn der Dieb den Diebstahl zugibt.
- Bei Kindern müssen Eltern und Polizei eingeschaltet werden. Kinder sind nicht strafrechtlich zu belangen.
- Nach § 127 Strafprozessordnung (StPO) darf ein Verkäufer einen Dieb vorläufig festnehmen, wenn dieser sich nicht ausweisen kann, sich weigert, ins Büro zu kommen oder fluchtverdächtig ist (vgl. Abb. 16 auf der folgenden Seite). Das Wegdrängen vom Ausgang oder Festhalten am Handgelenk ist erlaubt.

Vorbeugende Maßnahmen

Es gibt verschiedene Maßnahmen, mit denen der Einzelhandel die Zahl der Diebstähle verringern kann. Eine **übersichtliche Ladengestaltung** sorgt dafür, dass potenzielle Täter ein erhöhtes Risiko eingehen, entdeckt zu werden. Viele Geschäfte machen bereits von den folgenden Mitteln Gebrauch:

- Effektive und gleichmäßige Beleuchtung,
- überschaubare Verkaufszonen, einsehbare Nischen und Gänge,
- keine toten Winkel und hohen Regale,
- gut zu beobachtende Umkleidekabinen,
- sichtbare Platzierung höherwertiger Waren,
- fest abschließbare Vitrinen oder Ware anketten,
- Videoüberwachung, Detektive, Sicherheitspersonal an Ein- und Ausgängen,
- elektronische Warensicherung mit schwer zu entfernenden Preisetiketten, die beim Verlassen des Ladens Alarm auslösen,
- Trennung von Ein- und Ausgängen,
- Taschenverbot im Verkaufsraum,
- Abschreckung durch Schilder wie „Ladendiebstahl lohnt sich nicht" und Aufzeigen der Konsequenzen wie „Jeder Diebstahl wird zur Anzeige gebracht",
- Erhebung einer Fangprämie gegen den Täter in Höhe von 25,00 € bis 70,00 € (je nach Warenwert),
- Hausverbot für überführte Ladendiebe.

Auch vom **Verkaufspersonal** können Maßnahmen zur Vorbeugung von Diebstählen ergriffen werden. Dazu gehören:

- dem Kunden nur eine begrenzte Anzahl an Artikeln vorlegen,
- darauf achten, dass Kunden Einkaufskörbe oder -wagen benutzen und große Taschen hinterlegen,
- die Ware erst verpacken, wenn sie bezahlt ist,
- mit Kollegen Verkaufsablösung und Überwachung abstimmen,
- wenn möglich, an Schulungen zur Vorgehensweise bei Diebstahl teilnehmen.

Rund 20 % der jährlich verübten Diebstähle werden **den eigenen Mitarbeitern** angelastet. Um derartige Delikte zu verhindern, muss sich auch das Verkaufspersonal entsprechenden Maßnahmen unterziehen, wie z. B.:

- stichprobenartige Taschenkontrolle aller Mitarbeiter oder
- die Regelung, dass Personaleinkäufe von Freunden und Verwandten nicht von den betroffenen Mitarbeitern durchgeführt werden dürfen.

Im allgemeinen Sprachgebrauch werden mit dem Begriff Ladendiebstahl Straftaten zusammengefasst, die im Strafgesetzbuch (StGB) als Mundraub (Diebstahl von Sachen mit geringfügigem Wert), Diebstahl, Unterschlagung und Betrug behandelt werden (vgl. Abb. 15 auf der folgenden Seite).

Gesetzliche Grundlage	*Beispiel*
§ 242 StGB Diebstahl Wer eine fremde bewegliche Sache einem anderen in der Absicht wegnimmt, die Sache sich oder einem Dritten rechtswidrig zuzueignen, wird mit Freiheitsstrafe bis zu fünf Jahren oder mit Geldstrafe bestraft.	Ein Kunde probiert einen Pullover an, zieht seine Jacke darüber und verlässt unbemerkt den Laden.
§ 246 StGB Unterschlagung Wer eine fremde bewegliche Sache sich oder einem Dritten rechtswidrig zueignet, wird mit Freiheitsstrafe bis zu drei Jahren oder Geldstrafe bestraft oder, wenn die Sache dem Täter anvertraut ist, mit Freiheitsstrafe bis zu fünf Jahren.	Die Abteilungsleiterin einer Parfümerie nimmt eine Packung Parfum an sich und verschenkt sie an Freunde.
§ 248 a STGB Mundraub Der Diebstahl und die Unterschlagung geringwertiger Sachen werden nur auf Antrag verfolgt, es sei denn, dass die Strafverfolgungsbehörde wegen des besonderen öffentlichen Interesses an der Strafverfolgung ein Einschreiten von Amts wegen für geboten hält.	Ein 16-Jähriger stiehlt in einem Supermarkt eine Packung Kaugummi.
§ 263 StGB Betrug Wer in der Absicht, sich einen rechtswidrigen Vermögensvorteil zu verschaffen, das Vermögen eines anderen dadurch beschädigt, dass er durch Vorspiegelung falscher Tatsachen einen Irrtum erregt oder unterhält, wird mit Freiheitsstrafe bis zu fünf Jahren oder Geldstrafe bestraft.	Ein Kunde vertauscht die Preisetiketten an einem Sportschuh und bezahlt statt 100,00 € nur 70,00 €.

Abb. 15: Rechtsgrundlagen für Diebstahl und Betrug

Weitere gesetzliche Grundlagen für das Verhalten gegenüber Ladendieben sind das Bürgerliche Gesetzbuch (BGB) und die Strafprozessordnung (StPO). Zu beachten ist, dass das rechtswidrige Festhalten einer Person für Ladeninhaber und Verkäufer unangenehme Folgen haben und gemäß § 239 StGB mit Freiheitsberaubung bestraft werden kann (vgl. Abb. 16). Deshalb sollte vor dem Festhalten von Ladendieben unbedingt auf die Beweisbarkeit geachtet werden. Eine Diebstahlsabsicht lässt sich erst beweisen, wenn die verdächtige Person bereits die Kassenzone passiert hat.

§ 229 BGB

Selbsthilfe
Wer zum Zwecke der Selbsthilfe einen Verpflichteten, welcher der Flucht verdächtig ist, festnimmt [...], handelt nicht widerrechtlich, wenn obrigkeitliche Hilfe nicht rechtzeitig zu erlangen ist [...].

§ 127 StPO

Vorläufige Festnahme
Wird jemand auf frischer Tat betroffen oder verfolgt, so ist, wenn er der Flucht verdächtig ist oder seine Identität nicht sofort festgestellt werden kann, jedermann befugt, ihn auch ohne richterliche Anordnung vorläufig festzunehmen.

§ 230 BGB

Grenzen der Selbsthilfe
Die Selbsthilfe darf nicht weiter gehen, als zur Abwendung der Gefahr erforderlich ist.

§ 239 StGB

Freiheitsberaubung
Wer einen Menschen einsperrt oder auf andere Weise der Freiheit beraubt, wird mit Freiheitsstrafe bis zu fünf Jahren oder mit Geldstrafe bestraft.

§ 859 BGB

Selbsthilfe des Besitzers
Der Besitzer darf sich verbotener Eigenmacht mit Gewalt erwehren.
Wird eine bewegliche Sache dem Besitzer mittels verbotener Eigenmacht weggenommen, so darf er sie dem auf frischer Tat betroffenen oder verfolgten Täter mit Gewalt wieder abnehmen.

Abb. 16: Rechtliche Grundlagen für das Verhalten gegenüber Ladendieben

10.3.7 Gewährleistung, Garantie, Kulanz und Produkthaftung

Insbesondere nach Saisonhöhepunkten, wie z. B. Weihnachten, ergeben sich im Einzelhandel viele Fragen zu Gewährleistungs- und Umtauschrechten.

Beispiel: Eine Kundin möchte ein Sakko umtauschen, das sie vor Weihnachten für ihren Mann gekauft hat. Das Kleidungsstück gefällt dem Ehegatten nicht. Die Frau legt der Verkäuferin den Kassenbon vor.

Möchte ein Kunde einen Artikel umtauschen, muss die jeweilige Situation zunächst vor dem rechtlichen Hintergrund betrachtet werden. Da der Einzelhandel jedoch bestrebt ist, ein positives Image aufzubauen, sollte bei Reklamationen immer auch eine kundenorientierte Lösung angestrebt werden. Nur so ist der Käufer ein zufriedener und damit auch ein treuer Kunde.

Gewährleistung

Die Rechte des Käufers bei Mängeln sind in § 437 BGB geregelt. Demnach gewährleistet ein Unternehmer die Mangelfreiheit der verkauften Ware innerhalb der gesetzlichen Frist von zwei Jahren bei Neuware. Das gilt auch für sogenannte versteckte Mängel, die erst später auftreten.

Bei gebrauchten Gütern kann die Gewährleistungsfrist auf ein Jahr verkürzt werden. Die Frist läuft ab dem Zeitpunkt der Übergabe der Ware. Innerhalb der ersten sechs Monate besteht bei der Lieferung von mangelhaften Produkten ein Recht auf Reklamation, ohne dass der Kunde nachweisen muss, dass bei der Warenübergabe ein Sachmangel vorgelegen hat.

» LF 7, Kapitel 7.2

> **!** *Im Rahmen der **Gewährleistung** steht der Einzelhändler dafür ein, dass die verkaufte Ware frei ist von Sachmängeln.*

Garantie

Eine Garantie ist eine vertragliche Vereinbarung zwischen Verkäufer bzw. Hersteller und dem Kunden. Es handelt sich hierbei um eine zusätzliche und freiwillige Leistung. Der Händler ist nicht gezwungen, die Herstellergarantie an den Verbraucher weiterzugeben. Laut § 477 BGB muss eine Garantie

- einfach und verständlich abgefasst sein.
- den Hinweis auf die gesetzlichen Rechte des Verbrauchers enthalten und darf diese nicht einschränken.
- den Inhalt der Garantie und alle wesentlichen Angaben enthalten, die für die Geltendmachung der Garantie erforderlich sind, insbesondere Dauer und Geltungsbereich des Garantieschutzes sowie Namen und Anschrift des Garantiegebers.
- auf Verlangen des Verbrauchers in Textform mitgeteilt werden.

Mit einer Garantie sichert der Hersteller dem Käufer bestimmte Produkteigenschaften über den Gewährleistungszeitraum hinaus zu. Die Zusage bezieht sich immer auf die Funktionsfähigkeit der Ware. Bei der Garantie spielt der Zustand der Ware zum Zeitpunkt der Übergabe keine Rolle.

> **!** *Die **Garantie** ist eine freiwillige Leistung von Händler oder Hersteller, die sich auf die Funktionsfähigkeit der Ware bezieht.*

Kulanz

Wie das Eingangsbeispiel zeigt, kommt es häufig vor, dass Kunden Ware umtauschen möchten, die nicht gefällt, zu groß, zu klein ist oder nicht zur Einrichtung passt. Der Einzelhändler hat allerdings nur dann die Pflicht, eine Ware umzutauschen, wenn sie fehlerhaft ist.

> **!** *Bei mangelfreier Ware hat der Kunde keinen gesetzlichen Anspruch auf Umtausch.*

Für den Umtausch von fehlerfreier Ware dagegen gibt es keine gesetzliche Grundlage, d. h. er beruht ausschließlich auf dem freiwilligen Entgegenkommen des Unternehmens. Diese Art von Kulanz wirkt sich positiv auf die Kundenbindung aus. Mittlerweile räumen die meisten Einzelhändler ihren Kunden ein Umtauschrecht ein, das von jedem Unternehmen selbst festgelegt wird.

> **!** *Die **Kulanz** ist das Entgegenkommen des Einzelhändlers, ohne dass der Kunde einen rechtlichen Anspruch darauf hat.*

Aus rechtlichen Gründen vom Umtausch ausgeschlossen sind Artikel, wie Meterwaren, unverpackte Lebensmittel, Kämme, Bürsten, Miederwaren und Tiere. Aus vertraglichen Gründen werden häufig keine reduzierten Waren, Einzelstücke oder Waren zweiter Wahl umgetauscht. Größere Geschäfte geben im Falle des Umtauschs meist das Geld zurück, kleinere dagegen bieten das Ausstellen eines Gutscheins oder den Austausch von Ware gegen Ware an.

Voraussetzungen für den Umtausch fehlerfreier Ware sind:

- Die Ware wird innerhalb einer vom Händler vorgegebenen Frist zurückgegeben.
- Die Ware ist unbenutzt und fehlerfrei.
- Die Ware ist noch fest verpackt oder verschweißt (z. B. CDs oder Blu-rays).
- Kassenbon oder Rechnung können vorgelegt werden.

Produkthaftung

Gesetzliche Grundlage für die Haftung eines Herstellers bei fehlerhaften Produkten ist das **Produkthaftungsgesetz** (ProdHaftG). Es dient einerseits dem **Verbraucherschutz,** d. h. die Hersteller sind angehalten, auf mögliche **Gefahrenquellen** und **Verletzungsgefahren** hinzuweisen, damit sie im Falle eines entstandenen Schadens nicht haften müssen. Dazu gehören Warnhinweise auf Spielzeugverpackungen, wie „Nicht für Kinder unter drei Jahren geeignet. Enthält verschluckbare Kleinteile."

Andererseits hilft das Gesetz dem Verbraucher, gegenüber den Herstellern die Forderungen nach Schadenersatz bei fehlerhaften Produkten geltend zu machen. Auszug aus § 1 ProdHaftG:

§ 1 ProdHaftG

Wird durch den Fehler eines Produkts jemand getötet, sein Körper oder seine Gesundheit verletzt oder eine Sache beschädigt, so ist der Hersteller des Produkts verpflichtet, dem Geschädigten den daraus entstehenden Schaden zu ersetzen.

Beispiel: Aufgrund eines fehlerhaften Netzteils in einem Fernsehgerät kommt es bei einem Käufer zu einem Wohnungsbrand. Hinsichtlich der Erstattung des Kaufpreises muss sich der Kunde an den Einzelhändler wenden. Für den Brandschaden in der Wohnung haftet der Hersteller.

Die Produkthaftung erfolgt **verschuldensunabhängig,** d. h. der Kunde muss dem Hersteller kein Verschulden nachweisen. Bei **Personenschäden** (Tod oder Körperverletzung) ist die Haftungssumme des Herstellers auf maximal 85 Millionen € beschränkt. Handelt es sich um **Sachschäden,** muss der Geschädigte bis zu 500,00 € selbst tragen.

Haftungsvoraussetzung ist, dass die Ware nicht den gebotenen Sicherheitsstandards entspricht. Wie in Abb. 17 dargestellt, werden grundsätzlich **drei Arten von Fehlern** unterschieden, aus denen die Schäden resultieren können. Der Geschädigte kann den Schadenanspruch gegenüber folgenden Adressaten geltend machen:

- Hersteller des Endprodukts,
- allen Herstellern von Teilprodukten,
- dem Quasi-Hersteller, der auf einem von einem anderen Unternehmen hergestellten Produkt seine Marke oder sein Warenzeichen anbringt,
- dem Importeur, der das Produkt in ein EU-Mitgliedsland bzw. den Europäischen Wirtschaftsraum einführt,
- der Händler des Produkts, wenn der Hersteller nicht festgestellt werden kann.

Fehlerart	*Beispiel*
Konstruktionsfehler entstehen bereits bei der Planung eines Produkts.	Ein Kunde hat sich ein neues Fahrrad gekauft. Aufgrund fehlerhafter Bremsen kommt es zu einem Verkehrsunfall.
Fabrikationsfehler werden bei der Herstellung eines Produkts gemacht.	Bei der Fabrikation von Kinderspielzeug werden zur Einfärbung versehentlich gesundheitsgefährdende Mittel verwendet.
Instruktionsfehler liegen vor, wenn der Hersteller falsch oder nur unzureichend über die Verwendung des Produkts berät.	Ein Hersteller preist einen Kindertee als Einschlafhilfe an. Er weist nicht darauf hin, dass der zuckerhaltige Tee nicht zum Dauernuckeln geeignet ist. Kinder erleiden dadurch Kariesschäden.

Abb. 17: Fehlerarten

In wenigen Ausnahmefällen zieht das Produkthaftungsgesetz den **Haftungsausschluss** in Betracht. Demnach muss der Hersteller nicht haften, wenn

- er das Produkt nicht in den Verkehr gebracht hat (z. B. bei Diebstahl).
- der Fehler erst nach dem Inverkehrbringen entstanden ist (z. B. durch unsachgemäße Reparatur).

222330450

- das Produkt nicht für den Verkauf hergestellt wurde (nur Eigenbedarf).
- das Produkt den zwingenden Rechtsvorschriften entsprach (nicht dazu gehören aber DIN-Normen oder VDE-Vorschriften).
- der Fehler nach dem Stand von Technik und Wissenschaft zur Zeit des Inverkehrbringens nicht erkannt werden konnte.

Ausgeschlossen aus der Produkthaftung sind ferner
- unverarbeitete landwirtschaftliche Erzeugnisse, wie Getreide, Obst oder Gemüse.
- Waren, die noch in der Entwicklung sind und auf das damit verbundene Risiko hingewiesen wurde.
- Waren, dessen Gefährdung allgemein bekannt ist, wie Nikotin, Arzneimittel und Alkohol.

> ! *Im Rahmen der **Produkthaftung** haftet der Hersteller für Schäden, die durch fehlerhafte Produkte entstehen.*

Konfliktlösungsverhalten

Ein **Konflikt** ist eine ganz normale und alltägliche Begleiterscheinung menschlichen Zusammenlebens. Wo immer Menschen zusammentreffen, können unterschiedliche Meinungen, Bedürfnisse und Interessen aufeinanderstoßen.

So kann auch eine Verkaufssituation dazu führen, dass Kunde und Verkaufspersonal eine unterschiedliche Betrachtungsweise haben. Grundsätzlich sollte man versuchen, Konflikte sachlich und professionell zu lösen. Als hilfreich bei Streitigkeiten oder Unstimmigkeiten erweisen sich sogenannte **Deeskalationsstrategien.** Sie dienen dazu, Meinungsverschiedenheiten zu entschärfen und das Gespräch wieder auf eine sachliche Ebene zu bringen:
- Das Personal sollte generell Verständnis für das Problem eines Kunden aufbringen – auch in noch so abwegigen Fällen.
- Wichtig sind gutes Zuhören, Ausreden lassen, gelassen und freundlich bleiben.
- Das Gespräch sollte möglichst an einem Ort stattfinden, an dem ein ungestörtes Reden möglich ist.
- Ist der Kunde aggressiv und gereizt, sollte man ihm Gelegenheit geben, seinem Ärger Luft zu machen. Unsachliche Angriffe sollte man nicht persönlich nehmen und möglichst ignorieren.
- Im Falle eines Umtauschs ist sorgfältig zu prüfen, ob umgetauscht werden kann oder muss. Bei berechtigten Reklamationen sollte man sich beim Kunden entschuldigen.
- Liegt Fremdverschulden vor, wie beispielsweise die unsachgemäße Behandlung der Ware, sollte man dem Kunden die Situation sachlich darlegen und ihn um Verständnis bitten.
- Lässt sich die Schuldfrage nicht eindeutig klären, kann man eine preiswertere oder unentgeltliche Reparatur, Preisnachlässe oder das Einsenden der Ware an den Hersteller anbieten.
- Bei nicht zu lösenden Meinungsverschiedenheiten sollte man sich die Unterstützung durch den Abteilungsleiter oder Vorgesetzten holen. Dieser kann in Zweifelsfällen eine Entscheidung treffen.

Um Konflikte erst gar nicht entstehen zu lassen, gibt es bereits **im Vorfeld** Möglichkeiten, vorbeugende Maßnahmen zu ergreifen:
- Bei Wareneingang die Ware genau prüfen und sie sachgemäß lagern.
- Warenpflege und Qualitätsüberwachung,
- Überwachung des Verfallsdatums, z.B. bei Lebensmitteln,
- sorgfältige und ehrliche Kundenberatung,
- Hinweis auf Einsatz, Bedienung und Pflege von Produkten

Aufgaben

1. Erläutern Sie, warum es wichtig ist, sachkundige Begleiter als Bündnispartner zu gewinnen.
2. Formulieren Sie einen Dialog für eine Mehrfachbedienung.
3. Erläutern Sie, welche Vorteile es für Ihren Ausbildungsbetrieb haben kann, digitale Verkaufshelfer einzusetzen.
4. Recherchieren Sie im Internet, welche digitalen Verkaufshelfer auf den letzten Messen vorgestellt wurden.
5. Präsentieren Sie, welche Vorsorgemaßnahmen Ihr Ausbildungsbetrieb für Feuer, Unfälle und Überfälle getroffen hat.
6. Stellen Sie dem Plenum vor, wie Sie sich verhalten, wenn Sie beobachten, dass ein Kunde einen Artikel an sich nimmt und unter seiner Jacke versteckt.
7. Ein Verbraucher verletzt sich aufgrund eines technischen Defekts an einem Fön an der Hand. Der Fön wurde in Fernost hergestellt. Erläutern Sie, wer laut ProdHaftG haftet.

10.4 Besondere Arten des Kaufs

Der Verkaufsleiter der Trendino Computer-Shop GmbH wurde in den letzten Wochen mehrere Male angesprochen, ob Trendino für die hochwertigen Fernsehgeräte denn auch eine so günstige Finanzierung anbieten würde wie der nahegelegene Elektronik-Fachmarkt. Trendino bietet bislang keine Finanzierung an. Nun überlegt der Verkaufsleiter, ob sich das lohnen würde und wie man ein solches Angebot organisieren könnte: „Verlieren wir da nicht erst einmal nur Umsatz ...?“

10.4.1 Finanzierungskauf

Vor allem langlebige Gebrauchsgüter wie Möbel oder elektronische Geräte sind oft mit hohen Anschaffungskosten verbunden. Deshalb bietet der Einzelhandel potenziellen Käufern verschiedene Möglichkeiten des **Finanzierungskaufs** an.

Abb. 1: Finanzierungskauf – im Elektronikhandel besonders beliebt

Dieser Service unterstützt zum einen die Zahlungsfähigkeit der Kunden, zum anderen ist es ein geeignetes Mittel, das Image des Unternehmens zu verbessern und die Umsätze zu steigern.

> **!** *Beim **Teilzahlungsgeschäft** vereinbaren Verkäufer und Käufer, dass der Kaufpreis nicht sofort komplett, sondern in Raten geleistet wird.*

Möglichkeiten des Teilzahlungsgeschäfts sind **Raten- oder Abzahlungskauf.** Hierbei schließen Verkäufer und Kunde einen Vertrag, wonach der Käufer sich verpflichtet, den Kaufpreis innerhalb eines festgelegten Zeitraums in monatlich gleichbleibenden Raten abzubezahlen. Die Zahlung erfolgt entweder direkt an den Händler oder – in den meisten Fällen – an eine Partnerbank. Im Normalfall werden dabei bankübliche Zinsen fällig. Um für das Unternehmen oder bestimmte Produkte zu werben, bieten manche Einzelhändler über einen gewissen Zeitraum auch zinslose Ratenzahlungen an.

Beispiel: Ein Elektronikfachmarkt wirbt in einem Prospekt mit einer Null-Prozent-Finanzierung mit einer Laufzeit von maximal 30 Monaten für Artikel ab einem Warenwert von 300,00 €.

222330452

Generell spricht man von einem Raten- oder Abzahlungskauf, wenn der Kaufpreis in mindestens zwei Raten gezahlt wird. Meistens wird die Ware unter **Eigentumsvorbehalt** ausgehändigt. Demnach liefert der Verkäufer die Ware zwar aus, ist aber weiterhin Eigentümer des Produkts. Erst mit Zahlung der letzten Rate geht der Artikel in das Eigentum des Käufers über. » LF 3, Kapitel 3.1.8

Voraussetzungen

Ist der Kunde eine Privatperson, bedarf der **Teilzahlungsvertrag** zwischen Darlehensgeber und Verbraucher gemäß § 492 BGB der Schriftform (vgl. Abb. 2). Zudem müssen bestimmte inhaltliche Mindestangaben in dem Vertrag enthalten sein (§ 502 BGB):

- Barzahlungspreis (Preis ohne Ratenzahlung),
- Teilzahlungspreis (Gesamtrückzahlungsbetrag einschließlich Teilzahlungen, Zinsen und Bearbeitungsgebühren),
- Betrag, Zahl und Fälligkeit der Teilzahlungsraten,
- effektiver Jahreszins (tatsächlich zu bezahlender Jahreszinssatz inklusive der sonstigen Kosten) und
- die Kosten für eine mögliche Versicherung, die im Zusammenhang mit dem Teilzahlungsgeschäft abgeschlossen wird.

Widerspruchsrecht

Innerhalb von zwei Wochen kann der Käufer ohne Angabe von Gründen den Teilzahlungsvertrag schriftlich widerrufen (§ 495 BGB). Wichtig: die Kündigung sollte per Einschreiben mit Rückschein erfolgen (vgl. Abb. 3). Die Frist beginnt mit der Aushändigung des schriftlichen Kaufvertrags. Die **Belehrung über das Widerspruchsrecht** muss ebenfalls schriftlich im Kaufvertrag festgehalten sein und ist vom Kunden gesondert zu unterschreiben.

Anstelle des Widerrufsrechts kann dem Kunden ein uneingeschränktes **Rückgaberecht** der Ware eingeräumt werden. Auch darüber muss der Käufer schriftlich belehrt werden. Dem Käufer dürfen dadurch keine Kosten entstehen, außerdem muss die Rückgabefrist angegeben werden.

Für den **Möbelkauf** gelten besondere Richtlinien. Ein in einem Möbelhaus unterzeichneter Kaufvertrag kann nicht widerrufen werden. Manche Möbelhäuser lassen zwar Stornierungen zu, die aber mit hohen Gebühren verbunden sind. Die Konditionen sind in den Allgemeinen Geschäftsbedingungen (AGB) festgelegt. Für im Versandhandel oder Internet bestellte Möbel gilt allerdings das 14-tägige Widerrufsrecht.

Voraussetzung für den Abschluss eines Kaufvertrags mit Teilzahlungsvereinbarung ist, dass der Käufer mindestens 18 Jahre alt und zahlungsfähig ist. Die Kreditwürdigkeit von Privatpersonen wird bei der **Schutzgemeinschaft für allgemeine Kreditsicherheit (Schufa)** abgefragt. Diese hat u. a. die Aufgabe, Verbraucher vor der Überschuldung zu schützen. Bei höheren Finanzierungssummen verlangen Einzelhandelsunternehmen zudem den Nachweis über ein regelmäßiges Mindesteinkommen.

Beispiel: Ein Einzelhändler bietet eine Finanzierung zwischen 100,00 € und 8 000,00 € an. Ab einer Einkaufssumme von 1 500,00 € verlangt er ein regelmäßiges Einkommen von mindestens 650,00 € sowie die Kopie der Gehaltsabrechnung.

Max Mustermann
Musterstraße 5
12345 Musterstadt

Musterstadt, 30. Mai 20..

Einschreiben Rückschein

Name des Einzelhändlers
Straße
23456 Stadt

Widerruf Teilzahlungsvertrag 234567890/123456

Sehr geehrte Damen und Herren,

hiermit möchte ich von meinem Widerrufsrecht Gebrauch machen und meinen am 25. Mai 20.. abgeschlossenen Teilzahlungsvertrag innerhalb der gesetzlichen Frist widerrufen.

Bitte senden Sie mir in den nächsten Tagen eine schriftliche Bestätigung.

Freundliche Grüße
Max Mustermann
Max Mustermann

Abb. 2: Der Widerruf muss schriftlich erfolgen.

Kündigung durch den Verkäufer

Aus bestimmten Gründen kann auch der Verkäufer vom Kaufvertrag zurücktreten (§ 498 BGB):

- Der Kunde ist mit mindestens zwei aufeinanderfolgenden Raten ganz oder teilweise in Verzug und
- die durch den Verzug ausstehenden Raten mindestens 10 % des gesamten Darlehensbetrags (bei über dreijähriger Laufzeit: 5 %) betragen.

Beispiel: Für den Kauf einer neuen Küche nimmt ein Kunde ein Darlehen in Höhe von 10 000,00 € mit einer dreijährigen Laufzeit auf. Monatlich zahlt er eine Rate von 300,00 € zurück. Gerät er in Verzug, darf der Verkäufer erst kündigen, wenn mindestens zwei Monatsraten ganz oder teilweise fehlen. Gleichzeitig müssen die Rückstände mindestens 1 000,00 € betragen (10 % von 10 000,00 €).

Eine weitere Voraussetzung für die Kündigung seitens des Verkäufers ist, dass er dem Kunden schriftlich eine zweiwöchige Frist zur vollständigen Zahlung des rückständigen Betrags setzt. In dem Schreiben muss er ihm androhen, bei nicht fristgerechter Zahlung die Rückzahlung der gesamten Restschuld zu verlangen.

Beim Rücktritt vom Teilzahlungsvertrag hat der Verkäufer Anspruch auf Erstattung von Aufwendungen wie Porto und Transportkosten sowie Ausgleich der Wertminderung der Ware. Auch für verschuldete Beschädigungen muss der Käufer aufkommen. Bereits geleistete Anzahlungen oder Raten sind dem Käufer zurückzuerstatten.

Kommt es zwischen den Vertragsparteien zu einem Rechtsstreit, ist das Gericht am Wohnsitz des Käufers zuständig.

Unabhängige Beratung

Bevor man sich für einen Finanzierungskauf entscheidet, sollten einige **grundsätzliche Überlegungen** angestellt werden:

- Wie hoch sind die zu leistenden Fixkosten im Vergleich zum eigenen monatlichen Einkommen?
- Welcher monatliche Betrag lässt sich ohne übermäßige Einschränkungen des Lebensstils für eine Ratenzahlung aufbringen?
- Welche Rückzahlungsschwierigkeiten, z. B. durch Arbeitslosigkeit oder andere Belastungen, können im Zeitraum der Ratenzahlungen auftreten?

Zudem sollten Preise und Finanzierungsangebote von mehreren Einzelhandelsunternehmen eingeholt und verglichen werden. Oft weichen die Konditionen erheblich voneinander ab. Auch muss geprüft werden, ob bei einer Finanzierung **zusätzliche Gebühren** wie Bearbeitungskosten anfallen oder der Abschluss einer **Restschuldversicherung** erforderlich ist. Diese Versicherungen übernehmen bei Arbeitslosigkeit, Arbeitsunfähigkeit oder Tod die Zahlung der monatlichen Raten.

Abb. 3: Verbraucher unterliegen laut Gesetz einem besonderen Schutz.

Verschiedene **Verbraucherorganisationen,** z. B. die Verbraucherzentralen der Bundesländer, bieten eine unabhängige Beratung zu Themen rund um den Finanzierungskauf an. Bevor man einen Finanzierungsvertrag unterzeichnet, kann man sich Auskunft per Telefon oder Internet oder persönlich bei den örtlichen Anlaufstellen einholen. Zudem führen Institutionen wie Stiftung Warentest vergleichende Tests von Waren und Dienstleistungen durch. Die Ergebnisse werden in Zeitschriften veröffentlicht und sind im Internet abrufbar.

Effektiver Jahreszinssatz

Bei Teilzahlungskäufen wird meist nur der Monatszinssatz angegeben. Dieser relativ niedrige Betrag kann leicht über die Gesamthöhe der Verzinsung hinwegtäuschen. Da sich der monatliche Zinssatz über die gesamte Laufzeit hinweg am gezahlten Barzahlungspreis orientiert, fällt der **effektive Jahreszinssatz** tatsächlich deutlich höher aus.

> ! *Berechnet man den **effektiven Jahreszinssatz**, werden alle Kosten berücksichtigt, die den monatlichen Zinssatz bezogen auf ein Jahr beeinflussen.*

Im effektiven Jahreszinssatz sind neben den Zinsen auch Kosten wie Bearbeitungsgebühren enthalten. So sind die anfallenden Belastungen überschaubarer und die Finanzierungsangebote lassen sich besser mit anderen Kreditangeboten, z. B. von Banken, vergleichen.

Beispiel: Eine Kundin möchte bei einem Möbelhaus ein Sofa im Wert von 2 000,00 € kaufen. Der Einzelhändler unterbreitet ihr ein Angebot mit folgenden Konditionen:

Barzahlungspreis:	2 000,00 €
Zinsen pro Monat:	0,5 %
Laufzeit:	18 Monate
Bearbeitungskosten:	3,0 %

Berechnung Teilzahlungspreis:

Kreditbetrag 2 000,00 €

$$+ \text{ 0,5 \% Zinsen für 18 Monate}$$

$$= \frac{2\,000{,}00\ € \cdot 0{,}5 \cdot 18 \text{ Monate}}{100}$$

$$= 2\,180{,}00\ €$$

$$+ \quad 60{,}00\ € \text{ (3 \% Bearbeitungskosten)}$$

$$= \mathbf{2\,240{,}00\ €}$$

Der Teilzahlungspreis für das Sofa beträgt 2 240,00 €.

Berechnung monatliche Raten

$$\frac{\text{Teilzahlungspreis}}{\text{Laufzeit in Monaten}} = \text{Rate}$$

$$\frac{2\,240{,}00\ €}{18 \text{ Monate}} = \mathbf{124{,}45\ €}$$

Während der 18-monatigen Laufzeit muss die Kundin für das Sofa eine monatliche Rate von 124,45 € bezahlen.

Berechnung effektiver Jahreszins (P)

$$\frac{12 \cdot (\text{Monatszinssatz} \cdot \text{Laufzeit in Monaten} + \text{Bearbeitungskostensatz})}{\frac{\text{Laufzeit in Monaten} + 1}{2}} = P$$

$$\frac{12 \cdot (0{,}5 \cdot 18 + 3)}{\frac{18 + 1}{2}} = \frac{288}{19} = \mathbf{15{,}16\ \%}$$

Der effektive Jahreszins beträgt 15,16 %.

10.4.2 Sonderformen der Finanzierung

Einräumung eines Zahlungsziels

Vom Teilzahlungskauf zu unterscheiden ist der Kauf mit Zahlungsziel. Hier wird dem Kunden ein Zahlungsziel eingeräumt. Er muss die Ware nicht sofort, sondern erst später bezahlen.

> **!** *Beim **Kauf mit Zahlungsziel** vereinbaren Verkäufer und Käufer, dass der komplette Kaufpreis nicht sofort, sondern erst zu einem späteren Termin fällig ist.*

Demnach muss der Käufer die Rechnung für die gekaufte Ware erst zu dem vertraglich festgelegten Zeitpunkt begleichen. Manche Einzelhändler verlangen auch dafür eine Bonitätsprüfung.

Beispiel: Ein Einzelhändler wirbt mit dem Hinweis: „Jetzt kaufen – erst in 100 Tagen ohne Zahlungsaufschlag bezahlen."

Kauf gegen Anzahlung

Beim Kauf gegen Anzahlung leistet der Kunde zunächst eine Anzahlung. Erst bei der Auslieferung der Ware wird die verbleibende Restsumme fällig. Diese Zahlungsart ist vor allem bei Sonderanfertigungen, größeren Bestellungen oder beim Zurücklegen von Ware üblich.

10.4.3 Verkauf mittels Katalog oder Multimedia

Katalogverkauf

Für den Einzelhandel stellt der Katalog ein geeignetes Medium dar, um die Sortimentsvielfalt zu präsentieren. Zur besseren Übersichtlichkeit sind die Waren und Dienstleistungen thematisch oder in unterschiedliche Kategorien gegliedert. Ein Katalog informiert über Neuheiten, zeigt Trends auf und gibt Anregungen zum Kauf. Durch eine Vielzahl von Abbildungen kann der Konsument zudem die Produkte im Praxiseinsatz erleben. Am bekanntesten ist der Katalog in gedruckter Form. Vergleichsweise neu ist die Möglichkeit, einen Katalog in elektronischer Form darzustellen.

Traditionell setzt der **Versandhandel** auf das Geschäft per Katalog (vgl. Abb. 4). Als besondere Form des Einzelhandels begann der Boom des Versandhandels nach Ende des Zweiten Weltkriegs. Auslöser waren steigende Kundenzahlen und die Ausweitung der Sortimente. Zwischen 1925 und 1955 wurden große Versandhäuser wie Baur, Quelle und Otto gegründet. Diese verschickten ihre Kataloge auf Anfrage der Verbraucher als Printexemplar an die Privathaushalte. Heute kann der Kunde seine Bestellung per Telefon, per Fax, schriftlich oder online aufgeben.

Auch Fachgeschäfte mit einem umfangreichen Sortiment wie Baumärkte oder Möbelhäuser geben in regelmäßigen zeitlichen Abständen Kataloge heraus, die in den Geschäften ausliegen oder an die Privathaushalte verschickt werden. Zudem können Verbraucher die Kataloge direkt auf den Internetseiten der Anbieter anfordern oder sogar online durchblättern.

Abb. 4: Der klassische Otto-Katalog

Generell wird zwischen dem Spezialversandhandel und dem Universalversandhandel unterschieden:

- Beim **Spezialversandhandel** haben sich die Unternehmen auf einen schmalen, aber tiefen Sortimentsbereich wie Elektronik, Bürobedarf, Möbel oder Textilien (z. B. Conrad, Viking) spezialisiert.
- Der **Universalversandhandel** wie Otto oder Baur dagegen hat ein Warenhaus-Sortiment mit einem breiten Angebot. Meist geben diese Unternehmen einen Hauptkatalog sowie mehrere Spezialkataloge heraus.

Beispiel: Ein Versandhaus bietet einen Hauptkatalog mit über 1 000 Seiten zu den Shoppingwelten Mode, Technik und Einrichten an. Darüber hinaus können die Kunden kostenlose Spezialkataloge mit Umfängen zwischen 50 und 600 Seiten zu Themen wie Designermode, Küchen oder Schmuck anfordern.

Multimedia-Verkauf

Im digitalen Zeitalter verändert sich auch das Kaufverhalten der Konsumenten. Das klassische Kataloggeschäft ist stark rückläufig und wird zunehmend von der elektronischen Geschäftsabwicklung, dem sogenannten **E-Commerce,** abgelöst.

Je nachdem, zwischen welchen Vertragsparteien Geschäfte abgeschlossen werden, spricht man von

- B2C-Commerce (Business-to-Consumer-Commerce): Handel zwischen Unternehmen und Privatperson,
- C2C-Commerce (Consumer-to-Consumer-Commerce): Handel zwischen Privatpersonen oder
- B2B-Commerce (Business-to-Business-Commerce): Handel zwischen Unternehmen.

Typisch für E-Commerce-Geschäfte ist, dass Verkäufer und Kunde den Verkauf bzw. Kauf von Waren und Dienstleistungen rein elektronisch, z. B. über das Internet oder Netzwerke von Mobilfunkanbietern, abwickeln. Sie treten nicht mehr persönlich miteinander in Kontakt.

Beispiel: Laut Bundesverband des Deutschen Versandhandels e. V. (bvh) ist E-Commerce auf dem Vormarsch: 2015 erwirtschaftete der Online- und Versandhandel bereits knapp 89,6 % des Branchenumsatzes mit dem Onlinehandel – Tendenz steigend. Ein Jahr zuvor waren es noch 80,2 %.

Gegen Ende der 1990er-Jahre entstanden die ersten **Online-Shops** wie Amazon, die ihre Waren und Dienstleistungen virtuell über das Internet anbieten. Bis heute ist die Zahl der Internethändler erheblich gestiegen. Besonders stark sind mittlerweile E-Commerce-Anbieter für Bücher, Bekleidung, Elektronik und Musik (vgl. Abb. 5 auf der folgenden Seite). Meist haben Internethändler keine oder nur ganz wenige Ladengeschäfte und sparen dadurch hohe Mietkosten ein. Zudem benötigen sie oft weniger Lagerfläche, da die Waren je nach Bedarf bestellt oder über andere Anbieter verschickt werden.

222330456

Platz	Unternehmen	E-Commerce-Umsatz in Deutschland 2014 (Mrd. €)
1	Amazon	6,6
2	Otto	1,99
3	Zalando	0,87
4	Notebooks-billiger.de	0,56
5	Cyberport	0,47
6	Tchibo	0,42
7	Bonprix	0,42
8	Conrad	0,41
9	Alternate	0,37
10	Apple	0,36

Abb. 5: Top 10 der größten Online-Shops: Zahlen entnommen von: http://www.horizont.net/marketing/nachrichten/E-Commerce-Ranking-Das-sind-die-umsatzstaerksten-Onlineshops-Deutschlands-136994 [04.02.2019].

Für die **Warenpräsentation** setzen Online-Shops
- Produktfotos,
- verbale Beschreibungen und
- technische Daten

ein. Darüber hinaus kommen **dreidimensionale Abbildungen** und **Videos** zum Einsatz. Bei Bekleidung gibt es zunehmend virtuelle Ankleideräume, in denen Kunden das Produkt ihrer Wahl im angezogenen Zustand erleben können (vgl. Abb. 6). Als Standard etablieren sich weiterhin **Kundenbewertungen** zu bereits gekauften Artikeln, die anderen potenziellen Käufern als Entscheidungshilfe dienen sollen.

Beim **Bestellvorgang** wählt der Kunde den Wunschartikel aus und fügt ihn seinem Warenkorb hinzu. Oft lassen sich auch Merkmale wie Farbe, Ausstattung oder Design an die individuellen Bedürfnisse anpassen. Ist der Einkaufswagen komplett, geht man damit zur Kasse. Dort werden alle für den Versand und die Bezahlung nötigen Informationen wie Anschrift, Kontodaten und Art der Bezahlung abgefragt.

Um das Einkaufen in Online-Shops für Kunden attraktiver zu machen, werben die Anbieter häufig mit Angeboten wie versandkostenfreier Lieferung und Rücksendung, Kauf auf Rechnung oder mit verschiedenen Rabatt- und Gutscheinaktionen.

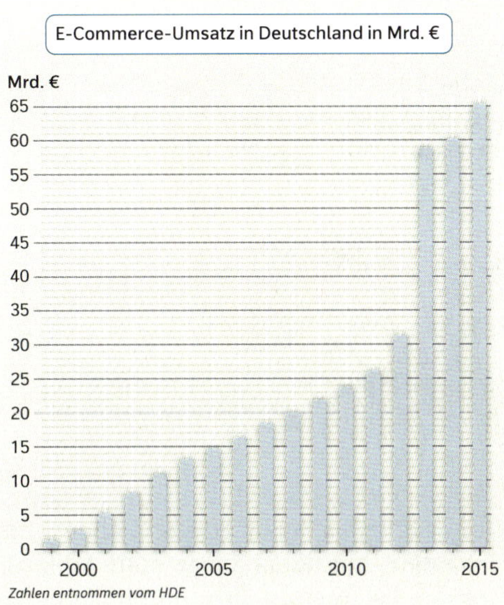

Abb. 7: E-Commerce Umsätze in Deutschland

Laut einer Studie des Statistischen Bundesamts haben im Jahr 2015 47 Millionen Menschen im Internet eingekauft. Mit 64 % lagen Kleidung und Sportartikel an erster Stelle der beliebtesten Waren, die dort gekauft wurden. Es folgten Möbel, Spielzeug mit 49 % und Bücher, Zeitungen und Zeitschriften mit 42 %. Beliebt sind auch das Buchen der Urlaubsunterkünfte und der Erwerb von Eintrittskarten für Theater, Kino u. ä. (vgl. Abb. 8 auf der folgenden Seite).

Abb. 6: Virtueller Ankleideraum

Abb. 8: Was die Deutschen online einkaufen

Eine weitere Form des multimedialen Handels findet über **Online-Auktionshäuser** statt (Abb. 9). Am häufigsten im Internet anzutreffen sind englische Auktionen. Hierbei geben die Käufer von einem Mindestpreis beginnend aufsteigende Gebote ab, bis kein neues Gebot mehr eintrifft. Der Bieter mit dem höchsten Preisgebot erhält schließlich den Zuschlag.

Kaufverträge im E-Commerce

Die Regelungen hinsichtlich des Vertragsschlusses bei Kaufverträgen im Internet werden unterschiedlich gehandhabt. Während bei Internetauktionshäusern wie eBay der Kaufvertrag durch Ausüben der Sofortkaufoption oder Gewinn einer Auktion zustande kommt, haben Betreiber von Online-Shops die Möglichkeit, über ihre Allgemeinen Geschäftsbedingungen (AGB) zu klären, wann und zu welchem Zeitpunkt ein Kaufvertrag zustande kommt.

» LF 3, Kapitel 3.1.7, AGB

Beispiel: Auf der Webseite eines Internethändlers heißt es: „Ihre Bestellung ist ein rechtsverbindliches Angebot zum Abschluss eines Kaufvertrags. Wenn Sie eine Bestellung aufgeben, schicken wir Ihnen unverzüglich eine Bestellbestätigung per E-Mail. Diese stellt noch keine Annahme Ihres Angebots dar, sondern informiert nur darüber, dass Ihre Bestellung bei uns eingegangen ist. Ein Kaufvertrag kommt erst zustande, wenn wir das bestellte Produkt an Sie versenden und den Versand mit einer zweiten E-Mail bestätigen."

Üblicherweise stellt die Präsentation der Waren im Online-Shop noch kein rechtlich bindendes Angebot dar, sondern ist lediglich eine Aufforderung zur

Abb. 9: Online-Auktionshaus ebay

Bestellung. Durch die Bestellung per Internet, Telefon oder E-Mail gibt der Kunde **ein verbindliches Angebot** (1. Willenserklärung) zum Kaufvertragsabschluss ab.

Der Internethändler versendet nach Eingang des Angebots unverzüglich eine Bestellbestätigung, die allerdings noch keine Annahme des Angebots ist. Erst wenn der Verkäufer dem Kunden eine **Auftrags-** oder **Versandbestätigung** (2. übereinstimmende Willenserklärung) übermittelt, ist der Kaufvertrag abgeschlossen.

Widerrufsfrist

Beim Verkauf von Waren über das Internet muss dem Kunden generell ein **Widerrufsrecht** eingeräumt werden (§ 312d BGB). Ausgenommen vom Widerrufsrecht sind Sonderanfertigungen, Lebensmittel, entsiegelte Datenträger, MP3-Downloads, Zeitungen und Magazine sowie Eintrittskarten für Veranstaltungen. Auch Urlaubsreisen, Flugbuchungen und Zugfahrkarten sind vom Widerruf ausgeschlossen, wenn sie für einen genau festgelegten Termin gebucht wurden.

Sofern die Widerrufsbelehrung vor Vertragsschluss bzw. unverzüglich (maximal einen Tag nach Vertragsschluss) erfolgt, beträgt die Widerrufsfrist **zwei Wochen.** Trifft die Belehrung später ein, kann der Kunde den Vertrag innerhalb eines Monats widerrufen. Das 14-tägige Widerrufsrecht gilt auch für von Händlern getätigte Onlineauktionen, allerdings nicht bei Privatverkäufen im Internet.

Die Widerrufsfrist beginnt mit dem Erhalt der Ware. Ein **ordnungsgemäßer Widerruf** muss gemäß § 312b BGB folgende Anforderungen erfüllen:

- Er muss in Textform, z. B. per E-Mail oder Fax, an den Kunden übermittelt werden.
- Er muss Namen und Anschrift desjenigen enthalten, an den Widerrufserklärung oder Warenrücksendung zu richten sind.
- Er muss einen Hinweis auf den Beginn der Widerrufsfrist enthalten.

Zur **Fristwahrung** genügt es, wenn der Kunde
- innerhalb der zweiwöchigen Frist seinen Widerruf schriftlich, z. B. per E-Mail, erklärt oder
- die Ware ohne Angabe von Gründen an den Verkäufer zurücksendet.

Dabei muss der Kunde nachweisen, dass der Widerruf fristgerecht erklärt wurde, z. B. mit einem Einschreiben mit Rückschein. Bei Rücksendung der Ware gilt der Rücksendebeleg als gültiger Nachweis.

Aufgaben

1. Recherchieren Sie, wie in Ihrem Ausbildungsbetrieb mit Finanzierungskäufen umgegangen wird.
2. Ein Auszubildender möchte sich für seine neue Wohnung eine Küche im Wert von 6 000,00 € kaufen. Die Laufzeit beträgt 36 Monate, die Bearbeitungsgebühr 3,0 % und die monatlichen Zinsen 0,6 %. Errechnen Sie die monatlichen Belastungen.
3. Wählen Sie einen Online-Shop Ihrer Wahl und recherchieren Sie in den allgemeinen Geschäftsbedingungen (AGB), wie und wann dort der Kaufvertrag zustande kommt.
4. Erläutern Sie, worin die wesentlichen Unterschiede zwischen dem herkömmlichen Kauf im Ladengeschäft und dem Kauf im Internet bestehen.
5. Stellen Sie dar, welche Voraussetzungen erfüllt sein müssen, damit ein Kunde beim Warenkauf im Internet von seinem 14-tägigen Widerrufsrecht Gebrauch machen kann.
6. Eine Auszubildende hat bei einer Privatauktion im Internet ein Smartphone ersteigert. Ihre Freundin hat das gleiche Handy bei einem Onlinehändler gekauft. Beide möchten den Kauf rückgängig machen. Erläutern Sie, ob der Widerruf in beiden Fällen möglich ist.

Kompetenzraster, Kapitel 10.1 bis 10.4					
Kapitel	**Ich kann …**	**nein**	**un-sicher**	**recht sicher**	**ja**
10.1	■ begründen, warum es für den Einzelhändler wichtig ist, seine Zielgruppen zu bestimmen.				
	■ Merkmale zur Beschreibung von Zielgruppen aufzählen.				
	■ mögliche Kundentypen beschreiben und darlegen, wie ich mich ihnen im Verkaufsgespräch gegenüber verhalten sollte.				
	■ darlegen, dass man Käufertypen nach Einkaufsverhalten und Lebensstil unterscheiden kann.				
	■ den Begriff Smart-Shopping erläutern.				
10.2	■ begründen, warum es für den Einzelhändler wichtig ist, auf besondere Kundengruppen einzugehen.				
	■ rechtliche Besonderheiten in Bezug auf den Verkauf von Waren an Kinder und Jugendliche darlegen.				
	■ schildern, welche Maßnahmen einem Einzelhandelsgeschäft bei Ladengestaltung und Warenpräsentation empfohlen werden, um für besondere Kundengruppen attraktiv zu sein.				
	■ schildern, welche Anforderungen an das Verkaufspersonal beim Umgang mit besonderen Kundengruppen bestehen.				
10.3	■ darlegen, welchen Einfluss Begleitpersonen auf ein Verkaufsgespräch haben können.				
	■ Begleitpersonen ihrem Verhalten nach einschätzen und angemessen behandeln.				
	■ zwischen Geschenk- und Besorgungskauf unterscheiden.				
	■ die beim Geschenkkauf zur Ermittlung des Bedarfs zu erfragenden Informationen nennen sowie darlegen, welche Hinweise ich dem Kunden geben sollte.				
	■ die Vorbereitungen erläutern, die im Einzelhandelsgeschäft getroffen werden sollten, wenn Hochbetrieb zu erwarten ist.				
	■ das empfohlene Verhalten des Verkaufspersonals bei Hochbetrieb schildern.				
	■ das empfohlene Verhalten des Verkaufspersonals bei Mehrfachbedienung und Ladenschluss schildern.				
	■ Beispiele für die Digitalisierung im Einzelhandel nennen und deren Einsatz begründen.				
	■ das empfohlene Verhalten des Verkaufspersonals bei Feuer, Unfall bzw. Überfall schildern.				
	■ Methoden des Ladendiebstahls beschreiben und Maßnahmen zur Vorbeugung gegen Ladendiebstahl erläutern.				
	■ das empfohlene Verhalten des Verkaufspersonals bei Ladendiebstahl schildern.				
	■ zwischen Gewährleistung, Garantie, Kulanz und Produkthaftung unterscheiden und die jeweiligen rechtlichen Folgen aufzeigen.				
	■ Strategien zur Konfliktlösung erläutern.				
10.4	■ das Ziel und die rechtlichen Besonderheiten eines Teilzahlungsgeschäfts erläutern.				
	■ zwei weitere Sonderformen der Finanzierung nennen und veranschaulichen.				
	■ Verkaufsarten mittels Katalog und Multimedia nennen und beschreiben.				

A

B

C

D

E

F

G

222330462

222330464

|Adel & Link Public Relations, Frankfurt/M.: © Visa 2019 161. |adpic Bildagentur, Köln: Yuri Arcurs 98. |Advantage Media Services, Vechta: M. Niehues 41. |alamy images, Abingdon/Oxfordshire: Glowimages RM 139, 173. |American Express International, Inc., Frankfurt am Main: 162. |AOK Bundesverband GbR, Berlin: 53. |ARTUR IMAGES GmbH, Stuttgart: Jochen Helle 149. |AUDI AG, Ingolstadt: 209. |BC GmbH Verlags- und Medien-, Forschungs- und Beratungsgesellschaft, Wiesbaden: 326, 326, 326, 326, 326, 326, 326, 326, 326, 326, 326, 326, 326, 326, 326, 326, 326, 326, 326, 326, 326, 326, 326, 326, 326, 326, 326, 326, 326, 326, 326, 326, 326, 326 27, 327, 327, 327, 327. |Berghahn, Matthias, Bielefeld: 321. |Berufsgenossenschaft Handel und Warenlogistik (BGHW), Mannheim: 56. |Bildarchiv Werner Bachmeier, Ebersberg: 262. |Bioland e.V., Esslingen: 259. |BKK Bundesverband, Berlin: 53. |Bundesministerium für Ernährung und Landwirtschaft (BMEL), Bonn: 86, 259. |Caro Fotoagentur, Berlin: 242; Oberhaeuser 169. |Catprint Media GmbH, Langenhagen: 223. |Clipdealer GmbH, München: blueximages 175; Erwin Wodicka 329; hanhanpeggy 346; styleuneed 87. |DAK - Deutsche Angestellten Krankenkasse, Hamburg: 53. |DC Bank AG, Wien: 162. |ddp images GmbH, Hamburg: dapd/Michael Urban 197. |Der Grüne Punkt - Duales System Deutschland GmbH, Köln-Porz-Eil: 215, 248. |Deutsche Post AG, Bonn: 169. |DPG Deutsche Pfandsystem GmbH, Berlin: 65. |Druwe & Polastri, Cremlingen/Weddel: 85, 171. |EDEKA, Hamburg: 209, 227. |Emanuel Bloedt Fotodesign, Dortmund: 40. |Eulig, Stefanie, Paderborn: 302. |EURO Kartensysteme GmbH, Frankfurt am Main: 139, 160, 161, 161. |European Payments Council, Brüssel: Nutzung der SEPA-Marke unter der Lizenz des European Payments Council AISBL 162. |Fotofinder GmbH, Berlin: Saba Laudanna/sabalaudanna.de 218. |fotolia.com, New York: Adamowicz, Piotr 139, 170; Adrian, Peter 206; Africa Studio 219; Airwasabi 426, 430; Albers, Joachim B. 146; Alexander 246; Amith, Ilan 137; antiksu 317; Armstrong, Cello 435; atoss 219; Aumann, Thomas 43; Auremar 426; babimu 143, 287; Bartussek, Ingo 198; Bayer, Tom 216; BEAUTYofLIFE 113; Berkmann, Daniel 156; Bizgaimer, Yuri 300, 323; Bognat, Alexandr 231; by-studio 377; cassis 343; Celeste-RF 149; Coburn, Stephen 139, 169; contrastwerkstatt 39, 138, 199, 238, 349, 382; contrawerkstatt 441; Cramer, Sven 307; Creative Studio 139, 161; danr13 39; dashadima 246; de Toms, Alfonso 36; denis_smirnov 246; difeng, zhu 193, 193; djama 331; dp@pic 425; DREUMONT, Jerôme 64; Drux, Marco 281; Edler von Rabenstein 147; Effner, Jürgen 265, 299; ehrenberg-bilder 421; Eisenhans 39; Engel, Jan 452; ep stock 317; Eppele, Klaus 185; euthymia 246; EXQuisine 168; eyewave 157; Fally, Martin 345, 363; famveldman 138; Fatman73 111; fefufoto 269; ferkelraggae 145; finecki 245; flint01 75; fotoknips 245; freeday 166; Fretz Weber, Janine 26; goldbany 145; goodluz 283, 434; gradt 48, 431; Graf, Marius 345, 373; Graf, Oliver J. 328; Henk,Kica 193; Herby (Herbert) Me 425, 433; highwaystarz 169; Hlzer, Elena 12; industrieblick 99, 300, 304; ivo188 62; Iyavka 143; JackF 138; Jackson, Brian 69; Jamiga 285; josje71 198; Jung, Michael 423, 433; K.C. 390; Kadmy 109, 440; Kalfar, Haramis 444; klickerminth 16, 143; Kneschke, R. 219; Kneschke, Robert 73, 102, 349; Kzenon 194, 438; lassedesignen 113; Lavrentev, Sergey 426; leno2010 251; Leshchev, Oleg 109; Light Impression 328; Link, Igor 11; Lyudmyla V 205; macgyverhh 193; macrovector 13; mahey 270; markus_marb 326; Maszlen, Peter 422, 438; maxkateUSA 367; Mayer, Marianne 59; Menzel, Günter 426; mettus 246; Michel, T. 155; mitay20 261; monsterdruck.de 139, 164; MP2 333; Müller, Almut 143, 146; Natika 111; Onidji 170; openlens 193; ostap25 197; Otto 246; PANORAMO.de 318; Petair 26; Pfluegl, Franz 97; photo 5000 320; Photography By MK 434; PhotoSG 287; pia-pictures 12; pictonaut 19; Pixelot 199; Pixi 86; pizuttipics 86; Popov, Andrey 457; Popova, Olga 274; Prescott, Paul 110; Pumba 265; raven 74; Renze, Gundolf 26; Rhodes, Nicky 43; ronstik 301, 329; Rousset, Julien 442; Rovagnati, Julián 142, 146; rütten, kristina 270; Ryzhov, Sergey 452; Sanders, Gina 170, 409, 417, 454; Schindler, Michael 48; Schwenk, Steffen/Light Impression 274; Smokovski, Ljupco 149; Sorokin, Nikolai 139, 145; Spectral-Design 404; Starpics 205; Stauke 389; Stocked House Studio 12; stokkete 239; sveta 321; Syda Productions 138; Teamarbeit 139; Torbz 224; TrudiDesign 290; Trueffelpix 74, 74; Tulic, T. 226; vege 84; Visiual Concepts 243; VRD 331; WavebreakmediaMicro 69, 337; wemm 199; WoGi 327, 327, 327; Wolff, Jonas 433; Woodapple 67; Wrangler 425; www.westfotos.de 145; Xtravagant 46; Yantra 292; YariK 426; zapp2photo 443; Zeller, Norbert 300, 318. |Getty Images, München: Bloomimages 237. |Handelsverband Deutschland (HDE), Berlin: 160. |Hild, Claudia, Angelburg: 286, 345, 364, 366. |Hornbach Baumarkt AG Bornheim b. Landau: 220; © "Markus Mueller @ Kai Tietz - Agentur der Photographen e.K." 227. |IKEA Deutschland GmbH & Co. KG, Hofheim-Wallau: 433. |Image & Design - Agentur für Kommunikation, Braunschweig: 69. |iStockphoto.com, Calgary: CarlKeyes 246; OfirPeretz 225; Vasarhelyi, Paul 436; Vedernikov, Alexey 269. |IW Medien - Institut der deutschen Wirtschaft Köln Medien GmbH, Köln: 248. |Jungheinrich AG, Hamburg: 321, 322. |Langner & Partner Werbeagentur GmbH, Hemmingen: 417. |Marine Stewardship Council (MSC), Berlin: 259. |Mastercard, Zürich: 161. |MasterCard Europe SPRL, Frankfurt am Main: 160, 162. |mauritius images GmbH, Mittenwald: Haag + Kropp 214, 243; Rosenfeld 300, 324. |McDonald's Deutschland LLC, München: 227. |Media Group Medweth GmbH, München: 230. |Microsoft Deutschland GmbH, München: 391, 418. |Naturland - Verband für ökologischen Landbau e.V., Gräfelfing: 259. |Niedernostheide, Rainer, Hameln: 300. |OEKO-TEX® Service GmbH, Zürich: 259. |OKS Group, Delhi: 267, 272, 369, 372, 383, 383, 384, 386, 445, 457. |Picture-Alliance GmbH, Frankfurt/M.: akg-images 187, 190; Berg, Oliver 140; dpa 259; dpa-infografik 13, 37, 49, 51, 55, 160, 216, 222, 233, 239, 332, 432, 435, 437, 458; dpa-Zentralbild 224; dpa/Weigel, Armin 186; dpa/dpaweb 187, 188; dpa/ZB/Pleul, Patrick 204; Effner, Jürgen/dpa - Report 187, 190; EIZINGER Alexandra / WB/APA/picturedesk.com 187, 188; Fotoreport CombiClip Europe BV 171; Galuschka, Horst 190; Hackenberg, Rainer 276; JOKER 190; Lander, Andreas 139, 173; Lübke, Jochen 45; Rehder, Carsten 45; Schellnegger, Alessandra 224; Simon, S. 422, 458; Simon, Sven 191; Stephanie_Pilick 239; Stratmann, Oliver 214, 239; Tillmann, Rene 164; Vennenbernd, Rolf 140, 169; Wittek, Ronald 139, 163; Wolf, J. 40; ZB/Wiedl, Hans 40; Zucchi, Uwe 43, 44. |pixelio media GmbH, München: Hartmut910 41; Margit Völz 305; olga meier-sander 315; S. Hofschlaeger 333; W.R. Wagner 64; Weißflog, Steve 312. |plainpicture, Hamburg: Buero Monaco 320. |PUMA SE, Herzogenaurach: 227. |RAL gemeinnützige GmbH, Bonn: 87, 210 210, 259. |Schwarzstein, Yaroslav, Hannover: 45. |Seidel, Jürgen, Köln: 50. |Shutterstock.com, New

York: Cineberg 215, 220; Halfpoint 325; HstrongART 226; Jordan Tan 215, 224; Kalinovsky, Dmitry Titel; Praethip Docekalo 322; Standard Studio 209; Zapp2Photo 200. |SPIEGEL-Verlag Rudolf Augstein GmbH & Co. KG, Hamburg: 230. |stock.adobe.com, Dublin: Bazin, Michel 82; blackday 82; Buttitta, Lorenzo 82; drubig-photo 426; EdNurg 173; fefufoto 82; FM2 61; Grinvalds, Kaspars 224, 230; industrieblick 446; interklicks 82, 82; javitrapero.com 412; karandaev 82; Monet 196; Rigaud, Marc 82; Scanrail 82; Syda Productions 443; vladimirfloyd 426; wagner, martine 186, 196; Young, Lisa F. 426. |TransFair e.V., Köln: 87, 259. |TV-yesterday, München: 219. |Umweltgutachterausschuss (UGA), Berlin: 258. |vario images, Bonn: 151, 213; Ulrich Baumgarten 198. |VDE Prüf- und Zertifizierungsinstitut GmbH, Offenbach: 209. |VISA Europe Service Inc., Frankfurt: 162. |Werbefotografie Weiss GmbH, Gersthofen: 300, 303. |Wolters Design, Braunschweig: 46, 309. |Woolmark International Pty Ltd., Düsseldorf: 220. |WWF Deutschland, Berlin: 65. |Zentralstelle für Berufsbildung im Handel e.V. in Verbindung mit dem Handelsverband Deutschland - HDE (zbb), Berlin: 18. |© Europäische Zentralbank (EZB), Frankfurt/M.: 139, 139, 172, 172.
Wir arbeiten sehr sorgfältig daran, für alle verwendeten Abbildungen die Rechteinhaberinnen und Rechteinhaber zu ermitteln. Sollte uns dies im Einzelfall nicht vollständig gelungen sein, werden berechtigte Ansprüche selbstverständlich im Rahmen der üblichen Vereinbarungen abgegolten.